neukirchener
theologie

Theologische Anstöße

Herausgegeben von
Michael Beintker, Johannes Eurich, Günter Thomas,
Christiane Tietz und Michael Welker

Band 4
Fernando Enns
Ökumene und Frieden

Fernando Enns

Ökumene und Frieden

Bewährungsfelder ökumenischer Theologie

Neukirchener Theologie

Dieses Buch wurde auf FSC-zertifiziertem Papier gedruckt.
FSC (Forest Stewardship Council) ist eine nichtstaatliche,
gemeinnützige Organisation, die sich für eine ökologische und
sozialverantwortliche Nutzung der Wälder unserer Erde einsetzt.

Bibliografische Information der Deutschen Nationalbibliothek

Die Deutsche Nationalbibliothek verzeichnet diese Publikation in der Deutschen
Nationalbibliografie; detaillierte bibliografische Daten sind im Internet über
http://dnb.d-nb.de abrufbar.

© 2012
Neukirchener Verlagsgesellschaft mbH, Neukirchen-Vluyn
Alle Rechte vorbehalten
DTP: Yvonne Schönau
Umschlaggestaltung: Stellbrink graphik design, Bielefeld
Gesamtherstellung: Hubert & Co., Göttingen
Printed in Germany
ISBN 978–3–7887–2556–3
www.neukirchener-verlage.de

Der Theologischen Fakultät

der Ruprecht-Karls-Universität Heidelberg

Inhalt

Einleitung 11
1. Zur Entfaltung der Bewährungsfelder 12
2. Theologische Explikation einer handlungsorientierten Ökumene. 16
3. Eine konfessionelle Perspektive im Kontext des Pluralismus 19

A. Theologie im Horizont der Ökumene –
    Ökumenische Theoriebildung 25

I.   Ökumenische Theoriebildung: Ökumene *in via* 25
I.1 Einleitung: Die Lehre spaltet, die Tat einigt – oder umgekehrt? 25
I.2 Anfang und Ende: Ekklesiologie im Horizont der Ökumene ... 28
I.3 Schrift und Tradition(en): eine Frage der Hermeneutik 30
I.4 Einheitsverständnisse und Einigungsmodelle – welches Ziel? 31
I.5 Ökumenische Theologie: Die Frage nach dem Verhältnis von
     Lehre und Wahrheit 39
I.6 Neu-Orientierungen – Paradigmenwechsel? 43
I.7 Vier Kriterien zur Bewertung ökumenischer Vorgänge –
     Ökumene *in via* 49

II. Interkonfessionelle Lehrgespräche (Dialog-Ökumene) 50
II.1 Konfessionelle Spezifika im ökumenischen Dialog –
     am Beispiel der Mennoniten 51
II.2 Der bilaterale Dialog zwischen Katholiken und Mennoniten:
     Analyse, kritische Bewertung und bleibende Fragen 68

III. Themenzentrierte Ökumene 87
III.1 Der ökumenische Horizont: eine »Hermeneutik des
      Vertrauens« 88
III.2 Die Dimension der Fragestellung: gegenseitige Anerkennung
      als Kirche 91
III.3 Konsens, Differenzen und Divergenzen – am Beispiel der
      gegenseitigen Taufanerkennung von Magdeburg 2007 93
III.4 Ein Desiderat: das individuelle Bekenntnis in der Taufe 98

III.5 Die Differenz zwischen der Ausschließlichkeit der
       Erwachsenentaufe und der Einschließlichkeit der
       Säuglingstaufe – Komplementarität in der Lehre? 101
III.6 Konvergenzen in der Interpretation des Taufgeschehens als
       Prozess christlicher Initiation 105
III.7 Das hinreichende Kriterium der Schriftgemäßheit zur
       Kirchengemeinschaft evangelischer Kirchen 109
III.8 Von der Divergenz zur Konvergenz:
       das Sakramentsverständnis 112
III.9 Das Kohärenzargument: noch einmal die Frage nach der
       gegenseitigen Anerkennung als Kirche 115
III.10 Ertrag: Wie das gegenseitige Anerkennen des Getauftseins
       möglich wird 118

IV.   Missionarische Ökumene 121
IV.1   Das Verhältnis von Mission und Ökumene 122
IV.2   Konkretionen im Blick auf gegenwärtige Herausforderungen
       der weltweiten Kirche 131

V.   Handlungsorientierte Ökumene 137

B.   Handlungsorientierte Ökumene:
       Friedenstheologie und -ethik als Bewährungsfeld 138

I.   Das Ringen der Gemeinschaft der Kirchen um
       friedensethische Positionen 139
I.1   Einleitung: Das »Amt der Versöhnung« –
       kein *superadditum* der Ökumene 139
I.2   Die bleibend aktuelle Dringlichkeit ethischer und
       theologischer Klärungen 141
I.3   Die Anfänge: Internationalismus und Ächtung des Krieges ... 144
I.4   Dietrich Bonhoeffer: das christologische und das
       ekklesiologische Argument 148
1.5   Die Gründung des Ökumenischen Rates der Kirchen:
       Lehren aus zwei Weltkriegen 154
I.6   Der Beginn des »kalten Krieges« und das Zeugnis der
       historischen Friedenskirchen 156
I.7   Die Frage nach der Legitimation »revolutionärer Gewalt«
       und die (Wieder-) Entdeckung des Ethos der Gewaltfreiheit ... 159
I.8   Die Weitung der ökumenischen Friedensethik durch den
       konziliaren Prozess für Gerechtigkeit, Frieden und
       Bewahrung der Schöpfung 161
I.9   Die notwendige Klärung des Verhältnisses von Ekklesiologie
       und Ethik 165

II.   Zu Beginn einer neuen Weltordnung:
      Die Dekade zur Überwindung von Gewalt (2001–2010) 167
II.1 Vorüberlegungen 167
II.2 Stationen auf dem Weg zur Dekade zur Überwindung von
      Gewalt 174
II.3 In der Mitte der Dekade zur Überwindung von Gewalt:
      Gerechter Friede 207
II.4 Die bleibende Frage nach der Legitimität militärischer
      Einsätze: Die Verantwortung zum Schutz von Bedrohten 220
II.5 Am Ende der Dekade: die Internationale ökumenische
      Friedenskonvokation 2011 238

III. Entwurf einer ökumenischen Friedenskirchen-Ekklesiologie:
      ein trinitätstheologischer Ansatz 246
III.1 Gewalt theologisch definieren 247
III.2 Einen trinitätstheologischen Ansatz wählen 250
III.3 Bekennende Kirche als ethische Gemeinschaft 250
III.4 Die ethische Gemeinschaft als eucharistische Gemeinschaft ... 252
III.5 Trinitätstheologie als »Rahmentheorie« für die *koinonia* 254
III.6 Die (Friedens-) Kirche als Ikone der Trinität 260

C.   Theologie aus der Perspektive einer Friedenskirche
      (Mennoniten) – im Horizont der Ökumene 263

I.   Die historischen Friedenskirchen 264
I.1   Mennoniten – die älteste evangelische Freikirche 266
I.2   Die Gesellschaft der Freunde (Quäker) –
      »Freunde der Wahrheit« 269
I.3   Kirche der Brüder (*Church of the Brethren*) –
      pietistisch geprägte Täufer 271
I.4   Gemeinsam für den gerechten Frieden 271

II.   Kirche im Pluralismus: Toleranz aus Glauben –
      am Beispiel einer pluralen Minderheitskirche (Mennoniten) ... 273
II.1 Pluralismus als neuzeitliches Phänomen 274
II.2 Das Problem der Beschreibung einer pluralen Minderheit
      im Pluralismus 277
II.3 Polygenetischer Ursprung und polyforme Entwicklung der
      Mennoniten 279
II.4 Das Phänomen des religiösen Pluralismus 285
II.5 Die theologische Legitimation der Einheit in Vielfalt:
      Pluralismus aus Glauben 288

      Exkurs: Identität und Toleranz 290

II.6 Glaubensfreiheit und Friedensethik als Gestaltungselemente
      des Pluralismus 298
II.7 Ökumene als Bewährungsfeld der Kirche im Pluralismus 300

III.   Das Rechtfertigungsgeschehen in der Interpretation einer
       Theologie aus täuferisch-mennonitischer Perspektive –
       im Kontext ökumenischer Dialoge 301
III.1 Vorbemerkungen 301
III.2 Alternative Denkansätze der Täufer im 16. Jahrhundert 302
III.3 Annäherungen und Ausdifferenzierungen durch Begegnungen
      in der Ökumene 309
III.4 Die soziale Realität der Friedenskirche als Folge und
      Interpretationskontext der Rechtfertigung *sola gratia* 318
III.5 Axiome der Interpretation des Rechtfertigungsgeschehens
      aus täuferisch-mennonitischer Perspektive 322

IV.   Theologie der Friedenskirche:
       Zur Diskussion neuerer Ansätze 323
IV.1 Eine radikal pluralistische (Friedens-) Theologie:
      Gordon D. Kaufman 327
IV.2 Eine nonkonformistische, nicht separatistische (Friedens-)
      Theologie: Duane K. Friesen 329
IV.3 Die Materialisierung einer täuferischen (Friedens-)
      Theologie – Kontinuität und Diskontinuität:
      Thomas Finger und J. Denny Weaver 330

      Exkurs: Ein alternativer Interpretationsversuch des
      Kreuzestodes Jesu 335

IV.4 Eine orthodoxe (Friedens-) Theologie – als Abwehr eines
      postmodernen Relativismus: A. James Reimer 351
IV.5 Schluss: Ansätze einer pluralismusfähigen, freikirchlichen
      Friedens-Theologie 350

D.   Literaturverzeichnis 356

1.   Abkürzungen 356
2.   Literatur 356
3.   Dokumente 382

Einleitung

Wird die erste Weltmissionskonferenz 1910 in Edinburgh als »Geburtsstunde« der neuzeitlichen ökumenischen Bewegung angesehen, wie allgemein anerkannt,[1] so blicken wir inzwischen auf eine einhundertjährige Entwicklung institutionalisierter, internationaler ökumenischer Beziehungsbildung zurück. Diese Beziehungsbildung ist nicht denkbar ohne die fortwährende analytische und konstruktive Funktion theologischer Reflexion auf allen Ebenen und in allen Konfessionen der weltweiten Kirche. Umgekehrt lässt sich ebenso beobachten, dass die wachsende, ökumenische Beziehungsbildung unter den historisch gewachsenen Konfessionen und den unterschiedlichen kulturellen Ausprägungen der Kirche Jesu Christi, durch fortwährende Inkulturationsprozesse, nicht ohne Einfluss geblieben ist auf die jeweiligen theologischen Denkbewegungen innerhalb der einzelnen Konfessionen. Dies lässt sich illustrieren an so einschneidenden »Meilensteinen« der Kirchengeschichte wie dem Neubeginn der panorthodoxen Konferenzen (1961),[2] dem II. Vatikanischen Konzil (1962–1965),[3] den Lambeth Konferenzen der Anglikanischen Gemeinschaft,[4] die bereits 1867 ins Leben gerufen und auf denen im Laufe der Zeit das sog. »Lambeth Quadrilateral« entwickelt wurde, oder auch der »Gemeinschaft Evangelischer Kirchen in Europa« (1973 als »Leuenberger Kirchengemeinschaft« begonnen).[5] Auch die Herausbildung der konfessionellen Weltbünde[6] ist letztlich Ausdruck dieser wachsenden Bereit-

---

[1] Vgl. etwa: *Brian Stanley*, The World Missionary Conference, Edinburgh 1910, Grand Rapids/MI: Eerdmans 2009.

[2] Vgl. *Grigorius Larentzakis*, Die orthodoxe Kirche. Ihr Leben und ihr Glauben, Graz/Wien/Köln: Styria 2001.

[3] Vgl. *Otto Hermann Pesch*, Das Zweite Vatikanische Konzil (1962–1965). Vorgeschichte, Verlauf, Ergebnisse, Nachgeschichte, Würzburg: Echter Verlag 1993.

[4] Vgl. *J. Robert Wright* (ed.), Quadrilateral at One Hunderd, Cincnnati/OH: Forward Movement 1988.

[5] Vgl. *Wilhelm Hüffmeier* (Hg.), Evangelisch in Europa. 30 Jahre Leuenberger Kirchengemeinschaft, Frankfurt/M.: Lembeck 2003.

[6] So kam es seit dem Ende des 19. Jahrhunderts zu der Gründung folgender Zusammenschlüsse und Weltkonferenzen verschiedener Kirchen: Weltrat Methodistischer Kirchen (1881 als Methodistische Ökumenische Konferenz begonnen), Baptistischer Weltbund (1905), Mennonitische Weltkonferenz (1925), Lutheri-

schaft, Kirche nun in ihrer weltweiten, ökumenischen Realität eine entsprechende Gestalt zu geben und diese Wirklichkeit auch theologisch zu reflektieren.[7] Das dialektische Verhältnis von ökumenischer Bewegung und theologischer Reflexion darf sicherlich zu den einflussreichsten und kreativsten Impulsen der Theologie- und Kirchengeschichte insgesamt gerechnet werden.

Die wachsende Erkenntnis der Notwendigkeit zur Reflexion und Gestaltung der ökumenischen Realität von Kirche schlägt sich schließlich nieder in zahlreichen *interkonfessionellen* institutionellen Ausprägungen auf allen Ebenen: International zeigt sich dies in der Gründung des Ökumenischen Rats der Kirchen (ÖRK, 1948), regional in vielen ökumenischen Zusammenschlüssen der Kirchen in allen Erdteilen (wie etwa der *Christian Conference of Asia*, 1959), national (wie etwa des *National Council of Churches USA*, 1950, hervorgegangen aus dem *Federal Council of Churches*, 1908) und lokal (wie etwa den vielen lokalen Arbeitsgemeinschaften Christlicher Kirchen in Deutschland). So sehr diese institutionellen Ausprägungen versuchen, die ökumenische Bewegung »auf Dauer« einzurichten – in gegenseitiger Verpflichtung der Kirchen zu wachsender, sichtbarer Einheit und größerer Glaubwürdigkeit ihres gemeinsamen Zeugnisses – so wenig können sie allein doch die Lebendigkeit der über einhundertjährigen Bewegung darstellen. In vielen Fällen waren und sind es zunächst Laienbewegungen (als älteste gilt der Weltgebetstag der Frauen, beginnend 1884)[8] oder auch Theolog(innen)enbewegungen,[9] die das Aufbrechen ihrer Kirchen zu einer ökumenischen Existenz zuerst forderten, mit ermöglichten und schließlich mit gestalteten.

Freilich ist der ökumenische Gedanke selbst viel älter als diese neuzeitliche Bewegung. Die frühen »ökumenischen Konzilien« der Alten

scher Weltbund (1947), Weltgemeinschaft Reformierter Kirchen (2010 aus dem Zusammenschluss von Reformiertem Ökumenischen Rat und Reformiertem Weltbund hervorgegangen, der wiederum 1970 als Zusammenschluss des 1875 gegründeten reformiert-presbyterianischen Weltbundes und des 1891 gegründeten kongregationalistischen Weltbundes hervorgegangen war) u.a.m.

[7] Vgl. zum Begriff »Ökumene«: *Peter Neuner*, Ökumenische Theologie. Die Suche nach der Einheit der christlichen Kirche, Darmstadt: Wissenschaftliche Buchgesellschaft (zit. WBG) 1997, A. Begriffsgeschichte und ökumenische Motivation, 1–17.

[8] Vgl. *Eileen King*, Art. »World Day of Prayer«; in: Dictionary of the Ecumenical Movement, ed. by *Nicholas Lossky* (et al.), Geneva: World Council of Churches [2]2002, 1242–1243.

[9] Vgl. etwa die Befreiungstheologie in Lateinamerika, die Schwarze Theologie im südlichen Afrika und in Nordamerika oder die Minjung-Theologie in Südkorea. Siehe hierzu: *Giancarlo Collet* (Hg.), Theologien der Dritten Welt. EATWOT als Herausforderung westlicher Theologie und Kirche, Immensee: Neue Zeitschrift für Missionswissenschaft 1990.

Kirche[10] gehen letztlich zurück auf die Idee der Apostelversammlung in Jerusalem, von der in der Apostelgeschichte (Apg 15, auch in Gal 2) berichtet wird, die vermutlich im Jahr 49 oder 50 stattfand.[11] Stets wurde auf diesen Konzilien der Versuch unternommen, dem ekklesiologischen Verständnis von der *einen* Kirche Ausdruck zu verleihen, basierend auf der tiefer liegenden, theologischen Einsicht in das Einsein Gottes des Schöpfers, des Sohnes als Versöhner und des Heiligen Geistes als Vollender (vgl. Joh 17, Eph 4). Alle ökumenischen Bemühungen, von den Anfängen bis heute, lassen sich am Ende auf diese Erkenntnis zurückführen. Und zu allen Zeiten hat es Menschen in der Kirche gegeben, die diesen ökumenischen Gedanken bewusst in den Vordergrund stellten, um entstandene oder drohende Schismen in der Kirche zu überwinden, ohne dabei »Häresien« zu relativieren.[12] Doch zu keiner Zeit ist dieser Gedanke wieder so dominierend geworden für die Gestaltung von Kirche und die theologische Reflexion insgesamt wie im 20. Jahrhundert.

Heute stehen wir vor einer höchst ausdifferenzierten, ökumenischen Theoriebildung und einer nicht minder komplexen Ausgestaltung ökumenischer Beziehungen, die auf einer Pluralität theologischer Denkansätze, methodischer Vorgehensweisen und Zielvorstellungen basieren.[13] Diese komplexe Wirklichkeit gelebter Ökumene ist nicht künstlich zu reduzieren, um sie überschaubarer zu machen. Auf diesem Wege geriete zu leicht der Reichtum der vielen »Gaben« in der *einen*, weltweiten Kirche aus dem Blick.[14] Vielmehr müssen die ganz unterschiedlichen, zuweilen gar gegensätzlichen Ansätze ökumenischer Theoriebildung, theologischer Reflexion, Methodik und Zielsetzung den unterschiedlichen Bewährungsfeldern ausgesetzt werden, um zu abgewogenen Urteilen darüber gelangen zu können, was letztlich dem Ziel einer vertieften und sichtbaren Entsprechung der gemeinsam geglaubten und bekannten, immer schon vorausliegenden Einheit der

---

[10] Zu den sieben altkirchlichen ökumenischen Konzilien werden im Allgemeinen gerechnet: Nizäa 325, Konstantinopel 381, Ephesus 431, Chalcedon 451, Konstantinopel 553 und 680 und Nizäa 787. Vgl. *Carl Andresen* und *Adolf Martin Ritter* (Hg.), Handbuch der Dogmen- und Theologiegeschichte, Bd. 1: Die Lehrentwicklung im Rahmen der Katholizität, Göttingen: Vandenhoeck & Ruprecht ²1999.
[11] Vgl. hierzu: *Rudolf Pesch*, Apg 13–28, Evangelisch-Katholischer Kommentar zum Neuen Testament (zit. EKK), Bd. V/2, Zürich/Einsiedeln/Köln: Benziger und Neukirchen-Vluyn: Neukirchener 1986.
[12] Vgl. hierzu die kurze Einführung in: *Reinhard Frieling*, Der Weg des ökumenischen Gedankens. Eine Ökumenekunde, Zugänge zur Kirchengeschichte Bd. 10, Göttingen: Vandenhoeck & Ruprecht 1992, 17–33.
[13] Vgl. zum Gesamten: *Friedericke Nüssel* und *Dorothea Sattler*, Einführung in die ökumenische Theologie, Darmstadt: WBG 2008.
[14] Vgl. hierzu den Ansatz von: *Risto Saarinen*, God and the Gift. An Ecumenical Theology of Giving, Collegeville/MN: Liturgical Press 2005.

Kirche tatsächlich dient und die Glaubwürdigkeit ihres evangelischen
Zeugnisses fördert.

Solche Bewährungsfelder sollen in den vorliegenden Studien dargestellt und erörtert werden. Zuerst gilt es, sich einen Überblick über die
zentralen Theologumena und methodischen Fragestellungen in der
ökumenischen Theoriebildung zu verschaffen, damit der Blick bei den
anschließenden spezifischen Durchgängen konzentriert bleiben kann
(Kap. A.I.). Hierbei wird sich zeigen, wie elementar die Frage der Ekklesiologie für die ökumenische Theoriebildung ist sowie die Bedeutung der Ablösung eines früher in der ökumenischen Theologie leitenden Christozentrismus zugunsten einer nun trinitarisch ausgerichteten
theologischen Fundierung aller ökumenischen Explikationen.[15] Die
Verhältnisbestimmungen von Schrift und Tradition, Lehre und Wahrheit werden fortwährend zu bedenken sein, denn in allen ökumenischen Begegnungen ist Rechenschaft über diese Fragen der Lehrbildung und Hermeneutik abzulegen, wenn denn ein Dialog zwischen
verschiedenen Traditionen, Konfessionen oder auch Kulturen nicht an
der Oberfläche verharren soll, sondern sich tatsächlich die Möglichkeit
zu einer gemeinsamen, vertiefenden Lernerfahrung erschließen will.
So gesehen ist Ökumene nicht schlicht ein *superadditum* konfessioneller Lehre und kirchlicher Existenz, sondern sie ist die Bedingung der
Möglichkeit zur Vertiefung der jeweils geglaubten und bekannten Inhalte christlichen Glaubens, über die eigene Begrenzung durch konfessionelle Tradition und kontextueller Kultur hinaus. Die Universalität
der Kirche in all ihren Partikularitäten wird nicht anders als ökumenisch zu erfassen sein. Vorauszusetzen ist hierbei, dass diese theologische Reflexion nicht auf einen einmal abgeschlossenen Endpunkt zielt
– die Erreichung einer bestimmten Art von institutionalisierter Einheit
etwa – sondern vielmehr einen fortlaufenden Prozess darstellt, in den
möglichst alle Glieder der einen Kirche gestalterisch miteingebunden
werden: Ökumene *in via*.

1. Zur Entfaltung der Bewährungsfelder

Ein *erstes Bewährungsfeld* dieser ökumenischen Explikation bietet
sich in den klassischen, interkonfessionellen Lehrdialogen zwischen
zwei getrennten Kirchentümern.[16] Hierbei sind zunächst die jeweiligen

[15] Vgl. hierzu die vielen wichtigen Beiträge aus unterschiedlichen Konfessionen
zu verschiedenen Themen der Ökumene in: *Michael Welker* und *Miroslav Volf*
(Hg.), Der lebendige Gott als Trinität, Festschrift für Jürgen Moltmann zum 80.
Geburtstag, Gütersloh: Gütersloher 2006.
[16] Vgl. hierzu: Dokumente wachsender Übereinstimmung: sämtliche Berichte und
Konsenstexte interkonfessioneller Gespräche auf Weltebene, gemeinsame Veröffentlichung der Kommission für Glauben und Kirchenverfassung (Genf), des Institutes

konfessionellen Spezifika in den Blick zu nehmen, die für die Methodik, die Funktion, die mögliche Zielsetzung und nicht zuletzt die spezifischen Inhalte eines solchen Dialogs je determinierend sein werden. Es existiert kein einheitliches Schema für interkonfessionelle Dialoge, auch wenn sich im Laufe der Jahrzehnte gewisse logische Schritte vor und in einem Dialog, seltener auch für seinen Rezeptionsprozess, herausgebildet haben. Diese Untersuchung wird hier am Beispiel des bilateralen Dialogs zwischen der römisch-katholischen Kirche und der ältesten evangelischen Freikirche, den Mennoniten, durchgeführt (Kap. A.II.).[17] Es wird erkennbar, welchen Herausforderungen sich die Dialogpartner ausgesetzt sehen, wenn es darum gehen soll, gegenseitige Verurteilungen und zum Teil gar Verdammungen, die in der Vergangenheit Ausdruck radikaler theologischer Differenzen wurden, aufzuarbeiten, um auf diesem Wege zunächst zu einer »Heilung der Erinnerungen« zu gelangen. Es geht im interkonfessionellen Dialog stets um mehr als um die Klärung theologischer Lehrdifferenzen, denn diese Differenzen entstammen immer bestimmten historischen und politischen Konstellationen, die unterschiedlich erlebt und tradiert wurden und ohne deren Aufarbeitung ein Verständnis für die dann je ausgebildete Lehre kaum zu erhoffen sein wird. Damit ist freilich noch nichts ausgesagt über mögliche Konvergenzen oder gar Übereinstimmungen in der Gegenwart. Zunächst stellt sich die Frage, ob eine gemeinsame Geschichtshermeneutik entwickelt werden kann, bevor die augenscheinlichen Differenzen in den Glaubensaussagen gemeinsam in den Blick genommen werden. Der komplexe Vorgang eines solchen Dialogs zeichnet sich auf der Grundlage dieser Klärung bereits ab.

In einem *zweiten Bewährungsfeld* wird der Blick einerseits durch Themenzentrierung verengt, andererseits durch die Beteiligung mehrerer Konfessionsfamilien geweitet. Der bekannteste solcher ökumenischen Prozesse ist sicherlich die Erarbeitung der Konvergenzerklärungen von Lima (zu Taufe, Eucharistie und Amt):[18] In mehreren Ge-

---

für Ökumenische Forschung (Straßburg), des Johann-Adam-Möhler-Institutes, Paderborn und des Centro pro Unione, Rom (zit. DwÜ), Paderborn: Bonifatius und Frankfurt/M.: Lembeck ²1991 (Bd. 1: 1931–1982), 1992 (Bd. 2: 1982–1990) und 2003 (Bd. 3: 1990–2001).

[17] Eine Zusammenstellung der wichtigsten offiziellen ökumenischen Gespräche und Begegnungen zwischen Mennoniten und anderen Konfessionen findet sich in: *Fernando Enns*, Heilung der Erinnerungen – befreit zur gemeinsamen Zukunft: Mennoniten im Dialog. Berichte und Texte ökumenischer Gespräche auf nationaler und internationaler Ebene, Frankfurt/M.: Lembeck und Paderborn: Bonifatius 2008.

[18] *Ökumenischer Rat der Kirchen* (Kommission für Glauben und Kirchenverfassung), Die Diskussion über Taufe, Eucharistie und Amt, 1982–1990. Stellungnahmen, Auswirkungen, Weiterarbeit, Frankfurt/M.: Lembeck und Paderborn: Bonifatius 1990.

sprächsdurchgängen wird ein zentrales Thema bzw. werden mehrere Themen durch Beteiligung verschiedener Konfessionen reflektiert, um zu eruieren, welche Aussagen gemeinsam formuliert werden können, und festzustellen, welche Divergenzen, bzw. tatsächlichen Differenzen bestehen bleiben. Im Blick auf die gegenseitige Verhältnisbestimmung ist hierbei entscheidend – wie auch in den bilateralen Dialogen, ob den bleibenden Differenzen ein kirchentrennender Charakter zueignet. Hinsichtlich der Konzentration auf einen Gegenstand der theologischen Lehre kann es auf diesem Wege gelingen, eine so weitreichende Übereinstimmung festzustellen, dass die Handlung in der einen Konfession von den anderen als vollgültig anerkannt wird. Die gegenseitige Anerkennung der Taufe mehrerer Kirchen in Deutschland in Magdeburg im Jahr 2007 ist hierfür ein Beispiel. Hieraus ergeben sich dann allerdings weitergehende Fragen hinsichtlich anderer Differenzfelder, die in ihrer umfassenden Interdependenz selten überblickt werden. – Den Versuch zu einer solchen Analyse macht hier der Beitrag zur Frage der gegenseitigen Anerkennung der Taufe, am Beispiel der bleibenden Differenz zwischen Kirchen, die sowohl die Säuglings- als auch die Erwachsenentaufe praktizieren und jenen Kirchen der täuferischen Tradition, die ausschließlich die »Gläubigentaufe« zulassen (Kap. A.III.). Hierbei ist genauer zu beobachten, inwiefern eine gegenseitige Anerkennung des in der anderen Kirche praktizierten Handelns ausgesprochen werden kann, ohne die eigene Lehre (und damit die eigene Identität) zugunsten einer »billigen Ökumene« zu relativieren. Es zeigt sich deutlich, dass das gemeinsame Wachsen in der ökumenischen Gemeinschaft der Kirchen nicht auf Kosten der einzelnen Identitäten zu haben sein wird, sondern allein in der die Traditionen respektierenden und vor den biblischen Zeugnissen verantworteten, gemeinsamen Weiterentwicklung theologischer Erkenntnisse.

Ökumene ist kein Selbstzweck. Alle Bemühungen zielen letztlich auf die Glaubwürdigkeit des christlichen Zeugnisses von der evangelischen Wahrheit in Jesus Christus. Dass eine getrennte und sich gegenseitig abgrenzende Kirche verschiedener Konfessionen der Glaubwürdigkeit dieses Zeugnisses im Wege steht, war die Erfahrung der frühen Missionsbewegung, aus der folglich auch die ersten, entscheidenden Impulse zur neuzeitlichen ökumenischen Bewegung erwuchsen.[19] In den Missionskontexten der westlichen, europäischen Kirchen in aller Welt wuchs im 19. Jahrhundert das Bewusstsein für die Notwendigkeit

---

[19] Siehe hierzu: *Philip A. Potter* und *Jaques Matthey*, Art. »Mission«, in: Dictionary of the Ecumenical Movement, 783–790; sowie die Beiträge in: *Karl Müller* und *Theo Sundermeier* (Hg.), Lexikon missionstheologischer Grundbegriffe, Berlin: Dietrich Reimer Verlag 1987. Siehe hierin vor allem: *Dietrich Ritschl*, Art. »Ökumene«, 340–346 und *Martin Lehmann-Habeck*, Art. »Ökumenischer Rat der Kirchen«, 346–351.

der gegenseitigen Verständigung.[20] Die frühe Gründung des Internationalen Missionsrates (1921) und dessen spätere Eingliederung in den ÖRK (1961) sind Illustrationen der engen Verschränkung von Mission und internationaler Ökumene. Um aber theologisch zu klären, wie die Verhältnisbestimmung gedacht werden soll und letztlich zu ermessen, ob und inwiefern gerade die Mission der Kirche ein entscheidendes Bewährungsfeld der Ökumene darstellt, ist es nötig, Rechenschaft darüber abzulegen, was denn mit Mission im Horizont der weltweiten Kirche gemeint sein kann. Dies versucht die Untersuchung des *dritten Bewährungsfeldes*, zum einen durch die Klärung des in der Geschichte oft missverstandenen und missbrauchten Begriffs »Mission«, zum anderen in der Explikation jüngerer Konkretionen (Kap. A.IV.). Ökumene ist hier schlicht als die weltweite Kirche vorausgesetzt, die geglaubte und im Bekenntnis formulierte »eine, heilige, katholische und apostolische Kirche«.[21] Die These lautet: Mission ist Kirche als Ereignis. Mission ist nicht einfach als ein Aufgabenfeld der Kirche oder Ökumene unter anderen zu begreifen, sondern hier bewährt sich die Ökumene tatsächlich als Kirche Jesu Christi. Wenn Mission als die dynamische Kraft verstanden wird, die die Kirche stets zur eigenen Erneuerung und somit auf ihr eigentliches Zentrum – das Evangelium – (zurück) führt, dann ereignet sich Kirche in der Mission. Freilich ist bei diesen Überlegungen, wie bei allen ekklesiologischen Aussagen, die entscheidende Differenzierung von »geglaubter« und »erfahrener« Kirche zu berücksichtigen,[22] weil nur so verständlich bleibt, wann entsprechend von der *missio Dei* die Rede sein soll, an der die Ökumene partizipiert und wann es schlicht um Missionsbemühungen der erfahrenen Kirche als *opus hominum* geht. Diese Differenzierung bewahrt die Kirche in der Mission vor Selbstüberschätzung einerseits wie vor Minderwertigkeitskomplexen andererseits und kann sie zu einer »missionarischen Ökumene« befreien.[23]

Eine missionarische Ökumene drängt immer zum Handeln *als* Ökumene, weil sie handelnd an der *missio Dei* partizipiert und die Glaubwürdigkeit ihres Zeugnisses von der Bewährung im *gemeinsamen Handeln* abhängig sieht. Gerade die in der ökumenischen Bewegung immer stärker in den Blick kommenden, weil zunehmend durch eigene

---

[20] Vgl. *Christine Lienemann-Perrin*, Mission und interreligiöser Dialog, Bensheimer Hefte 93 (Ökumenische Studienhefte 11), Göttingen: Vandenhoeck & Ruprecht 1999.
[21] Symbolum Nicaenum; in: Die Bekenntnisschriften der evangelisch-lutherischen Kirche (zit. BSLK), Göttingen: Vandenhoeck & Ruprecht [12]1998, 27.
[22] Vgl. *Wolfgang Huber*, Kirche, München: Kaiser 1988, 32–44.
[23] Vgl. zum Begriff der »missionarischen Ökumene« die Beiträge in: (Evangelisches Missionswerk in Deutschland:) Missionarische Ökumene. Im Kontext religiöser Orientierungssuche, hg. vom *EMW* (Redaktion durch *Klaus Peter Voß*), Hamburg: EMW 2007.

theologische Entwürfe hervortretenden und zahlenmäßig die historischen Kirchentümer Europas inzwischen bei Weitem übertreffenden
»jungen Kirchen« erkannten früh die eigentliche Bewährung der Ökumene im gemeinsamen Handeln. Im Grunde verstärkten sie dadurch
eine Erkenntnis, die schon von Beginn an motivierend wirkte – deutlich erkennbar in der frühen »Bewegung für Praktisches Christentum«,
eine der nachhaltig wirkenden ökumenischen Denkbewegungen vor
der Gründung des ÖRK:[24] das Bewusstsein für die Kontextualität von
Theologie schlechthin und die sich daraus ergebende Notwendigkeit zu
einer Verständigung im interkulturellen Dialog, sowie die Erkenntnis
eines Ökumene-Begriffs, der tatsächlich die »ganze von Menschen
bewohnte Welt«[25] als »den einen Haushalt Gottes« und die sich daraus
auch eröffnende Möglichkeit zum Dialog der Religionen in den Blick
nimmt. Letztlich sind diese Erweiterungen, wie dargestellt werden
kann, nicht *einer* akademischen Denkschule erwachsen, sondern vielmehr der kirchlich erfahrenen Wirklichkeit, die nach einem angemessenen, evangeliumsgemäßen Sein und Wirken der Kirche als Ökumene
fragt, weil die konkreten und zum Teil lebensbedrohenden Herausforderungen in den verschiedenen Teilen der Welt als gemeinsames Aktionsfeld des Heiligen Geistes – und damit auch der weltweiten Kirche
als Ökumene – erkannt und benannt werden. Die wachsende Einsicht
in die Interdependenz allen Lebens lässt auch das Bewusstsein für die
Dringlichkeit des gemeinsamen Handelns als Bewährungsfeld der
Ökumene erkennbar werden. – Dies wird in dem folgenden Bewährungsfeld ausführlich dargestellt und erörtert.

2. Theologische Explikation einer handlungsorientierten Ökumene

Die weltweite Gemeinschaft der Kirchen bewährt sich unter anderem
durch die Herausbildung einer *ökumenischen Friedenstheologie und
-ethik*. Wie komplex sich dieser Prozess darstellt, ist hier in einem
zweiten großen Kapitel dargestellt. Zunächst wird in einem geschichtlichen Überblick nachgewiesen, wie zentral das Ringen einer jeweils
auf konkrete, gemeinsame Handlungsoptionen abzielende Suche für
die neuzeitliche ökumenische Bewegung war und ist (Kap. B.I.). Von
den frühen Anfängen eines wachsenden internationalen Bewusstseins,
über das Versagen der Kirchen in zwei verheerenden Weltkriegen, bis
hin zu einer zermürbenden Blockkonfrontation während des »Kalten
Krieges«, der in vielen Kontexten der Welt die Kirchen unterschiedliche Perspektiven einnehmen ließ: Stets bleibt die drängende Heraus-

[24] Vgl. *Wolfram Weiße*, Praktisches Christentum und Reich Gottes. Die Ökumenische Bewegung Life and Work 1919–1937, Kirche und Konfession 31, Göttingen: Vandenhoeck & Ruprecht 1991.
[25] Vgl. hierzu die Erläuterungen in: Neuner, Ökumenische Theologie, a.a.O., 1–5.

forderung einer theologisch-ethischen Infragestellung aller Anwendung von Gewalt im Allgemeinen und der Legitimität des Krieges wie einer »revolutionären Gewalt« im Besonderen präsent und wird unter den Kirchen konfrontativ ausgetragen – bei weitem nicht immer entlang der historisch gewachsenen, konfessionellen Überzeugungen ehemaliger Staatskirchen einerseits und historischer Friedenskirchen andererseits.

Nach dem »Zusammenbruch« des ehemaligen Ostblocks – nicht zuletzt durch gewaltfreie Revolutionen ermöglicht, die aufgrund der gewachsenen ökumenischen Beziehungen als Gegenbewegung zum »Kalten Krieg« von der weltweiten Ökumene mitgetragen wurden[26] – eröffneten sich einerseits völlig neue Möglichkeiten für die Entwicklung eines gemeinsamen Friedenszeugnisses der Ökumene, andererseits zogen sehr bald neue, Leben bedrohende Gewaltkonstellationen auf, die für die Kirchen wiederum zur harten Bewährungsprobe werden sollten. Mit der Initiierung einer ökumenischen »*Dekade zur Überwindung von Gewalt. 2001–2010: Kirchen für Frieden und Versöhnung*« gelang es, die bleibend unterschiedlichen Positionen doch einer gemeinsamen Zielrichtung zuzuführen: der theologischen Delegitimierung von »Geist, Logik und Praxis der Gewalt«. Diese weltweite, vom ÖRK ins Leben gerufene ökumenische Unternehmung wird hier erstmals in seinen Zusammenhängen, von den Vorüberlegungen und Anfängen bis hin zum Abschluss der Dekade, dargestellt (Kap. B.II.). Die verschiedenen Themenschwerpunkte werden erläutert, wie sie sich in den theologischen Diskussionen herauskristallisierten, theologische Impulse werden aufgegriffen und entfaltet und bleibende Differenzen in friedensethischen Positionen werden in ihrer Genese dargestellt – vor allem anhand der bleibend herausfordernden Frage nach der Verantwortung zum Schutz von bedrohten Bevölkerungen. Auch wenn die Kirchen gerade in dieser entscheidenden Frage nicht mit einer Stimme sprechen, so zeigt die hier vorgelegte Analyse eine Konvergenz früher absolut divergierender Lehrmeinungen in der gemeinsamen Beschreibung einer zentralen ethischen Herausforderung für die Ökumene.

Wenn Friedenstheologie die Antizipation und Feier des Friedens Gottes reflektiert (*leiturgia*), sowie das Zeugnis (*martyria*) und den Einsatz für den Frieden (*diakonia*) der gesamten Gemeinschaft der Kirche (*koinonia*), dann ist Ökumene hier bei ihrem Kern: dem Amt der Versöhnung (2Kor 5). Hieraus ergibt sich die Erkenntnis, dass in dieser Bewährung nicht allein die Formulierung gemeinsamer friedensethi-

---

26 Vgl. hierzu *Heino Falcke*, Wo bleibt die Freiheit? Christ sein in Zeiten der Wende, Freiburg: Kreuz-Verlag 2009. *Marianne Subklew-Jeutner*, Der Pankower Friedenskreis. Geschichte einer Ost-Berliner Gruppe innerhalb der Evangelischen Kirchen in der DDR, Osnabrück: Der Andere Verlag 2003.

scher Positionen oder Handlungsoptionen angestrebt wird – die freilich immer multiperspektivisch zu entwickeln sein werden[27] – sondern es geht stets auch um das Wesen der Kirche selbst. Will Ökumene danach trachten zu erfüllen, wozu sie berufen ist,[28] »Botschafterin der Versöhnung« zu sein, dann wird eine entsprechende, ökumenisch orientierte Friedenstheologie stets die relational angelegte Sozialgestalt der Kirche selbst mit zu bedenken haben. Nur als die in Christus bereits versöhnte und so erst ins Leben gerufene Gemeinschaft kann sie ernsthaft beanspruchen, an der *missio Dei* in der Welt teilzuhaben. So ist die Herausbildung einer ökumenischen Friedenstheologie und -ethik nicht nur eine Frage auf der materialethischen Ebene, sondern ebenso auf der fundamentaltheologischen.[29]

Von dieser Grundüberzeugung im Blick auf die Selbstreflexion der Kirche wird hier anschließend eine ökumenische *Friedenskirchen-Ekklesiologie* (nicht im Sinne der konfessionellen, sondern der inhaltlichen Bestimmung) ansatzweise entwickelt (Kap. B.III.). Entsprechend des gemeinsamen, trinitarischen Bekenntnisses in der Ökumene wird diese mithilfe der Trinitätslehre als »Rahmentheorie«[30] entworfen. Auf diese Weise lässt sich die Gemeinschaft der Kirche als eine eucharistische Gemeinschaft entwerfen, die immer schon in Antizipation der Vollendung der gesamten Schöpfung ihre eigene Sozialgestalt aus dieser Wesensbestimmung her entwickelt und entsprechend als ethische Gemeinschaft relationale friedensethische Positionen – und entsprechendes gemeinsames Handeln – herausbildet.

---

[27] Vgl. *Ulrich Körtner*, In der Lehre getrennt, im Handeln geeint? Chancen und Grenzen ökumenischer Sozialethik, in: *Friederike Nüssel* (Hg.), Theologische Ethik der Gegenwart. Ein Überblick über zentrale Ansätze und Themen, Tübingen: Mohr Siebeck 2009, 271–294, 276.

[28] Vgl. die »Basisformel« des ÖRK: »Der Ökumenische Rat der Kirchen ist eine Gemeinschaft von Kirchen, die unseren Herrn Jesus Christus gemäß der Heiligen Schrift als Gott und Heiland bekennen und darum gemeinsam zu erfüllen trachten, wozu sie berufen sind, zur Ehre Gottes, des Vaters, des Sohnes und des Heiligen Geistes.« Verfassung und Satzung des ÖRK; in: In deiner Gnade, Gott, verwandle die Welt. Offizieller Bericht der Neunten Vollversammlung des Ökumenischen Rates der Kirchen, Porto Alegre 2006, hg. von *Klaus Wilkens*, Frankfurt/M.: Lembeck 2007, I. Basis, 449.

[29] Vgl. zur Diskussion dieser Differenzierungen: *Gemeinsame Arbeitsgruppe des ÖRK und der römisch-katholischen Kirche* (Hg.), Der ökumenische Dialog über ethisch-moralische Fragen: Potentielle Quellen des gemeinsamen Zeugnisses oder der Spaltung, in: ÖR 45/1996, 355–370.

[30] Vgl. den Begriff bei: *Christoph Schwöbel*, Trinitätslehre als Rahmentheorie des christlichen Glaubens. Vier Thesen zur Bedeutung der Trinität in der christlichen Dogmatik, in: *Wilfried Härle* und *Reiner Preul* (Hg.), Trinität, Marburger Jahrbuch Theologie Bd. X, Marburg: N.G.Elwert 1999, 129–154.

So wird deutlich, dass interkonfessionelle Begegnungen und themen-zentrierte Dialoge, missionarische und handlungsorientierte Ökumene sich einander nicht ausschließen, sondern als gegenseitig ergänzende Bewährungsfelder der *einen* Ökumene wahrzunehmen sind, die an dem einen Bekenntnis zu dem dreieinigen Gott orientierend festhält, und die eben hieraus ihr Selbstverständnis als *una, sancta, catholica et apostolica eccelsia* erschließt – bei allen bleibenden Differenzen.

Neben diesen wäre als *weiteres Bewährungsfeld* zumindest das »Öku-menische Lernen« zu explizieren, das jedoch in allen anderen Feldern bereits relevant wird und daher hier nicht eigens entfaltet wird.[31] Au-ßerdem fehlt in der hier vorgelegten analytischen Darstellung eine Re-flexion zur ökumenischen Spiritualität. Da diese aber weniger als ein Bewährungsfeld der Ökumene anzusehen ist, sondern kategorial zu unterscheiden ist von der Entwicklung theologischer Lehren, Missi-onsverständnisse oder einer »ökumenischen Sozialethik«[32], wäre der Analyse und Reflexion ökumenisch erlebter und gefeierter Spiritualität eine ganz eigene Untersuchung zu widmen. Das wird hier nicht geleis-tet, was keinesfalls als Abwertung der zentralen, doxologischen Di-mension von Kirche in ihrer Bedeutung für die Ökumene gewertet werden soll. Das Gegenteil ist der Fall!

3.   Eine konfessionelle Perspektive im Kontext des Pluralismus

Jede Konfession, die sich nicht selbst genügt und nach außen ab-schließt, wird ihre theologische Lehre (in der Mehrzahl ihrer Entwürfe) im 21. Jahrhundert im Horizont der Ökumene als Wirklichkeit der Kir-che verantworten wollen – schon um ihrer selbst Willen. Denn keine Theologie, die die Universalität des Versöhnungsgeschehens in Chris-tus zu reflektieren beansprucht, kann darauf verzichten, Rechenschaft darüber abzulegen, wie die eigene Position sich zu der anderer Konfes-sionen verhält. Das muss nicht notwendig schon zu Konvergenzen füh-ren. Es besteht grundsätzlich immer auch die Möglichkeit, ja die Not-wendigkeit, bleibende oder neu auftretende Differenzen so klar zu be-nennen, dass sie möglichst von anderen am theologischen Gespräch Beteiligten zumindest in ihrer argumentativen Struktur nachvollzogen und in ihren Aussagegehalten verstanden werden können, auch wenn

---

31 Siehe hierzu: *Klaus A. Baier*, Ökumenisches Lernen als Projekt. Eine Studie zum Lernbegriff in Dokumenten der ökumenischen Weltkonferenzen (1910–1998), Hamburger theologische Studien 19, Hamburg u.a.: Lit 2001.
32 Vgl. hierzu: *Martin Robra*, Ökumenische Sozialethik, Gütersloh: Gütersloher 1994 und Walter Schöpsdau, Wie der Glaube zum Tun kommt. Wege ethischer Argumentation im evangelisch-katholischen Dialog und in der Zusammenarbeit der Kirchen, Bensheimer Hefte 102, Göttingen: Vandenhoeck & Ruprecht 2004.

diese nicht geteilt werden. Sonst müsste Theologie ihren Anspruch auf Wissenschaftlichkeit aufgeben.

In der Ökumene kann es nicht darum gehen, als richtig erachtete Aussagen, die von einer Tradition als »evangeliumsgemäß« vertreten werden, zugunsten größerer Einheit aufzugeben. Das wäre nicht die anzustrebende Einheit von Kirche, weil so keine Gemeinschaft als Kirche Jesu Christi wächst. Gemeinschaft und Identität bedingen sich vielmehr gegenseitig. Freilich setzt dies ein Einheitsverständnis voraus, das Pluralität – nicht Beliebigkeit – nicht nur für zulässig hält, sondern diese sinnvoll gestalten will.

Diese Möglichkeit soll im dritten Teil der vorliegenden Studien demonstriert werden. Die Entwürfe aus einer distinkten Tradition, hier einer historischen Friedenskirche, sind zunächst als »Gabe« an die ökumenische Gemeinschaft zu werten – vorausgesetzt, dass diese Entwürfe im Horizont der Ökumene entfaltet werden. Das gilt es zu überprüfen.

Zuerst werden die historischen Friedenskirchen in ihrer Unterschiedlichkeit deskriptiv-konfessionskundlich vorgestellt (Kap. C.I.). In einem *zweiten Schritt* soll die Auseinandersetzung geführt werden, wie eine Kirche in einer Zeit des religiösen Pluralismus überhaupt angemessen ihre Identität beschreiben kann (Kap. C.II.). Das stellt sich im Falle der Mennoniten als besondere Herausforderung dar, da sie auf eine plurale geschichtliche Ausgangslage im 16. Jahrhundert zurückblickt, die kaum eine Chance zur Vereinheitlichung unterschiedlicher Lehrauffassungen bietet und die sich dann in der weiteren Traditionsfortbildung zudem plural weiter entwickelte. So entfalten sich Überlegungen, die weit über diese eine Tradition hinaus Relevanz beanspruchen können, denn das hier als dialektisch beschriebene Verhältnis von Identität und Toleranz sowie die These, dass eine Haltung der Toleranz für die Kirche stets aus dem Glauben selbst begründet werden muss, wenn sie denn Nachhaltigkeit beanspruchen will, gilt als Herausforderung aller Kirchen der Ökumene. Schließlich muss die Ökumene als Ganze Rechenschaft darüber ablegen, welche theologischen Argumente sie für die Legitimität der Verschiedenheit nicht nur innerhalb ihrer eigenen Gemeinschaft ins Feld führen will, sondern auch für die bleibende Verschiedenheit unter den gelebten Religionen – die Voraussetzung also für den gewaltfreien Dialog mit Vertreterinnen und Vertretern anderer Religionen.

Schließlich werden systematisch-normative Beiträge aus der mennonitischen Tradition vorgestellt und diskutiert: zum einen die Interpretation des Rechtfertigungsgeschehens, da gerade die differenten Rechtfertigungslehren in ökumenischen Diskussionen zu heftigstem Streit veranlassen, weil sich an dieser Frage die Trennungen innerhalb der westlichen Kirche durch die Reformation des 16. Jahrhunderts darstellen lassen (Kap. C.III.).[33] Zum zweiten werden mehrere aktuelle Ansätze einer Theologie aus täuferisch-mennonitscher Perspektive vorgestellt, die jeweils deutlich erkennen lassen, dass sie den Horizont der Ökumene in ihrer Entwicklung, Entfaltung und Argumentation nicht nur berücksichtigen, sondern zum Teil bereits als Ausgangspunkt ihrer Überlegungen wählen (Kap. C.IV.). So kann demonstriert werden, wie plural sich die Diskussionslage schon innerhalb einer kleinen Kirche darstellt, die sich dennoch als Einheit begreift und ihre »Gaben« in die weitere ökumenische Debatte einzubringen bereit ist.

Alle theologischen Entwürfe sind immer schon – das machen die dargestellten Ansätze aus einer einzelnen Tradition deutlich – konfessionell und kontextuell geprägt, selbst dort, wo sie sich selbstkritisch gegen die eigene Tradition wenden. Die Tatsache, dass sie dies als legitim erachten, ohne sich dabei von eben dieser Tradition loszusagen, kann als Beleg gelten, dass ein gewisses Maß an Pluralität innerhalb der Ökumene immer schon als in den jeweiligen Konfessionen selbst vorfindlich vorausgesetzt werden darf. Auf diese Weise kann es dann auch gelingen, konfessionelle Lehrsysteme nicht als hermetisch abgeschlossene Konstruktionen schlicht entgegen zu nehmen, sondern stets neu nach Möglichkeiten alternativer Versprachlichungen solcher in einer Konfession geronnen Einsichten zu fragen. In der Ökumene kann es daher eben auch gelingen, durch neue, gemeinsame Formulierungen, das, was geglaubt und bekannt wird, gemeinsam zu sagen, ohne die gesicherte Identität der eigenen Tradition zu verlassen.

So wird die Ökumene keine eigene, »ökumenische Theologie« in dem Sinne hervorbringen, dass diese neben oder außerhalb der konfessionellen Traditionen zu stehen käme. Vielmehr wird eine ökumenisch orientierte Theologie stets auf diese Traditionen zurück greifen wollen, um nun ihrerseits theologische Entwürfe hervorzulocken, die ihre jeweiligen konfessionellen und kontextuellen Wurzeln für andere so transparent wie möglich machen, um sich vor der Wirklichkeit der Ökumene zu verantworten. – Die ökumenische Theoriebildung stellt hierzu die notwendigen methodischen Überlegungen und Rahmenbedingungen bereit.

Ich bin dankbar, dass die Theologische Fakultät der Ruprecht-Karls-Universität Heidelberg diese Arbeit als Habilitationsschrift angenommen hat. Viele haben dazu beigetragen, dass es nun auch möglich wur-

---

[33] Vgl. Deutscher Ökumenischer Studienausschuss, Von Gott angenommen – in Christus verwandelt. Die Rechtfertigungslehre im multilateralen ökumenischen Dialog. Eine Studie des DÖSTA, hg. von *Uwe Swarat, Johannes Oeldemann, Dagmar Heller*, Beiheft zur ÖR 78, Frankfurt/M.: Lembeck 2006.

de, die vorliegenden Studien zu veröffentlichen. Ich danke dem Team der Arbeitsstelle Theologie der Friedenskirchen (Universität Hamburg) für die fleißigen Korrekturarbeiten, sowie den Herausgebern wie dem Verlag für die Aufnahme in die Reihe »Theologische Anstöße«.

A. Theologie im Horizont der Ökumene – Ökumenische Theoriebildung

I. Ökumenische Theoriebildung: Ökumene *in via*[1]

I.1 Einleitung: Die Lehre spaltet, die Tat einigt – oder umgekehrt?

Die »Lehre spaltet, die Tat einigt« – so das Diktum der ersten Weltkonferenz für »Praktisches Christentum« (Stockholm 1925).[2] Wenn dieser Aussage zugestimmt wird, müsste dann ökumenische Theoriebildung nicht verstanden werden als ein Widerspruch in sich selbst? Kann sinnvollerweise von Theorien gesprochen werden, wenn die Praxis die eigentliche Möglichkeit zur Einheit bietet? Die Umkehrung dieses Diktums wird allerdings ebenso überzeugend seit den Anfängen der neuzeitlichen ökumenischen Bewegung vertreten: »Theologie eint, die Praxis trennt«.[3] Von Beginn an schlug sich dieser Gegensatz auch institutionell nieder in der Kommission für Glauben und Kirchenverfassung[4] auf der einen und in der Bewegung für Praktisches Christentum[5] auf

---

[1] Bearbeitete und erweiterte Fassung des Beitrags: *Fernando Enns*, Ökumenische Theoriebildung. Was tun eigentlich Ökumeniker?, in: Leitfaden Ökumenische Theologie, hg. von *Christoph Dahling-Sander* und *Thomas Kratzert*, Wuppertal: Foedus 1998, 13–27.

[2] Vgl. Die Stockholmer Weltkirchenkonferenz. Vorgeschichte, Dienst und Arbeit der Weltkonferenz für Praktisches Christentum, 19.–30. August 1925, Amtlicher deutscher Bericht, hg. von *Adolf Deißmann*, Berlin: Furche-Verlag 1926.

[3] Vgl. dazu *Jürgen Moltmann*, Welche Einheit? Der Dialog zwischen den Traditionen des Ostens und des Westens, in: Ökumenische Rundschau (zit. ÖR) 3/1977, 287–296. Dieser Artikel gibt die Rede wieder, die Jürgen Moltmann bei der Feier zum fünfzigjährigen Bestehen der Kommission für Glauben und Kirchenverfassung 1977 in Lausanne (Schweiz) gehalten hat.

[4] Vgl. *Günther Gassmann*, Konzeptionen der Einheit in der Bewegung für Glauben und Kirchenverfassung 1910–1937, Forschungen zur systematischen und ökumenischen Theologie 39, Göttingen: Vandenhoeck & Ruprecht 1979. Ders. (ed.), Documentary History of Faith and Order 1963–1993, Geneva: World Council of Churches (zit. WCC) 1993. *Matthias Haudel*, Die Bibel und die Einheit der Kirchen. Eine Untersuchung der Studien von Glauben und Kirchenverfassung, Göttingen: Vandenhoeck & Ruprecht 1993.

[5] Vgl. *Wolfram Weiße*, Praktisches Christentum und Reich Gottes. Die Ökumenische Bewegung Life and Work 1919–1937, Kirche und Konfession 31, Göttingen: Vandenhoeck & Ruprecht 1991.

der anderen Seite: einer stärker an den Lehrfragen orientierten (Dialog-) Ökumene einerseits[6] und einer stärker handlungsorientierten (sozialethisch ausgerichteten) Ökumene andererseits. Noch heute lassen sich die Traditionen und Wirkungsgeschichten dieser beiden Ströme, deren institutionelle Zusammenführung 1948 zur Gründung des Ökumenischen Rates der Kirchen (ÖRK) führte, wahrnehmen, obwohl die Überwindung der gegensätzlichen Bestrebungen vielen längst einleuchtet, ja notwendig erscheint und in unterschiedlichen programmatischen Ansätzen des ÖRK auch gezielt verfolgt wird.[7] Es ist daher nicht zu entscheiden, welcher der beiden Sätze richtig ist, sondern beide haben ihre Berechtigung und jeder für sich taucht wohl nur in dieser Einseitigkeit auf, um eine notwendige Gegenbewegung zum einseitig betonten anderen anzumahnen.

So gesehen wird sofort deutlich, dass die analytisch-kritische Funktion von Theorien hier eine erste sinnvolle Anwendung findet: »in der Erforschung der Gründe für die Entstehung von spezifischen und differierenden Traditionen und in dem Bemühen um die Übersetzung der Sprache der einen Tradition in die anderen«.[8] Hinzu tritt gleichberechtigt die konstruktiv-visionäre Funktion: »in der Bereitstellung neuer Konzepte, Aufgabenstellungen und Einsichten, die über eine bloß neue Auswahl, Neugewichtung oder Kombination von bisher bekannten Positionen hinausgeht«.[9] Damit ist die Aufgabe ökumenischer Theoriebildung grob beschrieben. Das Spezifische liegt in dem Versuch, das andere der anderen in allen Fragen (der theologischen Lehre wie der praktischen Implikationen zum kirchlichen Handeln) der eigenen, immer schon konfessionell geprägten und somit vorgeformten theologischen Reflexion kritisch wahrzunehmen, zu ergründen und mitzudenken. Ökumenische Theoriebildung reflektiert die Verschiedenheit der

---

[6] Die vielen bi- und multilateralen Dialoge zeugen von diesem Strang der Ökumene. Vgl. Dokumente wachsender Übereinstimmung (zit. DwÜ): sämtliche Berichte und Konsenstexte interkonfessioneller Gespräche auf Weltebene, gemeinsame Veröffentlichung der Kommission für Glauben und Kirchenverfassung (Genf), des Institutes für Ökumenische Forschung (Straßburg), des Johann-Adam-Möhler-Institutes, Paderborn und des Centro pro Unione, Rom (zit. DwÜ), Paderborn: Bonifatius und Frankfurt/M.: Lembeck [2]1991 (Bd. 1: 1931–1982), 1992 (Bd. 2: 1982–1990) und 2003 (Bd. 3: 1990–2001).

[7] Bestes Beispiel ist die so angelegte Studie »Ekklesiologie und Ethik«, vgl. *Thomas Best* and *Martin Robra* (eds.), Ecclesiology and Ethics. Ecumenical Ethical Engagement, Moral Formation and the Nature of the Church, Geneva: WCC 1997. Zur Interpretation vgl. *Fernando Enns*, Friedenskirche in der Ökumene. Mennonitische Wurzeln einer Ethik der Gewaltfreiheit, Kirche – Konfession – Religion 46, Göttingen: Vandenhoeck & Ruprecht 2003, 64–81.

[8] *Dietrich Ritschl* und *Werner Ustorf*, Ökumenische Theologie – Missionswissenschaft, Grundkurs Theologie, hg. von *Georg Strecker*, Bd. 10,2, Stuttgart u.a.: Kohlhammer 1994, 7.

[9] Ebd.

Konfessionen und Kontexte, entwickelt Einheitsverständnisse, Modelle der Einigung und auch Methoden der ökumenischen Begegnung – in den Bereichen Lehre, Gottesdienst, Ethik – und fragt nach dem gemeinsamen Ort der Kirchen sowie Potentialen ihres gemeinsamen Bekennens und Handelns in der einen Welt.[10]

Im Folgenden sollen solche Theoriebildungen in Ansätzen exemplarisch vorgestellt werden – nach Themenfeldern geordnet, Probleme aufzeigend, Richtungen und Tendenzen aufgreifend. Dabei ist es durchaus legitim zu fragen, ob es jeweils angemessen erscheint, von »Theorien« zu sprechen. Theorien kommen durch Differenzierungen zustande. In der ökumenischen Theologie wird demnach gefragt, welche Differenzierungen sinnvoll sind, um Theorien zu entwickeln.

Idealerweise wird sich diese Theoriebildung im Dialog vollziehen, zwischen Partnern, die aus unterschiedlichen konfessionellen Traditionen und kulturellen Kontexten stammen und die doch die Einheit der Kirche voraussetzen. Aber auch das theologische Reflektieren und Konstruieren eines Einzelnen/einer Einzelnen dient der Klärung und ist legitim, wenn die eigene Kontextualität mitgedacht und reflektiert wird. Ökumeniker und Ökumenikerinnen werden ihren eigenen Kontext in der ökumenischen Theoriebildung nicht verleugnen wollen, sondern im Gegenteil explizit Rechenschaft darüber ablegen, inwiefern die eigene Theoriebildung womöglich konfessionell geprägt, beeinflusst und vorbestimmt ist. Eine über allen Konfessionen schwebende Perspektive ist schlechterdings nicht einnehmbar, da die Beteiligten immer schon einer Konfession und/oder Tradition zugehören und – in Abgrenzung oder in Zustimmung – von dieser Binnenperspektive aus argumentieren werden. So entstehen Einzelentwürfe, in denen die Nähe zur eigenen Tradition, aber auch die kritische Distanz gegenüber dem Eigenen unverkennbar sein werden. In der ökumenischen Theoriebildung geschieht dies in spezifischer Zielsetzung: Sie nimmt teil an der Suche nach der Sichtbarmachung der vorgegebenen Einheit der Kirche in Christus (vgl. Joh 17) und der Erörterung und Problematisierung des bleibend Trennenden. Jede ökumenische Theoriebildung ist letztlich hierdurch motiviert.

---

[10] Als gute Einführung zur ökumenischen Theoriebildung dient: *Friederike Nüssel* und *Dorothea Sattler*, Einführung in die ökumenische Theologie, Darmstadt: Wissenschaftliche Buchgesellschaft (zit. WBG) 2008. Die vielseitigen ökumenischen Debatten von Beginn der modernen ökumenischen Bewegung bis in die 1990er Jahre werden überblicksartig dargestellt in: *Reinhard Frieling*, Der Weg des ökumenischen Gedankens. Eine Ökumenekunde, Göttingen: Vandenhoeck & Ruprecht 1992. Vgl. zum Gesamten auch *Peter Neuner*, Ökumenische Theologie. Die Suche nach der Einheit der christlichen Kirchen, Darmstadt: WBG 1997.

I.2   Anfang und Ende: Ekklesiologie im Horizont der Ökumene

Es liegt nahe, die ekklesiologische Frage ganz an den Anfang zu stellen: Welches Verständnis von Kirche legt ökumenische Theoriebildung eigentlich zugrunde? Sofort brechen die Konflikte an den divergierenden Ekklesiologien hervor, denn die ekklesiologische Frage ist nicht nur zentraler Gegenstand der Ökumene, sie bildet zugleich ihre stärkste Herausforderung und Bewährung.[11] Die unterschiedlichen Ekklesiologien sind einerseits der entscheidende Streitpunkt der verschiedenen Konfessionen, denn letztlich haben die kontroversen ekklesiologischen Vorstellungen diese Konfessionen ja erst entstehen lassen, zumindest jedoch eine je anders gestaltete Kirche aufgrund divergierender theologischer Lehrmeinungen (hinzu kommen immer die sog. nichttheologischen Faktoren[12]). Jede ökumenische Theoriebildung wird sich also zunächst in ihrer analytischen Funktion Rechenschaft darüber ablegen, welche Ekklesiologie jeweils mit welchen theologischen Argumenten vertreten wird, wenn sie divergierende Lehrmeinungen eruiert und Möglichkeiten einer Konvergenz auslotet. Andererseits hat die ökumenische Theoriebildung in ihrer konstruktiven Funktion – explizit oder implizit – eine Vorstellung von der Sichtbarkeit der *una, sancta, catholica et apostolica ecclesia* zu entwerfen. Welche visionären Entwürfe der sichtbaren Einheit sind in die Zukunft hinein zu wagen, mit welchen korrespondierenden theologischen Begründungszusammenhängen?[13]

Innerhalb der Ekklesiologie ist eine zweite Differenzierungsebene elementar: Die Unterscheidungen zwischen *ecclesia visibilis* und *ec-*

---

[11] Unmittelbar im Anschluss an die Gründung des ÖRK brach die ekklesiologische Frage auf, wie bereits der Titel jener Erklärung verdeutlicht, die während der Zentralausschusssitzung des ÖRK im Jahr 1950 in Toronto (Kanada) angenommen wurde, die sog. »Toronto-Erklärung«: »Die Kirche, die Kirchen und der Ökumenische Rat der Kirchen. Die ekklesiologische Bedeutung des Ökumenischen Rates der Kirchen«, in: *Hans-Ludwig Althaus* (Hg.), Ökumenische Dokumente. Quellenstücke über die Einheit der Kirche, Göttingen: Vandenhoeck & Ruprecht 1962, 104–113. Vgl. hierzu erläuternd: *Vitaly Borovoy*, Die kirchliche Bedeutung des ÖRK. Vermächtnis und Verheißung von Toronto, in: *Ökumenischer Rat der Kirchen* (Hg.), Es begann in Amsterdam. Vierzig Jahre Ökumenischer Rat der Kirchen, Beiheft zur ÖR 59, Frankfurt/M.: Lembeck 1989, 151–168.
[12] Damit sind in der Regel historische Konstellationen, politische und soziologische Gegebenheiten sowie kulturelle Besonderheiten gemeint, die eine nicht unerhebliche Rolle bei der Aufspaltung in verschiedene Kirchentümer gespielt haben.
[13] Vgl. hierzu die Überlegungen von *Anton Houtepen*, Einheit der Kirche im Bunde Gottes. Prolegomena zu einer jeden künftigen Ekklesiologie, die als eine ökumenische Ekklesiologie wird auftreten können, in: *Hans-Georg Link* und *Geiko Müller-Fahrenholz* (Hg.), Hoffnungswege. Wegweisende Impulse des Ökumenischen Rates der Kirchen aus sechs Jahrzehnten, Franfurt/M.: Lembeck 2008, 197–223.

clesia invisibilis[14], »Rechts- und Liebeskirche«[15], zwischen Phänomenalität der Kirche und eigentlicher Konstitution[16], zwischen erfahrener und geglaubter Kirche[17], zwischen »Wesen und Erscheinungsbild« der Kirche[18] führen hier weiter, auch wenn gerade diese Differenzierungen unter den Konfessionen nicht unumstritten sind. Sie haben in Bezug auf die Theoriebildung in erster Linie ordnende Funktion. Es ist von fundamentaler Bedeutung, ob jeweils Aussagen über die ideale Kirche formuliert werden, wie in den konfessionellen Bekenntnisschriften, oder über die real existierenden Kirchentümer, beispielsweise in Form der römisch-katholischen Kirche in Brasilien, der georgisch-orthodoxen Kirche oder den Mennonitengemeinden in Nordamerika gesprochen wird. Ekklesiologische Aussagen sind also zunächst je danach zu

[14] Die begriffliche Differenzierung von *ecclesia visibilis* und *ecclesia invisibilis* lässt sich auf Huldreich Zwingli (Exposito christianae fidei 1531) zurückführen, der wiederum auf Augustin zurück griff. So in *Albrecht Ritschl*, Über die Begriffe: sichtbare und unsichtbare Kirche (1859), in: *ders.*, Gesammelte Aufsätze, Freiburg i.Br. / Leipzig: Mohr 1893, 68f. Sie findet sich später auch bei *Johannes Calvin*, Institutio Religionis Christianae 1559, IV,1,2–7, in: Calvini Opera quae supersunt omnia, hg. von *Johann Wilhelm Baum, Eduard Cunitz* und *Eduard Reuss*, Braunschweig/Berlin: Schwetschke 1863–1900. Martin Luther unterschied zwischen sichtbarer und »verborgener« Kirche (»*ecclesia abscondita*«), in: *ders.*, D. Martin Luthers Werke. Kritische Gesamtausgabe (zit. WA), Bd. 18, Weimar: Hermann Böhlau Verlag 1883–2005 (hier: 1908), 652, 23. Luther setzt den Grund und die äußere Struktur der Kirche mit Hilfe des Bildes von Seele und Leib zueinander in Beziehung (vgl. WA 6, 296f.).
[15] So in der Enzyklika Mystici Corporis von Papst Pius XII., Rundschreiben über den mystischen Leib Jesu Christi und über unsere Verbindung mit Christus in ihm: Mystici Corporis Christi (29. Juni 1943), lateinischer u. deutscher Text Paralleltitel, Freiburg i.Br.: Herder 1947. Für die ökumenische Gemeinschaft ist hier vor allem die Vorstellung problematisch, dass der mystische Leib mit der römisch-katholischen Kirche identifiziert wird. Erst im II. Vatikanischen Konzil wurde dies modifiziert: »*Haec Ecclesia in hoc mundo ut societas constituta et ordinata, subsistit in Ecclesia catholica*«, Lumen Gentium, 8, in: Das Zweite Vatikanische Konzil. Konstitutionen, Dekrete und Erklärungen (lateinisch und deutsch), Bde. 1–3, hg. von *Heinrich Suso Brechter u.a.*, Freiburg i.Br.: Herder 1966–1968. Die nichtkatholischen Kirchen werden dort als »*Ecclesiae vel communitates ecclesiasticae, ecclesiales*« angesehen (vgl. Lumen Gentium, 15 und Unitate Redintegratio, 3, 19, 22, in: Das Zweite Vatikanische Konzil). Die Diskussionen über die sachgerechte Auslegung auch dieser Sätze dauern jedoch bis heute innerhalb der römisch-katholischen Kirche an. Vgl. zuletzt: Kongregation für die Glaubenslehre: Antworten auf Fragen zu einigen Aspekten bezüglich der Lehre über die Kirche, Rom am 29. Juni 2007. www.vatican.va/roman_curia/congregations/cfaith/documents/rc_con_cfaith_doc_20070629_responsa-quaestiones_ge.html (1.3.2010), 5. Frage
[16] *Dietrich Ritschl*, Zur Logik der Theologie. Kurze Darstellung der Zusammenhänge theologischer Grundgedanken, München: Kaiser [2]1988, 172f.
[17] Vgl. *Wolfgang Huber*, Kirche, München: Kaiser [2]1988, 32–44.
[18] *Wilfried Härle*, Art. »Kirche«, VII. Dogmatisch, in: TRE Bd. 18, 277–317 (hier: 281).

differenzieren, ob von dem erfahrenen »getrennten Leib« geredet wird, oder von der gegebenen und geglaubten *una, sancta, catholica et apostolica*.

I.3   Schrift und Tradition(en): eine Frage der Hermeneutik

Fragt man nach der Grundlage der konfessionellen Ekklesiologien, so lässt sich unschwer feststellen, dass die Divergenzen bereits in den Schriften des biblischen Kanons ihre Wurzeln haben. Jede der in der Ökumene vertretenen Traditionen wird letztlich die eigene Ekklesiologie in den Zeugnissen des Alten und Neuen Testaments selbst gegründet sehen. In den meisten Fällen kommen schließlich (altkirchliche oder später ausgebildete) Bekenntnisschriften als weitere Quellen hinzu, die als sachgemäße Auslegungen der biblischen Zeugnisse verstanden werden.[19]

Röm 12, 1Kor 12 und Eph 4 entfalten hinsichtlich des Verhältnisses von Einheit und Vielheit die Metapher des einen Leibes und der vielen Glieder, wobei nochmals unterschiedliche Betonungen zu entdecken sind. Nach Röm 12 werden die vielen ein Leib in Christus, aber auch einander Glied mit je verschiedenen Charismen; 1Kor 12 geht vom bereits bestehenden Leib aus, an dem alle Glieder ohne Unterschied den gleichen Geist, den gleichen Herrn und Gott bekennen; und in Eph 4 ist das Bekenntnis zu dem einen Herrn, das Teilen des einen Glaubens sowie das Einswerden in der Taufe das Verbindende, auf das dieser Leib auferbaut wird, mit Christus als dem Haupt (des ganzen Kosmos). Mt 16 nennt einen »Fels«, auf dem die Gemeinde gebaut werden soll. Kann hiervon ein singuläres »Petrus-Amt« abgeleitet werden oder ist damit eine Zusage an alle gemeint, die das Bekenntnis zu Christus zuvor abgelegt haben? Aus Joh 17 entwickelte bereits Ignatius von Antiochien seine *hénosis*-Vorstellung (wie der Vater und der Sohn eins sind, so der Sohn und der Bischof und so auch der Bischof und die Gemeinde). In Mt 18 wird das versöhnende Handeln der Gemeinde betont. – Eine Vielzahl weiterer Bilder, Metaphern, Umschreibungen der *ecclesia* lassen sich aus den biblischen Zeugnissen erheben.[20]

Aufgrund dieser Beobachtungen legt sich unweigerlich der Schluss nahe, dass die Verschiedenheit zunächst als legitim anzusehen ist,

---

[19] Zum Gesamten vgl. *Lukas Vischer, Ulrich Luz* und *Christian Link*, Ökumene im Neuen Testament und heute, Göttingen: Vandenhoeck & Ruprecht 2009. Siehe hier insbesondere *Lukas Vischer*, Schwierigkeiten bei der Befragung des Neuen Testaments, Schrift und Tradition, 22–27.
[20] Vgl. hierzu *Ulrich Luz*, Unterwegs zur Einheit: Gemeinschaft der Kirche im Neuen Testament, in: *Vischer/Luz/Link*, Ökumene im Neuen Testament, a.a.O., 53–130. Siehe auch: *Jürgen Roloff*, Die Kirche im Neuen Testament, Göttingen: Vandenhoeck & Ruprecht 1993.

wenn im Kanon selbst bereits die Vielfalt angelegt ist.[21] Nur ein Biblizismus würde versuchen, die unterschiedlichen Konzeptionen künstlich zu harmonisieren. Zu fragen ist vielmehr nach der Hermeneutik, den jeweils leitenden Kriterien für die Selektion und Bewertungen der einzelnen Schriften durch die verschiedenen Traditionen. Explizite Lehren (entstanden durch Übereinkünfte in Konzilien oder Synoden) klären darüber auf, aber auch implizite Lehrvorstellungen (was ist mit den überkommenen Formulierungen *gemeint*?) wollen herausgearbeitet und berücksichtigt werden. Weiterhin ist zu fragen, welcher Stellenwert den biblischen Texten überhaupt zukommt: Sind sie zuerst deskriptiv und erst später normativ geworden?[22] Und schließlich: Wem ist in der jeweiligen Tradition die Lehrautorität zugeschrieben und wodurch wird dies begründet?

Auch im visionären Entwerfen einer gemeinsamen Ekklesiologie im Horizont der Ökumene will das berücksichtigt werden. Um herauszufinden, welche Innovationskraft die biblischen Texte für die Ökumene bereit halten, ist eine gemeinsame Exegese der biblischen Zeugnisse geboten. »Allein die Heilige Schrift vermag es, alle christlichen Bekenntnisgemeinschaften in ein Gespräch miteinander zu bringen«.[23] So wird sich auch feststellen lassen, ob sie in ihrer Wirkungsgeschichte stets auf eine bestimmte Weise ausgelegt und hierdurch womöglich auch »okkupiert« wurden und/oder ob sich die ökumenische Gemeinschaft durch diese Texte neu herausfordern lässt,[24] darauf verzichtend, sie lediglich als Legitimation des *status quo* zu zitieren.

I.4   Einheitsverständnisse und Einigungsmodelle – welches Ziel?

Die Ökumenische Bewegung muss auf ein eindeutiges Ziel gerichtet sein, sonst widerspricht sie sich selbst.[25] Diese von Harding Meyer formulierte These leuchtet zunächst ein. Zu überlegen ist allerdings, wie einheitlich sich dieses Ziel tatsächlich formulieren lässt und ob

---

[21] Diese Erkenntnis formulierte *Ernst Käsemann* eindrücklich in: *ders.*, Begründet der neutestamentliche Kanon die Einheit der Kirche?, in: *ders.*, Exegetische Versuche und Besinnungen, Bd. 1, Göttingen: Vandenhoeck & Ruprecht ⁶1970, 214.
[22] »The Church was before the Bible was.« Vgl. *James Barr*, Escaping from Fundamentalism, London: SCM 1984.
[23] *Nüssel/Sattler*, Einführung in die ökumenische Theologie, a.a.O., 45.
[24] Diesen Versuch hat der Deutsche Ökumenische Studienausschuss (zit. DÖSTA) mit seiner Auslegung zu Joh 17 unternommen: Deutscher Ökumenischer Studienausschuss, Einheit als Gabe und Verpflichtung. Eine Studie des DÖSTA zu Johannes 17 Vers 21, hg. von *Wolfgang Bienert*, Frankfurt/M.: Lembeck 2002.
[25] Vgl. *Harding Meyer*, Ökumenische Zielvorstellungen, Bensheimer Hefte 78, Göttingen: Vandenhoeck & Ruprecht 1996. Dieses Buch bietet einen weiteren, äußerst hilfreichen Überblick zur Theoriebildung in der ökumenischen Bewegung.

dadurch dem ökumenischen Prozess nicht vorgegriffen wird. Meyer differenziert zwischen den Verständnissen von Einheit (die vielfältig sein können) auf der einen und Modellen der Einigung auf der anderen Seite. Zu ergänzen sind darüber hinaus Überlegungen zur Methodologie ökumenischer Dialoge, die ebenso differieren kann und die durch eine Modellvorgabe noch nicht in jedem Fall determiniert ist. Es lässt sich beobachten, dass die je beteiligten Konfessionen die Methodologie ihrer ökumenischen Lehrgespräche stets neu und je anders definieren.[26]

I.4.1 Einheitsverständnisse

Auch wenn verschiedene Auffassungen zum Verständnis der Einheit zulässig sind, basieren sie Harding Meyer zufolge letztlich auf drei ökumenisch konsensfähigen Grundüberzeugungen:
(1) Die Einheit gehört zum Wesen der Kirche. Sie ist eine der *notae ecclesiae*, so wie sie im Nicäno-Konstantinopolitanum (381) zum Ausdruck kommt.[27]
(2) Die wesensmäßige Einheit der Kirche ist allem Bemühen um die Einheit immer schon vorgegeben (»ökumenischer Indikativ«). Einheit ist demnach zunächst und vor allem nicht etwas Herzustellendes, sondern Gabe, zur Konstitution der Kirche gehörend.
(3) Die wesensmäßige Einheit der Kirche muss gelebt und sichtbar gemacht werden (»ökumenischer Imperativ«). Alles ökumenische Bemühen zielt darauf ab, die Gabe der Einheit auch in der Phänomenalität, in der erfahrenen Kirche durch Lehre, Gottesdienst und Praxis zum Ausdruck zu bringen.

Nimmt man die konstruktive Funktion der ökumenischen Theoriebildung ernst, so hat nun auch die eschatologische Dimension in den Blick zu kommen. Die erwartete, vollkommene Verwirklichung der Einheit im Eschaton hält Motivation und Entlastung zugleich bereit. Vollkommene Einheit ist eine, wie auch immer geartete, vor uns liegende Größe, deren Orientierungskraft in die Gegenwart reicht, denn diese Einheit wird jetzt bereits antizipiert. Vor allem Vertreter aus orthodoxen Kirchen und der römisch-katholische Kirche verweisen in Dialogen immer wieder auf diese zentrale theologische Einsicht. Und gerade als eschatologische Größe ist Einheit eben nicht abhängig von

---

[26] Vgl. DwÜ.
[27] Symbolum Nicaenum, in: Die Bekenntnisschriften der evangelisch-lutherischen Kirche (zit. BSLK), Göttingen: Vandenhoeck & Ruprecht [12]1998, 26f. Vgl. hierzu die ökumenische Auslegung in: Ökumenischer Rat der Kirchen, Studiendokument der Kommission für Glauben und Kirchenverfasssung: Gemeinsam den einen Glauben bekennen. Eine ökumenische Auslegung des apostolischen Glaubens, wie er im Glaubensbekenntnis von Nizäa-Konstantinopel (381) bekannt wird, Faith & Order Paper 153, Frankfurt/M.: Lembeck und Paderborn: Bonifatius 1991.

dem Bemühen der erfahrenen Kirche. So wird die scheinbar unerreichbare Auflösung der Spannung zwischen *geglaubter* Einheit der Kirche und *erfahrener* Trennung der Kirchen durch die eschatologische Dimension ertragbar und ermutigt zu weiteren Schritten auf diese Einheit hin, denn die dadurch freigesetzte produktive Dynamik lässt das historisch Vorfindliche als vorläufig und letztlich überwindbar erscheinen. – Dies ist meines Erachtens als die eigentliche »ökumenische Vision« zu bezeichnen.

Auch die institutionalisierte Gemeinschaft der Kirchen im ÖRK ist letztlich von dieser Vision her erst legitimiert:»Der Ökumenische Rat der Kirchen ist eine Gemeinschaft von Kirchen, die unseren Herrn Jesus Christus gemäß der Heiligen Schrift als Gott und Heiland bekennen und darum gemeinsam zu erfüllen trachten, wozu sie berufen sind, zur Ehre Gottes, des Vaters, des Sohnes und des Heiligen Geistes.«[28] Davon zu unterscheiden ist die Utopie, wie sie einst in der Una-Sancta-Bewegung verfolgt wurde[29]: Die als defizitär erlebte Realität wollte man schlicht hinter sich lassen. Dann aber ist kein beschreibbarer Ort mehr gegeben, von dem aus diese Einheit sichtbar gemacht werden könnte.

Das Einheitsverständnis findet sodann in unterschiedlichen Einheitsmodellen seinen Niederschlag, die jeweils wieder differenzierte Akzentuierungen dieses Verständnisses zum Ausdruck bringen können. Wird die ökumenische Bewegung im Bild eines Baumes verstanden, der eine gemeinsame Wurzel hat (die jüdische Tradition), einen Stamm (die Urgemeinde und die Anfänge in der Alten Kirche) und dann verschiedene Verzweigungen ausbildet (die unterschiedlichen, voneinander getrennten Traditionen, hervorgegangen aus den Spaltungen der Kirche), so lassen sich hiermit elementar wichtige Aspekte der Einheit illustrieren. Die eschatologische Dimension wird allerdings erst in einer anderen Metapher erfasst: Im »Flussdelta-Modell« lässt sich darstellen, dass die ganz unterschiedlichen Bäche und Flüsse am Ende doch in das eine Meer münden.

In den vergangenen zwei Jahrzehnten hat vor allem die Rückbesinnung auf die Einheit als *koinonia* eine starke Wirkung auf alle Diskussionen zu integrativen Einheitskonzepten ausgeübt. Zugrunde liegt die Wiederentdeckung bzw. Aufnahme eines trinitätstheologisch begründeten Kirchenverständnisses, das im trinitarischen Gottesverständnis selbst verankert ist. Die Leistungsfähigkeit der im Koinonia-Konzept zu Grunde gelegten Zusammenschau von theologischen, christologischen

---

[28] Verfassung und Satzung des ÖRK, in: In deiner Gnade, Gott, verwandle die Welt. Offizieller Bericht der Neunten Vollversammlung des Ökumenischen Rates der Kirchen, Porto Alegre 2006, hg. von *Klaus Wilkens*, Frankfurt/M.: Lembeck 2007, I. Basis, 449.

[29] Vgl. *Leonard Swidler*, The Ecumenical Vanguard: The History of the Una Sancta Movement, Pittsburgh/PA: Duquesne University Press 1966. Vgl. dazu auch *Jörg Ernesti*, Kleine Geschichte der Ökumene, Freiburg/Basel/Wien: Herder 2007.

und pneumatologischen Aspekten erweist sich in der Möglichkeit, die Perspektiven »von oben« (Ekklesiologie ihrem Wesen nach) und »von unten« (die in der Ekklesiologie implizierte Ethik) zusammenzuhalten und nicht voneinander zu trennen:[30]

> Koinonia ist gegeben und kommt zum Ausdruck »im gemeinsamen Bekenntnis des apostolischen Glaubens, in dem einen gemeinsamen sakramentalen Leben, in das wir durch die eine Taufe eintreten und das in der einen eucharistischen Gemeinschaft miteinander gefeiert wird, in einem gemeinsamen Leben, in dem Glieder und Ämter gegenseitig anerkannt und versöhnt sind, und in einer gemeinsamen Sendung, in der allen Menschen das Evangelium von Gottes Gnade bezeugt und der ganzen Schöpfung gedient wird […].«[31]

Die unterschiedlichen, voneinander aber nicht unabhängigen Ebenen von Gemeinschaft kommen darin zum Ausdruck: (1) koinonia mit Gott, als Teilhabe an der immanenten Trinität, (2) koinonia innerhalb der Kirche (auch als Synonym für Kirche), (3) koinonia als Gemeinschaft der Kirchen untereinander, (4) koinonia mit Menschen anderen Glaubens oder ohne Glauben und (5) koinonia mit der Schöpfung. In dieser Deutungsvielfalt erweist sich das Potenzial zur ekklesiologischen Konvergenz der koinonia-Vorstellung, denn die ostkirchliche Vorstellung von der Kirche als »Mysterium« ist darin ebenso aufgenommen wie die westkirchlich-protestantische von der Kirche als *creatura verbi*. Die umfassende Verwendung des Begriffs birgt allerdings auch eine Gefahr in sich: Die spezifischen ekklesiologischen Traditionen können ihn je nach eigenem Verständnis auslegen und müssen nicht zu einer gemeinsamen Interpretation des Begriffs selbst kommen. So könnte hier auch schlicht eine neue Metapher (wieder-) eingeführt sein, die zur eigentlichen Klärung noch nicht beiträgt.[32] Zur Nachhaltigkeit sind demnach gemeinsame Entfaltungen des Begriffs notwendig.

I.4.2 Einigungsmodelle

Aufgrund der vielfältigen Einigungsmodelle verständigte man sich in den 1970er Jahren auf vier Forderungen, nach denen Einigungsmodel-

---

[30] Vgl. hierzu vor allem die Diskussionen vor, während und nach der fünften Weltkonferenz für Glauben und Kirchenverfassung: Santiago de Compostela 1993. Fünfte Weltkonferenz für Glauben und Kirchenverfassung, Beiheft zur ÖR 67, hg. von *Günther Gassmann* und *Dagmar Heller*, Frankfurt/M.: Lembeck 1994.
[31] Die Einheit der Kirche als Koinonia: Gabe und Berufung, in: Im Zeichen des Heiligen Geistes. Bericht aus Canberra 1991. Offizieller Bericht der siebten Vollversammlung des Ökumenischen Rates der Kirchen, 7.–20. Februar 1991 in Canberra/Australien, hg. von *Walter Müller-Römheld*, Frankfurt/M.: Lembeck 1991, 174.
[32] Vgl. zu dieser Diskussion die vertiefende Reflexion von *Tobias Brandner*, Einheit, gegeben – verloren – erstrebt. Denkbewegungen von Glauben und Kirchenverfassung, Göttingen: Vandenhoeck & Ruprecht 1996.

le zu bewerten seien:[33] (1) die Beendigung von Vorurteilen und Feindschaft, (2) die gemeinsame Teilhabe an dem einen Glauben, (3) die
gegenseitige Anerkennung von Taufe, Eucharistie und Amt, (4) die
Einigung über Wege zu gemeinsamer Beschlussfassung und zum gemeinsamen Handeln. Auf dieser Grundlage kann ökumenische Theoriebildung Modelle entwickeln, nicht ohne dabei den Forderungskata-
log selbst immer wieder neu zu reflektieren und weiter zu entwickeln.
Da ein Einheitsverständnis nicht notwendigerweise bereits ein singuläres Modell präjudiziert, werden je verschiedene Modelle mit dem gleichen Einheitsverständnis korrespondieren. Je nach Ausgangspunkt,
Zielsetzung und Bewährungsfeld entstehen gänzlich unterschiedliche
Modelle. Ökumenische Theoriebildung analysiert diese Modelle vor
dem Hintergrund ihrer Kompatibilität gegenüber den verschiedenen
konfessionellen Traditionen und fragt nach Rationalisierungen, Grenzen und konstruktiven Funktionen für die Sichtbarmachung der Einheit
der Kirchen.

Nur in der frühen ökumenischen Bewegung folgte man dem Modell
der organischen Union.[34] Der 1983 vorgestellte »Rahner-Fries-Plan«[35]
war programmatisch auf die Struktur der Kirche ausgerichtet: Die Eigenständigkeit der Teilkirchen sollte anerkannt werden und diese erkennen sich wiederum untereinander als vollgültige Kirchen an und
unterstellen sich gemeinsam dem besonderen Petrus-Amt des Bischofs
in Rom als eines Amtes der Einheit. Als gemeinsame Basis dienen die
Grundwahrheiten des christlichen Glaubens, wie sie in der Heiligen
Schrift und den altkirchliche Glaubensbekenntnissen zum Ausdruck
kommen. – Dieses Modell ist von protestantischer Seite teils heftig
kritisiert worden.[36]

Oscar Cullmann diente die neutestamentliche Exegese als Ausgangspunkt und Legitimationsgrundlage eines Modells der »Einheit durch
Vielfalt«.[37] Peter Lengsfeld gelangte durch die Analyse gruppensozio-
logischer Prozesse zur Kollusionstheorie: Aus dem Gegensatzprinzip

---

33 Vgl. Ökumenischer Rat der Kirchen, Die Beziehungen zwischen dem ÖRK
und den weltweiten Konfessionsfamilien. Konsultationsbericht, Genf: ÖRK 1978,
Nr. 9.
34 Vgl. *Neuner*, Ökumenische Theologie, a.a.O., 285. Vgl. hierzu etwa die Vereinigte Kirche von Kanada (1925) oder die Kirche Christi in Südindien (1947).
35 Siehe *Heinrich Fries* und *Karl Rahner*, Einigung der Kirchen – reale Möglichkeit, Quaestiones disputatae 100, Freiburg i.Br. u.a.: Herder 1983.
36 So von *Eilert Herms*, Einheit der Christen in der Gemeinschaft der Kirchen:
die ökumenische Bewegung der römischen Kirche im Lichte der reformatorischen
Theologie. Antwort auf den Rahner-Fries-Plan, Kirche und Konfession 24, Göttingen: Vandenhoeck & Ruprecht 1984.
37 Vgl. *Oscar Cullmann*, Einheit durch Vielfalt. Grundlegung und Beitrag zur
Diskussion über die Möglichkeiten ihrer Verwirklichung, Tübingen: Mohr ²1990.

der einzelnen Kirchen entstand ein konfessionsspezifisches Wahrheits-
bewusstsein und eine spezifische Sozialgestalt mit homogenem Bin-
nenraum und strikter Abgrenzung nach außen. Lassen sich diese Spezifika durch Dialoge vom Gegensatzprinzip befreien, können sie womöglich von allen Kirchen gemeinsam verantwortet werden und in eine »konziliare Gemeinschaft« führen. Eine gemeinsame christliche
Identität erhielte den Vorrang vor den trennenden Besonderheiten.[38]

Alle in der Gegenwart ernsthaft diskutierten Modelle gehen von einer
– wie auch immer gearteten – Einheit bei bleibender Verschiedenheit
aus:[39] Kanzel- und Abendmahlsgemeinschaften,[40] Einheit in versöhnter Verschiedenheit,[41] Kirche als konziliare Gemeinschaft,[42] bis hin
zur Ökumene in Gegensätzen[43] und anderen Differenzmodellen.[44] Entscheidend ist nun nicht mehr die Tatsache, dass Differenzen bestehen,
sondern die Frage, ob diesen Differenzen ein kirchentrennender Charakter zueignet.

I.4.3 Methodologie der Lehrgespräche

In allen bisherigen Einigungsmodellen spielen bi- und multilaterale
Dialoge eine entscheidende Rolle, wenn auch ihr Ertrag und ihr Potential zur tatsächlichen Einigung zunehmend hinterfragt werden.[45] In
Deutschland erfolgte diese Kritik vor allem im Zuge der »Gemeinsamen Erklärung zur Rechtfertigungslehre zwischen Lutherischem Weltbund und der Römisch-katholischen Kirche«.[46] Der zunächst unbe-

---

[38] Vgl. *Peter Lengsfeld* (Hg.), Ökumenische Theologie: ein Arbeitsbuch, Stuttgart
u.a.: Kohlhammer 1980.
[39] Vgl. hierzu auch den Überblick bei *Nüssel/Sattler*, Einführung in die ökumenische Theologie, a.a.O., Kap. III.1 Einheitsvorstellungen, 120–131. Hier wird zusätzlich zwischen römisch-katholischen und reformatorischen Modellen differenziert.
[40] Vgl. z.B. die Leuenberger Kirchengemeinschaft (1973), seit 2003 trägt sie die
Bezeichnung »Gemeinschaft Evangelischer Kirchen in Europa« (GEKE). Siehe
dazu *Nüssel/Sattler*, Einführung in die ökumenische Theologie, a.a.O., 126.
[41] Vgl. *Neuner*, Ökumenische Theologie, a.a.O., 289.
[42] A.a.O., 286.
[43] A.a.O., 291.
[44] Vgl. hierzu und zur aktuellen Diskussion vor allem *Ulrich H.J. Körtner*, Wohin
steuert die Ökumene? Vom Konsens- zum Differenzmodell, Göttingen: Vandenhoeck & Ruprecht 2005. Siehe dazu auch *Wolfgang Huber*, Im Geist der Freiheit.
Für eine Ökumene der Profile, Freiburg i.Br. u.a.: Herder 2007.
[45] So *Körtner*, »Ökumene in Gegensätzen«, a.a.O.
[46] Gemeinsame Erklärung zur Rechtfertigungslehre zwischen Lutherischem Weltbund und der Römisch-katholischen Kirche, in: Texte aus der VELKD, Nr. 87,
Hannover: Juni 1999 (alle offiziellen Dokumente von Lutherischem Weltbund und
Vatikan). Siehe zu dieser Diskussion auch die weiterführende Studie des Deutschen Ökumenischen Studienausschusses, Von Gott angenommen – in Christus
verwandelt. Die Rechtfertigungslehre im multilateralen ökumenischen Dialog.

streitbare Gewinn der Dialoge liegt im gegenseitigen Kennenlernen und Annähern an fremde Positionen, der Heilung von schmerzlichen Erinnerungen durch gegenseitige, frühere Verurteilungen sowie dem Versuch, Konvergenzen und Divergenzen *gemeinsam* zu benennen. Dies dient auch der gegenseitigen Vertrauensbildung (zumindest zwischen den tatsächlich am Gespräch Beteiligten). Neue Aporien tun sich allerdings auf: Immer tragen diese Gespräche auch den Effekt der Selbstvergewisserung und der Rekonfessionalisierung in sich, da das bleibend Trennende naturgemäß stark hervorgehoben wird. Der Glaubensbegriff wird auf die Lehre reduziert, Gottesdienst und aktuales kirchliches Leben sind nur marginal im Blick, so dass die real existierenden, erfahrenen Kirchentümer kaum berücksichtigt werden. Dies führt nicht zuletzt zu einem mangelhaften Rezeptionsprozess, vor allem unter Laien, so dass der ökumenische Dialog im Expertengespräch zu verharren droht. Hinzu kommt nun nach vielen Jahrzehnten der Dialoge die Erfahrung, dass sich trotz vielfältig ausformulierter und differenzierter Konsense, Konvergenzen und Divergenzen keine spürbare institutionelle Veränderung im Verhältnis der Kirchen zueinander einstellt.

Hier drängt sich die Frage nach den Methoden dieser bi- und multilateralen Gespräche auf. Vorausgesetzt wird jeweils die Überzeugung eines gemeinsamen christlichen Erbes und einer Hoffnung: »Was uns als Christen eint, ist bedeutender und wesentlicher als das, was uns als […] Christen trennt.«[47] In dem weit ausgeführten Projekt »Lehrverurteilungen – kirchentrennend?« (Wolfhart Pannenberg und Karl Lehmann)[48] werden die konfessionsspezifischen Lehrmeinungen im historischen Kontext ihrer Entstehung gemeinsam beleuchtet. Das führt nicht zur Neuformulierung historischer (Bekenntnis-) Texte, aber doch zu der relativierenden Erkenntnis und Aussage, dass frühere Verurteilungen (hier aus der Reformationszeit) den heutigen Partner in der Ökumene nicht mehr treffen. – Zu fragen bleibt, ob es denn durch dieses Vorgehen ein neues, gemeinsames Entdecken der »Grundwahrheiten« des christlichen Glaubens geben kann und ob diese gemeinsam

Eine Studie des DÖSTA, hg. von *Uwe Swarat, Johannes Oeldemann, Dagmar Heller*, Beiheft zur ÖR 78, Frankfurt/M.: Lembeck 2006.
[47] Auf dem Weg zu einem gemeinsamen Verständnis von Kirche, reformiert-römisch-katholischer Dialog, 1984–1990, in: DwÜ 2, 623–673.
[48] Ökumenischer Arbeitskreis Evangelischer und Katholischer Theologen: Lehrverurteilungen – kirchentrennend?, hg. von *Karl Lehmann* und *Wolfhart Pannenberg*, Freiburg i.Br.: Herder und Göttingen: Vandenhoeck & Ruprecht 1986–1994 (Bd. 1: Rechtfertigung, Sakramente und Amt im Zeitalter der Reformation und heute [³1988]; Bd. 2: Materialien zu den Lehrverurteilungen und zur Theologie der Rechtfertigung [1989]; Bd. 3: Materialien zur Lehre von den Sakramenten und vom kirchlichen Amt [1990]; Bd. 4: Antworten auf kirchliche Stellungnahmen [1994]).

zur Sprache gebracht werden können. Das löst die generelle Frage nach dem Wahrheitsgehalt von Lehre aus.

Mindestens drei verschiedene Methoden der Annäherung werden erkennbar:[49]
(1) Der Kompromiss ist ein allseitiges Nachgeben zugunsten einer allgemein zufriedenstellenden Lösung. Hier lässt sich nochmals unterscheiden zwischen einem Sachkompromiss, der Suche nach dem kleinsten gemeinsamen Nenner, und einem dilatorischen Kompromiss, dem Aufschub einer Entscheidung. Je nach Anspruch auf Wahrheitsgehalt in der Lehre wird ein Kompromiss naturgemäß unmöglich.
(2) Als Konvergenz wird die Annäherung der unterschiedlichen Positionen auf eine von allen Partnern noch zu formulierende Position hin bezeichnet. Man nähert sich gemeinsam der Wahrheitsfrage.
(3) Der Konsens ist das ineinander übergreifende Übereinstimmen der unterschiedlichen Positionen zur Einheitlichkeit hin. Die Bereitschaft hierzu schließt das mögliche Eingestehen von Irrtümern bzw. Anerkennen von Teilwahrheiten ein.
Diese drei erreichbaren Formen der Annäherung finden inzwischen weitere Unterdifferenzierungen.[50]

Die Kraft des Dialogs liegt in der Möglichkeit des gegenseitigen Bekennens. Das Ergebnis solcher Dialoge wird entscheidend davon abhängen, welche Methodik jeweils angewandt wird und ob es tatsächlich gelingt, das Anderssein der anderen als Voraussetzung und nicht nur als Hindernis zur Gemeinschaft zu erkennen. Freilich kann das nur gelingen, wenn dabei das Eigene (die Identität, die erkannte Wahrheit) nicht notwendig aufgegeben werden muss. Das wäre gleichsam das Ende des Dialogs. Die Qualität der Dialoge hängt demnach von der Voraussetzung ab, Wahrheit als eine allen kirchlichen Lehren immer noch vorausliegende anzunehmen und sich nicht notwendig auf einmal formulierte sprachliche Ausdrucksformen dieser Wahrheit festzulegen.

Eindrücklich formuliert wurde diese Einsicht von der gemeinsamen Arbeitsgruppe des ÖRK und der römisch-katholischen Kirche:»Dialog geschieht dort, wo es Unterschiede (oder gar Gegensätze) zwischen Menschen gibt, die dennoch eine gewisse Basis haben und nach größerer Gemeinschaft im Denken und Handeln streben. Er setzt von Anfang an die Existenz einiger gemeinsamer Bezugspunkte und eine gemeinsame Orientierung voraus. Unser gemeinsamer Bezugspunkt ist die Offenbarung, wie sie im Zeugnis der Heiligen Schrift zum Ausdruck kommt. Die

---

[49] Vgl. *József Fuisz*, Konsens, Kompromiss, Konvergenz in der ökumenischen Diskussion. Eine strukturanalytische Untersuchung der Logik ökumenischer Entscheidungsprozesse, Münster: Lit 2001.
[50] Vgl. etwa die Rede vom »differenzierten Konsens«, in: *Harding Meyer* und *Harald Wagner* (Hg.), Einheit – aber wie? Zur Tragfähigkeit der ökumenischen Formel vom »differenzierten Konsens«, Freiburg i.Br. u.a.: Herder 2000.

Heilige Schrift ist mehr als nur ein Buch oder ein normativer Kodex. Durch sie hören wir Gottes Wort. Ihr Zeugnis hat Jesus Christus zum Mittelpunkt und hat Bedeutung durch die Beziehung zu ihm. Es wird gelebt und verstanden durch das Wirken des Heiligen Geistes in der Tradition der Kirche und durch den Glauben des Volkes Gottes. Alle christlichen Gemeinschaften sind durch diesen Glauben gebunden; jede einzelne gibt ihm eine konkrete Form in ihrem Glaubensbekenntnis oder ihren -bekenntnissen und durch ihre Spiritualität.«[51]

I.5 Ökumenische Theologie: Die Frage nach dem Verhältnis von Lehre und Wahrheit

Ökumenische Theoriebildung stellt sich dem Phänomen kirchlicher Lehre: Wie entsteht sie und welche Wahrheitsansprüche werden für sie erhoben? Von der Beantwortung dieser Frage hängt entscheidend ab, in welchem Verhältnis die verschiedenen Lehrtraditionen zueinander stehen, welche Modelle der Einigung realistisch sind und schließlich welches Verständnis von Einheit vorausgesetzt werden darf.

Naturgemäß divergieren die Meinungen hier sehr stark – nicht nur zwischen den Konfessionen und kulturellen Kontexten, sondern auch innerhalb derselben. Das kann nicht anders sein, denn Theologie als die kritische Reflexion der Rede von Gott ist als fortwährendes Geschehen zu betrachten, auf das die unterschiedlichsten »Denkschulen«, Forschungsergebnisse und Erfahrungen fortwährend Einfluss nehmen, so dass es einerseits unmöglich erscheint, einzelnen Konfessionen eindeutig eine singuläre theologische Tradition zuzuordnen (das kann allenfalls ansatzweise im Blick auf die kirchliche Dogmatik legitim erscheinen, der sich eine Konfession nach offizieller Lehrautorität verpflichtet sein mag), und sich andererseits die berechtigte Frage stellt, ob und inwiefern denn angemessen von einer ökumenischen Theologie gesprochen werden kann.

Als ökumenische Theologie ist nicht eine einzelne Denkrichtung bezeichnet, sondern vielmehr eine Horizontbeschreibung der theologischen Weite: Im Blick soll zum Einen stets die Gesamtheit theologischer Traditionen in der ganzen Welt sein; und zum Zweiten ist damit ein besonderer, zentraler Gegenstand bezeichnet, denn theologische Reflexion geschieht hier immer unter besonderer Berücksichtigung der schon vorausgesetzten Einheit der Kirche in Christus, der Suche nach ihrer Sichtbarkeit und der eschatologisch formulierten Gewissheit ihrer Verwirklichung. Somit entsteht auch in der ökumenischen Theologie eine Vielzahl von Ansätzen, die miteinander ins Gespräch kommen sollen. Da diese Vielzahl nahezu unüberschaubar ist, kann im Folgen-

---

[51] Gemeinsame Arbeitsgruppe der Römisch-katholischen Kirche und des Ökumenischen Rates der Kirchen, in: DwÜ 1, 608.

den nur ein Ansatz exemplarisch für eine »ökumenische Theologie« herausgegriffen werden, ergänzt durch eine sehr verkürzte Darstellung der andauernden Diskussion.

Dietrich Ritschl, langjähriger Direktor des Ökumenischen Instituts der Ruprecht-Karls-Universität Heidelberg und Mitglied vieler nationaler und internationaler ökumenischer Gremien[52], unterscheidet – sprachanalytisch – zwischen Lehre und Doxologie.[53] Es sei ein Unterschied, ob ein Satz als kirchlicher Lehrsatz fungieren solle oder ob er zur Anbetung im Gottesdienst gesprochen werde. Lehre verwende deskriptive Sprache, Doxologie askriptive. Doxologie müsse sich von der Lehre hinterfragen lassen, sich vor ihr verantworten. Ihr Charakter verliere sich aber, wenn sie in explizite Lehrsätze gegossen werde, so Ritschl. Lehre dagegen habe die Funktion des Erklärens, Abgrenzens und genauen Definierens. In der Bibel sei beides nebeneinander zu finden, oft auch in Mischformen (etwa Röm 9–11). Dort fänden sich viele »Einzelstories« (z.B. Exodus, Ruth, Apostelgeschichte), die zusammen eine »Metastory« ergäben, die wiederum nur durch Nacherzählen der Einzelstories vermittelt werden könne. Die »Stories« würden – zum Teil eben bereits in der Bibel selbst, wie bei Paulus – summiert, es werde eine »Lehre« aus ihnen gezogen. Aus diesen Summierungen könnten sich dann Ableitungen und Ableitungen von Ableitungen ergeben, so die Auffassung Ritschls.[54]

Ein Problem ergibt sich, wenn solche Summierungen und dann auch deren Ableitungen in Spannung zueinander treten (vgl. bereits die frühen Differenzen zwischen Petrus und Paulus oder auch die Tatsache, dass Paulus im Blick auf die Auferstehung Jesu Juden anders adressiert als Heiden). Hier werde erkennbar, dass und wie sich ganz unterschiedliche Lehren aus ein und derselben »Story« herleiten ließen. Eine Folge davon sei in der vielgestaltigen Konfessionsbildung zu erkennen, die sich so auch plausibel erklären ließe.

---

[52] Siehe zu Dietrich Ritschl: *Fernando Enns, Martin Hailer* und *Ulrike Link-Wieczorek* (Hg.), Profilierte Ökumene: Bleibend Wichtiges und jetzt Dringliches. Festschrift für Dietrich Ritschl zum 80. Geburtstag, Beiheft zur ÖR 84, Frankfurt/M.: Lembeck 2009, 7–10.

[53] Vgl. im Folgenden die Zusammenfassung in: *Dietrich Ritschl*, Art. »Lehre«, in: TRE, Bd. XX, 608–621. Ausführlicher in: *ders.*, Theorie und Konkretion in der Ökumenischen Theologie. Kann es eine Hermeneutik des Vertrauens inmitten differierender semiotischer Systeme geben?, Münster: Lit 2003; und *ders.*, Bildersprache und Argumente. Theologische Aufsätze, Neukirchen-Vluyn: Neukirchener 2008, Kap. II: Strukturen hinter Texten, 77–172.

[54] Zur Diskussion dieses Ansatzes vgl. die Beiträge in *Wolfgang Huber, Ernst Petzold* und *Theo Sundermeier* (Hg.), Implizite Axiome. Tiefenstrukturen des Denkens und Handelns, München: Kaiser 1990.

Wodurch ist dann aber der Wahrheitsanspruch zu begründen? Die Entstehung von Summierungen könne letztlich nur an den impliziten Voraussetzungen (»Steuerungen«) gemessen werden, die auch die Bildung der »Stories« gesteuert habe, meint Ritschl. Folgt man dieser Erkenntnis, dann wird auch die Bereitschaft vorausgesetzt, nicht nur die eigene kirchliche Lehre von der »Story«, sondern auch die dahinterliegende »Steuerung« hinterfragen zu lassen. – Freilich ist hiermit noch nichts gesagt über eine inhaltliche Bestimmtheit, wie Michael Welker zu Recht anmerkt. »Auch über die Logizität der Theologie ist nur insoweit nachgedacht, als die Theologie sich mit anderen kognitiven und normativen versprachlichten Interaktionsformen vergleichen lässt.«[55]

Wird Rechtgläubigkeit andererseits aber vor allem anhand der Treue gegenüber den eigenen konfessionellen Bekenntnissen gemessen, dann scheint die Problematik in seiner ganzen Brisanz auf. Auf diese Weise können Lehren selbst leicht verabsolutiert werden, damit sie die Funktion der klaren Unterscheidung von Orthodoxie und Häresie übernehmen, apologetisch und identitätsstiftend wirken. Ritschl spricht in solchen Fällen von »Gerinnungen«. – Hier scheint die Frage nach der Funktion der konfessionellen Bekenntnisse zusätzlich relevant zu werden und ist bei Ritschl womöglich zu wenig berücksichtigt: Gelten Bekenntnisse (nur) als sachgerechte Auslegung der biblischen Zeugnisse – dann muss Rechenschaft über die Bildung des Bekenntnisses abgelegt werden, oder werden sie selbst zum Gegenstand des Glaubens erhoben – dann muss Rechenschaft abgelegt werden über ihre Stellung gegenüber der Einmaligkeit der biblischen Zeugnisse als Träger der geglaubten Offenbarung.

Bei der Suche nach der sichtbaren Einheit wird allgemein zunächst bescheiden gefragt: Gibt es »Grundwahrheiten« in oder hinter der jeweiligen Lehre, die für alle Konfessionen gleich gültig sein könnten? Wenn das der Fall ist, ist weiter zu fragen, welche (durchaus unterschiedlichen) »Ableitungen« dann allen Beteiligten als legitim erscheinen, ohne dass diese dann auch von allen zwingend als eigene angenommen werden müssen. Zumindest könnte in diesem Fall auf eine gegenseitige Verurteilung verzichtet und der kirchentrennende Charakter der Differenzen neu überprüft werden. Zu berücksichtigen sind allerdings nicht nur Entstehung und Inhalt der Lehre, sondern zugleich die jeweilige Funktion, die eine Lehre in einer bestimmten Tradition übernimmt. Ist sie schlicht eine veränderbare Ableitung von »Summierungen« oder kommt ihr selbst ein zentraler Steuerungscha-

---

55 *Michael Welker*, Implizite Axiome, Zu einem Grundkonzept von Dietrich Ritschls »Logik der Theologie«, in: *Huber/Petzold/Sundermeier*, Implizite Axiome, a.a.O., 30–38, hier: 38.

rakter im Verstehen, Artikulieren und Kommunizieren des christlichen Glaubens zu?

Das Problem wird in der Ökumene dann relevant, wenn zwei sich scheinbar widersprechende Lehren aufeinander treffen, die beteiligten Gesprächspartner aber behaupten, sie stimmten in den »Grundwahrheiten« überein. Das erscheint zunächst paradox, denn Lehrsätze – als Satzwahrheiten verstanden – lassen nur den einen Schluss zu: Eine Lehre, die einmal wahr ist, muss immer wahr sein.[56] Es gibt dann keinerlei Veranlassung für eine Konfession, die eigene Lehre umzuformulieren. Wenn sich aus der angenommenen Übereinstimmung außerdem auch keine institutionellen Veränderungen im Verhältnis der beteiligten Konfessionen zueinander ergeben, dann ist kritisch nach der Relevanz solcher Übereinstimmungen in den Grundwahrheiten hinsichtlich der Sichtbarkeit der Einheit der Kirche zu fragen.

Eine andere Position ist, Lehrsätze als erfahrungs- und ausdrucksorientierte Symbole existentieller Orientierungen und Haltungen zu sehen. Daraus ergibt sich ein völlig anderer Umgang mit Lehre: Ihre Bedeutung kann sich ändern ohne dass sie selbst verändert wird. Sie kann aber auch selbst umformuliert werden, deswegen muss ihre Bedeutung aber nicht notwendig eine andere werden. Auch hier ergeben sich wiederum neue Fragen, wie die nach der Konstanz und Kontinuität (Apostolizität) der Lehre.

George A. Lindbeck hat dies beobachtet und bietet, als dritte Alternative, eine Kombination aus beiden oben beschriebenen Positionen einen »kulturell-sprachlichen Ansatz«:[57] Lehren sollten weder als expressive Symbole gebraucht werden, noch als Wahrheitsbehauptungen, sondern als für eine Gemeinschaft gültige, autoritative Regeln ihrer Haltung und Handlungsweisungen sowie des Diskurses. Folglich ist kirchliche Lehre anzusehen als eine »regulative« Theorie oder »Regeltheorie«.[58] Kirchliche Lehren fungieren als »regulative Prinzipien«, so Lindbeck, die gleichermaßen variabel und invariabel sind. – Lindbecks Ansatz ist »fundamentaltheologisch und hermeneutisch gleichermaßen fruchtbar, widmet er sich doch den ›in der ökumenischen Arbeit still-

---

[56] Als ein überzeugender Vertreter kann *Wolfhart Pannenberg* genannt werden. Vgl. *ders.*, Systematische Theologie, Bde. 1–3, Göttingen: Vandenhoeck & Ruprecht, 1988–1993. Vgl. hierzu besonders: *ders.*, Kirche und Ökumene, Beiträge zur Systematischen Theologie, Bd. 3, Göttingen: Vandenhoeck & Ruprecht 2000.
[57] Vgl. *George A. Lindbeck*, Christliche Lehre als Grammatik des Glaubens. Religion und Theologie im postliberalen Zeitalter, Theologische Bücherei Bd. 90, München: Kaiser 1994.
[58] A.a.O., 37.

schweigend vorausgesetzten Verstehensregeln‹[59] theologischer Lehr-bildung.«[60]

Zu fragen bleibt allerdings auch hier, wie bei den oben beschriebenen Ansätzen, wie stark ein solcher Ansatz dem eigenen konfessionellen, kontextuellen und zeitlichen (hier postliberalen) Kontext verhaftet bleibt und für andere aus verständlichen Gründen nicht einmal ansatz-weise plausibel oder legitim erscheint. Mit dieser Anfrage muss jeder Ansatz zu einer ökumenischen Theologiebildung rechnen. Und doch kann solche analytische wie konstruktive »Grundlagenforschung« nicht ausbleiben, wenn verantwortlich Theologie im Horizont der Ökumene getrieben werden soll.

I.6   Neu-Orientierungen – Paradigmenwechsel?

Der Sinn der heute oft formulierten Rede von der »Krise in der Ökume-ne« birgt in seiner Zielrichtung im Grunde die gleichen Funktionen wie die Theoriebildung selbst: Der *status quo* soll schonungslos analysiert und so das Potential zu konstruktiven Neuaufbrüchen freigelegt werden. Nach welchen Kriterien aber ist auszuloten, zu welchem Zeitpunkt und in welcher Konstellation die Rede von der Krise angemessen ist?

Kann die Rede von einem Paradigmenwechsel hier etwas austragen? Dieses Erklärungsmodell von Thomas S. Kuhn[61] stammt aus dem Be-reich der Naturwissenschaften und will anzeigen, dass sich Fortschritte in der Wissenschaft meist in einzelnen Teilschritten, zuweilen aber auch in großen Umbrüchen vollziehen. Eine neue Idee, Hypothese er-setzt eine alte und nach und nach folgen alle diesem neuen Leitgedan-ken: Ein neues Paradigma ist entstanden und nach diesem werden alle bisher gültigen Konzepte überprüft und ausgerichtet. Die Anwendbar-keit dieses Erklärungsmodells auf die ökumenische Theoriebildung wurde in den 1980er und 1990er Jahren vor allem von David Tracy und Hans Küng diskutiert.[62] Konrad Raiser u.a. explizierten diese The-orie in Anwendung auf die theologischen Diskussionen innerhalb der ökumenischen Bewegung.[63]

---

[59] A.a.O., Vorwort, 17.
[60] *Thomas Wabel*, Sprachspiel und Wirklichkeit. Zum Gegenstandsbezug der Re-de von Gott und seinen ökumenischen Konsequenzen, in: *Enns/Hailer/Link-Wieczorek*, Profilierte Ökumene, a.a.O., 94–123, 94.
[61] *Thomas S. Kuhn*, Die Struktur wissenschaftlicher Revolutionen, Frankfurt/M.: Suhrkamp [4]1979. Vgl. hierzu ebenfalls: *Welker*, Implizite Axiome, a.a.O., 30f.
[62] Vgl. *Hans Küng* und *David Tracy* (Hg.), Theologie – Wohin? Auf dem Weg zu einem neuen Paradigma, Ökumenische Theologie Bd. 11, Zürich/Köln/Gütersloh: Benziger u.a. 1984.
[63] Vgl. *Konrad Raiser*, Ökumene im Übergang. Paradigmenwechsel in der öku-menischen Bewegung, München: Kaiser 1990.

Zu bedenken ist hier jedoch, dass in den Geisteswissenschaften stets mehrere Paradigmen gleichzeitig und nebeneinander als legitim erachtet und auch weiter verfolgt werden. Es lassen sich aber durchaus Hauptströme beschreiben.

I.6.1 Universalismus und Partikularismus – Christozentrismus und trinitätstheologische Ansätze

Die Themen und Botschaften der ÖRK-Vollversammlungen illustrieren eindrücklich solche Grundströmungen, markieren sie doch die jeweiligen theologischen Herausforderungen und können als solche je als Zeitansagen der weltweiten Ökumene gewertet werden: Evanston 1954: »Christus – die Hoffnung der Welt«,[64] Neu Delhi 1961: »Jesus Christus, das Licht der Welt«,[65] Uppsala 1968: »Siehe, ich mache alles neu«,[66] Nairobi 1975: »Jesus Christus befreit und eint«,[67] Vancouver 1983: »Jesus Christus, das Leben der Welt«.[68] In der Rückschau sind sie bedeutende Dokumente ihrer Zeit. Tendenzen lassen sich beobachten: Der Missionsgedanke (die erste Weltmissionskonferenz 1910 in Edinburgh gilt als die Geburtsstunde der neueren ökumenischen Bewegung, s.o.) tritt nach der Integration des Internationalen Missionsrates in den ÖRK (1961) eher zurück, kontextuelle Theologien, interkulturelle Ansätze sowie Fragen der Sozialethik rücken seit den 1970er Jahren in der internationalen Ökumene vermehrt in den Vordergrund. Bis Vancouver 1983 bleibt das jeweilige Motto streng christologisch ausgerichtet.

Seit Beginn der neuzeitlichen ökumenischen Bewegung galt das christozentrische Postulat als Basis der Einheitsbemühungen. Der eine Christus, Herr über Kirche und Welt, ist Geber der Einheit und auch ihr Vollender. Dieses allen Kirchen gemeinsame Christusbekenntnis führt sie zur Gemeinschaft miteinander. Vor allem die Dialektische Theologie war in dieser Hinsicht in der ersten Hälfte des 20. Jahrhun-

---

[64] Evanston-Dokumente, Berichte und Reden auf der Weltkirchenkonferenz in Evanston 1954, hg. von *Focko Lüpsen*, Witten/Ruhr: Luther-Verlag 1954.

[65] Neu Delhi 1961. Dokumentarbericht über die dritte Vollversammlung des ÖRK, hg. von *Willem A. Visser 't Hooft*, Stuttgart: Evangelischer Missionsverlag 1962.

[66] Bericht aus Uppsala 1968. Offizieller Bericht über die Vierte Vollversammlung des ÖRK, hg. von *Norman Goodall*, dt. Ausgabe von *Walter Müller-Römheld*, Genf: ÖRK 1968.

[67] Bericht aus Nairobi 75. Offizieller Bericht der fünften Vollversammlung des ÖRK, hg. von *Hanfried Krüger* und *Walter Müller-Römheld*, Frankfurt/M.: Lembeck 1976.

[68] Bericht aus Vancouver 83. Offizieller Bericht der 6. Vollversammlung des ÖRK, 24. Juli bis 10. August 1983 in Vancouver/Kanada, hg. von *Walter Müller-Römheld*, Frankfurt/M.: Lembeck 1983.

derts wegweisend – allen voran die Theologie Karl Barths.[69] Edmund
Schlink, der Gründungsdirektor des Ökumenischen Instituts der Universität Heidelberg, kann als einflussreicher ökumenischer Vertreter
dieses »Paradigmas« genannt werden: Die Kirchen kreisen wie Planeten um den einen Christus als (Sonnen-)Zentrum.[70]

Verschiedene Anfragen an die theologische Leistungsfähigkeit des
Christozentrismus werden seit den 1960er Jahren immer lauter, zum
einen von den sog. »jungen Kirchen« (aber auch von der feministischen Theologie und weiteren sog. »Genitiv-Theologien«). Ihr Streben
nach Unabhängigkeit, ihr Entdecken der eigenen kulturellen und religiösen Wurzeln und ihr eigenes, kontextuelles theologisches Reflektieren haben dazu geführt, jede Theologie letztlich als kontextuelle Theologie zu interpretieren. Hinzu treten soziologische Analysen zu Machtverhältnissen und -strukturen und politischen Systemen, die von den
theologischen Konzepten jeweils unterstützt bzw. hinterfragt werden.
Auch psychologische Erkenntnisse gewinnen zunehmend Berücksichtigung bei der Analyse: Mit welchem Interesse wird von wem Theologie getrieben, zur Verfolgung welcher Ziele?

Wenn derart neu über das Verhältnis von Universalität und Partikularität nachgedacht wird, dann kann kirchliche Lehre davon nicht unberührt bleiben. Dies lässt sich beispielhaft an einem Briefwechsel zwischen M.M. Thomas und Wolfhart Pannenberg demonstrieren:[71] Hier
ein Christ und Soziologe aus Indien, der in der südindischen Kirchenunion und im ÖRK eine führende Rolle spielte: Er fragt nach der Bedeutung des Lebens und Handelns Jesu für eine soziale Neuordnung
seines Landes. Dort ein Hochschullehrer in Deutschland, der die radikale Kontextualisierung kritisiert, vor einer Vereinnahmung und Inanspruchnahme Gottes für eigene politische Ziele warnt. Das Ausmaß

---

[69] Vgl. zur Wirkung Karl Barths auf die ökumenische Bewegung: *Thomas Herwig*, Karl Barth und die ökumenische Bewegung. Das Gespräch zwischen Karl
Barth und Willen Adolf Visser 't Hooft, Neukirchen-Vluyn: Neukirchener 1998.
Siehe auch: *Michael Welker*, Karl Barth. Vom Kämpfer gegen die »römische Häresie« zum Vordenker für die Ökumene, in: *Christian Möller u.a.* (Hg.), Wegbereiter der Ökumene im 20. Jahrhundert, Göttingen: Vandenhoeck & Ruprecht
2005, 156–177 (erneut abgedruckt in: *Michael Welker*, Theologische Profile,
Frankfurt/M.: Hansisches Druck- und Verlagshaus 2009, 209–234).
[70] Siehe vor allem *Edmund Schlink*, Ökumenische Dogmatik, 3. Auflage neu hg.
von *Michael Plathow*. Schriften zu Ökumene und Bekenntnis / Edmund Schlink,
hg. von *Klaus Engelhardt u.a.*, Bd. 2, Göttingen: Vandenhoeck & Ruprecht 2005.
[71] Vgl. *Wolfhart Pannenberg*, »Die Hoffnung der Christen und die Einheit der
Kirche«. Bericht über die Sitzung der Kommission für Glauben und Kirchenverfassung vom 15. bis 30. August 1978 in Bangalore/Indien, in: ÖR 4/1978, 473–
483; *M.M. Thomas*, Christlicher Ökumenismus und Säkularökumenismus, in: ÖR
2/1979, 172–178; und wiederum *Wolfhart Pannenberg*, Die »westliche« Christenheit in der Ökumene. Eine Antwort an M.M. Thomas, in: ÖR 4/1979, 306–316.

dieser Differenzen kann beispielhaft am unterschiedlichen Verständnis
von Sünde und Erlösung demonstriert werden: Im ersten Fall wird
Sünde vor allem in der Unterdrückung eines Kollektivs gesehen. Sünde
ist dann vornehmlich als struktureller Begriff in seiner politischen Dimension gebraucht und die Rede von der Erlösung impliziert primär
politische Befreiung. Im anderen Fall wird ein individueller Begriff von
Sünde vertreten. Sie ist persönliche Schuld der Einzelnen gegenüber
Gott und Erlösung ist folglich zuerst verstanden als Vergebung persönlicher Schuld und Erneuerung der individuellen Gottesbeziehung.

Auf diese Weise werden auch die unterschiedlichen Gewichtungen von
Lehre und Praxis sichtbar. Fragen der Ortho*praxie* und der »ethischen
Häresie« (Visser 't Hooft) werden angesichts der prekären politischen
und ökonomischen Verhältnisse in den einzelnen Kontexten dringli-
cher in die Ökumene eingetragen, weil sie jetzt in ihrer globalen Interdependenz wahrgenommen werden. Nach dem Konziliaren Prozess für
Gerechtigkeit, Frieden und die Bewahrung der Schöpfung, der während der sechsten ÖRK-Vollversammlung in Vancouver 1983 initiiert
wurde, folgen die Dekade zur Überwindung von Gewalt 2001–2010,
sowie der AGAPE-Prozess *(Alternative Globalization Addressing
People and Earth)*, beide durch die VIII. ÖRK-Vollversammlung in
Harare 1998 beschlossen[72] und über die IX. Vollversammlung in Porto
Alegre 2006 hinausgeführt.[73] Für einen großen Teil der Christenheit
wird die Suche nach der Einheit im Kampf für Gerechtigkeit, Frieden
und die Bewahrung der Schöpfung das Leitmotiv der Einheitsbestre-
bungen. – Der Christozentrismus früherer Jahre wird unter diesen Umständen divergierender und pluralisierter Strömungen nicht mehr als
allein orientierend angesehen.

Entsprechend differenziert sich das Ökumeneverständnis weiter aus.
Bei der VII. Vollversammlung in Canberra 1991 tritt bereits die
Pneumatologie in den Vordergrund, wiederum im Motto dieser Vollversammlung illustriert: »Komm Heiliger Geist, erneuere die ganze
Schöpfung«.[74] Das Gebet drückt die Hoffnung auf das Wirken des
Heiligen Geistes aus, auch in den (nicht allein vom Christentum geprägten) Kulturen als Erneuerungskraft und Lebensförderung zu wirken, über die Grenzen der kirchlichen Gemeinschaft hinausgehend, die
ganze Schöpfung einschließend. Das Verhältnis von Kultur und Evangelium wird neu reflektiert.

---

[72] Vgl. Gemeinsam auf dem Weg. Offizieller Bericht der Achten Vollversammlung des ÖRK, Harare 1998, hg. von *Klaus Wilkens*, Frankfurt/M.: Lembeck 1999.
[73] Vgl. In deiner Gnade, Gott, verwandle die Welt, a.a.O.
[74] Vgl. Im Zeichen des heiligen Geistes, a.a.O.

Konrad Raiser beschrieb gerade dies als den Paradigmenwechsel.[75] Ausgehend von der Einsicht der Interdependenz allen Lebens an allen Orten, ergeben sich neue Analysen und Bewertungen von Ökonomie, Ökologie und Sozialem. Ökumene wird entsprechend mit der Metapher *oikos* (»der eine Haushalt des Lebens«) beschrieben, in dem nach dem gelingenden Leben der ganzen Schöpfung gefragt wird. Daraus ergibt sich die Suche nach einer gegenseitig verpflichteten ökumenischen Gemeinschaft als Leitkonzept ökumenischer Ekklesiologie. Da diese Überlegungen nun eher pneumatologische, bzw. trinitätstheologische Begründungen finden, kann die These vertreten werden, dass hier das Paradigma vom universalistischen Christozentrismus abgelöst ist. Schließlich kommt es durch das vermehrte Aufgreifen theologischer Einflüsse aus den orthodoxen Kirchen durch westliche Theologien zu einer »Renaissance« der Trinitätslehre.[76] Trinitarisch angelegte Einheits-Konzeptionen sind seither in den Studien der Kommission für Glauben und Kirchenverfassung wie in der ökumenischen Theologie insgesamt leitend, insbesondere der Ekklesiologie.[77]

I.6.2 Israel und Kirche

Eine zweite Anfrage ergibt sich aus der wiederentdeckten und wieder zu entdeckenden jüdisch-christlichen Realität. Für manche ist sie die ökumenische Herausforderung »par excellence«.[78] Karl Barth galt die Beziehung der christlichen Kirche zum Judentum gar als die einzige große ökumenische Frage.[79] Die fortwährende Erwählung und Exis-

---

[75] Vgl. *Raiser*, Ökumene im Übergang, a.a.O.
[76] Vgl. *Christoph Schwöbel*, The Renaissance of Trinitarian Theology: Reasons, Problems and Tasks, in: *ders.* (ed.), Trinitarian Theology Today: Essays in Divine Being and Act, Edinburgh: T&T Clark 1995, 1–30. Siehe vor allem auch: *John D. Zizioulas*, Being as Communion: Studies in Personhood and the Church, Crestwood: St. Vladimir´s Seminary Press ²1993; *ders.*, Die Kirche als Gemeinschaft, in: Santiago de Compostela 1993, a.a.O., 95–104; *ders.*, The Doctrine of the Holy Trinity: The Significance of the Cappadocian Contribution, in: *Schwöbel*, Trinitarian Theology Today, a.a.O., 44–60. Siehe ebenfalls: *Jürgen Moltmann*, Trinität und Reich Gottes. Zur Gotteslehre, München: Kaiser ³1994. Zur aktuellen Diskussion der Trinitätslehre vgl. *Michael Welker* und *Miroslav Volf* (Hg.), Der lebendige Gott als Trinität. FS für Jürgen Moltmann zum 80. Geburtstag, Gütersloh: Gütersloher 2006.
[77] Vgl. *Miroslav Volf*, Trinität und Gemeinschaft. Eine ökumenische Ekklesiologie, Neukirchen-Vluyn: Neukirchener 1996. Siehe auch: *Enns*, Friedenskirche in der Ökumene, a.a.O.
[78] Vgl. *Michael Weinrich*, Ökumene am Ende? Plädoyer für einen neuen Realismus, Neukirchen-Vluyn: Neukirchener 1995.
[79] Vgl. *Eberhard Busch*, Karl Barths Lebenslauf. Nach seinen Briefen und autobiographischen Texten, Kaiser: München 1975, 373. Siehe hierzu Karl Barths Erwählungslehre, in: *ders.*, Die Kirchliche Dogmatik, I/1–IV/4 (13 Bde.), Zürich: EVZ 1932–1967, hier: KD II/2, 215ff. Siehe dazu auch: *Peter Scherle*, Fragliche Kirche. Ökumenik und Liturgik – Karl Barths ungehörte Anfrage an eine ökume-

tenz des Volkes Israel, des Volkes Gottes, das in dem ungekündigten Bund lebt, bleibt eine Herausforderung für eine Ekklesiologie im Horizont der Ökumene. Kirche kann nur gedacht werden mit und für Israel. Substitutionstheorien sind nicht vertretbar, ebenso wenig ist von zwei verschiedenen Bundesschlüssen auszugehen. Vielmehr sind nach christlichem Glauben die »Heiden« durch Christus mit hineingenommen in den bestehenden Bund (vgl. Eph 2). Wird diese theologische Erkenntnis ernst genommen und soll die christliche Theologie von sämtlichen Antijudaismen befreit werden, dann beginnt ein gänzlich neues Selbstverständnis zu wachsen, das Auswirkungen auf alle Bereiche der Theologie hat.[80] – Ökumenische Theoriebildung entwirft verschiedene Modelle,[81] um diese Spannung konstruktiv aufzunehmen und bleibende Differenzen offenzulegen.

I.6.3 Dialog der Religionen

Eine dritte Anfrage an das Paradigma des universalistischen Christozentrismus bildet die bleibende und lebendige Existenz der anderen Weltreligionen, neben Christentum und Judentum. Die Hoffnung zu Beginn der ökumenischen Bewegung, im 20. Jahrhundert alle Menschen für das Evangelium zu gewinnen – das ausgreifende Motto der ersten Weltmissionskonferenz in Edinburgh 1910 lautete: »Evangelisation der Welt in dieser Generation«[82] – erscheint heute realitätsfern. Das differenzierte Nachdenken über das Verhältnis zu nichtchristlichen Religionen hat nicht zuletzt um des christlichen Glaubens selbst Willen eingesetzt. Hier konzentrieren sich die theologischen Überlegungen vor allem auf die Möglichkeiten der Gotteserkenntnis auch in anderen Religionen und der Soteriologie als Frage nach dem »Heil«. Zur Verhältnisbestimmung dienen systematische Typisierungen (Exklusivismus, Inklusivismus, Pluralismus und Relativismus) und liefern

---

nische Kirchentheorie, Studien zur systematischen Theologie und Ethik Bd. 15, Münster: Lit 1998.

[80] Vgl. hierzu die theologischen Ansätze von *Friedrich-Wilhelm Marquardt*, Das christliche Bekenntnis zu Jesus, dem Juden. Eine Christologie, München: Kaiser 1990 (Bd. 1), 1991 (Bd. 2). *Ders.*, Was dürfen wir hoffen, wenn wir hoffen dürften? Eine Eschatologie, Gütersloh: Kaiser 1993 (Bd. 1), 1994 (Bd. 2), 1996 (Bd. 3).

[81] Vgl. z.B. Paul van Burens »Zwei-Wege-Modell« oder Dietrich Ritschls »Stimmgabel-Modell«. Siehe hierzu: *(Ökumenischer Rat der Kirchen:)* The Theology of the Churches and the Jewish People: Statements by the World Council of Churches and its Member Churches. With a commentary by Allan Brockway, Paul van Buren, Rolf Rendtorff, Simon Schoon, Geneva: WCC 1988.

[82] Vgl. World Missionary Conference 1910 Edinburgh, The History and Records of the Conference together with Addresses delivered at the Evening Meetings, Edinburgh, London: Oliphant, Anderson & Ferrier 1910. Die Edinburgher Welt-Missions-Konferenz, hg. von *A.W. Schreiber*, Basel 1910. Siehe hierzu neu: *Brain Stanley*, The World Missionary Conference Edinburgh 1910, Grand Rapids/MI (et.al.): Eerdmans 2009.

unterschiedliche Modelle.[83] Daneben werden orientierende Konzepte zur praktischen, erfahrbaren Begegnung nötig, wie Theo Sundermeiers frühes »Konvivenz«-Modell[84], bis hin zu Modellen des interreligiösen Religionsunterrichts.[85] Das »Weltethos«-Projekt von Hans Küng konzentriert sich auf das Feld der Ethik. Seine These von der Bedingung der Möglichkeit eines Weltfriedens allein auf dem Weg des Friedens zwischen den Religionen stößt auf breite Zustimmung, erfährt aber auch kritische Infragestellungen.[86] Die Realität des Zusammenlebens verschiedener Religionen wird letztlich in allen theologischen Disziplinen zu reflektieren sein, um angemessene, theologisch verantwortbare Verhältnisbestimmungen zu entwickeln.[87]

So sehr die gegenwärtige ökumenische Wirklichkeit – im Sinne des einen Haushaltes Gottes – von der Realität des Zusammenlebens verschiedener Religionen in einer globalisierten Welt geprägt ist, so ist doch nicht abschließend geklärt, inwiefern der Dialog der Religionen zum eigentlichen Gegenstand ökumenischer Theoriebildung gerechnet werden soll. Unbestreitbar bleibt die qualitative Differenz zur Verhältnisbestimmung der christlichen Konfessionen untereinander, die das eine Christus-Bekenntnis teilen. Aus dieser Perspektive erscheint die These vom Paradigmenwechsel nur begrenzt erklärungskräftig.

I.7   Vier Kriterien zur Bewertung ökumenischer Vorgänge – Ökumene *in via*

Der Deutsche Ökumenische Studienausschuss hat ein hilfreiches, »konstruktiv-kritisches Raster« zur Beurteilung ökumenischer Vorgänge entwickelt:[88]

---

[83] Vgl. hier z.B. *Hans-Martin Barth*, Dogmatik. Evangelischer Glaube im Kontext der Weltreligionen, Gütersloh: Gütersloher ³2008.
[84] *Theo Sundermeier*, Konvivenz als Grundstruktur ökumenischer Existenz heute, in: *Wolfgang Huber, Dietrich Ritschl* und *Theo Sundermeier*, Ökumenische Existenz heute, Bd. 1, München: Kaiser 1986, 49–100.
[85] Vgl. *Wolfram Weiße*, Dialog zwischen den Religionen: Jugendliche in Europa zu religiöser Homogenität und zum Religionsunterricht. Das europäische Forschungsprojekt REDCo, in: *Enns/Hailer/Link-Wieczorek*, Profilierte Ökumene, 279–294.
[86] *Hans Küng*, Projekt Weltethos, München/Zürich: Piper ¹⁰2006. Ergänzend: *ders.* (Hg.), Dokumentation zum Weltethos, München/Zürich: Piper 2002; *ders.* (Hg.), Erklärung zum Weltethos, Parliament of the World's Religions, Chicago 1993, München/Zürich: Piper 1993. Außerdem erweitert: *ders.*, Weltethos für Weltpolitik und Weltwirtschaft, München/Zürich: Piper 1997.
[87] So wird an manchen evangelischen Theologischen Fakultäten in Deutschland die ökumenische Theologie der Disziplin der Systematischen Theologie zugeordnet (Universität Heidelberg), in anderen sind Verbindungen von Missions-, Religions- und Ökumenewissenschaften in einem Institut zusammengefasst (Universität Hamburg).
[88] Deutscher Ökumenischer Studienausschuss, Theologie der Ökumene – Ökumenische Theoriebildung. Eine fragende und anfragende Problemstellung, verfasst

(1) Lassen sie den Weg-Charakter der ökumenischen Bewegung deutlich werden?
(2) Haben sie den Glauben in seinen drei Dimensionen (Spiritualität, Lehre und Lebensgestaltung) im Blick?
(3) Ist Einheit so konzipiert, dass sie die unterschiedlichsten Kirchen zur Koinonia zu führen und zu bewahren vermag?
(4) Ist die ökumenische Bewegung als Instrument für die überzeugende Verkündigung Jesu Christi verstanden?

Ökumene – als Begegnung der verschiedenen theologischen Traditionen und kirchlichen Konfessionen – lebt letztlich von der Beziehungsbildung: der Inbeziehungsetzung Gottes zur Schöpfung, in Christus zur Versöhnung und seiner bleibenden Präsenz durch den Heiligen Geist zur Vollendung, sowie der dadurch ermöglichten Beziehungsbildung unter den Menschen, trotz und aufgrund aller Unterschiede und Differenzen. Diese Erkenntnis gilt im besonderen Maße für die Kirchen, die sich bekennend auf diese Wirklichkeit berufen: im Gottesdienst als Ort gelebter Spiritualität der versammelten Gemeinschaft, in der Verantwortung füreinander und für die gesamte Schöpfung, im diakonischen und karitativen Handeln sowie im gemeinsamen ökumenischen Lernen ist Ökumene erfahrbar.
Ökumeniker und Ökumenikerinnen sind immer schon Teil dieser Bewegung zur Beziehungsbildung und werden an dem fortlaufenden Prozess durch Theoriebildungen, in ihren analytischen und konstruktiven Funktionen, teilnehmen. So leisten sie ihren spezifischen Beitrag zur Theologie im Ganzen, der ein »Stachel im Fleisch« jeder sich selbst abschließenden und abgrenzenden Kirche und theologischen Ausrichtung bleiben wird.

II. Interkonfessionelle Lehrgespräche (Dialog-Ökumene)

Die interkonfessionellen Lehrgespräche sollen im Folgenden als erstes Bewährungsfeld der Ökumene dargestellt werden. Zunächst sind dazu stets die jeweiligen konfessionellen Spezifika der beteiligten Kirchen in den Blick zu nehmen, die für Methodik, Funktion, mögliche Zielsetzung und spezifische Inhalte eines jeden Dialogs bestimmend sind. Dies geschieht hier exemplarisch für die Kirche der Mennoniten, da im Folgenden dann der bilaterale Dialog zwischen dem Päpstlichen Rat zur Förderung der Einheit der Christen und der Mennonitischen Weltkonferenz dargestellt und kritisch analysiert werden soll.

von *Johannes Brosseder, Laurentius Klein* und *Konrad Raiser*, in: ÖR 2/1988, 205–221.

II.1 Konfessionelle Spezifika im ökumenischen Dialog – am Beispiel der Mennoniten[89]

II.1.1 Besondere inhaltliche und methodische Herausforderungen

Theologische Lehrgespräche sind für die älteste evangelische Freikirche[90] und »historische Friedenskirche«,[91] die Mennoniten,[92] nicht der primäre Ausdruck ihres ökumenischen Profils. Die Dokumente aus bilateralen Dialogtexten belegen, dass theologische Überzeugungen dieser Tradition zuerst als gelebte Glaubenszeugnisse in einem konkreten Kontext zum Ausdruck gebracht werden wollen.[93] Die versammelte Gemeinde im Gottesdienst und der Dienst an Anderen gilt Mennoniten als primäre Wirklichkeit der Kirche Jesu Christi, die rechte Glaubenspraxis (Orthopraxie) war ihnen stets mindestens so wichtig wie die rechte Lehre (Orthodoxie). Dies führt zu nicht unerheblichen Herausforderungen in der gängigen ökumenischen Methodik interkonfessioneller Lehrgespräche, in denen sich offizielle Repräsentanten der Kirchen, meist auf der Basis ihrer konfessionellen Bekenntnistexte, zu den ihnen eigenen Lehrmeinungen äußern und im Gespräch (auch kirchenrechtlich) verbindliche Formulierungen suchen.

Die erste Herausforderung ergibt sich aus der entsprechend kongregationalistischen Verfassung der Mennoniten. Die Ortsgemeinde ist in allen Fragen der Lehre und Verwaltung weitestgehend autonom, wenn auch nicht gänzlich isoliert von größeren, institutionalisierten Gemeindezusammenhängen. Dadurch entwickelte sich innerhalb der mennonitischen

---

[89] Gekürzte und bearbeitete Fassung des Beitrags: *Fernando Enns*, Friedenskirche mit ökumenischem Profil. Einleitung zu: *ders.* (Hg.), Heilung der Erinnerungen – befreit zur gemeinsamen Zukunft. Mennoniten im Dialog. Berichte und Texte ökumenischer Gespräche auf nationaler und internationaler Ebene, Frankfurt/M.: Lembeck und Paderborn: Bonifatius 2008, 12–28.

[90] Vgl. zum Begriff und zu den einzelnen Konfessionen unter den Freikirchen *Erich Geldbach*, Freikirchen – Erbe, Gestalt und Wirkung. Bensheimer Hefte 70, Göttingen: Vandenhoeck & Ruprecht 1989.

[91] Vgl. *Fernando Enns*, Friedenskirche in der Ökumene. Mennonitische Wurzeln einer Ethik der Gewaltfreiheit, Göttingen: Vandenhoeck & Ruprecht 2003, Kap. II Annäherungen an die »Historische Friedenskirche« in konfessioneller Näherbestimmung, 99–154.

[92] Vgl. zu Mennoniten die allgemeine Einführungen von *Diether G. Lichdi*, Die Mennoniten in Geschichte und Gegenwart. Von der Täuferbewegung zur weltweiten Freikirche, Weisenheim am Berg: Agape 2004. *C. Arnold Snyder*, Anabaptist History and Theology. An Introduction, Kitchener/ON: Pandora Press 1995. Mennonite Encyclopedia, Vol. 1–4 *Harold S. Bender* and *C. Henry Smith* (eds.), Hilsboro/KS: Mennonite Brethren Publishing House, Vol. 5 *Cornelius J. Dyck* and *Dennis D. Martin* (eds.), Scottdale/PA: Herald Press, 1955 bis 1990.

[93] Alle bis 2008 abgeschlossenen, bilateralen Dialoge der Mennoniten auf nationaler und internationaler Ebene sind dokumentiert in *Enns*, Heilung der Erinnerungen, a.a.O.

Gemeinschaft von Kirchen eine große Vielfalt, die sich dennoch als Einheit versteht. Das Fehlen von Kirchenhierarchien oder mit Autorität ausgestatteten Lehrämtern kommt als zweite Herausforderung hinzu. Dialogpartner fragen gewöhnlich nach verbindlichen Lehraussagen, auf die sich mögliche interkonfessionelle Vereinbarungen stützen könnten. Da Mennoniten zudem einer schriftlichen Fixierung von Bekenntnissen eher skeptisch gegenüber stehen und gemeinsame Bekenntnistexte stets in den Grenzen ihres räumlichen und zeitlichen Kontextes auslegen, kann auch diese Gesprächsgrundlage nicht als letztgültige Aussage über eine dogmatisch verfasste »Lehre der Mennoniten« dienen.[94]

Die alternative Gestaltung der Kirche hält stets Herausforderungen für beide Dialogseiten bereit: für die anderen Gesprächspartner, weil sie legitimerweise nach Verbindlichkeit fragen; für Mennoniten, weil sie sich der Forderung ausgesetzt sehen, einer Methodik zu folgen, die ihrer Kirchenwirklichkeit und Gemeindementalität gerade nicht entspricht.[95] Diese beiderseitige Herausforderung birgt allerdings ebenso eine Chance für das Gelingen eines alternativ einzuführenden Dialogs. Ausgangspunkt der Dialoge mit Mennoniten sind nämlich in der Regel nicht historisch fixierte Lehrdifferenzen, sondern die Beschreibung der gegenwärtigen Gemeindewirklichkeiten. Dadurch eröffnet sich zunächst die Möglichkeit eines gegenseitigen Kennenlernens, das nicht bei den Lehrdifferenzen der Vergangenheit einsetzt oder womöglich alle Energie darauf verwendet, überkommene Differenzen so weit wie möglich aufzulösen, sondern das bei der Situation der Glaubenden selbst und ihren Fragen nach Bewährung des Glaubens in aktuellen Kontexten und zukünftigen Herausforderungen beginnt.

Die eigene, bewusste Verortung in der entsprechenden Tradition lässt dann zurück fragen, wie und warum bestimmte Glaubensinhalte und theologische Lehren entstanden sind, wie sie in der Traditionsbildung fortgeschrieben wurden und welche Argumentationen und Begründungen sich heute bewähren. So entsteht die Möglichkeit eines gemeinsamen Lernprozesses durch die Begegnung mit den anderen, weil sich der Dialog niemals auf eine Wiederholung bereits fixierter Lehr-Systeme

---

[94] Daher werden Mennoniten zu den »non-credal churches« gezählt. Sie bilden zwar Glaubensbekenntnisse heraus, verzichten aber auf ein Credo im Sinne der Lehre. Vgl. zum Differenzkriterium credal/non-credal-church: Donald F. Durnbaugh, The Believers' Church. The History and Character of the Radical Protestantism, Scottdale/PA: Herald Press [2]1985, 5ff. Zur Bekenntnisbildung in der Tradition der Mennoniten vgl. Karl Koop, Anabaptist-Mennonite Confessions of Faith: The Development of a Tradition, Kitchener/ON: Pandora 2003.
[95] Vgl. die Vorschläge zu einer Dialog-Methodik aus freikirchlicher Perspektive: John Howard Yoder, The Free Church Ecumenical Style (1968), in: ders., The Royal Priesthood, Essays Ecclesiological and Ecumenical, ed. by Michael G. Cartwright, Grand Rapids / MI: Eerdmans 1994, 232–241.

beschränken lassen wird, sondern in eine gemeinsame Erforschung der Geschichte und eine gemeinsame Überprüfung theologischer Einsichten münden kann – aus den unterschiedlichen Perspektiven der jeweiligen Tradition. Nicht selten wird dadurch auch erkannt, dass erahnte Differenzen nicht immer zwingend entlang der Konfessionsgrenzen verlaufen, sondern oftmals quer dazu stehen. Eine Infragestellung oder gar Korrektur bisheriger Traditionselemente ist dann nicht ausgeschlossen; das ekklesiologische Selbstverständnis der Mennoniten als *ecclesia semper reformanda* findet hierin eine eindrückliche Illustration.

II.1.2 Funktionen des Dialogs: Identitätsschärfung, Übersetzungshilfe und neue Verhältnisbestimmung

Dialoge müssen nicht zur Relativierung der eigenen Identität oder Beliebigkeit führen, sondern dienen auf ihre Weise gerade der Identitätsschärfung. Durch die direkte und auch persönliche Erfahrung der Begegnung mit den anderen beruht diese Schärfung dann aber nicht mehr, wie in der Geschichte oft geschehen, auf der polemischen Abwertung einer anderen Tradition, sondern gewinnt ihre Dynamik aus der Beschreibung eigener Erfahrungen und der positiv begründenden Argumentation eigener Einsichten gegenüber der anderen Konfession, die im Dialog als hörende »Schwesterkirche« neu erfahren wird. Eine solche Atmosphäre gegenseitigen Respekts kann zur Würdigung einer anderen Position befreien, ohne dass diese deshalb notwendigerweise geteilt oder angeeignet werden müsste. Im Gegenteil, durch die möglichst klare Benennung der Unterschiede kann erst die entscheidende Prüfung erfolgen, welche dieser Divergenzen bestehen bleiben. Nur so kann festgestellt werden, ob und welchen Differenzen dann tatsächlich ein kirchentrennender Charakter zueignet, oder ob sie als Ausdruck einer legitimen Pluralität und Interpretationsfreiheit innerhalb der einen Kirche zu werten sind. Insofern wird Identität im Dialog nicht relativiert, sondern fortgeschrieben.

Der Ansatz der Dialoge mit Mennoniten bei den gegenwärtigen Gemeinderealitäten lässt Schlüsse zu auf die Motivation zu den bilateralen Begegnungen. Erklärtermaßen sind in keinem Fall institutionelle Kirchenvereinigungen das Ziel, sondern zunächst das Verstehen und Erklären konfessionell geprägter theologischer Positionen angesichts gemeinsamer aktueller Herausforderungen. Ökumenische Dialoge können daher auch als »Übersetzungshilfen« beschrieben werden, die das Erlernen der »Fremdsprache« einer anderen Konfession in Ansätzen ermöglicht und die Chance bietet, in der eigenen »Muttersprache« zu erläutern, welche Erkenntnisse elementar wichtig sind und sich in der Geschichte als Einsichten durchgesetzt haben. Zuweilen mag es dann gelingen, dass das Eigene auch in der »Fremdsprache« der anderen einen angemessenen Ausdruck findet. Daraus muss sich noch kein Konsens ergeben,

aber in vielen Fällen zeichnen sich dann Konvergenzen ab, wo bisher
schlicht Differenzen vermutet wurden, manchmal stellt sich gar die Erkenntnis der Komplementarität theologischer Sätze ein.

Eine weitere Funktion der Dialoge ist in der grundsätzlichen Verhältnisbestimmung der Glaubenstraditionen durch Aufarbeitung einer gemeinsamen Geschichte zu erkennen. Außer in der Beziehung zu den
Baptisten sahen sich Mennoniten in ihrer Geschichte von allen anderen
Konfessionen, mit denen bisher ein Dialog geführt wurde, durch har-
sche Verurteilungen konfrontiert. Da sich diese auch in Form von
»Verdammungen« in Bekenntnistexten insbesondere des 16. Jahrhunderts niedergeschlagen haben, die bis heute in den jeweiligen Kirchen
Gültigkeit beanspruchen und unverändert in Gebrauch stehen, bleibt
die Erinnerung daran bis in die gegenwärtigen Begegnungen präsent.
Die vielen Martyrien, die die Täufer/Täuferinnen und Mennoniten aufgrund ihrer Interpretationen und ihrer Gestaltung des christlichen
Glaubens zu erleiden hatten, haben sich tief in ihr konfessionelles Gedächtnis eingegraben. Insofern sind heutige offizielle Begegnungen
zunächst auch geprägt von der erstmaligen Anerkennung der Schuld
gegenüber Täufern/Mennoniten und der Suche nach Möglichkeiten zu
einer Überwindung dieser (manchmal gegenseitigen) Verurteilungen,
hin zu einer »Heilung der Erinnerungen«.

Damit diese Funktionen des Dialogs tatsächlich zum Tragen kommen
können, fragen Mennoniten stets nach den praktischen Konsequenzen
von Dialogergebnissen. Der Rezeptionsprozess eines ökumenischen
Gesprächs muss als integraler Teil des Dialogs selbst bedacht und gestaltet werden. Es lässt sich beobachten, dass sich in allen Fällen aufgrund der im Dialog neu wahrgenommenen Identitäten bedeutende
Schritte der gegenseitigen Wahrnehmung und des Respekts eröffnen.
Die Langzeitwirkung der Dialoge zeigt sich dann in weiteren Berüh-
rungspunkten und Begegnungen auf unterschiedlichsten Ebenen, bei
denen die Dialogtexte immer wieder in ihrer Funktion als »Übersetz-
zungshilfen« zur Geltung kommen, in konfessions-verbindenden Ehen,
bei der Gestaltung von Religionsunterricht, bei Fragen zu Kirchenüber-
tritten, in der Diakonie, im gesellschaftspolitischen Engagement, in der
Mission. Es lässt sich allerdings nicht übersehen, dass gerade diese
Gestaltung der Rezeptionsprozesse in der Ökumene bisher nur mangel-
haft gelingt. Zu wenig ist ihre Notwendigkeit bisher reflektiert worden,
auch wenn sie stets angemahnt wird, zu wenig ist eine entsprechende
ökumenische Hermeneutik entwickelt, zu marginal die Überlegungen
der Verhältnisbestimmung einzelner Dialoge zueinander. Hier tut sich
ein weites Aufgabenfeld der ökumenischen Forschung auf.[96]

---

[96] Vgl. die Beiträge in *Johannes Brosseder* und *Markus Wriedt* (Hg.), Kein Anlass
zur Verwerfung, Studien zur Hermeneutik des ökumenischen Gesprächs, FS für

II.1.3 Die Interdependenz von Katholizität und Friedenszeugnis

Ökumenische Dialoge sind kein Selbstzweck. Die eigentliche Motivation erwächst aus dem ernsthaften Bemühen um die Glaubwürdigkeit des christlichen Zeugnisses. Eine Kirche, die in einzelne, sich gegenseitig verurteilende »Kirchentümer« zerfällt, kann in ihrer Verkündigung – in Wort und Praxis – kaum überzeugen. Begreift man die Kirche Jesu Christi in ihrer wahren Katholizität, in ihrer eigentlichen und allumfassenden Einheit im christlichen Bekenntnis zum trinitarisch verstandenen Gott, und beschränkt sie nicht künstlich auf die eigene konfessionelle Ausprägung, dann muss das Bemühen um die sichtbare Einheit dieser Kirche Christi einen zentralen Ort im Leben wie im Bekenntnis der einzelnen Glaubenden und der Konfessionsfamilien einnehmen. Ohne solch ein »ökumenisches Profil« geht der Anspruch der Katholizität der eigenen Konfession ins Leere.

Nach mennonitischem Verständnis ist die letztendliche Aufhebung aller Lehrdifferenzen keine zwingende Voraussetzung für eine solche sichtbare Einheit, wie sie selbst in ihrer kongregationalistisch verfassten Pluralität eindrücklich belegen kann.[97] Aber diese Pluralität muss auf eine *versöhnte* Verschiedenheit[98] in der Gemeinschaft der Kirchen zielen, denn das Friedenszeugnis der Kirche findet auch hierin seine Bewährung und Glaubwürdigkeit. Als Friedenskirche müssten Mennoniten in ihrer Gestalt wie auch in ihrem Denken *per se* dialogisch angelegt sein. Wenn es dieser Friedenskirche in der Vergangenheit durch Verdammungen und Verfolgungen oftmals nicht möglich war, Versöhnung auch im Verhältnis zu den anderen Konfessionen zu verwirklichen, sondern oft nur der Weg in die Separation blieb, so eröffnet sich mit Beginn der neueren ökumenischen Bewegung und der Bereitschaft der Konfessionen zu ökumenischen Dialogen nicht nur eine Chance, sondern geradezu eine Verpflichtung, ihre Friedenstheologie auch in den interkonfessionellen Verhältnissen der Bewährung auszusetzen und auf diese Weise auch in diesem Kontext eine Ethik der Gewaltfreiheit zu praktizieren, damit die geglaubte Möglichkeit der Versöhnung in Christus Wirklichkeit werden kann. Die Bereitschaft zum Dialog und das Friedens-Bekenntnis schließen einander nicht aus, sondern das eine ist elementarer Ausdruck des anderen.

Otto Hermann Pesch, Frankfurt/M.: Lembeck 2007. *Stephen Lakkis, Stefan Höschele, Stefanie Schardien* (Hg.), Ökumene der Zukunft. Hermeneutische Perspektiven und die Suche nach Identität, Beiheft zur ÖR 81, Frankfurt/M.: Lembeck 2008.
[97] Vgl. hierzu weiter den Beitrag von *Fernando Enns*, Mennoniten: plurale Minderheitskirche im Pluralismus, in: KZG 13. Jg., 2/2000, 359–375.
[98] Das Modell der »versöhnten Verschiedenheit« wurde von Harding Meyer eingeführt. Vgl. zum Verständnis *Harding Meyer*, Versöhnte Verschiedenheit. Aufsätze zur ökumenischen Theologie, Frankfurt/M.: Lembeck und Paderborn: Bonifatius 1998 (Bd. 1), 2000 (Bd. 2), 2009 (Bd. 3).

II.1.4 Multilaterale Gespräche

Neben den zahlreichen bilateralen Dialogen von Mennoniten (mit Katholiken, Lutheranern, Reformierten, Baptisten u.a.) finden sich offizielle Stellungnahmen zu breiter angelegten, nationalen oder internationalen ökumenischen Studienprozessen. In ihrer Bedeutung für die ökumenische Bewegung sind sie nicht minder wichtig, sie konzentrieren sich jedoch in ihrer multilateralen Ausrichtung eher auf die Klärung einzelner Themen und Fragestellungen der ökumenischen Gemeinschaft als Ganze und bedürfen daher auch einer eigenen, differenzierteren Untersuchung. Zu den bedeutenden multilateralen Begegnungen zählen aus mennonitischer Sicht – neben den Begegnungen mit anderen Friedenskirchen – die Konvergenzerklärungen der Kommission für Glauben und Kirchenverfassung des Ökumenischen Rates der Kirchen (»Lima-Dokument«) 1982,[99] die Konsultationen der Kommission für Glauben und Kirchenverfassung des Nationalen Kirchenrates in den USA zum apostolischen Glauben und Friedenszeugnis der Kirche (1990–1991),[100] oder auch die neuere Studie des Deutschen Ökumenischen Studienausschusses zur Rechtfertigungslehre.[101]

Eine besondere, allerdings wenig rezipierte mulilaterale Begegnungsebene bildete der internationale Dialogprozess zwischen verschiedenen Kirchen der Reformation. Die multilateralen Gespräche zum gemeinsamen Erbe der Reformation(en) führte zunächst eine Gruppe von Kirchen zusammen, die in der Kirchengeschichtsschreibung oftmals in einer gemeinsamen Traditionslinie verortet wurden, bis dahin aber keine direkten Gespräche in solcher Zusammensetzung geführt hatten: die Kirche der Waldenser und die Hussitische Kirche, die Evangelische Kirche der Böhmischen Brüder, Mennoniten, Hutterer, die Kirche der Brüder (*Church of the Brethren*), die Herrnhuter Brüdergemeine und die Gesellschaft der Freunde (Quäker).[102]

---

[99] Vgl. die Stellungnahmen mennonitischer Mitgliedskirchen im ÖRK: Vereinigung der Deutschen Mennonitengemeinden, Stellungnahme zu den Konvergenzerklärungen über Taufe, Eucharistie und Amt der Kommission für Glauben und Kirchenverfassung des Ökumenischen Rates der Kirchen, Lima 1982, in: Brücke 2/1986, hg. von der *Arbeitsgemeinschaft Mennonitischer Gemeinden*. Und: General Mennonite Society, Netherlands *(Allgemene Doopsgezinde Societeit)*, in: *Max Thurian* (ed.), Churches Respond to BEM. Official Responses to the »Baptism, Eucharist and Ministry« Text, Vol. III, Geneva: WCC 1987, 289–296.

[100] Consultation on the Apostolic Faith and the Church's Peace Witness: A Summary Statement, in: *Marlin E. Miller & Barbara Nelson Gingrich* (eds.), The Church's Peace Witness, Grand Rapids/MI: Eerdmans 1994, 208–215.

[101] *Deutscher Ökumenischer Studienausschuss*, Von Gott angenommen – in Christus verwandelt. Die Rechtfertigungslehre im multilateralen ökumenischen Dialog. Eine Studie des DÖSTA, hg. *von Uwe Swarat, Johannes Oeldemann, Dagmar Heller*, Beiheft zur ÖR 78, Frankfurt/M.: Lembeck 2006.

[102] Vgl. die Dokumentation dieser Gespräche (Prag I–IV), in: *Enns*, Heilung der Erinnerungen, a.a.O., 285–310.

Die Reihe von Begegnungen, die Mitte der 80er Jahre des 20. Jahrhunderts begann, war durch die Frage motiviert, ob es aus der Perspektive dieser Kirchen einen gemeinsamen Beitrag zur neueren ökumenischen Bewegung gäbe. Als aktuelle ökumenische Herausforderung wurden Situationen von Gewalt und Ungerechtigkeit genannt, insbesondere im Blick auf die damit verbundenen ökonomischen Fragestellungen. Gerade diese Traditionen trügen eine ausgeprägte Hoffnung auf die transformierenden und erneuernden Kräfte des Evangeliums in sich: Die »Erste Reformation« (*first reformation*), die sich zuerst in den waldensischen (12. bis 13. Jahrhundert) und den hussitischen Bewegungen (15. Jahrhundert) zeigte, setzte Glaubensperspektiven frei, die spätere reformatorische Kräfte inspirierte. Dennoch wäre es verfehlt, diese frühen Bewegungen auf eine Vorläuferrolle der Reformation des 16. Jahrhunderts zu reduzieren. Sie waren getragen »von dem Glauben, dass Jesus Christus der Herr der Welt sei und dass die Sozialordnung von seiner Herrschaft geprägt sein solle«.[103] Durchaus selbstkritisch gehen die heutigen Erben mit ihrer Tradition um und suchen die leitenden theologischen Axiome im Gespräch mit Anderen in die Gegenwart zu übersetzen. – Dies charakterisiert auch die Erben der »radikalen Reformation« (*radical reformation*):[104] Vertreter der Täuferbewegung des 16. Jahrhunderts sahen sich durch das Bekenntnis zur Herrschaft Christi unmittelbar in die konkrete Nachfolge gerufen, akzeptierten die Schrift nicht nur als alleinige Basis für die Lehre, sondern auch für die Lebensgestaltung und verfolgten das Ziel der Restitution eines urchristlichen Gemeindeideals.

Nach drei Treffen von Vertretern dieser Traditionen in Prag sah man sich herausgefordert, Vertreter der »Zweiten Reformation« (*second reformation, magisterial reformation*) lutherischer, calvinistischer und zwinglischer Prägung in die Runde der Gesprächsteilnehmer aufzunehmen, weil zunehmend erkennbar wurde, dass deren Einsichten als elementare Ergänzung zur eigenen Tradition hinzukommen müssten. Auch die *magisterial reformation* knüpfe in gewisser Weise an frühere Reformbestrebungen an, hebe aber stärker die Rechtfertigung allein aus Gnaden durch den Glauben sowie die Freiheit durch das Evangelium hervor. Diese Konsultation in Genf (»Prag IV«) wurde vom Reformierten Weltbund in Kooperation mit dem Lutherischen Weltbund und der Mennonitischen Weltkonferenz organisiert. Vertreter der methodistischen, baptistischen und auch der römisch-katholischen Kirche waren anwesend. Könnten die Kirchen heute – durch ein gemeinsames Verständnis und eine gemeinsame Interpretation ihres Erbes der Re-

---

[103] A.a.O., 285.
[104] Zum Begriff »Radikale Reformation« vgl. *George H. Williams*, The Radical Reformation. Kirksville: Sixteenth Century Journal Publishers ³1992. Auch: *Donald F. Durnbaugh*, The Believers' Church, a.a.O.

formation(en) – einen gemeinsamen Beitrag zur ökumenischen Sozialethik leisten?

Die anschließenden Gespräche beschäftigten sich mit Fragen nach dem Verhältnis von Rechtfertigung und Heiligung (Prag V, 1998),[105] dem »Leben in Christus« (Prag VI, 2000) und der Bedeutung reformerischer und prophetischer Bewegungen für Kirche und Gesellschaft (Prag VII, 2003).[106]

Besondere Aufmerksamkeit verdienen naturgemäß die mennonitischen Beiträge zu Frieden und Gerechtigkeit, so in dem einflussreichen und wegweisenden internationalen Dialogprozess des Ökumenischen Rates der Kirchen, den »Puidoux-Konferenzen« (1955 bis 1973)[107] oder auch aktuell im Rahmen der ökumenischen »Dekade zur Überwindung von Gewalt. 2001–2010«.[108]

II.2 Der bilaterale Dialog zwischen Katholiken und Mennoniten: Analyse, kritische Bewertung und bleibende Fragen[109]

Im *Mennonitischen Lexikon* wird noch resümiert, es lägen »unüberbrückbare Gegensätze zwischen Katholizismus und Täufertum vor«.[110] Katholiken hätten in den Kirchen täuferischen Ursprungs vor allem schismatisierende und häretische Sekten gesehen, die einer pelagianisch ausgerichteten Theologie des freien Willens folgten und eine sakramental vermittelte Gnade ablehnten.[111] Erst die durch das II. Va-

---

[105] *Milan Opočenský* and *Páraic Réamonn* (eds.), Justification and Sanctification in the Traditions of the Reformation. Prague V, the fifth Consultation on the First and Second Reformations, Geneva, 13–17 February 1998, Studies from the World Alliance of Reformed Churches (zit. WARC) 42, Geneva: WARC 1999.

[106] *Walter Sawatsky* (ed.), The Prague Consultations: Prophetic and Renewal Movements. Proceedings of the Prague VI and Prague VII Multilateral Ecumenical Consultations (2000 & 2003), Studies from the WARC, Geneva: WARC 2009.

[107] Vgl. *Donald F. Durnbaugh* (ed.), On Earth Peace. Discussions on War/Peace Issues between Friends, Mennonites, Brethren and European Churches 1935–1975. Elgin/IL: The Brethren Press 1978. Siehe hierzu auch die kritische Darstellung und Interpretation in: *Enns*, Friedenskirche in der Ökumene, a.a.O., 223–235.

[108] Vgl. die gemeinsamen Botschaften der Historischen Friedenskirchen in: *Fernando Enns, Scott Holland, Ann Riggs* (eds.), Seeking Cultures of Peace: A Peace Church Conversation, Telford/PA: Cascadia and Geneva: World Council of Churches 2004. *Donald E. Miller et al.* (eds.), Seeking Peace in Africa. Stories from African Peacemakers. Geneva: World Council of Churches 2007. *Donald E. Miller, Gerard Guiton, Paulus Widjaja* (eds.), Overcoming Violence in Asia: The Role of the Church in Seeking Cultures of Peace. Telford/PA.: Cascadia 2011.

[109] Bearbeitete und erweiterte Fassung des Beitrags: *Fernando Enns*, Gemeinsam berufen, Friedensstifter zu sein. Zum Dialog zwischen Katholiken und Mennoniten, in: Una Sancta 3/2005, 265–281.

[110] Mennonitisches Lexikon, hg. v. *Christian Hege* und *Christian Neff*, 4 Bde., Frankfurt/M. und Weierhof 1913 bis 1967, hier: Bd. II (1937), 472–474.

[111] Vgl. *Ivan J. Kauffman*, Mennonite-Catholic Conversations in North America: History, Convergences, Opportunities, in: One in Christ 34/1998, 220–246.

tikanische Konzil (Vat II) vollzogene grundlegende Neuorientierung des Verhältnisses zu anderen Konfessionen eröffnete auch eine veränderte Sicht auf die Kirchen täuferischer Tradition.[112] Auf täuferischer/ mennonitischer Seite trug stets ein latenter Antiklerikalismus zur eigenen Identitätsbildung bei,[113] der sich mehr oder minder explizit im Antikatholizismus äußerte.

Nun hat ein internationaler Dialog zwischen Katholiken (dem Päpstlichen Rat zur Förderung der Einheit der Christen) und Mennoniten (der Mennonitischen Weltkonferenz) »im Geist der Freundschaft und der Versöhnung« stattgefunden. Das Dialogdokument[114] der internationalen Gespräche, die von 1998 bis 2003 geführt wurden, liegt auch in deutscher Sprache vor: »Gemeinsam berufen, Friedensstifter zu sein«.[115] Damit reiht sich dieser ökumenische Dialog in die Serie der vielen bilateralen Lehrgespräche ein, die getrennte Kirchen seit dem 20. Jahrhundert miteinander führen.[116]

[112] Vgl. hierzu *Earl Zimmermann*, Renewing the Conversation: Mennonite Responses to the Second Vatican Council, in: Mennonite Quarterly Review (zit. MQR) 73/1999, 61–73.
[113] Vgl. *Hans-Jürgen Goertz*, Antiklerikalismus und Reformation. Sozialgeschichtliche Untersuchungen, Göttingen: Vandenhoeck & Ruprecht 1995.
[114] Original in Englisch: Called Together to be Peacemakers. Report of the International Dialogue between the Catholic Church and the Mennonite World Conference, 1998–2003, in: Information Service. The Pontifical Council for Promoting Christian Unity N.113, 2003/II/III, 111–157.
[115] Gemeinsam berufen, Friedensstifter zu sein. Bericht über den internationalen Dialog zwischen der Katholischen Kirche und der Mennonitischen Weltkonferenz 1998–2003, in: *Fernando Enns* (Hg.), Heilung der Erinnerungen – befreit zur gemeinsamen Zukunft. Mennoniten im Dialog. Berichte und Texte ökumenischer Gespräche auf nationaler und internationaler Ebene, Frankfurt/M.: Lembeck und Paderborn: Bonifatius 2008, 29–132. Die jeweiligen Bezüge werden stets in Klammern angegeben und benennen die betreffenden Paragraphen des deutschen Dokuments. – Eine leicht bearbeitete Edition des Dialogberichts, ergänzt um anregende Fragen für die lokale Gemeindearbeit und eingeleitet von der mennonitischen Dialogteilnehmerin *Andrea Lange* liegt vor: *Fernando Enns, Hans-Jochen Jaschke* (Hg.), Gemeinsam berufen Friedensstifter zu sein. Zum Dialog zwischen Katholiken und Mennoniten. Schwarzenfeld: Neufeld Verlag und Paderborn: Bonifatius 2008.
[116] Für Mennoniten wie für Katholiken ist dies nicht die erste bilaterale Begegnung. In Art. 10 und 11 des Berichts sind die jeweiligen, bisher geführten internationalen Dialoge aufgeführt. Siehe *Enns*, Heilung der Erinnerungen, 35. Die meisten internationalen ökumenischen Dialoge sind zu finden in: Dokumente wachsender Übereinstimmung (zit. DwÜ): sämtliche Berichte u. Konsenstexte interkonfessioneller Gespräche auf Weltebene, gemeinsame Veröffentlichung der Kommission für Glauben und Kirchenverfassung (Genf), des Instituts für Ökumenische Forschung (Straßburg), des Johann-Adam-Möhler-Institutes (Paderborn) und des Centro pro Unione (Rom), Paderborn: Bonifatius und Frankfurt/M.: Lembeck ²1991 (Bd. 1: 1931–1982), 1992 (Bd. 2: 1982–1990) und 2003 (Bd. 3: 1990–2001). Trotz dieser sehr umfassenden Sammlung weist die Zusammenstellung Lücken auf. Zurzeit entsteht der 4. Band.

Das Besondere des hier zu analysierenden Dialogs ist sicherlich, dass die sich begegnenden Kirchentümer unterschiedlicher kaum sein könnten: hier die zentralistisch strukturierte Weltkirche mit ihren vielen hundert Millionen Mitgliedern, dort die radikal kongregationalistisch aufgebaute Minderheitskirche; hier die hochkirchliche Amtskirche mit ihrer ausgeprägten Sakramentenlehre, dort die basisorientierte, eher von Laien getragene Gemeindekirche, die der praktischen Lebensgestaltung in der Nachfolge Christi immer den Vorrang vor der einheitlichen Lehre gab; hier die traditionsbewusste, auf die apostolische Sukzession sorgsam achtende Ämterfolge und Hierarchiebildung, dort die auf die jeweils gegenwärtigen Herausforderungen ausgerichtete Versammlung der Gläubigen an einem Ort; hier gar ein eigener »Staatsapparat« mit diplomatischen Beziehungen, dort die seit der Reformationszeit auf eine radikale Trennung vom Staat beharrende »historische Friedenskirche«, die sich auf die Lehre der antiklerikal und pazifistisch gesinnten Täufer beruft.[117] – Die Liste der augenscheinlichen Differenzen ließe sich unschwer fortsetzen. So hält diese Begegnung allein von ihren Ausgangsbedingungen her einiges an Spannung bereit. Welche Motivation treibt die Dialogpartner zu diesen Gesprächen? Welche Aspekte werden aus der Gesamtheit der theologischen wie historischen Bezüge als dialog-lohnend identifiziert? Und welche Ergebnisse dürfen realistischerweise erwartet werden?

Diesen Fragen soll hier nachgegangen werden, indem das Dialogergebnis dargestellt und kritisch analysiert wird. Dabei ist zu berücksichtigen, dass der Vf. selbst einer der Konfessionen angehört (Mennoniten) und im deutschen Kontext beheimatet ist, in dem seit langem gute Beziehungen zwischen den beteiligten Konfessionen gepflegt werden: in der Arbeitsgemeinschaft Christlicher Kirchen, in vielen ökumenischen Initiativen für Frieden und Gerechtigkeit und bei besonderen Anlässen wie Kirchentagen, vor allem aber in manchen Ortsgemeinden. Zwar sind die Erfahrungen miteinander auch hier nicht ausnahmslos positiv und in der direkten Begegnung kommt es immer noch zu irritierenden Fremdheitserfahrungen, doch während der Vorstellung des Dialogergebnisses bei der Vollversammlung der Mennonitischen Weltkonferenz in Bulawayo/Zimbabwe (2003) trat die Ungleichzeitigkeit der Verhältnisbestimmung in den verschiedenen Erdteilen deutlich hervor: nicht überall ist das Vertrauen zueinander bereits so weit gewachsen wie in Deutschland.[118]

[117] Vgl. hierzu allgemein *Hans-Jürgen Goertz*, Die Täufer: Geschichte und Deutung, München: Beck ²1988. Zum pazifistischen Erbe siehe *Clarence Bauman*, Gewaltlosigkeit im Täufertum. Eine Untersuchung zur theologischen Ethik des oberdeutschen Täufertums der Reformationszeit, Leiden: Brill 1968. *James Stayer*, Anabaptists and the Sword, Lawrence/KS: Coronado Press 1972.
[118] Vgl. vor allem die divergierenden Erfahrungen in Lateinamerika: Während Mennoniten in Kolumbien mit katholischen Christinnen und Christen enge Ver-

Der Dialog folgt in seiner Methodik zunächst dem bekannten Muster bilateraler Gespräche: die gegenseitige Darstellung spezifischer theologischer Lehrinhalte, nachdem man sich auf Hauptthemen geeinigt hat, um dann im tatsächlichen Gespräch zur gemeinsamen Formulierung von Konvergenzen wie Divergenzen vorzudringen. Der Dialog wird ergebnisoffen geführt, es werden keine konkreten institutionellen oder lehrmäßigen Ziele vorweg benannt, jedoch deutet der Titel des Abschlussdokumentes bereits an, dass *ein* Inhalt vor allem interessierte und motivierte: die gemeinsame Berufung zum Friedenstiften bzw. zum Friedensstifter sein. Neben den aus der ökumenischen Bewegung bekannten Motiven zur Bemühung um die Einheit der Christenheit ist es zum einen die gemeinsame Überzeugung, dass »Friede die Mitte des Evangeliums ist«, was als »besonders zwingender Grund für den Dialog« angesehen wird (14). In einer Zeit von Massenvernichtungswaffen stelle sich die Herausforderung der Friedensstiftung allen Kirchen gemeinsam neu und anders als in früheren Jahrhunderten (9). Bereits im Vorwort wird auf das Selbstverständnis der Mennoniten als historische Friedenskirche abgehoben, deren Verpflichtung zum Frieden »wesentlich ist« für ihr Selbstverständnis (5).[119] Auch die römisch-katholische Kirche betrachtet die Förderung der Einheit – und gerade hieraus folgernd den Frieden – als »zum innersten Wesen der Kirche gehörend« (14).[120]

Zum anderen wiesen zeitgenössische historische Studien mittelalterlicher Quellen auf eine Spiritualität hin, die Katholiken und Mennoniten gemeinsam sei. Neben der Diskussion der einschlägigen, trennenden wie verbindenden Theologumena fällt die Deutung der gemeinsamen Kirchengeschichte als vielversprechender Schritt auf dem Weg zur Versöhnung ins Gewicht. Dahinter mag die elementare Erkenntnis sichtbar werden, dass viele schmerzhafte Trennungen nicht allein aus unterschiedlichen theologischen Einsichten erwachsen, sondern unterschiedliche Geschichtsinterpretationen ein angemessenes Verständnis der jeweiligen theologischen Aussagen der anderen verhindern. »Dies war ein neues Verfahren der Versöhnung«, ein Neuanfang in den Beziehungen ist markiert, mit dem erklärten Ziel, »die Folgen einer beinahe fünf Jahrhunderte während gegenseitigen Abschottung und Feindschaft zu überwinden« (2).

---

bindungen im Einsatz für Gerechtigkeit und Frieden pflegen, sind die gegenseitigen Abgrenzungen in anderen Ländern wie Paraguay noch sehr weitreichend.
[119] Zum Begriff der Friedenskirche vgl. *Fernando Enns*, Art. »Friedenskirchen«, in: Evangelisches Staatslexikon, Neuausgabe hg. von *Werner Heun u.a.*, Stuttgart: Kohlhammer 2006, 676–680.
[120] Vgl. Gaudium et spes, in: Das Zweite Vatikanische Konzil. Konstitutionen, Dekrete und Erklärungen. Lat. u. Dt. Komm., Freiburg i.Br.: Herder 1966 (Bd. 1) bis 1968 (Bd. 3), hier Bd. 3.

Von diesem Ziel ist die Gliederung der einzelnen Gesprächsgänge bestimmt: zu den jeweils ausgesuchten theologischen Themen (Ekklesiologie, Taufe und Eucharistie/Abendmahl, Friedentheologie und -ethik)
wurden parallel entsprechende Interpretationen historischer Ereignisses oder Epochen diskutiert, die die Trennungen verursacht bzw. sichtbar gemacht haben: die »Konstantinische Ära«, das Mittelalter und die
Reformationszeit des 16. Jahrhunderts.[121] Dieser Gliederung des Dialogs soll hier gefolgt werden: (I.) die gemeinsame Betrachtung der Geschichte, (II.) die gemeinsame Betrachtung der Theologie und (III.) der
Weg zur »Heilung der Erinnerungen«.

II.2.1 Eine gemeinsame Betrachtung der Geschichte

Konfessionen entwickeln ihre eigene Deutung der Gesamtgeschichte,
heben naturgemäß die für sie prägenden Epochen besonders hervor
und zeigen vor allem an den Bruchstellen zu anderen Konfessionen
eine ihnen eigene Lesart der Ereignisse, die die in diesen Konfliktsituationen gewonnenen theologischen Erkenntnisse plausibel machen.[122] So erklären sich Geschichtsdeutungen und zu konfessionellen
Bekenntnistexten geronnene Einsichten oft gegenseitig, was vor allem
in der Beschreibung der historischen Entwicklungen zu Einseitigkeiten
führen kann. Dadurch festigen sich negative Sichten auf die jeweils
anderen und es bilden sich verengende Stereotypen heraus, die in Zeiten großer theologischer Polemik geprägt und weiter tradiert wurden
und schließlich bis heute der Sichtbarmachung der Einheit der Kirche
im Wege stehen.

*a. Eine gemeinsame Hermeneutik – Kirchengeschichte gemeinsam
    neu lesen*
Eine Korrekturmöglichkeit dieser perspektivistischen Geschichtsdar-
stellung bietet zum einen die historisch-kritische Untersuchung, die
aber für sich genommen – aufgrund der Komplexität der kulturellen,
politischen, sozialen, ökonomischen und religiösen Zusammenhänge –
den Vorwurf des Interessegeleitetseins nicht völlig abstreifen kann.
Gerade in der Kirchengeschichtsschreibung ist die Beurteilung der Er-

---

121 Themen der jeweiligen Treffen: 1. Treffen: »Wer sind wir heute?« und 16.
Jahrhundert: Wie haben wir aufeinander reagiert?; 2. Treffen: Kirchenverständnis
und Täufer: Restitutionsgedanke und mittelalterliche Wurzeln des Glaubens und
der Frömmigkeit; 3. Treffen: Was ist eine Friedenskirche? und Interpretationen der
Konstantinischen Wende; 4. Treffen: Taufe und Eucharistie und Mittelalter: das
Verhältnis von Kirche und Staat; 5. Treffen: Abschlussbericht.
122 Vgl. hierzu die allgemeine Interpretation von Geschichte als Konstruktion in
Hans-Jürgen Goertz, Umgang mit Geschichte: eine Einführung in die Geschichtstheorie, Reinbek bei Hamburg: Rowohlt 1995. *Ders.*, Unsichere Geschichte: zur
Theorie historischer Referentialität, Stuttgart: Reclam 2001. Die weitere Diskussion hierzu in: *ders.* (Hg.), Geschichte: ein Grundkurs, 3. rev. u. erw. Auflage, Reinbek bei Hamburg: Rowohlt 2007.

gebnisse historischer Forschung des Öfteren durch ein spezielles ekklesiologisches Vorverständnis präjudiziert. Zum anderen bieten ökumenische Dialoge eine kaum zu unterschätzende Chance, durch gemeinsames Geschichtsstudium die selektive Wahrnehmung und einseitige Deutung zu überwinden. Dies ist eine der zu würdigenden Erkenntnisse des katholisch-mennonitischen Dialogs: »Durch das gemeinsame Studium der Geschichte erkannten wir, dass unsere Deutungen der Vergangenheit oft unvollständig und begrenzt waren« (23).
Immerhin blicken Katholiken und Mennoniten auf eine fünfzehn Jahrhunderte während, gemeinsame Kirchengeschichte, bevor es zur
Trennung in der Reformationszeit kam. So unbestreitbar diese Feststellung auch ist, so fraglich ist m.E. doch die fehlende Problematisierung
dieses Sachverhaltes im Dialog, denn viele Strömungen, von denen
sich die römisch-katholische Tradition im Laufe der Jahrhunderte distanzierte, würden Mennoniten doch gerade zu dieser Geschichte zählen
(wie etwa die der Waldenser oder die Hussiten).

Damit ist aber im Grunde schon bestätigt, dass eine Fortsetzung der
gemeinsamen Forschung erforderlich ist, wie der Dialogbericht auch
mehrfach anmahnt. Die Partner hegen die Hoffnung, dass eine gemeinsame Erinnerung der Geschichte schließlich »aus dem Gefängnis der
Vergangenheit befreien« könne (27). Dies setzt dann allerdings auch
die Bereitschaft zur Reue voraus, wie der (im 20. Jahrhundert wohl
einflussreichste) mennonitische Theologe John Howard Yoder bereits
vor Jahren betonte.[123]

b. Die konstantinische Ära – das Werden der ecclesia vincens
In der Zeit, in der der christliche Glaube zur offiziellen Religion des
Römischen Reiches erklärt und das Nizänische Glaubensbekenntnis
zum Reichsgesetz erhoben wird, wandelt sich die Kirche von der verfolgten (*ecclesia pressa*) zur tolerierten (*ecclesia tolerata*) und schließlich zur herrschenden Kirche (*ecclesia vincens*).[124] Diesen epochalen

---

[123] »Es ist ein besonderes Element der christlichen Botschaft, dass es ein Heilmit-
tel für eine ungute Vergangenheit gibt. Wenn sich das Element der Reue nicht in
der Begegnung zwischen den Glaubensgemeinschaften auswirkt, haben wir nicht
am ganzen Zeugnis des Evangeliums teil.« *John Howard Yoder*, The Disavowal of
Constantine: An Alternative Perspective on Interfaith Dialogue, in: *ders.*, The
Royal Priesthood: Essays Ecclesiological and Ecumenical. Grand Rapids/MI:
Eerdmanns 1994, 242–261. *Ders.*, Peace Without Eschatology?, in: a.a.O., 144–167.
[124] Hier interpretiert der Dialog auf der Basis der Arbeiten von *Gerhard Ruhbach*
(Hg.), Die Kirche angesichts der Konstantinischen Wende, Darmstadt: WBG 1976.
Robin Lane Fox, Pagans and Christians, New York/London: Knopf 1987; *Jochen
Bleicken*, Konstantin der Große und die Christen, München: Oldenbourg 1992;
Michael Grant, Constantine the Great. The Man and his Times, New York: Pren-
tice Hall 1994; *Thomas George Elliott*, The Christianity of Constantine the Great,
New York: Fordham University Press 1997.

Umbruch interpretieren Mennoniten als den »konstantinischen Fall« der Kirche.[125] Auch Katholiken sehen diese Entwicklung nicht ohne Kritik: »Gemeinsam verwerfen wir diejenigen Seiten [sic. der konstantinisch geprägten Kirche, FE] ..., die von einigen charakteristischen Verhaltensweisen abweichen und sich von der Ethik des Evangeliums entfernen. Wir gestehen das Versagen der Kirche [sic! FE] ein, wenn sie Gewaltanwendung zur Bekehrung rechtfertigte, eine einheitliche christliche Gesellschaft durch Zwangsmittel zu schaffen und zu erhalten suchte und religiöse Minderheiten verfolgte« (55). – Dass solche weitreichenden, gemeinsamen Bewertungen nun möglich werden, ergibt sich vor allem aus der völlig anderen Lebenswirklichkeit der Kirchen in der Gegenwart. Mennoniten erkennen zunehmend, dass sie gesellschaftliche Verantwortung in freiheitlich demokratisch verfassten Staatsformen mit übernehmen und das politische Leben mitgestalten müssen, wenn sie ihr Glaubenszeugnis glaubwürdig leben wollen. Und Katholiken fordern seit dem II. Vatikanischen Konzil endlich auch Religions- und Gewissensfreiheit für alle Menschen und weisen jeglichen Zwang in religiösen Dingen zurück.[126] Dies waren zentrale Forderungen der Täufer bereits im 16. Jahrhundert.[127] Hierin sind klare und eindeutige, gemeinsame Absagen an jenes Staatskirchentum zu erkennen, dessen Anfänge in die konstantinische Ära zurückreichen.

Die gemeinsame Bewertung eröffnet schließlich die Möglichkeit, solche Entwicklungen zu würdigen, die in Kontinuität stehen zur frühen Geschichte der Kirche. Es wird dabei nicht verkannt, wie stark die jeweiligen Theologien doch von diesen jahrhundertelangen, unterschiedlichen Prägungen und Bewertungen geformt wurden: »Katholiken

---

[125] Vgl. *Walter Klaasen*, The Anabaptist Critique of Constantinian Christendom, in: Mennonite Quarterly Review (MQR) 55, 1981, 218–230. Zu einer geschichtlichen wie theologischen Kategorie dann ausgearbeitet von *John H. Yoder*, The Otherness of the Church (1960), in: *ders.*, The Royal Priesthood, 54–64.

[126] Vgl. Erklärung über das Verhältnis der Kirche zu den nichtchristlichen Religionen, Dignitatis humanae, in: Das Zweite Vatikanische Konzil, a.a.O., Bd. 2, und Gaudium et spes, in: a.a.O., Bd. 3.

[127] Explizit werden hier genannt Balthasar Hubmeier und Pilgram Marpeck, vgl. § 61. Vgl. zum Sachverhalt: *Tainer Wohlfeil* und *Hans-Jürgen Goertz*, Gewissensfreiheit als Bedingung der Neuzeit. Fragen an die Speyerer Protestation von 1529, Göttingen: Vandenhoeck & Ruprecht 1980. Zu den Personen: Balthasar Hubmeier, Schriften. Quellen zur Geschichte der Täufer Bd. 9, hg. von *Gunnar Westin* und *Torsten Bergsten*, Gütersloh: Mohn 1962. *Christof Windhorst*, Balthasar Hubmeier. Professor, Prediger, Politiker, in: *Hans-Jürgen Goertz* (Hg.), Radikale Reformatoren. 21 biographische Skizzen von Thomas Müntzer bis Paracelsus, München: Beck 1978, 125–136. *Pilgram Marpeck*, The Writings of Pilgram Marpeck, translated and ed. by *William Klassen*, Classics of the Radical Reformation 2, Kitchener/ON: Herald Press 1978. *Stephen B. Boyd*, Pilgram Marpeck: His Life and Social Theology, Mainz: von Zabern 1992. *William Klassen*, Pilgram Marpeck. Freiheit ohne Gewalt, in: *Goertz*, Radikale Reformatoren, 146–154.

würden Dinge wie die allgemeine Übung der Kindertaufe[128], die Weiterentwicklung von Bekehrung wie auch die Haltung der Christen zu Militärdienst und Eid als Beispiele legitimer theologischer Entfaltung sehen. Mennoniten betrachten dieselben Veränderungen einer früheren christlichen Praxis als Untreue gegenüber dem Weg Jesu« (59).

Während Katholiken die Schaffung einer christlichen Gesellschaft heute immer noch als »ehrenwertes Ziel« erscheint, erkennen Mennoniten die Kontinuität des frühchristlichen Zeugnisses durchaus auch in Bewegungen, die von der römisch-katholischen Kirche als häretisch eingestuft wurden. Von katholischer Seite werden zwar Handlungsweisen bedauert, die »dem Geist des Evangeliums wenig entsprechend, ja sogar entgegengesetzt« waren, aber »die Lehre der Kirche, dass niemand zum Glauben gezwungen werden darf«, habe dennoch »die Zeiten überdauert« (61). – Mennonitische Geschichtsschreibung »hegt Zweifel an einem solchen Anspruch«, da Theologen, Päpste und auch Ökumenische Konzilien den Zwang zur Bekehrung und die Bestrafung von Häretikern durch den Staat einst theologisch gerechtfertigt hätten.[129]

c. *Westeuropa am Vorabend der Reformation – Frömmigkeit und Spiritualität*

Gemeinsam stellen Katholiken und Mennoniten fest, dass im Übergang vom Mittelalter zur Neuzeit die zentrale Macht und Autorität der Kirche durch die ersten »modernen Staaten« in Frage gestellt worden seien.[130] Dies habe zu einem Nachlassen des Einheitsbewusstseins der *christianitas* geführt, die ihren Höhepunkt bei den Kreuzzügen erlebt habe. Massive soziale wie wirtschaftliche Veränderungen führten zu Unruhen und Aufruhr, die den Nährboden auch für die »radikale Re-

---

[128] Hier unter Berufung auf die »Apostolische Tradition« (ca. 220), Origenes und Cyprian von Karthago, die von der Kindertaufe als einer alten und apostolischen Tradition sprechen. Siehe hierzu auch: Die Vorbereitungen des trinitätstheologischen Dogmas auf dem Hintergrund der kaiserzeitlichen Religions- und Philosophiegeschichte, in: *Carl Andresen* und *Adolf Martin Ritter* (Hg.), Handbuch der Dogmen- und Theologiegeschichte, 2. überarb. u. ergänzte Auflage, Bd. 1, Göttingen: Vandenhoeck & Ruprecht ²1999, 99–143.

[129] Vgl. hierzu vor allem *Snyder*, Anabaptist History and Theology, a.a.O.

[130] Zur hier dargelegten Deutung des Mittelalters werden genannt: *Thomas Brady Jr., Heiko A. Oberman, James D. Tracy* (Hg.), Handbuch der europäischen Geschichte, 1400–1600: Spätmittelalter, Renaissance und Reformation, Leyden/NY/ Köln: Brill 1994, Neudruck Grand Rapids/MI: Eerdmans 1996; *John Bossy*, Christianity in the West, 1440–1700, New York / Oxford: Oxford University Press 1985; *John W. O'Malley* (ed.), Catholicism in Early Modern Europe, St. Louis: Center for Reformation Research 1988; *Robert Bireley*, The Refashioning of Catholicism, 1450–1700: A Reassessment of the Counter Reformation, New York / London: Macmillan 1999.

formation« bot. In der kulturellen Elite habe sich eine geistige Erneuerung gezeigt (Renaissance und Humanismus), die auch im Leben der Kirche zu einem vermehrten Studium der Quellen und klassischen Texte in den Originalsprachen führte. Diese oft als Krise und Verfall der Kirche beschriebene Zeit zeige eigentlich: »Am Vorabend der Reformation blühte das kirchliche Leben und die Frömmigkeit« (34), so-dass die Reformation und die »katholische Reform« im Grunde als Ergebnis dieser »religiösen Lebendigkeit bewertet werden können«.[131] Wiederum wird zugestanden, dass es gewiss »Missbräuche unter den Klerikern, unter der Hierarchie und den Päpsten und unter den Mönchen« gab, im kirchlichen Steuerwesen und in der Seelsorge, sowie Aberglaube in der Volksfrömmigkeit, beispielsweise in der Verehrung der Reliquien. Aber darin seien auch der Eifer und das Verlangen nach religiöser Erfahrung erkennbar. Im Grunde sei das religiöse Leben durch eine »neue Wertschätzung einer guten Predigt und einer religiösen Erziehung« gekennzeichnet. Laienbewegungen (*Devotio moderna*),[132] Prediger und Schriftsteller verbreiteten eine Spiritualität der Nachfolge (*imitatio Christi*) und die Reformforderungen der Zeit seien bereits ein bis zwei Jahrhunderte später »Allgemeingut in der protestantischen Reformation, der radikalen Reformation und der katholischen Reform« geworden (36). Gerade in der Spiritualität der Täufer mit ihrer Betonung von Gelassenheit, Nachfolge, Buße und Bekehrung fänden sich Parallelen zur benediktinischen und franziskanischen Tradition wie zur Deutschen Mystik: »heilig zu leben in Wort und Tat« (65). Reformbewegungen wie die von Cluny oder die gregorianische Reform markierten Versuche, die Kirche vom Einfluss der politischen Macht zu befreien, freilich mit begrenztem Erfolg.[133] Während Men-

---

[131] Das Dokument beruft sich auf die Deutung von *Bernd Möller*, Frömmigkeit in Deutschland um 1500, Archiv für Reformationsgeschichte 56 (1965), 5–30; und: *Eamon Duffy*, The Stripping of the Altars: Traditional Religion in England, 1400–1580. New Haven / London: Yale University Press 1992. Vgl. auch *Alister E. McGrath*, Reformation Thought. Oxford: Blackwell ³1999, 26–27: »Older studies of the background to the Reformation tended to portray the later Middle ages as a period in which religion was in decline. (…) Modern studies, using more reliable criteria, have indicated that precisely the reverse is true. (…) And it is this popular interest in religion, which led to the criticism of the institutional church where it was thought to be falling short of its obligations. This criticism – treated by older studies as evidence of religious decline – thus actually points to religious growth.«
[132] Der Dialogbericht beruft sich auf die Interpretationen von *Regnerus R. Post*, The Modern Devotion, Leyden: Brill 1968; *Georgette Epinay-Burgard*, Gérard Grote (1340–1384) et les débuts de la dévotion moderne, Wiesbaden: Steiner 1970 und *John van Engen*, Devotio Moderna: Basic Writings, New York: Paulist Press 1988.
[133] Mit Verweisen dieser Interpretation auf *Christopher M. Bellitto*, Renewing Christianity. A History of Church Reform from Day One to Vatican II, New York: Paulist Press 2001. Vgl. auch *Ronald G. Musto*, The Catholic Peace Tradition, Maryknoll/NY: Orbis 1986.

noniten aber solche Bewegungen eher als positive Ausnahmen innerhalb der mittelalterlichen Kirche bewerten, neigen Katholiken dazu, sie
als Belege einer allgemein verbreiteten, mittelalterlichen Frömmigkeit
zu sehen. Erste Vermutungen werden vorsichtig formuliert: Ist die täuferische Frömmigkeit womöglich eine nicht-sakramentale und kom-
munitäre Umformung der mittelalterlichen Spiritualität und Askese?[134]

Auch diese Deutungen fordern geradezu ein weiteres gemeinsames
Studium heraus: Ist es angemessen, hier bereits von den ersten »modernen Nationalstaaten« zu sprechen oder ist eine solche Terminologie
erst im Zuge der französischen Revolution zu vertreten? Waren nicht
die Missstände in der mittelalterlichen Kirche zumindest *auch* Ursache
des Auseinanderbrechens der Einheit?[135] Wenn die Mehrzahl der Reformforderungen im Grunde Allgemeingut waren, wieso waren sie
dann nicht innerhalb der bestehenden Kirche durchsetzbar? Und
schließlich: Ist die Parallelisierung von protestantischer Reformation,
radikaler Reformation und »katholischer Reform« so zulässig, oder
sollte letztere nicht doch als Reaktion auf die ersten beiden Bewegungen zu beschreiben sein?

Diese Fragen stellt das Dialogdokument nicht, aber es fordert sie heraus, wenn eine gemeinsame Geschichtshermeneutik sich nicht von Beginn an den Vorwurf einhandeln will, die Vorfahren der heutigen Dialogpartner möglichst positiv darstellen zu wollen. Gerade eine gemeinsame Hermeneutik wird den Kriterien der historisch-kritischen Forschung standhalten müssen, wenn sie erklärungskräftig sein will für
die Neubestimmung des wechselseitigen Verhältnisses in der Gegenwart. Es ist anzuerkennen, dass die Dialogpartner jetzt immerhin gemeinsam feststellen, dass das Mittelalter wohl nicht in dem Maße tief-
greifend christianisiert war, wie es Katholiken noch im 19. Jahrhundert
beschrieben hatten, dass es aber auch nicht so »verderbt war, wie viele
Mennoniten meinen« (63). Mögliche Korrekturen im jeweiligen Ge-
schichtsbild sind damit zumindest angedeutet.

---

[134] Vgl. hierzu die Deutungen bei *Kenneth Ronald Davis*, Anabaptism and Asceticism: A Study in Intellectual Origins. Eugene: Wipf and Stock 1998; *C. Arnold
Snyder*, The Monastic Origins of Swiss Anabaptist Sectarianism, in: MQR 57,
1983, 5–26; *Russel Snyder-Penner*, The Ten Commandments, the Lord's Prayer
and the Apostels' Creed as Early Anabaptist Texts, in: MQR 68, 1994, 318–335;
Dennis D. Martin, Monks, Mendicants and Anabaptists: Michael Sattler and the
Benedictines reconsidered, in: MQR 60, 1986, 139–164; *ders.*, Catholic Spirituality and Anabaptist and Mennonite Discipleship, in: MQR 62, 1988, 5–25.
[135] Vgl. hierzu im knappen Überblick *Volker Leppin*, Das Zeitalter der Reformation: eine Welt im Übergang, Darmstadt: WBG 2009. Ausführlicher die Darstellung von *Gottfried Seebaß*, Spätmittelalter – Reformation – Konfessionalisierung.
Theologische Wissenschaft Bd. 7, Stuttgart: Kohlhammer 2006.

d. Das 16. Jahrhundert – der Bruch zwischen Katholiken und Mennoniten

»Die Täufer teilten viele der üblichen reformatorischen Bilder von der katholischen Kirche« (42) und folglich auch deren Vorwürfe: Werkgerechtigkeit, Abgötterei beim Vollzug der Sakramente, Inkompetenz der Priester und die Beschimpfung des Papstes als »Antichristen«. Darüber hinaus kritisierten sie aber auch die anderen Reformatoren für ihre Nähe zur politischen Macht.[136] Die Einheit von Kirche und Staat sei der »Sündenfall« der Kirche schlechthin, die Säuglingstaufe sichtbarster Ausdruck dieser unheiligen Allianz.[137] Ziel konnte für die Täufer nur die Wiederherstellung (Restitution) der »apostolischen Kirche« sein[138], die nicht durch die ununterbrochene Tradierung der Bischofsweihe gesichert wird, sondern an der »Übereinstimmung mit den ethischen und lehrmäßigen Inhalten der neutestamentlichen Schriften« gemessen werden soll.[139]

Die neuere Täuferforschung hat die Vielfalt und Uneinheitlichkeit der sogenannten »Täuferbewegung« herausgearbeitet.[140] Die allen Täufern gemeinsame Ablehnung der Säuglingstaufe brachte ihnen von Seiten der lutherischen[141] wie der zwinglischen[142] Reformation sowie von der

[136] Siehe die Zusammenstellung der Quellen bei *Walter Klaassen* (ed.), Anabaptism in Outline. Selected Primary Sources, Kitchener/ON: Herald Press 1981, Ch. XII Government, 244–264. Vgl. hierzu auch die Zusammenfassung bei *Goertz*, Die Täufer, a.a.O., Viertes Kapitel: Gemeinde, Obrigkeit und Neues Reich, 95–120.

[137] Vgl. *Klaassen*, Anabaptism in Outline, a.a.O., Ch. VIII Baptism, 162–189. *Goertz*, a.a.O., Die Täufer, Drittes Kap. Taufe als öffentliches Bekenntnis, 76–94.

[138] Vgl. zum Restitutionsgedanken *John H. Yoder*, Anabaptism and History. »Restitution« and the Possibility of Renewal, in: *Hans-Jürgen Goertz* (Hg.), Umstrittenes Täufertum 1525–1975, Göttingen: Vandenhoeck & Ruprecht ²1977, 244–258.

[139] Vgl. hierzu *Enns*, Friedenskirche in der Ökumene, a.a.O., IV.5.e. Die kritische Funktion der Apostolizität, 253ff.

[140] In Deutschland vor allem durch die wegweisenden Forschungsarbeiten von Hans-Jürgen Goertz.

[141] *»Damnant Anabaptistas, qui improbant baptismum puerum ac affirmant pueros sine baptismo salvos fieri.«* Art. IX der Confessio Augustana, in: Augsburgische Konfession. Confessio oder Bekenntnus des Glaubens ... zu Augsburg Anno 1530 (zit. CA), in: Die Bekenntnisschriften der evangelisch-lutherischen Kirche (zit. BSLK), Göttingen: Vandenhoeck & Ruprecht, ¹²1998, 31–137, 63.

[142] *»...itaque damnamus errorem Anabaptistarum, qui ante fidem et rationis usum negant ad pueros pertinere baptismum«.* Schottisches Bekenntnis von 1560 nebst dem Covenant von 1581 (XXXV), Art. XXIII, in: Die Bekenntnisschriften der reformierten Kirche, hg. von Ernst Friedrich Karl Müller, Zürich: Theologische Buchhandlung 1987, 261. *»Anabaptistarum itaque errorem detestamur, qui unico et semel suscepto baptismo contenti non sunt: ac praeterea, baptismum infantium, fidelibus parentibus natorum, damnant ...«* Confessio Belgica (1561), Art. XXXIV, in: a.a.O., 246; *»Damnamus Anabaptistas, qui negant baptisandos esse infantulos recens natos a fidelibus ...«* Confessio helvetica posterior (1562), Art. XX, in: a.a.O., 221.

römisch-katholischen Kirche die Verwerfung und Verurteilung als Häretiker ein.[143] Bereits seit 529 (Kaiser Justinian I) stand auf die Wiedertaufe die Todesstrafe. Dieses Strafmaß wurde auf dem Reichstag zu Speyer 1529 erneuert, was in der Folge zu massenhaften Martyrien führte.

Hans-Jürgen Görtz erinnert daran, dass der Speyerer Reichstag »die Geburtsstunde des Protestantismus« genannt worden ist. »Es darf jedoch nicht vergessen werden, dass mit diesem Reichstag auch die Sterbestunde des Täufertums eingeläutet wurde«.[144]

Die »Konstitution« des Wiedertäufermandats dieses Reichtags zu Speyer sah vor:
Auf die Wiedertaufe steht die Todesstrafe, die ohne geistliches Inquisitionsgericht auszuführen ist.
Wer bereit ist zum Widerruf und zur Sühne, soll begnadigt werden. Er darf allerdings das Territorium nicht verlassen. Wer hartnäckig auf die täuferische Lehre beharrt, verdient die Todesstrafe.
Anführer und solche, die für die Verbreitung der Wiedertäufer sorgen, sollen auch bei Widerruf nicht begnadigt werden.
Wer nach dem ersten Widerruf rückfällig wird, soll nicht begnadigt werden.
Wer die Taufe für seine neugeborenen Kinder verweigert, verdient ebenfalls die Todesstrafe.
Wenn ein Täufer in ein anderes Territorium flieht, soll er dort weiter verfolgt und bestraft werden.
Wer als Amtsperson nicht bereit ist, diese Anordnungen streng zu befolgen, muss »mit kaiserlicher Ungnade und schwerer Strafe rechnen«.[145]

Zunehmend nahmen die Täufer die Vertreter der römischen Kirche als Folterer und Henker wahr, was sich in Dokumenten wie dem »Märtyrerspiegel«[146] anschaulich niederschlägt und in den folgenden Jahrhunderten als Bild von den Katholiken tradiert wurde. Andererseits waren die Täufer für Katholiken die »logische Folge der protestantischen Häresie« und des »protestantischen Schismas« (43), denn die Täufer hätten Häresien erneuert, die seit Jahrhunderten verurteilt waren. »All dies wurde noch verwickelter durch die Tatsache, dass gegen Menschen geschrieben wurde, die auf dem Reichstag zu Speyer zum Tode verurteilt worden waren und daher keinen Rechtsstatus genossen«. – Der Augsburger Religionsfriede von 1555 (*cuius regio, eius religio*) wird als zusätzliche Quelle der Intoleranz gewertet, durch den

---

143 Vgl. hierzu auch *Andrea Strübind*, Eifriger als Zwingli. Die frühe Täuferbewegung in der Schweiz, Berlin: Duncker & Humbolt 2003.
144 *Goertz*, Die Täufer, a.a.O., 121.
145 Vgl. *Goertz*, Die Täufer, a.a.O., 121f.
146 *Thieleman van Braght*, Der blutige Schauplatz oder Märtyrer-Spiegel der Taufgesinnten oder Wehrlosen Christen, die um des Zeugnisses Jesu, ihres Seligmachers, willen gelitten haben und getötet worden sind, von Christi Zeit an bis auf das Jahr 1600, Dordrecht 1659, hg. durch Berne/IN: Licht und Hoffnung 1950.

das Martyrium eine »gemeinsame Erfahrung aller Christen aller Konfessionen« geworden sei (45).

Der Dialogbericht zeigt viel Verständnis für diejenigen, die die »chaotische Bewegung« der Täufer nicht besser einzuschätzen wussten. Schließlich habe auch Martin Luther die »Schwärmer und Täufer« pauschal für den Bauernkrieg verantwortlich gemacht[147] und das melchioritisch geprägte »Königreich zu Münster« 1534–35 hätte »die Herrscher« annehmen lassen, dass alle Täufer grundsätzlich gewaltbereit seien.[148]

Die bereits 1527 in Schleitheim in eine Art Bekenntnistext[149] gegossene Absage an alle Formen der Gewalt durch die süddeutschen Täufer sowie andere klare Zeugnisse[150] bewegte offensichtlich nicht zu Differenzierungen. Vermutungen über die Gründe dieses Versäumnisses auf Seiten »der Herrschenden« wie auf Seiten der römischen Kirchenvertreter werden hier nicht angestellt. Immerhin wird festgehalten, dass von den im 16. Jahrhundert insgesamt rund 5.000 Menschen, die aufgrund ihres Glaubenbekenntnisses in Europa getötet wurden, die Hälfte Täufer und Mennoniten waren, und dass die Mehrheit in katholischen Gebieten umgebracht wurde.[151] Auch wird betont, dass umgekehrt Katholiken von Seiten der Mennoniten nie Verfolgung zu erleiden hatten. Aber »Mennoniten sollten bedenken, wie schwierig es im 16. Jahrhundert gewesen sein muss, die Unterschiede zwischen denjenigen auszumachen, die Rom wie auch Luther ablehnten« (51). Außerdem seien auch Katholiken in lutherischen Gebieten und in England der Erfahrung des Martyriums ausgesetzt gewesen, woraufhin sie – jedenfalls in diesen Gebieten – schon damals Religionsfreiheit einforderten.[152]

---

[147] Vgl. etwa *Martin Luther*, Der Kampf gegen Schwarm- und Rottengeister, Ausgewählte Werke Bd. 4, hg. von *Hans H. Borcherdt*, München: Kaiser ³1964.

[148] Das hätte m.E. sehr viel differenzierter dargestellt werden müssen, vgl. hierzu *Eike Wolgast*, Herrschaftsorganisation und Herrschaftskrisen im Täuferreich von Münster 1534/35, Archiv für Reformationsgeschichte 67,Gütersloh: Mohn 1976. Neuerdings auch die Arbeit des röm.-katholischen Historikers *Hubertus Lutterbach*, Das Täuferreich von Münster. Ursprünge und Merkmale eines religiösen Aufbruchs, Münster: Aschendorff 2008.

[149] Vgl. Brüderliche Vereinigung etlicher Kinder Gottes, sieben Artikel betreffend, in: Bekenntnisse der Kirche, hg. von *Hans Streubing*, Wuppertal: Brockhaus 1985, 261–268.

[150] Vgl. *Klaassen*, Anabaptism in Outline, Ch.XXIII Nonresitence, 265–281. Außerdem die grundlegende Arbeit von *Stayer*, Anabaptists and the Sword, a.a.O.

[151] Vgl. *James M. Stayer*, Numbers in Anabaptist Research, in: *C. Arnold Snyder* (ed.), Commoners and Community: Essays in Honour of Werner O. Packull, Waterloo/ON: Herald Press 2000, 51–73.

[152] Vgl. hierzu *Brad S. Gregory*, Salvation at Stake. Christian Martyrdom in Early Modern Europe, Cambridge/London: Harvard University 1999, bes. Kap. 6 über Täufer und Martyrium sowie Kap. 7 über römische Katholiken und Martyrium.

Zu den interessanten Fragen für weitere Gespräche zählt m.E., warum diese Martyriums-Erfahrungen bei Katholiken nicht zu einer frühen Umkehr und Besinnung in den katholischen Gebieten geführt hat. In den Überlegungen des Dialogs wird hier der wichtige Aspekt der Perspektive der (Nähe zur) Macht bzw. der Machtlosigkeit nicht erörtert, der die jeweilige Position und die jeweils damit korrespondierenden theologischen Überlegungen zum Verhältnis von Kirche und Staat, zur Religions- und Gewaltfreiheit doch je entscheidend mitzubestimmen scheint. Auch noch so plausibel wirkende Erklärungen für die politischen und gesellschaftlichen Umstände der begangenen Gräuel sollten niemals den Anschein erwecken, als nachträgliche Entschuldigungen wirken zu wollen, wenn durch das gemeinsame Studium der Geschichte nun tatsächlich der Boden für eine »Heilung der Erinnerungen« bereitet werden soll. Eine explizite Anerkennung von (vielleicht ja gegenseitiger) Schuld der Vorfahren könnte vielversprechender sein als die etwas zu pauschalisierte Deutung aller Beteiligten als Opfer.

Dies könnte bei den benannten »Aufgabenfeldern für weiteres Studium« relevant werden, wenn es darum gehen soll, die wachsende Eingliederung der Mennoniten in die größeren Gesellschaftszusammenhänge ebenso zu reflektieren wie die wachsende Minderheiten-Erfahrung von Katholiken. Die weitere, kritische Aufarbeitung könnte dann schließlich auch dazu beitragen, jene Bilder, die Konfessionen von sich selbst im Verhältnis zu anderen bilden, zu korrigieren, Mennoniten aus ihrer Mentalität einer verfolgten Minderheit befreien und Katholiken zu mehr Mut führen, tatsächlich Verantwortung für Irrtümer der Vergangenheit zu übernehmen.

II.2.2 Eine gemeinsame Betrachtung der Theologie

Die eigentliche Motivation zu diesem Dialog gründet in den neutestamentlichen Zeugnissen selbst, allen voran dem hohepriesterlichen Gebet. Die Trennungen unter den Christinnen und Christen soll überwunden werden, damit »die Welt glaubt, dass der Vater und der Sohn eins sind« (Joh 17:20–23), um die »Wahrheit in Liebe zu sagen« und sich »gegenseitig in Liebe aufzubauen« (Eph 4:16–17). Dies sind klassische Quellen der ökumenischen Bewegung. Im Weiteren sollen die theologischen Konvergenzen wie die festgestellten Divergenzen aufgezeigt werden. Dabei sei vorweg festgehalten, dass beide Seiten sich weitestgehend darauf beschränken, ihre angestammten Positionen vorzutragen und dass es in der Folge vor allem dort zu Konvergenzformulierungen kommt, wo der unverstellte, direkte Bezug zu den biblischen Quellen für beide möglich ist. Besondere Beachtung verdient die Aufnahme der Friedenstheologie als eigenes Thema, weil dies im Reigen der ökumenischen bilateralen Dialoge bislang wohl einmalig ist. Daher sei dieses Themenfeld hier als erstes behandelt.

Die Identität einer Konfession kommt nicht nur darin zum Ausdruck, *was* sie sagt und lebt, sondern auch darin, *wie* sie zu ihren Aussagen und ihrem Handeln gelangt. Um von einer bloßen Beschreibung der eigenen theologischen Traditionsgüter zu einem echten Dialog zu gelangen, wäre m.E. aus mennonitischer Sicht der Schritt von einer »gemeinsamen Betrachtung der Theologie« (*considering theology together*) zu einem gemeinsamen Theologie-Treiben (*doing theology together*) nötig.

a. Die gemeinsame Berufung zum Friedenszeugnis
»Mennoniten und Katholiken können gemeinsam sagen, dass Gott, der ›aus dem einen Menschen das ganze Menschengeschlecht erschaffen hat, damit es die ganze Erde bewohne‹ (Apg 17,26), alle Menschen zu ein und demselben Ziel bestimmt hat, nämlich zur Gemeinschaft mit Gottes eigenem Wesen. Ebenso sind alle Menschen, die nach Gottes Bild und Gleichnis geschaffen sind, zur Einheit untereinander durch gegenseitige Selbsthingabe berufen« (172). Durch das Erlösungswerk Christi sei der Friede wieder hergestellt, der durch den Fall verloren war. So seien »alle Christen zu Gottes neuer Schöpfung berufen, in Frieden miteinander und mit allen Menschen zu leben« (vgl. 2Kor 13,11; Röm 12,18).

Für beide Dialogpartner wurzelt das christliche Friedenszeugnis zuerst in der Christologie. Er, »der unser Friede ist« (Eph 2), stiftete Versöhnung durch das Kreuz,[153] das so zum »Zeichen der Liebe Gottes zu seinen Feinden« geworden sei. In der Auferstehung werde die Vollendung dieser Versöhnung bestätigt. Daher sei die Kirche »berufen, Friedenskirche zu sein« (175), die jede Form der Feindschaft zu überwinden suche. Durch die Taufe auf den dreieinigen Gott seien die Trennungen untereinander überwunden (Gal 3,28), Hass und Gewalt unter den Völkern und Religionen »sind mit dem Evangelium unvereinbar«. Die Kirche habe »einen speziellen Auftrag bei der Überwindung ethnischer und religiöser Meinungsverschiedenheiten und beim

---

[153] Hier wird verwiesen auf Menno Simons: »Die Schrift stellt uns überall Christum dar als demütig, sanftmütig, barmherzig, gerecht, heilig, weise, geistlich, langmütig und geduldig, friedsam, liebevoll, gehorsam und allein gut, ja die Vollkommenheit aller Dinge. Sehet, dies ist das Bild Gottes oder Christi, welches der Geist sieht und welches wir stets vor Augen haben sollen bis wir demselben von Natur gleich werden und es in unserem Wandel ausdrücken.« *Menno Simons*, Die geistliche Auferstehung, in: *ders.*, Gesammelte Werke, Aylmer/ON: Pathway Publishers, Nachdruck 1971, 55f. Katholiken verweisen in diesem Zusammenhang auf Gaudium et spes, 38, in: Das Zweite Vatikanische Konzil, a.a.O.: »Für uns Sünder alle nahm er den Tod auf sich (vgl. Joh 3,16; Röm 5,8) und belehrte uns so durch sein Beispiel, dass auch das Kreuz getragen werden muss, das Fleisch und Welt denen auf die Schultern legen, die Frieden und Gerechtigkeit suchen«.

Aufbau eines internationalen Friedens«.[154] Mit Bezug auf die Bedeutungsvielfalt des alttestamentlichen *schalom* wird diese Berufung zum Frieden auf die gesamte Schöpfung ausgeweitet und gewinnt ihre methodische Richtungsangabe in der Bildung von »richtigen«, sic. gerechten Beziehungen (vgl. Jes 32,27; Ps 85,10 und 13). Die Kirche unterscheide sich von »bloß menschlichen Organisationen« durch ihr gemeinsames Eintreten für Religions- und Gewissensfreiheit aufgrund der jedem Menschen von Gott verliehenen Würde sowie in ihrem umfassenden Zeugnis gegenüber der Gesellschaft durch ihre Unabhängigkeit von allem staatlichen Einfluss. So formulieren die ehemalige Staatskirche und die historische Friedenskirche nun gemeinsam.

»Wir sind uns einig, dass zur Vision des Evangeliums vom Frieden die aktive Gewaltlosigkeit gehört, um das menschliche Leben zu verteidigen, Gerechtigkeit für die Armen im Wirtschaftsleben zu unterstützen und in dem Interesse, die Solidarität unter den Völkern zu fördern« (178). Es wird deutlich, dass der Verzicht auf Gewalt auf personale wie strukturelle Formen der Gewalt ausgeweitet wird. Daher sollte treffender der Terminus »Gewaltfreiheit« im Unterschied zur »Gewaltlosigkeit« gewählt werden, wie in der folgenden Formulierung: »Versöhnung, Gewaltfreiheit und aktives Schaffen des Friedens« gehören »zur Mitte des Evangeliums« (mit Hinweisen auf Mt 5,9; Röm 12,14–21; Eph 5,16). Beide Seiten erkennen, dass die Etablierung von gewaltfreien Konfliktlösungen die Versuchung verringert, Gewalt anzuwenden, auch als »letztem Ausweg« (*ultima ratio*) – eines der bekannten Kriterien in der Lehre vom gerechten Krieg.[155] Diese aktive Gewaltfreiheit gehöre «wesentlich zur Nachfolge«, in die die Kirche Jesu Christi als die neue Gemeinschaft berufen sei. »Nächstenliebe ist die

---

154 Mit Verweis auf Johannes Paul II., Botschaft zum Weltfriedenstag 1989, engl.: To Build Peace, respect Minorities, in: www.vatican.va/holy_father/john_paul_ii/messages/peace/documents (1.3.2010); Gaudium et spes, 42, in: Das Zweite Vatikanische Konzil, a.a.O.; von mennonitischer Seite: *Douglas Gwyn* (et al.), A Declaration on Peace: In God's People the World's Renewal has begun. A contribution to ecumenical dialogue sponsored by Church of the Brethren, Fellowship of Reconciliation, Mennonite Central Commitee, Friends General Conference, Scottdale/PA and Waterloo/ON: Herald Press 1991.

155 Definition: »Gerechter Krieg (lat. *bellum iustum*), eine auf römische Wurzel (Cicero) zurückgehende, von Augustinus und Thomas von Aquin wirkungsmächtig weiterentwickelte und in der spätscholastischen Theologie verfeinerte, in die völkerrechtliche Diskussion ausstrahlende und bis heute maßgebliche ethische Theorie, die Prinzipien für die normative Beurteilung zwischenstaatlicher Gewaltanwendung enthält«. *Rudolf Peter*, Gerechter Krieg, in: *Dieter Nohlen* und *Rainer-Olaf Schultze* (Hg.), Lexikon der Politikwissenschaft. Theorien, Methoden, Begriffe, Bd. 1, München: Beck: 2002, 266. Vgl. hierzu vor allem die Diskussion der Kriterien in *Michael Haspel*, Friedensethik und humanitäre Intervention. Der Kosovo-Krieg als Herausforderung evangelischer Friedensethik, Neukirchen-Vluyn: Neukirchener 2002.

Erfüllung des Gesetzes und Feindesliebe ist die Vollendung der Liebe«
(180). Daraus resultiere eine klare Verpflichtung, die »Zeichen der
Zeit zu erkennen« und mit geeigneten Friedensinitiativen zu reagieren,
»die auf dem Leben und der Lehre Jesu gründen« (mit Verweis auf Lk
19,41–44).

Solche Nachfolge beinhalte dann auch die Leidensbereitschaft, wie das
Leben der vielen Märtyrer zeige.

»Indem der Mensch sein Leiden für die Wahrheit und die Freiheit den Leiden
Christi am Kreuz hinzufügt, vermag er das Wunder des Friedens zu vollbringen
und ist imstande, den schmalen Pfad zu erkennen zwischen der Feigheit, die dem
Bösen weicht, und der Gewalt, die sich zwar einbildet, das Böse zu bekämpfen, es
aber in Wahrheit verschlimmert« (Johannes Paul II).[156]

Dazu sei es notwendig, die »geistlichen Tugenden des Friedens« (184)
zu pflegen: Vergebung, Feindesliebe, Achtung vor dem Leben und der
Würde anderer, Mäßigung, Sanftmut, Erbarmen und den Geist des
Selbstopfers. Gottesdienst und Gebet gehören folglich zum Kern
christlicher Friedensarbeit, insbesondere auch »ökumenische Gebets-
gottesdienste«, weil in ihnen die Überwindung der Trennungen sowie
die Gemeinschaft mit Gott und miteinander im Glauben erfahren werde.

Mit diesen weitreichenden Konvergenzen ist eine umfangreiche, theologisch begründete Berufung und Verpflichtung zur Friedenstiftung
der Kirche bekannt, die sich der eschatologischen Dimension vergewissert: Die Kirche in der Nachfolge nimmt das Reich Gottes vorweg,
indem sie »der Ordnung des Reiches Gottes Gestalt verleiht«. Sie lebt
in der »messianischen Zeit« (184). – Dieses Kapitel scheint zumindest
auf den ersten Blick jener Teil des Dialogs zu sein, der das veränderte
Verhältnis zwischen Katholiken und Mennoniten am sichtbarsten
macht.

Doch es bleiben Divergenzen und Differenzen. Zuerst in Bezug auf
das Verhältnis von Kirche und Gesellschaft: dass die politische Autorität als Teil der von Gott gegebenen menschlichen Ordnung in der Welt
angesehen wird, steht auch für Mennoniten außer Frage. Daraus ergibt
sich für Katholiken traditionellerweise aber eine Hochschätzung gegenüber der aktiven Übernahme staatlicher Ämter, ganz selbstverständlich auch die Achtung des Militärdienstes (186), was die Befür-
wortung der Gewaltfreiheit, den Widerspruch aus Gewissensgründen
und den Widerstand gegen unmoralische Befehle nicht schmälern solle. Mennoniten neigten dagegen heute noch aufgrund ihrer Geschichte

---

[156] Johannes Paul II, Enzyklika Centesimus annus (Verlautbarungen des Apostolischen Stuhls 101), hg. vom *Sekretariat der Deutschen Bischofskonferenz*, Bonn
1991, 25.

zu Misstrauen gegenüber dem Staat. – Diese Formulierung kann mit Sicherheit als zu allgemein gehalten bewertet werden, denn seit dem 16. Jahrhundert war die Übernahme auch staatlicher Ämter stets kontextabhängig und ist es bis heute, was in Teilen sogar bei Mennoniten zu Militärdienst geführt hat.[157] Das wird im Dialogdokument nicht erwähnt.

Zum Zweiten machen Katholiken in diesem Dialog deutlich, dass sie an der Lehre vom gerechten Krieg festhalten, der Mennoniten konsequenterweise durch die Ablehnung jeder Form von willentlich ausgeübter Gewalt nicht folgen können. Höchst überraschend ist dann aber die gemeinsame Feststellung, dass in Konfliktsituationen sowohl Mennoniten wie Katholiken anerkennen, »dass der Staat oder internationale Autoritäten, wenn jeder Rückgriff auf gewaltlose Mittel versagt hat, zur Verteidigung Unschuldiger Gewalt anwenden dürfen« (187). Für die mennonitische Position lässt sich das erkennbare Dilemma nur so auflösen: »Nach mennonitischer Auffassung sollten Christen jedoch an derartigen Aktionen nicht teilnehmen«. Diese Argumentation kann aber kaum überzeugen, denn selbst wenn die Kirche als separate Gemeinschaft in der Gesellschaft verstanden wird, worauf sollte die ethische Legitimation zur Gewaltanwendung auch für andere in der Gesellschaft gründen? Hier müsste der radikale Dualismus von Kirche und Welt vertreten werden, etwa im Sinne der Schleitheimer Vereinigung von 1527.[158] Entsprechend wird im Dialog auch die »Wehrlosigkeit« von mennonitischer Seite befürwortet, eine Haltung, die von den meisten zeitgenössischen mennonitischen Entwürfen zur Friedenstheologie und -ethik längst problematisiert und durch die Position der aktiven Gewaltfreiheit – wie dann schließlich auch in den Konvergenzen

---

[157] Zum Verhalten der Mennoniten beispielsweise während der nationalsozialistischen Herrschaft in Deutschland vgl. *Hans-Jürgen Goertz*, Nationale Erhebung und religiöser Niedergang. Missglückte Aneignung des täuferischen Leitbildes im Dritten Reich, in: *ders.*, Umstrittenes Täufertum, a.a.O., 259–289. Siehe auch *Diether G. Lichdi*, Die Mennoniten im Dritten Reich. Dokumentation und Deutung. Weierhof/Pfalz 1977. Und: *(Arbeitsgemeinschaft Mennonitischer Gemeinden in Deutschland, AMG:)* 50 Jahre nach Kriegsende. Erklärung der Mitgliederversammlung der AMG 1995, in: *Karl Heinz Voigt*, Schuld und Versagen der Freikirchen im ›Dritten Reich‹, Aufarbeitungsprozesse seit 1945, Frankfurt/M.: Lembeck 2005, 110–112.

[158] Vgl. Brüderliche Vereinigung, Art. 4 und dann vor allem Art. 6: »Das Schwert ist eine Gottesordnung außerhalb der Vollkommenheit Christi. Es straft und tötet den Bösen und schützt und schirmt den Guten. Im Gesetz wird das Schwert über die Bösen zur Strafe und zum Tode verordnet. Es zu gebrauchen, sind die weltlichen Obrigkeiten eingesetzt. In der Vollkommenheit Christi aber wird der Bann gebraucht allein zur Mahnung und Ausschließung dessen, der gesündigt hat, nicht durch Tötung des Fleisches, sondern allein durch die Mahnung und den Befehl, nicht mehr zu sündigen.«

formuliert – ersetzt worden ist.[159] Hier zeigt sich im Dialog nicht der aktuelle Diskussionsstand.[160]

Ähnliches gilt allerdings auch für die Darstellung der katholischen Argumentation. Längst sind die Begrenzungen und Unmöglichkeiten der Lehre des gerechten Krieges (gerade in »Zeiten von Massenvernichtungswaffen«, s.o.) erkannt und das Hauptaugenmerk auf den »gerechten Frieden« verlagert worden.[161] Dessen ungeachtet wird aber im Dialogbericht schlicht betont, wie tugendhaft auch der Kriegsdienst sein könne, und dass die Position des gerechten Krieges Mittel bereit halte, »sowohl um Konflikte zu verhindern oder zu begrenzen oder auch um die Anwendung von Gewalt durch politische Autoritäten zu rechtfertigen«. Dass beispielsweise der Krieg westlicher Staaten im Irak, gegen den Papst Johannes Paul II. sich so vehement einsetzte, gerade mit dieser Interpretation legitimiert wurde[162] oder hierdurch gar die gewaltsame Verfolgung der Täufer im 16. Jahrhundert wiederum als legitim

[159] Allerdings finden sich solche Aussagen auch in zeitgenössischen bekenntnisartigen Texten der Mennoniten: »Das wirksamste Zeugnis und Handeln der Kirche gegen den Krieg (...) besteht nicht einfach in dem Standpunkt, den sie in ihren und durch ihre Glieder angesichts des Krieges einnimmt. Wenn die Kirche nicht im Vertrauen auf Gottes Macht, in dessen Hand die Geschicke der Völker liegen, willens ist, ›zu Boden zu fallen und zu sterben‹, dem Krieg völlig zu entsagen, welche Opfer an Freiheit, Vorteil oder Besitz das auch zur Folge haben mag, selbst bis zu dem Punkt, einer Nation zu raten, einer Eroberung oder Besetzung durch Fremde keinen Widerstand zu leisten, kann sie keine prophetische Botschaft an die Welt der Nationen ausrichten«. *Gwyn*, A Declaration on Peace, a.a.O., 74f.
[160] Obwohl sich in den Fußnoten dazu Literaturhinweise finden, wie: *Glenn Stassen* (ed.), Just Peacemaking: Ten Practices for Abolishing War, Cleveland: Pilgrim Press 1998; *Duane K. Friesen*, Christian Peacemaking and International Conflict: A Realist Pacifist Perspective, Scottdale/PA and Waterloo/ON: Herald Press, vgl. *Enns*, Heilung der Erinnerungen, a.a.O., 112. Siehe hierzu auch die Diskussion in *Fernando Enns, Scott Holand, Ann Riggs* (ed.), Seeking Cultures of Peace. A Peace Church Conversation. Telford/PA: Cascadia and Geneva: World Council of Churches 2004. *Leo Driedger* and *Donald B. Kraybill*, Mennonite Peacemaking. From Quietism to Activism, Scottdale/PA: Herald Press 1994. Zur Diskussion des weiteren *Duane K. Friesen*, Toward a Theology of Culture: A Dialogue with John Howard Yoder and Gordon Kaufman, in: Conrad Grebel Review (zit. CGR), Spring 1998, 39–64; und: *ders.*, Toward a Theology of Culture: A Dialogue with Gordon Kaufman, in: *Alain Epp Weaver* (ed.), Mennonite Theology in Face of Modernity, Essays in Honor of Gordon D. Kaufman, Newton/KS: Mennonite Press 1996, 95–114.
[161] Vgl. z.B. *(Sekretariat der Deutschen Bischofskonferenz:)* Gerechter Friede, Die deutschen Bischöfe Bd. 66, hg. vom *Sekretariat der Deutschen Bischofskonferenz*, Bonn ²2000.
[162] Vgl. die Diskussionsbeiträge in *Horst Fischer* (Hg.), Krisensicherung und humanitärer Schutz. Crisis Management and Humanitarian Protection, FS für Dieter Fleck. Bochumer Schriften zur Friedenssicherung und zum Humanitären Völkerrecht 46, Berlin: Berliner Wissenschaftlicher Verlag 2004.

erscheinen könnte, wird nicht einmal problematisiert. Es genügt nicht, an dieser Stelle eine traditionell vertretene Staatsethik allgemein zu referieren, sondern die Frage muss gestellt werden, wie sich die theologischen Grundaxiome zu den Herausforderungen der ethischen Verpflichtung zur Nothilfe verhalten. Durch die im Dialog vorgetragenen, geschichtlich überkommenen Feststellungen erscheinen viele der Konsensformulierungen in einem nicht mehr ganz so überzeugenden Licht.

Aber dieser Dialog versteht sich als erster Schritt. Weitere Aufgabenfelder für das gemeinsame Studium werden im Dialogbericht genannt: die unterschiedlichen Friedenspositionen im Verhältnis zum apostolischen Glauben; die Frage, welchen Platz gewaltlose Friedensinitiativen in einer katholischen Friedenstheologie einnehmen; in welcher Beziehung Menschenrechte und Gerechtigkeit zur Gewaltfreiheit in der mennonitischen Friedenstheologie stehen; die Bemühung um eine gemeinsame, interkontextuelle Friedenstheologie; die Rolle der Kirche bei der Herausbildung einer Kultur des Friedens; das Verhältnis zwischen Friedenstheologie und Einheit der Christen/aller Menschen; die Frage nach der ethischen Urteilsfindung.

Hinzuzufügen wären allemal die Fragen nach den ekklesiologischen Voraussetzungen der jeweiligen Positionen, die in der Theologiegeschichte so wirkmächtig waren, aber auch die soziologischen Aspekte wie Minderheit/Mehrheit-Status, Verfolgungssituation oder Anspruch, Volkskirche zu sein. Ist die Kirche berufen, nur »Frieden zu stiften« (Ethik) oder »Friedensstifter zu sein« (das Wesen der Kirche betreffend)? Letzteres suggeriert der Titel des Dialog-Dokuments. Auffällig ist in der Gesamtdarstellung, ohne dass dies weiter thematisiert wird, wie eng Katholiken die Friedensethik an den Einheitsgedanken binden, wohingegen Mennoniten diese zuerst im Kontext der Bewährung in der Nachfolgesituation erkennen. Für sie wäre im Einheitsgedanken eine wichtige Erweiterung zu erkennen, die ihre ethische und ekklesiologische Argumentation stärken könnte.

Diese Andeutungen sollen hier genügen um zu zeigen, wie groß das gegenseitige Lernpotential für beide Konfessionen auch auf diesem Feld noch ist. Hinsichtlich mancher dieser Fragen ist ein neuer Dialogschritt fünf Jahre nach dem Abschluss des Dialogs vollzogen worden, der Aufschluss gibt über die weiter gehende Auseinandersetzung: Gemeinsam haben Katholiken und Mennoniten auf internationaler Ebene einen Beitrag verfasst zur ökumenischen »Dekade zur Überwindung von Gewalt. 2001–2010« des Ökumenischen Rates der Kirchen.[163] Biblisch-theologische, christologische und ekklesiologische Grundla-

---

[163] Die Dekade zur Überwindung von Gewalt des Ökumenischen Rates der Kirchen. Ein mennonitischer und katholischer Beitrag, in: ÖR 2/2008, 222–232.

gen des Friedens werden hier noch einmal gemeinsam formuliert und
die aktuellere Diskussion zu den gegenwärtigen Fragen der Friedensethik sind hier bereits stärker berücksichtigt.[164] Somit stellt dieser Text
bereits eine wichtige Ergänzung zum vorliegenden Dialogbericht dar.

b. Das Wesen der Kirche – divergente Verhältnisbestimmung von Schrift und Tradition(en)

Die Kirche wird in beiden Traditionen mit den bekannten biblischen
Bildern des Volkes Gottes, des Leibes Christi und der Wohnung des
Heiligen Geistes beschrieben, die trinitarische Entfaltung finden. Das
Fundament, die Apostel und die Propheten, sowie die Schrift legten
Zeugnis ab von Christus, der das »Haupt« ist. Dieser Glaube finde einen angemessenen Ausdruck im Apostolischen Glaubensbekenntnis,[165] wobei die Schrift für den Glauben und das Leben der Kirche als
oberste Autorität zu gelten habe. Durch die Taufe werde allen Menschen die Eingliederung in den Leib Christi angeboten und die Gaben
des Geistes befähigten dazu, »in einem lebenslangen Prozess, in der
Christusähnlichkeit zu wachsen« (95). Das Abendmahl / die Eucharistie verbinde die Glaubenden und stärke die Gemeinschaft mit dem
dreieinigen Gott. Die Kirche sei so die sichtbare Gemeinde der Glaubenden, die Gemeinschaft der einen neuen Menschheit, denn sie selbst
sei als »Gegenwart und Verheißung der Erlösung ein Vorgeschmack
der noch ausstehenden Herrlichkeit« (99). Mission gehöre zum Wesen
der Kirche, ihre Glaubwürdigkeit leide aber an der Zertrennung unter
den Christen.

»Wir sind uns einig, dass das Amt der ganzen Kirche zukommt und
dass es eine Mannigfaltigkeit von Gaben des Amtes gibt, die zum
Wohle aller verliehen werden« (100). Gemeinsam streben Mennoniten
und Katholiken nach einem Leben »in Heiligkeit«. »Das frei angenommene Geschenk des Glaubens liefert die Motivation zu christlichen Werken, die der Welt dargebracht werden als Danksagung für die
überströmende Gnade, die uns von Gott geschenkt worden ist« (101).
Christliche Erziehung und Bildung seien die Vorsaussetzung dazu. –
Diese Formulierungen sind eine Vergewisserung des gemeinsamen
ekklesiologischen Grundes und könnten so sicherlich von den meisten
christlichen Kirchen geteilt werden.

Divergenzen ergeben sich zunächst, wie nicht anders zu erwarten in
einer Begegnung zwischen römisch-katholischer Kirche und einer Kirche der Reformation, in der Frage des Verhältnisses von Schrift und

---

[164] Siehe hierzu auch *Ivan J. Kauffman* (ed.), Just Policing: Mennonite-Catholic
Theological Colloquium 2002, The Bridgefolk Series, Kitchener/ON: Pandora
Press 2004.
[165] Vgl. zur Haltung der Täufer: *Snyder-Penner*, The Ten Commandments, a.a.O.

Tradition. Für Katholiken bilden Schrift und Tradition »den einen heiligen Schatz des Wortes Gottes« (103). Die »Heilige Tradition«, von den verschiedenen menschlichen Traditionen[166] deutlich unterschieden, komme von den Aposteln her. Sie sei das »Mittel, durch das die Kirche zur Erkenntnis des vollen Kanons der Heiligen Schrift gelangt und den Inhalt der göttlichen Offenbarung versteht«. Die »Heilige Tradition, die Heilige Schrift und die Lehrautorität der Kirche sind gemäß Gottes allweisem Plan so miteinander verbunden [...], dass die eine nicht ohne die andere bestehen kann und dass alle zusammen und jede auf ihre Weise unter dem Handeln des einen heiligen Geistes wirksam zur Rettung der Seelen beitragen kann«.[167] Daher könne die »Gesamtheit der Gläubigen, welche die Salbung von den Heiligen haben«, im Glauben nicht irren (77). – Unproblematisiert, aber für den weiteren Dialog doch nicht unerheblich bleibt die Frage, ob die katholische Auffassung von der Irrtumslosigkeit der Tradition nicht doch kollidieren könnte mit den Bewertungen der anvisierten gemeinsamen historisch-kritischen Geschichtsforschung, auch wenn berücksichtigt wird, dass sich diese Annahme der Irrtumslosigkeit allein auf die »Heilswahrheiten«, nicht aber auf die Geschichtsdeutung bezieht.[168] Muss nicht zumindest die Möglichkeit gedacht werden, dass durch neuere Geschichtsforschungen auch frühere theologische Erkenntnisse neu durchdacht und ggf. neu formuliert werden und womöglich zur Revision gebracht werden müssen? Zumindest ergeben sich hieraus aus der Sicht einer Kirche der Reformation kritische Fragen an das Traditionsverständnis.

Für Mennoniten ist die Kirche »Gemeinschaft in der Nachfolge« und deshalb auch als Friedenskirche zu beschreiben, weil »Friede wesentlich zur Bedeutung und zur Botschaft des Evangeliums und folglich zum Selbstverständnis der Kirche« gehört (90). Ihre Lehre und Praxis müssen beständig »im Lichte der Heiligen Schrift« überprüft und korrigiert (sic!) werden, denn die Überlieferungen seien nachbiblische Interpretationen dieser christlichen Lehre und Praxis. Überlieferung werde hoch geschätzt, »doch sie kann verändert oder gar in ihr Gegenteil verändert werden; darum wird sie der Kritik der Schrift unterstellt«. – Diese Korrekturfähigkeit und -notwendigkeit der Tradition, die die Voraussetzung der *ecclesia semper reformanda* ist, teilen alle Kirchen der Reformation. Die Frage, wer die Autorität dazu besitzt, bleibt an

---

[166] Im Englischen wird zum besseren Verständnis erstere (*Holy Tradition*) immer groß geschrieben, letztere *(traditions)* immer klein.
[167] Vgl. Dogmatische Konstitution über die göttliche Offenbarung »Dei Verbum«, 7–10, in: Das Zweite Vatikanische Konzil, a.a.O., Bd. 1.
[168] Vgl. hierzu *Johann Auer*, Die Kirche – das allgemeine Heilssakrament. Kleine katholische Dogmatik 8, von Johann Auer und Joseph Ratzinger, Regensburg: Pustet 1983.

dieser Stelle unthematisiert. Das »Mittel« der Erkenntnis ist Christus selbst, »den keiner wahrhaft kennen kann, es sei denn, dass er ihm nachfolgt mit dem Leben; und niemand kann ihm nachfolgen, es sein denn, dass er ihn zuvor erkennt« – entsprechend der Formulierung von Hans Denck (ca. 1500–1527).[169]

Hier müsste m.E. die ökumenisch brisante Frage nach der gegenseitigen Anerkennung als Kirche aufgegriffen werden, denn wenn Mennoniten und Katholiken sich entsprechend der Auslegung im Nizänischen Glaubensbekenntnis einig sind über die konstitutiven Wesensmerkmale der Kirche, dann sollten sie auch in der Lage sein, sich gegenseitig als Kirche Jesu Christi anzuerkennen. Dies setzt freilich die Notwendigkeit voraus, die Apostolizität der Kirche unterschiedlich zum Ausdruck bringen zu können. Die römisch-katholische Kongregation für die Glaubenslehre stellte 2007 aber erneut fest:

»Warum schreiben die Texte des Konzils und des nachfolgenden Lehramts den Gemeinschaften, die aus der Reformation des 16. Jahrhunderts hervorgegangen sind, den Titel »Kirche« nicht zu? Antwort: Weil diese Gemeinschaften nach katholischer Lehre die apostolische Sukzession im Weihesakrament nicht besitzen und ihnen deshalb ein wesentliches konstitutives Element des Kircheseins fehlt. Die genannten kirchlichen Gemeinschaften, die vor allem wegen des Fehlens des sakramentalen Priestertums die ursprüngliche und vollständige Wirklichkeit des eucharistischen Mysteriums nicht bewahrt haben, können nach katholischer Lehre nicht »Kirchen« im eigentlichen Sinn genannt werden.«[170]

Hier wird das Weihesakrament zum Kriterium *sine qua non* der Apostolizität erhoben. In den Diskussionen der Kommission für Glauben und Kirchenverfassung des ÖRK[171] wurde bereits vor Jahren der Versuch gemacht, das Attribut der Apostolizität in einen umfassenderen Zusammenhang zum Leben der Kirche zu stellen. So wurde in den Konvergenzerklärungen von Lima bereits gemeinsam formuliert:[172]

---

[169] *Hans Denck*, Religiöse Schriften, Quellen zur Geschichte der Täufer Bd. 6,2, hg. von *Walter Fellmann*, Gütersloh: Bertelsmann 1956, 45, 50. Vgl. zu diesem Gedanken auch *John Howard Yoder*, Die Politik Jesu. Der Weg des Kreuzes, Maxdorf: Agape 1981.

[170] Kongregation für die Glaubenslehre: Antworten auf Fragen zu einigen Aspekten bezüglich der Lehre über die Kirche, Rom am 29. Juni 2007. www.vatican.va/ roman_curia/congregations/cfaith/documents/rc_con_cfaith_doc_20070629_responsa-quaestiones_ge.html (1.3.2010), 5. Frage.

[171] Die römisch-katholische Kirche ist Mitglied in der entsprechenden Kommission für Glauben und Kirchenverfassung des Ökumenischen Rates der Kirchen.

[172] *(Ökumenischer Rat der Kirchen:)* Taufe, Eucharistie und Amt. Konvergenzerklärungen der Kommission für Glauben und Kirchenverfassung des Ökumenischen Rates der Kirchen, Frankfurt/M.: Lembeck [11]1987, 42. Engl.: Baptism, Eucharist and Ministry, Faith & Order Paper 111, Geneva: WCC 1982.

»Apostolische Tradition in der Kirche bedeutet Kontinuität in den bleibenden Merkmalen der Kirche der Apostel: Bezeugung des apostolischen Glaubens, Verkündigung und neue Interpretation des Evangeliums, Feier der Taufe und der Eucharistie, Weitergabe der Amtverantwortung, Gemeinschaft in Gebet, Liebe, Freude und Leiden, Dienst an den Kranken und Bedürftigen, Einheit unter den Ortskirchen und gemeinsame Teilhabe an den Gaben, die der Herr jeder geschenkt hat. [...] Es sollte deshalb ein Unterschied zwischen der apostolischen Tradition der ganzen Kirche und der Sukzession des apostolischen Amtes gemacht werden.«

Zu fragen ist, ob die katholische Kirche diese Differenzierung tatsächlich nachvollzieht. Davon hängt offenbar nicht weniger als die gegenseitige Anerkennung als Kirche ab. Mennoniten stünden sonst ebenso vor der Frage, ob sie die Apostolizität der katholischen Kirche anerkennen können, wenn diese die Apostolizität wiederum *allein* im »Weihesakrament« festgelegt sieht. Schließlich weist die Interpretation der Apostolizität im ökumenischen Diskussionsprozess zum Glaubensbekenntnis von Nizäa-Konstantinopel in den USA (1990–1995) darauf hin, dass das gemeinsame Friedenszeugnis der Kirchen ein Schritt auf dem Weg zur Einheit im gemeinsamen Bekenntnis des apostolischen Glaubens in der Gegenwart ist: »Peacemaking is now acknowledged by all as an essential element of the apostolic faith.«[173]

Katholiken halten an einem »hierarchischen Amtspriestertum fest« (106), das sich von den Laien »dem Wesen und nicht nur dem Grade nach unterscheidet«,[174] verliehen eben durch das Weihesakrament. Die Autorität der Priester wurzele im Priestertum Christi. Mennoniten lehren – wie Katholiken auch – das »Priestertum aller Glaubenden«, was hier allerdings so Gestalt annehme, dass Männer und Frauen von der Gemeinde oder einer regionalen Gemeinschaft zum Dienst gewählt werden. Dabei sind die Formen der Leitung »von Ort zu Ort und von Zeit zu Zeit verschieden, wie es schon in der Kirche zur Zeit der Apostel war« (91). Solche Ordinationen gelten manchmal für eine bestimmte Zeit, manchmal lebenslang, aber sie begründen keine Hierarchie. Es muss nicht eigens erwähnt werden, dass Mennoniten daher der absoluten Lehrautorität des Papstes, dem nach katholischem Verständnis »religiöser Gehorsam des Willens und Verstandes [...] zu leisten ist«, wie aus *Lumen gentium* zitiert wird, niemals werden zustimmen können. Der freie Willensakt wie die Gewissensfreiheit sind wesentliche Gaben des Geistes (2Kor 3,17), die allein der direkten Bindung an Christus entspringen.

---

[173] National Council of Churches of Christ in the USA, The Fragmentation of the Church and its Unity in Peacemaking, October 27, 1995. Gekürzte Fassung in Ecumenical Review (zit. ER) 48/1996, Ecumenical Chronicle, 122–124.
[174] Vgl. Dogmatische Konstitution »Lumen Gentium«, 10, in: Das Zweite Vatikanische Konzil, a.a.O., Bd. 1 (Suppl.).

Die Frage an die Katholiken sollte lauten, welchen Stellenwert denn die versammelte Ortsgemeinde an sich hat. In ihrer Darstellung wird deutlich, wie stark die Ekklesialität vom Amt abhängig ist: Die Einheit hat dort Vorrang vor der Verschiedenheit der Teilkirchen, vor »allen Sonderinteressen« (81). Die Teilkirchen sind um die Bischöfe versammelt, die wiederum in Gemeinschaft untereinander verbunden sind, insbesondere mit dem Bischof in Rom.
In der Struktur der Kirche divergieren beide Traditionen nachdrücklich: für das kongregationalistische Verständnis der Mennoniten wird die Kirche vor allem in der Ortsgemeinde, der Versammlung der Glaubenden an einem Ort sichtbar, die ihrerseits Gemeindezusammenschlüsse bilden. Der Heilige Geist schenke die Einheit. – Dass diese weitere Gemeinschaft der Ortsgemeinden theologisch kaum reflektiert wird, ist ein echtes Desiderat in der täuferisch-mennonitischen Tradition, was durch diesen Dialog nochmals deutlich wird, aber nicht Erwähnung findet.

In welche Richtung können weitere gemeinsame Studien sinnvoll sein, bei diesen so weit divergierenden Ausgestaltungen der gemeinsamen Grundlagen in der Ekklesiologie? Mennoniten gestehen zu, dass sie »wohl ein implizites Verständnis von der Rolle der Tradition haben«, dass aber dem Verhältnis von Schrift und Entwicklung der Lehre und Ethik »wenig Aufmerksamkeit geschenkt« worden ist (107). Die Darstellung der Auffassung von der Gemeinde als »hermeneutischer Gemeinschaft«[175] hätte hier von Seiten der Mennoniten sicherlich noch einiges an Klärung beitragen können – gerade im Gegenüber zu einem katholischen Amtsverständnis, das doch Anlass zu so weitreichenden Divergenzen, ja Differenzen bietet, bis hin zur Frage der Frauenordination. Etwas lapidar wird festgestellt: »Eine vergleichende Untersuchung von Amt, Ordination, Autorität und Leitungsamt in unseren beiden Traditionen ist vonnöten« (110). Die Dialogpartner benennen denn auch die Frage der Katholizität der Kirche als weiteres lohnendes Untersuchungsfeld sowie die Klärung, was jeweils die Rede von der Unsichtbarkeit bzw. Sichtbarkeit der Kirche impliziert. Eben dies müsste m.E. dann auch in seiner Relevanz für die Positionen in der Friedenethik erschlossen werden.

c. Sakramente und Ordnungen – Realpräsenz, Taufanerkennung und Abendmahlsgemeinschaft?
Die ausgeprägte Sakramentenlehre der römisch-katholischen Tradition steht dem ausdrücklich nicht-sakramentalen Verständnis bei Mennoni-

---

175 Vgl. *John H. Yoder*, Walk and Word: the Alternatives to Methodologism, in: *Nancy Murphy, Mark Nation, Stanley Hauerwas* (eds.), Theology without Foundations: Religious Practice and the Future of Theological Truth, Nashville/TN: Abingdon 1995, 77–90. Grundlegender dargelegt in *John Howard Yoder*, The Priestly Kingdom: Social Ethics as Gospel. Notre Dame/IN: University of Notre Dame Press 1984.

ten gegenüber und lässt zunächst kaum Konvergenzen vermuten. Der Wert dieses Dialogabschnittes ist in den dennoch möglichen gemeinsamen Formulierungen bezüglich Taufe und Abendmahl/Eucharistie zu sehen, in einer Sprache, die beiden Kirchen Raum lässt für bleibende unterschiedliche Interpretationen. Für beide sind Taufe und Abendmahl »außergewöhnliche Anlässe, dem göttlichen Angebot der Gnade, die in Jesus Christus offenbar wurde, zu begegnen« (128). Sie sind »bedeutsame Momente im Leben der Gläubigen in ihrer Bindung an den Leib Christi und ihrer Verpflichtung zu einem christlichen Lebensweg.« Die Taufe im Namen des dreieinigen Gottes als Sterben und Auferstehen mit Christus bezeichne die Ausgießung und Gegenwart des Heiligen Geistes im Leben der Glaubenden und der Kirche. Es sei eine öffentliche Bezeugung des Glaubens *der Kirche*, die Eingliederung in den Leib Christi und somit ein unwiederholbarer Akt.[176]

Die Taufe als Initiation in die Gemeinschaft der Kirche interpretieren Katholiken als »sakramentales Band der Einheit zwischen allen, die durch sie wiedergeboren sind« (104). Die Säuglingstaufe, die aufgrund des Glaubens der Kirche gespendet wird, sei der Beginn, die »Fülle« ereigne sich allerdings erst bei der Firmung und schließlich beim Empfang der Eucharistie, dem »Gipfel der Initiation«, durch den die Teilhabe auch am eucharistischen Leib Christi erfolge. Für Mennoniten blieben Säuglinge und Kinder »der Liebe Gottes und der Gnade Jesu Christi bis zu der Zeit anvertraut«, in der sie die (Gläubigen-)Taufe erbitten. Taufe könne nicht auf den Glauben einer anderen Person oder Gemeinschaft hin erfolgen, sie setze stets auch ein eigenes, verstehendes Bekenntnis voraus.

Die Eucharistie sei die Erinnerung an Leid, Tod und Auferstehung Christi. Sie biete Gelegenheit, eigene Sündhaftigkeit anzuerkennen und Vergebung zu empfangen, die Gemeinde erfahre Stärkung für ihre Sendung und den Dienst an Gerechtigkeit, Frieden und Versöhnung. Das Abendmahl drücke die Hoffnung wie den Vorgeschmack des himmlischen Festmahles aus. In der versammelten Gemeinde und in der Verkündigung des Wortes Gottes sei der auferstandene Christus gegenwärtig, er selbst lade zum Mahl ein.

Die Divergenzen erscheinen umso stärker als tatsächliche Differenzen, wenn die ausführlichen Einzeldarstellungen hinzugezogen werden. Dies soll hier auf Andeutungen beschränkt bleiben: Für Mennoniten »verweisen« Taufe und Abendmahl auf das Erlösungswerk Christi, für Katholiken »vermitteln« sie auch die Gnade. Katholiken erkennen die

---

[176] Vgl. hierzu die weitergehenden Diskussionen in: *Gerald W. Schlabach* (ed.), On Baptism: Mennonite-Catholic Theological Colloquium 2001–2002, The Bridgefolk Series, Kitchener/ON: Pandora Press 2004.

Taufe bei Mennoniten an, Mennoniten aber taufen keine Säuglinge
oder Kinder. – Die Frage, ob diese dann die Taufe der katholischen
Kirche anerkennen oder aber in manchen Fällen gar die nochmalige
Taufe anbieten, bleibt überraschend unberührt, obwohl gerade hier
Klärungsbedarf in der gelebten Ökumene besteht. Eine Klärung wird
schlicht weiteren Studien anempfohlen: die Rolle des Glaubens der
Kirche, einschließlich der Sündenlehre und der Soteriologie, sowie die
Untersuchung des Ursprunges und der Entwicklung der Taufpraxis. –
Dass die Taufe jeweils einen unterschiedlichen Punkt im gesamten Le-
bensprozess des Wachsens im Glauben markiert, weist m.E. eine Rich-
tung, wie weiter sinnvoll miteinander um Verständnis und gegenseitige
Anerkennung gerungen werden könnte.[177]

Auch im Verständnis der Art und Weise der Gegenwart Christi im
Abendmahl liegen die Traditionen weit auseinander, denn was für die
einen primär Zeichen und Symbol ist, ist für die anderen das Sakrament, in dem »das Opfer, das ein für allemal am Kreuz dargebracht
wurde, unter den Gestalten des konsekrierten Brotes und Weines wirklich gegenwärtig wird und dem Vater dargebracht wird [...]« (138).
Während Mennoniten die Vorstellung einer Realpräsenz in den Ele-
menten ablehnen, ist nach katholischem Verständnis dort der ganze
Christus »wahrhaft, wirklich und substanzhaft« enthalten.[178] Für Mennoniten gilt die Einladung zur Feier des Abendmahls allen, gerade weil
Christus und nicht die Kirche/Gemeinde einlädt.[179] Für Katholiken
hingegen ist die »volle kirchliche Gemeinschaft« Voraussetzung zur
gemeinsamen Eucharistie, ohne dass hier differenziert würde, welche
Gestalt von Gemeinschaft in der Eucharistie denn hinreichend wäre.[180]

---

[177] Vgl. hierzu ausführlicher *Fernando Enns*, Die gegenseitige Anerkennung der
Taufe als bleibende ökumenische Herausforderung – Konsens, Divergenzen und
Differenzen, in: *Fernando Enns, Martin Hailer, Ulrike Link-Wieczorek* (Hg.), Profilierte Ökumene. Bleibend Wichtiges und jetzt Dringliches. FS Dietrich Ritschl,
Beiheft zur ÖR 84, Frankfurt/M.: Lembeck 2009, 127–158.
[178] Vgl. Konzil von Trient, Dekret über das Sakrament der Eucharistie, in: *Heinrich Denzinger*, Kompendium der Glaubensbekenntnisse und kirchlichen Lehrentscheidungen, hg. von *Peter Hünermann*, Freiburg i.Br.: Herder [37]1991, 1651.
[179] Vgl. hierzu die differenzierte Darstellung bei *John D. Rempel*, The Lord's
Supper in Anabaptism, Scottdale/PA und Waterloo/ON: Herald Press 1993. Rempel vertritt die Meinung, dass die Täufer die Kirche als Gemeinde zum Handlungs-
träger des Brotbrechens machten. Es gäbe zwar einen Vorsteher, der die Ordnung
und Autorität der Gemeinde darstelle, aber die Gemeinde vollbringe die Handlung.
»Der Geist ist in ihrem Handeln gegenwärtig; er verwandelt sie, so dass sie als der
Leib Christi wiederhergestellt werden. Das Leben der Gemeinde, das in ihrem
Glauben und in ihrer Liebe geheiligt ist, heiligt die Elemente«, a.a.O., 34 (dt. zit.
bei *Enns*, Heilung der Erinnerungen, a.a.O., 97).
[180] Vgl. hierzu die klärenden Überlegungen von *Gunther Wenz*, Herrenmahl und
Amt. Evangelische Perspektiven, in: *Silvia Hell* und *Lothar Lies* (Hg.), Amt und
Eucharistiegemeinschaft. Ökumenische Perspektiven und Probleme, Innsbruck:

– In der Auflistung der Aufgabenfelder für das weitere Studium erscheint die Frage nach dem gemeinsamen Abendmahl nicht.

II.2.3 Auf dem Weg zur Heilung der Erinnerungen

Zur »Heilung der Erinnerungen« sei zunächst deren »Reinigung« erforderlich. Dies rufe auf beiden Seiten nach einem »Geist der Umkehr – einem bußfertigen Geist – für den Schaden, welchen Konflikte dem Leib Christi, der Verhinderung des Evangeliums und einander zugefügt haben« (191). Die Bereitschaft zur Buße bleibt hier eher deskriptiv, wenn von katholischer Seite ganz allgemein auf Vat II hingewiesen wird.[181] Trennungen hätten sich »nicht ohne Schuld der Menschen auf beiden Seiten« ereignet.[182]

Das Dokument endet mit Stellungnahmen der Delegierten von beiden Seiten. Das Gebet Johannes Pauls II. am »Tag der Vergebung« zur Jahrtausendwende enthalte ein Bekenntnis der Sünden, »die von Gliedern der Kirche während des vergangenen Jahrtausends begangen worden sind, sowie eine Bitte an Gott um Vergebung«.[183] Damit seien die Sünden angesprochen, die »der Einheit der Kirche geschadet haben« (200) und die das »Antlitz der Kirche [...] entstellt« hätten (201). Und selbst unter Anerkennung völlig veränderter politischer wie kultureller Umstände sei die Kirche nicht von ihrer Pflicht entbunden, »zutiefst die Schwachheit so vieler ihrer Söhne und Töchter zu bedauern«.[184] Katholiken könnten daher ihre »Bereitschaft zur Buße zum Ausdruck bringen, um Vergebung für alle Sünden bitten, die gegen Mennoniten begangen wurden, Gottes Erbarmen deswegen anrufen und Gottes Segen für eine neue Beziehung zu den Mennoniten heute erbitten« (202). Die Kirche *an sich* kann freilich nach katholischem Verständnis nicht sündigen, weil sie selbst Mysterium, Sakrament ist.

Tyrolia 2004, 221–239. Auch die Beiträge in *Dorothea Sattler* und *Gunther Wenz* (Hg.), Sakramente ökumenisch feiern. Vorüberlegungen für die Erfüllung einer Hoffnung. FS für Theodor Schneider, Mainz: Matthias-Grünewald-Verlag 2005.
[181] Vgl. Dekret über den Ökumenismus »Unitatis redintegratio«, 3, in: Das Zweite Vatikanische Konzil, a.a.O., Bd. 2. Dazu *Wolfgang Thönissen* (Hg.), »Unitatis redintegratio«: 40 Jahre Ökumenismusdekret – Erbe und Auftrag, Konfessionskundliche Schriften des Johann-Adam-Möhler-Instituts 23, Paderborn: Bonifatius 2005.
[182] Vgl. hierzu den Hinweis: *Internationale Theologische Kommission* (Hg.), Erinnern und Versöhnen. Die Kirche und die Verfehlungen in ihrer Vergangenheit, Einsiedeln: Johannes Verlag ²2000, 72.
[183] Vgl. *Johannes Paul II*, Angelus, 12. März 2000, www.vatican.va/holy_father/ john_paul_ii/angelus/2000/documents/hf_jp-ii_ang_20000312_ge.html (1.3.2010).
[184] *Johannes Paul II*, Apostolisches Schreiben »Tertio millenio adveniente«. Verlautbarungen des Apostolischen Stuhls 119, hg. vom *Sekretariat der Deutschen Bischofskonferenz*, Bonn 1994, 35.

Von mennonitischer Seite wird ebenfalls aus einem bereits vorliegenden Dokument zur christlichen Einheit zitiert: »Wir bekennen, wir haben nicht unser möglichstes getan, um dem Ruf Gottes nachzukommen, der uns auffordert, in Liebe und Dialogbereitschaft Beziehungen
zu suchen mit anderen Geschwistern, die ebenfalls Jesus Christus als
ihren Herrn bekennen und ihm nachfolgen«.[185] Trotz des Bewusstseins, Friedenskirche zu sein, sei nicht immer alles für die Verhinderung von Trennungen getan worden. »Wir bedauern die Worte und Taten der Täufer, die zum Zerbrechen des Leibes Christi beigetragen haben« (203). Aber auch über die jüngeren Versäumnisse, Katholiken
mit Liebe zu begegnen, wird Bedauern ausgedrückt und um Vergebung gebeten. Mennoniten verpflichten sich zur Selbstprüfung, zum
Dialog und gemeinsamen Handeln, »das die versöhnende Liebe Christi
sichtbar« macht, und ermutigen alle mennonitischen Geschwister, sich
dieser Verpflichtung anzuschließen.

Trotz der erheblichen theologischen Differenzen, die eine volle Kirchengemeinschaft verhindern, erlaube es der »substantielle Gehalt des
apostolischen Glaubens, den wir, wie wir heute feststellen, gemeinsam
haben, dennoch, dass wir uns als Mitglieder der katholischen Delegation und der mennonitischen Delegation gegenseitig als Brüder und
Schwestern in Christus betrachten« (210), sic. ohne eine gegenseitige
Anerkennung als »Kirche« auszusprechen (s.o.).[186] Das Dokument
schließt mit einem gemeinsamen Gebet und einer Segensbitte, der dem
Geist dieses Dialogs entsprechende Ausdruck einer neuen Qualität von
Gemeinschaft.

Wir sehen hier den ersten Versuch, die »Mentalitäten« wie die »lebendige Dynamik« jener historischen Ereignisse zu verstehen, die zu
Trennungen zwischen Katholiken und Mennoniten führten. Dies bedarf der Bemühung, »das persönliche und das kollektive Bewusstsein
von [...] Groll und Gewalttätigkeit, die das Erbe der Vergangenheit
sind, zu reinigen auf der Grundlage einer neuen und rigorosen histo-
risch-theologischen Einsicht, welche zur Grundlage einer erneuerten
moralischen Weise des Handelns wird« (192). Ziel sei es, divergierende Erinnerungen miteinander »zu versöhnen«. – Meines Erachtens wäre es für einen Versöhnungsprozess zielführender, auf gegenseitige
Ergänzungen bzw. Korrekturen zu hoffen, um nicht der Gefahr eines

---

[185] *(Mennonitische Weltkonferenz, MWK:)* »Gott ruft uns zur christlichen Einheit«, Stellungnahme angenommen vom Exekutivkomitee der MWK, Goshen/IN
1998.
[186] In der ersten Fußnote des Dialogberichts wird bereits darauf verwiesen, dass
hier zwar der Begriff »Kirche« Verwendung finde, »um das Selbstverständnis der
Kirchen wieder zu geben«. Es wird aber ausdrücklich festgehalten, dass kein gemeinsames Kirchenverständnis vorliege. Vgl. *Enns*, Heilung der Erinnerungen,
a.a.O., 33.

dann zwar gemeinsamen, aber wiederum verklärten Geschichtsbildes zu erliegen, nun rein um der Konvergenz Willen. Letztlich sollte ein solcher Versöhnungsprozess helfen, zu einer neuen Zusammenarbeit in der Bewegung des Evangeliums vom Frieden zu finden. Hierin könnte der eigentliche Fortschritt liegen, den der begonnene Dialog einleitet. Ein erster Schritt zu solch versöhntem und versöhnendem Handeln der Kirche ist hier vollzogen, nicht mehr, aber eben auch nicht weniger! Es bleiben weitere Schritte zu gehen.

III. Themenzentrierte Ökumene

Im zweiten hier erläuterten Bewährungsfeld der Ökumene geht es um die Fokussierung auf ein Einzelthema. Es soll gezeigt werden, wie sich Ökumene bewährt durch Konzentration auf ein Thema, das für alle Konfessionen von zentraler Bedeutung ist, das aber gleichsam durch die Differenz in der Lehre zu Trennungen geführt hat. Solche ökumenischen Gesprächsgänge finden meist multilateral, unter Beteiligung mehrerer verschiedener Konfessionen, statt. Auf bereits erfolgte, bilaterale Gespräche kann in aller Regel aufgebaut werden. Auf diese Weise finden freilich dann die bilateralen Gespräche selbst auch wieder eine Bewährung und müssen sich dem größeren Zusammenhang verschiedener Aussagen in unterschiedlichen Dialogen stellen. So entsteht ein komplexes Gefüge von Lehraussagen, das inzwischen eines eigenen hermeneutischen Ansatzes bedarf.[187]

In den multilateralen Dialogen gilt es auszuloten, welche Konvergenzen formuliert werden können, welche bestehenden Divergenzen bleiben und vor allem, welche Differenzen tatsächlich kirchentrennenden Charakter behalten. Stets spielt demnach auch hier die Frage der Ekklesiologie mit hinein und muss parallel zum eigentlich zentralen Thema mitreflektiert werden.

Die gegenseitige Anerkennung der Taufe mehrerer Kirchen in Deutschland in Magdeburg 2007 ist hierfür ein sehr gutes Beispiel, weil sich daran gleichsam die bleibende, bisher kirchentrennende Differenz zu den Kirchen der täuferischen Tradition als weiterführende Aufgabe in dieser Themenzentrierung erkennen lässt. Im Folgenden wird daher insbesondere nach dieser Differenz gefragt. Kann es auch eine gegenseitige Anerkennung zwischen diesen Traditionen und jenen geben, die in Magdeburg bereits die Taufe gegenseitig anerkennen konnten und dieses »Thema« somit nicht mehr als kirchentrennender Faktor aufgefasst werden muss? Unter welchen Umständen ist es mög-

---

187 Vgl. hierzu *Oliver Schuegraf*, Der einen Kirche Gestalt geben. Ekklesiologie in den Dokumenten der bilateralen Konsensökumene, Jerusalemer theologisches Forum Bd. 3, Münster: Aschendorff 2001.

lich, trotz bleibend verschiedener Lehrauffassungen zu solch einem Ergebnis zu gelangen?

Die ökumenische Herausforderung der gegenseitigen Anerkennung der Taufe – Säuglingstaufe und/oder Erwachsenentaufe?[188]

III.1 Der ökumenische Horizont: eine »Hermeneutik des Vertrauens«

»Konsens ist nicht das höchste Ziel« – so lautet ein wegweisender Beitrag von Dietrich Ritschl, der als implizite Überschrift über diesen Beitrag zu einem Spezialproblem der Verhältnisbestimmung von unterschiedlichen Konfessionen in der Ökumene gestellt sein soll.[189] Ritschl plädiert für eine »Hermeneutik des Vertrauens« in der Ökumene, die eine umfassende »Neufassung des Begriffs theologischer Lehre und des Verständnisses von Konsens und Dissens, wie er heute in der Ökumene in bilateralen Gesprächen gebräuchlich ist,« nach sich ziehen sollte.[190] Diese Neufassung begreift Ritschl als vordringliche Notwendigkeit für die Ökumene im 21. Jahrhundert. Es ist ein Aufruf zu einer »analytisch vorgehenden, grundsätzlich theologischen und auch sprachphilosophischen Besinnung auf die Grenzen des übergroßen Anspruchs, den wir an die Wahrheit von Lehren unserer jeweiligen Tradition und die Unvertauschbarkeit ihrer Detailformulierungen gestellt haben.«[191]

Diese umfassende Aufgabe kann hier freilich nicht erfüllt werden. Ritschls Aufruf stellt aber den gedanklichen Referenzrahmen dar für die hier folgenden Überlegungen zu einer eng begrenzten, aber keinesfalls unbedeutenden Problematik zwischen Kirchen der täuferischen Tradition, die ausschließlich die Glaubens- bzw. Erwachsenentaufe praktizieren und jenen, die *auch* die Säuglingstaufe praktizieren: die Herausforderung der gegenseitigen Anerkennung der Taufe. Für viele in diesen Konfessionen ist die je unterschiedlich praktizierte Taufe das sichtbarste und entscheidende Differenzmerkmal, weil sie jeweils ein zentrales Axiom ganzer theologischer (und vor allem ekklesiologischer) Lehrgebäude ist und direkt mit anderen genuinen Lehraussagen

---

188 Bearbeitete Fassung des Beitrags: *Fernando Enns*, Die gegenseitige Anerkennung der Taufe als bleibende ökumenische Herausforderung – Konsens, Divergenzen und Differenzen, in: *Fernando Enns, Martin Hailer, Ulrike Link-Wieczorek* (Hg.), Profilierte Ökumene. Bleibend Wichtiges und jetzt Dringliches. Beiheft zur Ökumenischen Rundschau (ÖR) 84, Frankfurt/M.: Lembeck 2009, 127–158.
189 *Dietrich Ritschl*, Konsens ist nicht das höchste Ziel, in: *ders.*, Theorie und Konkretionen in der Ökumenischen Theologie. Studien zur Systematischen Theologie und Ethik 37, Münster: Lit 2003, 179–192.
190 A.a.O., 179.
191 A.a.O., 179f.

korrespondiert. So ist die bisher ausgebliebene gegenseitige Anerkennung der Taufe denn auch der Hinderungsgrund zur »Kanzel- und Abendmahlsgemeinschaft« zwischen Lutheranern und Mennoniten. Immerhin konnte aber eine gegenseitige eucharistische Gastbereitschaft im Anschluss an den Dialog zwischen der Vereinigten Evangelisch-Lutherischen Kirche in Deutschland (VELKD) und der Arbeitsgemeinschaft Mennonitischer Gemeinden in Deutschland (AMG) erklärt werden.[192]

Von der paulinischen »Mahnrede«[193] aus dem Epheserbrief (4,1–6) lassen sich Gesprächspartner in der Ökumene primär leiten, wenn die Frage geklärt werden soll, ob und wie die verschiedenen Konfessionen gegenseitig die Taufe anerkennen können. Der Aufruf zur »Einigkeit im Geist« wird in der Regel sehr direkt und unmittelbar aufgenommen. Diese Einigkeit soll durch ein »Band des Friedens« gewahrt bleiben, denn die Einheit ist hergestellt durch den *einen* Leib (die *eine*, universale Kirche Jesu Christi), den *einen* trinitarisch verstandenen Gott (»*ein* Gott und Vater aller«, »*ein* Herr« und »*ein* Geist«), den *einen* Glauben und schließlich die *eine* Taufe.

Zu allen diesen Einheitsaspekten hat es in der Kirchen- und Theologiegeschichte heftige Auseinandersetzungen, aber auch Einigungen gegeben. Die Bekenntnisbildungen der Kirche und der Konfessionen

[192] Vgl. Das lutherisch-mennonitische Gespräch in der Bundesrepublik Deutschland 1989–1992, in: *Fernando Enns* (Hg.), Heilung der Erinnerungen – befreit zur gemeinsamen Zukunft. Mennoniten im Dialog. Berichte und Texte ökumenischer Gespräche auf nationaler und internationaler Ebene, Frankfurt/M.: Lembeck und Paderborn: Bonifatius 2008, 151–199. Vgl. hierzu auch: Eucharistische Gastbereitschaft. Die Predigten von den ökumenischen Gottesdiensten der Arbeitsgemeinschaft Mennonitischer Gemeinden in Deutschland und der Vereinigten Lutherischen Kirche Deutschlands am 17. und 24. März 1996 und die Gemeinsame Erklärung zur Eucharistischen Gastbereitschaft, in: Texte aus der VELKD 67/1996, Hannover: Lutherisches Kirchenamt der VELKD 1996. Zur Interpretation: *Fernando Enns*, Mennonitisch-Lutherischer Dialog, in: *ders.*, Friedenskirche in der Ökumene. Göttingen: Vandenhoek & Rupprecht 2003, 285–299. *Rainer W. Burkart*, Eucharistische Gastfreundschaft: Versöhnung zwischen Mennoniten und Lutheranern, in: ÖR 45/1996, 324–330. *Menno Smid*, Der mennonitisch-lutherische Dialog, in: *Hermann Brandt* und *Jörg Rothermundt* (Hg.), Was hat die Ökumene gebracht? Fakten und Perspektiven, Gütersloh: Gütersloher Verlagshaus 1993, 43–52.
[193] *Rudolf Schnackenburg*, Der Brief an die Epheser. Evangelisch-Katholischer Kommentar zum NT (zit. EKK), Bd. X, Zürich: Benziger und Neukirchen-Vluyn: Neukirchener 1982, 161ff. »So ermahne ich euch nun, ich, der Gefangene im Herrn, dass ihr der Berufung würdig lebt, mit der ihr berufen seid, in aller Demut und Sanftmut, in Geduld. Ertragt einer den andern in Liebe und seid darauf bedacht, zu wahren die Einigkeit im Geist durch das Band des Friedens: *ein* Leib und *ein* Geist, wie ihr auch berufen seid zu *einer* Hoffnung eurer Berufung; *ein* Herr, *ein* Glaube, *eine* Taufe; *ein* Gott und Vater aller, der da ist über allen und durch alle und in allen« (nach der rev. Übersetzung Martin Luthers, 1984).

illustrieren das in eindrucksvoller Weise. Das »ökumenische Glaubensbekenntnis« von Nizäa (325) und Konstantinopel (381) greift früh alle diese Aspekte auf, bis hin zur einen Taufe: »Wir bekennen die *eine* Taufe zur Vergebung der Sünden.«[194] Offensichtlich waren solche Klärungen von Beginn der Kirche an nötig. Und doch sind gerade diese Einheitsaspekte auch die »Bruchstellen« zwischen den Konfessionen geblieben, wie die vielfältigen Konfessionsbildungen und unterschiedlichen Bekenntnistraditionen belegen. Was also kann erhofft werden, wenn sich die Konfessionen der Ökumene zu Beginn des 21. Jahrhunderts diesem Ruf des Epheserbriefes erneut zu stellen bereit sind, indem sie sich vor allem dem Aspekt der *einen* Taufe zuwenden?

Eine grobe Sichtung der ökumenischen Diskussionslage hinsichtlich der gegenseitigen Anerkennung der Taufe unter immer noch getrennten Kirchen lässt rasch erkennen, dass einerseits wichtige, bereits erfolgte theologische Klärungen tatsächlich Bewegungen aufeinander zu möglich gemacht haben. Andererseits stehen weitere solcher Klärungen noch aus.[195] Da die Trennungslinien scheinbar am schärfsten zwischen jenen Kirchen verlaufen, die die Säuglingstaufe als Norm praktizieren, und jenen Kirchen »täuferischer Tradition«, scheint die Weiterführung eines ökumenischen Gesprächs zwischen diesen Traditionen besonders notwendig und herausfordernd zu sein.[196] Allerdings sollte dabei im Bewusstsein bleiben, dass die Grenzen des Taufverständnisses nicht strikt entlang der heutigen konfessionellen Grenzen verlaufen, wie Karl Barth eindrücklich mit seinem Eintreten für die Gläubigentaufe durch die Unterscheidung von Wasser- und Geisttaufe demonstrierte.[197] Auch Dietrich Bonhoeffer nahm die Kindertaufe kri-

---

[194] Symbolum Nicaenum, in: Die Bekenntnisschriften der evangelisch-lutherischen Kirche (zit. BSLK), Göttingen: Vandenhoeck & Ruprecht [12]1998, 27. Zur ökumenischen Diskussion des Nicaeno-Constantinopolitanum vgl. Ökumenischer Rat der Kirchen (Kommission für Glauben und Kirchenverfassung), Gemeinsam den einen Glauben bekennen. Eine ökumenische Auslegung des apostolischen Glaubens, wie er im Glaubensbekenntnis von Nizäa-Konstantinopel (381) bekannt wird. Studiendokument, Faith & Order Paper 153, Frankfurt/M.: Lembeck und Paderborn: Bonifatius 1991 (engl. Original: Confessing One Faith, Geneva: WCC 1991); Deutscher Ökumenischer Studienausschuss, Wir glauben, wir bekennen, wir erwarten. Eine Einführung in das Gespräch über das Ökumenische Glaubensbekenntnis von 381, hg. von *Wolfgang Bienert*, Eichstätt: Franz Sales 1997. Zur allgemeinen Diskussion siehe *Hans-Georg Link*, Bekennen und Bekenntnis. Ökumenische Studienhefte 7, Bensheimer Hefte 86, Göttingen: Vandenhoeck & Ruprecht 1998.
[195] Vgl. als Überblick: *Erich Geldbach*, Taufe. Ökumenische Studienhefte 5, Bensheimer Hefte 79, Göttingen: Vandenhoeck & Ruprecht 1996.
[196] Vgl. hierzu den explizit korrespondierenden Beitrag von: *Martin Hailer*, Taufanerkennung bei bleibend unterschiedlicher Lehre?, in: *Enns/Hailer/Link-Wieczorek*, Profilierte Ökumene, a.a.O., 159–183.
[197] Vgl. *Karl Barth*, Die Kirchliche Dogmatik 13 Bde., Zürich: EVZ 1932–1967, Bd. IV. *Ders.*, Die kirchliche Lehre von der Taufe, Theologische Studien 14, Zolli-

tisch in den Blick. Obwohl die Taufe nicht »Angebot des Menschen, sondern Angebot Jesu Christi« sei und allein »in dem gnädigen berufenden Willen Jesu Christi« gründe, könne die Kindertaufe nur dort erteilt werden, wo die erinnernde Vergegenwärtigung der Taufe gewährleistet sei.[198]

Eine praktizierte »Hermeneutik des Vertrauens« impliziert hier, der anderen Seite jederzeit und unmissverständlich Differenzen zuzumuten, und ebenso der kritischen Auseinandersetzung mit der *eigenen* Tradition in aller intellektuellen Redlichkeit nachgehen zu können. Freilich ist dabei ein Verständnis von theologischer Lehre vorausgesetzt, wie es Dietrich Ritschl formuliert:

»Lehren sollten wir eher als Angebote an die Schwesterkirchen (und an unsere eigenen Mitglieder) sehen, denn als Behältnisse von Wahrheit, für die es keinen anderen *modus loquendi* gibt. [...] Wir würden dann die Nachbar-Lehren zu unserer eigenen Konzeption nicht nur dulden und stehen lassen, sondern viel eher neugierig und zugleich kritisch bedenken und prüfen. Ein echter Wettstreit um die Artikulation könnte beginnen und die theologische Intelligenz und Fantasie der Ökumeniker fordern [...]«.[199]

In diesem Sinne wollen die folgenden Überlegungen verstanden werden.

III.2 Die Dimension der Fragestellung: gegenseitige Anerkennung als Kirche

Die Bedeutung der gegenseitigen Anerkennung der Taufe in der Ökumene des 21. Jahrhunderts kann kaum überschätzt werden, folgt man der steilen These des bedeutenden deutschen Ökumenikers des vorigen Jahrhunderts, Edmund Schlink: »Die tiefste Differenz verläuft nicht zwischen dem ostkirchlichen Verständnis und Augustin, auch nicht zwischen Thomas und Luther und letztlich auch nicht zwischen Luther und Calvin, sondern zwischen diesen allen einerseits und Zwingli und den Täufern andererseits. Die tiefste Differenz ist nicht erst die Anerkennung oder Nicht-Anerkennung der Kindertaufe, sondern das Verständnis der Taufe als Gottes Tat oder als Tat des menschlichen Gehorsams.«[200] Damit ist die gleichsam klassische Formulierung der Differenz in der Tauftheologie angezeigt.

kon-Zürich: Evangelischer Verlag [4]1953. Vgl. hierzu auch die Arbeiten von *Markus Barth*, Die Taufe – ein Sakrament? Ein exegetischer Beitrag zum Gespräch über die kirchliche Taufe, Zollikon-Zürich: Evangelischer Verlag 1951.
[198] *Dietrich Bonhoeffer*, Nachfolge, Dietrich Bonhoeffer Werke (zit. DBW) Bd. 4, hg. von *Martin Kuske* und *Ilse Tödt*, München: Kaiser 1989, 221.
[199] A.a.O., 69.
[200] *Edmund Schlink*, Die Lehre von der Taufe, 2. Aufl. hg. von *Peter Zimmerling*, Schriften zu Ökumene und Bekenntnis / Edmund Schlink, hg. von *Klaus Engelhardt u.a.*, Bd. 3, Göttingen: Vandenhoeck & Ruprecht 2007.

In der Rezeption der Konvergenztexte von Lima (1982)[201] formulierte
die V. Weltkonferenz für Glauben und Kirchenverfassung des Ökumenischen Rates der Kirchen (ÖRK) in Santiago de Compostela (1993)
nicht minder eindrücklich:»Wenn nämlich die Taufe, die eine Gemeinschaft feiert, anerkannt wird, was kann im Leben dieser Gemeinschaft noch als ›kirchlich‹ anerkannt werden? Insofern die Kirchen gegenseitig ihre Taufe anerkennen, sind sie dabei, eine Taufekklesiologie
zu entwickeln, in die auch andere Elemente gemeinsamen Glaubens
und Lebens eingebracht werden können.«[202]

Von Interesse soll im Weiteren allerdings nicht die Darstellung und
Abwägung der theologischen Argumente für die je unterschiedlich
ausgebildete Lehre und Tradition sein. Das ist in einer schier uner-
messlichen Fülle hervorragender exegetischer, historischer und systematisch-theologischer Beiträge ausführlich geschehen, und es gibt
wohl keinen Aspekt dieser Debatte, der noch nicht bearbeitet wäre.[203]
Vielmehr soll im Horizont der gesamtökumenischen Herausforderung
gefragt werden, was denn eigentlich gemeint sein könne mit der »gegenseitigen Anerkennung der Taufe«. Die Klärung dieser Frage scheint
doch eine ernste Voraussetzung zu sein um einerseits festzustellen,
welche Konvergenzen oder gar Konsense zu einem solchen Schritt
überhaupt nötig wären, bzw. welche bleibenden Divergenzen oder gar
Differenzen zu ertragen wären; andererseits um ermessen zu können,
welche Konsequenzen sich denn für das Verhältnis zueinander aus der

[201] Taufe, Eucharistie und Amt. Vgl. hierzu: *Konfessionskundliches Institut*
(Hg.), Kommentar zu den Lima-Erklärungen über Taufe, Eucharistie, Amt, Bensheimer Hefte 59, Göttingen: Vandenhoeck & Ruprecht 1983. Dazu jetzt nach 25
Jahren: *Thomas F. Best* and *Tamara Grdzelidze* (eds.), BEM at 25. Critical Insights into a Continuing Legacy, Geneva: WCC 2007.
[202] Santiago de Compostela 1993. Fünfte Weltkonferenz für Glauben und Kirchenverfassung, hg. von *Günther Gassmann* und *Dagmar Heller*, Beiheft zur ÖR
67, Frankfurt/M.: Lembeck 1994, Bericht der 3. Sektion, 237f.
[203] Stellvertretend sei hier eine jüngere Heidelberger Dissertation genannt: *Wolfram Kerner*, Gläubigentaufe und Säuglingstaufe. Studien zur Taufe und gegenseitigen Taufanerkennung in der neueren evangelischen Theologie. Norderstedt:
Books on Demand 2004. In dieser Untersuchung werden wichtige ökumenische
Dokumente mit baptistischer, lutherischer und reformierter Beteiligung sowie
dogmatische Beiträge (*K. Barth, O. Weber, E. Schlink, W. Pannenberg, G.R. Beas-
ley-Murray, u.a.*) diskutiert. Als »klassisch« gilt die Auseinandersetzung zwischen
Joachim Jeremias und Kurt Aland, siehe dazu: *Kurt Aland*, Die Säuglingstaufe im
Neuen Testament und in der alten Kirche, 2. durchges. Aufl., verm. um einen notwendigen Nachtrag aus Anlass der Schrift v. *J. Jeremias*: »Nochmals: die Anfänge
der Kindertaufe.« Eine Replik auf K. Alands Schrift: »Die Säuglingstaufe im NT
und in der alten Kirche«, Theologische Existenz heute, NF 86, München: Kaiser
1963; und: *ders.*, Taufe und Kindertaufe, Gütersloh: Gerd Mohn 1971; *Joachim
Jeremias*, Die Kindertaufe in den ersten vier Jahrhunderten, Göttingen: Vandenhoeck & Ruprecht 1958.

potentiellen Anerkennung ergeben könnten. Soll also die gegenseitige Anerkennung der Taufe die ökumenische Gemeinschaft im 21. Jahrhundert tatsächlich vertiefen helfen, dann müssen diese Fragen einer Klärung zugeführt werden.[204]

Diese Aufgabe wird hier zunächst am aktuellen Beispiel der viel beachteten gegenseitigen Taufanerkennung von Magdeburg (2007) zwischen immerhin elf Kirchen in Deutschland erläutert. Anhand der bilateralen lutherisch-mennonitischen Dialoge kann dann gezielt, weil exemplarisch nach dem noch bestehenden Klärungsbedarf gefragt werden. Die breitere gegenwärtige ökumenische Diskussionslage wird jeweils mit aufgenommen, um mögliche, zum Teil bereits formulierte Konvergenzmöglichkeiten aufzuzeigen. Ziel ist es schließlich, die Herausforderung differenzierter zu formulieren, für die eigene Konfession wie auch für die anstehenden ökumenischen Gespräche, zur gegenseitigen Anerkennung der *einen* Taufe. Denn darum muss es wohl letztlich gehen, folgt man dem Diktum der paulinischen Mahnrede.

III.3 Konsens, Differenzen und Divergenzen – am Beispiel der gegenseitigen Taufanerkennung von Magdeburg 2007

Am 29. April 2007 feierten im Magdeburger Dom elf Kirchen[205] in Deutschland die gegenseitige Anerkennung der Taufe.[206] Die Taufe ist ein »bewegendes ökumenisches Zeichen«, stellt die neueste Orientierungshilfe zur Taufe der Evangelischen Kirche in Deutschland (EKD) fest.[207] Und diese gegenseitige Anerkennung der Taufe »ist eine wichtige Frucht ökumenischer Bemühungen und Dialoge in den vergangenen 25 Jahren seit der Veröffentlichung der Konvergenztexte zu Taufe, Eucharistie und Amt im Jahr 1982«, urteilt Konrad Raiser zu Recht.[208]

---

[204] Als ein Beispiel für eine neuere, ökumenisch ausgerichtete Tauftheologie und -praxis kann genannt werden *Susan K. Wood*, One Baptism: Ecumenical Dimensions of the Doctrine of Baptism, Collegeville/MS: Liturgical Press 2009.

[205] Die unterzeichnenden Kirchen sind: Römisch-katholische Kirche (im Bereich der Deutschen Bischofskonferenz), Katholisches Bistum der Alt-Katholiken in Deutschland, Evangelische Kirche in Deutschland, Evangelisch-altreformierte Kirche in Niedersachsen, Evangelische Brüder-Unität – Herrnhuter Brüdergemeine, Evangelisch-methodistische Kirche, Selbständige Evangelisch-Lutherische Kirche, Arbeitsgemeinschaft Anglikanisch-Episkopaler Gemeinden in Deutschland, Äthiopisch-Orthodoxe Kirche in Deutschland, Armenisch-Apostolische Orthodoxe Kirche in Deutschland, Orthodoxe Kirchen in Deutschland.

[206] (Magdeburg 2007:) »Die christliche Taufe«, in: ÖR 2/2007, 257.

[207] *(EKD:)* Die Taufe, Eine Orientierungshilfe zu Verständnis und Praxis der Taufe in der evangelischen Kirche, vorgelegt vom Rat der EKD, Gütersloh: Gütersloher 2008, 37.

[208] Vgl. *Konrad Raiser*, Ein Herr, ein Glaube, eine Taufe. Die ekklesiologische Bedeutung der einen Taufe. Referat bei der 222. Mitgliederversammlung der ACK am 12./13. März 2008 in Erfurt, www.oekumene-koeln.de/pdf/Die%20ekklesio-

Trotz der Begrenzung ihrer Reichweite stelle die Erklärung einen be-
deutsamen Schritt in Richtung auf die volle, sichtbare Gemeinschaft
der christlichen Kirchen in Deutschland dar und verleihe der Zusammenarbeit der Kirchen eine festere geistliche und theologische Grundlage, meint Raiser. – Letzteres muss allerdings noch der Bewährung
überlassen bleiben, denn immerhin konnten sich nicht alle Mitgliedskirchen der Arbeitsgemeinschaft Christlicher Kirchen in Deutschland
(ACK) der Erklärung anschließen: neben zwei alt-orientalischen Kirchen eben auch die Kirchen der täuferischen Tradition nicht (Baptisten
und Mennoniten).[209]

Ausgehend vom gemeinsamen christologischen Bekenntnis wird in der
Erklärung auf ein »Grundeinverständnis über die Taufe« rekurriert, das
»trotz Unterschieden im Verständnis von der Kirche« bestehe. Im Folgenden seien die Elemente genannt, durch die die Erklärung von Magdeburg ihr Verständnis der Taufe zum Ausdruck bringt. Ergänzend
sind (in Klammern) jeweils die korrespondierenden neutestamentlichen Quellen angegeben. Zusätzlich werden Formulierungen aus bereits bestehenden ökumenisch verfassten Texten zur Verfügung gestellt, die in der Magdeburg-Erklärung nicht erwähnt werden:

(a) Taufe ist »Teilhabe am Geheimnis von Christi Tod und Auferste-
    hung«
    (Mt 3,13–17, Röm 6,3–5; Kol 2,12;
    die Taufe ist »im Wirken Jesu von Nazaret, in seinem Tod und in
    seiner Auferstehung verwurzelt«[210]);
(b) Taufe »bedeutet Neugeburt in Jesus Christus«
    (Joh 3,5; »das Zeichen neuen Lebens durch Jesus Christus«[211],
    Gal 3,27; das »Anziehen« Christi, die »Umkehr des Herzens«[212]);
(c) Taufe ist Empfang des »Sakraments«;
(d) Taufe ist Bejahung von Gottes Liebe im Glauben;
(e) durch die Taufe werden die Getauften »mit Christus und zugleich
    mit seinem Volk aller Zeiten und Orte vereint«
    (1Kor 12,13; Eingliederung in den Leib Christi[213],

logische%20Bedeutung%20der%20einen%20Taufe.pdf (1.3.2010). Vgl. auch: *ders.*,
Gegenseitige Anerkennung der Taufe als Weg zu kirchlicher Gemeinschaft, in:
ders., Schritte auf dem Weg der Ökumene, Frankfurt/M.: Lembeck 2005, 197–217.
[209] Vgl. zur Einschätzung von Magdeburg 2007 auch: *Rainer W. Burkart*, Die
Taufe bei Konfessionswechsel als ökumenisches Problem, in: Mennonitische Geschichtsblätter (zit. MGB) 66. Jg., 2009, 31–48.
[210] Taufe, Eucharistie und Amt, a.a.O., Taufe 1.
[211] A.a.O., 2.
[212] Ökumenischer Rat der Kirchen, Kommission für Glauben und Kirchenverfassung: Wesen und Auftrag der Kirche. Ein Schritt auf dem Weg zu einer gemeinsamen Auffassung, Faith & Order Paper 198, Genf: Ökumenischer Rat der Kirchen 2005, 75.

1 Petr 2,9; in ein »auserwähltes Geschlecht der königlichen Priesterschaft, des heiligen Volkes«);
(f) Taufe ist »Zeichen« der Einheit aller Christen, deren Fundament Christus ist
(Gal 3,27–28, 1 Kor 12,13;
»Befreiung zu einer neuen Menschheit, in der die trennenden Mauern der Geschlechter, der Rassen und des sozialen Standes überwunden werden«[214]).

Hinsichtlich des Ritus wird festgestellt, dass daher jede Taufe anerkannt werde, die vollzogen werde
(r1) nach dem Auftrag Jesu;
(r2) im Namen des Vaters und des Sohnes und des Heiligen Geistes;
(r3) mit der Zeichenhandlung des Untertauchens im Wasser bzw. des Übergießens mit Wasser.
(r4) Die so vollzogene Taufe sei »einmalig und unwiederholbar«.

Die Erklärung legt nahe, dass diese Aspekte notwendig wie hinreichend sind zu einer gegenseitigen Anerkennung der Taufe. Die Frage, warum dabei ein gemeinsames Verständnis von der Kirche ausdrücklich nicht vorausgesetzt wird, soll später gesondert aufgegriffen werden.

Warum konnten Mennoniten (hier stellvertretend für die Kirchen der täuferischen Tradition) sich diesem »Grundeinverständnis« über die Taufe« nicht anschließen?[215]

In einem ersten, vorauslaufenden Gesprächsgang einer multikonfessionell zusammengesetzten Arbeitsgruppe war ein Vertreter aus der täuferischen Tradition (Baptisten) noch beteiligt, obwohl bereits vermutet wurde, dass es so rasch nicht zur einer Überwindung der Differenzen mit den Kirchen der täuferischen Tradition kommen würde. Dann entschieden die Evangelische Kirche in Deutschland (EKD) und die (römisch-katholische) Deutsche Bischofskonferenz, zunächst bilateral einen gemeinsamen Text zu erarbeiten, der dann allen Mitgliedskirchen der ACK zugesandt wurde, verbunden mit der Einladung, auf der Grundlage dieses gemeinsamen Textes gegenseitig die Taufe anzuerkennen. Bedingung sei allerdings, an dem Text keine Änderungen mehr vorzunehmen: »Sie müssen sich also zu einem Ja oder Nein entschließen.«[216]

---

213 Taufe, Eucharistie und Amt, a.a.O., Taufe 6.
214 A.a.O., 2.
215 Vgl. zum mennonitischen Verständnis der Taufe: *Marlin Jeschke*, Believers Baptism for Children of the Church, Scottdale/PA and Kitchener/ON: Herald Press 1983. Zur Selbstverortung in den ökumenischen Debatten um die Konvergenzerklärungen in Lima vgl. *John H. Yoder*, Adjusting to the Changing Shape of the Debate on Infant Baptism, in: *Arie Lambo* (Hg.) Oecumennisme opstellen, FS für Henk B. Kossen, Amsterdam: Algemene Doopsgezinde Sociëteit 1989, 209ff.
216 Vgl. Brief der ACK-Geschäftsführung vom 1. November 2005 an die Glied- und Gastkirchen der ACK (eigenes Archiv). Vgl. zum Prozess auch die Beschreibung von *Klaus-Peter Voß*, Täuferisch-freikirchliche Positionen und Anliegen im

Die Arbeitsgemeinschaft Mennonitischer Gemeinden in Deutschland (AMG) hat zunächst ihr Befremden und Bedauern bezüglich eines solchen Vorgehens in der Ökumene zum Ausdruck gebracht, denn auch sie halte »die Taufe für ein uns über die Konfessionsgrenzen hinweg verbindendes Element.«[217] In der darauf folgenden, qualifizierten Stellungnahme zum vorgelegten Anerkennungstext wird Zustimmung signalisiert, wo sich die Aussagen direkt auf die Zeugnisse des Neuen Testaments stützen. In drei Punkten seien jedoch Formulierungen gewählt, denen man aufgrund des eigenen Taufverständnisses und der Taufpraxis mennonitischer Gemeinden nicht zustimmen könne:

Zum einen werde die Taufe als »Sakrament« bezeichnet, wodurch alle Traditionen, die kein sakramentales Taufverständnis vertreten, ausgeschlossen seien. In ökumenischen Gesprächen wäre zu klären gewesen, was mit diesem Sprachgebrauch jeweils ausgedrückt werden solle und wie entsprechende Deutungsgehalte in anderen Traditionen womöglich anders zur Sprache gebracht würden.

Zum anderen werde mit der Aussage »die so vollzogene Taufe ist einmalig und unwiederholbar« (r4) zwar auch die Überzeugung wie die gängige Praxis mennonitischer Gemeinden angemessen beschrieben, denn man erkenne »prinzipiell« jede Taufe an, die nach dem beschriebenen Ritus (r1–r3) vollzogen werde, doch gelte dies für Mennoniten nur insofern, als eine solche Taufe auch von dem oder der betreffenden Glaubenden selbst als gültig anerkannt würde.

Außerdem bedaure man, dass das für die täuferisch-mennonitische Tradition wichtige Bekennen des Glaubens so wenig Beachtung finde. Weitere Gesprächsbereitschaft wird signalisiert.

Unter Mennoniten wurde die Einladung an die Kirchen täuferischer Tradition, bei der feierlichen Taufanerkennung in Magdeburg doch mit einem eigenen Grußwort vertreten zu sein, als deutliches Zeichen gewertet, dass durch den sich hier vollziehenden Schritt keine »Zwei-Klassen-Ökumene« entstehen solle. Im Grußwort selbst wurde dann zusätzlich formuliert, man habe sich als Kirchen der Tradition des Täufertums des 16. Jahrhunderts »aus biblisch-theologischen Gründen« der vorliegenden Erklärung nicht anschließen können.[218] Dennoch empfinde man die hier vollzogene wechselseitige Anerkennung

---

aktuellen Gespräch über die gegenseitige Taufanerkennung, in: *ders.*, Ökumene und freikirchliches Profil. Beiträge zum zwischenkirchlichen Gespräch, Berlin: WDL-Verlag 2008, 162–177.

[217] Brief des AMG-Vorstands an die ACK vom 7. Februar 2006 (eigenes Archiv).

[218] Grußwort der Arbeitsgemeinschaft Mennonitischer Gemeinden in Deutschland als eine der Kirchen aus der täuferischen Tradition im Ökumenischen Gottesdienst am 29. April 2007 in Magdeburg zur wechselseitigen Anerkennung der Taufe einiger Kirchen der ACK, www.mennoniten.de/fileadmin/downloads/Grusswort_wechselseitige_Taufanerkennung_07_Magdeburg.pdf (1.3.2010).

der Taufe als einen bedeutenden Schritt der beteiligten Kirchen aufeinander zu und wünsche Gottes Segen »für die praktischen Schritte, die sich aus dieser getroffenen Vereinbarung ergeben.« Auch wenn es in der Tauffrage gegenwärtig keine Einheit gebe, wisse man sich dennoch verbunden »als Gemeinschaft der Glaubenden im Bekenntnis zu Jesus Christus, unserem Herrn«, die danach trachte, »gemeinsam zu erfüllen, wozu wir berufen sind, zur Ehre Gottes, des Vaters, des Sohnes und des Heiligen Geistes (Basisformel des ÖRK und der ACK).«[219]

Aus diesem Vorgang sind bereits jetzt ableitbar
als *Konsens* in den Deutungsgehalten der Taufe:
– Teilhabe an Christi Tod und Auferstehung (a);
– Neugeburt in Jesus Christus (b);
– Bejahung von Gottes Liebe im Glauben (d);
– Vereinigung mit Christus und zugleich mit seinem Volk aller Zeiten und Orte (e);
– alle Elemente des Ritus (r1–r3, selbst die Einmaligkeit und Unwiederholbarkeit der Taufe, r4).
Als *Divergenz* bleibt bestehen:
– die Redeform und der Bedeutungsgehalt eines »Sakraments« (c);
und als *Differenz*:
– die Erwachsenentaufe bei jenen, die zwar als Säuglinge getauft worden sind, nun aber die »Gläubigentaufe« begehren.
Als *Desiderat* bleibt festzuhalten:
– die Betonung des aktiven, individuellen Bekennens in der Taufe.

Wie oben bereits erwähnt, drängt sich hier die Frage nach den ekklesiologischen Implikationen einer gegenseitigen Taufanerkennung auf, denn aus der Feststellung der Zugehörigkeit zu der einen »Gemeinschaft der Glaubenden« muss doch geschlossen werden, dass die anderen Konfessionen von Seiten der Mennoniten tatsächlich auch als Kirche Jesu Christi anerkannt werden. Offensichtlich wird die gegenseitige Anerkennung der Taufe nicht als Voraussetzung dazu bewertet. Wie kann das aber sein, wenn doch gerade die Taufe die individuelle Vereinigung »mit Christus und zugleich mit seinem Volk aller Zeiten und Orte« (e) darstellt? Diese Frage will im Weiteren parallel bedacht werden, um die Kohärenz theologischer Lehre und ökumenischer Erklärungen zu überprüfen.

Im Grunde müsste der weiterhin bestehende Dissens nun vor allem mit den Kirchen der täuferischen Tradition (und jenen orthodoxen Kirchen, die die Erklärung nicht unterzeichnet haben) *gemeinsam* bearbeitet werden, um dann auch der *gemeinsamen* Verantwortung für die ek-

---

[219] Ebd.

klesiologischen Konsequenzen aus der einen Taufe gerecht zu werden. Dieser Gesamteinschätzung der ökumenischen Gesprächslage nach Magdeburg ist mit Konrad Raiser zu folgen:»Es geht dabei für die Kirchen, welche die Erklärung angenommen haben, auch um eine kritische Überprüfung *ihrer* Taufpraxis.«[220] Die momentane Gesprächssituation wäre nicht angemessen bewertet, wenn nun allein diejenigen, die dem bisher formulierten Konsens nicht zustimmen konnten, ihre eigene Tradition kritisch untersuchen müssten, um ggf. dann später zu einer Zustimmung zu gelangen. Vielmehr stehen ebenso diejenigen Kirchen vor der gleichen Herausforderung, die diese gegenseitige Anerkennung untereinander bereits ausgesprochen haben. Die Wertigkeit theologischer Lehren darf ja sicherlich nicht anhand ihrer zahlenmäßigen Anhängerschaft beurteilt werden (zumal sich diese Verhältnisse im Kontext der globalen Ökumene ohnehin deutlich verschieben), sondern muss in der gegenseitigen und selbst-reflexiven Überprüfung und Abwägung ihrer je begründenden Argumentation erörtert werden. Dazu ist das fortgesetzte ökumenische Gespräch unausweichlich, wenn denn der Einheitsaspekt der einen Taufe ernsthaft aufgenommen sein soll.

III.4 Ein Desiderat: das individuelle Bekenntnis in der Taufe

Im Folgenden wird der Blick exemplarisch auf das Verhältnis zwischen Lutheranern und Mennoniten verengt, um so zu einer Konzentration und angemessenen Bewertung der Divergenzen, Differenzen und des angemahnten Desiderats zu gelangen.[221]

Der lutherisch-mennonitische Dialogbericht aus Frankreich zitiert in seiner Präambel aus der Leuenberger Konkordie[222] (die Kirchen der täuferischen Tradition gehören bekanntlich nicht zur Gemeinschaft Evangelischer Kirchen in Europa), um die gemeinsame Grundlage aller Kirchen der Reformation, auch der Mennoniten, herauszustreichen, so dass von vornherein manche der historisch überkommenen, gegenseitigen Vorurteile nicht mehr eigens thematisiert werden müssen: »Übereinstimmend haben sie [sic. die Reformatoren, FE] deshalb bekannt, dass Leben und Lehre an der ursprünglichen und reinen Bezeugung des Evangeliums in der Schrift zu messen sind. Übereinstim-

---

[220] *Raiser*, Ein Herr, ein Glaube, eine Taufe, a.a.O. (Hervorhebung durch FE).
[221] Vgl. alle bilateralen Dialoge auf nationaler wie internationaler Ebene zwischen Mennoniten und Lutheranern in: *Fernando Enns* (Hg.), Heilung der Erinnerungen – befreit zur gemeinsamen Zukunft. Mennoniten im Dialog, Frankfurt/M.: Lembeck 2008, 133–201.
[222] Konkordie reformatorischer Kirchen in Europa / Agreement Between Reformation Churches in Europe (Leuenberger Konkordie); dreisprachige Ausgabe mit einer (zweisprachigen) Einleitung, im Auftrag des Exekutivausschusses für die Leuenberger Lehrgespräche, hg. von *Wilhelm Hüffmeier* und *Friedrich-Otto Scharbau*, Frankfurt/M.: Lembeck 1993.

mend haben sie die freie und bedingungslose Gnade Gottes im Leben, Sterben und Auferstehen Jesu Christi für jeden, der diese Verheißung glaubt, bezeugt.«[223]

Unstrittig zwischen Lutheranern und Mennoniten ist demnach, dass Leben *und* Lehre ausschließlich am Schriftprinzip auszurichten sind. Damit »die biblische Botschaft aber zum Evangelium werden kann, ist das Wirken des Heiligen Geistes notwendig.«[224] Die freie und bedingungslose Gnade Gottes (*sola gratia*) kommt einem jeden im Leben, Sterben und Auferstehen Jesu Christi (*solus Christus*) zu, allein aus Glauben (*sola fide*). Somit bilden die reformatorischen Exklusivpartikel eine gemeinsame Basis für weitere Lehr-Konsense.[225] »Rechtfertigung als Freigesprochen- und Angenommenwerden des Sünders von Gott steht aber in einem ganz engen Zusammenhang mit der Heiligung und Erneuerung des Menschen, die ihn zur Nachfolge Jesu Christi befähigen.«[226] Freilich wird auch gesehen, dass dieses gemeinsame Erbe in den lutherischen und täuferischen/mennonitischen Kirchen/Gemeinden zumindest mit unterschiedlichen Betonungen vertreten wurde.[227]

Die Übereinstimmungen im Taufverständnis zwischen Mennoniten und Lutheranern sind erstaunlich weitreichend.[228] Neben den oben bereits erwähnten Aspekten dieses Konsenses (a, d, e, f) kann ergänzend festgestellt werden: (wiederum sind die entsprechenden neutestamentlichen Belegstellen und Formulierungen aus multilateralen ökumenischen Gesprächen ergänzt, um zu demonstrieren, wie fundiert und ökumenisch weitreichend dieser Konsens dargestellt werden kann):
(g) Die Taufe ist durch Christus eingesetzt (Mt 28,19; Mk 16,15–16);
(h) Taufe verdankt sich dem Wirken des Heiligen Geistes

---

[223] Bericht des Dialogs zwischen Lutheranern und Mennoniten in Frankreich, in: *Enns*, Heilung der Erinnerungen, a.a.O., 135 (aus der Leuenberger Konkordie zitierend).

[224] Gemeinsame Erklärung der lutherisch-mennonitischen Gesprächskommission zum Abschluss der Gespräche zwischen Vertretern der Vereinigten Evangelisch-Lutherischen Kirche Deutschlands (VELKD) und der Arbeitsgemeinschaft Mennonitischer Gemeinden in Deutschland (AMG) von September 1989 bis Dezember 1992, in: *Enns*, Heilung der Erinnerungen, a.a.O., 159.

[225] Vgl. zur Bedeutung der Exklusivartikel: *Eberhard Jüngel*, Das Evangelium von der Rechtfertigung des Gottlosen als Zentrum des christlichen Glaubens. Eine theologische Studie in ökumenischer Absicht, Tübingen: Mohr Siebeck [5]2006, § 5 Der gerechtfertigte Sünder. Zur Bedeutung der (reformatorischen) Exklusivpartikel, 127ff.

[226] Gemeinsame Erklärung der lutherisch-mennonitischen Gesprächskommission, a.a.O., 160.

[227] Vgl. Bericht des Dialogs zwischen Lutheranern und Mennoniten in Frankreich, a.a.O., 135.

[228] A.a.O., 139.

A. Theologie im Horizont der Ökumene

100

(sie ist Gabe des Heiligen Geistes,[229]
Tit 3,5 Erneuerung durch den Geist,
Röm 8,15f Empfang des Heiligen Geistes,
Eph 5,14 Erleuchtung durch Christus);
(i) Der Glaube ist in der Taufe notwendig, um das Heil zu erlangen
(1Kor 6,11 Sündenbekenntnis, Reinigung, Vergebung, Heiligung,[230]
1Petr 3,20f Erfahrung der Rettung aus dem Wasser,
1Kor 10,1f Exodus aus der Knechtschaft).

Entsprechend der mennonitischen Tradition werden die Aspekte des
Bekennens und der Nachfolge im Gespräch mit den Lutheranern stärker hervorgehoben:
(j) Taufe ist der Beginn des neuen Lebens mit Christus und demnach
die Berufung zur Nachfolge[231]
(»Die Solidarität der Christen mit den Freuden und Leiden ihrer
Nachbarn und ihr Einsatz im Kampf für die Würde aller Leidenden,
aller Ausgeschlossenen, aller Armen in der Gegenwart gehört zu ihrer Taufberufung«[232]);
(k) Taufe geschieht auch in dem Bewusstsein der Verpflichtung der
Gemeinschaft gegenüber dem Täufling, die ihn begleitet und stärkt;
(l) Taufe ist ein Zeichen, das dem Gläubigen Gewissheit gibt.

Das angemahnte Desiderat des aktiven Bekennens in der Taufe ist hier
in einer Weise expliziert, auf die in zukünftigen multilateralen ökumenischen Begegnungen zurückgegriffen werden kann (vgl. entsprechend
auch die Aussagen hierzu im katholisch-mennonitischen Dialog).[233]

Aus weiteren Texten der multilateralen ökumenischen Gespräche wäre
hier noch die eschatologische Dimension der Taufe anzufügen:
(m) Taufe ist Zeichen des Reiches Gottes,[234] vgl. Eph 2,6; und
Teilhabe am Reich Gottes und am Leben der kommenden Welt.
Hinsichtlich des Ritus kann ergänzt werden, dass in der Taufhandlung
(r5) der Zuspruch der Gnade Gottes »unter Gebet und Handauflegung
(Segen)«[235] ergeht.

---

[229] Vgl. Wesen und Auftrag der Kirche, a.a.O., 75.
[230] Ebd.
[231] Zu erörtern wäre, ob diese Interpretation in Magdeburg 2007 mit (d) impliziert war.
[232] Wesen und Auftrag der Kirche, a.a.O., 77.
[233] Vgl. Bericht über den Internationalen Dialog zwischen der Katholischen Kirche und der Mennonitischen Weltkonferenz (»Gemeinsam berufen, Friedenstifter
zu sein«), in: *Enns*, Heilung der Erinnerungen, a.a.O., 98.
[234] Taufe, Eucharistie und Amt, a.a.O., Taufe 7.
[235] Gemeinsame Erklärung der lutherisch-mennonitischen Gesprächskommission,
a.a.O., 164.

Im Horizont dieser Konsens-Formulierungen kann nun genauer nach Divergenzen und Differenzen gefragt werden, die die gegenseitige Taufanerkennung bisher verhindern.

III.5 Die Differenz zwischen der Ausschließlichkeit der Erwachsenentaufe und der Einschließlichkeit der Säuglingstaufe – Komplementarität in der Lehre?

Für die Wahrnehmung von Differenzen ist es zum einen wichtig, die jeweilige konfessionelle Perspektive zu beachten, um der Schärfe der Differenz nicht auszuweichen; zum anderen liegt aber der entscheidende Gewinn durch die ökumenische Begegnung in der dann folgenden *gemeinsamen* Betrachtung der verschiedenen theologischen und praktischen Aspekte. Hier steht die Ökumene stets vor der kreativen Aufgabe, den theologischen Gehalten in einer gemeinsamen Sprachform Ausdruck zu verleihen, ohne die gewachsenen und für wichtig erachteten Erkenntnisse der beteiligten kirchlichen Traditionen aufzugeben. Das kann nicht einfach addierend geschehen. Dieser Beratungs- und Reflexionsprozess hält vielmehr das Potential bereit, auch neue Akzentuierungen zu setzen und zu neuen Erkenntnissen zu gelangen. Manchmal ergeben sich gar Korrekturen in der je eigenen Lehrauffassung, insofern die Konfessionen dies nach ihrem eigenen Lehrbildungsverständnis zulassen können, was zumindest bei den Kirchen der Reformation vorausgesetzt werden darf.

Die Herausforderung der gegenseitigen Anerkennung der Taufe manifestiert sich zunächst unterschiedlich, für die einen konkret im Vorwurf der »Wiedertaufe« von bereits als Säuglingen Getauften. Dieser Vorwurf setzt allerdings bereits voraus, dass die Säuglingstaufe auch von Mennoniten als rechtmäßige Taufe anerkannt wird, weshalb Mennoniten diesen Vorwurf zurückweisen. Für Mennoniten manifestiert sich die Differenz in der »unterschiedslosen Taufe« aller Säuglinge, da diese nicht in der Lage seien, ein persönliches Glaubensbekenntnis zu formulieren. Dieser Vorwurf setzt wiederum voraus, dass der Glaube und das Bekenntnis der handelnden und begleitenden Gemeinde nicht als hinreichend für die Taufe und die später mögliche Bestätigung des persönlichen Glaubens (in der Konfirmation) angesehen werden, ein Vorwurf, den lutherische Kirchen ihrerseits zurückweisen. Sofort wird deutlich, dass hier weiterer Klärungsbedarf besteht – und möglich erscheint, wenn die grundsätzliche Bereitschaft vorausgesetzt werden darf, die gängigen »Vorwürfe« *mit* den Dialogpartnern kritisch zu hinterfragen, also die je andere Perspektive gegenseitig in die eigenen Überlegungen aufzunehmen.

Lutheraner erkennen bereits in ihrer selbstkritischen Bewertung der Verdammungen in der Confessio Augustana (1530):[236] »die heutigen Mennoniten sehen sich durch neuere exegetische Untersuchungen in ihrer Auffassung bestätigt, dass die Taufe nach einem persönlichen Glaubensbekenntnis die in den neutestamentlichen Schriften am deutlichsten belegte Praxis ist. Daher halten sie an ihrem Taufverständnis fest. Sie erwarten auch von übertretenden Christen, dass sie dieses Taufverständnis anerkennen und teilen. Sie bestreiten aber nicht grundsätzlich die Gültigkeit der Kindertaufe, weil sie sich auf das Argument des gnädigen Handelns Gottes auch in dieser Taufe einlassen können.«[237] Den verbleibenden Unterschieden im Taufverständnis scheint kein absolut trennender Charakter zugemessen zu werden, weil man offensichtlich beginnt, einander zu verstehen, in der Auslegung neutestamentlicher Aussagen wie in der korrespondierenden theologischen Argumentation.

Woran kann aber die Legitimität der je anderen Lehre gemessen werden? »Für Lutheraner ist es annehmbar, dass die Taufe als Gabe Gottes und das Bekenntnis als Antwort des Täuflings zeitlich auseinander treten können (Kindertaufe und Konfirmation).«[238] Sie betonen, dass »Gottes Handeln in der Taufe in jedem Fall gültig ist. Zweifel an der Rechtzeitigkeit und Angemessenheit des je eigenen Bekenntnisses auf der menschlichen Seite können nach lutherischem Verständnis diese Gültigkeit nicht außer Kraft setzen und zur Nichtanerkennung der Kindertaufe oder ihrer ›Wiederholung‹ führen.«[239] Mennoniten sehen »durch die bei ihnen praktizierte Taufe auf das Bekenntnis des Glaubens die Gabe Gottes einerseits und die Antwort des Täuflings andererseits in sachlich und zeitlich gebotenem Zusammenhang.«[240]

---

[236] Die Augsburgische Konfession. Confessio oder Bekanntnus des Glaubens etlicher Fürsten und Städte uberantwortet Kaiserlicher Majestat zu Augsburg Anno 1530 (zit. CA), in: Die Bekenntnisschriften der evangelisch-lutherischen Kirche (zit. BSLK), Göttingen: Vandenhoeck & Ruprecht, [12]1998, 31–137. Vgl. zu den einzelnen Verdammungen der Täufer in der CA: Lutherische Stellungnahme zu den gegen die »Wiedertäufer« gerichteten Verwerfungen des Augsburger Bekenntnisses von 1530, in: *Enns*, Heilung der Erinnerungen, a.a.O., 169–176. Luthers Position zu den Täufern vgl. *Karl-Heinz zur Mühlen*, Luthers Tauflehre und seine Stellung zu den Täufern, in: *ders.*, Reformatorisches Profil. Studien zum Weg Martin Luthers und der Reformation, Göttingen: Vandenhoeck & Ruprecht 1995, 227–258.
[237] Gemeinsame Erklärung der lutherisch-mennonitischen Gesprächskommission, a.a.O., 172.
[238] A.a.O., 164.
[239] A.a.O., 167.
[240] A.a.O., 165.

So konstatierten Mennoniten in Frankreich im dortigen Dialog mit Lutheranern: »Die mennonitische Kirche vollzieht nur die Taufe der Gläubigen und tauft jeden, der zu ihr kommt und sie verlangt, ungeachtet dessen, ob er bereits als Kind in einer anderen Kirche getauft worden ist.«[241] Sehr viel behutsamer und differenzierter formulierten dann Mennoniten in Deutschland einige Jahre später: »Mennonitische Gemeinden der AMG nehmen lutherische Christen in aller Regel als gültig Getaufte auf und bitten sie, bei ihrem Übertritt ein persönliches Bekenntnis zu Jesus Christus vor der gottesdienstlich versammelten Gemeinde abzulegen. Gemeinden, die Übertretenden eine Bekenntnistaufe empfehlen, achten jedoch in jedem Fall die freie Entscheidung des Übertretenden und üben keinen Druck in Richtung auf eine Bekenntnistaufe aus.«[242]

Damit ist doch eine gewisse Anerkennung der nach der lutherischen Tradition vollzogenen Taufe bereits formuliert, denn wie sollten Übertretende sonst als »gültig Getaufte« anerkannt werden können, wenn beim Übertritt schlicht ein persönliches Bekenntnis zu Christus vor der Gemeinde »ausreichend« sein kann, und die Erwachsenentaufe nicht zur Bedingung der Aufnahme gemacht wird? Offensichtlich *kann* das Getauftsein der Einzelnen bereits anerkannt werden. Damit wird also zumindest die an diesem individuellen Menschen vollzogene Taufe für »gültig« erklärt, das persönliche Bekenntnis muss freilich ergänzend hinzu treten.

Des Weiteren wird ersichtlich, dass bei Mennoniten die individuelle, freie Entscheidung der betreffenden Person höher bewertet wird als »Anerkennungsformeln« zwischen Kirchen, so dass es durchaus auch zu einer Erwachsenentaufe an einem bereits als Säugling Getauften kommen *kann* – was von mennonitischer Seite dann nicht dem Gebot der Unwiederholbarkeit (r4) widerspricht, da in einem solchen Fall die Säuglingstaufe »nicht gewertet« wird. Hieraus lässt sich wiederum schließen, dass die Taufe durch eine lutherische Gemeinde weder *generell* als »gültig«, noch *generell* als »ungültig« angesehen wird. Wenn mennonitische Gemeinden aber so verfahren, dass sie die Entscheidung des einzelnen Glaubenden höher bewerten als die Verhältnisbestimmung zwischen Konfessionen im Allgemeinen, dann wirft das mehrere wichtige Fragen hinsichtlich der ekklesiologischen Implikationen ihrer Tauftheologie auf – die im Weiteren noch zu erörtern sein werden.

---

[241] Bericht des Dialogs zwischen Lutheranern und Mennoniten in Frankreich, a.a.O., 149.
[242] Gemeinsame Erklärung der lutherisch-mennonitischen Gesprächskommission, a.a.O., 167.

Auch die Dialogpartner in den USA ließen gerade diese Frage bisher unbeantwortet und bieten keinen zusätzlichen Erkenntnisgewinn: »Es ist nicht klar, bis zu welchem Grad diese Unterschiede [sic. in den Begründungen für die ausschließliche Erwachsenentaufe, bzw. die Zulässigkeit auch der Säuglingstaufe, FE] einfach nur solche der Akzentuierungen sind, und in welchem Ausmaß sie durch unterschiedliche Anthropologien und/oder Ekklesiologien geformt sein könnten.«[243] Daher empfehlen die Dialogpartner in den U.S.A., dass »die Evangelisch-Lutherische Kirche in Amerika und die Mennonitische Kirche USA die Fortsetzung von Gesprächen autorisieren, die die unterschiedlichen Praktiken von Taufe und Konfirmation [...] zum Gegenstand haben, um zu entscheiden, ob sie komplementär sind.«[244]

Die Überprüfung der Komplementarität der unterschiedlichen Tauflehren ist eine denkbare Alternative zu den schlichten Festsstellungen der Differenz. Gerade der lutherisch-mennonitische Dialog in Deutschland ließ deutlich erkennen, dass die hier in den konfessionellen Traditionen vertretenen, manchmal einseitigen Betonungen tatsächlich erst in ihrer Komplementarität das Ganze der evangelischen Wahrheit zum Ausdruck bringen.[245] Dies kommt im Hinblick auf das resultierende Taufverständnis auch in multilateralen Gesprächen zum Ausdruck, wenn in den Konvergenzerklärungen von Lima formuliert wird: »Die Taufe ist zugleich Gottes Gabe und unsere menschliche Antwort auf diese Gabe. [...] Die Notwendigkeit des Glaubens für den Empfang des Heils, wie es in der Taufe verkörpert und dargestellt ist, wird von allen Kirchen anerkannt. Persönliche Verpflichtung ist notwendig für eine verantwortliche Gliedschaft am Leibe Christi.«[246]
Wird aber diese Komplementarität konstatiert, dann ist der Vorwurf der Wiedertaufe nicht nur verständlich, sondern berechtigt und also eine Überprüfung dieser Praxis auf Seiten der Kirchen täuferischer Tradition dringend geboten.

Eine weitere Beobachtung sei hier angefügt: »Die Säuglingstaufe ist aber nicht die einzige Taufform, die in den lutherischen Kirchen praktiziert wird.«[247] Erkennen Mennoniten eine in einer lutherischen Gemeinde vollzogene *Erwachsenen*taufe generell an? Nach dem bisher formulierten Konsens müssten sie das, woraus sich die Vermutung ab-

---

[243] Bericht des Verbindungskomitees der Evangelisch-Lutherischen Kirche in Amerika und der Mennonitischen Kirche USA (»Rechtes Erinnern in täuferisch-lutherischen Beziehungen«), in: *Enns*, Heilung der Erinnerungen, a.a.O., 191f.
[244] A.a.O., 195.
[245] Vgl. zu dieser These sehr viel ausführlicher: *Fernando Enns*, Friedenskirche in der Ökumene, Mennonitische Wurzeln einer Ethik der Gewaltfreiheit. Göttingen: Vandenhoeck & Ruprecht 2003, Kap. V.3. Mennonitisch-Lutherischer Dialog, 285–299.
[246] Taufe, Eucharistie und Amt, a.a.O., Taufe 8.
[247] Bericht des Dialogs zwischen Lutheranern und Mennoniten in Frankreich, a.a.O., 140.

leiten lässt, dass ein völliger Konsens in der Tauflehre keineswegs zur Voraussetzung gemacht wird für die gegenseitige Anerkennung der Taufe. Insofern lässt sich die zur Diskussion stehende Frage weiter präzisieren, wenn von der »offiziellen Anerkennung der Taufe zwischen den Kirchen« die Rede ist: Unter welchen Bedingungen kann *das Getauftsein einer Person anderer Konfession* generell anerkannt werden?

III.6 Konvergenzen in der Interpretation des Taufgeschehens als Prozess christlicher Initiation

Auf die Möglichkeit einer Komplementarität nicht nur hinsichtlich der Lehre, sondern auch hinsichtlich der genannten, einander scheinbar ausschließenden Taufpraktiken deuten weitere gemeinsame Formulierungen des konstruktiven Dialogs hin: »Lutheraner und Mennoniten betrachten die Taufe nicht nur als einmaliges Ereignis, sondern auch (n) als einen fortwährenden Prozess, der eine entscheidende Rolle im christlichen Leben spielt, sowohl im Leben der Kirche als Ganzer als auch im persönlichen Leben.«[248]
Für beide Konfessionen vollzieht sich die Aneignung der Bedeutung der Taufe während des ganzen christlichen Lebens. »Mennoniten anerkennen, dass auch Getaufte stets der Vergebung bedürftig bleiben.«[249]

So ist zum einen festgehalten, dass die gemeinsamen Überlegungen zur Bedeutung der Taufe – für den Einzelnen wie für die Gemeinde/Kirche – nicht auf die punktuelle Tauf*handlung* reduziert werden dürfen, sondern in einen umfassenderen Referenzrahmen im Leben der Gemeinde/Kirche zu stellen sind. Damit weitet sich der Blick nun entscheidend. Diese Denkform ist nicht neu in der Ökumene, gewinnt aber zunehmend an Bedeutung für die mögliche gegenseitige Anerkennung der Taufe. Die Konvergenztexte von Lima formulierten bereits wegweisend, Taufe sei »ein lebenslängliches Hineinwachsen in Christus.«[250] Daher werden hier die Unterschiede eher als Differenzen in den »Taufpraktiken« als in der Lehre gewertet, und die gegenseitige Anerkennung beider Praktiken wird befürwortet.

Hier muss zunächst die Konvergenz in der Bewertung der exegetischen Befunde erläutert werden. Lima hatte festgestellt: »Die Möglichkeit, dass zur neutestamentlichen Zeit auch die Kindertaufe praktiziert worden ist, kann nicht ausgeschlossen werden. Die Taufe nach einem persönlichen Glaubensbekenntnis ist jedoch die in den neu-

---

248 Bericht des Verbindungskomitees der Evangelisch-Lutherischen Kirche in Amerika und der Mennonitischen Kirche USA, a.a.O., 190.
249 Lutherische Stellungnahme, in: Enns, Heilung der Erinnerungen, a.a.O., 173.
250 Taufe, Eucharistie und Amt, a.a.O., Taufe 9.

testamentlichen Schriften am eindeutigsten belegte Praxis.«[251] Wenn Mennoniten dem zustimmen, dann reicht in der weiteren Diskussion nicht allein ein allgemeiner Verweis auf die neutestamentlichen Zeugnisse für eine Ablehnung der Säuglingstaufe. Sehr gut könnten sie aber trotz und mit dieser Beobachtung begründen, warum sie in ihrer Gemeinschaft weiterhin dabei bleiben, keine Säuglinge zu taufen, auch wenn es dazu kommen sollte, dass sie das Getauftsein eines als Säugling Getauften als »gültig« anerkennen.

Weitere Untersuchungen liturgischer Ordnungen der Frühen Kirche[252] durch die ÖRK-Kommission für Glauben und Kirchenverfassung lassen erkennen, dass hinsichtlich der Taufe früh von einem Prozess ausgegangen wurde, der die Unterweisung, das persönliche Bekenntnis und den Akt des Untertauchens im Wasser einschließt und in die Eingliederung in das Leben der Gemeinde führt. »Die Taufe ist daher nicht nur ein einmaliger liturgischer Akt, sondern muss verstanden werden als Initiation in die Gemeinschaft der Glaubenden, als ein lebenslanger Prozess des Wachsens von christlicher Identität und Erkenntnis.«[253] Dies stellt eine dringliche Anfrage an die mennonitische Praxis der unbedingten Vorordnung des individuellen Glaubensbekenntnisses vor das der Gemeinde/Kirche. Denn wenn die Überlegungen in diesen umfassenderen Bezugsrahmen gestellt werden, dann scheint es *nicht zwingend*, die unterschiedlichen Dimensionen der Taufe vor- oder nachzuordnen, wenn denn *alle* genannten Dimensionen des Tauf*geschehens* als essentiell und konstitutiv gelten. So gesehen kann dann zumindest nachvollzogen werden, warum es anderen *möglich* ist, den Wasser-Ritus am Beginn des gesamten Prozesses zu verorten. Zur Taufe gehört der Glaube der Einzelnen wie die Kirche als Gemeinschaft der Glaubenden.

Die Gemeinsame Arbeitsgruppe der römisch-katholischen Kirche und des ÖRK spricht durchweg von der »christlichen Initiation«, von einem »Muster der Tauf-Initiation«, also von einem Prozess, und schlägt

---

[251] A.a.O., 11. Vgl. zum Gesamten: *Udo Schnelle*, Art. »Taufe«, II. Neues Testament, in TRE Bd. XXXII, 663–674 (Lit.).

[252] Vgl. den Hinweis auf die sehr frühe Taufliturgie des Hippolytus (ca. 215), die »explizit die Initiation von Kindern erwähnt, die noch nicht selbst Rede und Antwort stehen können (XX, 4)«, in: Gemeinsame Arbeitsgruppe der Römisch-katholischen Kirche und des Ökumenischen Rates der Kirchen: Ekklesiologische und ökumenische Implikationen einer gemeinsamen Taufe, in: Achter Bericht 1999–2005, Genf/Rom: Ökumenischer Rat der Kirchen 2005, 53–84, § 47.

[253] *Konrad Raiser*, Ein Herr, ein Glaube, eine Taufe. Vgl. auch: *(Ökumenischer Rat der Kirchen:)* Eine Taufe: Auf dem Weg zur wechselseitigen Anerkennung christlicher Initiation, ÖRK-Konsultation 2001. Weiterführung in: Faith and Order at the Crossroads, Kuala Lumpur 2004, The Plenary Commission Meeting, ed. by *Thomas F. Best*, Faith & Order Paper 196, Geneva: WCC 2005.

daher vor,»dass jede Kirche, auch wenn sie weiterhin ihrer Tauftradition folgt, in den anderen die eine Taufe in Jesus Christus anerkennt, indem sie die Ähnlichkeit der weiteren Formen von Initiation und Hinführung auf Christus bestätigt, wie sie sich in jeder Gemeinschaft finden. [...] Kinder wurden getauft, weil Gottes Berufung zum Heil für sie nicht weniger als für Erwachsene zu gelten schien.«[254] Allerdings sagt die Arbeitsgruppe auch, dass die beschriebenen Konvergenzen auf der Tatsache beruhen, dass die Kirchen »die paradigmatische und normative Qualität einer Taufe anerkennen, die aufgrund eines persönlichen Glaubensbekenntnisses als das *deutlichste* Zeichen für das Wesen der Taufe vollzogen wird, wie es im Neuen Testament aufgezeigt und von allen Kirchen praktiziert wird.«[255] – Hieraus mag sich auch eine ernsthafte Anfrage an die Taufpraxis der Lutheraner ergeben, wenn sie als Hauptargument für die Säuglingstaufe anführen, in dieser das »deutlichere Zeichen« für die vorauslaufende Gnade Gottes und die Voraussetzungslosigkeit der Taufe zu erkennen. Sonst wäre zu schließen, dass es Lutheranern im Taufritus wichtiger ist, die Gnade Gottes zu betonen, als das Ganze des Wesens der Taufe darzustellen. Eine solche Argumentationsweise muss Mennoniten dann wiederum wenig überzeugend erscheinen, wenn sie sich auf das Argument der Taufe als lebenslangen Prozess einlassen sollen.

In den Kirchen, die *auch* die Säuglingstaufe praktizieren, scheint nun einige Bewegung in der Akzentuierung ihrer eigenen Lehre möglich geworden zu sein, die von den Kirchen der täuferischen Tradition wahr- und ernst zu nehmen ist: kritisch wird nun angemerkt, dass die Säuglingstaufe in der lateinischen Tradition vor allem auf die Theologie Augustins zurückgriff, der – im Streit mit den Pelagianern – die Auffassung vertrat, man könne ungetaufte Kinder im Falle ihres Todes der Gefahr aussetzen, von der Erbsünde nicht befreit zu sein.[256] »Eine neue Theologie der Taufe und eine kritische Neubewertung bestimmter Erklärungen zu den Folgen der Erbsünde für Kinder würde der christologischen und der ekklesiologischen Realität der Taufe mehr Gewicht verleihen«[257], wird jetzt festgestellt.

Drei Elemente werden als Rahmen der Taufinitiation zur Betrachtung vorgeschlagen:

---

254 Ekklesiologische und ökumenische Implikationen, a.a.O., 54 und 49.
255 A.a.O., 53.
256 Vgl. *Aurelius Augustinus*, De baptismo. Über die Taufe. Zweisprachige Ausgabe, eingel., komm. und hg. von *Hermann-Josef Sieben*, Opera Augustinus 28, Paderborn u.a.: Schöningh 2006.
257 Ekklesiologische und ökumenische Implikationen, a.a.O., 51.

Unterweisung/Auferbauung im Glauben
Taufe mit Wasser
Teilnahme am Leben der Gemeinschaft

Alle drei Elemente seien für alle taufenden Kirchen im Ritus gegenwärtig, wenn auch nicht in gleicher Weise, und im lebenslangen Prozess der christlichen Nachfolge präsent. Dieser Prozess sei geprägt
»von der ständigen Auferbauung im Glauben, der Erinnerung an die in
der Taufe erfahrene Gnade und Verheißung und der zunehmenden
Teilnahme am Leben der Kirche.« Es handele sich hierbei um eine
Konvergenz, »die mit der Tatsache vereinbar ist und sogar dadurch
bereichert wird, dass verschiedene Traditionen unterschiedliche Elemente des Rahmens betonen und sie auf unterschiedliche Art und Weise anordnen.«[258]

Dies kommt beispielsweise in der Segnung von Neugeborenen in manchen Kirchen der täuferischen Tradition zum Ausdruck. Die Konvergenzerklärungen von Lima hatten bereits zu Recht darauf hingewiesen,
dass einige der Kirchen täuferischer Tradition »die Darbringung und
Segnung von Säuglingen oder Kindern in einem Gottesdienst, der nor-
malerweise auch den Dank für das Geschenk des Kindes und auch die
Verpflichtung der Mutter und des Vaters zu christlicher Elternschaft in
sich schließt«, befürworten.[259] Der Bericht der Gemeinsamen Arbeitsgruppe greift diesen Hinweis auf: »Für Menschen, die in ihrer Kindheit
in der Kirche so begrüßt werden, kann die Taufe im Erwachsenenalter
der persönliche Ausdruck des Höhepunktes einer Reise der Bekehrung
und des Glaubens sein, und dies ist auch eine der wichtigsten Weisen,
wie die Schrift von der Taufe spricht.«[260]

Aus diesen Beobachtungen und Überlegungen kann jetzt zusammenfassend festgehalten werden, dass der vollständige Konsens in der
Tauflehre keineswegs Bedingung ist für die gegenseitige Anerkennung
der Taufe bzw. die Anerkennung der *einen* Taufe, wohl aber Konvergenzen im gemeinsamen Verstehen der biblischen Zeugnisse und der
gemeinsamen Interpretation der Tradition. So werden die unterschiedlichen Lehren auch nicht einfach nur geduldet, sondern können als Bereicherung der ökumenischen Gemeinschaft wertgeschätzt werden. In
diesem Sinne formulierte die Gemeinsame Kommission des ÖRK und
der römisch-katholischen Kirche eindrücklich:

---

[258] A.a.O., 52.
[259] Taufe, Eucharistie und Amt, a.a.O., Taufe 11.
[260] Ekklesiologische und ökumenische Implikationen einer gemeinsamen Taufe,
a.a.O., 50.

»Diejenigen Traditionen, die im Rahmen der Initiation nur diese Form der Taufe [sic. Erwachsenentaufe, FE] praktizieren, bewahren ein lebendiges Zeugnis der Wirklichkeit der Taufe, die die Kirchen gemeinsam bejahen, und bringen wirkungsvoll die gemeinsame Überzeugung zum Ausdruck, dass die Taufe originär auf die persönliche Bekehrung ausgerichtet ist. Und diejenigen Traditionen, die als Teil des Initiationsprozesses die Säuglingstaufe praktizieren, bewahren ein lebendiges Zeugnis der initiierenden Berufung und Gnade Gottes, die nach übereinstimmender Auffassung der Kirchen die menschliche Antwort erst ermöglichen; und diese Traditionen bringen wirkungsvoll die gemeinsame Überzeugung zum Ausdruck, dass Säuglinge und Kinder in der Gemeinschaft der Kirche Christi unterwiesen und aufgenommen werden sollten, bevor sie ein ausdrückliches Bekenntnis ablegen können.«[261]

So kann der Bericht der Gemeinsamen Arbeitsgruppe vorschlagen, dass jede Kirche, selbst wenn sie ihre eigene Tauftradition beibehält, »in anderen die eine Taufe in Jesus Christus anerkennt, indem sie die Ähnlichkeiten des breiteren Rahmens der Initiation und Auferbauung in Christus bekräftigt, die in jeder Gemeinschaft gegenwärtig sind.«[262]

Hier soll zumindest als Frage angeschlossen werden, ob hinsichtlich der gemeinsamen Abendmahlsfeier in Analogie verfahren und gewertet werden könnte. Lutheraner und Mennoniten haben bereits festgestellt, dass die Feier des Abendmahls zulasse, unterschiedliche Akzente im Erleben des Empfangs und in der menschlichen Antwort auf diese göttliche Gabe zu setzen: »Sündenvergebung, Feier der Gegenwart Christi, Gedenken der Heilstaten Gottes, Gemeinschaftsmahl und endzeitliche Hoffnung gehören zusammen und dürfen nicht als Alternativen einander gegenübergestellt werden, selbst wenn sie in den jeweiligen Traditionen unterschiedlich wahrgenommen und betont werden.«[263] Damit folgen diese Dialogpartner bereits einer Hermeneutik, die weder die vollständige Übereinstimmung in der Lehre, noch die Betonung der einzelnen Aspekte voraussetzt, um sich gegenseitig als Teilnehmende »anzuerkennen« und sich gegenseitig zum Abendmahl einzuladen (eucharistische Gastbereitschaft).

III.7 Das hinreichende Kriterium der Schriftgemäßheit zur Kirchengemeinschaft evangelischer Kirchen

Dass diese Konvergenzen auch im direkten Gespräch mit Kirchen der täuferischen Tradition bereits geprüft werden, illustriert der ausführliche Gesprächsgang zwischen der Gemeinschaft Evangelischer Kirchen in Europa (GEKE, ehemals Leuenberger Kirchengemeinschaft) und

---

[261] A.a.O., 53.
[262] A.a.O., 54.
[263] Gemeinsame Erklärung der lutherisch-mennonitischen Gesprächskommission, a.a.O., 177.

der Europäischen Baptisten Föderation (EBF).[264] Die GEKE hatte 2001 in Belfast beschlossen, mit Vertretern der baptistischen Bünde Europas einen theologischen Dialog über die Taufe zu führen, auch über »andere Themen, die ›als Hindernis auf dem Weg zur Kirchengemeinschaft erachtet werden‹.«[265]

Für die Kirchen der GEKE ist die Einheit der Kirchengemeinschaft gegeben, »sobald die Verkündigung des Wortes und die Verwaltung der Sakramente als evangeliumsgemäß wechselseitig anerkannt werden. Ist dies der Fall, muss die Kirchengemeinschaft erklärt werden und die Gemeinschaften erkennen sich wechselseitig als wahre Verwirklichung der einen Kirche Jesu Christi an.«[266] Diese evangelische Gemeinschaft von Kirchen verlangt also nicht die Anerkennung einer fremden Tauflehre, wohl aber die Anerkennung, dass die je andere Lehre auch »evangeliumsgemäß« ist, entsprechend dem *sola scriptura*-Prinzip. Dieses Kriterium ist, wie wir oben sahen, auch für Mennoniten das Maßgebliche. Folgten die Kirchen der täuferischen Tradition der Methodik von »Leuenberg«, dann ist die entscheidende Frage folglich, ob die Säuglingstaufe, wie sie in den anderen Kirchen der Reformation vollzogen wird, beanspruchen kann, *auch* evangeliumsgemäß zu sein.

Auch das Gespräch zwischen GEKE und EBF konzentriert sich auf das Prozesshafte christlicher Initiation:

---

[264] *(Gemeinschaft Evangelischer Kirchen in Europa, GEKE:)* Dialog zwischen der Europäischen Baptistischen Föderation (EBF) und der GEKE zur Lehre und Praxis der Taufe. Dialogue between the Community of Protestant Churches in Europe (CPCE) and the European Baptist Federation (EBF) on the Doctrine and Practice of Baptism. Leuenberger Texte Heft 9, hg. von *Wilhelm Hüffmeier* und *Tony Peck*, Frankfurt/M.: Lembeck 2005. Bleibende Unterschiede von baptistischer Seite werden dargelegt von *Paul S. Fiddes*, in: a.a.O., 211f. Vgl. Zur Position der Baptisten auch: *ders.*, Baptism and the Process of Christian Initiation, in: Ecumenical Review (ER) 54/1 2002, 48–65; *Kim Strübind*, Baptistische Unbotmäßigkeit als notwendiges ökumenisches Ärgernis. Ist eine Verständigung in der Tauffrage möglich?, in: *Lena Lybaek, Konrad Raiser, Stefanie Schardien* (Hg.), Gemeinschaft der Kirchen und gesellschaftliche Verantwortung, FS für Erich Geldbach, Münster: Lit 2004, 20–30.

[265] *(Leuenberger Kirchengemeinschaft:)* Versöhnte Verschiedenheit – der Auftrag der evangelischen Kirchen in Europa. Texte der 5. Vollversammlung der Leuenberger Kirchengemeinschaft in Belfast, 19.–25.Juni 2001, hg. von *Wilhelm Hüffmeier* und *Christine-Ruth Müller*, Frankfurt/M.: Lembeck 2003, 281–292. Vgl. hierzu auch die Darstellungen der bilateralen Dialoge mit Baptisten in: *Kerner*, Gläubigentaufe und Säuglingstaufe, a.a.O., Baptistisch-Reformierter Dialog 1977, 26–42, Baptistisch-Lutherischer Dialog 1990, 62–76, Waldenser/Methodisten und Baptisten in Italien 1990, 77–86.

[266] Dialog zwischen EBF und GEKE, a.a.O., 47.

»So ist die Taufe das Zeichen und das zentrale Ereignis der Initiation oder der Anfang des christlichen Lebens, jedoch nicht das Ganze des Anfangs. Die Initiation ist nicht vollkommen, wenn die Taufe nicht durch die Buße und eine anfängliche christliche ›Nahrung‹ (Unterweisung) begleitet wird, bis der Punkt erreicht wird, an dem ein Mensch Gott sein dankbares ›Ja‹ sagen kann, an dem er zum Dienst in der Welt verpflichtet wird und zum ersten Mal am Abendmahl teilnimmt.«[267]

Der Fokus dieses Prozesses bleibt freilich das eigentliche Taufgeschehen und die beteiligten Kirchen fragen folgerichtig, ob es möglich sein könnte, »die verschiedenen Formen der Taufe an verschiedenen Punkten innerhalb eines gemeinsam verstandenen Prozesses der christlichen Initiation einzuordnen.«[268] – Ergänzend wäre zu fragen, ob eine solche Interpretation von allen als als »evangeliumsgemäß« anerkannt werden kann, bleibt dies doch die entscheidende Prüffrage, aus der sich die Anerkennung dann folgerichtig ergeben müsste.

In diesem Gespräch blieben Baptisten allerdings dabei, dass sie sich »durch ihr Verständnis der biblischen Zeugnisse dazu verpflichtet« fühlen, »nur die Taufe von gläubigen Jüngern als evangeliumsgemäß zu praktizieren.« – Damit ist aber im Grunde noch keine Aussage getroffen, ob die Säuglingstaufe der anderen nicht auch »evangeliumsgemäß« sein *kann* und man dennoch bei der eigenen traditionellen *Praxis* der Erwachsenentaufe bleibt, weil dies als das »deutlichste« Zeugnis erkannt wurde. Hier konnte es (noch) nicht zu einer Erklärung kommen, dass man in Zukunft stets auf die »Wiedertaufe« verzichten würde. Das sei insbesondere dann der Fall, wenn auf eine Säuglingstaufe keine christliche Unterweisung gefolgt sei.[269] – Im Grunde müssten auch die anderen Kirchen in solchen Fällen sagen, dass sie eine solche Taufe dann zumindest als einen unvollständigen Initiationsprozess betrachten. Wenn aber hier gemeinsam von einem unvollständigen Initiations-Prozess gesprochen werden kann, dann dürfte das gerade nicht zur Folge haben, erneut den Wasser-Ritus vollziehen zu wollen, sondern vielmehr, dass sich das Bemühen der Gemeinschaft der Gläubigen auf die noch ausstehenden Aspekte zur Vervollkommnung der Initiation zu richten hätten.[270] Insofern ist die Argumentation der Baptisten hier wenig überzeugend.

Für die Kirchen der GEKE, insbesondere aber für Lutheraner, stellt sich hier noch eine generelle Verantwortung im Blick auf die frühen

---

[267] A.a.O., 41.
[268] A.a.O., 50.
[269] Vgl. a.a.O., 49.
[270] Anders bei dem Baptisten McClendon, der die Säuglingstaufe zwar als defizitär einstuft, die schlicht einer »Reparatur« bedarf, der aber an der nochmaligen Taufe beim Konfessionswechsel eines bereits Getauften festhält. *James W. McClendon*, Doctrine: Systematic Theology Vol. 2, Nashville/TN: Abingdon 1994.

Verdammungen der Täufer. Wenn sie am Ende dieses Gesprächsgangs sagen, dass die Verwerfungen der *Confessio Augustana* die heutigen Baptisten nicht treffen, »mit Ausnahme von der in CA 9 ausgesprochenen« (»Derhalben werden die Wiedertäufer verworfen, welche lehren, dass die Kindertaufe nicht recht sei«),[271] dann sagen sie nicht nur, dass sie die Wiederholung der Taufe als nicht evangeliumsgemäß erachten (was ökumenischer Konsens ist, s.o.), sondern dass sie *die Personen*, die solches lehren und nicht etwa nur deren Lehre »verdammen« (*damnant anabaptistas*). Das lässt sich weder ethisch vertreten (folgt man der grundlegenden augustinischen Unterscheidung von Person und Werk, dann kann womöglich eine Lehre »verdammt« werden, nicht aber eine Person), noch findet hier der ökumenische Fortschritt seinen Niederschlag, dass man bereits verstanden habe, inwiefern Baptisten meinen, mit ihrer Taufpraxis nicht gegen das Wiederholungsverbot zu verstoßen. Diese Frage ist von lutherischer Seite bzw. der GEKE insgesamt zu klären.

III.8 Von der Divergenz zur Konvergenz: das Sakramentsverständnis

Mennoniten hatten vor der gegenseitigen Taufanerkennung in Magdeburg 2007 angemahnt, dass durch die Festlegung der Taufe auf den Begriff »Sakrament« von vorn herein alle Kirchen mit nicht-sakramentalem Taufverständnis ausgeschlossen seien. Damit verweisen sie auf ein Problem, dass bisher auch in den Diskussionen des ÖRK als bleibende Differenz festgehalten ist. Zwar hatten die Konvergenzerklärungen von Lima betont, dass alle Kirchen die Dimensionen von Gnade und Glaube als wesentlich für die Taufe erachten, doch das »heiße Eisen«, »ob die Taufe selbst Gnade ›wirkt‹ oder erste ethische Antwort des Bekehrten ist« blieb offen, urteilt André Birmelé.[272]

Wirkt das Zeichen auch, was es anzeigt? Die neueste Ekklesiologie-Studie des ÖRK fragt, ob die geschichtliche Entwicklung der Begriffe »Anordnung« (engl. *ordinance*) und »Sakrament« tatsächlich so different ist, da beide als Umschreibung jenes Aktes verstanden werden könnten, durch den Menschen neues Leben in Christus erlangen.[273] Hier ersetzen die Begriffe »Zeichen« und »Werkzeug« den traditionellen Sprachgebrauch von »Symbol« und »Sakrament«.[274]

Zu prüfen ist also, ob die entsprechenden Deutungsgehalte, die mit dem Terminus Sakrament »transportiert« werden, bei den *non-sacra-*

---

271 A.a.O., 50, und CA Art. IX.
272 Vgl. *André Birmelé*, Die Taufe in den ökumenischen Dialogen – Baptism in Ecumenical Dialogues, in: Dialog zwischen der Europäischen Baptistischen Föderation (EBF) und der GEKE zur Lehre und Praxis der Taufe, 52–103, hier: 56.
273 Wesen und Auftrag der Kirche, a.a.O., 77.
274 Vgl. a.a.O., Kommentare nach 47 und nach 77.

mental[275] Kirchen der täuferischen Tradition womöglich anders zur Sprache gebracht werden. Davon hängt ab, ob in dieser Frage eine tatsächliche Divergenz festzustellen ist oder ob es zu konvergierenden Formulierungen kommen kann.[276]

Mit dem Hinweis auf die augustinische Interpretation *accedat verbum ad elementum et fit sacramentum*[277] wird im lutherisch-mennonitischen Gespräch die Divergenz so festgehalten: Lutheraner verwenden für diese Zeichen göttlichen Handelns den Begriff »Sakrament«, denn Sakramente seien sichtbares Wort Gottes und wollten zum Glauben helfen und ihn stärken. »Mennonitische Christen dagegen vermeiden diese Bezeichnung, da sie ein magisches Missverständnis befürchten.«[278] Und doch habe sich bei Mennoniten »durch ein vertieftes Verständnis von Kommunikation [...] die Bereitschaft erhöht, zu verstehen, was ›Sakrament‹ meint, ohne dass dieser Begriff Eingang in ihren Sprachgebrauch gefunden hat.« – Mennoniten werden das »Besondere« der Taufe genauer erklären müssen, wenn sie die verschiedenen Bedeutungsgehalte der Taufe, die auch sie aus den Zeugnissen des Neuen Testaments erheben, zusammenhalten wollen.

Lutheraner und Mennoniten bekennen gemeinsam, dass Taufe und Abendmahl »Zeichen des göttlichen Gnadenhandelns« sind: »Zuspruch der Sündenvergebung und Zusage des gegenwärtigen Christus in der Kraft des Heiligen Geistes.« Durch das gepredigte Wort und die mit dem Wort verbundenen Handlungen von Taufe und Abendmahl spreche Gott die Menschen ganzheitlich an und bewege sie zu einem Leben in Glaube und Nachfolge. – Sollte damit hinreichend beschrieben sein, was ein Sakrament *meint*, dann läge hier bereits eine mögliche Formulierung zur Konvergenz vor, an der zukünftig keine gegenseitige Taufanerkennung scheitern muss. Die bleibende Differenz läge

---

[275] Vgl. zum Begriff und zu den Kennzeichen einer »Kirche der Gläubigen«: *Donald F. Durnbaugh*, The Believers' Church: The History and Character of Radical Protestantism, New York: Macmillan 1968, 2nd ed.: Scottdale/PA: Herald Press 1985. Vgl. zum Sakramentsverständnis der Täufer auch: *John Rempel*, The Lord's Supper in Anabaptism. A Study in the Christology of Balthasar Hubmaier, Pilgram Marpeck and Dirk Philips, Studies in Anabaptist and Mennonite History 33, Waterloo/ON: Herald Press 1993.
[276] Vgl. hierzu auch Martin Hailers Darstellung und Diskussion des Sakramentsbegriffs bei Wolfhart Pannenberg und Jürgen Moltmann, in: *Hailer*, Taufanerkennung bei bleibend unterschiedlicher Lehre?, a.a.O., 176ff.
[277] »Wenn das Wort zum äußerlichen Ding hinzu kommt, so wird es ein Sakrament.« Aurelius Augustinus, Tractat Ioh 80, 3 bezieht sich auf Joh 15,3: »Ihr seid schon rein durch das Wort, das ich zu euch gesagt habe«. Dann zitiert im Großen Katechismus Luthers, in: BSLK, 694, 709 und in den Schmalkaldischen Artikeln, in: BSLK, 449f.
[278] Gemeinsame Erklärung der lutherisch-mennonitischen Gesprächskommission, a.a.O., 163.

dann allein in dem historisch hoch belasteten Sprachgebrauch, der frühere Streitigkeiten und die daraus erfolgten Trennungen stets mit transportiert und die Konvergenz *in der Sache* unnötig behindert.

Exemplarisch sei erinnert an das Marburger Gespräch von 1529 zwischen Luther und Zwingli.[279] In der *gemeinsamen* Ablehnung eines »magischen« Sakramentsverständnisses gegenüber der mittelalterlichen Kirche wollte Luther doch unbedingt festhalten, dass die Gabe Gottes im Sakrament nicht vom Glauben abhänge, auch wenn diese Gabe nur im Glauben empfangen werden könne.[280] Zwingli hingegen, dem ursprünglichen Lehrer vieler Täufer in der Schweiz,[281] wollte mit seiner Unterscheidung zwischen »äußeren Zeichen« und »inneren (geistlichen) Gaben« hervorheben, dass nicht die Elemente selbst Träger der Heilsgabe seien, sondern Zeichen des in Christus *schon verwirklichten* Heils. Und dieses Heil werde allein im Glauben angenommen.[282] Wenn diese wirkmächtige Differenz aus dem 16. Jahrhundert heute, hervorgerufen durch ein neues gegenseitiges Verstehen in einem völlig anderen historischen Kontext, Niederschlag finden kann in neuen, konvergierenden Sprachformen, dann muss die steile These von Edmund Schlink (s.o.) revidiert werden. Und dann ist der Gebrauch des Begriffs »Sakrament« allein keine hinreichende Begründung mehr für die Verweigerung der gegenseitigen Anerkennung der Taufe, zumal wenn deutlich wird, dass führende Täufer im 16. Jahrhundert selbst diesen Sprachgebrauch bewusst noch pflegten, wie Menno Simons[283] oder Pilgram Marpeck, der gar explizit für die Beibehaltung des Begriffs »Sakrament« argumentierte.[284]

---

[279] Das Marburger Religionsgespräch 1529, hg. von *Gerhard May*, Texte zur Kirchen- und Theologiegeschichte Bd. 13, Gütersloh: Gütersloher und Mohn 1970. Vgl zum Verständnis: *Martin Friedrich*, Von Marburg bis Leuenberg: Der lutherisch-reformierte Gegensatz und seine Überwindung, Waltrop: Spenner 1999.

[280] Vgl. zum Taufverständnis bei Luther: *Albrecht Peters*, Die Taufe. Das Abendmahl. Kommentar zu Luthers Katechismen Bd. IV, Göttingen: Vandenhoeck & Ruprecht 1993.

[281] *John H. Yoder*, Täufertum und Reformation in der Schweiz I., Die Gespräche zwischen Täufern und Reformatoren 1523–1538. Schriftenreihe des Mennonitischen Geschichtsvereins (zit. MGV) Nr. 6, Karlsruhe: MGV 1962.

[282] Vgl. die Darstellung bei *Birmelé*, Die Taufe in den ökumenischen Dialogen, 62. Vgl. *Huldrych Zwingli*, Gesammelte Werke, Zürich: Theologischer Verlag 1959, Bd. 3, 757f.

[283] Vgl. *Menno Simons*, Klare Beantwortung einer Schrift des Gellius Faber, in: Die vollständigen Werke Menno Simons, übersetzt aus dem Holländischen, Funk-Ausgabe 1876, Aylmer/ON: Pathway 1982, 120.

[284] Vgl. hierzu *Andrea M. Dalton*, A Sacramental Believers Church. Pilgram Marpeck and the (Un)mediated Presence of God, in: *Abe Dueck, Helmut Harder, Karl Koop* (eds.), New Perspectives in Believers Church Ecclesiology, Winnipeg/Manitoba: Canadian Mennonite University Press 2010, 223–236. Vgl. hierzu

Diese Frage bedarf allerdings eines weiteren, eingehenden gemeinsamen Studiums, wenn echte theologische Differenzen nicht leichtfertig durch neue Worthülsen verschleiert werden sollen, die keinen Klärungsgewinn in sich tragen.[285] **Klar bleibt nämlich auch: Das »mennonitische Verständnis von Christi Einsetzungen« ist nicht einfach »identisch mit dem, was die Lutheraner als Sakrament bezeichnen.«**[286] – Als hilfreich könnte sich hier der Vorschlag von Birmelé erweisen, der den Begriff der *promissio* als Hilfe vorschlägt, um die Kluft zwischen »kausativem« und »kognitivem« Taufverständnis zu überwinden.[287]

III.9 Das Kohärenzargument: noch einmal die Frage nach der gegenseitigen Anerkennung als Kirche

Folgt aus der gegenseitigen Anerkennung der Taufe auch zwingend die gegenseitige Anerkennung als Kirche? Diese Frage mag nun die Konfessionen beschäftigen, die in Magdeburg die Taufanerkennung ausgesprochen haben. Im Blick auf die täuferischen Kirchen in ihrem Verhältnis zu anderen Kirchen der Reformation stellt sich die Frage anders: Wenn sich verschiedene Konfessionen gegenseitig als Kirche anerkennen, ist dann die gegenseitige Anerkennung der Taufe bzw. des Getauftseins in Christus eines Einzelnen nicht bereits impliziert? Negativ formuliert: Bedeutet die Verweigerung einer in einer anderen Konfession vollzogenen Taufe nicht zwangsläufig auch die Verweigerung der gegenseitigen Anerkennung als Kirche? Der Bericht der Gemeinsamen Arbeitsgruppe formuliert präziser, dass »zu den grundlegenden Problemen, die gelöst werden müssen, wenn die Divergenzen zur Säuglingstaufe überwunden werden sollen, die Fragen nach dem Wesen und dem Zweck der Kirche und ihrer Rolle im Heilswerk gehören.«[288] Über diese Frage nach den ekklesiologischen Implikationen muss, wie oben bereits angedeutet und in Santiago de Compostela eindrücklich im Rahmen einer zu entwickelnden »Taufekklesiologie« beschrieben, nun noch gesondert nachgedacht werden, wenn eine Kohä-

---

auch die kursorische Darstellung in: *Hans-Jürgen Goertz*, Täufergeschichtliche Aspekte zur Taufe, in: Mennonitische Geschichtsblätter 66. Jg., 2009, 7–30.
[285] Der internationale römisch-katholisch-mennonitische Dialog kommt in der Frage nach dem Sakramentsbegriff zu einer ähnlichen Aufgabenstellung: »Es wäre von Nutzen, zusätzlich die Beziehungen zwischen dem katholischen Verständnis der Sakramente und dem mennonitischen Verständnis der Ordnungen zu diskutieren, um weiter zu ermitteln, wo zusätzliche bezeichnende Konvergenzen und Divergenzen liegen können.«, Bericht über den Internationalen Dialog zwischen der Katholischen Kirche und der Mennonitischen Weltkonferenz, a.a.O., 101 (§ 144).
[286] Bericht des Dialogs zwischen Lutheranern und Mennoniten in Frankreich, a.a.O., 143.
[287] Vgl. *Birmelé*, Die Taufe in den ökumenischen Dialogen, a.a.O., 65.
[288] Ekklesiologische und ökumenische Implikationen einer gemeinsamen Taufe, a.a.O., 57.

renz in den eigenen theologischen Auffassungen wie auch in ökumenischen Erklärungen angestrebt wird.

»Die Kirche ist bestrebt, eine Gemeinschaft zu sein, die in treuer
Nachfolge Christi steht, die in Kontinuität mit der apostolischen Gemeinschaft lebt, die durch die eine Taufe begründet ist, die nicht zu
trennen ist von Glaube und Metanoia,«[289] so konnte die Gemeinschaft
der Kirchen in Santiago de Compostela (1993) formulieren. Im bilateralen Gespräch sagen Lutheraner und Mennoniten gemeinsam, »die
Taufe ist das einzige Sakrament oder die einzige Ordnung, durch die
Menschen Glieder der Kirche werden.«[290] Sie sagen freilich auch, dass
»das persönliche Engagement« notwendig sei, »um ein Glied des Leibes Christi zu sein.« Damit ist die Einzigartigkeit wie die Unwiederholbarkeit der Taufe begründet und der Prozesscharakter eines umfassenderen Taufgeschehens angezeigt. Diese Feststellung schließt aus,
dass jemand auf andere Weise als durch die Taufe Glied der Kirche
sein kann. Daraus folgt aber doch, dass die Anerkennung des Getauftseins in einer anderen Konfession Bedingung ist für die Möglichkeit,
diese Person als Glied der einen, universalen Kirche Jesu Christi anzusehen. Wird sie als Glied der Kirche gesehen, dann muss auch ihre
Taufe als »gültig« anerkannt werden. Umgekehrt gilt: wird das Getauftsein der Person nicht anerkannt, dann ist damit auch das Kirchesein der anderen Konfession in Frage gestellt, denn wie könnte sie
Kirche Jesu Christi sein, wenn sie keine (gültig) getauften Mitglieder
hat? Die gegenseitige Anerkennung als Kirche und die Anerkennung
der Taufe bedingen sich gegenseitig.

Lutheraner und Mennoniten erkennen sich heute bereits gegenseitig als
Kirche an. Das war nicht immer so. Zahlreiche Täufergemeinden des
16. Jahrhunderts konnten offensichtlich das Modell der »Volkskirche«
und die Geltung obrigkeitlicher Autorität in der Kirche nicht akzeptieren, weil sie diese nicht in Einklang zu bringen vermochten mit der
Form jener Kirche, die sie im Neuen Testament zu finden meinten.[291]
Und die Säuglingstaufe war die stärkste Illustration der historisch gewachsenen Abhängigkeit zwischen Kirche und Staat.[292] Auf der anderen Seite verurteilten die lutherischen Kirchen die Tauf- und Gemein-
depraxis der Täufer scharf, ja verdammten die Personen, die solches

---

[289] Santiago de Compostela, a.a.O., 231.
[290] Bericht des Verbindungskomitees der Evangelisch-Lutherischen Kirche in
Amerika und der Mennonitischen Kirche USA, a.a.O., 190.
[291] Vgl. Brüderliche Vereinigung. Siehe auch die anderen Quellen in: *Walter
Klaassen* (ed.), Anabaptism in Outline. Selected Primary Sources, Kitchener: Herald Press 1981, V. The Church, 101–117.
[292] Vgl. *Walter Klaassen*, The Rise of the Baptims of Adult Believers in Swiss
Anabaptism, in: *ders.*, (ed.), Anabaptism Revisited: Essays on Anabaptist / Mennonite Studies in Honor of C. J. Dyck, Scottdale/PA: Herald Press 1992, 85–97.

vertraten (CA 9, s.o.). Diese Differenzen von damals werden heute als Divergenzen beschrieben:»während sich die einen für eine bekennende Kirche mit strenger Disziplin und Unabhängigkeit gegenüber dem Staat einsetzen, betonen die andern eine pluralistische Kirche, oft an den Staat gebunden, aber aufgebaut durch das Wort und die Sakramente.«[293] Konvergierend können Lutheraner und Mennoniten heute formulieren, dass die Kirche »das Zeichen der Gegenwart Christi unter den Menschen ist.«[294] In ihrem Gemeindeleben versuche die Kirche, der Welt das Modell einer geschwisterlichen Gesellschaft darzustellen, in der die Liebe herrscht, die bis zur Gütergemeinschaft führen könne. Kirche sei berufen, Gerechtigkeit und Frieden in der Gesellschaft zu fördern. »Damit kündigt sie das kommende Reich an und stellt unmissverständliche Zeichen auf. Dies ist ihre prophetische Funktion.«[295] Bei aller »partnerschaftlichen Zusammenarbeit« sei darum eine kritische Haltung dem Staat gegenüber nötig, damit die Kirche ihren prophetischen und diakonischen Dienst erfüllen könne. Hierin sind sich Lutheraner und Mennoniten »im Wesentlichen« einig.[296] »Wir sind damit einverstanden, die Kirche als ein Aktionsfeld des Heiligen Geistes zu verstehen im Blick auf die Heiligung seiner Mitglieder. Die Kirche ist nicht vollkommen, sie bleibt im ›Werden‹. Die Teilhabe am Leib Christi und die Beteiligung am Leben einer Gemeinde gehören für beide Kirchen zusammen.«[297] – Verglichen mit den scharfen Differenzen im 16. Jahrhundert sind somit heute sehr weitreichende Konvergenzen im Kirchenverständnis ausformuliert. Entsprechend müssten dann auch die polemischen Überfrachtungen der jeweils anderen Taufverständnisse aus dem 16. Jahrhundert aufgegeben werden. Die Säuglingstaufe ist kein Beleg mehr für die enge Verbindung zwischen Staat und Kirche, wie auch die Erwachsenentaufe mitnichten eine demonstrative Aufkündigung der gesellschaftlichen Einheit darstellen will, sie ist keine Verneinung der Gnade Gottes, oder Zeichen der Hybris im Glauben und in der Nachfolge.

Wenn beide Konfessionen darüber hinaus gemeinsam formulieren: »wir wissen uns überall und immer als Mitglieder der ›Gemeinschaft der Heiligen‹,«[298] dann ist hiermit das gemeinsame Bewusstsein für die Universalität der Kirche ausgesprochen, das die eigenen konfessionellen, lokalen und zeitlichen Grenzen überschreitet. Die traditionellen

---

[293] Bericht des Dialogs zwischen Lutheranern und Mennoniten in Frankreich, a.a.O., 148.
[294] A.a.O., 143.
[295] A.a.O., 144.
[296] Vgl. Gemeinsame Erklärung der lutherisch-mennonitischen Gesprächskommission, a.a.O., 162.
[297] A.a.O., 161.
[298] Bericht des Dialogs zwischen Lutheranern und Mennoniten in Frankreich, a.a.O., 144.

Lehrunterschiede werden ausdrücklich nicht mehr als kirchentrennend angesehen, »weil die durch Berufung übertragenen Dienste und Ämter gegenseitig anerkannt werden und weil gegenseitig respektiert wird, was die jeweiligen Partner als Anliegen ihres Taufverständnisses entfalten.«[299] Mennoniten sagen in ihrer Stellungnahme, dass sie in den weiterhin bestehenden Unterschieden, »besonders in der jeweiligen Auffassung über die Bedeutung der Taufe«, keinen Grund sehen, »einander vor Gott geistliche Gemeinschaft und gegenseitige Anerkennung als Kirche Jesu Christi zu verweigern.«[300]

Somit folgen diese Kirchen der Reformation der Einsicht, dass die Einheit der Kirche Christi nicht hergestellt werden kann, sondern *entdeckt* werden muss. Das erkannten auch die Gesprächspartner des Dialogs zwischen der GEKE und den Baptisten und formulieren eindeutig: »Trotz unserer Unterschiede in der Auslegung erkennen wir die Gegenwart der wahren Kirche Jesu Christi untereinander an.«[301] – Dies aber setzt m.E. die volle Anerkennung *des Getauftseins* der Mitglieder in der jeweils anderen Konfession voraus, wenn die eigene theologische Argumentation kohärent bleiben will. Ist die gegenseitige Anerkennung als Kirche erst formuliert, müsste es demnach im Grunde nicht mehr um die Frage gehen, *ob* auch die Taufe anerkannt werden kann, sondern allein um die Frage, *wie* das geschehen kann bei divergierenden Tauflehren.

III.10 Ertrag: Wie das gegenseitige Anerkennen des Getauftseins möglich wird

Aus diesen Beobachtungen bisheriger bi- und multilateraler ökumenischer Gespräche lassen sich zusammenfassend folgende Schlüsse ziehen:

(a) Das gemeinsame Verständnis der Taufe als umfassendes Initiationsgeschehen
Eine vollständige Übereinstimmung in der Lehre ist nicht Voraussetzung für die gegenseitige Anerkennung der Taufe. Daher steht für die Kirchen der täuferischen Tradition lediglich die Frage zur Diskussion, ob *das Getauftsein* eines Christen nach dem Ritus der Säuglingstaufe anerkannt werden kann. Kriterium zur Beantwortung ist die Schriftgemäßheit. Wenn anerkannt wird, dass – nach der Schrift – der Wasser-Ritus nur als *ein* Teil des umfassenderen Initiationsgeschehens der Taufe angesehen wird, zu dem *notwendig* das persönliche Glaubens-

---

[299] Gemeinsame Erklärung der lutherisch-mennonitischen Gesprächskommission, a.a.O., 168.
[300] A.a.O., 177.
[301] Dialog zwischen EBF und GEKE, a.a.O., 47.

bekenntnis hinzutritt, dann ist die Voraussetzung zur (gegenseitigen) Taufanerkennung gegeben.

(b) Komplementarität in der Lehre
Sollten die Konfessionen in den bisher divergierenden und konvergierenden Taufverständnissen tatsächlich eine Komplementarität in den Lehren erkennen können, weil so die verschiedenen, konstitutiven und evangeliumsgemäßen Aspekte der Taufe erkennbar werden, dann ist das gegenseitige Anerkennen des Getauftseins möglich. Die wesentlichen Aspekte der Taufe können auch weiterhin unterschiedlich betont und hervorgehoben werden. Unter Rückgriff auf Überlegungen in den Konvergenztexten von Lima entwickelt S. Mark Heim eine hilfreiche Differenzierung zwischen dem, was interne Überzeugung einer Konfession ist, und dem, was zur Anerkennung der Taufe von anderen Konfessionen erwartet wird.[302] Wird dieser Differenzierung gefolgt, dann ergeben sich hier unterschiedliche, gegenseitige Erwartungen der Dialogpartner: Von Kirchen der täuferischen Tradition müsste erwartet werden, dass sie den Vollzug einer Säuglingstaufe dann als gültig anerkennen, wenn diese alle wesentlichen Elemente einer Taufhandlung beinhaltet. Statt einer Wiederholung des Wasser-Ritus müsste sie auf die Notwendigkeit des späteren persönlichen Glaubensbekenntnisses verweisen. Von den Kirchen, die die Säuglingstaufe praktizieren, müsste erwartet werden können, dass sie von Kirchen der täuferischen Tradition nicht die Anerkennung der Säuglingstaufe schlechthin verlangen, sondern die Anerkennung des »Getauftseins«, wenn diesem jeweils das persönliche Glaubensbekenntnis gefolgt ist.

(c) Konvergenz in der Sprache
Sollte in den kommenden Begegnungen eine Sprachform gefunden werden können, die die Deutungsgehalte dessen, was in anderen Traditionen mit »Sakrament« bezeichnet wird, so zum Ausdruck bringt, dass auch Kirchen der täuferischen Tradition dem zustimmen können, ohne befürchten zu müssen, einfach in ein fremdes Sakramentsverständnis »aufgesogen« zu werden, dann würde dies ein wirkungsgeschichtlich mächtiges Hindernis in der »Anerkennung der Taufe« beseitigen.

(d) Kohärenz in der eigenen Lehre
Würden die Konfessionen die bereits erreichten Konvergenzen und den Konsens in Fragen der Ekklesiologie gemeinsam auf die Frage der

---

302 Vgl. *S. Mark Heim*, Baptismal Recognition and the Baptist Churches, in: *Michael Root* and *Risto Saarinen* (eds.), Baptism and the Unity of the Church, Institute for Ecumenical Research Strasbourg, France, Grand Rapids / MI: Eerdmans and Geneva: WCC 1998, 150–163.

Taufanerkennung übertragen, dann müsste das zur gegenseitigen Anerkennung der Taufe führen, um der Kohärenz in der der theologischen
Lehre und des eigenen Taufverständnisses willen.

(e) Keine Relativierung der eigenen Tradition
Daraus folgt nicht notwendig die Aufgabe der eigenen Taufpraktiken
oder die zusätzliche Aufnahme einer fremden Praxis. Kirchen der täuferischen Tradition müssen nicht die Säuglingstaufe »an sich« anerkennen, sie müssen auch nicht die Betonung des für sie so wichtigen
Bekenntnisses des Glaubens in der Taufe unterminieren und müssen
ihr damit korrespondierendes ekklesiologisches Verständnis nicht zu-
rücknehmen. Kirchen mit Säuglingstaufe müssen nicht die Praxis der
Säuglingstaufe aufgeben und können mit dem Verzicht auf die »Wiedertaufe« durch Kirchen täuferischer Tradition rechnen.

Wenn die anderen Kirchen der täuferischen Tradition dieser Argumentation folgen und die angedeuteten Konsequenzen ziehen, dann werden
sie in den jetzt zu führenden ökumenischen Gesprächen wichtige Fragen an die anderen zu stellen haben:
Mit welchen theologischen Argumenten können Kirchen, die gegenseitig die Taufe vollständig anerkennen, wie in Magdeburg 2007 geschehen, vertreten, dass sie sich gegenseitig nicht vollständig als Kirchen anerkennen und nicht gemeinsam das Abendmahl feiern?
Wie können Kirchen, die die Säuglingstaufe praktizieren, dem grundlegenden Aspekt des persönlichen Glaubensbekenntnisses und der
Teilnahme am Leben der Gemeinde mehr Aufmerksamkeit schenken,
wenn sie diese als elementare Aspekte des gesamten Initiationsprozesses des Taufgeschehens interpretieren?
Wie lässt sich rechtfertigen, dass Kirchen Mennoniten oder Baptisten
als rechtmäßig Getaufte anerkennen und in nach wie vor gültigen Bekenntnistexten derselben Kirchen Personen (!) der täuferischen Tradition »verdammt« werden?

So viel klarer die ökumenische Sachlage hinsichtlich der gegenseitigen
Anerkennung der Taufe jetzt erscheinen mag, so sei doch eine gewisse
Relativierung am Ende angezeigt. Ob es letztlich zu einer »gegenseitigen Anerkennung der Taufe« bzw. des Getauftseins der anderen kommen kann, das wird von weit mehr abhängen als allein von Klärungen
der theologischen Lehre. Dietrich Ritschl hat eben diese Realität zu
erfassen versucht mit dem Begriff der »trans-intellektuellen Hermeneutik des Vertrauens.« Voraussetzung ist, dass in der ökumenischen
Interpretationsgemeinschaft ein Bewusstsein der Zusammengehörigkeit, der Solidarität und des gemeinsamen »Haushalts« entsteht. »Hier
hat die Lehre nicht das letzte Wort, geschweige denn das Kirchenrecht,
auch letztlich nicht Fragen des Lebensstils und der religiösen Sitten.
Aber hier ist ein die Differenzen der Texte umrandender Rahmen,

der in der postmodernen Philosophie keinen beschreibbaren Ort und Inhalt hat.«[303] Ritschl meint, wer zu anderen Kirchengemeinschaften sagen könne: ›Bei Euch ist auch der *Christus praesens*‹, der steht auch in der intellektuell verantworteten Analyse und Vergleichung von Texten in einem anderen Rahmen als jener »ökumenische Interpret«, dem es einzig auf den verbalen Konsens ankomme. So versucht Ritschl, den für die Ökumene im 21. Jahrhundert notwendigen »horizontalen Vertrauensvorschuss« zu beschreiben, »den sich die noch nicht zu Partnern gewordenen Gruppen und Konfessionen leisten können und müssen, weil sie letztlich darin Gott zutrauen, die intellektuell schwer oder kaum zu überbrückenden Differenzen zwischen ihnen gnädig zu umfassen.«[304] – Eben diese Erkenntnis liegt m.E. auch der paulinischen »Mahnrede« des Epheserbriefes zugrunde, die im Blick auf die Einheit der Kirche davon spricht, ihrer Berufung würdig zu leben.

IV. Missionarische Ökumene

Eine getrennte Kirche verschiedener Konfessionen steht der Glaubwürdigkeit ihres Zeugnisses im Wege – so die Erkenntnis in der frühen Phase der neuzeitlichen ökumenischen Bewegung. Demnach ist nach dem ökumenischen Bewährungsfeld der Mission zu fragen. Wie stellt sich diese Bewährung im Horizont der weltweiten Kirche Jesu Christi dar? Welches Verständnis von Mission kann dabei zugrunde gelegt werden? Diese Fragen sind im Folgenden zu erläutern und anhand einiger Konkretionen zu überprüfen.

Kirche als Ereignis: Mission im Blick auf die weltweite Kirche[305]

Wenn hier der Frage nach Mission im Blick auf die ökumenische Gemeinschaft der weltweiten Kirche nachgegangen werden soll, dann ist zumindest eine Perspektive immer schon enthalten: nicht primär die kulturell und kontextuell vorgegebene Perspektive, der wir ebenso wenig entkommen, sondern die konfessionelle. Aus der Perspektive der römisch-katholischen Tradition stünde zunächst sicherlich die römisch-katholische Kirche selbst, die ihrem Selbstverständnis nach Weltkirche

---

[303] *Ritschl*, Theorie und Konkretionen in der Ökumenischen Theologie, a.a.O., 57.
[304] A.a.O., 57.
[305] Bearbeitete Fassung des Beitrags: Fernando Enns, Kirche als Ereignis: Mission im Blick auf die Kirche weltweit, in: Zeitschrift für Mission 3/2002, Frankfurt/M.: Lembeck, 206–220 (engl. Church as Event: Mission as an Essential Mark of the Global Church, in: Mission Focus. Annual Review 2003, Vol. 11, Elkhart/ Indiana, 136–148).

ist, als primärer Erfahrungs- und Reflexionsbezug zur Verfügung.[306] Fragte man hingegen Vertreter charismatischer oder pentekostaler Prägung, dann wäre als primärer Erfahrungshorizont eher eine nicht institutionalisierte kirchliche Wirklichkeit vor Augen.[307] Befragt man dagegen einen Vertreter einer historischen protestantischen Kirche, die Gründungsmitglied des Ökumenischen Rates der Kirchen (ÖRK) ist, dann ergibt sich eben diese institutionalisierte Ausformung der weltweiten ökumenischen Bewegung als primärer Wirklichkeitsbezug der weltweiten Kirche. Das muss nicht heißen, dass die Reflexion auf diesen Bezug beschränkt bleiben darf, aber es ist sinnvoll, sich dieser Perspektivität bewusst zu sein, um nicht die eigenen, erfahrenen Bezüge absolut zu setzen und die weltweite Kirche leichtfertig auf den eigenen Horizont beschränken zu wollen. Die weltweite Kirche ist mehr als Rom, mehr als Genf,[308] sicherlich auch mehr als Lausanne[309] oder die weltweit wachsende charismatische und pentekostale Bewegung.

Wenn die Frage nach der Mission im Blick auf die weltweite Kirche hier im Rahmen des weiter gefassten Reflexionsrahmens »Mission als Wesensmerkmal der Kirche« gestellt wird,[310] dann ist damit außerdem ganz grundsätzlich nach Identität gefragt: sowohl nach der Identität von Kirche, hier in ihrer weltweiten Wirklichkeit, als auch nach der Mission; zusätzlich ist dann auch nach der Verhältnisbestimmung zwischen diesen beiden Identitäten gefragt. Damit ist die Aufgabe für diesen Beitrag beschrieben: der erste Teil stellt eine theologische Reflexion zu diesen Identitätsfragen bereit, in einem zweiten Schritt sollen sodann einige exemplarische Konkretionen zur Illustration dienen.

[306] Vgl. *(Sekretariat der Deutschen Bischofskonferenz:)* Allen Völkern Sein Heil. Die Mission der Weltkirche, 23. Sept. 2004, Die Deutschen Bischöfe Bd. 76, Bonn: Sekretariat der Dt. Bischofskonferenz 2004.
[307] Vgl. *Michael Bergunder* und *Jörg Haustein* (Hg.), Migration und Identität. Pfingstlich-charismatische Migrationsgemeinden in Deutschland, Beiheft der Zeitschrift für Mission 8, Frankfurt/M.: Lembeck 2006. Siehe hierzu auch: *Alexander F. Gemeinhardt* (Hg.), Die Pfingstbewegung als ökumenische Herausforderung, Bensheimer Hefte 103, Göttingen: Vandenhoeck & Ruprecht 2005.
[308] Genf ist der Hauptsitz des Ökumenischen Rates der Kirchen.
[309] Die evangelikal ausgerichtete Lausanner Bewegung ist benannt nach dem ersten Internationalen Kongress für Weltevangelisation 1974, der in Lausanne stattfand. Sie stellte die Evangelisation in den Vordergrund und grenzte sich bewusst ab von der Missionsbewegung innerhalb des ÖRK. Vgl. *Lausanner Bewegung Deutschland* (Hg.), Die Lausanner Verpflichtung (1974), Stuttgart ⁵2000. Weitere Dokumente in: Making Christ known. Historic Mission Documents from the Lausanne Movement, 1974–1989, ed. by *John Stott*, Grand Rapids/MI: Eerdmans 1997.
[310] Thema der Jahrestagung der Deutschen Gesellschaft für Missionswissenschaft, Bad Urach, 12.–14. September 2001, bei der der vorliegende Beitrag zunächst als Vortrag gehalten wurde.

IV.1 Das Verhältnis von Mission und Ökumene

IV.1.1 Die weltweite Gemeinschaft der Kirche als *una, sancta, catholica et apostolica*

Zuerst sei also die Frage nach der Identität, der Wesensbestimmung der weltweiten Kirche gestellt. In nahezu allen historischen christlichen Kirchen gilt das ökumenische Bekenntnis von Nicäa-Konstantinopel (381), in dem die Kirche bekannt wird als die »*una, sancta, catholica* et *apostolica*«.[311] Werden diese Wesensmerkmale nicht im normativen Sinne verstanden, sondern deskriptiv, dann *ist* die weltweite Kirche die eine, heilige, katholische und apostolische Kirche. Darüber herrscht Konsens. Diese vier Wesensmerkmale sollen im Weiteren als »Attribute« (*notae ecclesiae*) der Kirche bezeichnet werden, um hiervon jene konfessionell spezifischen und daher variierenden Wesensmerkmale der Kirche zu differenzieren. Diese beschreiben die Identität der sichtbaren Kirche und sind daher als *notae externae* zu bezeichnen (in der lutherischen Tradition beispielsweise laut *Confessio Augustana*, Art.VII: die rechte Kirche ist dort, »bei welchen das Evangelium rein gepredigt und die heiligen Sakrament laut des Evangelii gereicht werden«)[312]. Diese *notae externae* bezeichnen wie hier als »Kennzeichen« der Kirche. Innerhalb der *notae externae* ist dann weiter zwischen solchen zu differenzieren, denen konstitutiver Charakter zueignet und jenen, die hinzutreten *können*. Diese sollen hier als »Merkmale« der Kirche bezeichnet werden. – Was ist also gemeint, wenn von der Mission als einem Wesensmerkmal der Kirche gesprochen wird? Ein notwendiges *Attribut*, ein *Kennzeichen* der sichtbaren Kirche oder ein *Merkmal*, das hinzutreten kann? Von der Beantwortung dieser Frage hängt ab, ob der Mission ein konstitutiver und wesensmäßiger Charakter für die Identität der weltweiten Kirche zugeschrieben werden soll.

Äußere *Kennzeichen* und nicht-konstitutive *Merkmale* können nicht unabhängig von den vier *Attributen* definiert werden, das ergibt sich schon aus dieser Differenzierung. Im Blick auf die Kirche weltweit lässt sich die Aufgabe der Identitätsbeschreibung dann so formulieren: jede in Raum und Zeit existierende, spezifisch konfessionelle und kontextuelle Ausprägung von Kirche wird an den vier Attributen *una, sancta, catholica et apostolica* zu messen sein. Dies gilt dann naturgemäß auch für die weltweite Gemeinschaft von Kirche.

[311] Symbolum Nicaenum, in: Die Bekenntnisschriften der evangelisch-lutherischen Kirche (zit. BSLK), Göttingen: Vandenhoeck & Ruprecht [12]1998, 27. Auch wenn dieses Bekenntnis nicht überall explizit Verwendung findet, wie in den Traditionen der *non-credal-churches*, so teilen sie doch ausdrücklich das Nizäno-Constantinopolitanum und haben sich nie davon distanziert.
[312] Die Augsburgische Konfession. Confessio oder Bekenntnus des Glaubens etlicher Fürsten und Städte uberantwortet Kaiserlicher Majestat zu Augsburg Anno 1530 (zit. CA), in: BSLK, 31–137, Art. VII. Von der Kirche, 61.

(a) una ecclesia

Die weltweite Kirche ist »eine«. Damit ist gesagt, dass die Kirche Jesu Christi unteilbar ist. Ihre Einheit ist als Attribut vorgegeben, weil sie das eine Bekenntnis zu Jesus Christus eint. Es gibt dann im Grunde keine theologische Legitimation für eine Rede von Kirche im Plural. Damit ist aber keineswegs schon gesagt, dass sie auch uniform gestaltet sein muss. Auch ist nicht notwendigerweise eine institutionalisierte Vereinigung aller Konfessionen impliziert, sondern schlicht ihr Einssein in Christus festgestellt.

(b) catholica ecclesia

Hinzu kommt die Katholizität der Kirche. Die eine Kirche ist allumfassend, sie ist die universale Kirche als Gemeinschaft der Partikularkirchen. Die theologische Legitimation dieser Rede ist im Inkarnationsgeschehen selbst vorgegeben: Das Universale verwirklicht sich im Partikularen, wodurch das Partikulare gerade nicht aufgelöst ist, sondern als Teil des Universalen sichtbar und erfahrbar wird. So inkarniert, inkulturiert sich das Evangelium in unterschiedlichen Kontexten und bringt daher auch je neue Gestalten von Kirche hervor. Dies wurde durch den Studienprozess des ÖRK zu »Evangelium und Kultur« seit der Vollversammlung in Canberra breit dokumentiert,[313] der in der XI. Weltmissionskonferenz in Salvador da Bahia 1996 zur der Feststellung führte: »Die Kirche muss an zwei Realitäten festhalten: sie ist anders als die Kultur, in die sie hineingestellt ist, und sie ist zugleich in sie eingebunden. So wird das Evangelium weder von einer Kultur vereinnahmt noch von ihr entfremdet, sondern sie fordern sich beide gegenseitig heraus und erhellen einander.«[314] Dies ist kein Widerspruch zur Katholizität der Kirche, sondern gerade ihre Begründung. Wie sonst könnte legitim von einer *Gemeinschaft* im Blick auf die weltweite Kirche gesprochen werden?

(c) sancta ecclesia

Die weltweite Kirche ist eine *communio sacramentalis*, denn die Verwirklichung einer solchen Gemeinschaft ist nicht zuerst ein Konstrukt christlicher Dogmatik und Theologie, sondern eine Erfahrung (der »geglaubten« Kirche), die ihren primären Ort in der Doxologie des

---

[313] Vgl. *(Ökumenischer Rat der Kirchen:)* Gospel and Culture, Pamphlets 1–18, Geneva: WCC 1994–1997.

[314] Zu einer Hoffnung berufen. Das Evangelium in verschiedenen Kulturen. Elfte Konferenz für Weltmission und Evangelisation in Salvador da Bahia 1996, hg. von *Klaus Schäfer*, Frankfurt/M.: Lembeck 1999, darin: Botschaft der Konferenz, 117; außerdem: *Musimbi R. A. Kanyoro*, Zu einer Hoffnung berufen – Das Evangelium in verschiedenen Kulturen, in: a.a.O., 205–223. Zur Einordnung der Weltmissionskonferenz siehe *Fernando Enns*, Vom Paukenschlag in Canberra zu den vielen Trommeln in Salvador. Der Versuch einer historischen und theologischen Einordnung der XI. Weltmissionskonferenz des ÖRK in Salvador da Bahia/Brasilien 1996, in: a.a.O., 52–61.

Gottesdienstes hat und die in der Feier der Sakramente ihren genuinen Ausdruck findet. Hier finden demnach »geglaubte« und »erfahrene« Kirche (s.u.) ihren primären Berührungspunkt, streben aufeinander zu. In der ökumenischen Diskussion wird die Eucharistie als Ursprung der *communio*, der *koinonia* interpretiert, einer Gemeinschaft des Teilens, denn hier – in der Eucharistie – wird die Gemeinschaft mit Vater, Sohn und Heiligem Geist zur Erfahrung der an ihr Partizipierenden.[315] Und in der Taufe kommt das Wesen dieser Gemeinschaft beispielhaft zum Ausdruck als einer Gemeinschaft, in der es keine Diskriminierung geben kann aufgrund von Geschlecht, Alter, Rasse, Kultur, sozialem und wirtschaftlichem Hintergrund, wenn denn Taufe Ausdruck der »neuen Kreatur« ist, der gnädigen Annahme und Würdigung des Menschen durch Gott in Christus.[316]

(d) apostolica ecclesia
Kontinuität und Integrität der weltweiten Kirche ergeben sich aus ihrem apostolischen Glauben. Das Attribut der Apostolizität beinhaltet bleibende Kennzeichen, wie die Bezeugung des Glaubens und die Verkündigung des Evangeliums, die Feier des Gottesdienstes, die Weitergabe der Amtsverantwortung, die konkrete Lebensgemeinschaft der Glaubenden und den Dienst in der Welt. »Eine apostolische Gemeinschaft zu sein bedeutet, eine mit Jesus gleichzeitige Gemeinschaft zu sein, die dort anzutreffen ist, wo Jesus ist«, die sich also in seinem Namen versammelt und sich durch seine Geschichte ausgerichtet weiß.[317] Daraus erwächst ihr Nachfolge-, Zeugnis- und Dienstcharakter. – Christine Lienemann-Perrin sieht in dem Attribut der Apostolizität die Einheit von Mission und Dialog begründet: »Zusammen verkörpern Mission und Dialog die *Apostolizität* der Kirche in ihrer doppelten Bedeutung von Rückbindung an das Glaubensvermächtnis der Apostel *und* Begegnung mit Menschen anderen Glaubens im Vollzug der Sendung.«[318] Kirche lebt ihren Glauben in der Nachfolge Jesu und verleiht ihrem Zeugnis in der Diakonie Glaubwürdigkeit.

---

315 Vgl. *(Ökumenischer Rat der Kirchen, Kommission für Glauben und Kirchenverfassung:)* Das Wesen und die Bestimmung der Kirche. Ein Schritt auf dem Weg zu einer gemeinsamen Auffassung, hg. von *Dagmar Heller*, Studiendokument, Faith &Order Paper 181, Frankfurt/M.: Lembeck 2000, 28–30. Vgl. hierzu auch: *Michael Welker*, Was geht vor beim Abendmahl?, Stuttgart: Quell 1999.
316 Vgl. Das Wesen und die Bestimmung der Kirche, a.a.O. 26–28. Vgl. hierzu auch *Erich Geldbach*, Taufe. Ökumenische Studienhefte 5, Bensheimer Hefte 79, Göttingen: Vandenhoeck & Ruprecht 1996.
317 Santiago de Compostela 1993. Fünfte Weltkonferenz für Glauben und Kirchenverfassung, hg. von Günther Gassmann und Dagmar Heller, Beiheft zur ÖR 67, Frankfurt/M.: Lembeck 1994, 228.
318 *Christine Lienemann-Perrin*, Mission und interreligiöser Dialog. Ökumenische Studienhefte 11, Bensheimer Hefte 93. Göttingen: Vandenhoeck & Ruprecht 1999, 177.

In diesem Sinne können wir nun sagen, dass die weltweite Kirche Jesu Christi die eine, gemeinschaftlich bekennende (*una*), feiernd Grenzen überschreitende (*sancta*), ökumenische (*catholica*) und ihren Glauben in der Nachfolge Jesu lebende (*apostolica*) Kirche ist.

IV.1.2 Mission im Blick auf die *una, sancta, catholica et apostolica ecclesia*

Von hier aus lässt sich nun fragen, was Mission im Blick auf diese weltweite Kirche Jesu Christi als gemeinschaftlich bekennende, feiernd Grenzen überschreitende, ökumenische und im Glauben nachfolgende Kirche ist. Die Mission war vor der Ökumene im Sinne der weltweiten Kirche! Lange bevor über einen institutionalisierten Ausdruck der theologischen Einsicht von der Einheit der Kirche nachgedacht wurde, erkannte die Mission diese Notwendigkeit und lieferte die entscheidenden Impulse für eine ökumenische Gestaltung des Lebens der weltweiten Kirche. Die geschichtliche Entwicklung der ökumenischen Bewegung und ihr Hervorgehen aus der Missionsbewegung wird hier als bekannt vorausgesetzt.[319] Exemplarisch sei aber auf jenen geschichtlichen, institutionalisierenden Vorgang verwiesen, an dessen Motivation diese theologische Einsicht demonstriert werden kann: Die Integration des Internationalen Missionsrates und des ÖRK 1961 in New Delhi.[320] Dietrich Werner benennt vier Motive für diesen Schritt:[321]

a. Die prinzipielle Unterscheidung zwischen Jungen Kirchen und Mutterkirchen, zwischen Missionskirchen und missionierenden Kirchen, sollte aufgegeben werden zugunsten eines Modells der gleichberechtigten Partnerschaft. Das »klassisch einseitige Schema von Sender- und Empfänger-Rolle in der Weltmission war somit gebrochen.« Dieser Schritt beruht letztlich auf der Einsicht in die Einheit der Kirche, der *una ecclesia*. Daraus ging dann auch ein strukturalistisches Mandat für die Gestaltung der Beziehungen hervor.

b. Die Konsequenz aus der theologischen Einsicht in die Gleichberechtigung von missionarischem und einheitsbezogenem Anliegen in-

---

[319] Vgl. hierzu die betreffenden Beiträge in: *Karl Müller* und *Theo Sundermeier* (Hg.), Lexikon missionstheologischer Grundbegriffe, Berlin: Reimer 1987. Siehe auch: *Dietrich Ritschl / Werner Ustorf*, Ökumenische Theologie – Missionswissenschaft, Grundkurs Theologie 10,2, Stuttgart u.a.: Kohlhammer 1994.

[320] Siehe hierzu *Dietrich Werner*, Mission für das Leben – Mission im Kontext. Ökumenische Perspektiven missionarischer Präsenz in der Diskussion des ÖRK 1961–1991, Ökumenische Studien 3, Rothenburg: Ernst-Lange-Institut 1993. Vgl. auch *Max Warren*, The Fusion of IMC and WCC at New Delhi, Occasional Bulletin of Missionary Research, July 1979.

[321] Vgl. *Dietrich Werner*, Integration von Kirche und Mission. Ökumenische Erinnerung, missionarische Verpflichtung und unerledigte Aufgaben, in: ÖR 3/1998, 306–314.

nerhalb der ökumenischen Bewegung (Rolle 1951),[322] also die Untrennbarkeit von Kirche und Mission (vgl. den berühmt gewordenen Satz von Johannes Christiaan Hoekendijk: die Kirche *hat* nicht eine Mission, sondern *ist* als Ganze missionarisch, oder sie ist eben nicht Kirche).[323]
c. Das kirchenkritische Mandat: Willem A. Visser ´t Hooft, der erste Generalsekretär des ÖRK meinte bereits, es gehe nicht darum, die Mission zu verkirchlichen, sondern darum, die Kirche für die Mission zu mobilisieren. Dahinter verbirgt sich die Einsicht, dass »die missionarische Verantwortung sich von keinem anderen Aspekt in Leben und Lehre der Kirche trennen lässt«.[324] Enthalten war hierin die klare Hoffnung auf Erneuerung der weltweiten Kirche.
d. Das missionskritische Mandat: Die Erkenntnis, dass die Glaubwürdigkeit der Kirchen, ihr Bekenntnis und Zeugnis durch die Trennungen der Kirchen geschwächt war. Wenn die Gemeinschaft der weltweiten Kirche nicht als die *una catholica* sichtbar wird, dann kann ihre Mission kaum überzeugend sein.

Somit folgte man einer weitgehenden Identifizierung von Mission und weltweiter Kirche (Gemeinschaft von Kirchen). Folgen wir dieser Einsicht, dann lässt sich eine erste Antwort auf unsere Frage so formulieren: Mission im Blick auf die weltweite Kirche ist gemeinschaftliches Bekenntnis, Grenzen überschreitende Feier, Ökumene und solidarische Nachfolge. Damit ist allerdings nicht gesagt, das Mission und Kirche Synonyme wären, sondern die weitgehende Identifizierung ist näher qualifiziert: Mission ist Kirche im Vollzug dessen, was die attributive Bestimmung der Kirche aussagt. Dann aber ist Mission nicht einfach ein Attribut der Kirche, sondern sie ist das Ereignis Kirche.
Negativ formuliert: Wo keine Mission ist, da ist auch keine Kirche. Die Umkehrung des Satzes, wo keine Kirche ist, da ist auch keine Mission, gilt deshalb allerdings noch nicht! Denn ebenso, wie die Mission vor der Ökumene war, ist die Mission im Sinne der *missio Dei*[325] vor

---

[322] *(Ökumenischer Rat der Kirchen:)* Rolle 1951. Berufung der Kirche zu Mission und Einheit, in: Ökumenische Dokumente. Quellenstücke über die Einheit der Kirche, Göttingen: Vandenhoeck & Ruprecht 1962, 113–120.
[323] *Johannes Christiaan Hoekendijk*, Die Zukunft der Kirche und die Kirche der Zukunft, Stuttgart/Berlin: Kreuz ²1965.
[324] Neu Delhi 1961. Dokumentarbericht über die dritte Vollversammlung des ÖRK, hg. von *Willem A. Visser ´t Hooft*, Stuttgart: Ev. Missionsverlag 1962.
[325] Den Begriff »*Missio Dei*« führte der Basler Missionsdirektor Karl Hartenstein bei der Weltmissionskonferenz in Willingen 1952 ein, vgl. Missions Under The Cross. Addresses delivered at the Enlarged Meeting of the Committee of the International Missionary Council at Willingen, in Germany, 1952, ed. by *Norman Goodall*, London: Edinburgh House Press 1953. Der Begriff fand daraufhin schnell Verbreitung, vor allem durch *Georg F. Vicedom*, Missio Dei. Einführung in eine Theologie der Mission, München: Kaiser 1958. Allerdings wurde der Be-

der Kirche. Deshalb ist Mission mehr als ein Attribut (Wesensmerk-mal) der Kirche oder die Summe der Attribute der Kirche.

Im Blick auf die Verhältnisbestimmung zu anderen Religionen wird das plausibel: Auf der V. Vollversammlung des ÖRK in Nairobi 1975 wurde die bisher in ihrer Aussagekraft kaum übertroffene Einsicht festgehalten: »Wir erreichen zwar keinen Konsens darüber, ob und in welcher Weise Christus in anderen Religionen gegenwärtig ist, aber wir glauben, dass Gott sich in keiner Generation und in keiner Gesell-schaft unbezeugt gelassen hat. Und wir können auch nicht die Mög-lichkeit ausschließen, dass Gott von außerhalb der Kirche zu Christen spricht.«[326]
Aus diesen zwei Sätzen folgt, dass Mission nicht nur immer schon vor der Kirche war, sondern auch den weiteren Erfahrungshorizont der Gottesbegegnung beschreibt. Die weltweite Kirche findet demnach ihre Identität erst innerhalb der Mission Gottes, nicht umgekehrt.

Damit sind Aussagen getroffen über das Wesen der Kirche, das Wesen der Mission und ihre Verhältnisbestimmung zueinander. Es ist aber noch nicht gesagt, was die Mission *der* weltweiten Kirche ist, denn wir haben bisher sowohl von Kirche, als auch von Mission nur gesprochen im Sinne eines *opus Dei*, nicht aber im Sinne eines *opus hominum*, das davon kategorial zu unterscheiden ist.[327] »Mission ist menschlicher Dienst, aber nicht menschliches Werk«, sagt Ferdinand Hahn in seiner Auslegung zu Mt 28.[328] Von dieser Mission im Sinne eines menschli-chen Dienstes soll nun im Folgenden die Rede sein, sowie von der weltweiten Kirche, nicht wie wir sie idealtypisch glauben und bisher beschrieben haben, sondern wie wir sie erfahren. Denn die weltweite Kirche ist nicht nur ein theologisches Bekenntnis, dass sich attributiv beschreiben lässt im Sinne der Offenbarung, sondern sie wird gleich-zeitig erfahren als eine weltweite Gemeinde mit »Flecken und Run-zeln« (Eph 5:27).

---

griff sehr unterschiedlich verwendet. Vgl. *Theo Sundermeier*, Art. »Theologie der Mission«, in: *Müller/Sundermeier*, Lexikon missionstheologischer Grundbegriffe, a.a.O., 470–495, hier 475. Vgl. außerdem: *(Evangelisches Missionswerk in Deutsch-land, EMW:)* Missio Dei heute. Zur Aktualität eines missionstheologischen Schlüsselbegriffs, Red. durch *Klaus Schäfer*, Hamburg: EMW (und Evangelische Kirche in Kurhessen-Waldeck) 2003.
[326] Bericht aus Nairobi 75. Offizieller Bericht der fünften Vollversammlung des ÖRK, hg. von *Hanfried Krüger* und *Walter Müller-Römheld*, Frankfurt/M.: Lem-beck 1976, 9.
[327] Vgl. zu dieser Unterscheidung Martin Luther, WA 6, 213, 14 (Sermon von den guten Werken, 1520).
[328] *Ferdinand Hahn*, Mission in neutestamentlicher Sicht. Missionswissenschaft-liche Forschungen Neue Folge Bd. 8, Erlangen: Erlanger Verlag für Mission und Ökumene 1999, 25.

IV.1.3 Die Differenz von erfahrener und geglaubter weltweiter Kirche

Unser Bekenntnis sagt, dass Kirche tatsächlich *una, sancta, catholica* et *apostolica* ist, denn sie ist ja nicht ein Werk ihrer Glieder, nicht abhängig vom Tun oder Lassen in der Ökumene. Und doch wird die weltweite Kirche oft ganz anders erfahren: als mangelhaftes, institutionell versteinertes Museumsstück, in dem von dem gemeinschaftlichen Bekenntnis zuweilen wenig zu spüren ist. Die gemeinsamen Gottesdienstfeiern können zur Zerreißprobe werden, weil wir nicht einmal die uns eigentlich verbindende Eucharistie miteinander zu teilen im Stande sind. Auch können wir uns kaum darüber verständigen, welche Elemente und Ausdruckformen denn legitim wären. Sind die traditionellen orthodoxen Liturgien angemessener als die so lebendigen kulturellen Elemente, die in vielen jungen Kirchen in die Liturgie inkulturiert wurden?[329] Die weltweite Gemeinschaft der Kirchen gestaltet sich tatsächlich nicht ökumenisch, wenn manche Konfessionen die anderen immer noch nicht als Kirche im vollen Sinne anerkennen. Dies gilt nicht nur im konfessionellen Sinne, sondern auch im Blick auf die umfassende Bedeutung des Wortes *oikoumene*, des »gesamten bewohnten Erdkreises«. Selbst im ethischen Bereich, wo zum Wohle dieses »Erdkreises« eine umfassende Solidarität mit den Armen und Entrechteten, auch mit der Natur so dringend erforderlich wäre, kann die Kirche als weltweite Gemeinschaft von Kirchen selten genug überzeugen, weil ihr die Eindeutigkeit fehlt.

Diese Erfahrung von weltweiter Kirche ist ebenso real wie das Bekenntnis der Kirche als *una, sancta, catholica* et *apostolica* wahr ist. Hilfreich ist daher die Unterscheidung zwischen »geglaubter« und »erfahrener« Kirche, wie sie Wolfgang Huber schon vor Jahren vorgeschlagen hat.[330] Die erfahrene Kirche ist die real existierende in ihrer jeweiligen geschichtlichen Gestalt. Die geglaubte ist die mit den vier Attributen bekannte. Immer wieder bleibt die erfahrene Kirche von der geglaubten in Frage gestellt, zu der sie aber berufen ist. Hierin drückt sich eine Spannung aus, denn die Verheißung, Kirche Jesu Christi zu sein ist gerade dieser mangelhaften, erfahrenen Kirche gegeben. Ohne die Berücksichtigung dieser Spannung lassen sich keine angemessenen ekklesiologischen Aussagen machen, denn entweder würden wir ein idealisiertes Bild von der geglaubten Kirche zeichnen, das uns der Realität dieser Welt (und damit gerade der Nöte und Ängste vieler Menschen) weit enthebt, oder wir ließen uns vorschnell auf die real existierende Kirche mit all ihren Sachzwängen und Rahmenbedingungen reduzieren und verlören dabei jeden Blick für die Möglichkeiten

---

[329] Vgl. hierzu *Fernando Enns*, Der Ökumenische Rat in Bewegung, in: Die Orthodoxen im Ökumenischen Rat der Kirchen, hg. von *Dagmar Heller* und *Barbara Rudolph*, Beiheft zur ÖR 74, Frankfurt: Lembeck 2004, 134–146.
[330] Vgl. *Wolfgang Huber*, Kirche, München: Kaiser Verlag 1988, 32ff.

zur Erneuerung der Kirche, aufgrund der ihr zugesagten Verheißungen. Gerade die Energie dieser Spannung zwischen erfahrener und geglaubter Kirche ist die Bedingung der Möglichkeit, von der Kirche als *ecclesia semper reformanda* zu sprechen. Wird diese Spannung zur einen oder anderen Seite aufgelöst, dann verliert Kirche jene Energie, die zu ihrer beständigen Erneuerung notwendig ist, um die Kirche zu werden, zu der sie berufen ist.

IV.1.4 Mission als *opus hominum* ist die *ecclesia semper reformanda*

Zu fragen ist nun, was diese Überlegungen im Blick auf die Mission als *opus hominum*, als »menschliches Werk«, austragen. Wie kann der Dienst der Kirche beschrieben werden unter Berücksichtigung der beschriebenen Spannung von geglaubter und erfahrener Kirche?

Wenn wir oben sagten, dass Mission nicht einfach ein Attribut der Kirche ist, sondern die Kirche im Vollzug dessen, wozu sie berufen ist, also Kirche als Ereignis, dann ist nun zu prüfen, ob dies auch und gerade im Blick auf die erfahrene Kirche gilt. Mission wäre dann geradezu ein Ausdruck dieses Spannungsverhältnisses von geglaubter und erfahrener Kirche. Mission der erfahrenen Kirche weiß von der größeren *missio Dei*, die sie bezeugen will, weil ihr die Verheißung der geglaubten Kirche gewiss ist, einer weltweiten Gemeinschaft als Kirche Jesu Christi, die gemeinschaftlich bekennt, feiernd Grenzen überschreitet, ökumenisch gestaltet ist und nachfolgend Solidarität übt. Mission ist das ständige Bestreben, diese Verheißung erfahrbar werden zu lassen. Dabei hat sie stets die konkrete, geschichtliche Existenz in Raum und Zeit vor Augen, nicht nur der erfahrenen Kirche, sondern aller Kreatur. Mit dieser will sie zu der Verwirklichung der Verheißung hin, will als Kirche werden, was ihre Berufung ist und will somit auch der Welt dazu verhelfen, zu werden, was sie schon ist, nämlich eine mit Gott versöhnte. Insofern bezeichnet Mission als menschlicher Dienst eben genau jene Energie, die der Kirche aus dieser Spannung erwächst.

Der Dienst der Kirche an der größeren *missio Dei* besteht demnach darin, tatsächlich Kirche zu sein. Das mag zunächst eher bescheiden klingen, und ist es doch ganz und gar nicht. Es ist vielmehr die größte Herausforderung der Kirche: tatsächlich bekennende, feiernde, ökumenische und solidarische Kirche zu sein. Das ist ihre eigentliche Mission. Davon hängt ihre Glaubwürdigkeit ab, von dem Aushalten der Spannung zwischen irdischer Wirklichkeit und geglaubter Wahrheit, von der Suche und dem Bemühen um die Verwirklichung des wahren Kircheseins. Davon hängen auch ihre Zeugniskräftigkeit und ihre Attraktivität ab. Wenn diese Spannung nicht mehr als Spannung wahrgenommen wird, dann kann Kirche auch keinen missionarischen Dienst mehr leisten. Dann ist sie allerdings auch nicht mehr die *semper re-*

formanda, denn dann fehlt ihr jegliche Kraft zu Selbsterneuerung, erst recht zur Erneuerung des »ganzen bewohnten Erdkreises«.

Wenn wir Mission im Blick auf die weltweite Kirche so beschreiben, dann ist auch klar, dass Mission all das ist, was der Kirche hilft, tatsächlich Kirche zu werden im Sinne ihrer Berufung, »Salz der Erde«, »Licht der Welt« zu sein (Mt 5). Und in diesem Sinne ist Mission als *opus hominum* wiederum mehr als eines der äußeren Kennzeichen oder Merkmale der Kirche, sie ist mehr als eine Unterabteilung des ÖRK oder eine Weltmissionskonferenz oder ein weltweit agierendes Missionswerk. Das alles wird weiterhin hilfreich sein, damit die Kirche sich ihrer Mission stets bewusst bleibt und sie gemeinsam, als weltweite Gemeinschaft, reflektiert. Aber man sollte nicht meinen, dass das an sich schon Mission sei, oder dass das schon alles sei im Blick auf Mission. Wenn Kirche diese ihre eigene Mission nicht als Kirche *in via*, Kirche im Werden begreift, dann spiegelt dies schlicht ihr Unvermögen wider, die Energie aus der Spannung zwischen geglaubter und erfahrener Kirche zu schöpfen. Mission als *opus hominum* ist die *ecclesia semper reformanda*.

Diese Einsicht liegt im Wesen des christlichen Bekenntnisses selbst begründet. Ein Blick auf die Anfänge des christlichen Glaubens zeigt, dass diese Suche nach Verwirklichung der eigentlichen Identität von Beginn an präsent war: »Das Christentum hat nicht mit einem fertigen – schon gar nicht mit einem umfassenden – Missionskonzept begonnen, vielmehr hat es seine Identität zwischen jüdischer Glaubensgemeinschaft und paganen Religionen erst suchen müssen, und was es als Ergebnis dieses Suchprozesses formuliert hat, war nicht ein glorreicher Anfang, sondern das Ergebnis einer schweren Geburt«, so Lienemann-Perrin.[331]

IV.2 Konkretionen im Blick auf gegenwärtige Herausforderungen der weltweiten Kirche

Die Tatsache, dass der Zentralausschuss des ÖRK auf seiner Sitzung in Potsdam (2001) beschlossen hatte, für das Jahr 2005 wieder eine Weltmissionskonferenz einzuberufen[332] – was nicht selbstverständlich war – kann als deutliches Signal dafür gewertet werden, dass in der weltweiten Gemeinschaft der Kirche ein Konsens über die konstitutive Rolle der Mission herrscht.[333]

---

331 *Lienemann-Perrin*, Mission und interreligiöser Dialog, a.a.O., 51f.
332 Vgl. World Council of Churches, Central Committee, Minutes of the Meeting, Potsdam 2001, Geneva: WCC 2001.
333 Vgl. hierzu die vielen Stellungnahmen des ÖRK zur Mission, in: *(Ökumenischer Rat der Kirchen:)* »Ihr seid das Licht der Welt«. Missionserklärungen des Ökumenischen Rates der Kirchen von 1980–2005, Genf: ÖRK 2005. Außerdem:

Dietrich Werner fragt angesichts von Stagnation und finanzieller Krisen in den Kirchen, die die Mission zur »Mitgefangenen« mache, ob heute »nicht erneut eine stärkere Selbständigkeit der Mission gefordert und eine größere [...] Eigenständigkeit der Missions- und Partnerschaftsbewegung angestrebt werden müsste.«[334] Es wird auch gesagt, die Vitalität der Mission sei durch die Integration in die Kirche zurück gegangen. Daher wird heute wieder verstärkt nachgedacht über die Gründung von kirchenunabhängigen Stiftungen, Vereinen und Gesellschaften. Das mag notwendig sein, aber dies stellt die theologische Einsicht der Integration nicht in Frage. Es zeigt vielmehr umgekehrt, wie notwendig eine Vergewisserung der Kirche auf ihre Mission ist. Wie Mission letztlich organisiert und verwaltet wird, das wird sicherlich stets neu zu überlegen und auch zu variieren sein. Aber der Missionsbegriff lässt sich gewiss nicht reduzieren auf mehr oder weniger selbständige Missionsabteilungen, wenn wir sagen, dass Mission dort geschieht, wo sich Kirche ereignet. Weder darf das kirchenkritische, noch das missionskritische Mandat aufgeben werden. Die weltweite Kirche kann sich das nicht leisten, ebenso wenig wie eine christliche Mission unabhängig von der weltweiten Kirche im Sinne der *una, sancta, catholica et apostolica* Sinn ergeben würde. Sie verlöre ihre Zielausrichtung.
Im Blick auf die weltweite Kirche (in Gestalt des ÖRK) soll das in drei Konkretionen illustriert werden.

IV.2.1 Globalisierung – »alle Völker«

Mission – oder Kirche als Ereignis – bleibt nicht beschränkt auf eine bestimmte Kultur oder Bevölkerung, sondern zielt ab auf »Globalisierung«, denn Mission wie Kirche sind seit ihren Anfängen auf die ganze *oikoumene* ausgerichtet, nicht mit dem Ziel, einzelne unabhängige Kirchentümer zu schaffen, sondern diese in Gemeinschaft miteinander zu gestalten, nicht uniformierend, sondern plural, immer im Sinne der *una catholica*. Damit stellt die weltweite Kirche als globale Kirche eine alternative Gemeinschaftsform dar, im Gegensatz zu anderen, herrschenden Globalisierungstendenzen. Als ökumenische Gemeinschaft steht sie gerade im Widerspruch zu allen uniformierenden und nivellierenden Tendenzen des entgrenzten, globalisierten Marktes.[335] Der

Joachim Wietzke (Hg.), Mission erklärt. Ökumenische Dokumente von 1972–1992, Leipzig: Ev. Verlagsanstalt, in Zusammenarbeit mit der Deutschen Ev. Missionshilfe 1993.
334 *Werner*, Integration von Kirche und Mission, a.a.O., 311.
335 Vgl. hierzu *Robert Schreiter*, Globalisierung, Postmoderne und die neue Katholizität, in: ÖR 2/2004, 139–159. Ausführlicher entwickelt in: *ders.*, Die neue Katholizität. Globalisierung und die Theologie. Aus dem Amerikanischen übersetzt von *Norbert Hintersteiner* und *Martin Ried*, Frankfurt/M.: IKO-Verlag 1997. Siehe hierzu auch die weiteren Beiträge in ÖR 2/2004 unter dem Gesamtthema »Globalisierung als ekklesiologische Herausforderung der Kirche.«

nordamerikanische Theologe Robert Schreiter bezeichnet dies als
»neue Katholizität« der Kirche.

Der frühere Vorsitzende des Zentralausschusses des ÖRK, Aram I.,
formulierte während der VIII. Vollversammlung des ÖRK in Harare
zutreffend:

»Tatsächlich hat die Studie über Evangelium und Kultur uns geholfen, uns nicht nur
auf die Symbole und Werte unserer Kulturen im Verhältnis zum Evangelium zu
konzentrieren, sondern auch die strukturellen Realitäten in Kulturen zu prüfen, die
die Präsenz des Evangeliums unterdrücken und leugnen. Wir sind nachdrücklich
daran erinnert worden, dass den Kräften des Rassismus, der sozialen, wirtschaftlichen und politischen Ausgrenzung und den destruktiven Auswirkungen der Globalisierung mit dem entschlossenen Zeugnis der Kirchen für die befreiende Botschaft
von Gottes inklusiver und versöhnender Liebe zu allen Menschen und der gesamten
Schöpfung begegnet werden muss. Ich glaube, dass *Globalisierung, Kontextualisierung und Pluralismus* mit all ihren Implikationen für Mission und Evangelisation in den kommenden Jahren weiterhin intensiv untersucht werden müssen.«[336]

Durch die Propagierung eines westlichen Lebensstils werden durch die
dominierend wirtschaftliche Globalisierung genuine Kulturen eingeeb-
net. Die Entgrenzung der Kapitalströme ohne ordnungspolitische Re-
gulierung oder Steuerung stürzen ganze Volkswirtschaften in die Krise. Die Politik wird hier zur Geißel des Marktes, den nur wenige
bestimmen.[337]
Weltweite Kirche als *una catholica* zielt hingegen gerade nicht auf eine Einheitszivilisation. Bereits in der ÖRK-Studie »A Common Understanding and Vision« wurde festgestellt: »die in den letzten Jahrzehnten entstandenen transnationalen und zunehmend auch weltweiten
Strukturen in Kommunikation, Finanzen und Wirtschaft haben eine
besondere Art von globaler Einheit geschaffen.« Der Preis dafür sei
die »zunehmende Zersplitterung von Gesellschaften und die Ausgrenzung immer weiterer Teile der menschlichen Familie. [...] Diese Entwicklung ist [...] eine ernsthafte Gefahr für die Integrität der ökumenischen Bewegung, deren Organisationsformen ein deutlich anderes Be-
ziehungsgeflecht darstellen, das auf Solidarität und Miteinanderteilen,
gegenseitige Rechenschaft und Hilfe zur Selbstbestimmung aufbaut.«[338]

---

336 Gemeinsam auf dem Weg. Offizieller Bericht der Achten Vollversammlung
des ÖRK, Harare 1998, hg. von *Klaus Wilkens*, Frankfurt/M.: Lembeck 1999, Bericht des Vorsitzenden, 85.
337 Vgl. hierzu die Analysen von: *Jörg Hübner*, Globalisierung mit menschlichem Antlitz. Einführung in die Grundfragen globaler Gerechtigkeit, Neukirchen-
Vluyn: Neukirchener 2004. Außerdem die Beiträge in: Kirchlicher Herausgeberkreis Jahrbuch Gerechtigkeit, Reichtum – Macht – Gewalt. Sicherheit in Zeiten der
Globalisierung, Jahrbuch Gerechtigkeit II., Oberursel: Publik-Forum 2006.
338 Auf dem Weg zu einem gemeinsamen Verständnis und einer gemeinsamen
Vision des ÖRK, in: Gemeinsam auf dem Weg, a.a.O., 159–190, 1.8 und 2.9.

Als weltweite Gemeinschaft besitzt die globale Kirche einzigartige Voraussetzungen, diesen Tendenzen zur Marginalisierung einerseits und der gleichzeitigen Uniformierung andererseits zu begegnen, eine globale Sozialgestalt, die auf alternativen Werten basierend Gemeinschaft gestaltet.

Der ÖRK hat sich hinsichtlich der wirtschaftlichen Globalisierung dem Aufruf des Reformierten Weltbundes angeschlossen, »zu einem engagierten Prozess der Erkenntnis, der Aufklärung und des Bekennens (*processus confessionis*).«[339] Hierin gewinnt die Einsicht Gestalt, dass durch die wirtschaftliche Globalisierung das Bekenntnis der einen Kirche berührt ist. Eben dies ist die Mission der Kirche: zu erkennen, dass durch Ausgrenzung und Zerstörung von Leben durch ungerechte Wirtschaftsformen das Bekenntnis der Kirche herausgefordert ist und gleichzeitig sichtbar zu machen, welche Alternativen bzw. flankierenden Maßnahmen notwenig sind.

Aus diesem Grund hat der ÖRK eine »*Ecumenical Advocacy Alliance*« mitbegründet.[340]

»Ökumenische Anwaltschaft ist Ausdruck der prophetischen Stimme der Kirchen. Anwaltschaft ergänzt Solidarität und Wegbegleitung, die wesentliche Elemente des christlichen Dienstes sind. Darüber hinaus spricht sie die Ursachen von Armut, Konflikten und Unrecht an. Durch die Zusammenarbeit in konkreten Anliegen können diejenigen, die in ökumenischen Fürspracheinitiativen engagiert sind, die Beziehungen innerhalb der Gemeinschaft stärken und erweitern.«

Hierin meine ich einen Ausdruck des weltweiten Kircheseins im 21. Jahrhundert zu erkennen, weil der Blick nicht auf die Selbstverwaltung von Mission in der Kirche verengt bleibt, sondern Kirche sich auf ihre Mission, ihren eigentlichen Dienst besinnt: Kirche zu sein.[341]

[339] Empfehlungen der Vollversammlung zur Globalisierung, in: Gemeinsam auf dem Weg, a.a.O., 353. Vgl. auch die Beiträge in Junge Kirche 2/2001 zu »Fair geht vor – eine andere Globalisierung«. Zum Gesamten siehe *H. Russel Botman*, A Cry for Life in a Global Economic Era, in: *Wallace M. Allston Jr.* and *Michael Welker*, Reformed Theology. Identity and Ecumenicity, Grand Rapids/MI: Eerdmans 2003, 375–384, sowie: *Milan Opočenský*, Processus Confessionis, in: a.a.O., 385–397.
[340] »Das Globale Ökumenische Aktionsbündnis ist ein neues und weite Teile der Ökumene einbindendes Netz für internationale Zusammenarbeit. (...) Durch das Bündeln von Mitteln und Erfahrungen der Partner im Netz sollen die prophetische Stimme und die Effizienz des ökumenischen Zeugnisses in aktuellen sozialen, politischen und wirtschaftlichen Fragen gestärkt werden. Viele beteiligen sich bereits: der ÖRK und seine Mitgliedskirchen, regionale ökumenische Organisationen und Gemeinschaften, kirchliche Hilfswerke, spezialisierte Netzwerke im Süden, weltweite christliche Gemeinschaften, internationale ökumenische und römisch-katholische Organisationen.«, in: www.e-alliance.ch (10.9.2005).
[341] Vgl. die Zusammenfassung einiger Ergebnisse in: (*Ökumenischer Rat der Kirchen / Team für Gerechtigkeit, Frieden und Schöpfung:*) Alternative Globali-

IV.2.2 HIV/Aids – »siehe, ich bin bei euch«

Wenn wir uns bei der Frage nach der Mission auf das neutestamentliche Zeugnis des Matthäusevangeliums besinnen, dann werden wir zuerst auf den sog. »Missionsbefehl« (Mt 28) stoßen.[342] Um zu erfahren, was es heißt, »zu Jüngern zu machen« müssen wir den Blick aber ausdehnen auf die zentrale matthäische Aussendungsrede in Mt 10: »Geht aber, predigt und sprecht: Das Himmelreich ist nahe herbei gekommen. Macht Kranke gesund, weckt Tote auf, macht Aussätzige rein, treibt böse Geister aus ...« (V 7–8). Jüngersein heißt demnach zuerst: in einer Bewegung bleiben, die das Angebrochensein des Reiches Gottes bezeugt. Das Reich Gottes ist der hermeneutische Schlüssel für alles Handeln der Kirche. Das Handeln aber ist hier zuerst ein karitatives, das Heilen.

Der zweite Schwerpunkt neben der Herausforderung der Globalisierung, den sich die neu gegründete *Ecumenical Advocacy Alliance* gesetzt hat, ist die Eindämmung der epidemieartigen, Leben und Gemeinschaft zerstörenden Immunschwäche-Krankheit HIV/AIDS.[343] Das Ausmaß dieser Krankheit soll hier nicht im Einzelnen dargestellt werden. Jede und jeder, der in den letzten Jahren ein Land im südlichen Afrika oder in Südostasien besucht hat, dem blieb dies nicht verborgen.[344]

---

sierung im Dienst von Menschen und Erde (AGAPE – *Alternative Globalisation Adressing People and Earth*), Hintergrunddokument, Genf: ÖRK 2005.
[342] Vgl. hierzu die exegetischen Arbeiten von: *Ulrich Luz*, Das Evangelium nach Matthäus (Mt 26–28), Evangelisch-Katholischer Kommentar zum Neuen Testament (EKK) Bd. 1,4, hg. von *Josef Blank*, Düsseldorf/Zürich: Benziger und Neukirchen-Vluyn: Neukirchener 2002.
[343] »The Alliance identified the HIV/AIDS pandemic as one of the gravest challenges to health and also to prospects of social and economic development and global security. HIV/AIDS' impact is a symptom of systematic economic problems such as under-investment in health and unequal access to effective treatment. It is thus a particularly appropriate issue for churches; while governments and private companies need to be involved, churches need to speak out on causes, prevention, treatment and consequences.«, in: www.e-alliance.ch (10.9.2005).
[344] In Zimbabwe berichteten mir Menschen, dass in manchen Gegenden bereits kaum mehr Bäume zu finden seien, weil alles Holz für die Särge der an AIDS Verstorbenen verbraucht seien. Und wenn man jemanden länger nicht gesehen habe, so frage man nicht mehr nach ihm, weil die Antwort bereits klar sei. Firmen bildeten oft mehrere junge Menschen gleichzeitig für eine Stelle aus, weil sie davon ausgingen, dass viele ohnehin bald sterben würden. Siehe hierzu: *(Ökumenischer Rat der Kirchen:)* »AIDS und die Kirchen«. Eine Studie des ÖRK, Red. der dt. Ausg. von *Christoph Benn* und *Tim Kuschnerus*, Frankfurt/M.: Lembeck 1997. Zur Analyse vgl. *Frank Terhorst*, HIV/AIDS-Pandemie. Ihre Auswirkungen auf Entwicklungsländer und die Rolle der Entwicklungszusammenarbeit, INEF-Report 50, Institut für Entwicklung und Frieden, Duisburg: INEF 2001. Neuere Entwicklungen in Afrika dargestellt und interpretiert in: *Ezra Chitando*, Acting in Hope, African Churches and HIV/AIDS 2, Geneva: WCC 2007.

Weltweite Kirche sein heißt hier, dies nicht als ein isoliertes kontextuelles Problem zu beschreiben, sondern wahrzunehmen, dass es der Solidarität der gesamten globalen Gemeinschaft bedarf. Das Netzwerk der Kirchengemeinden ist hervorragend geeignet, die nötige Aufklärungsarbeit zu leisten. Viel zu lange haben Kirchen sich auf moralische Appelle beschränkt, die an der Lebensrealität der Menschen völlig vorbei gingen. Auch der zimbabwische Präsident Mugabe (der seine Schulbildung in Missionen genoss), rief die Kirchen des ÖRK während der VIII. Vollversammlung in Harare dazu auf, den Menschen vor allem Moral zu predigen – in einem Land, in dem bereits jede/r Dritte mit HIV/AIDS infiziert ist. – Womöglich haben die Kirchen zu lange nur die geglaubte Kirche gepredigt und die erfahrene aus dem Blick verloren. Mission stellt sich dem entgegen. Wenn Kirche jetzt eigene Aufklärungskampagnen vor Ort startet und weltweit den gleichberechtigten Zugang zu Medikamenten anstrebt, dann kann sie wieder zur Hoffnungsträgerin werden, dann ereignet sich Kirche.

IV.2.3 Gewalt – »lehret sie halten alles, was ich euch geboten habe«

Als dritte Konkretion soll hier die ökumenische »Dekade zur Überwindung von Gewalt. Kirchen für Frieden und Versöhnung. 2001–2010« dienen, um zu zeigen, wie Mission als Ereignis Kirche, Kirche im Werden, Kirche als *semper reformanda* ist.[345] Ein Blick auf Mt 28 kann auch hier die Wurzelung im biblischen Missionsauftrag verdeutlichen: »lehret sie halten alles, was ich euch geboten habe« (V 20). Matthäus gibt durch die Ortsangabe des Berges (V 16) einen zusätzlichen Hinweis darauf, wo diese Gebote in seinem durch die langen Reden komponierten Evangelium näher expliziert sind: in der »Bergpredigt« (Mt 5–7). Inhalt christlicher Unterweisung ist das *Tun* der besseren Gerechtigkeit. Dass sich die Liebe nicht schon beim Nächsten (in der eigenen Konfession und lokalen Gemeinde) erschöpft, sondern sich Grenzen überschreitend auch auf die anderen, sogar die »Feinde« erstreckt, dass die »zweite Meile« mitzugehen ist, dass das Tötungsverbot im Grunde ein Verzicht auf jede Form von Gewalt meint – das ist zuerst den Jüngern und dann der Kirche Jesu Christi gesagt. Daher ist auch hier ihr Bekenntnis berührt.

Wir sehen heute die Komplexität der unterschiedlichen Gewaltursachen, ihre weltweite Zerstörungsmacht und die Mitschuld der Kirchen daran. Daher hat der ÖRK diese ökumenische Dekade ausgerufen. Nachdem die internationale Eröffnung der Dekade in Berlin und Potsdam (2001) gefeiert wurde, fanden nun in allen Teilen der Welt regionale Workshops statt, bildeten sich Initiativgruppen, wurden Projekte entwickelt

---

[345] Vgl. zur »Dekade zur Überwindung von Gewalt« den Beitrag in dieser Arbeit, Kap B.II.

oder bestehende gestärkt, je in kontextuell geprägter Form, die sich aber als weltweite Gemeinschaft vernetzen wollen. Kirchen weltweit verpflichteten sich für die folgenden zehn Jahre, sich in Erinnerung rufen zu lassen, dass Gewaltüberwindung ins Zentrum ihrer Mission gehört. So kann sich Kirche ereignen und insofern ist es angemessen, dies als Mission zu interpretieren. Die Weltmissionskonferenz 2005 fiel mit der Halbzeit der Dekade zusammen.»In diesem Kontext ist das Amt der Versöhnung ein Konzept, mit dem wir uns beschäftigen müssen, um die Praxis von Mission und Evangelisation zu erneuern.«[346]

Diese drei Konkretionen sollten illustrieren: (1.) Mission ist dort, wo sich Kirche ereignet, (2.) Kirche ereignet sich dort, wo sie bekennende Kirche ist, (3.) bekennende Kirche ist die weltweit solidarische, heilende und Gewalt überwindende Gemeinschaft der Kirchen, weil dies konstitutive Wesensmerkmale (*notae externae*) der *una, sancta, catholica et apostolica ecclesia* sind.

V. Handlungsorientierte Ökumene

Ökumene bewährt sich im gemeinsamen Handeln der Kirche. Trotz vieler Differenzen in der Lehre wie in der Gestalt von Kirche sah sich die Ökumene seit ihren Anfängen stets herausgefordert, das gemeinsame diakonische und sozialethisch bestimmte Handeln dadurch nicht zu vernachlässigen. Zu drängend waren und sind die Nöte betroffener Menschen oder auch der Schöpfung im Allgemeinen, als dass man die Überwindung aller Trennungen hätte abwarten können, bevor sich die Kirchen als Ausdruck ihres gemeinsamen Glaubens und Zeugnisses auch gemeinsam für mehr Gerechtigkeit und Frieden einsetzen. So entstand eine ganz eigene Denkbewegung, die eine handlungsorientierte Ökumene als das primäre Bewährungsfeld erachtete und die Gemeinschaft der Kirchen in ihren Annäherungen stets vor diesem Hintergrund reflektierte. – Dies soll im folgenden, zweiten Großkapitel (B.) einen gesondert dargestellten und reflektieren Schwerpunkt finden.

---

[346] So *Jaques Matthey*, Koordinator des ÖRK-Teams für Mission und Evangelisation, in: Pressemitteilung des ÖRK (PR-01-31). Vgl. Come Holy Spirit, Heal and Reconcile! Report of the WCC Conference on World Mission and Evangelism, Athens, Greece 2005, ed. by *Jacques Matthey*, Geneva: World Council of Churches 2008. Siehe auch: *(Evangelisches Missionswerk in Deutschland:)* »Komm, heiliger Geist, heile und versöhne!« Auf dem Wege zur Weltmissionskonferenz in Athen, 9. bis 16. Mai 2005, Red. von *Freddy Dutz*, Weltmission heute Bd. 59, Hamburg: EMW 2005.

B. Handlungsorientierte Ökumene:
Friedenstheologie und -ethik als Bewährungsfeld

Die weltweite Gemeinschaft der Kirchen bewährt sich auch durch die Herausbildung einer ökumenischen Friedenstheologie und -ethik. Wie schwierig und komplex dieser Prozess ist, sei im Folgenden, zweiten großen Kapitel gesondert und detailliert dargestellt. Zunächst soll in einem geschichtlichen Überblick demonstriert werden, wie zentral dieses Ringen einer jeweils auf konkrete, gemeinsame Handlungsoptionen abzielende Suche nach gemeinsamen sozialethischen und auch fundamental theologischen Überzeugungen für die neuzeitliche ökumenische Bewegung stets war.

Die gemeinsame Aufgabe der Kirchen ist es, so Wolfgang Huber, »der Friedensbotschaft des Evangeliums, der Friedensfähigkeit der Religionen und der Friedensbedürftigkeit der modernen Welt Sprache zu geben, damit der banalen These, ohne Religion sei alles leichter, friedlicher und netter, angemessen widersprochen werden kann«.[1] Ulrich Körtner mahnt an, hier den Unterschied zwischen christlicher Soziallehre und theologischer Sozialethik zu beachten.[2] Eine ökumenische Sozialethik werde nicht jenseits der konfessionellen Unterschiede betrieben, sondern könne nur »multiperspektivisch« betrieben werden. Die geschichtliche Entwicklung gibt dieser These recht.

Diese Multiperspektivität wird auch im zweiten Teil der hier dargelegten Untersuchung deutlich: der ökumenischen »Dekade zur Überwindung von Gewalt, 2001–2010. Kirchen für Frieden und Versöhnung«, die vom Ökumenischen Rat der Kirchen initiiert wurde. Allerdings wird gerade in dieser ökumenischen Initiative deutlich, dass sich die divergierenden Perspektiven nicht mehr durchgängig als historisch-konfessionelle beschreiben lassen, auch wenn diese zum Teil noch

---

[1] *Wolfgang Huber*, Überlegungen zum Stand der Ökumene. Vortrag vor der Hamburgischen Kommende des Johanniterordens am 25. August 2007, in: www.ekd.de/ausland_oekumene/070825_huber_hamburg.html (1.3.2010).
[2] Vgl. *Ulrich Körtner*, In der Lehre getrennt, im Handeln geeint? Chancen und Grenzen ökumenischer Sozialethik, in: *Friederike Nüssel* (Hg.), Theologische Ethik der Gegenwart. Ein Überblick über zentrale Ansätze und Themen, Tübingen: Mohr Siebeck 2009, 271–294, hier: 276.

sichtbar bleiben. Die Multiperspektivität ergibt sich vor allem aus den verschiedenen Kontexten und den jeweiligen direkten oder indirekten Betroffenheiten. Erstmals wird hier eine Gesamtschau der jüngsten Entwicklungen und Themenschwerpunkte der vergangenen Dekade geboten, bis hin zur *internationalen ökumenischen Friedenskonvokation* 2011. Die Entwicklung einer kohärenten ökumenisch ausgerichteten und entwickelten Theorie des »gerechten Friedens« gehört zu den dringlichen Aufgaben in nächster Zukunft.

Im dritten Teil soll schließlich der Blick wiederum auf die Ekklesiologie gerichtet sein. Kann eine trinitätstheologische Orientierung die Ökumene auch in ihrer Weiterentwicklung ekklesiologischer Entwürfe zur Einheit der Kirche hilfreich sein, um ihre relational angelegte Sozialgestalt fruchtbar zu machen für die oben angemahnte ökumenische Friedensethik? Der Entwurf zur Entfaltung eines solchen Ansatzes wird hier vorgelegt.

I. Das Ringen der Gemeinschaft der Kirchen um friedensethische Positionen[3]

I.1 Einleitung: Das »Amt der Versöhnung« – kein *superadditum* der Ökumene

Das Bruchstückhafte und das Vorläufige des Reiches Gottes führt nicht dazu, dass Christinnen und Christen sich mit den Realitäten abfinden, sondern ermutigt sie im Gegenteil, die scheinbar unüberwindbaren Verhältnisse von Ungerechtigkeit und Gewalt nicht als letzte Antwort des Lebens zu akzeptieren, weil sie die Vollendung der Welt, des ganzen Kosmos antizipieren und dadurch bereits jetzt daran teilhaben. Dies ist die tiefe und letzte Legitimation des Titels der »Dekade zur *Überwindung* von Gewalt«, in ihrer Formulierung angeregt durch die paulinische Aufforderung: »Lass dich nicht vom Bösen überwinden, sondern *überwinde* das Böse mit Gutem« (Röm 12,21). Das Böse ist so ernst zu nehmen und so realistisch einzuschätzen wie möglich, und gleichzeitig ist die Begrenztheit seiner Macht zu wissen, weil eine andere Realität – die Realität des Reiches Gottes – mitten in dieser Welt als präsent geglaubt wird. Kirche ist dann jene messianische Größe, die entsprechend eine messianische Ethik lebt – oder sie ist (noch) nicht Kirche Jesu Christi. »Wer sich von der Überzeugung an-

---

3 Bearbeitete Fassung des Beitrags: *Fernando Enns*, »Ehre sei Gott – und Friede auf Erden«. Das Ringen der Gemeinschaft der Kirchen um friedensethische Positionen (gemeinsam mit Stephan von Twardowski), in: *Hans-Georg Link* und *Geiko Müller-Fahrenholz*, Hoffnungswege. Wegweisende Impulse des Ökumenischen Rates der Kirchen aus sechs Jahrzehnten, Frankfurt/M.: Lembeck 2008, 348–377.

stecken lässt, dass Gott eine Welt mit weniger und am Ende ohne Gewalt zum Ziel hat, wird das Sich-Abfinden mit der Gewalt als Ausdruck nicht von Realismus und Nüchternheit ansehen, sondern von Opportunismus und Perspektivlosigkeit. Und umgekehrt: Mit Gott rechnen heißt auf die Überwindbarkeit von Gewalt setzen« (Walter Dietrich).[4]

Friedenstheologie reflektiert die Antizipation und Feier dieses Friedens Gottes (*leiturgia*), das Zeugnis für den Frieden (*martyria*) und den Einsatz für den Frieden (*diakonia*). Gottesdienst, Zeugnis und Dienst für den Frieden sind wesenhaft sozial und wirken gemeinschaftsbildend (*koinonia*), denn – so formulierte die Ökumenische Versammlung für Gerechtigkeit, Frieden und Bewahrung der Schöpfung in den Jahren 1988/1989 in der DDR: »die Gemeinschaft mit Jesus Christus befreit uns zur Gemeinschaft untereinander. Unser Herr befähigt uns, über respektierte Grenzen hinweg mit Andersdenkenden Gemeinschaft zu suchen, auch mit Nichtgläubigen.«[5]

Am Beginn der modernen ökumenischen Bewegung stand die tiefe Einsicht, dass die Getrenntheit der Kirchen ihrem Zeugnis und ihrer Mission im Wege steht. Ob in der *Kommission für Glauben und Kirchenverfassung* oder in der *Bewegung für Praktisches Christentum*, dem *Internationalen Missionsrat* oder dem *Internationalen Versöhnungsbund*, jeweils ging es um die Glaubwürdigkeit des christlichen Zeugnisses und somit immer auch um das Selbstverständnis der Kirchen – in Gemeinschaft mit anderen Kirchen.

Die Bemühung zur Überwindung von Gewalt ist kein *superadditum* der Ökumene, mit ihr ist die weltweite Ökumene bei ihrem und der Ökumenische Rat der Kirchen bei seinem ureigensten Geschäft, dem Amt der Versöhnung (2Kor 5). Im Versöhnungsgeschehen selbst sind beide Dimensionen, das Geschenk (die Gnadengabe) der Versöhnung sowie der Dienst zur Versöhnung nicht voneinander zu trennen. Und insofern kann insbesondere die Friedenstheologie und -ethik, innerhalb derer das Selbstverständnis der Kirchen als versöhnte Gemeinschaft wie das gemeinsame Handeln der Kirchen für den Frieden stets mit zu reflektieren sind, als *das* Bewährungsfeld der Ökumene schlechthin bezeichnet werden.

---

4   *Walter Dietrich* und *Moisés Mayordomo*, Gewalt und Gewaltüberwindung in der Bibel, Zürich: TVZ 2005, 109.
5   Ökumenische Versammlung für Gerechtigkeit, Frieden und Bewahrung der Schöpfung, Dresden – Magdeburg – Dresden. Eine Dokumentation, Berlin: Aktion Sühnezeichen/Friedensdienste 1990, 131.

I.2 Die bleibend aktuelle Dringlichkeit ethischer und theologischer Klärungen

Alle ethischen Fragen sind, aus der Perspektive des christlichen Glaubens, implizit theologische Fragen, wie auch umgekehrt gilt: alle theologischen Fragen sind stets in ihren ethischen Implikationen zu bedenken. An kaum einem Ort theologischer Reflexion und kirchlicher Praxis hat sich diese Einsicht so nachhaltig durchgesetzt, wie in der ökumenischen Bewegung.

Die grundlegende theologische und ekklesiologische Herausforderung christlicher Friedensethik ist die stets zu vollziehende Klärung des Verhältnisses vom verheißenen Reich Gottes zur Weltgesellschaft, zu politischen und staatlichen Einrichtungen und Institutionen, zur Kirche und zu den die Menschheit trennenden Strukturen der Ungerechtigkeit.[6] Aber ist »die Friedensarbeit ein Beitrag zum Aufbau des Reiches Gottes hier auf Erden, oder erwächst sie schlicht aus dem Friedens- und Liebensgebot Gottes?«, so spitzt Reinhard Frieling die traditionelle friedensethische Streitfrage in der Ökumene zu.[7] Seit Beginn der modernen ökumenischen Bewegung im ausgehenden 19. und beginnenden 20. Jahrhundert »nahm die Frage nach dem Reich Gottes eine herausragende Bedeutung ein«, urteilt Wolfram Weiße.[8]

Die umfangreichen und zum Teil kontroversen friedensethischen Diskussionen innerhalb der modernen ökumenischen Bewegung haben stets versucht, sowohl auf die spezifischen kontextuellen Herausforderungen zeitnah zu reagieren[9], als auch zu sorgfältigen und umfassenden Beurteilungen zu gelangen, sowie gemeinsame Handlungsstrategien hinsichtlich der lokalen und globalen Herausforderungen zu entwickeln.[10] Seit ihren Anfängen ist die ökumenische Bewegung von friedensethischen Diskussionen motiviert und geprägt, so dass sich die gesamte Geschichte der neuzeitlichen Ökumene aus dieser distinkten

---

6 Vgl. *Reinhard Frieling*, Der Weg des ökumenischen Gedankens, Zugänge zur Kirchengeschichte 10, Göttingen: Vandenhoeck & Ruprecht 1992, 313. *Wolfram Weiße*, Reich Gottes. Hoffnung gegen Hoffnungslosigkeit, Ökumenische Studienhefte 6, Göttingen: Vandehoeck & Ruprecht 1997, 15–18.

7 *Frieling*, Der Weg des ökumenischen Gedankens, a.a.O., 313.

8 *Weiße*, Reich Gottes, 99.

9 Vgl. die vielen Stellungnahmen des Zentralausschusses des ÖRK, insbesondere der *Commission of the Churches on International Affairs* (CCIA) (Kommission der Kirchen für internationale Angelegenheiten [KKIA]), die regelmäßig in Sammelbänden herausgegeben werden. Zuletzt erschienen: *(Ökumenischer Rat der Kirchen:)* The Churches in International Affairs, Reports 1999–2002, ed. by *Dwain C. Epps*, Geneva: WCC 2005, Reports 2003–2006, Geneva: WCC 2007.

10 Vgl. *Wolfgang Lienemann*, Frieden, Ökumenische Studienhefte 10, Göttingen: Vandehoeck & Ruprecht 2000, 156–158.

Perspektive nachzeichnen ließe.[11] Auch wenn die Frage nach der Einheit der Kirche in ihrer untrennbaren Verwobenheit mit jener nach ihrem Friedensauftrag nicht immer explizit hervortrat, so war sie doch implizit immer präsent.[12] Stets wurde berücksichtigt, so Frieling, dass das »christliche Friedenszeugnis [...] die Mehrdimensionalität des Friedens« zu betonen habe:»als Verhältnis zu Gott, zu sich selbst, zum Nächsten und als politisch-soziale Ordnung.«[13]

»Ehre sei Gott und Friede auf Erden« – so lautet das Motto der Internationalen Ökumenischen Friedenskonvokation (*International Ecumenical Peace Convocation*, IEPC), die 2011 als Höhepunkt der vom Ökumenischen Rat der Kirchen (ÖRK) ins Leben gerufenen »Dekade zur Überwindung von Gewalt: Kirchen für Frieden und Versöhnung 2001–2010« (*Decade to Overcome Violence*, DOV) durchgeführt wurde. Viele Kirchen, ökumenische Gruppen, Initiativen und Netzwerke, auch Konferenzen, Expertenkonsultationen und Studienprozesse trachteten im Rahmen dieser Dekade intensiv danach, bestehende Alternativen zu Ungerechtigkeit und Gewalt sichtbar zu machen, sie zu vernetzen und weiter zu entwickeln.[14] Neben dem Beschluss zur Einberufung dieser Friedenskonvokation, auf der die verschiedenen Ansätze und Ergebnisse zusammengetragen, gebündelt und für das weitere Bemühen um Frieden in Gerechtigkeit fruchtbar gemacht werden sollten, entschied die IX. Vollversammlung des ÖRK 2006 in Porto Alegre/ Brasilien, einen umfassenden Konsultationsprozess zur Ausarbeitung einer »Ökumenischen Erklärung zum Gerechten Frieden« ins Leben zu rufen.[15] Diese Friedenserklärung sollte als klarer, überzeugender und theologisch fundierter Ausdruck der Kirchen zur Friedensbildung im

---

[11] Vgl. hierzu auch: *Ruth Rouse* and *Stephen Charles Neill* (eds.), A History of the Ecumenical Movement, Vol. 1 1517–1948, Geneva: WCC 2004.

[12] Expliziter ist die Korrelation von ökumenischem und friedensethischem Engagement und deren theologischer Reflexion in der Tradition der römisch-katholischen Kirche zu finden. Das tritt deutlich hervor in: Gemeinsam berufen, Friedensstifter zu sein. Bericht über den Internationalen Dialog zwischen der Katholischen Kirche und der Mennonitischen Weltkonferenz 1998–2003, in: *Fernando Enns* (Hg.), Heilung der Erinnerungen – befreit zur gemeinsamen Zukunft. Mennoniten im Dialog. Berichte und Texte ökumenischer Gespräche auf nationaler und internationaler Ebene, Frankfurt/M.: Lembeck und Paderborn: Bonifatius 2008, 29–132.

[13] *Frieling*, Der Weg des ökumenischen Gedankens, a.a.O., 313.

[14] Vgl. Ein Rahmenkonzept für die Dekade zur Überwindung von Gewalt. Vom Zentralausschuss angenommenes Arbeitsdokument (Genf 1999), in: Ökumenische Rundschau (zit. ÖR) 4/2000, 473–478.

[15] Vgl. Schwerpunkte der zukünftigen Arbeit des Ökumenischen Rates der Kirchen – Der Bericht des Ausschusses für Programmrichtlinien, in: In deiner Gnade, Gott, verwandle die Welt. Offizieller Bericht der Neunten Vollversammlung des Ökumenischen Rates der Kirchen, Porto Alegre 2006, hg. von *Klaus Wilkens*, Frankfurt/M.: Lembeck 2007, 183–194, 193 (§ 26).

Kontext der globalen Herausforderungen im 21. Jahrhundert entfaltet werden und als eine der tragenden Säulen der Friedenskonvokation und der zukünftigen Arbeit des Rates dienen. Für die Ausarbeitung wird der mehr als einhundert Jahre andauernde und umfangreiche Prozess ökumenischer Urteilsbildung zu berücksichtigen sein.[16] Hier kann dieser Prozess nur schlaglichtartig nachgezeichnet werden, bedarf aber dringend weiterer Aufarbeitung, wenn sich die zukünftigen Diskussionen nicht in Wiederholungen althergebrachter theologischer Argumentationen oder in moralischen Appellen erschöpfen sollen.[17]

Mit den Beschlüssen der IX. ÖRK-Vollversammlung bekennt sich die Gemeinschaft der Kirchen nachdrücklich zur bleibenden Dringlichkeit ethischer wie theologischer Klärungen, die sich durch weithin herrschende Ungerechtigkeiten und Gewalt als Herausforderung für das Kirchesein der Kirchen in allen Regionen der Welt selbst ergeben. Die Kirchen des ÖRK stellen sich damit nun gemeinsam der Verantwortung, Friedensschaffung und den Einsatz für Gerechtigkeit *in* der Welt glaubwürdiger wahrzunehmen. Dies kann nicht ohne grundlegende theologische Reflexionen geschehen, die das *Wesen* wie den *Auftrag* und die *Mission* der Kirche betreffen.[18]

---

[16] Der erste Entwurf wurde den Kirchen zur Diskussion und Reaktion zugeleitet: *(Arbeitsgemeinschaft Christlicher Kirchen in Deutschland:)* Internationale Ökumenische Erklärung zum Gerechten Frieden, Erster Entwurf, hg. von der *Ökumenischen Centrale / ACK*, Frankfurt/M. 2009. Nach Eingang vieler Reaktionen wurde vom ÖRK ein zweiter, vollständig anderer Entwurf erarbeitet, s.u. II.6.

[17] Eine umfassende Zusammenstellung friedensethischer Stellungnahmen, Erklärungen, Botschaften und Ansprachen des Ökumenischen Rates der Kirchen und der römisch-katholischen Kirche aus den Jahren von 1946 bis 1982 findet sich in: *(Ökumenischer Rat der Kirchen:)* Peace and Disarmament. Documents of the World Council of Churches, presented by the Commission of the Churches on International Affairs, and Documents of the Roman Catholic Church, presented by The Pontifical Commission »Iustitia et Pax«, Geneva and Vatican 1982. Eine weitere Übersicht über die wichtigsten Erklärungen und Dokumente des ÖRK in der Zeit zwischen 1948 und 1985 findet sich in: *Ans J. van der Bent*, Vital Ecumenical Concerns. Sixteen Documentary Surveys, Geneva: WCC 1986, 116–146. Van der Bent betont, dass in dem dargestellten Zeitraum nahezu alle Arbeitsbereiche des ÖRK wesentlich in die Auseinandersetzung mit den Themen Frieden und Gerechtigkeit involviert waren (116). Reinhard Frieling liefert in einem gesonderten Abschnitt seines Buches zur Entstehung und Entwicklung der ökumenischen Bewegung einen guten Überblick über den Verlauf der friedensethischen Diskussionen bis 1990 (vgl. *Frieling*, Der Weg des ökumenischen Gedankens, a.a.O., 313–330).

[18] Vgl. *Fernando Enns*, Ehre sei Gott – und Friede auf Erden. Der lange Weg zu einer ökumenischen Friedenskonvokation, in: *Dagmar Heller u.a.* (Hg.), »Mache dich auf und werde Licht!« Ökumenische Visionen in Zeiten des Umbruchs, »Arise, shine!« Ecumenical Visions in Times of Change. FS für Konrad Raiser, Frankfurt/M.: Lembeck 2008, 322–333.

I.3 Die Anfänge: Internationalismus und Ächtung des Krieges

Die Initiierung des Weltkirchenrates wurzelt zutiefst in dem starken Willen der Kirchen, die Welt vor einer Wiederholung eines desaströsen Weltkrieges zu bewahren, der in den Jahren von 1914 bis 1918 Millionen von Menschenleben gekostet hatte.[19] Nach ersten Kontakten einiger christlich-sozialer Initiativen und Friedensorganisationen aus verschiedenen Kirchen und Ländern seit Beginn des 20. Jahrhunderts wurde bereits am 2. August 1914 – zeitgleich mit dem Ausbruch des Ersten Weltkrieges – der »Weltbund für Internationale Freundschaftsarbeit der Kirchen« gegründet, mit dem die organisierten ökumenischen Bemühungen um den Frieden begannen.[20] Eine der prägenden Gestalten des Weltbundes war der deutsche Theologe Friedrich Siegmund-Schultze (1885–1969).[21] Die bis dahin nahezu als ›Schöpfungsordnungen‹ akzeptierten und theologisch legitimierten Grenzen von Nation, Konfession, sozialer Klasse und ethnischer Zugehörigkeit wurden zugunsten des höheren Zieles des friedlichen Zusammenlebens aller Völker zunehmend als Grenzen ›zweiter Ordnung‹ eingestuft. Diese »ökumenischen Pioniere« erkannten, dass die Einheit des einen Leibes Christi, die *una sancta*, solche Grenzen transzendieren müsse. Im Anschluss an die Gründung des Weltbundes wurde im Jahr 1919, nach einigen vorangegangenen regionalen Zusammenschlüssen, innerhalb der größer werdenden christlichen Friedensbewegung der bis heute fortbestehende, überkonfessionelle »Internationale Versöhnungsbund« (*International Fellowship of Reconciliation*) gegründet, in dem sich Christen und Christinnen zusammenfanden und finden, die sich konsequent zur Gewaltfreiheit bekannten.[22]

Angesichts der bereits hoch technisierten Waffenrüstung und des damit einhergehenden umfassenden Zerstörungspotentials während des

---

[19] Vgl. Die Beschreibung der historischen Entwicklung bei *Frieling*, Der Weg des ökumenischen Gedankens, a.a.O., 41–48.
[20] Vgl. zur Entstehung und Geschichte: *Harmjam Dam*, Der Weltbund für Freundschaftsarbeit der Kirchen, 1914–1948. Eine ökumenische Friedensorganisation, Frankfurt/M.: Lembeck 2001.
[21] Vgl. *Heinz-Elmar Tenorth u.a.* (Hg.), Friedrich Siegmund-Schultze (1885–1969). Ein Leben für Kirche, Wissenschaft und soziale Arbeit, Stuttgart u.a.: Kohlhammer 2008. *Stefan Grotefeld*, Friedrich Siegmund-Schultze. Ein deutscher Ökumeniker und christlicher Pazifist. Heidelberger Untersuchungen zu Widerstand, Judenverfolgung und Kirchenkampf im Dritten Reich Bd. 7, Gütersloh: Kaiser 1995.
[22] Vgl. *Hans Gressel* (Hg.), Versöhnung und Friede. 50 Jahre Internationaler Versöhnungsbund, 3. August 1964, Dortmund 1964. Vgl. hierzu auch: *Friedrich Siegmund-Schultze*, Friedenskirche, Kaffeeklappe und die ökumenische Vision. Texte 1919–1969, hg. von *Wolfgang Grünberg*, München: Kaiser 1990. *Heinrich Foth u.a.*, Lebendige Oekumene, FS für Friedrich Siegmund-Schultze, Witten: Luther-Verlag 1965.

Ersten Weltkrieges wurde erstmals die klassische »Lehre vom gerechten Krieg« (s. die Grundlegung bei Thomas von Aquin, unter Rückgriff auf Vorüberlegungen von Augustin)[23] auch von einigen Vertretern der *main-line churches* in Frage gestellt, da ihnen nicht mehr einsichtig war, wie in Zeiten von Massenvernichtungswaffen und Luftkriegen jemals das Kriterium der »Verhältnismäßigkeit der Mittel« erfüllt wäre.[24] Fortan blieben die ökumenischen Diskussionen durch unterschiedliche Positionen geprägt. Radikal pazifistische Positionen, die von der christlichen Friedensbewegung vertreten wurden, auf der einen Seite, auf der anderen Seite vor allem nationalprotestantische Positionen, in denen die Anwendung militärischer Gewalt weiterhin als legitimes Mittel (für manche allerdings nur zur Verteidigung des eigenen Landes) betrachtet wurde, standen sich hart gegenüber. Bei der Weltkonferenz für Praktisches Christentum 1925 in Stockholm gelang es dennoch, die folgende gemeinsame Resolution im Bericht über »Die Kirche und die internationalen Beziehungen«[25] zu verabschieden:

1. Der Krieg, als Mittel zur Lösung internationaler Streitigkeiten durch physische, mit Heimtücke und Lüge sich verbindenden Gewalt, ist unvereinbar mit der Gesinnung und dem Verhalten Christi und darum auch mit der Gesinnung und dem Verhalten der Kirche Christi.
2. Der Krieg, so aufgefasst ist Missbrauch, nicht guter Gebrauch von Gewalt, weil er die Vollmacht, über sittliche Werte autoritativ zu entscheiden, einer Instanz zuweist, die dafür unzuständig ist: der Gewalt.
3. Als Angreifer in einem Kriege ist dasjenige Volk anzusehen, das eine Entscheidung durch Schiedsspruch ablehnt oder die sonstigen durch Gesetz und Ordnung in Betracht kommenden Schritte unterlässt.
4. Es ist die Pflicht der Kirchen, das ganze Gewicht ihres vereinten Einflusses in der Richtung auf die brüderliche Organisation der Völker geltend zu machen.

[23] Vgl. *Thomas von Aquin*, Summa Theologica II/2, q 40, in: *ders.*, Summa Theologica (Die deutsche Thomas-Ausgabe), Die Liebe (2. Teil): Klugheit, hg. von *Josef Endres*, Graz u.a.: Styria u.a. 1966, 82–96. Siehe zu Geschichte und Interpretation der Lehre vom gerechten Krieg: *Wolfgang Huber* und *Hans-Richard Reuter*, Friedensethik, Stuttgart u.a.: Kohlhammer 1990, Kap. 2 Der Weg zur Ächtung des Krieges, 145ff. Unterschieden wird zwischen dem *ius ad bellum* (als Kriterien gelten: *causa iusta, legitima potestas, ultima ratio*, Verhältnismäßigkeit der Güter, *recta intentio*, und die vernünftige Aussicht auf Erfolg) und dem *ius in bello* (Kriterien sind die Verhältnismäßigkeit der Mittel, das Diskriminierungsgebot, ein beschränktes Waffenverbot). Vgl. zur Diskussion und weiterer Differenzierung der Kriterien des gerechten Krieges: *Michael Haspel*, Friedensethik und humanitäre Intervention. Der Kosovo-Krieg als Herausforderung evangelischer Friedensethik, Neukirchen-Vluyn: Neukirchener 2002.
[24] Vgl. hierzu *Huber/Reuter*, Friedensethik, a.a.O., Kap. 4.4 Völkerbund und Ökumene, 119–126.
[25] Die Kirche und die internationalen Beziehungen. Bericht des Sub-Komitees 1 der Kommission III., in: Die Stockholmer Weltkirchenkonferenz. Vorgeschichte, Dienst und Arbeit der Weltkonferenz für Praktisches Christentum, 19.–30. August 1925, Amtlicher deutscher Bericht, hg. von *Adolf Deißmann*, Berlin: Furche-Verlag 1926, 75–78.

5. Mit keinem der vorstehenden Sätze soll das jedem Volk angeborene Recht auf Selbstverteidigung gegen Angriffe oder Unterdrückung angetastet werden.[26]

Die theologische Begründung zur Ablehnung kriegerischer Gewalt beruht hier auf »Gesinnung und Verhalten Christi«, die für die Kirche als maßgebend angesehen werden. Der fünfte Artikel macht freilich deutlich, wie stark man doch an der Überzeugung eines »angeborenen Rechts« zu Verteidigungs- und Befreiungskriegen festhielt.

Während des vom »Weltbund« einberufenen »Kongresses für Frieden und Freundschaft« 1928 in Prag forderten über 500 hochrangige Delegierte die Ächtung des Krieges sowie weitreichende Abrüstung.[27] In der mit großer Mehrheit angenommenen, sogenannten ›Abrüstungsresolution‹ rief der versammelte Kongress die christlichen Kirchen unter anderem dazu auf,

»ihren Gliedern [...] die feierliche Verpflichtung klarzumachen, daß alle Staaten, die Mitglieder des Völkerbundes sind, ihre bewaffneten Kräfte gemäß dem Völkerbundpakt einschränken und begrenzen müssen und ein allgemeines Schiedsgerichtssystem annehmen, wodurch Streitigkeiten durch friedliche rechtliche Mittel beigelegt werden sollen; [...] [und der Kongress rief] die Kirchen auf, ihre Geisteskräfte und ihren erzieherischen Einfluß dafür einzusetzen, daß die Völker fortan ihre brüderliche Solidarität und ihre Verpflichtung zu zielbewußter Zusammenarbeit bejahen und so auf die völlige Ungebundenheit durch internationale Verpflichtungen verzichten. Die Kirche Jesu Christi nimmt als bindende Norm die heilige Ordnung an, die ihr Haupt ihr im Evangelium gegeben hat: ›Trachtet am ersten nach dem Reich Gottes‹.«[28]

Diese optimistische Sicht auf die Möglichkeit einer schiedsgerichtlichen Lösung von Konflikten war allerdings bei der Weltkirchenkonferenz in Oxford 1937 bereits wieder stark beeinträchtigt. Faschismus, Nationalismus und Rassismus, einhergehend mit bis dahin unvorstellbarer militärischer Aufrüstung und wirtschaftlicher Instabilität bestimmten einmal mehr die weltpolitische Tagesordnung[29] und die (protestantischen) Kirchen fanden sich wiederum auf verschiedenen Seiten

---

[26] Resolution 1, in: Die Kirche und die internationalen Beziehungen, a.a.O., 77.

[27] Vgl. Die Weltkirchenkonferenz von Prag. Gesamtbericht des Kongresses für Frieden und Freundschaft, gehalten vom 24. bis 30. August 1928, hg. von *Friedrich Siegmund-Schulze*, Berlin: Evangelischer Preßverband für Deutschland 1928.

[28] Vgl. *Frieling*, Der Weg des ökumenischen Gedankens, a.a.O., 67f. Bezüglich der gesamten Konferenzdebatte über die Resolution zur Abrüstung vgl. a.a.O., 61–69.

[29] Vgl. die gesellschaftlichen Analysen in den Berichten der Weltkonferenzen von Stockholm 1925 (Die Stockholmer Weltkirchenkonferenz, a.a.O.) und Oxford 1937 (Kirche und Welt in ökumenischer Sicht. Bericht der Weltkonferenz von Oxford über Kirche, Volk, Staat, hg. von der *Forschungsabteilung des Ökumenischen Rates für Praktisches Christentum*, Genf 1938).

der politischen Gegner wieder, die Kirchenleitungen größtenteils loyal zur eigenen Nation.[30]

Die Weltkirchenkonferenz von Oxford brachte aber zusätzlich zum christologischen nun auch das ekklesiologische Argument ein: die Kirche Jesu Christi sei eine alle anderen Grenzen relativierende Größe:

»Diese Tatsache des ökumenischen Charakters der Kirche hat die bedeutungsvolle Folge, dass die Kirche für die Aufgabe, eine bessere internationale Ordnung herzustellen, eine Einsicht mitbringt, wie sie sich aus den üblichen politischen Quellen nicht gewinnen lässt. Denen, die um die Verwirklichung einer Bruderschaft aller Menschen in der Welt ringen, in der zerstörender Nationalismus und angreiferischer Imperialismus alle Bruderschaft als etwas Unwirkliches erscheinen lassen, bietet die Kirche nicht ein Ideal sondern eine Tatsache dar, nämlich die einer nicht in ihrem eigenen Verlangen sondern in der Liebe Gottes geeinten Menschheit.«[31]

So sehr hierin Einigkeit bestand, so wenig vermochte diese Konferenz das »eindeutige Wort« (Dietrich Bonhoeffer, s.u.) gegen den bereits drohenden nächsten Weltkrieg zu sagen. Sie musste sich vielmehr damit begnügen, die verschiedenen Positionen aufzuzeigen:[32]

(1) Die christlich-pazifistische Position[33]
»Die Kirche kann nur dann ein schöpferisches, erneuerndes und versöhnendes Werkzeug zur Gesundung der Völker werden, wenn sie dem Krieg ganz und gar absagt«. Krieg sei gerade angesichts der modernen Kriegsführung in seinen Auswirkungen immer zerstörerisch und ende in Sinnlosigkeit, da er auch das »edelste Ziel«, um dessentwillen er geführt werde, letztlich verderbe. Daher sei Krieg in jedem Fall als Sünde zu bewerten. Das könnte grundlegender kaum begründet werden: Krieg stehe im Widerspruch »zum Wesen Gottes, das Liebe ist«, er stehe auch im Widerspruch zum »mit dem durch das Kreuz bezeichneten Weg der Erlösung« sowie zur Gemeinschaft des Heiligen Geistes.

(2) Die Position des »gerechten Krieges«
(2a) völkerrechtlich legitimiert: Christen hätten geradezu die »Pflicht«, an völkerrechtlich legitimierten Kriegen teilzunehmen, die das internationale Recht und den Frieden schützen wollten. So wie der Staat in der »sündigen Welt« dazu verpflichtet sei, Recht und Ordnung zu schützen und »im Gehorsam gegen Gott« dazu auch Gewalt anwenden

---

30 Vgl. hierzu vor allem die unterschiedlichen Haltungen der Kirchen in U.S.A., Frankreich und Deutschland: *Gerhard Besier*, Krieg – Frieden – Abrüstung. Die Haltung der europäischen und amerikanischen Kirchen zur Frage der deutschen Kriegsschuld 1914–1933, Göttingen: Vandenhoeck & Ruprecht 1982.
31 Kirche und Welt in ökumenischer Sicht, 241.
32 A.a.O., 251–253.
33 Zu unterscheiden von einer politisch motivierten und begründeten pazifistischen Position.

dürfe, wenn diese gefährdet seien, so gelte dies auch im internationalen
Bereich. Solche Kriege seien mit Polizeimaßnahmen zu vergleichen.
(2b) moralisch legitimiert: Wenn zur Nothilfe oder zur Befreiung von
Unterdrückten alle anderen Mittel ausgeschöpft sind, dann erscheint es
auch dieser Position als »christliche Pflicht«, Krieg zu führen, denn
dann sei ein »von ihnen als wesentlich angesehener christlicher Grundsatz zu verteidigen«. Die letzte Entscheidung zur Teilnahme an einem
solchen »gerechten« Krieg will man aber letztlich dem Gewissen der
Einzelnen überlassen.

(3) Die christlich-bellizistische Position
Es sei die »Pflicht des Christen«, der Staatsgewalt – als von Gott ein-
gesetzter Ordnung – soweit als irgend möglich zu gehorchen und stets
alles zu unterlassen, was sie schwächen könnte, auch wenn eingeräumt
wird, dass politische Autorität »häufig in selbstischer und unsittlicher
Weise« ausgeübt wird. Primäre Aufgabe des Staates sei aber, das Volk
»vor den schädlichen Auswirkungen anarchischer und verbrecheri-
scher Neigungen seiner Angehörigen zu schützen« und seine Existenz
gegen Angriffe von außen zu behaupten. Zwar sei es ebenso eine
Christenpflicht, für den Frieden und das gegenseitige Verstehen der
Völker zu wirken, doch könnte »keine Bemühung dieser Art den Krieg
in dieser Welt beseitigen«.

I.4 Dietrich Bonhoeffer: das christologische und das ekklesiologische Argument

1934, etwa drei Jahre vor der Weltkirchenkonferenz in Oxford, hatte
Dietrich Bonhoeffer die Kirchen der Ökumene zu einem umfassenden
»Konzil des Friedens« aufgerufen. In seiner berühmten Rede auf der
gemeinsamen ökumenischen Konferenz der *Bewegung für Praktisches
Christentum* und des *Weltbundes für Internationale Freundschaftsar-
beit der Kirchen* in Fanö (Dänemark), unter dem Titel »Kirche und
Völkerwelt«, griff er den Ruf »Friede auf Erden« aus der Weihnachts-
geschichte auf (Lk 2,14).[34] Ökumene habe nicht nach »politischen
Notwendigkeiten und Möglichkeiten« zu fragen, sondern »nach den
Geboten Gottes«, die sie »ohne Rücksicht« mitten in die Welt hinein
rufe. Das sei ihre *theologische* Aufgabe. Alle vorgebrachten Argumente der Kirchen und Theologen zur Einschränkung dieses ›bindenden‹
Gebotes‹ weichten dieser Forderung auf, etwa die Feststellung der un-
veränderlichen Boshaftigkeit der Menschen, der Unvermeidbarkeit von

---

[34] *Dietrich Bonhoeffer*, Kirche und Völkerwelt, in: *ders.*, London: 1933–1935,
Dietrich Bonhoeffer Werke (zit. DBW) 13, hg. von *Hans Goeseking, Martin
Heimbucher* und *Hans-Walter Schleicher*, Gütersloh: Kaiser/Gütersloher 1994,
298–301. Dietrich Bonhoeffer war als internationaler Jugendsekretär des Weltbundes zu einem der vier Einleitungsreferate zum Thema »The Church and the World
of Nations« beauftragt worden.

Kriegen in einer gefallenen Welt, die Versuche der Schaffung von Sicherheit durch Waffenarsenale sowie die schwierigen Fragen der Selbstverteidigung und des Schutzes der Nächsten vor Feinden. Bis in die gegenwärtigen ökumenischen Debatten sind dies die Hauptargumente, die Kirchen in der Auseinandersetzung zwischen Gewaltfreiheit und notwendiger Gewaltanwendung vorbringen, um die militärische Anwendung von Gewalt, wenn nicht zu legitimieren, so doch zumindest als unvermeidbar zu behaupten. Bonhoeffer hielt radikal dagegen: »Wer Gottes Gebot in Frage zieht, bevor er gehorcht, der hat ihn schon verleugnet.«[35] – In diesem Sinne verstehe sich Bonhoeffer als Pazifist, urteilen Huber/Reuter: »als einer, der sich an der Überwindung des Krieges und am Aufbau eines internationalen Friedens beteiligen will. Doch er wird zu einem Wortführer für die Überzeugung, dass der Pazifismus tiefer ansetzen muss, als es der organisatorische Pazifismus in der Epoche des Ersten Weltkrieges vermochte.«[36]

Konrad Raiser hat gezeigt, inwiefern Bonhoeffers weitere Vorträge in der Ökumene (in Ciernohorské Kúpele und Gland)[37] verdeutlichen, dass er sich »leidenschaftlich darum mühte, das theologische und ekklesiologische Selbstverständnis der ökumenischen Bewegung zu klären, sodass sie mit Vollmacht Gottes Gebot des Friedens in einer Welt verkündigen konnte, die den Sinn für eine lebensfähige Ordnung verloren hatte.«[38] Zwei entscheidende Argumentationen, die seit den frühen ökumenischen Konferenzen bekannt sind, führt Bonhoeffer hier exemplarisch

---

[35] Alle Zitate aus *Bonhoeffer*, Kirche und Völkerwelt, a.a.O., 298f.

[36] *Huber/Reuter*, Friedensethik, a.a.O., 123. Neben der allgemeinen Kriegsabneigung der Familie Bonhoeffer beschäftigt Dietrich Bonhoeffer sich zu Beginn seines theologischen Nachdenkens noch kaum mit der Frage nach Krieg und Frieden. Dies ändert sich erst, wie auch seine Überlegungen zur Ökumene, durch seinen Studien-Aufenthalt in New York. Dort trifft er den bekennenden Pazifisten Jean Lasserre, der für eine konsequente Umsetzung des Friedensgebotes der Bergpredigt streitet. Bonhoeffer ist zunächst eher kritisch. Auf die Frage eines schwedischen Delegierten während der ökumenischen Konferenz in Fanö 1934: »Was würden sie in einem Kriegsfall tun, Herr Pastor?« antwortet Bonhoeffer: »Ich bitte darum, dass Gott mir die Kraft geben wird, nicht zu den Waffen zu greifen«. Er meinte damals: »Wir sollen uns auch nicht vor dem Wort Pazifismus scheuen, sollen sie mich ruhig Pazifist nennen, lieber Pazifist als Militarist« (*Bonhoeffer*, Kirche und Völkerwelt, a.a.O., 298ff.) Damit weist Bonhoeffer indirekt solch grobe Kategorien weit von sich, sie helfen wenig, die schwierigen Fragen von Krieg und Frieden zu beantworten. Vgl. hierzu weiter: Fernando Enns, Dietrich Bonhoeffer: Saint? – Ecumenist! – Pacifist? Remembering Dietrich Bonhoeffer, in: *Jeremy M. Bergen, Paul G. Doerksen, Karl Koop* (eds.), Creed and Conscience. Essays in Honour of A. James Reimer, Kitchener/ON: Pandora 2007, 167–180.

[37] Vgl. *Dietrich Bonhoeffer*, Zur theologischen Begründung der Weltbundarbeit, DBW 11, hg. von *Eberhard Amelung* und *Christoph Strohm*, 327–344; *ders.*, Ansprache auf der Internationalen Jugendkonferenz in Gland 1932, DBW 11, 350–357.

[38] *Konrad Raiser*, Bonhoeffer und die ökumenische Bewegung: Historische Rekonstruktion und Bedeutung für heute; in ÖR 2/2005, 205–222, 207.

zusammen. Zum einen nannte er die christologische Voraussetzung
zum Frieden: »Friede soll sein, weil Christus in der Welt ist«[39]; zum
anderen betonte er das ekklesiologische Argument: Diese ökumenische
Kirche Christi transzendiere nicht nur alle Grenzen »völkischer, politischer, sozialer, rassischer Art«, sondern binde die Glieder der Kirche
auch in einer Weise aneinander, die alle anderen Bindungen (der »Geschichte, des Blutes, der Klassen und der Sprachen«) zwar nicht auf-
hebe, aber doch relativiere.[40] Bonhoeffer hatte bereits durch seine ö-
kumenischen Begegnungen in Rom, aber dann vor allem während des
Studienaufenthalts in den USA erkannt, »dass die Kirche Jesu Christi
wegen ihrer tiefen Bindung an den einen, gemeinsamen Versöhner
niemals Nationalkirche sein kann, sondern der ökumenischen Verbundenheit aller Teilkirchen in der einen Weltchristenheit immer den Vor-
zug geben muss.«[41] Und deshalb können diese Glieder der Kirche
nicht Krieg gegeneinander führen, »weil sie wissen, dass sie damit die
Waffen auf Christus selbst richteten.«

Bonhoeffer erkennt das Einflusspotential der Kirchen für den Welt-
frieden in der selbstverständlichen Solidarität unter Christen über alle
trennenden Grenzen hinweg. Dazu müsse die Kirche aber eben wirklich Kirche Christi sein, indem sie zum einen tatsächlich Christi Frie-
densgebot bezeugt, und indem sie sich zum anderen tatsächlich als die
una sancta begreift. Bonhoeffers Ruf zum Frieden ergeht nicht als mo-
ralischer Appell an Regierungen oder internationale Institutionen, sondern richtet sich als theologische Selbstvergewisserung an die Kirche.
– Die anderen Religionen hat er zumindest insofern im Blick, als er die
Glaubwürdigkeit des christlichen Bekenntnisses gefährdet sieht, wenn
die Kirchen das Zeugnis für den Frieden relativieren: »Müssen wir uns
von den Heiden im Osten beschämen lassen?«

Es bleibt freilich die schwierige Frage, *wie* denn Friede werden kann.
Wiederum stellt Bonhoeffer in Frage, dass der Friede etwa durch politische Verträge, durch die Schaffung wirtschaftlicher Abhängigkei-
ten[42] oder durch Aufrüstung erlangt werden könne – auch dies bis heu-

[39] *Bonhoeffer*, Kirche und Völkerwelt, a.a.O, 299.
[40] Ebd. Vgl. hierzu auch: *Michael Welker*, Theologische Profile, Frankfurt/M.:
Hansisches Druck- und Verlagshaus 2009, Kap. III Bonhoeffers wegweisende frühe Ekklesiologie, 83–102.
[41] Vgl. *Heinz Eduard Tödt*, Theologische Perspektiven nach Dietrich Bonhoeffer,
hg. von *Ernst-Albert Scharffenorth*, Gütersloh: Kaiser 1993, 175.
[42] Vgl. zu diesen beiden Argumenten bereits wirkmächtig *Immanuel Kant*, Zum
ewigen Frieden. Ein philosophischer Entwurf (1795/96), in: *ders.*, Werke in zehn
Bänden, hg. von *Wilhelm Weischedel*, Bd. 9, Darmstadt: Wissenschaftliche Buchgesellschaft (zit. WBG) 1968, 195–251. Siehe zur Interpretation: *Otfried Höffe*
(Hg.), Immanuel Kant. Zum ewigen Frieden. Klassiker Auslegen Bd. 1, Berlin:
Akademie Verlag, ²2004. Die Aufrüstung als Weg zur Kriegsverhinderung lehnte
Kant, wie später Bonhoeffer, ab.

te gängige Argumentationsmuster innerhalb der Kirchen. Sein Gegenargument ist so einfach wie bestechend: Im herkömmlichen Denken zeige sich die fatale Verwechslung von Friede und Sicherheit: »Es gibt keinen Weg zum Frieden auf dem Weg der Sicherheit.«[43] Sicherheit sei eine Forderung des Misstrauens, Suche nach Selbstschutz, die unweigerlich zum Krieg führen müsse. Friede dagegen sei schlicht ein Wagnis, das auch am Kreuz enden könne für diejenigen, die dem Gebot Gottes mehr vertrauten als Waffen. Der zerstörerischen Gewalt ausgeliefert sei aber dieser Weg gerade dann, wenn er Einzelnen, auch einzelnen Kirchen, allein überlassen bliebe. Und deshalb fordert Bonhoeffer das »eine große ökumenische Konzil der Heiligen Kirche Christi« (engl. Orig.: »*the one Great Ecumenical Council of the Holy Church of Christ*«[44]). Durch die Mächtigkeit dieser ökumenischen Einheit könne der wirkliche Frieden so ausgerufen werden, dass »die Welt es hört, zu hören gezwungen ist«. Und die Völker würden darüber froh werden, »weil diese Kirche Christi ihren Söhnen im Namen Christi die Waffen aus der Hand nimmt und ihnen den Krieg verbietet und den Frieden Christi ausruft über die rasende Welt.«[45]

Bonhoeffer wandte sich mit seiner Argumentation einerseits gegen die im angelsächsischen Bereich weit verbreitete Ansicht, das Reich Gottes sei ein, durch nahezu direkte Umsetzung der Bergpredigt, zu verwirklichender Idealzustand.[46] Die in Nordamerika am Ende des 19. Jahrhunderts entstandene Bewegung des *Social Gospel* vertrat wirkmächtig diese Position, vor allem, um sich gegen eine zu individualisierte Auslegung des christlichen Glaubens zu stemmen, gleichsam aber in der Gefahr stehend, das Reich Gottes mit einem bestimmten wirtschaftlichen und sozialen System zu identifizieren.[47]
Andererseits lehnte Bonhoeffer aber auch die vorherrschende Position in den kontinental-europäischen Kirchen ab, die auf eine schöpfungstheologische Argumentation beharrte, dass eine bestimmte politische Ordnung durchaus Gottes Willen zum Ausdruck bringen könne und folglich die Verteidigung dieser als Schöpfungsordnung erkannten Ordnung legitim bzw. gar eine Christenpflicht sei – wenn nötig sogar durch Krieg. Keine Ordnung der *gefallenen* Welt aber könne, so Bonhoeffer entgegnend, als Schöpfungsordnung aufgefasst werden. Denn hieraus leite diese Position wiederum das »natürliche Recht« ab, diese Ordnung durch Krieg verteidigen zu können. Bonhoeffer will den

---

43 *Bonhoeffer*, Kirche und Völkerwelt, a.a.O., 300.
44 *Dietrich Bonhoeffer*, The Church and the Peoples of the World, DBW 13, 304.
45 Zitate allesamt aus *Bonhoeffer*, Kirche und Völkerwelt, a.a.O., 300f.
46 Vgl. *Bonhoeffer*, Zur theologischen Begründung der Weltbundarbeit, a.a.O., 338f.
47 Einer der prägenden Vertreter dieser Bewegung war *Walter Rauschenbusch*, vgl. *ders.*, Die religiösen Grundlagen der sozialen Botschaft, Erlenbach-Zürich/München/Leipzig: Rotapfel-Verlag 1922.

Staat im äußersten Falle als eine »Erhaltungsordnung« anerkennen, die nur so lange Legitimation beanspruchen könne, wie sie sich offen halte für die Offenbarung Christi. Krieg gehöre nicht zu den Schöpfungsordnungen Gottes. Das Erkennen der Realitäten von Kampf und Konflikt in einer gebrochenen Welt dürfe nicht zur Rechtfertigung von Kriegen führen, auch wenn das Recht verteidigt werden solle.

Gerade Bonhoeffer kann sicherlich nicht der Vorwurf gemacht werden, er habe die Gegebenheiten einer gebrochenen Welt nicht realistisch eingeschätzt. Gerade auch durch sein persönliches Engagement in den politischen Auseinandersetzungen schienen ihm Recht und Wahrheit als die beiden Grundvoraussetzungen und Herausforderungen für jede Friedensbildung. Die politischen Realitäten selbst würden daher in keiner Weise Kriege rechtfertigen, da gerade Krieg niemals zur wirklichen Durchsetzung von Recht und Wahrheit und zu einer auf die Vergebung der Sünden gründenden Friedensgemeinschaft führen könne,[48] sondern »die sichere Selbstvernichtung beider Kämpfenden«[49] wäre.

Erst das radikale »Nein« zum damals bevorstehenden Krieg eröffnete für Bonhoeffer schließlich auch die Freiheit zum christlich verantworteten, politischen Widerstand.[50] Der Wille Gottes für alle Menschen zu allen Zeiten sei in den biblischen Zeugnissen offenbart. Aufgabe der Kirche sei es, im Lichte des gegenwärtigen Kontextes dieses ›bindende Gebot‹ Gottes als ›konkretes‹ in die jeweilige Situation hinein zu verkünden.[51] »Mit diesem Verständnis des konkreten Gebots war Bonhoeffer in der Lage, die Identifikation von Frieden mit Sicherheit als irreführend aufzudecken und darauf zu bestehen, dass der Kampf um den Frieden niemals auf Kosten der Gerechtigkeit und der Wahrheit geführt werden dürfe«, interpretiert Konrad Raiser zu Recht.[52]

Dass ein solches »Nein« dann gerade nicht die Aufkündigung der ökumenischen Gemeinschaft impliziert und als Verstoß gegen die Einheit der Kirche gewertet werden darf, sondern auf Einheit zielt, hat Karl Barth deutlich ausgeführt:

»Es ist offenbar gerade das Nein, durch das, indem es die vollzogene Entscheidung durch Nennung und Ablehnung der Gegenentscheidung als Entscheidung charak-

48 Vgl. *Bonhoeffer*, Zur theologischen Begründung der Weltbundarbeit, a.a.O., 335–341. Vgl. auch *Raiser*, Bonhoeffer und die ökumenische Bewegung, a.a.O., 212.
49 *Bonhoeffer*, Zur theologischen Begründung der Weltbundarbeit, a.a.O., 341.
50 Vgl. *Dietrich Bonhoeffer*, Ethik, DBW 6, hg. von *Ilse Tödt u.a.*, Gütersloh: Kaiser/Gütersloher ²1998.
51 Vgl. *Bonhoeffer*, Zur theologischen Begründung der Weltbundarbeit, a.a.O., 331–335 und *Bonhoeffer*, Kirche und Völkerwelt, a.a.O., 298f.
52 *Raiser*, Bonhoeffer und die ökumenische Bewegung, a.a.O., 213.

terisiert, in besonderer Weise die Klärung der unklar gewordenen Situation herbeigeführt werden soll. [...] Und nun ist es nicht so, dass dieses Nein eine vorhandene Einheit aufheben und zerstören wollte und könnte und also als eine Sünde gegen die Liebe zu verurteilen wäre. Es ist vielmehr so, dass dieses Nein die verdunkelte kirchliche Einheit wieder herstellen will und kann, dass es also vielmehr als ein ausgezeichnetes Werk gerade der Liebe zu würdigen ist.«[53]

Bonhoeffers Überlegungen waren für die vorherrschenden Positionen in den Kirchen der Ökumene zu radikal. Und die noch junge ökumenische Bewegung fand zu dem geforderten »großen ökumenischen Konzil« nicht die Kraft. Vertreter einer christlich motivierten Absage an den Krieg aus allen Kirchen, wie auch die historischen Friedenskirchen, sollten erst nach der katastrophalen Erfahrung des zweiten Weltkrieges stärkeres Gewicht in den internationalen ökumenischen Diskussionen erhalten. Mit seinen grundlegenden theologisch-ethischen Argumentationen und seiner Anregung zu einem ökumenischen Konzil des Friedens hat Bonhoeffer aber allen weiteren Generationen der ökumenischen Bewegung entscheidende Impulse geliefert und wirkte somit orientierend, vor allem auch für viele jener jungen Kirchen aus Afrika, Lateinamerika und Asien, die in den politischen Auseinandersetzungen der Befreiungsbewegungen seit der Mitte des 20. Jahrhunderts schwerwiegende Konflikte zu durchstehen hatten. Diese Konflikte forderten jeweils die ökumenische Gemeinschaft als Ganze heraus, meist verbunden mit der ernsten Frage nach den Alternativen von legitimierter Gewaltanwendung und nach dem Gebot der Gewaltfreiheit. Immer sind damit also auch Fragen nach der Einheit der Kirche gestellt, wenn sich verschiedene Teile der Kirche auf unterschiedlichen Seiten politischer Aktion wiederfinden. Die Auseinandersetzungen zum Bekenntnis von *Belhar* in Südafrika sind dafür ein eindrückliches Beispiel,[54] wie auch der gesamte Rezeptionsprozess der Barmer Theologischen Erklärung von 1934 belegt.[55]

[53] Vgl. *Karl Barth*, Die Kirchliche Dogmatik (zit. KD), I/1–IV/4, 13 Bde., Zürich: EVZ 1932–1967, hier: KD I/2, 704f.
[54] Vgl. hierzu *Piet Naudé*, Reformed Confessions as Hermeneutical Problem: A Case Study of ›the Belhar Confession‹, in: *Wallace M. Alston* and *Michael Welker* (eds.), Reformed Theology, Identity and Ecumenicity, Biblical Interpretation in the Reformed Tradition, Grand Rapids/MI: Eerdmans 2007, 242–260. *Dirk J. Smit*, Social Transformation and Confessing the Faith? Karl Barth´s View on Confession Revisited, in: Scriptura 72/2000, 76–86. *Niko N. Koopman, Status confessionis* im Blick auf Apartheid, *processus confessionis* zu Fragen der ungerechten Weltwirtschaft: zur Rezeption der Barmer Theologischen Erklärung in Südafrika, in: ÖR 2/2009, 167–180.
[55] Barmer Theologische Erklärung. Einführung und Dokumentation, hg. von *Alfred Burgsmüller* und *Rudolf Weth*, 5. bearb. u. erg. Auflage, Neukirchen-Vluyn: Neukirchener 1993. Siehe zum gesamten Rezeptionsprozess der Barmer Theologischen Erklärung die Beiträge in: 75 Jahre Barmer Theologische Erklärung, ÖR 1/2009 und Ökumenische Rezeptionsprozesse und Aufbrüche, 75 Jahre Barmer Theologische Erklärung, Teil 2, ÖR 2/2009.

I.5 Die Gründung des Ökumenischen Rates der Kirchen:
     Lehren aus zwei Weltkriegen

Die Gründung des ÖRK (durch Zusammenführung der *Bewegung für Praktisches Christentum* und der *Kommission für Glauben und Kirchenverfassung*) wurde durch den Beginn des zweiten Weltkrieges verzögert, der ein bis dahin nicht erahntes Ausmaß von Gewalt und Zerstörung mit sich brachte. Wieder hatten viele Kirchen nicht den Willen zu einem entscheidenden Ruf zum Frieden gezeigt, stellten sich vielmehr erneut auf die Seite ihrer jeweiligen Nation und legitimierten auf diese Weise die kriegerische Gewalt, der ökumenischen Vision einer weltweiten, die nationalen Grenzen transzendierenden Gemeinschaft der universalen Kirche widersprechend. Parallel hierzu hatte sich aber bereits eine starke, ökumenisch gesinnte Fraktion in nahezu allen Kirchen herangebildet, die die Herausforderung zu einem gemeinsamen Zeugnis der Kirchen erkannte. Diese »prophetische Funktion« der Kirche, die es inmitten der gewaltvollen Situation wahrzunehmen galt, sollte von nun an nicht mehr verdrängt werden, sie blieb präsent. Der Wille zur Überwindung militärischer Gewalt war eine der stärksten Motivationen, den Weltkirchenrat zu gründen, wozu es dann schließlich im Jahr 1948 – nach Ende des zweiten Weltkrieges – kommen konnte.[56] Die zur Gründungsversammlung in Amsterdam versammelten Christinnen und Christen aus allen Teilen der Welt fanden Worte der Reue und des Schuld Bekennens, aber auch klare und hoffnungsvolle Worte an »alle, die Jesus Christus angehören, und alle, die bereit sind zu hören«[57]:

»Wir wollen Gott bitten, daß Er uns miteinander lehre, ein echtes Nein und ein echtes Ja zu sprechen.
Ein Nein zu allem, was der Liebe Christi zuwider ist, zu jedem System, zu jedem Programm, zu jedem Menschen, die einen Menschenbruder behandeln, als wäre er nicht Gottes Geschöpf, sondern ein Stück Ware, das man ausnutzen kann; ein Nein zu denen, die im Namen der Ordnung das Unrecht zum Recht machen, zu denen, die die Saat des Krieges säen oder zum Kriege drängen, weil er doch unvermeidbar sei.
Ein Ja zu allem, was mit der Liebe Christi zusammenstimmt, zu allen Menschen, die das Recht aufrichten, zu allen, die in der Welt einen echten Frieden schaffen möchten, zu allen, die um des Menschen willen hoffen, kämpfen und leiden; ein Ja zu allen denen, die – selbst ohne es zu wissen – sich ausstrecken nach einem neuen Himmel und einer neuen Erde, in welchen Gerechtigkeit wohnt.«[58]

---

[56] Vgl. *Willem A. Visser 't Hooft*, Ursprung und Entstehung des Ökumenischen Rates der Kirchen, Beiheft zur ÖR 44, Frankfurt/M.: Lembeck 1983.
[57] Die Botschaft der Vollversammlung, in: Die Unordnung der Welt und Gottes Heilsplan, Amsterdamer oekumenisches Gespräch 1948, Bd. 5: Die erste Vollversammlung des Oekumenischen Rates der Kirchen in Amsterdam vom 22. August bis 4. September 1948, hg. von *Willem A. Visser 't Hooft*, Genf: Studienabteilung des Oekumenischen Rates der Kirchen 1948, 7–10, 7.
[58] A.a.O., 9.

Hier sind deutliche Anklänge an frühere Formulierungen von Dietrich Bonhoeffer und Karl Barth zu erkennen (s.o.). »Krieg soll nach Gottes Willen nicht sein«[59] – so die vielzitierte ›Lektion‹ der Welt-Ökumene nach der bitteren Erfahrung von zwei Weltkriegen. Krieg sei »Sünde wider Gott und eine Entwürdigung des Menschen«, wird jetzt festgestellt.[60] Die Kriegs(dienst)verweigerer sahen sich in ihrer radikalen christlich-pazifistischen Position bestätigt. Die unterschiedlichen Positionen von Oxford waren dadurch noch nicht aufgehoben, aber sie wurden weiter modifiziert, denn man stellte sich nun, angesichts der Präsenz und unterschiedslosen Zerstörungsgewalt atomarer Waffen, gemeinsam der unausweichlichen Frage: »Kann der Krieg heute noch ein Akt der Gerechtigkeit sein?«[61] Und viele, die bis dahin eine ›christliche Pflicht‹ zur Kriegsführung vertreten hatten, bezogen nun eine Position, die später als »Atompazifismus« bezeichnet wurde: »ein moderner Krieg mit seinen allumfassenden Zerstörungen [kann] niemals ein Akt der Gerechtigkeit sein«.[62] Freilich blieben viele aber dennoch bei jener *ultima ratio*-Argumentation, die Kriegsführung als »letztes Mittel« für unaufgebbar hält.

Die als drei verschiedene Positionen[63] dargestellten Argumentationen stellen m.E., entsprechend der Typisierung von Oxford, im Grunde nur noch zwei Grundtypen dar, mit Unterdifferenzierung:[64]

(1) Die christlich-pazifistische Position:
Sie formuliert jetzt explizit ihre Ablehnung eines jeden Kriegsdienstes und zeigt sich überzeugt, »das Gott von ihnen verlangt, bedingungslos gegen den Krieg und für den Frieden Stellung zu nehmen.« Ihrer Meinung nach sollte die Kirche als Ganze im gleichen Sinne sprechen.

(2) Die Position des »gerechten Krieges«:
Die Vertreter dieser Position lehnen Krieg nicht grundlegend ab, Christen könnten »unter bestimmten Umständen« in den Krieg ziehen müssen.

(2a) Die »Atompazifisten« stellen aber fest, dass ein »moderner Krieg mit seinen allumfassenden Zerstörungen niemals ein Akt der Gerechtigkeit sein« kann.

---

[59] Vgl. »Die Kirche und die internationale Unordnung. Bericht der Sektion IV«, in: Die Unordnung der Welt und Gottes Heilsplan, a.a.O., 116–141, 117.
[60] Ebd.
[61] A.a.O., 118.
[62] Ebd.
[63] Die verschiedenen Positionen werden genannt in: A.a.O., 118.
[64] Vgl. hierzu die Diskussion der Typisierungen bei *Haspel*, Friedensethik, a.a.O.; und: *Huber/Reuter*, Friedensethik, a.a.O. Zusätzlich siehe *Heinrich Bedford-Strohm*, Kirche – Ethik – Öffentlichkeit. Zur ethischen Dimension der Ekklesiologie, in: Verkündigung und Forschung (VuF) 2/2006, 4–19.

(2b) moralisch legitimiert (das Recht ist unter allen Umständen zu schützen): Die Vertreter dieser Position stellen fest, dass es angesichts der bisherigen Ermangelung von »unparteiischen, übernationalen Instanzen« nicht nur legitim sei, das Recht auch mit militärischer Gewalt als dem »letzten Mittel« zu verteidigen, sondern geradezu die Pflicht eines jeden »Staatsbürgers«.

Allen gemeinsam war jetzt die Hoffnung auf Durchsetzbarkeit des internationalen Rechts. Auffällig ist weiterhin, dass 1948 das Argument der »Christenpflicht« nicht mehr im Vordergrund steht, wie noch 10 Jahre zuvor in Oxford. Die christlich-bellizistische Position taucht nicht mehr auf.

I.6   Der Beginn des »kalten Krieges« und das Zeugnis der
        historischen Friedenskirchen

1949 forderte der damalige Generalsekretär des ÖRK, Willem A. Visser 't Hooft, in der Nacharbeit zur ersten Vollversammlung, die historischen Friedenskirchen (Mennoniten, *Church of the Brethren* und Quäker) und den *Internationalen Versöhnungsbund* auf, der weltweiten Gemeinschaft der Kirchen die Argumentation für eine christlich-pazifistische Position zu erläutern. 1951 erfolgte die Antwort in der Erklärung »*War is Contrary to the Will of God*«, bzw. 1953 »*Peace is the Will of God*«.[65] Die historischen Friedenskirchen brachten ihre völlige Übereinstimmung mit den theologischen Argumentationen von Oxford und Amsterdam zum Ausdruck: das christozentrische Bekenntnis und die transzendierende Funktion der Gemeinschaft der Kirche Jesu Christi im Blick auf jede säkulare Größe und Bindung seien die entscheidende Basis ihrer konsequenten Ablehnung jeglicher Beteiligung an Kriegen sowie ihrer Suche nach alternativen Formen des Friedensdienstes. Sie bezweifelten die generelle Möglichkeit des Nicht-Schuldig-Werdens auch ihrer Position, betonten aber die grundsätzliche Leidensbereitschaft in der Nachfolge Christi[66] gegen das Ar-

---

[65] Peace is the Will of God: By Historic Peace Churches, International Fellowship of Reconciliation Committee, Geneva, October 1953, in: *Douglas Gwyn (et.al)*, A Declaration on Peace: In God's People the World's Renewal has begun. A contribution to ecumenical dialogue sponsored by Church of the Brethren, Fellowship of Reconciliation, Mennonite Central Commitee, Friends General Conference, Scottdale/PA and Waterloo/ON: Herald Press 1991, 53–78, Appendix A.

[66] »The avoidance of suffering is no criterion of good: on the contrary, we are warned, as disciples of Jesus, to expect suffering ...«, so in der Erklärung der Friedenskirchen: Peace is the Will of God, a.a.O. Vgl. zum Gedanken der Leidensbereitschaft als Merkmal der Kirche: *John H. Yoder*, Body Politics: Five Practices of the Christian Community before the Watching World, Nashville/TN: Discipleship Resources 1993 (repr. 1997, dt.: *ders.*, Die Politik des Leibes Christi. Als Gemeinde zeichenhaft leben. Schwarzenfeld: Neufeld 2011).

gument des ›geringeren Übels‹ entsprechend der Lehre vom gerechten Krieg. Die Verantwortung der Kirche in der Welt sei es gerade, das Reich Gottes »im Hier und Jetzt« zu verkörpern und also eine »messianische Ethik«[67] exemplarisch zu leben.

Ein Fortsetzungsausschuss aus Repräsentanten der Friedenskirchen und des *Internationalen Versöhnungsbundes* sowie Vertretern der Mehrheitskirchen war von nun an kontinuierlich tätig in den sogenannten »Puidoux-Konferenzen« (1955–1973, benannt nach dem Ort des ersten Treffens). Sie bilden einen reichen Schatz an Auseinandersetzungen zu theologisch-ethischen und damit verbundenen ekklesiologischen Fragestellungen, bei denen die Diskussion über die angemessene Haltung zu Krieg und Frieden (bzw. eng verwandte Fragestellungen, wie die Kriegsdienstverweigerung) im Vordergrund standen.[68] Auf die ökumenisch-theologischen und ethischen Diskurse innerhalb des ÖRK, insbesondere aber auf den deutschen und nordamerikanischen Kontext der Nachkriegszeit, hatten diese Konferenzen weitreichenden Einfluss. Auch die im gleichen Jahr begonnene ÖRK-Studie zu »Kirche und nukleare Bedrohung« wurde maßgeblich durch Beiträge aus den Traditionen der Friedenskirchen und des Internationalen Versöhnungsbundes bestimmt.[69] Eines der sichtbaren Ergebnisse dieser jahrelangen, kontinuierlichen Arbeit war die Lancierung des »Antimilitarismus-Programms« auf der V. Vollversammlung des ÖRK 1975 in Nairobi (»Studienprogramm für Abrüstung und gegen Militarismus und Wettrüsten«).[70]

[67] Vgl. zum Begriff der »messianischen Ethik«: *Stanley Hauerwas*, Selig sind die Friedfertigen. Ein Entwurf christlicher Ethik, hg. u. eingeleitet von *Reinhard Hüter*, Neukirchen-Vluyn: Neukirchener 1995 (dt. Übers. von The Peaceable Kingdom, A primer in Christian Ethics, Notre Dame/IN: University of Notre Dame 1986). Hauerwas bezieht sich explizit auf die Gedanken von John H. Yoder, hier insbesondere: *John H. Yoder*, Sacrament as Social Process, in: Theology Today, April 1991.

[68] Vgl. dazu ausführlicher: *Fernando Enns*, Friedenskirche in der Ökumene. Mennonitische Wurzeln einer Ethik der Gewaltfreiheit, Göttingen: Vandehoeck & Ruprecht 2003, 223–235.

[69] *(Ökumenischer Rat der Kirchen:)* Christians and the Prevention of War in an Atomic Age: A Theological Discussion, Geneva: WCC 1955. Der Zentralausschuss distanzierte sich allerdings später von den Ergebnissen dieser Studie, die einen pazifistischen Aufruf enthielt. Zu den verschiedenen ethischen Diskussionen auf den Vollversammlungen des ÖRK vgl. auch: *Ans J. van der Bent*, Commitment to God's World: A Concise Critical Survey of Ecumenical Social Thought, Geneva: WCC 1995.

[70] Vgl. Bericht aus Nairobi 1975, Ergebnisse – Erlebnisse – Ereignisse, Offizieller Bericht der Fünften Vollversammlung des Ökumenischen Rates der Kirchen, 23. November bis 10. Dezember 1975 in Nairobi/Kenia, hg. von *Hanfried Krüger* und *Walter Müller-Römheld*, Frankfurt/M.: Lembeck 1976, 189–193. In Deutschland ging aus diesem Impuls die Gründung der Friedensinitiative »Ohne Rüstung leben« hervor.

Parallel hierzu verliefen die politisch wichtigen Gespräche der 1958 gegründeten *Prager Christlichen Friedenskonferenzen*, die die Ost-West-Spaltung ins Zentrum ihrer Beratungen stellte, den kalten Krieg zu überwinden suchte und ein Verbot nuklearer Waffen anstrebte.[71] Einer der führenden Theologen und Initiatoren war der Tscheche Josef L. Hromádka[72] (1889–1969), der auch und gerade durch seine »freundschaftliche« Auseinandersetzung mit Karl Barth zum Verhältnis von christlichem Glauben und Marxismus weithin Bekanntheit erreichte.[73] Jan Milič Lochman[74] und Martin Niemöller zählen ebenfalls zu den Gründungsfiguren.[75] Dieses wichtige Forum zur Begegnung zwischen kirchlichen Vertretern aus den sozialistischen Ländern des Ostblocks und Vertretern aus Kirchen und christlichen Friedensgruppen aus dem Westen bildete an sich schon einen bedeutenden ökumenischen »Brückenschlag«, da es eine der wenigen und in jenen Zeiten so wichtigen Möglichkeiten zur persönlichen Begegnung schuf.[76] Allerdings divergieren die nachträglichen Interpretationen zur geschichtlichen Einordnung, auch der Rolle des ÖRK, erheblich.[77]

---

[71] Vgl. »… and on Earth Peace«, Documents of the First All-Christian Peace Assembly, 13th–18th June 1961, Prague.

[72] Vgl. zur ökumenischen Bedeutung: *Josef Smolík*, Josef L. Hromádka und die ökumenische Bewegung, in: ÖR 1980, 327–341. *Josef Smolík* und *Heinz Kloppenburg* (Hg.), Von Amsterdam nach Prag, FS für Josef Lukl Hromádka, Evangelische Zeitstimmen 45/46, Hamburg: Reich 1969.

[73] *Karl Barth, Josef Lukl Hromádka, Josef B. Souček, Martin Rohkrämer* (Hg.), Freundschaft im Widerspruch. Der Briefwechsel zwischen Karl Barth, Josef L. Hromádka und Josef B. Souček 1935–1968, Zürich: Theologischer Verlag 1995. Und: *Josef Lukl Hromádka*, An der Schwelle des Dialogs zwischen Christen und Marxisten, Frankfurt/M.: Stimme-Verlag 1965.

[74] Vgl. zur Bedeutung Lochmans für die Ökumene: *Jan Milič Lochman*, Wahrheitssuche und Toleranz. Lebenserinnerungen eines ökumenischen Grenzgängers. Aus dem Tschechischen übers. von *Rudolf Bohren*, Zürich: TVZ 2002.

[75] Aus der BRD nahmen unter anderem teil: Ernst Wolf, Friedrich-Wilhelm Marquardt und Martin Stöhr. Die Mennoniten vertrat Heinold Fast. Aus der DDR: Hanfried Müller, Klaus-Peter Hertzsch u.a.m., siehe die vollständige Liste der Teilnehmenden in: »… and on Earth Peace«, 172–187.

[76] Zur Geschichte der Prager Christlichen Friedenskonferenz (CFK) siehe: *Reinhard Scheerer* (Hg.), Gott schreibt auch auf krummen Linien gerade. Zur Geschichte der Christlichen Friedenskonferenz (CFK), Frankfurt/M.: Haag und Herchen Verlag 1993.

[77] Vgl. die Interpretationen der CFK von *Gerhard Lindemann*, »Sauerteig im Kreis der gesamtchristlichen Ökumene«: Das Verhältnis zwischen der Christlichen Friedenskonferenz und dem Ökumenischen Rat der Kirchen, in: *Gerhard Besier, Armin Boyens* und *Gerhard Lindemann*, Nationaler Protestantismus und Ökumenische Bewegung. Kirchliches Handeln im Kalten Krieg (1945–1990), Berlin: Duncker & Humblot 1999, 653–932. Siehe zur Auseinandersetzung: *Heinz Joachim Held*, Der Ökumenische Rat der Kirchen im Visier der Kritik. Eine kritische Lektüre der Forschungsarbeit »Ökumenischer Rat der Kirchen und Evangelische Kirche in Deutschland zwischen West und Ost«, Frankfurt/M.: Lembeck 2001;

I.7   Die Frage nach der Legitimation »revolutionärer Gewalt« und die
(Wieder-) Entdeckung des Ethos der Gewaltfreiheit

Neben der, die friedensethische Diskussion beherrschenden weltpoliti-
schen Lage der Ost-West-Konfrontation und der daraus resultierenden
atomaren Bedrohung, entwickelte sich seit den 60er Jahren des 20.
Jahrhunderts ein weiteres Feld zum entscheidenden Prüfstein für die
unterschiedlichen friedenstheologischen und –ethischen Positionen in
der Ökumene: Sollte es für Christen der sogenannten Dritten Welt in
ihrem unausweichlichen Kampf für mehr Gerechtigkeit und Befreiung
von diktatorischen und unterdrückerischen Strukturen nicht legitim
sein, Gewalt als letztes Mittel anzuwenden, oder diese zumindest als
legitime Verteidigung in Betracht zu ziehen? Die Perspektive war hier
nun eine völlig andere: nicht die des Staates, in der sich Diskussionen
um Kriterien für einen »gerechten Krieg« zur Verteidigung des Rechts
– oder eben der Kriegsdienstverweigerung – im Konfliktfall zwischen
Staaten ergeben hatten, sondern die Perspektive der vom Staat Unterdrückten, deren Alltag von direkter, staatlich sanktionierter und ange-
wandter Gewalt gekennzeichnet war, die sich zudem beständig zu-
spitzte aufgrund der dahinter liegenden »strukturellen Gewalt«.[78] Die
Berufung allein auf das geltende Recht und die Rechtsdurchsetzung
schien hier nichts auszutragen, wenn das positive Recht nicht für Gerechtigkeit sorgte, sondern ihrer Durchsetzung geradezu im Wege
stand. Befreiungsbewegungen und eine ›Theologie der Revolution‹
entstanden, in denen in neuer Weise nach Gottes Handeln in der Geschichte gefragt wurde. ›Kampf‹ und ›Gewalt‹ erschienen vielen der
politisch Bedrückten als Weg zu mehr Gerechtigkeit und Frieden als
legitim.[79] Die in vielerlei Hinsicht wegweisende ÖRK-Weltkonferenz
für Kirche und Gesellschaft 1966 in Genf setzte sich intensiv mit der
Frage dieser »revolutionären Gewalt« auseinander und fragte abwä-
gend nach »dem geringeren Übel«. Gewaltlosigkeit könne zumindest
nicht als die einzige legitime Position der Kirche gelten:

»Darum erhebt sich heute oftmals die Frage, ob die Gewalt, durch die in einer ge-
planten Revolution Blut vergossen wird, nicht ein geringeres Übel sein könnte als
die Gewalt, durch die zwar kein Blut vergossen wird, die aber die gesamte Bevölkerung zu ewiger Verzweiflung verdammt. Tatsächlich haben sich Christen an
revolutionären Prozessen beteiligt, welche Gewalt und Mißachtung des Rechts

und: *Katharina Kunter*, Erfüllte Hoffnungen und zerbrochene Träume. Evangelische Kirchen in Deutschland im Spannungsfeld von Demokratie und Sozialismus
(1980–1993), Göttingen: Vandenhoeck & Ruprecht 2006.
[78] Der Soziologe Johan Galtung entwickelte die Differenzierung und damit Ausweitung des Begriffs der Gewalt. Vgl. *Johan Galtung*, Gewalt, Frieden und Friedensforschung, in: *Dieter Senghaas* (Hg.), Kritische Friedensforschung, Frank-
furt/M.: Suhrkamp Verlag 1971, 55–104.
[79] Vgl. *Frieling*, Der Weg des ökumenischen Gedankens, a.a.O., 322.

nach sich zogen, und diese Christen warten mit einem unruhigen Gewissen auf das Verständnis und die Führung der Kirche. [...] Es kann nicht erklärt werden, daß absolute Gewaltlosigkeit die einzig mögliche Position für Christen ist. Es gibt Situationen, in denen Christen zur Gewaltanwendung getrieben werden könnten.«[80]

Auch hier wird auf die bekannten Kriterien der Lehre des gerechten Krieges zurückgegriffen (*causa iusta, ultima ratio, recta intentio, debitus modus*), deren Leistungsfähigkeit in der parallel verlaufenden Diskussion zur atomaren Kriegsführung gerade zunehmend in Frage gestellt wurde. – Die Diskussionen spitzten sich zu, als der ÖRK das »Programm zur Bekämpfung des Rassismus« initiierte, weil in diesem Kontext manche dieser Befreiungsbewegungen vom ÖRK (auch finanziell) unterstützt wurden, selbstverständlich stets zweckgebunden auf humanitäre Hilfe beschränkt.[81] Das hinderte jedoch manche nicht daran – gerade auch jene Kirchenvertreter aus dem Norden, die sonst nicht auf der Seite der Pazifisten zu finden waren – den ÖRK als gewaltunterstützende und Kommunismus freundliche Organisation zu diffamieren, was dem Ansehen der Gemeinschaft der Kirchen langfristig erheblichen Schaden zufügte. Im Süden gewann der ÖRK nun allerdings durch seine eindeutige Solidarität mit den Schwachen und Unterdrückten erheblich an Glaubwürdigkeit, gerade weil er sich nun auch mutig gegen die zunehmende »strukturelle Gewalt« wandte, in die die reichen Kirchen des Nordens und Westens mit verflochten waren. Der ÖRK und an seiner Spitze der Generalsekretär Philip Potter, scheute diesen unausweichlichen Konflikt nun nicht mehr.[82]

In diesen Diskussionen wurden aber auch zunehmend der Kampf für die Menschenrechte und die Möglichkeiten zum aktiven, aber gewaltfreien Widerstand geschärft. Mohandas K. Gandhi[83] und Martin Luther

---

[80] *(Ökumenischer Rat der Kirchen:)* »Gewalt und Gewaltlosigkeit«, in: Appell an die Kirchen der Welt, Dokumente der Weltkonferenz für Kirche und Gesellschaft, hg. vom ÖRK, Deutsche Ausgabe besorgt von Hanfried Krüger, Stuttgart/Berlin: Kreuz-Verlag 1967, 170f., 171.
[81] Vgl. die Dissertation von *Wolfram Weiße*, Südafrika und das Antirassismusprogramm. Kirchen im Spannungsfeld einer Rassengesellschaft, Studien zur interkulturellen Geschichte des Christentums Bd. 1, Bern u.a.: Lang 1975. Die Kirchen, das südliche Afrika und der politische Kontext, Kirchliche Zeitgeschichte (KZG) 9,2, Göttingen: Vandenhoeck & Ruprecht 1996.
[82] Siehe hierzu: *Fernando Enns*, Philip A. Potter: Was sollen wir tun? Wegbereiter einer handlungsorientierten Ökumene, in: *Christian Möller u.a.* (Hg.), Wegbereiter der Ökumene im 20. Jahrhundert, Göttingen: Vandenhoeck & Ruprecht 2005, 354–375. Philip Potter, »... damit du das Leben wählst«. Texte und Reden eines Gestalters der ökumenischen Vision, hg. von *Andrea Fröchtling u.a.*, Göttingen: Edition Ruprecht 2011.
[83] Vgl. *Michael Blume*, Satyagraha. Wahrheit und Gewaltfreiheit, Yoga und Widerstand bei M.K. Gandhi, Gladenbach: Hinder u. Deelmann 1987. Dazu: *Huber/Reuter*, Friedensethik, a.a.O.,123f.

King Jr.[84] gehören zu den wichtigsten Protagonisten dieser Haltung, die auch die ökumenischen Diskussionen entscheidend beeinflussten. Die IV. Vollversammlung des ÖRK in Uppsala 1968, auf der King als einer der Hauptredner vorgesehen war, jedoch kurz vorher dem Attentat zum Opfer fiel, bereitete eine »Martin Luther King Resolution« zu gewaltfreien Methoden und zum Kampf für soziale Gerechtigkeit vor:[85] 1973 lag diese vor: *Violence, Nonviolence and the Struggle for Social Justice.*[86] Zehn Jahre später fand diese eine Fortsetzung in der sogenannten *Corrymeela Consultation: Violence, Nonviolence and Civil Conflict.*[87] Die aufkommenden säkularen Friedens- und Konfliktstudien im Bereich der politischen Wissenschaften zeigten den Kirchen zusätzlich, wie sehr deren bisherige friedensethische Diskussionen in den traditionellen Argumentationsmustern der einzelnen Konfessionen verharrt waren. Ein wichtiger Klärungsprozess musste nun einsetzen, der die Friedensthematik nicht länger auf die Frage der legitimen bzw. illegitimen (militärischen oder revolutionären) Gewaltanwendung allein beschränkte.

I.8   Die Weitung der ökumenischen Friedensethik durch den konziliaren Prozess für Gerechtigkeit, Frieden und Bewahrung der Schöpfung

Bei der VI. Vollversammlung des ÖRK in Vancouver 1983 stand der Beginn des »konziliaren Prozess gegenseitiger Verpflichtung (Bund) für Gerechtigkeit, Frieden und Bewahrung der ganzen Schöpfung«[88] im Zentrum der Beratungen, der in der »Weltversammlung für Gerechtigkeit, Frieden und Bewahrung der Schöpfung« in Seoul 1990 seinen

---

[84] Vgl. hierzu neu: *Michael Haspel* und *Britta Waldschmidt-Nelson*, Martin Luther King. Leben, Werk und Vermächtnis, Weimar: Wartburg-Verlag 2008. Zusammenfassend auch *Michael Haspel*, Martin Luther King Jr. als ökumenischer Sozialethiker: eine theologische Hommage anlässlich seines 30. Todestages, in: ÖR 3/1998, 375–382.

[85] Vgl. *David Gill*, Violence, Non-violence and the Struggle for Justice, in: Ecumenical Review 25/4 1973, 430–446.

[86] *(Ökumenischer Rat der Kirchen:)* »Violence, Nonviolence and the Struggle for Social Justice: A Statement commended by the WCC Central Committee, 1973«, in: Violence, Nonviolence and Civil Conflict, Geneva: WCC 1983, 16–32.

[87] *(Ökumenischer Rat der Kirchen:)* »Violence, Nonviolence and Civil Conflict: the Report of the Corrymeela Consultation«, in: Violence, Nonviolence and Civil Conflict, a.a.O., 9–15.

[88] Bericht aus Vancouver 1983, Offizieller Bericht der Sechsten Vollversammlung des Ökumenischen Rates der Kirchen, 24. Juli bis 10. August 1983 in Vancouver/Kanada, hg. von *Walter Müller-Römheld*, Frankfurt/M.: Lembeck 1983, 261. Vgl. zum gesamten Prozess: *Ulrich Schmitthenner*, Der konziliare Prozeß. Gemeinsam für Gerechtigkeit, Frieden und Bewahrung der Schöpfung: Ein Kompendium, Idstein: Meinhardt Text und Design 1998; und *ders.*, Textsammlung zum konziliaren Prozess (zweisprachig), CD-Rom 1999.

vorläufigen Höhepunkt erreichte. In einer einschlägigen »Erklärung zu
Frieden und Gerechtigkeit« hat die VI. Vollversammlung die seit den
Erfahrungen der Befreiungskämpfe und der wachsenden ökonomischen Abhängigkeitsverhältnisse diskutierte Verhältnisbestimmung
von Frieden und Gerechtigkeit zusammengefasst und betont, dass es
keinen Frieden ohne Gerechtigkeit geben könne:

> »Frieden ist nicht nur Abwesenheit von Krieg. Frieden kann nicht auf ungerechten
> Strukturen aufgebaut werden. Frieden setzt eine neue Weltordnung voraus, die
> begründet ist auf Gerechtigkeit für alle und in allen Völkern und auf Respekt für
> die gottgegebene Menschlichkeit und Würde jedes einzelnen. Frieden, sagt der
> Prophet Jesaja, ist die Frucht der Gerechtigkeit.«[89]

Konrad Raiser wertet diesen Bericht als »nach wie vor die beste Zusammenfassung der ökumenischen Überzeugungen zu den Fragen von
Krieg und Frieden«.[90]
Die Delegierten aus der damaligen DDR hatten in ihrem Antrag den
ÖRK in Vancouver aufgefordert zu prüfen, ob die Zeit reif sei »für ein
allgemeines, christliches Friedenskonzil, wie es Dietrich Bonhoeffer
angesichts des drohenden 2. Weltkrieges vor 50 Jahren für geboten
hielt.«[91] Eine weitere »Initialzündung« für ein solches Friedenskonzil
stammte von dem Physiker und Philosophen Carl Friedrich von Weizsäcker, der die Meinung vertrat, dass sich die Krise der Menschheit in
den drei Bereichen Gerechtigkeit, Frieden und Natur zeige und dass es
ethisch konsensfähige und politisch realisierbare Forderungen zum
Verhalten in diesen Bereichen gebe, auch über die Religionsgrenzen
hinaus. Er forderte eine weltweite, politisch wirksame Rechtsordnung
und wandte sich deshalb an die Kirchen der Ökumene:[92] »Wir bitten

[89] »Erklärung zu Frieden und Gerechtigkeit«, in: Bericht aus Vancouver 1983,
a.a.O., 160–168, 161.
[90] *Raiser*, Bonhoeffer und die ökumenische Bewegung, 211.
[91] Vancouver 83. Zeugnisse, Predigten, Ansprachen, Vorträge, Initiativen von der
Sechsten Vollversammlung des Ökumenischen Rates der Kirchen in Vancouver,
B.C./Kanada, 24. Juli – 10. August 1983, Beiheft zur ÖR 48, hg. von *Lothar Coenen* und *Wolfgang Traumüller*, Frankfurt/M.: Lembeck 1984, 203–206, 206. In der
ehemaligen DDR führte der Konziliare Prozess in den Jahren 1988 und 1989 zur
Ökumenischen Versammlung für Gerechtigkeit, Frieden und Bewahrung der
Schöpfung. Die einschlägigen Texte dieser Versammlung(en) finden sich in: Ökumenische Versammlung für Gerechtigkeit, Frieden und Bewahrung der Schöpfung, Dresden – Magdeburg – Dresden. Eine Dokumentation, Berlin: Aktion Süh-
nezeichen/Friedensdienste 1990.
[92] *Carl Friedrich von Weizsäcker*, Die Zeit drängt. Eine Weltversammlung der
Christen für Gerechtigkeit, Frieden und die Bewahrung der Schöpfung, Mün-
chen/Wien: Hanser 1986. Vgl. hierzu auch *Götz Planer-Friedrich* (Hg.), Frieden
und Gerechtigkeit. Auf dem Weg zu einer ökumenischen Friedensethik, München:
Kaiser 1989. Siehe ebenfalls die auf den Aufruf zum Friedenskonzil folgenden
Diskussionen in: *Hans-Richard Reuter* (Hg.), Konzil des Friedens. Beiträge zur

die Kirchen der Welt, ein Konzil des Friedens zu berufen. Der Friede ist heute die Bedingung des Überlebens der Menschheit. Er ist nicht gesichert.« Wiederum sollten die Kirchen »ein Wort sagen, dass die Menschheit nicht überhören kann.«[93] – Nach Raisers Auffassung zeigt die Wiederaufnahme der Anregung Bonhoeffers ein halbes Jahrhundert später, dass Bonhoeffer einen Ansatz zur Behandlung der Fragen von Krieg und Frieden gefunden habe, der die miteinander in Spannung stehenden Positionen hinter sich lasse und nach wie vor aktuell sei.[94]

Doch auch jetzt sollte es nicht zu einem solchen Konzil kommen, wohl aber zu einem wirkmächtigen »konziliaren Prozess«. Die Aufgabe des konziliaren Prozesses bestand darin, »eine Antwort aus christlichem Glauben auf die Krise der Überlebensfähigkeit von Mensch und Natur in Gerechtigkeit gemeinsam als Kirchen und Christen zu geben und diese Antwort zusammen mit Angehörigen anderer Religionen und Weltanschauungen praktisch werden zu lassen«.[95] Erstmals in dieser systematisch angelegten Breite wollten die Kirchen ihre Hoffnung materialisieren: in der Analyse (Bedrohungen identifizieren, innere Zusammenhänge herstellen), im aktuellen Bekennen (Erarbeitung theologischer Grundüberzeugungen zu Gerechtigkeit, Frieden, Schöpfungsbewahrung), in praktischen Verpflichtungen (Übernahme gemeinsamer Verpflichtungen zur Überwindung der Bedrohung). Als ekklesiologisches Modell diente der Weltversammlung für Gerechtigkeit, Frieden und Bewahrung der Schöpfung der Begriff des »Bundesschlusses«. Der Bund sei das Werk Gottes. Auf die Bundestreue Gottes antworteten die Menschen, indem sie sich zusammenschlössen im Kampf für Gerechtigkeit, Frieden und Schöpfung. Der verpflichtende Charakter für den unbedingten Einsatz für Frieden und Gerechtigkeit sollte sich aus dieser Bundesgemeinschaft ergeben.

»Wenn die Kirchen auf die heutigen globalen Bedrohungen angemessen antworten wollen, müssen sie ihrer umfassenden Berufung auf neue Art gerecht werden. In unserer Zeit müssen sie wie ein Leib handeln, nationale Grenzen überwinden und

ökumenischen Diskussion I, Heidelberg: FEST 1987, sowie *Huber/Reuter*, Friedensethik, a.a.O., 204ff.

[93] In seiner Rede auf dem Deutschen Evangelischen Kirchentag in Düsseldorf 1985, in: 21. Deutscher Evangelischer Kirchentag 1985. Dokumente, hg. von *Konrad von Bonin*, Stuttgart: Kreuz 1985.

[94] Vgl. *Raiser*, Bonhoeffer und die ökumenische Bewegung, a.a.O., 212.

[95] *(Ökumenischer Rat der Kirchen:)* Die Zeit ist da, Schlussdokument & andere Texte. Weltversammlung für Gerechtigkeit, Frieden und Bewahrung der Schöpfung Seoul 1990, Genf: ÖRK 1990, 4. Das Schlussdokument der Weltversammlung findet sich ebenfalls in: *Wolfram Stierle*, Dietrich Werner und Martin Heider (Hg.), Ethik für das Leben. 100 Jahre Ökumenische Wirtschafts- und Sozialethik, Quellenedition ökumenischer Erklärungen, Studientexte und Sektionsberichte des ÖRK von den Anfängen bis 1996, Rothenburg o.d. Tauber: Ernst Lange-Institut 1996, 94–105.

gleichzeitig die Schranken der Ungerechtigkeit niederreißen, die den Leib Christi zertrennen.«[96]

Während der Weltversammlung in Seoul selbst wurde dann aber deutlich, dass eine begründete Hoffnung für ein gemeinsames Zeugnis im weiteren Vorgehen nur dann gegeben sein könnte, wenn die Fragen der Ethik mit denen der Ekklesiologie zusammen gesehen würden. Es wurde erkannt, dass mit der Frage nach dem Zeugnis der Kirche immer auch die nach ihrem Sein (*esse*) gestellt ist: Auch wenn man sich nicht einmütig für eine generelle Kriegsdienstverweigerung aussprechen konnte, so fand die Weltversammlung doch zu einem breiten Konsens hinsichtlich der verschiedenen Dimensionen der Friedensethik, in Form von Selbstverpflichtungen:[97] Unter Bekräftigung von »Gottes Frieden in seiner ganzen Bedeutung« verpflichten sich die Kirchen hier zum einen, alle Möglichkeiten auszuschöpfen, Gerechtigkeit und Frieden zu schaffen und Konflikte durch aktive Gewaltfreiheit zu lösen. Zum zweiten wolle man jedem Verständnis von »Sicherheit« widerstehen, das den Einsatz von Massenvernichtungswaffen vorsehe, ebenso einem Konzept »nationaler Sicherheit«, welches das Ziel habe, Bevölkerungen zu beherrschen oder zu unterdrücken, um die Privilegien einiger Weniger zu verteidigen. Militärische Invasionen, Interventionen und Besetzungen werden hier generell abgelehnt. Krieg solle als legales Mittel zur Lösung von Konflikten nicht mehr in Frage kommen, vielmehr seien die Regierungen aufgefordert, eine internationale Rechtsordnung zu schaffen, die der Verwirklichung des Friedens tatsächlich diene. Und schließlich verpflichten sich die Delegierten zum dritten dazu, auch persönliche Beziehungen gewaltfrei zu gestalten.

Die »Zehn Affirmationen« von Seoul können durchaus als ein sozialethisches Bekenntnis der ökumenischen Bewegung dargestellt werden:

»In dieser von Ungerechtigkeit, Gewalt und Umweltzerstörung gezeichneten Welt wollen wir Gottes Bund bekräftigen, der offen ist und ein Leben in Ganzheit und heilen Beziehungen verheißt. Wir antworten auf Gottes Bund mit dem Bekenntnis unseres Glaubens an den dreieinigen Gott, der die wirkliche Quelle aller Gemeinschaft ist. [...]

Wir formulieren diese grundsätzlichen Überzeugungen als Christen, die wissen, dass viele Menschen, die andere Religionen und Weltanschauungen vertreten, diese Sorgen mit uns teilen und ihre eigene Sicht von Gerechtigkeit, Frieden und der Bewahrung der Schöpfung haben. Wir suchen den Dialog und die Zusammenarbeit mit ihnen. Wir folgen damit der Vision einer neuen Zukunft, die für den Fortbestand unseres Planeten unerlässlich ist.

Wir können die folgenden Aussagen nur dann richtig fassen, wenn wir gleichzeitig unser Unvermögen und Versagen zugeben und uns erneut auf die Wirklichkeit des

---

[96] Die Zeit ist da, Schlussdokument, a.a.O., 13.
[97] A.a.O., 22.

Reiches Gottes einlassen. Das bedeutet, dass wir in Gedanken, Worten und Werken den Mächten der Zertrennung und der Zerstörung Widerstand leisten und mit den leidenden Menschen in aktiver Solidarität leben [...]

Wir bekräftigen, dass alle Ausübung von Macht vor Gott verantwortet werden muss [...]
Wir bekräftigen, dass Gott auf der Seite der Armen steht [...]
Wir bekräftigen, dass alle Rassen und Völker gleichwertig sind [...]
Wir bekräftigen, dass Mann und Frau nach dem Bilde Gottes geschaffen sind [...]
Wir bekräftigen, dass Wahrheit zur Grundlage einer Gemeinschaft freier Menschen gehört [...]
Wir bekräftigen den Frieden Jesu Christi [...]
Wir bekräftigen, dass Gott die Schöpfung liebt [...]
Wir bekräftigen, dass die Erde Gott gehört [...]
Wir bekräftigen die Würde und das Engagement der jüngeren Generation [...]
Wir bekräftigen, dass die Menschenrechte von Gott gegeben sind [...].«[98]

Für diesen Bundesschluss wurden vier Bereiche ausgewählt, die als Beispiele dafür dienen sollten, wie dringend heute gemeinsam gehandelt werden müsse. Sie enthalten konkrete Verpflichtungen für eine gerechte Wirtschaftsordnung und für die Befreiung von der Last der Auslandsschulden; für eine »wirkliche« Sicherheit aller Staaten und Menschen und für eine »Kultur der Gewaltfreiheit«; für einen sorgsamen und bewahrenden Umgang mit allem Leben und für die Erhaltung der Erdatmosphäre; für die Abschaffung von Rassismus und Diskriminierung auf nationaler und internationaler Ebene im Interesse alle Menschen.[99]

Erstmalig wird hier so umfassend und eindeutig zu Gerechtigkeit, Frieden und Bewahrung der Natur formuliert. Jedoch bleibt zur Bewertung festzuhalten, dass diese Texte nicht von einer verfassungsgebenden ÖRK-Vollversammlung (dem obersten Entscheidungsgremium des ÖRK) verabschiedet wurden, sondern von einer zum Thema einberufenen »Weltkonvokation«. Zwar sind auch hierzu offizielle Delegierte von den Mitgliedskirchen entsandt und mit der entsprechenden Autorität ausgestattet worden, doch wäre es verfehlt, die formulierten theologischen Grundüberzeugungen, Bekenntnisse und Verpflichtungen als verpflichtende Position des gesamten ÖRK zu werten. Die folgenden Diskussionen belegen, dass das nicht möglich ist.

I.9 Die notwendige Klärung des Verhältnisses von Ekklesiologie und Ethik

Gerade die Unklarheit über den verbindlichen Charakter der Aussagen von Seoul 1990 führte mit zu einem wichtigen, weil klärenden Stu-

---

[98] A.a.O., 16–26.
[99] Vgl. a.a.O., 27f.

dienprozess in den 1990er Jahren: *Ekklesiologie und Ethik.*[100] Dieser
Prozess sollte die notwendige Konsequenz aus den Ergebnissen des
konziliaren Prozesses und der bleibenden ekklesiologischen Frage
nach dem Selbstverständnis der ökumenischen Gemeinschaft klären
helfen.
Zwei Grundüberzeugungen bilden den Diskussionsrahmen: (1) Ökumenische Reflexionen zur Ethik und zum Handeln gehören »intrin-
sisch« zum Wesen und Leben der Kirche.[101] Eine strikte Trennung von
Ekklesiologie und Ethik ist damit ausgeschlossen. Die zweite Überzeugung klärt dieses enge Wechselverhältnis weiter: (2) Ekklesiologie
und christliche Ethik müssen in engem Dialog stehen, sich gegenseitig
respektierend und voneinander lernend.[102] Damit ist festgehalten, dass
ethisches Handeln als direkter Ausdruck ekklesiologischer Überzeugungen zu verstehen ist und die Entwicklung einer Ekklesiologie notwendig von den Erfahrungen ethischen Handelns »lernen« muss. Aus
der ekklesiologischen Perspektive heißt dies vor allem, dass die Verständnisse von Koinonia, Erinnerung und Hoffnung, Eucharistie und
Taufe weiter zu untersuchen sind im Blick auf deren ethische Implikationen. Aus der Perspektive der Ethik beinhalten diese Grundüberzeugungen vor allem ein Verständnis von Kirche zu entwickeln, das im
Verlauf des Studienprozesses mit (umstrittenen) Begriffen wie »ethische Gemeinschaft« (*moral community*) und »*moral formation*« bezeichnet wurde.[103]

Der Studienprozess beinhaltet weitere wertvolle Gedankengänge zur
wichtigen Klärung des Wechselverhältnisses von Ekklesiologie und
Ethik. Auch hier traten die unterschiedlichen ekklesiologischen Selbst-
verständnisse wieder deutlich hervor. – Daher besteht gerade in dieser
Hinsicht weiterer Klärungsbedarf, wenn eine kohärente ökumenische
Ethik entwickelt werden soll, die mit den Ekklesiologien der Mitgliedskirchen des ÖRK tatsächlich korrespondiert.

[100] Alle drei Dokumente dieses Studienprozesses (Costly Unity, Costly Commitment und Costly Obedience) finden sich in: *Thomas F. Best* und *Martin Robra*
(eds.), Ecclesiology and Ethics. Ecumenical Ethical Engagement, Moral Formation
and the Nature of the Church, Geneva: WCC 1997. Vgl. hierzu auch die Beiträge
in: *Duncan Forrester*, The True Church and Morality. Reflections on Ecclesiology
and Ethics, Geneva: WCC 1997.
[101] »Ecumenical ethical reflection and action (…) are intrinsic to the nature and
life of the church.« Best/Robra, Ecclesiology and Ethics, a.a.O., ix.
[102] »Ecclesiology and Christian ethics must stay in close dialogue, each honour-
ing and learning from the distinctive language and thought-forms of the other«,
ebd.
[103] Vgl. a.a.O., 53–61 und 72–87. Siehe hierzu weiter: *Enns*, Friedenkirche in der
Ökumene, a.a.O., 64–81.

II. Zu Beginn einer neuen Weltordnung:
   Die Dekade zur Überwindung von Gewalt (2001–2010)

II.1 Vorüberlegungen

II.1.1 Gewaltfreiheit als Neuverpflichtung und Bildungsauftrag der Kirchen

Gewaltfreiheit ist zentraler Inhalt jedes Bildungsauftrags![104] Das gelingende Zusammenleben von Menschen, auf das jede Bildung und Erziehung letztlich abzielt, kann sich nur in Beziehungen ereignen, die auf das gewaltsame Ausleben bestehender Aggressionen verzichtet und die sich stattdessen gegenseitig zu dem gemeinsamen Projekt einer »Kultur des Friedens«[105] herausfordern lassen. Diese Überzeugung lässt sich nicht allein aus der Botschaft der jüdisch-christlichen Überlieferung herauslesen, aber hier ist ihre Zentralität unumstritten.

So einleuchtend das ist, so radikal scheinen doch real existierende Gesellschaften dem zu widersprechen. Nicht nur persönliche Beziehungen, sondern auch größere Gemeinschaften, ja ganze Gesellschaften können durch Gewaltausübung geprägt sein. Dabei bleibt Gewalt nicht auf die Relation von Mensch zu Mensch beschränkt, sondern äußert sich auch an Sachen und in hohem Maße an der Natur. Trotz der prinzipiellen Infragestellung scheinen in weiten Teilen die Verhaltensmuster der Gewalt dennoch als wirksam angesehen zu werden, da sie sich angeblich durch einen »realistischen« Anspruch legitimieren lassen, auch in den Kirchen. Die Position des expliziten Gewaltverzichts wird in Teilen als Verweigerung des Ernstnehmens der Realität des (individuellen wie kollektiven) Bösen in Frage gestellt. Martin Luther King hatte sich bereits früh gegen diesen Vorwurf gewehrt und suchte nach einem »realistischen Pazifismus«. King wandte sich damit vor allem gegen Reinhold Niebuhr, der darauf drängte, die »Realität der Sünde« und die »Wirklichkeit des kollektiven Bösen« ernst zu nehmen. Niebuhr kritisierte am Pazifismus die angeblich unrealistische Anthropologie, die auf einen Perfektionismus abziele, anstatt die protestantische Rechtfertigungslehre ernst zu nehmen.[106]

---

104 Vgl. Vorwort zu: *Fernando Enns* (Hg.), Dekade zur Überwindung von Gewalt 2001–2010. Impulse, Frankfurt/M.: Lembeck 2001.
105 Vgl. zum Verständnis des Begriffs »Kultur des Friedens« die Überlegungen von *György Konrád*, Kultur des Friedens?, in: *Horst-Eberhard Richter* (Hg.), Kultur des Friedens, Gießen: Psychosozial-Verlag 2001, 39–49: »Was Kultur des Friedens ist? Vielleicht etwas, das nicht beim Namen genannt werden muss. Was wir täglich tun, ohne es so zur Kenntnis zu nehmen.« (49).
106 Vgl. *Martin Luther King*, Schöpferischer Widerstand. Gütersloh: Gütersloher/Mohn 1985. Vgl. auch: Reinhold Niebuhr. An Interpretation of Christian Ethics, San Francisco et al.: Harper & Row 1987. Siehe auch die Textsammlung in:

Es lassen sich aber in nahezu allen Traditionen Beispiele gelungener
Konfliktlösung gerade durch den bewussten Verzicht auf die Anwendung des Mittels der Gewalt ausmachen.[107] Dieser Widerspruch und
die Verdrängung der Beispiele gelungener gewaltfreier Konfliktbewältigung motivierten die Gemeinschaft der Kirchen während der VIII.
Vollversammlung des ÖRK in Harare/Zimbabwe 1998 eine »Dekade
zur Überwindung von Gewalt. Kirchen für Frieden und Versöhnung.
2001–2010« auszurufen (*Decade to Overcome Violence* DOV), parallel zu einer ähnlich ausgerichteten Dekade der Vereinten Nationen.[108]
Ziel der ÖRK-Dekade ist es, »die Friedenschaffung vom Rand in das
Zentrum des Lebens und Zeugnisses der Kirche zu bringen« und »festere Bündnisse zu erreichen, die auf eine Kultur des Friedens hinarbei-
ten«.[109] Darin kommt die tiefe Überzeugung zum Ausdruck, dass dieses Anliegen für das Selbstverständnis und den Auftrag der Kirche
zentral ist, sowie das Vorhaben, eine Verwirklichung gemeinsam mit
allen »Menschen guten Willens« zu suchen. Die ökumenische Dekade
wurde damit inhaltlich wie methodisch so weit gefasst, dass sie auf
ganz unterschiedliche Weise mit Leben gefüllt werden konnte.

Die ökumenische Gemeinschaft der Kirchen ließ sich hiermit abermals
auf eine Thematik ein, deren Komplexität wohl kaum zu überbieten
ist.[110] Erneut stellt man sich den Ambivalenzen eines von Zweifeln
und Versuchungen verminten Feldes. Letztgültig geglaubte Antworten
scheinen bald wieder brüchig, weil die kontextuellen Situationen immer anders und komplizierter sind, als es vorher in einer Friedensethik
gedacht werden kann. Einmal gefasste Überzeugungen drohen im
nächsten Moment schon wieder in Frage gestellt zu werden. Gewalt ist
offensichtlich existentialer Bestandteil unseres Lebens – und Gewalt-

---

ders., Reinhold Niebuhr – Theologian of Public Life, ed. by *Larry L. Rassmussen*,
London et al.: Collins 1989.
[107] Siehe aus der Fülle der Literatur: *Hans-Martin Barth* (Hg.), Innerer Friede
und die Überwindung von Gewalt. Religiöse Traditionen auf dem Prüfstand, Internationales Rudolf-Otto-Symposion Marburg, Schenefeld: EB-Verlag 2007. *Hagen
Berndt*, Gewaltfreiheit in den Weltreligionen. Vision und Wirklichkeit, Gütersloh:
Gütersloher 1998. *Pete Hämmerle* und *Thomas Roithner* (Hg.), Dem Rad in die
Speichen fallen. Stimmen von FriedensnobelpreisträgerInnen und das Österreichische Netzwerk für eine Kultur des Friedens und der Gewaltfreiheit. Ein Arbeitsbuch,
Österreichisches Netzwerk für Frieden und Gewaltfreiheit, Haid: Roithner 2003.
[108] International Decade for a Culture of Peace and Non-Violence for the Children of the World 2001–2010, in: www.unac.org/peacecp/decade/background.html
(1.3.2010).
[109] *(Ökumenischer Rat der Kirchen:)* Ein Rahmenkonzept für die Dekade zur
Überwindung von Gewalt. Vom Zentralausschuss des ÖRK beschlossenes Arbeitsdokument, Genf 1999, in: ÖR 4/2000, 473–478.
[110] Der folgende Abschnitt ist eine Bearbeitung des Beitrags: *Fernando Enns*,
Auf dem Weg zu einer Kultur des Friedens: Die ökumenischen Dekade zur Überwindung von Gewalt, in: Una Sancta 2/2000, 55. Jg., 131–143.

verzicht überlebensnotwendig. Gewalt wird es immer geben auf dieser Welt, aber daraus ergibt sich noch kein Argument für die Legitimation ihrer Anwendung. Durch Gewalt sterben Menschen, wird ihr Leben aber nicht auch durch Gewalt geschützt? Gewalt produziert oft Chaos, aber wird durch eine Monopolisierung der Gewalt nicht gerade auch Ordnung erhalten, vor Anarchismus bewahrt? Gewalt verletzt die Würde der Menschen, oft irreparabel, aber muss die Würde des Menschen zur Not nicht auch durch Gewalt verteidigt werden? Und: Gewalt fasziniert – kann Gewaltfreiheit ebenso begeisternd sein?[111]

II.1.2   Was ist Gewalt? – Definitionsversuche

Die Dekade ist nicht eine »Dekade der Gewalt«, sondern der Gewalt-*überwindung*. Das zu betonen ist wichtig, weil in vielen Diskussionen immer wieder mit Definitionen von Gewalt experimentiert wird und die Erörterungen sich dann bereits darin zu erschöpfen scheinen. So wichtig dies auch für eine kritische Reflexion der theologischen Traditionen und für die Analyse der jeweiligen Gewaltkontexte sowie für das Fragen nach dem angemessenen Zeugnis der Kirche und Ökumene ist, für die eigentliche Herausforderung der Gewalt*überwindung* kann sie nicht mehr als ein erster Schritt sein.

Die Bedeutungsvielfalt des Begriffs »Gewalt« liegt nicht nur in der Sache selbst begründet, sie hat auch sprachliche Gründe. »Luthers Übersetzung von Röm 1,13 bildet das wirkungsgeschichtlich entscheidende Paradigma für den ambivalenten Sprachgebrauch bis in die Gegenwart«, so Wolfgang Lienemann.[112] »Gewalt« soll hier die rechtmäßige Herrschaft bezeichnen, kann aber in anderen Zusammenhängen gerade den Gegensatz zum Recht meinen.[113] Im Deutschen ergeben sich Überlappungen mit Begriffen wie Macht, Herrschaft, Regierung und Zwang. Seine Wurzeln hat diese mangelnde Trennschärfe in der griechischen und lateinischen Sprache. Dort bewegt sich das Wortfeld zwischen den Polen *potestas* und *violentia*. *Potestas* bezeichnet die auf *auctoritas* gegründete Amtsgewalt, die rechtlich begründete Kompetenz, *violentia* hingegen ist die Gewaltsamkeit. Im heutigen Englisch oder Französisch bezeichnen die Äquivalente *force, violence* in einem engeren Sinne unrechtmäßige Handlungen und Mittel, »die eines Menschen (oder Tieres) Leben, Freiheit, Eigentum oder soziale Einordnung bedrohen, verletzen oder vernichten«.[114] *Power* hingegen ist zunächst

---

111   Vgl. hierzu die Beiträge zur Thematik der Dekade in: *Geiko Müller-Fahrenholz* (Hg.), Faszination Gewalt. Aufklärungsversuche. Frankfurt/M.: Lembeck 2006.
112   Vgl. *Wolfgang Lienemann*, Art. »Gewalt, Gewaltlosigkeit«, in: EKL Bd. 2, 164.
113   Im Deutschen kann man sagen: »alle Gewalt geht vom Volke aus« und mit dem gleichen Begriff den »Gewalttäter« bezeichnen, der nach rechtsstaatlichen Gesetzen verurteilt wird.
114   Vgl. *Lienemann*, »Gewalt, Gewaltlosigkeit«, a.a.O., 163ff.

ein neutraler Begriff, der auch eine rechtmäßige und gute »staatliche Gewalt« bezeichnen kann.

Die mangelnde Differenzierung soll nicht vorschnell aufgehoben werden, verdeutlicht sie doch sofort die Ambivalenz der Sache selbst und verbietet eine naive Isolierung der interdependenten Elemente dieses Begriffsfeldes. Es wird hilfreich sein, jeweils zu präzisieren, welche Bedeutung gerade gemeint ist. – Die Dekade heißt im Englischen präziser als im Deutschen: »*Decade to Overcome* Violence. *2001–2010: Churches Seeking Reconciliation and Peace*«.[115]

Johan Galtung weitete das Verständnis von Gewalt im Sinne der *violentia* entscheidend durch seine in der Forschung bis heute wirkmächtige Ausdifferenzierung, indem er zwischen direkter, indirekter und kultureller Gewalt unterscheidet.[116] Von *direkter Gewalt* sprechen wir, wenn Menschen andere Menschen verletzen oder töten; von *indirekter Gewalt*, wenn Menschen so beeinflusst werden, dass sie sich nicht so entwickeln können, wie dies eigentlich möglich wäre, beispielsweise aufgrund ungleicher Machtverhältnisse oder vorenthaltener Lebenschancen (auch als »*strukturelle Gewalt*« bezeichnet); »Gewalt liegt dann vor, wenn Menschen so beeinflusst werden, dass ihre aktuelle somatische und geistige Verwirklichung geringer ist als ihre potentielle Verwirklichung«;[117] als *kulturelle Gewalt* wird jede Eigenschaft einer Kultur bezeichnet, mit deren Hilfe direkte oder indirekte Gewalt legitimiert werden kann, z.B. eine rechtsextremistisch oder sexistisch motivierte Diskriminierung.

Ähnlich umfassend lautet die weithin anerkannte Definition von Robert McAfee Brown, die ich als Ergänzung zu der von Galtung vorschlage, weil sie vor allem die psychische Dimension herausstellt: »Alles, was einen Anderen verletzt, im Sinne eines Eingreifens in seine Rechte oder einer Nichtbeachtung, eines Missbrauchs oder Leugnung dieses Anderen, ob nun physischer Schaden zugefügt wird oder nicht, kann als ein Akt der Gewalt interpretiert werden [...]. Während die physische Zerstörung einer Person in solcher Leugnung oder Gewaltanwendung offensichtlich beinhaltet sein kann, ist es möglich, das Personsein auch in sehr viel subtilerer Weise zu verletzen oder zu ver-

---

[115] Im Französischen: *La Décennie vaincre la* violence*: les Eglises en quête de réconciliation et de paix.* Auch im Spanischen: *El Decenio para Superar la* Violencia*: las iglesias en busca de reconciliación y de paz.*
[116] Vgl. *Johan Galtung*, Gewalt, Frieden und Friedensforschung, in: *Manfred Funke* (Hg.), Friedensforschung. Entscheidungshilfe gegen Gewalt, München: List 1975, 99–132.
[117] *Johan Galtung*, Gewalt, Frieden und Friedensforschung, in: *Dieter Senghaas* (Hg.), Kritische Friedensforschung. Frankfurt/M.: Suhrkamp 1971, 55–104, 57.

leugnen, viel weniger offensichtlich, außer für das Opfer selbst. Es gibt eine Verletzung des Personseins ganz unabhängig von physischer Verletzung.«[118]

Diese Definitionen verdeutlichen, dass Gewalt auch im Sinne der *violentia* sehr viel umfassender gedacht werden muss als vordergründige Formen der physischen Verletzung oder Tötung. – Wolfgang Lienemann hat allerdings stark für einen engeren Gewaltbegriff plädiert, um die Sache präziser beschreiben zu können: Es gehe bei der *violentia* »stets um physischen Zwang gegen den Willen einer ursprünglich freien Person oder eines anderen rechtlich geschützten Lebewesens (*violentia contra vitam, libertatem et voluntatem personae*)«.[119]

Im Laufe der Dekade ist von Seiten des ÖRK wiederholt auf die offizielle Definition der Weltgesundheitsorganisation (WHO) zurückgegriffen worden, um sich auf eine konsensfähige und öffentlich anerkannte Definition beziehen zu können. Gewalt ist demnach »der absichtliche Gebrauch von angedrohtem oder tatsächlichem körperlichen Zwang oder physischer Macht gegen die eigene oder eine andere Person, gegen eine Gruppe oder Gemeinschaft, der entweder konkret oder mit hoher Wahrscheinlichkeit zu Verletzungen, Tod, physischen Schäden, Fehlentwicklung oder Deprivation führt.«[120]

Auch wenn hier auffälliger Weise Gewalt gegen die eigene Person neu mit hinzu kommt, ist Gewalt, so lässt sich bereits erkennen, zuerst und zuvorderst als ein *Beziehungsbegriff* zu verstehen, wenn als Gewalt alle Handlungen, Strukturen und Überzeugungen bezeichnet werden, die durch einseitige Machtausübung über andere gerechte Beziehungen

---

[118] (Übersetzung FE) »Whatever ›violates‹ another, in the sense of infringing upon or disregarding or abusing or denying that other, whether physical harm is done or not, can be understood as an act of violence (…) While such denial or violation can involve the physical destruction of personhood in ways that are obvious, personhood can also be violated or denied in subtle ways that are not obvious at all, except to the victim. There can be violation of personhood quite apart from the doing of physical harm«. *Robert McAfee Brown*, Religion and Violence, Westminster: John Knox Press 1987.

[119] *Wolfgang Lienemann*, Kritik der Gewalt, in: *Walter Dietrich* and *Wolfgang Lienemann* (Hg.), Gewalt wahrnehmen – von Gewalt heilen. Theologische und religionswissenschaftliche Perspektiven. Stuttgart: Kohlhammer 2004, 7–30, 12.

[120] *Weltgesundheitsorganisation* (Hg.), Weltbericht Gewalt und Gesundheit. Zusammenfassung, 2003, in: www.who.int/violence_injury_prevention/violence/world_report/en/summary_ge.pdf (1.3.2010). »The intentional use of physical force or power, threatened or actual, against oneself, another person, or against a group or community, that either results in or has a high likelihood of resulting in injury, death, psychological harm, maldevelopment or deprivation.« *WHO* (ed.), World Report on Violence and Health. Summary, 2002.

zerstören oder verhindern[121] (dass dies dann in der Folge auch Gewalt gegen die eigene Person nach sich ziehen kann, sei vorausgesetzt). – Hierin ist bereits ein erster, wichtiger Hinweis enthalten im Blick auf die Gewalt*überwindung*: Voraussetzung für ein gelingendes, gewaltfreies Leben ist dann die Aufrichtung, der Erhalt und die Sicherung von Leben in gerechten Beziehungen.

II.1.3 Gewaltüberwindung – eine unrealistische Zielsetzung?

Ist das aber nicht ein unrealistisches Ziel, Gewalt *überwinden* zu wollen, wenn Gewalt doch auch als eine anthropologische Konstante zu beschreiben ist?[122] Diese Frage stellt sich angesichts einer so breit angelegten Bewegung der Kirchen allemal. Zwei mögliche Antworten sollen hier einführend genügen:
(1) Bezieht sich die kritische Anfrage eher auf das Unspezifische der *Gewalt*, dann ist zunächst die Gegenfrage nach Alternativen zu stellen. Legen die Zeugnisse des Neuen Testaments nahe, nur bestimmte Arten von Gewalt überwinden zu wollen? Oder sollte die Differenzierung darin liegen, *wer* jeweils Subjekt der Gewaltanwendung ist oder zu welchem *Zweck* sie angewandt wird? Auf diesem Wege würden die Kirchen – auch durch die schlichte Anwendung mancher ihrer klassischen Lehren – Gewalt letztlich wieder theologisch legitimieren. Dass dieser Versuch in der Kirchengeschichte Spiralen der Gewalt gerade nicht durchbrochen hat, sondern in weiten Teilen erst ermöglichte, ist unbezweifelt. Wenn der Gewalt im Extremfall nicht nur das Martyrium, sondern vor allem das Recht entgegengesetzt werden soll, dann ist freilich auch zu fragen, wie dieses Recht zur Eindämmung von Gewalt durchzusetzen ist. Dass dies zunächst nicht gänzlich ohne *Zwang* gehen kann, ist evident. Die Differenz liegt in der grundsätzlich anderen Motivation und Zielsetzung, nämlich auf dem Wege der demokratisch kontrollierten Monopolisierung der Gewalt beim Staat zunächst eine Reduzierung von Gewalt durch geregelte Beziehungen zu erreichen, zum Schutz derer, die sich nicht schützen können, um am Ende tatsächlich die Überwindung von Gewalt zu ermöglichen. Das allein wird die real existierende »Kultur der Gewalt« noch nicht verändern. Aber bei der gleichzeitig unternommenen, ernsthaften Suche nach gewaltfreien Alternativen zur Konfliktlösung könnten die Kirchen eine entscheidende Rolle übernehmen, wenn sie ihr »Wächteramt« in der Gesellschaft, insbesondere aber für die Schwachen und zu Schützenden,

---

[121] Vgl. zu dieser Diskussion der Gewalt-Definitionen und den Vorschlag einer *theologischen* Definition: *Fernando Enns*, Ökumenische Friedenskirchen-Ekklesiologie. Ein trinitätstheologischer Ansatz, in: ÖR 2/2006, 131–148.
[122] Der folgende Absatz ist eine Bearbeitung aus: *Fernando Enns*, Dekade zur Überwindung von Gewalt. Vier Schritte und zwei Gegenfragen, in: Mennonitisches Jahrbuch 2004, hg. von der *Arbeitsgemeinschaft Mennonitischer Gemeinden in Deutschland*, Lahr 2003, 9–14.

zu übernehmen bereit sind. Dazu gehört allemal das Aufdecken jener Wahrheit, welches jeweils die Motive einer Gewaltanwendung sind, um die Opfer wie die Täter davon zu befreien. – Die schwierige Frage, ob Gewalt in extremen Notsituationen, wie dem Schutz unmittelbar Bedrohter, als legitim einzustufen ist, stellt einen solchen Extremfall dar, dass nicht alle Energie allein auf diese Beantwortung verwendet werden darf, weil daraus noch keine praxisverändernde Alltagsethik entwickelt würde (vgl. zu dieser Spezialfrage Kap. B.II.5). Die primäre Aufmerksamkeit sollte vor allem bei der Suche nach alternativen Handlungsmodellen zur Gewalt liegen.

(2) Bezieht sich jene zweifelnde Frage andererseits auf die Möglichkeiten der *Überwindung*, dann stellt dies eine sehr ernste Anfrage an das christliche Glaubenszeugnis überhaupt. Hier ist deutlich darauf hinzuweisen, *wer* sich zu dieser Dekade verpflichtet hat: »eine Gemeinschaft von Kirchen, die unseren Herrn Jesus Christus gemäß der heiligen Schrift als Gott und Heiland bekennen und darum gemeinsam zu erfüllen trachten, wozu sie berufen sind, zur Ehre Gottes, des Vaters, des Sohnes und des Heiligen Geistes.«[123] Darin findet die Hoffnung Ausdruck, dass Gott am Ende diese Geschichte mit seinen Menschen zu einem guten Ende führen wird. Nicht die Kirchen errichten das Reich Gottes auf Erden mit ihren mehr oder weniger mutigen Bemühungen. Wenn aber gerade die eschatologische Dimension des Glaubens auch in ihren ethischen Implikationen ernstgenommen wird, dann wirkt diese Vision verändernd in die Gegenwart hinein. Allein aufgrund dieser Einsicht kann Paulus formulieren: »Lass Dich nicht vom Bösen überwinden, sondern *überwinde* das Böse mit Gutem« (Röm 12,21). Paulus hier Realitätsferne vorzuwerfen, wäre wohl eher als ein Nichtverstehen der eschatologischen Wirklichkeit zu deuten und als eine Weigerung der Kirchen, allezeit bereit zu sein »zur Verantwortung vor jedermann, der von euch Rechenschaft fordert über die Hoffnung, die in euch ist« (1Petr 3,15).

Die Kirchen erkennen und benennen nun stärker als je zuvor auch ihre eigene Verstrickung in Gewaltzirkel und verpflichten sich mit dem Entschluss zu einer Dekade zur Überwindung von Gewalt, selbstkritisch und über die eigenen Grenzen hinausgehend, die Gewalt-Thematik in ihrer Komplexität als »Querschnittsaufgabe« der Kirchen auf die ökumenische Tagesordnung zu heben. Mit dieser Initiative geht es nicht mehr schlicht um die alte Auseinandersetzung zwischen christlich begründetem Pazifismus und Bellizismus. Es geht ganz unfassend

---

[123] Verfassung und Satzung des ÖRK, in: In deiner Gnade, Gott, verwandle die Welt. Offizieller Bericht der Neunten Vollversammlung des Ökumenischen Rates der Kirchen, Porto Alegre 2006, hg. von *Klaus Wilkens*, Frankfurt/M.: Lembeck 2007, I. Basis, 449.

um nicht weniger als den ernsten Versuch eines »richtigen Lebens mitten im falschen«.[124] Es geht um ein ernstes Reflektieren bekannter Kernaussagen des Evangeliums, um neue Entdeckungen: dass »die andere Wange hinhalten« als Akt der gewaltlosen Zivilcourage verstanden werden kann; dass auch noch »den Mantel zu geben, wenn jemand deinen Rock nehmen will« eine Provokation darstellen kann, den Fordernden entblößend; und dass die Bereitschaft, eine »zweite Meile mit zu gehen, wenn man genötigt wird, eine mitzugehen« die Möglichkeit eröffnet zu einem Dialog zwischen verschiedenen Wertesystemen.[125]

Es ist deutlich, dass mit dem Phänomen der Gewalt ein Themenfeld beschrieben ist, das zum einen eine bleibende Herausforderung für alle Christinnen und Christen und alle kirchlichen Traditionen in allen Kontexten darstellt und dass sich zum anderen so komplex entfaltet, dass es einer genaueren Auffächerung bedarf, ohne die schwer voneinander zu trennenden Themenfelder gänzlich voneinander isolieren zu wollen. – Auf die *allgemeine* Herausforderung der Gewalt hatte der konziliare Prozess für Gerechtigkeit, Frieden und die Bewahrung der Schöpfung versucht, ebenso umfassend zu antworten, durch die Betonung der Interdependenzen zwischen Gerechtigkeit, Frieden und Natur (s.o.).

Im Folgenden soll die Entwicklung dieser Dekade dargestellt, und es sollen zentrale theologische Gedanken aufgegriffen werden, die die ökumenische Bewegung hierzu motivierten, sowie bleibende ethische und ekklesiologische Herausforderungen diskutiert werden. Die handlungsorientierte Ökumene wird sich gerade in der existentiellen Frage der Gewalt und ihren Überwindungsmöglichkeiten bewähren müssen.

II.2 Stationen auf dem Weg zur Dekade zur Überwindung von Gewalt[126]

Bereits 1973 hatte der ÖRK festgestellt:

»Das Problem der christlichen Verantwortung in einer Welt der Macht und der Gewalt ist so alt wie die Kirche selbst. Durch die Jahrhunderte hindurch hat es sich

---

[124] Vgl. die umgekehrte Formulierung der Frankfurter Schule: »Es gibt kein richtiges Leben im falschen«, *Theodor W. Adorno*, Minima moralia (I,18). Reflexionen aus dem beschädigten Leben, Gesammelte Schriften Bd. 4, Frankfurt/M.: Suhrkamp 1980, 19.

[125] Vgl. die Auslegungen zu Mt 5,38–42 in den Arbeiten von: *Walter Wink*, Naming the Powers: The Language of Power in the New Testament, Philadelphia: Fortress Press; Vol. 1 The Powers (1984), Vol. 2 Unmasking the Powers: The Invisible Forces that Determine Human Existence (1986), Vol. 3 Engaging the Powers: Discernment and Resistance in a World of Domination (1992).

[126] Bearbeitung aus dem Beitrag von: *Fernando Enns*, Impuls zur Gegenbewegung: eine Ökumenische Dekade. Das ÖRK-»Programm zur Überwindung von Gewalt« vor und nach Harare, in: ÖR 2/1999, 167–175.

auf stets neue Weise gestellt: [...] Die qualvolle Frage ist in all diesen Situationen stets die gleiche: Wie können Christen, Kinder der Liebe Gottes und Nachfolger Jesu Christi in einer Welt leben und arbeiten, in der die Anwendung von Macht und Gewalt gegen die zahllosen Formen menschlicher Sünde unvermeidbar erscheint?«[127]

Vor diese Frage sah sich die Gemeinschaft der Kirchen im ÖRK nun erneut gestellt. Das Ende des kalten Krieges und der Blockkonfrontation verlagerte die Gewichte der ökumenischen Debatte. Die Zeit der mehr oder minder eindeutigen, politischen und ideologischen Fronten war der neuen Realität innerstaatlicher Konflikte und lokaler ethnischer Auseinandersetzungen gewichen.[128] Nun sah man sich von einer neuen Form der Bedrohung des Friedens durch den Zerfall von Staaten herausgefordert, der in manchen Fällen ein solches Macht- und Rechtsvakuum entstehen ließ, dass sich daraus völlig unkontrollierte Gewaltexzesse, bis hin zum Völkermord ergaben, in denen kaum noch ideologische Fronten erkennbar sind – auch als »Neue Kriege«[129] oder »asymmetrische Konflikte«[130] bezeichnet.

Am Ende des zwanzigsten Jahrhunderts finden sich die Kirchen in einer vorher nicht bekannten Dimension der Pluralität wieder, sowie der damit verbundenen Suche nach Identität. Und gleichzeitig setzt durch die fortschreitende Globalisierung das Bewusstsein, in *einer* Welt zu

---

[127] *(Ökumenischer Rat der Kirchen:)* Erklärung der Untereinheit Kirche und Gesellschaft des ÖRK zu Gewalt, Gewaltfreiheit und der Kampf um soziale Gerechtigkeit, wie sie vom Zentralausschuss angenommen wurde (28.8.1973), in: ÖR Jg. 22, 1973, 533–548.

[128] Diese Erkenntnis wurde in den Diskussionen des ÖRK, vor allem durch das zerfallende Jugoslawien sowie den Genozid in Ruanda deutlich als neue Art der Herausforderung an das gemeinsame Handeln der Kirchen erkannt, vgl. die Protokolle der ÖRK-Zentralausschusssitzungen dieser Jahre: World Council of Churches. Central Committee. Minutes and Reports of the Meeting, Geneva: WCC.

[129] Vgl. den Begriff bei: *Herfried Münkler*, Die neuen Kriege, Hamburg: Rowohlt [4]2003. Als Forschungsüberblick eines neuen Begriffs vgl. *Frank Ettrich*, »Neue Kriege« und die Soziologie des Krieges: Anmerkungen zu drei neueren Arbeiten der soziologischen Kriegs- und Gewaltforschung, in: Gewalt – interdisziplinär, Hamburg u.a.: Lit 2002, 195–221. Dazu aktuell: *Wolfgang Schreiber*, Neue Kriege oder neue Gewaltkonflikte?, in: *ders.*, Söldner, Schurken, Seepiraten. Münster/Westf: Lit 2010, 47–60. *August Pradetto*, Neue Kriege, in: Handbuch Militär und Sozialwissenschaften, Wiesbaden: VS 2006, 214–225. Zur Sache siehe die Arbeiten von *Andreas Zumach*, Die kommenden Kriege. Ressourcen, Menschenrechte, Machtgewinn – Präventivkrieg als Dauerzustand?, Köln: Kiepenheuer & Witsch [2]2005.

[130] Vgl. hierzu aktuell *Hans Krech*, Asymmetrische Konflikte – eine existentielle Herausforderung für die NATO: welche Lehren können aus dem Irak-Krieg (2003–2008) und dem Luftkrieg im Libanon 2006 für die Lösung des Afghanistan-Konfliktes gezogen werden?, Hamburg, Wissenschaftliches Forum für Internationale Sicherheit, Bremen: Ed. Temmen 2008.

leben, stärker ein, als es der ökumenischen Bewegung jemals zuvor möglich gewesen war.[131] Die gleichzeitig stattfindende Marginalisierung wiederum vieler Teile der *oikoumene* durch eine Gestaltung dieser Globalisierung durch ökonomische Abhängigkeitsverhältnisse lässt die Konfliktpotentiale weiter ansteigen.[132] Die Zusammenhänge von militärischen Auseinandersetzungen und Flüchtlingselend, Arbeitslosigkeit und Kriminalität, Umweltzerstörung und Hunger zeichnen sich deutlicher denn je ab, die Wahrung der Menschenrechte ist keinesfalls in ausreichendem Maße gewährleistet. Zu keiner Zeit war der Zugang zu Informationen über diese Konflikte umfangreicher sicher gestellt und doch sieht sich die Weltgemeinschaft kaum in der Lage, die neu ausbrechenden Gewaltherde aufzuhalten.

II.2.1 Johannesburg 1994: Das Programm zur Überwindung von Gewalt

1994 versammelte sich der Zentralausschuss des ÖRK zum ersten Mal nach dem Ende der Apartheid im »neuen Südafrika«. Die Verdienste des ÖRK um die Überwindung der Apartheid durch das »Programm zur Bekämpfung des Rassismus« wurden vielfach gefeiert und die Wirkung dieses ökumenischen Engagements gewürdigt (u.a. durch Desmond Tutu und Nelson Mandela).[133] Aus den Erfahrungsberichten der südafrikanischen Kirchen ging deutlich hervor, wie dankbar man für den Einsatz des ÖRK war, wie sehr man sich aber nun gleichsam herausgefordert sah durch die ungeheure Gewalt im Lande. Der südafrikanische, methodistische Bischof Stanley Mogoba schlug daher in

---

[131] Zum Zusammenhang von Ökumene und Globalisierung vgl. die Diskussionsbeiträge von: *Konrad Raiser*, Überholt die Globalisierung die ökumenische Entwicklung, in: Evangelische Theologie (zit. EvTheol) 58, 1998, 92–100; *Robert Schreiter*, Globalisierung, Postmoderne und die neue Katholizität, in: ÖR 53/2, 2004, 139–159; *Dirk Smit*, Theologische Ansätze für kirchliches Engagement in Fragen der Globalisierung, in: ÖR 2/2004, 160–175. Vgl. zum Phänomen der Globalisierung und den neuen Herausforderungen auch: *Ulrich Beck*, Was ist Globalisierung? Irrtümer des Globalismus – Antworten auf Globalisierung, Frankfurt/M.: Suhrkamp 1997. Zur geschichtlichen Entwicklung siehe: *Jürgen Osterhammel* und *Niels P. Petersson*, Geschichte der Globalisierung. Dimensionen, Prozesse, Epochen, München 2003.

[132] Vgl. zu den ökonomisch bestimmten, negativen Dimensionen der Globalisierung und die damit verbundenen Herausforderungen für die Theologie die differenzierten Beiträge von: *Jörg Hübner*, Globalisierung – Herausforderung für Kirche und Theologie. Perspektiven einer menschengerechten Weltwirtschaft, Stuttgart: Kohlhammer 2003. Alternativen haben versucht aufzuzeigen: *Ulrich Duchrow*, Alternativen zur kapitalistischen Weltwirtschaft. Biblische Erinnerung und politische Ansätze zur Überwindung einer lebensbedrohenden Ökonomie, Gütersloh: Gütersloher 1994; sowie: *Ulrich Duchrow, Reinhold Bianchi, René Krüger, Vincenzo Petracca*, Solidarisch Mensch werden. Psychische und soziale Destruktion im Neoliberalismus, Wege zu ihrer Überwindung, Hamburg: VSA 2006.

[133] Vgl. World Council of Churches. Central Committee. Minutes and Reports of the Meeting, Geneva: WCC 1994.

seiner Predigt eher beiläufig ein neues »Programm zur Bekämpfung der Gewalt vor«. Erst die anschließenden Diskussionen in der Programmeinheit III (Gerechtigkeit, Frieden, Schöpfung) formten hieraus einen offiziellen Antrag an den Zentralausschuss, angestoßen durch einen Vertreter der historischen Friedenskirchen, Don Miller (*Church of the Brethren*) und unterstützt durch die Vorsitzende der Einheit III, Margot Käßmann (EKD).[134] – Im Kontext dieser Diskussionen wurde schließlich der Beschluss gefasst, dass der ÖRK angesichts dieser – und auch all der weiteren Gewalterfahrungen der Kirchen in anderen Ländern – nicht schweigen dürfe. So wurde das »Programm zur *Überwindung* von Gewalt« (entsprechend der paulinischen Formulierung in Röm 12,21) initiiert. Der Beschlusstext reflektiert die Diskussionen:[135]

... that the WCC establishes a Programme to Overcome Violence, with the purpose of challenging and transforming the global culture of violence in the direction of a culture of just peace...

... that two initiatives already underway, i.e. (1) a consultation to be held in Corrymeela, Northern Ireland, June 1994, entitled »Building a Culture of Peace: the Churches' Contribution« and (2) a database of church-related peace groups, be among the first steps towards this programme;

... that, in the context of current discussions on *Koinonia*, Units I and III engage in a joint study on the ecclesial dimensions of the pursuit of a culture of non-violence and just peace in order to address the ecclesiological and constitutional issues [...]

... that a study be initiated to assess the role of sanctions, their effectiveness and conditions of their applicability as an important means towards peaceful resolution and transformation of conflict [...]

... that, in view of the need to confront and overcome the »spirit, logic and practice of war« and to develop new theological approaches, consonant with the teachings of Christ, which start not with war and move to peace, but with the need for justice, this may be a time when the churches together, should face the challenge to give up any theological or other justification of the use of military power and to become a koinonia dedicated to the pursuit of a just peace.

... that the Central Committee request member churches, in cooperation with non-member churches and NGOs, to share with the WCC their positions on peace with justice, the development of a just peace culture as an alternative to one governed by the spirit, logic and practice of violence, and on education for peace [...]

---

134 Vgl. die nähere Beschreibung von *Donald E. Miller*, The Historic Peace Churches in the Asian Context, in: *ders., Gerald Guiton, Paulus Widjaja* (eds.), Overcoming Violence in Asia. The Role of the Churches in Seeking Cultures of Peace, Telford/PA: Cascadia 2011, 43–47. Vgl. hierzu auch *Margot Käßmann*, Gewalt überwinden. Eine Dekade des Ökumenischen Rates der Kirchen, Hannover: LVH 2000. *Dies.*, Gewalt überwinden, ÖR 3/1998, 329–336.
135 *(Ökumenischer Rat der Kirchen:)* Programme to Overcome Violence: An Introduction. Geneva: World Council of Churches 1995, 17.

II.2.2 Boston 1998: Die Frage nach theologischen und ekklesiologischen Implikationen

Entsprechend der Beschlüsse von 1994 in Johannesburg, auf die neuen Herausforderungen mit einem »Programm zur Überwindung von Gewalt« zu reagieren, beauftragte der ÖRK die (damals so genannten) Programmeinheiten »Glauben und Kirchenverfassung« (Unit I) und »Gerechtigkeit, Friede, Bewahrung der Schöpfung« (Unit III), gemeinsam einen Studienprozess zu entwerfen. Unter Berücksichtigung der aktuellen ekklesiologischen Diskussionen um den zentralen Begriff *koinonia*[136] sollten in dieser Studie die theologischen und im Besonderen die ekklesiologischen Implikationen eines solchen Programms untersucht werden. Welche Konsequenzen ergeben sich für die Gemeinschaft der Kirchen selbst aus der Bemühung um eine Kultur der Gewaltlosigkeit? Auf welche Ressourcen kann christlicher Glaube zur Schaffung eines »gerechten Friedens« zurückgreifen?

Eine kleine Konsultation mit Expertinnen und Experten aus den Bereichen Theologie, Ethik und Soziologie stellte sich im Frühjahr 1998 (Boston, U.S.A.) der Aufgabe, solch einen Studienprozess zu entwerfen.[137] Als Kristallisationspunkte ergaben sich folgende Einsichten:
(1) ein wachsendes Bewusstsein für die Notwendigkeit eines neuen Paradigmas im ökumenischen Dialog, der über die polarisierte Debatte »Pazifismus vs. gerechter Krieg« hinausgeht. Die Frage müsse jetzt lauten, wie aus der Perspektive der christlichen Verantwortung Alternativen *aktiver* Gewaltfreiheit zur Lösung von Konflikten entwickelt werden könnten;
(2) die ökumenische Bewegung blicke auf eine reiche Tradition des Dienstes an Gemeinschaften zurück, die unter Armut und gewaltsamen Konflikten litten, doch neue Ansätze seien nun erforderlich, dem globalen Anschwellen der Gewalt in ihren unterschiedlichen Formen *als Kirchen* zu begegnen;
(3) christliche Friedensinitiativen seien bereits in der ganzen Welt vernetzt, doch das Verhältnis zwischen Kirchen und außerkirchlichen Friedensgruppen sei weitestgehend ungeklärt. Hier stellten sich explizit ekklesiologische Fragen.

Ein gemeinsamer Studienprozess sollte, so die Konsultation, folgendes leisten:

---

[136] Vgl. vor allem die V. Weltkonferenz von Glauben und Kirchenverfassung: Santiago de Compostela 1993. Fünfte Weltkonferenz für Glauben und Kirchenverfassung, hg. von *Günther Gassmann* und *Dagmar Heller*, Beiheft zur ÖR 67, Frankfurt/M.: Lembeck 1994.
[137] Vgl. *(Ökumenischer Rat der Kirchen:)* Theological Perspectives on Violence and Nonviolence: A Study Process. Geneva: WCC 1998.

– Gewalt müsse in all seinen Dimensionen differenziert reflektiert werden: auf lokaler Ebene, in den jeweiligen Gesellschaften, in internationalen Beziehungen und im Leben der Kirchen. (Weitere bereits vorliegende Studien zu Nationalismus, Ethnien und Religion sollten hinzugezogen werden)[138]. Welche Auswirkungen ergeben sich aus der Gewalt zwischen Nationen und zwischen verschiedenen Ethnien innerhalb eines Staates im Blick auf die Gemeinschaft der Kirchen bzw. auf die Zerteiltheit des Leibes Christi?

– Die Rolle religiöser Institutionen sollte kritisch analysiert werden, vor allem die der Kirchen. Wo leisten sie der Legitimierung von Gewalt Vorschub, welche Bemühungen zur Überwindung von Gewalt lassen sich dagegen aufzeigen?

– Angeregt durch die zweijährige Kampagne »Friede für die Stadt« (s.u.) sollten anhand von Fallbeispielen neue, kreative Wege wahrgenommen werden, die in lokalen Kontexten gelebt werden.[139] Christliche Minoritäten in nichtchristlichen Gesellschaften sähen sich ganz besonderen Herausforderungen gegenüber. Das werfe einmal mehr die Frage nach einer Methodik auf, kontextuelle Theologie kulturübergreifend kommunizierbar zu machen.

– Überlegungen zum Verhältnis von Ekklesiologie und Ethik sollten im Anschluss an den gleichnamigen Studienprozess[140] vertieft werden.

– Taufe und Eucharistie binden Christen zusammen. Sie könnten primäre Quellen für die Bildung von Einheit zwischen Kirchen sein, die selbst durch Gewalt und Konflikt zertrennt seien. In Taufe und Eucharistie stecke ein Potential ethischer Urteilsbildung (*ethical formation*).

– Kirchen sollten ermutigt werden, eine »Kultur des Friedens« zu entwickeln als prophetisches Zeichen einer versöhnten Menschheit und einer neuen Kreatur. Weiterführende exegetische Klärungen seien dazu nötig.

---

138 Vgl. Insbesondere die unveröffentlichte Studie *(Ökumenischer Rat der Kirchen:)* »Ethnic Identity, National Identity, and the Search for the Unity of the Church«, Faith & Order with the collaboration of Justice, Peace and Creation team. Diese Studie resultierte dann schließlich in: *(Ökumenischer Rat der Kirchen:)* Participating in God's Mission of Reconciliation. A Resource for Churches in Situations of Conflict, Faith & Order Paper 201, Geneva: World Council of Churches. Vgl. hierzu auch die Studie: *(Ökumenischer Rat der Kirchen:)* Christian Perspectives on Theological Anthropology, Faith & Order Paper 199, Geneva: World Council of Churches (ohne Jahresangabe).

139 Vgl. die Videodokumentation *(Ökumenischer Rat der Kirchen:)* Peace to the City! Stories of Hope. Geneva: World Council of Churches 1998. Auch: ECHOES. Justice, Peace and Creation News, 13/1998.

140 Vgl. *Thomas F. Best, Martin Robra* (eds.), Ecclesiology and Ethics. Ecumenical Ethical Engagement, Moral Formation and the Nature of the Church. Geneva: WCC Publications 1998; auch: *Lewis S. Mudge*, The Church as Moral Community. Ecclesiology and Ethics in Ecumenical Debate, New York: Continuum 1998.

– Die Beziehung zwischen einer Kultur der Gewalt und der Entfrem-
dung (*alienation*) von Opfern der Gewalt vom Leben der Kirchen sollte untersucht werden. Aus der Erkenntnis, dass Gewalttäter früher oft
selbst Opfer von Gewalt gewesen seien, ergäben sich psychologische
und theologische Fragen.

Frühere Studien des ÖRK hatten andere Schwerpunkte gesetzt und
sollten als wertvolle Ressourcen genutzt werden: die Auseinandersetzung zwischen pazifistischen Positionen und Vertretern des »gerechten
Krieges«, die Fragen der Revolutionen, der Befreiungskämpfe und des
Rassismus (in den 1960er und 70er Jahren), die strukturelle und ökonomische »Gewalt« (in den 1970er und 80er Jahren), Gewalt gegen die
Natur (1980er und 90er Jahren). Das »Programm zur Überwindung
von Gewalt« wollte diese Fragen nicht einfach wiederholen. Vielmehr
könne dies jetzt ein Programm werden, »das von der Vollversammlung
in Harare aus einen Impuls gibt für die weltweite Ökumene, sowohl
auf ihrer lokalen Ebene als auch auf internationaler Ebene«, so die Ab-
sichtserklärung. Gewaltfreiheit sei keine Unmöglichkeit, sondern »Teil
des Zeugnisses der Christinnen und Christen mitten in einer Welt, die
nur so strotzt von Gewalt«[141], stellte die Konferenz fest.

II.2.3   Die Kampagne »Friede für die Stadt«: Konkrete Überwindung
         von Gewalt und Impulse zur theologischen Reflexion[142]

Mit der Kampagne »Friede für die Stadt« (»*Peace to the City*«) gewann das Programm zur Überwindung von Gewalt an Dynamik.[143]
Sieben Städte in den verschiedenen Kontinenten der Erde wurden aus-
gesucht, um exemplarisch Gewalt (-überwindung) in seinen unterschiedlichsten Erscheinungsformen aufzudecken: die Drogenkriminali-
tät von Jugendgangs in Boston/USA, die militarisierte Gewalt zwischen Bevölkerungsgruppen in Colombo/Sri Lanka, die terroristischen
Auswüchse zwischen fundmentalistisch verblendeten Protestanten und
Katholiken in Belfast/Nord-Irland, die Gewalt zwischen in gleicher
Weise betroffenen »Verlierern« der Gesellschaft in Durban/Südafrika,
der Hass zwischen Vertretern unterschiedlicher Ethnien und Religionen in Suva/Fidji oder die Grausamkeit organisierter Kriminalität in
Rio de Janeiro/Brasilien.[144] – Städte sind gleichsam Fokus und Mikro-

---

141 *Käßmann*, Gewalt überwinden, a.a.O., 336.
142 Bearbeitete Fassung des Beitrags: *Fernando Enns*, Breaking the Cycle of Violence: Building Community – Mechanisms for Overcoming Violence and Some
Suggestions for Theological Reflection, in: The Ecumenical Review (zit. EcRev),
Vol. 53, No. 2, April 2001.
143 Vgl. die Entwicklung dieser Kampgane in: *(Ökumenischer Rat der Kirchen:)*
Report of the Consultation on the Programme to Overcome Violence, Rio de Janeiro, Brazil, 13–18 April 1996, Geneva: World Council of Churches 1996.
144 Vgl. *Dafne Plou*, Peace to the Cities. Creative Models of Building Community amidst Violence, Geneva: WCC 1998.

kosmos heutiger Gesellschaften. Hier treten die Polaritäten in geballter und konzentrierter Form auf. Arm und Reich, Erfolg und Versagen, Leben und Tod, Forschung und Analphabetismus, Innovation und Veralterung, Hoffnung und Enttäuschung – alles trifft hier in radikalisierter Form aufeinander. In naher Zukunft lebt der größte Teil der Menschheit in überdimensionierten Megastädten.

Der Blick auf kreative und gelungene Versöhnungsinitiativen in diesen Städten provoziert eine erneute Analyse der Gewaltkontexte und Überwindungsmechanismen. Auf dieser Grundlage sollte ein erneutes theologisches Reflektieren bekannter Themen angestoßen werden, das nicht losgelöst von den konkreten Erfahrungen in den Gewaltkontexten zu absoluten Gesinnungsethiken gerinnen wird, sondern ein gemeinsames Fragen nach tatsächlichen Ursachen der Gewalt und Möglichkeiten ihrer Überwindung vom Zentrum des christlichen Glaubens aus eröffnet. – Wenn so grundsätzlich gefragt wird, dann ist es angezeigt, diese Unternehmung interdisziplinär zu gestalten. Das vorhandene Wissen aus Geschichte und Politikwissenschaft, Soziologie und Ökonomie, Verhaltensforschung, Psychologie und Rechtswissenschaft darf nicht außer Acht gelassen werden. Auch in diesem Sinne verlangte die Dekade eine »ökumenische«, d.h. allumfassende Vorgehensweise.

Erfahrungen aus den sieben Städten sollen hier als Grundlage dienen, um die Dynamik und Komplexität von Gewaltzirkeln wie auch der Friedensbildung zu verstehen. Erst danach soll nach theologischen Impulsen zur Weiterarbeit gefragt werden.

a. Kontextuelle Erfahrungen als Startpunkt
(1) Der komplexe Selbsterhalt von Gewaltzirkeln
Die Erfahrungen in den Städten zeigen: Gewaltzirkel sind selbsterhaltende Gebilde, die von sich aus immer wieder neue Gewalt hervorbringen. Diese Erfahrung und reflektierte Erkenntnis zeichnet sich bereits in der alttestamentlichen Urgeschichte ab sowie in weiteren Gewalterfahrungen, die in den alttestamentlichen Geschichten abgebildet werden.[145] Das gilt auch für solche Gewalt, die in den ehrenwertesten Absichten ausgeübt wird. Unerheblich ist für diese Feststellung außerdem, ob von direkter/personaler, indirekter/struktureller oder gar kultureller Gewalt die Rede ist.[146] In der Realität zeigt sich, dass die Interdependenzen zwischen diesen Gattungen der Gewalt größer sind, als es die theoretische Differenzierung suggeriert. Gänzlich komplex und schier undurchschaubar wird dies, wenn die Berücksichtigung der Ab-

---

[145] Vgl. *Dietrich* u. *Mayordomo*, Gewalt und Gewaltüberwindung in der Bibel, a.a.O., Kap. B. Die Realität der Gewalt in der Bibel, 28–104.
[146] S.o. die verschiedenen Dimensionen von Gewalt, nach der Definition von: Galtung, Gewalt, Frieden und Friedensforschung, a.a.O.

hängigkeiten wiederum anderer Ebenen hinzu kommt: die gegenseitige Beeinflussung von persönlicher, kollektiver, nationaler und globaler Ebene.[147] Beispiele aus zig Konfliktherden der Welt untermauern die These von der Selbsterhaltung der Gewaltzirkel. Der Motor, der diese Zirkel immer wieder von neuem antreibt, ist die durch Gewalt reproduzierte soziale, ökonomische, politische Ungerechtigkeit.

Im Folgenden konzentrieren wir uns auf die Ungerechtigkeits-Erfahrungen aus den ausgewählten Städten.

Rio de Janeiro gehört zu jenen Städten dieser Erde, in denen die Ungerechtigkeit mit bloßem Auge sichtbar wird. Jedem, der diese bezaubernd schön gelegene Stadt einmal besucht hat, wird das direkte Nebeneinander von Arm und Reich aufgefallen sein. Und vielleicht ist er/sie sogar Opfer der Kriminalität geworden, denn wer genügend Geld hat, hierher zu reisen, der besitzt in der Regel mehr als der Großteil der Bewohner. Die Reichen wissen sich hinter Stacheldrähten und Mauern zu schützen, mit Hilfe von privaten, bewaffneten »Sicherheitskräften«, die dennoch kein Gefühl der Sicherheit aufkommen lassen. Das Ungleichgewicht und die ungerechte Verteilung von Gütern hat die Stadt kriminalisiert. Jugendliche, die in den *Favelas* aufwachsen, haben im Grunde keine Chance, jemals den Sprung in ein geregeltes Arbeits- und Familienleben zu schaffen. Das wissen die Betroffenen selbst am besten. Sie fühlen sich marginalisiert, sehen keinen Sinn in Schulbildung, wenn danach nur Arbeitslosigkeit wartet. Im heranwachsenden Alter ist mit dem Handel von Drogen und Diebstählen mehr Geld zu verdienen, als mit jeder anderen Anstrengung. So rüsten beide Seiten auf, schlagen sich von Tag zu Tag durch, es herrscht ein Klima des gegenseitigen Misstrauens in der Stadt. Staatliche Organe, insbesondere die Polizei, haben im besten Fall versagt, meist sind sie selbst Teil des Gewaltzirkels geworden, suchen selbst daran zu verdienen. Eine Stadt, in der es kein »Gewaltmonopol« des Staates mehr gibt und das Vertrauen in die Exekutive – zu Recht – abwesend ist, kann auch nicht per Gesetzeserlasse gerettet werden. Sie muss im Chaos enden, denn die Ungerechtigkeit reproduziert die Gewalt und umgekehrt.

In **Belfast** ist die Gewalt anders motiviert. Hier hat die Gleichsetzung von religiöser/konfessioneller Zugehörigkeit und nationaler Identität (Unionists/Protestants – Republicans/Catholics) eine Spirale des Hasses entfacht. »Sektiererische Gewalt«, gestützt von überkommenen Traditionen und Symbolen, hält die Bewohner seit Jahrzehnten gefangen: Gegenseitige Ignoranz und Separation erlauben es kaum, Vorurteile je in Frage zu stellen, sondern festigen und entfachen stets von neuem Intoleranz, Misstrauen und Diskriminierung. Die – ironischerweise – »peace walls« genannten Mauern machen diese Trennungen auch räumlich sichtbar und haben die Gewaltspirale weiter angetrieben. Der emotionale Zustand der betroffenen Menschen spiegelt sich wieder in Frustration angesichts der Ausweglosigkeit des Konfliktes, in Depressionen, bis hin zu neu ausbrechendem Zorn über die ausbleibende Gerechtigkeit. Viele leiden unter ständigen Alpträumen, Konzentrationsschwäche und Schlaflosigkeit als Ergebnis erfahrener Gewalt. Andere zerbrechen an dem Gefühl des schutzlosen Ausgeliefertseins und der Unfähigkeit, mit Rachebedürfnissen und Aggressionspotential umzugehen. Solche konstanten Spannun-

[147] Vgl. *Jennifer Turpin* and *Lester R. Kutz*, The Web of Violence. From Interpersonal to Global, Urbana and Chicago/IL: University of Illinois Press 1997.

gen führen nicht selten zu häuslicher Gewalt. Hinzu kommt auch hier die hohe Arbeitslosigkeit, die in manchen Familien gar seit drei Generationen bittere Realität ist. Gerade junge Menschen fühlen sich dann von paramilitärischen Gruppen angezogen, die ihnen das Gefühl der Gemeinschaft und des Gebrauchtwerdens vermitteln. 1994 gab die Regierung 436 Millionen Pfund für sogenannte Sicherheitsleistungen aus, aber gerade einmal 1 Million für die Arbeit zur Entwicklung von Beziehungen in Ortsgemeinden.[148] Niemand scheint im Stande zu sein, den Gewalt-Zirkel zu durchbrechen.

Eine dritte Stadt mag hier als Beispiel für die Verschiedenartigkeit der Gewaltmotivationen, bei gleichzeitiger struktureller Vergleichbarkeit, genügen: **Colombo**, die Hauptstadt Sri Lankas. Seit über zwei Jahrzehnten herrscht der Bürgerkrieg, der sich auch hier aus einer Mischung von ethnischen, religiösen und politischen Machtinteressen speist. Zum Teil resultieren die Spannungen aus den Vorgängen der Kolonialzeit: zuerst kamen die Portugiesen (und brachten den Katholizismus), dann die Holländer (Protestantismus), später die Briten (Anglikanismus und Methodismus). Obwohl Sri Lanka eigentlich ein multi-religiöses, multi-ethnisches und multikulturelles Land ist, sprechen die Zuordnungen doch für sich: 74 % Sinhalesen (meist Buddhisten), 18 % Tamilen (meist Hindus, Emigranten aus Indien, die von den Briten hierher gebracht worden waren, um auf den Teeplantagen zu arbeiten), 7 % Muslime (kamen später als Händler), 1 % Burghers (Nachfahren der ehemaligen Kolonialherren). Ca. 7,5 % sind Christen, und die christliche Religion ist die einzige, die sich nicht direkt einer ethnischen Gruppierung zuordnen lässt. Die verschiedenen Ethnien haben ihre eigenen Sprachen beibehalten. Nach der Unabhängigkeit 1948 begann sehr bald der Streit um die Vorherrschaft im Land. Den Tamilen wurde von den Sinhalesen die Staatsangehörigkeit aberkannt. Eine Kolonisierung innerhalb des Landes baute sich auf, die Spannungen wuchsen kontinuierlich. Tamilen forderten eigene Rechte: Selbstbestimmung und das Recht, Sri Lanka als ihre Heimat anzusehen. Die Regierung erlaubte den muslimischen und sinhalesischen »home guards«, sich zu bewaffnen. 1987 versuchte die indische Armee, den Konflikt mit militärischen Mitteln beizulegen. Zwei Jahre später verließ sie das Land, ohne jeden Erfolg. Im Gegenteil, die Menschenrechtsverletzungen hatten dadurch nur noch mehr zugenommen, Trennungen waren verstärkt, Vorurteile, Hass und das Verlangen nach Rache waren multipliziert worden. Inzwischen sind große Teile der Gesellschaft militarisiert, ganz selbstverständlich werden auch Frauen, Kinder und Jugendliche rekrutiert. Die Heranwachsenden sind besonders gesucht, da sie sich in den gefürchteten Selbstmordkommandos bereit erklären und ausbilden lassen (»Baby Tigers«). Auch hier beteiligt sich die Polizei an Diskriminierungen und Ausschreitungen. Ökonomisch wie sozial sind die Spannungen eine Katastrophe für das ganze Land und bringen Arbeitslosigkeit, Armut und Vertreibungen mit sich, wie der »cost of war report« belegt.[149] Schon lange können die verfeindeten Seiten nicht mehr miteinander kommunizieren.
Der religiöse Fundamentalismus spielt in diesen Konflikt hinein, besonders unter den buddhistischen Mönchen, die ihre Vorherrschaft nicht aufgeben wollen. Und nicht selten sind es gerade die Geistlichen, die eine Bereitschaft zur Gewaltanwendung erneut entfachen. Einige allerdings treten auch dafür ein, dass der Buddhis-

---

[148] *Plou*, Peace to the Cities, a.a.O., 26.
[149] *Nisha Arunatilake, Sisira Jayasuriya, Saman Kelegama* (eds.), The Economic Cost of the War in Sri Lanka. Institute of Policy Studies, Colombo, Sri Lanka, University of Melbourne, Melbourne, Australia, Accepted 14 April 2001, in: World Development, Vol. 29, Issue 9, September 2001, 1483–1500.

mus zu seinen Wurzeln zurückkehrt: »the practice of nonviolence, peace-building, respect for life and the belief that all people are equal, rejecting caste and racial superiority.«[150]

Trotz der Unterschiedlichkeit der Kontexte lassen sich Gemeinsamkeiten beobachten. Gewaltzirkel sind *circuli vitiosi*, »Teufelskreise« im wahrsten Sinne des Wortes, wie die Beispiele aus den Städten zeigen. Die Zirkel erhalten sich nicht nur aufgrund der internen Ungerechtigkeit innerhalb der Stadt, sondern sie werden zusätzlich von außen, von externer Ungerechtigkeit gestützt, sei es durch eine ungleichgewichtige globale Marktwirtschaft, die die Länder – und damit auch die Städte – des Südens zusätzlich marginalisiert und nur eine Elite an den Gewinnen teilhaben lässt[151]; sei es durch einen internationalen Waffenhandel, der nicht nur an militärischen Auseinandersetzungen verdient, sondern auch an kriminalisierten Gesellschaften, die bereit sind, immense Summen in die private Aufrüstung zu investieren[152]; sei es durch die politische Verweigerung, Menschenrechtsverletzungen durch die Weiterentwicklung des internationalen Rechts auch über nationale Grenzen hinweg zu verfolgen.[153] Das Globale spiegelt sich im Lokalen wider und umgekehrt. Wird nach den Ursachen gefragt, so stößt man letztlich immer auf Ungerechtigkeit, die sich in un-heilen Beziehungen, basierend auf Macht(missbrauch) und Abhängigkeit, bzw. der Verweigerung von Beziehungen ergibt. Das Ziel ist jeweils die Erfüllung der eigenen Bedürfnisse, auf Kosten anderer. Aus Angst, die eigene Macht zu verlieren, werden andere unterdrückt. Zu diesem Zweck werden Traditionen und auch Religionen und Religionsgemeinschaften instrumentalisiert. Manchmal sind diese aber auch selbst Teil eines Verhaltensmusters, das auf dem Grundsatz basiert, das eigene Wohl auf Kosten anderer zu suchen. Das Wissen um die eigene Rücksichtslosigkeit lässt größtes Misstrauen wachsen gegenüber denen, die abhängig gehalten werden sollen. Das führt zur Stilisierung und Pflege eines Feindbildes, durch das die eigenen Vergehen – zum Teil werden sie durchaus als solche erkannt – scheinbar legitimiert werden können. So wird dann schließlich auch ein »Krieg gegen das Böse« gerechtfer-

---

[150] *Plou*, Peace to the Cities, a.a.O., 56.

[151] Vgl. hierzu *Ulrich Duchrow* und *Franz J. Hinkelammert*, Property for People, not for Profit. Alternatives to the Global Tyranny of Capital, Geneva: World Council of Churches 2004.

[152] Vgl. das jährlich erscheinende Friedensgutachten, hg. von *Jochen Hippler*, Institut für Entwicklung und Frieden (INEF), Forschungsstätte der Evangelischen Studiengemeinschaft (FEST), Institut für Friedensforschung und Sicherheitspolitik an der Universität Hamburg (IFSH), Hessische Stiftung Friedens- und Konfliktforschung, Bonn International Center for Conversion (BICC), Münster: Lit.

[153] Vgl. hierzu die Studie von *Heinz-Gerhard Justenhoven*, Internationale Schiedsgerichtsbarkeit. Ethische Norm und Rechtswirklichkeit, Stuttgart: Kohlhammer 2006.

tigt.[154] Verschiedenheit allein genügt dann als Argument für Trennung und Isolation. Sicherheit kann dadurch aber nicht erreicht werden, denn so bald der Druck auf andere nachlässt, wird dies als Schwäche ausgenutzt und es ist mit Gegengewalt zu rechnen. – Aus diesen schlichten Beobachtungen soll hier keine Theorie abgeleitet werden. Die konkreten Lebenserfahrungen Betroffener dienen dem ÖRK am Beginn der Dekade zur Überwindung von Gewalt, anhand der konkreten Lebenssituationen die Thematik neu zu reflektieren: ein Ansatz, der eher den Theologien aus dem Süden entspricht.

(2)   Gemeinschaftsbildung und Präsenz zur Gewaltüberwindung
In den sieben Städten standen bei den Bemühungen zur Überwindung von Gewalt nicht klare Strategien am Anfang, sondern vor allem Betroffenheit. Von hier aus startend war immer klar, dass es um die konkreten Bedürfnisse der Menschen gehen muss, sie selbst sind die Akteure. Auf diesen Erfahrungen aufbauend und die eigene Weisheit zugrunde legend, begann jeweils die Entwicklung von sichtbaren und messbaren Veränderungen. Erst im Rückblick lassen sich gemeinsame und wiederkehrende Muster erkennen. Das zeigte sich durch die Vernetzung der Städte untereinander. Wieder sollen einige exemplarische Vorgehensweisen beobachtet werden, um daraus allgemeinere Ableitungen zu versuchen, auf der Suche nach erfolgreichen Strategien zur Gewaltüberwindung.

In allen Städten begannen die Projekte mit Einzelnen, die sich mit anderen Einzelnen verbündeten. Bald dient ein Haus als Zentrum, als offener Raum, der durch einfache Ausübung von Gastfreundschaft der Bildung von Gemeinschaft dient.[155] Manchmal werden die Medien aufmerksam und unterstützen dann das Unterfangen, der Kultur der Gewalt allmählich Alternativen entgegenzusetzen. Viele Freiwillige sind nötig, werden meist als Teil des Programms erst ausgebildet und so mit in die Bewegung hineingezogen.[156] Verbündete in anderen Organisationen und in staatlichen Stellen werden gesucht, Expertinnen oder Personen, die bestimmte Funktionen in der Gesellschaft ausüben. Allmählich etabliert sich ein »Trend« in einer lokalen Gemeinde.[157] Das Umdenken beginnt, früher scheinbar Unmögliches wird denkbar,

---

154 »It is very difficult for a Tamil to understand the official discourse of a ›war to peace‹. It is as if they are being told, ›We are killing you to help you‹.« *Plou*, Peace to the Cities, a.a.O., 54.
155 Wie z.B. das »Baker-House« in Dorchester/Boston.
156 Wie die Aktion »Agente de Futuro«: über 10.000 freiwillige junge Erwachsene in Rio de Janeiro wurden hier geschult, oder auch die »Agents of Peace« in Belfast.
157 »The new movement decided to take the name ›Viva Rio‹ as a way of affirming that it was possible to create a trend among citizens to overcome violence, promoting dignity and equal opportunities for all.« *Plou*, Peace to the Cities, a.a.O., 8.

weil sich Mentalitäten allmählich ändern. So kann eine Kultur der Gewaltlosigkeit wachsen. Partizipationsmöglichkeiten und Gemeinschaftsbildung scheinen in den Städten die zentralen Schlüssel zu sein, denn
Menschen wollen nicht von sich aus »urbane Nomaden« bleiben. Allerdings bestätigen die Beteiligten auch, dass dies langwierige und fra-
gile Prozesse sind, die immer wieder von der Initiative und dem
Durchhaltevermögen Einzelner abhängig sind. Es sei nur in Gemeinschaft mit anderen zu leisten, durch gegenseitige Ermutigung, Bestätigung und Arbeitsteilung, in Gemeinschaften, in denen die auftretenden
Schwächen Einzelner von anderen aufgefangen werden können.

Das 1991 gegründete »Mediation Network« in Belfast bietet hierfür
eine gute Illustration.[158] Kirchen, öffentliche Einrichtungen und Politiker, Gruppen, die für Gerechtigkeit, Frieden und Versöhnung eintreten,
Nachbarschaftshilfe-Gruppen und Ortsgemeinden finden Berührungspunkte durch die gemeinsame Betroffenheit und werden durch die Zusammenarbeit und Beziehungsbildung gestärkt, gewinnen so an Wirkung. Diese Zusammenarbeit wird selbst zum Prüfstein der Fähigkeit
zur Gewaltüberwindung, denn auch hier lauert die Gefahr der Abgrenzung, aus Angst vor Machtverlust und Abhängigkeit. Die Bereitschaft
zum gegenseitigen Vertrauensvorschuss ist die Basis für ein gemeinsames Vorgehen, das von der Einsicht getragen ist, dass alle Seiten
letztlich hiervon profitieren werden. Identitätsbildung, Toleranz und
Akzeptanz der politischen und kulturellen Unterschiede sind die Bil-
dungsziele in Belfast. Nachbarn dürfen nicht Fremde bleiben, Räume
der Begegnung entstehen. Verschiedenheit ist nicht mehr primär ein
Gefahrenherd, sondern wird als Chance begriffen. Sicherheit stützt
sich nicht mehr auf Abgrenzung, sondern auf die Tragfähigkeit der
Gemeinschaft. Ziel ist immer auch das Wohl der anderen, weil allmählich erkannt wird, dass auch das eigene Wohlergehen davon abhängt.

Eine solche Durchbrechung des Gewaltzirkels war auch das erklärte
Ziel des »National Peace Council«in Colombo (1995 gegründet). Die
Initiative führte Menschen aus allen religiösen Gruppen zusammen,
ebenso Repräsentanten aus Dutzenden von Organisationen, die um das
allgemeine Wohl bemüht waren. Drei selbstgewählte Grundsätze waren
leitend: (1) eine Lösung des Konflikts nur auf dem Wege von Ver-
handlungen zu akzeptieren, (2) den Dialog zwischen *allen* Beteiligten
zu suchen und (3) die Hoffnung aller in Sri Lanka lebenden Menschen
zu berücksichtigen.

---

[158] »The network promotes the idea of working for peace while developing mu-
tually respectful relations within and throughout a divided community. It is an
open network, with the capacity to maintain liaisons with dozens of private and
public groups and organizations.« A.a.O., 27.

Die Analyse in Sri Lanka hatte deutlich gezeigt: (a) Die Lösung eines solchen Konfliktes kann nicht allein der regierenden Partei überlassen bleiben. (b) Die Bevölkerung muss der Garant sein für einen dauerhaften Frieden, demokratische Rechte müssen für alle institutionalisiert und garantiert werden. (c) Die genuine Friedensarbeit muss unabhängig von allen politischen Kräften sein und die Grundrechte der Unterdrückten sichern.

Jede Religion und Kultur trägt in sich strukturierende und regelnde Konventionen für ein gelingendes Miteinander-Leben zur Eindämmung, bzw. Überwindung von Gewalt:»We decided to begin the task by focusing actions on the long tradition of good relations that had existed before the conflict.«[159] Gegenseitige Gastfreundschaft wurde erstmals wieder gepflegt, der Respekt vor der Würde der je anderen entwickelt. Mit Hilfe von Workshops wird in Colombo und in vielen Dörfern an alte Traditionen angeknüpft, z.B. auch durch die Wiederbelebung alter Mythen. In populären Dramen und Theaterstücken bieten sich Partizipationsmöglichkeiten, die eigenen Gefühle auszudrücken. Interreligiöse Dialogforen werden organisiert, bei denen allein die Anwesenheit von Geistlichen bereits eine enorme symbolische Ausstrahlungskraft besitzt (»Religious leaders must be the first to be educated for peace«)[160]. Auch politische Entscheidungsträger werden mit hineingezogen.

Für die Kirchen in den sieben Städten war es vor allem wichtig, dort Präsenz zu zeigen, wo Konflikte tatsächlich gewaltsam ausgetragen wurden. Das konnte nicht ohne verändernde Wirkung auf das Leben der beteiligten lokalen Gemeinden selbst bleiben.

b. Impulse zur theologischen Reflexion aus kontextuellen Erfahrungen
Unter Berücksichtigung der kontextspezifischen Herausforderungen und der entsprechend unterschiedlich gestalteten Methoden, Aktionen und Organisationsformen, zeigen sich vergleichbare Mechanismen zur Überwindung von Gewalt. Für die theologische Reflexion sollen hier nun Impulse zur Diskussion gestellt werden, die etwas von der Dynamik und Kreativität der konkreten Projekte in die theoretische Reflexion tragen können und die Praxis damit weiter befruchten. Es ist ja hier zu fragen, inwiefern Friedensaktivität zur Bewährung der Kirche im Allgemeinen und der Ökumene im Besonderen gehört, und inwiefern dies das Zentrum ihres Glaubens berührt, wenn ein erklärtes Ziel der Dekade ist, »die Friedenschaffung vom Rand in das Zentrum des Lebens und Zeugnisses der Kirche zu bringen«.[161]

[159] A.a.O., 51.
[160] A.a.O., 56.
[161] Ein Rahmenkonzept für die Dekade zur Überwindung von Gewalt, a.a.O.

(1) Gemeinschaftsbildung – trinitätstheologische Erwägungen

Gewalt bedeutet immer die Zerstörung von Beziehungen, die Verhinderung von gerechten Beziehungen und so die Verhinderung von Gemeinschaft. Deshalb ist ein Grundmerkmal aller Gewaltüberwindung die Vernetzung, der Aufbau von gerechten Beziehungen, mit dem Ziel der Gemeinschaftsbildung. Zentrales Moment ist die Versöhnung. Gemeinschaft lebt von der Verschiedenheit der an ihr Beteiligten und verzichtet auf Uniformierungsversuche. Gerade in der ökumenischen Theologie ist zu dieser Thematik Wichtiges geleistet worden. Nicht zuletzt durch den Einfluss der orthodoxen Traditionen wurde der lange Zeit verschüttete Begriff der »*koinonia*« wieder neu eingeführt und fruchtbar gemacht.[162] Die Gründung dieses Gemeinschaftsverständnisses ist im trinitarischen Bekenntnis gegeben.

Inzwischen sind die vielen guten Einzelbeiträge – aus unterschiedlichen Traditionen – zu dieser Thematik nicht mehr zu zählen.[163] Sei die Beziehung nun perichoretisch oder partizipatorisch vorgestellt, sei der Gedanken-Schritt von der göttlichen Gemeinschaft zur menschlichen Gemeinschaft »nur« ökonomisch gedeutet oder in Analogie abgeleitet.[164] Für die hier angestellten Überlegungen bleibt festzuhalten: es kann nicht nur um die ontologische Beschreibung der Gemeinschaft (der Kirche und der Kirchen) gehen. Aufgabe wird es sein, diese zentralen Sätze des Glaubens und der Theologie auch der Beschreibung der Lebensgestaltung und des Zeugnisses der Kirche und der Gemeinschaft der Kirchen zugrunde zu legen,[165] im Blick auf die Gemeinschaftsbildung sicherlich auch über die Grenzen der Kirche hinaus gehend. Wenn wir das Wesen Gottes vorrangig mit Hilfe der Begriffe von Gemeinschaft beschreiben wollen und dies auch dem Wesen der Kirche zugrunde gelegt werden soll, dann sind die Bemühungen der Gemeinschaftsbildung zentral für das Handeln der Kirche, dann gehört die Gewaltüberwindung ins Zentrum des Glaubens und Lebens der Kirche wie der ökumenischen Gemeinschaft. Dies ist womöglich der denkbar stärkste theologische Widerspruch gegen Gewalt.

---

[162] Vgl. *(Ökumenischer Rat der Kirchen, Kommission für Glauben und Kirchenverfassung:)* Das Wesen und die Bestimmung der Kirche. Ein Schritt auf dem Weg zu einer gemeinsamen Auffassung, hg. von *Dagmar Heller*, Studiendokument, Faith & Order Paper 181, Frankfurt/M: Lembeck 2000.

[163] Exemplarisch seien hier genannt: *Christoph Schwöbel* (ed.), Trinitarian Theology Today. Essays in Divine Being and Act, Edinburgh: T&T Clark 1995. *John D. Zizioulas*, Being as Communion. Studies in Personhood and the Church. Crestwood: St.Vladimir's Seminary Press 1985 (²1993). *Miroslav Volf*, Trinität und Gemeinschaft, Eine ökumenische Ekklesiologie, Mainz: Grünewald-Verlag und Neukirchen-Vluyn: Neukirchener 1996.

[164] Vgl. zu den Diskussionen hierzu in der ökumenischen Bewegung: *Tobias Brandner*, Einheit, gegeben – verloren – erstrebt. Denkbewegungen von Glauben und Kirchenverfassung, Göttingen: Vandenhoeck & Ruprecht: 1996.

[165] Zu dieser Frage hat der ÖRK-Studienprozess »Ekklesiologie und Ethik« Wichtiges erarbeitet, vgl. *Best/Robra*, Ecclesiology and Ethics, a.a.O.

(2) Präsenz – christologische Erwägungen
Die Initialzündung des Gewaltüberwindungsprogramms in der Stadt
Boston (»*Ten-Point-Coalition*«) war die Erfahrung einer Kirchenge-
meinde, dass alles kirchliche Leben letztlich ohne Wirkung für die sie
umgebenden Gewaltzirkel bleibt, wenn die Gemeinde nicht wirklich *in*
der Lebenswirklichkeit präsent ist. Genmeindeglieder verließen also
zunächst die gesicherten Räume der Kirche und begannen gezielt, den
Menschen auf der Straße zu begegnen. So entstand eine Bewegung, die
inzwischen tatsächlich Gewalt reduziert hat, Menschenleben tatsächlich gerettet hat.
Die entscheidende Bewegung Gottes mit seiner Schöpfung findet ihren
sichtbaren Ausdruck im christlichen Glauben in der Inkarnation. Gott
wird Mensch, nicht entfernt abstrakt und unpersönlich, sondern Gott
inkarniert sich, nimmt selbst Menschengestalt an, begibt sich in die
»sündige Welt«, um sie zu heiligen, um sie zu retten und schließlich zu
vollenden. Das Reflektieren über diese »Initialzündung«, das erneute
Nachdenken über die performative Bewegung der Inkarnation kann zu
einem starken Impuls werden für die Gestaltung kirchlichen Lebens *im*
vorfindlichen Lebenskontext und nicht als »Parallelwelt«.
Auch hierzu gibt es unzählige Diskussionsbeiträge[166], vor allem aus
dem Bereich der Missionswissenschaft über die Notwendigkeit der
»Inkulturation« des Evangeliums in verschiedenen Kulturen.[167] Für die
ökumenische Bewegung und den ÖRK im Besonderen ist diese gemeinsame Basis des Redens von Gottes Gegenwart in Christus das
zentrale Axiom schlechthin. – Welche Potenziale können freigelegt
werden im Blick auf die Bewegung der Kirchen, über ihre Grenzen
hinauszugehen, um sich in den jeweiligen Kontexten zu »inkarnieren«,
zum Ziele der Gewaltüberwindung?

(3) Räume öffnen – pneumatologische Erwägungen
Die Erfahrungen in den sieben Städten haben deutlich gemacht, dass
zur Unterbrechung von Gewaltzirkeln die Öffnung von Räumen notwendig ist. Das ist zunächst ganz konkret zu verstehen als die Schaffung geschützter Orte, in denen sich Gemeinschaftsbildung ereignen
kann, ohne die Gefahr des erneuten Verfalls in die gewaltvollen Verhaltensmuster. Wie können Kirchengemeinden solche »Heilig-tümer«
werden? Im weiteren Sinne ist dies aber auch metaphorisch zu entfalten: zur Überwindung von Gewalt ist die Schaffung einer geschützten
Atmosphäre nötig, in der Wahrheit zu Tage treten kann, ohne Angst
vor erneuter Verletzung, Räume, in denen geschehenes Unrecht ans

---

[166] Exemplarisch sei hier genannt: *Ulrike Link-Wieczorek*, Inkarnation oder Inspi-
ration? Christologische Grundfragen in der Diskussion mit britischer anglikani-
scher Theologie, Göttingen: Vandenhoeck & Ruprecht 1998.
[167] Vgl. *Karl Müller*, Art. »Inkarnation«, in: *Karl Müller* und *Theo Sundermeier*
(Hg.), Lexikon missionstheologischer Grundbegriffe, Berlin: Reimer 1987, 176–180.

Licht kommen kann. Ohne solche Räume kann es keine Aufarbeitung geben, keine Schritte auf dem Weg der Versöhnung. Wahrheitskommissionen haben das eindrücklich gezeigt, auch wenn diese sicherlich jeweils nur als erste Schritte in einem längeren Versöhnungsprozess angesehen werden können.[168]

Die Dekade ist in einigen Diskussionen selbst als ein solcher »ökumenischer Raum« beschrieben worden.[169] Diese Metapher bietet sich an, um bei der Beschreibung dieses Vorhabens den Prozesscharakter zu verdeutlichen, der jederzeit die Freiheit zu Gestaltungs- und Entfaltungsmöglichkeiten von verschiedenen darin Partizipierenden bietet; andererseits ist damit aber auch gesagt, dass sich dies deshalb noch nicht konturlos oder gar willkürlich ereignet: ein ökumenischer Raum, der Sicherheit bietet, weil er auf eine Gemeinschaft gründet, die auf Dauer angelegt ist – ein Lebensraum.

Aber worin findet diese Gemeinschaft ihre Zentrierung? Auch hierzu lassen sich in den ökumenischen Debatten zur Ekklesiologie vorliegende Ausführungen finden. Als weiterführend können sich in diesem Zusammenhang die pneumatologischen Überlegungen erweisen, denn in ihnen ist die Metapher des Raumes theologisch zu verorten. Jürgen Moltmann hat bereits auf die sich ergänzenden »formativen Metaphern« (Energie, Raum, Gestalt) zur Beschreibung der Erfahrungen des Geistes hingewiesen: »Der göttliche Geist wird erfahren als der Herr, der befreit, und als der freie Raum, in dem keine Bedrängnis mehr ist [...] und der betroffene Mensch erfährt sich selbst geborgen und freigesetzt in dem weiten Raum des Geistes, in dem er aufatmen und sich entfalten kann.«[170] Die Gleichzeitigkeit von Geborgenheit und Entfaltungsmöglichkeit ist die Voraussetzung für eine Kultur der Gewaltlosigkeit. In der metaphorischen Rede der Geisterfahrung eröff-

---

[168] Die bekannteste Wahrheits- und Versöhnungskommission ist sicherlich jene in Südafrika nach der Zeit der Apartheid: Versöhnung braucht Wahrheit. Der Bericht der südafrikanischen Wahrheitskommission, hg. von *Joachim Braun*, aus dem Engl. übers. von *Klaus Kochmann*, Gütersloh: Kaiser 1999. Vgl. dazu: *Desmond Tutu*, Keine Zukunft ohne Versöhnung, aus dem Engl. von *Axel Monte*, Düsseldorf: Patmos 2001. Vgl. hierzu die Heidelberger Dissertation von *Thomas O.H. Kaiser*, Versöhnung in Gerechtigkeit. Das Konzept der Versöhnung und seine Kritik im Kontext Südafrika, Neukirchen-Vluyn: Neukirchener 1996. *Ralf Wüstenberg*, Die politische Dimension der Versöhnung. Eine theologische Studie zum Umgang mit Schuld nach den Systemumbrüchen in Südafrika und Deutschland, Gütersloh: Kaiser 2004.

[169] Vgl. hierzu auch die allgemeinen Ausführungen im Blick auf die zukünftige Gestalt des ÖRK von *Konrad Raiser*, in: Bericht des Generalsekretärs, Zentralausschusssitzung des ÖRK, Potsdam 2001, Genf: ÖRK 2001.

[170] Vgl. *Jürgen Moltmann*, Der Geist des Lebens. Eine ganzheitliche Pneumatologie, München: Kaiser 1991, 287–291, 290. Siehe hierzu auch: *Michael Welker*, Gottes Geist. Theologie des Heiligen Geistes, Neukirchen-Vluyn: Neukirchener 1992.

net sich eine Möglichkeit, das in der Sprache des Glaubens auszudrücken und sich so zu vergewissern, dass dieser Raum vom Geist des
Lebens gegeben ist.

(4) Die andere Perspektive – eschatologische Erwägungen
Der genuine Beitrag der Kirchen ist zunächst und vor allem eine trag-
fähige Vision, die durch ein Engagement der Kirchen in bestehende,
säklare soziale Netzwerke eingebracht werden kann. Die sich engagierenden Menschen werden oft müde in ihrer täglichen Konfrontation
mit Gewalt und der manchmal verzweifelten Suche nach Unterbrechung von Gewaltzirkeln. Die Hoffnung und das Ziel gehen auf diesem beschwerlichen Weg leicht verloren.
Die christliche Rede und die Vision vom Reich Gottes bieten sich an,
im Blick auf die Gewaltüberwindung neu reflektiert zu werden. Das in
Christus bereits angebrochen geglaubte Reich Gottes wartet auf seine
Vollendung. Die Vision von einer Welt der Gerechtigkeit und des
Friedens wird für Christen in der Rede vom Reich Gottes zur Sprache
gebracht. In der eschatologischen Erwartung der Vollendung und Neu-
schaffung der Welt liegt die tiefe Hoffnung begründet, dass Gewalt
tatsächlich überwunden werden kann, weil dies Teil jener Realität ist,
die mit der Menschwerdung Gottes in Christus in die gewaltvolle Welt
kam. Das verändert den Blick auf die vorfindliche Welt. Diese veränderte Perspektive ist es, die zur Suche nach Möglichkeiten der Gewaltüberwindung motiviert, die die Rede von der »Überwindung« erst legitimiert und neue Interpretationen der eigenen Erfahrung eröffnet. Das
Bewusstsein von der geschenkten Teilhabe an diesem Reich Gottes
kann zugleich Trost und Stärkung sein, im Bemühen um die Durchbrechung von Gewaltzirkeln nicht nachzulassen und Gemeinschaften des
Friedens aufzubauen.

II.2.4 Harare 1998: Der Beschluss zur Dekade – eine genuin
        ökumenische Gegenbewegung

Es ist vor allem die *violentia* am Ende des 20. Jahrhunderts, die die
Kirchen und die Gemeinschaft der Kirchen herausfordert. Bei der VIII.
Vollversammlung des ÖRK in Harare/Zimbabwe wurde dies nahezu
durchgehend an verschiedenen Themenbereichen erkennbar, wenn
auch in Teilen nur implizit: bei den Diskussionen und den daraus resultierenden Verlautbarungen anlässlich des 50. Jahrestages der Erklärung der Menschenrechte[171]; in den Plenarsitzungen zu Afrika[172] und

[171] Vgl. Erklärung der Vollversammlung zum 50. Jahrestag der Annahme der
Allgemeinen Erklärung der Menschenrechte, in: Gemeinsam auf dem Weg. Offizieller Bericht der Achten Vollversammlung des ÖRK, Harare 1998, hg. von
Klaus Wilkens, Frankfurt/M.: Lembeck 1999, 375–380.
[172] Vgl. Afrika – Verpflichtung zu einer Reise der Hoffnung , in: Gemeinsam auf
dem Weg, a.a.O., Kap. 4.2., 309–342.

den Diskussionen zur Globalisierung[173]; in der Auswertung der Dekade »Kirchen in Solidarität mit den Frauen«. Dort lautet der entscheidende Satz: »Gewalt gegen Frauen ist Sünde!«[174] In der Botschaft der Vollversammlung (»Beieinander unter dem Kreuz in Afrika«) taucht dieser entscheidende Satz allerdings nicht auf. Doch ist anderes deutlich benannt:[175]

»[...] Wir haben von Frauen, Kindern, Flüchtlingen und Vertriebenen gehört, deren Leben durch Gewalt zerstört worden ist. Wir haben uns herausgefordert gefühlt, unsere Solidarität mit ihnen zum Ausdruck zu bringen und die Verpflichtung einzugehen, Gewalt zu überwinden und die uneingeschränkte Würde aller Menschen zu fördern. Indem Gott sich den Menschen am Rande der Gesellschaft zuwendet, löst er einen Aufruhr aus und rückt die Peripherie ins Zentrum. [...] Wir vertrauen auf die befreiende Kraft der Vergebung, die Feindschaft in Freundschaft verwandelt und den Teufelskreis der Gewalt durchbricht. Wir sind durchdrungen von der Vision einer Kirche, die auf alle zugeht im Teilen, in der Fürsorge, in der Verkündigung der frohen Botschaft von der Erlösung durch Gott, ein Zeichen für Gottes Reich und glaubwürdig im Dienst an alle Welt. Wir sind durchdrungen von der Vision einer Kirche, dem Volk Gottes auf dem Weg miteinander, das Einspruch erhebt gegen alle Trennungen aufgrund von Rasse, Geschlecht, Alter oder Kultur, das Gerechtigkeit und Frieden zu verwirklichen sucht und die Integrität der Schöpfung achtet.«

Im Bericht des Ausschusses für Programmrichtlinien[176] wird der aktuelle Bezug deutlicher und die programmatische Ausrichtung konkreter:

»Gewalt, die durch verschiedene Formen von Menschenrechtsverletzungen, Diskriminierung und struktureller Ungerechtigkeit ausgelöst wird, gibt auf allen Ebenen einer zunehmend pluralen Gesellschaft immer mehr Anlass zur Sorge. Rassismus begleitet und verstärkt andere Ursachen von Ausgrenzung und Marginalisierung. Konflikte werden immer komplexer und werden immer häufiger innerhalb von Staaten als zwischen ihnen ausgetragen [...]. Der Rat sollte in diesen Fragen strategisch mit den Kirchen zusammenarbeiten, um eine Kultur der Gewaltlosigkeit zu schaffen. Hierbei sind Querverbindungen zu anderen internationalen Partnern und Organisationen und Interaktion mit ihnen sowie die Prüfung und Entwicklung geeigneter Ansätze für Konfliktbewältigung und die Schaffung eines gerechten Friedens im Kontext der Globalisierung sinnvoll.«

An diese Erklärung wurde dann durch Antrag und Beschluss in der Plenarsitzung der folgende Satz angefügt: »Der ÖRK erklärt daher den

---

[173] Vgl. Im Zeitalter der Globalisierung: Machtkonzentration und Verschuldung, in: Gemeinsam auf dem Weg, a.a.O., Kap. 4.3., 343–359.
[174] Von der Solidarität zur Rechenschaftspflicht. Brief an die Achte Vollversammlung des Ökumenischen Rates der Kirchen von den Frauen und Männern des Dekade-Festivals. Simbabwe 27.–30. November 1998, in: Gemeinsam auf dem Weg, a.a.O., 363–371.
[175] Beieinader unter dem Kreuz von Afrika, in: Gemeinsam auf dem Weg, a.a.O., 12–16.
[176] Schwerpunkte in der Arbeit des ÖRK, Bericht des Ausschusses für Programmrichtlinien, in: Gemeinsam auf dem Weg, a.a.O., Kap. 3.4., 242–274, 268.

Zeitraum 2000–2010 zur Ökumenischen Dekade zur Überwindung von Gewalt«.

Der Antrag zu dieser Dekade kam direkt aus dem Plenum[177], denn im Programmausschuss der Vollversammlung hatte man sich nicht dazu durchringen können. Für viele Delegierte ergab sich die Entscheidung zur Dekade aber organisch aus den Diskussionen in den *Hearings* und den Workshops (in Harare *Padare* genannt). Beleg dafür mag die Zustimmung der übergroßen Mehrheit der Delegierten sein, was gleichsam als deutliches Zeichen für die Sehnsucht nach einem gerechten und friedlichen Zusammenleben in den verschiedenen Erdteilen gewertet werden darf, andererseits aber auch für die Präsenz der Gewalt (*violentia*) in all diesen Kontexten. Die Erfahrungen von Gewalt reichen in die kleinsten Einheiten der Gesellschaften hinein: Dörfer, Schulen, Familien, Ehen. Die gemeinsame Betroffenheit über die herrschende Gewalt in allen Lebensbezügen sowie die scheinbare Ohnmacht selbst der Kirchen – wenn nicht sogar die eigene Verstrickung in diese »Kultur der Gewalt« – motivierte zu dem Entschluss, Gewaltüberwindung und die Entwicklung einer Kultur der Versöhnung und des Friedens durch Gewaltfreiheit auf die gemeinsame, internationale ökumenische Tagesordnung zu setzen.

Wenn Kultur verstanden wird als die Gesamtheit der gestalteten Formen menschlichen Ausdrucks und Sprache, der Ordnungen und Institutionen menschlicher Gemeinschaften, ihrer Handlungsnormen in Sitte und Moral, sowie ihrer Wirklichkeitsinterpretation und -erkenntnis, dann wird deutlich, inwiefern es gerechtfertigt scheint, von einer »Kultur der Gewalt« zu sprechen, und es wird gleichsam erkennbar, welch umfassende Unternehmung mit einer Dekade zur Überwindung der Gewalt und für eine Kultur des Friedens und der Versöhnung anvisiert ist. Welches Potential zu einer Gegenkultur der Gewaltüberwindung hält die christliche Botschaft bereit, welche Kreativität wird freigesetzt, wenn der Weg der Gewaltfreiheit nicht nur vereinzelt hier und da beispielhaft versucht wird, sondern als weltweite Gemeinschaft von Kirchen unternommen wird?

Auch ist dieser Beschluss als ein Signal für die Bereitschaft dieser Gemeinschaft der Kirchen zu werten, ihre eigenen theologischen Überzeugungen und Traditionen auf die Gewaltförderung, bzw. auf ihr Potential zur Gewaltüberwindung hin zu überprüfen: Traditionen, die Kriege moralisch und theologisch rechtfertigen, die in ihrer Ethik Ge-

---

[177] Der Antrag wurde von einem Delegierten der Vereinigung der Deutschen Mennonitengemeinden (Fernando Enns) eingebracht und war vorher bereits innerhalb der gesamten deutschen Delegation (Altkatholiken, EKD, Mennoniten, Methodisten) diskutiert und befürwortet worden.

walt (immer noch) als legitimes und unvermeidbares Mittel zur Konfliktlösung sehen, die selbst Strukturen und Liturgien entwickelt haben, die offensichtlich eher Gewalt zulassen oder unterstützen, anstatt sie zu reduzieren, die Praktiken in der Seelsorge betreiben, die Gewalt nicht aufdecken, sondern Opfer von Gewalt eher zum Schweigen bringen – oder aber zum Verlassen der Kirche veranlassen, und mit Tätern in aller Regel nicht anders umzugehen wissen, als sie der juristischen Beurteilung und gesetzlichen Bestrafung zu überlassen.[178] Sicherlich erleichterte die bewusst allgemein gehaltene Formulierung des Antrags eine breite Unterstützung. Gerade dies aber entsprach der neuen Strukturvorgabe des ÖRK für die Vollversammlung, die sich stärker auf umfassende Großthemen beschränken sollte, anstatt sich in zu vielen Einzelprogrammen zu verlieren, die von den Kirchen nicht mehr rezipiert werden. Die ökumenische Dekade zur Überwindung von Gewalt öffnete einen programmatischen Rahmen, in dem viele verschiedene Schritte zur Entwicklung einer »Kultur des Friedens« unternommen werden konnten.

Als die Delegierten beschlossen, das neue Jahrhundert mit dieser Dekade zur Überwindung von Gewalt zu beginnen, hatten sie freilich noch nicht das spätere weltpolitische Szenario vor Augen: einen global organisierten und operierenden Terrorismus, grausam dokumentiert in den Anschlägen des 11. September 2001 in Nordamerika und vielen weiteren; eine weltpolitische Gemeinschaft, die sich nicht anders zu helfen wusste als ihrerseits wieder zum Mittel des Krieges zu greifen um solche Regime zu entmachten, die Terrorismus nicht nur schützen, sondern gar fördern; Rechtsstaaten, die sich bereit fanden, elementare Menschenrechtsverletzungen nun wieder in Kauf zu nehmen, in der Hoffnung auf mehr Sicherheit, schließlich sogar einen sog. Präventiv-Krieg als (zumindest moralisch) legitim erachtend – gegen bestehendes internationales Recht, das diese Kriege bereits ächtet.[179]

[178] Auch den historischen Friedenskirchen (_Church of the Brethren_, Mennoniten, Quäker), die Gewaltfreiheit nahezu als eine _nota ecclesia externa_ ansehen, gilt diese Herausforderung: ihr Friedenszeugnis mit den anderen zu teilen, ihre Erfahrungen und ihr Versagen anderen gegenüber transparent zu machen, sich aber ebenso selbstkritisch zu fragen, wo und wie sie tatsächlich überzeugend gewaltfrei Konflikte lösen, Bedrohte schützen, Gewalt tatsächlich überwinden können. Vgl. zu den Friedenskirchen: _Fernando Enns_, Art. »Friedenskirchen«, in: Evangelisches Staatslexikon, Neuausgabe, hg. von _Werner Heun u.a._, Stuttgart: Kohlhammer 2006, 676–680.
[179] Vgl. hierzu die Studie von: _Arthur R. Kreutzer_, Preemptive Self-defense. Die Bush-Doktrin und das Völkerrecht, München: M-Press 2004. Kritisch dazu auch: _Thomas Bruha_ (Hg.), Legalität, Legitimität und Moral. Können Gerechtigkeitspostulate Kriege rechtfertigen? Jus Internationale et Europaeum Bd. 24, Tübingen: Mohr Siebeck 2008.

Durch die beschlossene Dekade wurde nun deutlich, dass diese Fragen nicht abschließend beantwortet waren. Nun musste es darauf ankommen, die früheren Diskussionen nicht einfach zu wiederholen, sondern sie als Sockel theologischer Erkenntnis zu nutzen, weil sich nur dann die simple Wiederholung auch jener Sackgassen vermeiden ließ, in denen sich ökumenische Diskussionen zuweilen festgefahren hatten. Wenn nach der gewaltüberwindenden Rolle der Kirchen und der ökumenischen Gemeinschaft zu Beginn des 21. Jahrhunderts gefragt wird, dann sollten vorgeprägte christologische und ekklesiologische »Grabenkämpfe« vermieden werden: Jesus, der ethische Lehrer für die einen *versus* Christus, der Kosmokrator für die anderen; Kirche als nahezu sektiererisch verstandenes Exempel für eine bessere Welt *versus* Kirche als staatstragende und machterhaltende »konstantinische« Größe, etc.

Die Delegierten in Harare hatten erkannt, dass bestehende Gewaltzirkel die Menschen – und darüber hinaus die ganze Schöpfung – gefangen halten und Leben in seiner Fülle unmöglich machen oder gar vernichten. Andererseits werden diese Zirkel aber auch immer wieder spürbar durchbrochen durch Initiativen, Kräfte innerhalb und außerhalb der Kirche, die belegen können, dass man der Gewalt nicht nur in Ohnmacht und schicksalhafter Ergebung ausgeliefert ist, sondern dass ihnen auch gewaltfrei widerstanden werden und dies auf ihre Überwindung zuführen kann. Es ging in der Dekade nicht mehr schlicht um die althergebrachten Polaritäten zwischen einem passiven Pazifismus einerseits und einer aktiven Wahrnehmung der Gesellschaftsverantwortung andererseits, die Gewaltanwendungen als »ultima ratio« legitimiert. Die verschiedenen Positionen sollten nun vielmehr in ihren Differenzierungen, jeweiligen Aussagerichtungen, ihren Intentionen gewürdigt und – wo möglich – in einen konstruktiven, sich gegenseitig befruchtenden Dialog geführt werden.

II.2.5 Genf 1999: Formulierung der Ziele für die Dekade

Der ersten Sitzung des neu gewählten Zentralausschusses nach der VII. Vollversammlung kam nun die Aufgabe zu, ein Rahmenkonzept sowie die Ziele der Dekade genauer zu definieren:[180] Die Friedensschaffung soll »vom Rand in das Zentrum des Lebens und Zeugnisses der Kirche« gebracht werden, um auf eine »Kultur des Friedens« hinzuarbeiten,

durch eine »ganzheitliche Auseinandersetzung mit dem breiten Spektrum von direkter wie auch struktureller Gewalt« auf verschiedenen Ebenen: in Familien, Gemeinschaften (*communities*) sowie auf internationaler Ebene. Dabei soll gerade

---

180 Vgl. Ein Rahmenkonzept für die Dekade zur Überwindung von Gewalt, a.a.O.

von den lokalen und regionalen Analysen zur Gewalt und Wegen ihrer Überwindung gelernt werden.

Die Dekade versteht sich als eine Aufforderung an die Kirchen, »Geist, Logik und Ausübung von Gewalt zu überwinden«; »auf jede theologische Rechtfertigung von Gewalt zu verzichten«
und »erneut die Spiritualität von Versöhnung und aktiver Gewaltlosigkeit zu bekräftigen«;

Es soll ein neues Verständnis von Sicherheit erreicht werden, eher im Sinne von Zusammenarbeit und Gemeinschaft, anstatt Sicherheit durch »Herrschaft und Konkurrenz« anzustreben.

Die Kirchen wollen in dieser Bewegung von der »Spiritualität Andersgläubiger und ihren Möglichkeiten, Frieden zu schaffen« lernen, durch die Zusammenarbeit mit Gemeinschaften Andersgläubiger. Vor allem der Missbrauch religiöser und ethnischer Identitäten in pluralistischen Gesellschaften soll dabei in den Blick genommen werden.

Die Dekade will schließlich auch verstanden werden als ein Protest »gegen die zunehmende Militarisierung unserer Welt«, insbesondere »gegen die Verbreitung von Feuer- und Handfeuerwaffen.«

Zur Erreichung der Ziele streben die Kirchen festere Bündnisse an mit ökumenischen Netzwerken und auch säkularen Bewegungen.

Damit ist im ÖRK und in der weiteren ökumenischen Bewegung erstmalig eine so breite Plattform zur umfassenden Gewaltüberwindung initiiert, die zielgerichtet auch die Zusammenarbeit mit anderen Religionen anstrebt. Hier wird die neue Erfahrung der Instrumentalisierung von Religion in neueren Konflikten erkennbar. Auch in der Sache ist damit eine ambitionierte Zielrichtung vorgegeben, deren Formulierungen teils aus dem konziliaren Prozess (s.o.) bereits bekannt waren, aber nun als programmatische Ziele in die gesamte Arbeit des ÖRK einfließen sollten: Wenn »Geist, Logik und Ausübung von Gewalt« überwunden werden sollen, sowie »auf jede theologische Rechtfertigung von Gewalt« verzichtet werden soll, dann verabschieden sich die Kirchen des ÖRK im Grunde vollständig von der klassischen Lehre vom gerechten Krieg. Die Suche nach einem alternativen Verständnis von Sicherheit wird erneut auf die ökumenische Tagesordnung gehoben (vgl. Bonhoeffer, s.o.). Neu in den ökumenischen Friedensdiskussionen ist in jedem Fall die explizite Berücksichtigung der Dimension der Spiritualität.[181]

Innerhalb dieser Bewegung der Dekade ergaben sich in der Folge viele kontextuelle wie thematische Einzelfragen, die im Laufe der zehn Jahre gesondert bearbeitet wurden. Selbst dem ÖRK gelang es nicht mehr,

---

[181] Siehe hierzu den Beitrag von *Emmanuel Clapsis*, Ambivalenz, Subjektivität und spirituelles Leben. Für eine Kultur des Friedens durch Achtung von Andersartigkeit, in: ÖR 2/2006, 183–200. Zum Gesamten auch: *ders.* (ed.), Violence and Christian Spirituality. An Ecumenical Conversation, Geneva: WCC and Brookline/MA: Holy Cross Orthodox Press 2007, vor allem die Beiträge aus der Tradition orthodoxer Kirchen im Kapitel: Contributions Towards an Ecumenical Spirituality, 236ff.

all die lokalen und regionalen Initiativen, Konferenzen und Aktivitäten der Kirchen auch nur ansatzweise summierend darzustellen. Dafür war die Dekade zu breit als »Bewegung« angelegt und als »ökumenischer Raum« beschrieben, und entsprechend vielfältig erfolgte das Aufgreifen dieses Impulses durch bestehende Bewegungen und neu entstehende Aktions- und Reflexionsebenen in den Kirchen.

II.2.6 Gewaltüberwindung und Gottesvorstellungen – im Kontext zentraler Themenstellungen zu Beginn der Dekade[182]

»Die Frage ist, ob wir Gewalt tatsächlich als Ethos unserer Zeit, als Spiritualität der modernen Welt bezeichnen müssen. Oder gibt es eine neue Wahrnehmung in unserer Welt, dass wir eine *Gegenbewegung* brauchen, einen neuen Mut, Gewalt zu überwinden, um Raum für das Leben, wie Gott es gewollt hat, zu schaffen?«, fragte Margot Käßmann am Beginn der Dekade.[183] Der theologische Begriff für solch eine Gegenbewegung ist m.E. mit der Rede vom *Reich Gottes* gegeben. Aus diesem umfassenden »Gegenentwurf Gottes«[184] mag sich je und je eine neue ökumenische Bewegung ergeben, letztlich auch ein gewandeltes Verständnis von *koinonia* selbst. Denn solch ein Gegenentwurf impliziert ja nicht ein Gottesbild in dem Sinne, dass dieser als »Handelnder« zu verstehen wäre, der direkt in das Weltgeschehen eingreift. Auf diese Weise wäre man immer wieder zurück geworfen auf die letztlich unlösbare und oft blasphemisch beantwortete Theodizeefrage.[185] Vielmehr muss Gott ja als in den Gläubigen handelnd gedacht werden, denen gesagt ist, »was gut ist«: »Nichts anderes als Gerechtigkeit tun, Freundlichkeit lieben und behutsam mitgehen mit deinem Gott« (Mi 6,8).[186] – Aus Harare kam mit der Dekade ein ermutigender Impuls für die Kirchen der Ökumene zur gestaltenden Teilhabe an dieser Gegenbewegung.

---

182 Im Folgenden eine bearbeitete Fassung des Beitrags: *Fernando Enns*, Vaincre la violence: un défi pour l'Église et pour la théologie, in: Dieu est-il violent? La violence dans les représentations de Dieu. Sous la direction de Matthieu Arnold et Jean-Marc Prieur, Presses Universitaires de Strasbourg 2005, 89–102.
183 *Käßmann*, Gewalt überwinden, a.a.O., 330 (Hervorhebung FE).
184 Vgl. zur Entfaltung dieses Begriffs: *Dietrich Ritschl*, Gottes Gegenentwurf zur Menschlichen Weltgestaltung, in: *ders.*, Theorie und Konkretion in der Ökumenischen Theologie. Kann es eine Hermeneutik des Vertrauens inmitten differierender semiotischer Systeme geben? Studien zur systematischen Theologie und Ethik Bd. 37, Münster: Lit 2003, Kap II.1., 119–142.
185 Vgl. die ausführliche Studie von *Walter Dietrich* und *Christian Link*, Die dunklen Seiten Gottes, Bd. 1: Willkür und Gewalt, Bd. 2: Allmacht und Ohnmacht, Neukirchen-Vluyn: Neukirchener 2009.
186 Nach der Übersetzung von *Jürgen Ebach*, in: »… und behutsam mitgehen mit deinem Gott«. Theologische Reden 3, Bochum: SWI 1995, 9.

Wenn im Folgenden das Gottesbild im Blick auf Gewalt und die mögliche Gewaltüberwindung thematisiert werden soll, dann lässt sich die
leitende Fragestellung so formulieren: Inwiefern trägt das Gottesbild
der jüdisch-christlichen Tradition dazu bei, Beziehungen gerecht zu
gestalten? Dass das jeweilige Gottesbild prägend und orientierend ist
für die Ausgestaltung einer korrespondierenden Ethik, wird vorausgesetzt. Es ist m.E. allerdings zu einfach, den Monotheismus insgesamt
als gewaltfördernder zu bewerten gegenüber polytheistischen Religionen, wie Jan Assmann versuchte zu zeigen.[187] Dies bedarf einer sehr
viel differenzierteren Reflexion. Unbestreitbar finden sich in der jüdisch-christlichen Tradition Elemente eines Gottesbildes, die in ihrer
Wirkungsgeschichte nicht zur Gewaltfreiheit motivierten. Aber gleichzeitig lässt sich beobachten, dass gerade das Gottesbild dieser Tradition auch immer wieder Impulse zur Gewaltüberwindung und zur Gestaltung gerechter Beziehungen freisetzte. Aufgrund dieser Ambivalenz wäre es naiv, eine einlinige Ethik der Gewaltfreiheit direkt vom
Gottesbild der jüdisch-christlichen Tradition ableiten zu wollen, wie es
ebenso vereinfacht wäre, tendenziell eine höhere Gewaltbereitschaft
aufgrund des monotheistischen Glaubens ableiten zu wollen.

Der Zusammenhang von Gottesbild und Gewalt*überwindung* soll im
Folgenden anhand der vier ausgesuchten Schwerpunktthemen untersucht werden, die zu Beginn der Dekade vom ÖRK vorgegeben wurden:[188] (1) Geist und Logik der Gewalt verstehen, (2) Missbrauch und
Gebrauch von Macht, (3) menschliche Gerechtigkeit, (4) Identität.

a. Geist und Logik der Gewalt – Teufelskreise durchbrechen,
   Versöhnung ermöglichen
Menschen verstricken sich immer wieder in Gewalt, weil die gängige
Reaktion auf Gewalt wiederum Gewalt ist. Die Geschändeten wollen
sich rächen, verlangen Satisfaktion. Der Schmerz ist so groß, die Ungerechtigkeit so schreiend, dass die Gewalttat nicht ungesühnt bleiben
darf. Aggressionen entladen sich in immer neuer Gewalt. Dies führt
auch dazu, dass in den meisten Fällen nicht immer so eindeutig unter-

---

[187] Vgl. diese These bei *Jan Assmann*, z.B. in: Moses der Ägypter. Entzifferung
einer Gedächtnisspur, München/Wien: Hanser 1998; ders., Monotheismus und die
Sprache der Gewalt. Wiener Vorlesungen Bd. 116, Wien: Picus 2006. Vgl. hierzu
Alfons Fürst (Hg.), Friede auf Erden? Die Weltreligionen zwischen Gewaltverzicht
und Gewaltbereitschaft, Freiburg i.Br. u.a.: Herder 2006.
[188] Vgl. *(Ökumenischer Rat der Kirchen:)* »Warum Gewalt? Warum nicht Frie-
den?« Eine Arbeitshilfe, Genf: ÖRK 2002. Außerdem: *(Ökumenischer Rat der
Kirchen:)* Nurturing Peace, Overcoming Violence: In the way of Christ for the
sake of the World. An invitation to a process of theological study and reflection on
Peace, Justice and Reconciliation during the Decade to Overcome Violence:
Churches Seeking Peace and Reconciliation 2001–2010. Programme desk on
Theological Study and Reflection on Peace, Faith & Order, Geneva: WCC 2003.

schieden werden kann zwischen Opfern und Tätern, da sich in einem echten Konflikt meist beide Seiten zumindest als Opfer empfinden (vgl. z.B. den israelisch-palästinensischen Konflikt). Dies mag ein Grund sein, warum moralische Appelle an die Konfliktparteien meist auch ins Leere laufen. Versöhnung – das Durchbrechen von Teufelskreisen der Gewalt zugunsten von gerechten Beziehungen – braucht offensichtlich ein Ereignis, das es beiden Seiten ermöglicht, das Vergeltungsbedürfnis als befriedigt zu betrachten.

In der christlichen Tradition wird der Tod Jesu als das Versöhnungsgeschehen schlechthin interpretiert. Die Deutungen sind bereits im Neuen Testament vielfältig und können hier nicht im Einzelnen diskutiert werden.[189] Aber die Antwort auf die Frage, inwiefern dieser Tod als Versöhnungsgeschehen gedeutet werden kann, enthält zum einen eine Aussage über das darin enthaltene Gottesbild und zum anderen eine Aussage über das Verständnis vom Zustandekommen einer Versöhnung.[190] Zwei Interpretationen seien stellvertretend genannt: Zum einen die klassische Satisfaktionslehre von Amselm von Canterbury: Gott fordert den Tod Jesu als notwendiges Opfer zu seiner eigenen Genugtuung, da die Sünde nicht ungestraft bleiben kann. Ein solches Opfer zur Wiederherstellung der Beziehung zwischen Gott und Mensch kann aber nur Gott selbst erbringen, bzw. ein Gott-Mensch.[191] Dieser Gedankengang enthält zwar die Vorstellung einer gnädigen Zuwendung Gottes zu seiner Schöpfung, bleibt aber der Logik verhaftet, dass zur Erhaltung der Ordnung nichts ungesühnt bleiben darf, ein Opfer demnach zwingend notwendig ist – zur Wiederherstellung der Ehre (Gottes).

Einer völlig anderen Logik der Versöhnung folgt die Deutung des Kreuzestodes Jesu als ein *Hinnehmen* des gewaltsamen Todes auf Seiten Gottes, ein einseitiges Erleiden der Gewalt, um gerade durch diesen Macht- und Racheverzicht stellvertretend Versöhnung zu ermöglichen: das Kreuz als Akt der Gewaltfreiheit Gottes (so z.B. John Howard Yoder).[192] Die Beziehung zwischen Gott und Mensch wird dann weni-

---

189 Vgl. hierzu *Jörg Frey* und *Jens Schröter* (Hg.), Deutungen des Todes Jesu im Neuen Testament. Tübingen: Mohr Siebeck, Studienausgabe 2007 (2005).
190 Vgl. zum Gesamten: *Gerhard Sauter* (Hg.), Versöhnung als Thema des Theologie, Gütersloh: Gütersloher Verlagshaus 1997.
191 *Anselm von Canterbury*, Cur Deus homo – Warum Gott Mensch geworden. Lat.-Dt., besorgt und übersetzt von *Franciscus Salesius Schmitt*, München: Kösel 1956.
192 Dieser Ansatz ist entwickelt bei *J. Denny Weaver*, The Nonviolent Atonement, Grand Rapids/MI: Eerdmans ²2011. Siehe hierzu auch die verschiedenen Werke des mennonitischen Theologen *John Howard Yoder*, vor allem: *ders.*, Preface to Theology. Christology and Theological Methods, Grand Rapids/MI: Brazos 2002. Vgl. zu den Auseinandersetzungen im mennonitischen Spektrum: *Willard*

ger als ein Rechtsakt vorgestellt, vielmehr als ein offenbarender, verzichtender Liebesakt, durch den eine »neue Kreatur« möglich wird, eine neue Qualität von Beziehung. Dies stellt einen Sieg dar über alle Mächte und Gewalten, selbst die des Todes, weil sie ihrer begrenzten Mächtigkeit in der Auferstehung Christi überführt sind. – Zugespitzt ließe sich fragen: Ist der Tod Christi also notwendiges Opfer Gottes vor und für Gott oder freiwilliges Opfer Gottes vor und für die Menschen? Von der Beantwortung dieser Frage mag sich nicht nur eine Verschiebung im Gottesbild ergeben, sondern auch der Blick auf das Zustandekommen von Versöhnungsprozessen im Allgemeinen, wenn sie vom christologischen Bekenntnis her motiviert sind.[193] Allerdings ist bei diesen sehr groben Überlegungen zu beachten, dass die Opferbereitschaft Jesu am Kreuz in der Geschichte der Kirchen verheerender Weise oft als nachzuahmendes Verhalten wiederum den »Opfern« nahegelegt (Frauen, *Indígenas*, Sklaven,...) und diese so auf ihre Opferrolle festlegte, anstatt echte Versöhnungs-, d.h. Befreiungsprozesse zu initiieren. Wenn die Kirche sich selbst als »Botschafter an Christi statt« versteht, das »Amt« inne hat, das »die Versöhnung predigt« (2Kor 5), dann muss es hier offensichtlich darum gehen, einen »dritten Weg« zu suchen, wie Walter Wink formulierte: weder passive Opferbereitschaft, noch aktive Gewaltanwendung, sondern eine dritte Alternative, die aktiv *und* gewaltfrei ist, Opfer und Täter gleichermaßen aus ihren Rollen befreit – eine bestehende Ordnung also gerade durchbrechend.

b. *Missbrauch und guter Gebrauch von Macht – Gottes Allmacht und die Macht der Schwachen*

Macht ist immer vorhanden, sie ist eine »natürliche« Gegebenheit, weil sie die Folge der unterschiedlichen Gaben ist (vgl. Röm 12, 1Kor 12). Macht ist also nicht von sich aus schon etwas Negatives oder zu Vermeidendes, aber sie ist dort zurückzuweisen, wo sie in Form von Gewaltanwendung missbraucht wird, als Machtmissbrauch der Stärkeren gegenüber den Schwächeren, gerechte Beziehungen gerade verhindernd. Jede Macht unterliegt dieser Versuchung des Missbrauchs, auch in den Kirchen: Männer gegenüber Frauen, reiche Kirchen gegenüber ärmeren, Mehrheiten gegenüber Minderheiten.

»Mächte« werden im Neuen Testament beschrieben als solche, die von der Liebe Gottes zu trennen suchen (vgl. Röm 8,38), sie beherrschen

---

Swartley (ed.), Violence Renounced. René Girard, Biblical Studies and Peacemaking. IMS Studies in Peace and Scripture 4, Telford/PA: Pandora 2000.
[193] Vgl. hierzu auch die Interpretation zur mimetischen Gewalt in den Arbeiten von: *René Girard*, Das Ende der Gewalt. Analyse des Menschheitsverhängnisses, Freiburg u.a.: Herder 1983; *ders.*, Das Heilige und die Gewalt, Zürich: Benziger 1987; *ders.*, Der Sündenbock, Zürich: Benziger 1988. Zusammenfassend und kommentierend dazu: *Ralf Miggelbrink*, Der Mensch als Wesen der Gewalt. Die Thesen René Girards und ihre theologische Rezeption, in: ÖR 49/2000, 431–443.

das Leben derer, die fern sind von der Liebe Gottes (vgl. Eph 2,2), sie halten die Menschen in der Knechtschaft ihrer Gesetze (vgl. Kol 2,20); sie unterwerfen die Menschen ihrer Vormundschaft (vgl. Gal 4,3). Strukturen und Ordnungen, die dem Menschen eigentlich dienen sollten, beherrschen ihn dann. Nicht der Mensch kontrolliert dann diese Ordnungen als Instrumente gelingenden Zusammenlebens, sondern die Mächte üben Macht auf den Menschen aus.[194]

Hinsichtlich des Gottesbildes ist hier die Vorstellung von der Allmacht Gottes zu bedenken. Sie ist es, die zu allen Zeiten dazu verleitet hat, Religion zu instrumentalisieren, zur Stärkung der eigenen Macht. »Gott mit uns« war immer ein selbstermutigender, aber eben auch gefährlicher Versuch, die eigenen Ziele zu verfolgen, die eigene Macht unter Inanspruchnahme und also Instrumentalisierung von Gottes Macht durchzusetzen. Die Verführung zur Macht ist der Kirche gerade aufgrund des Allmachtglaubens nicht fremd geblieben. Wie soll die Allmacht Gottes gedacht werden, wenn sie nicht missbraucht, sondern gerade vor Machtmissbrauch schützen soll?

Als diesbezüglich eindrücklichste Geschichte im Neuen Testament darf die Versuchungsgeschichte in Lk 4 gelten. Jesus wird vom Teufel Macht über die ganze Erde angeboten, wenn er ihn nur anbetet. In der Zurückweisung einer Macht, die gleichzeitig der Akzeptanz *ihrer* Allmächtigkeit gleichkäme, liegt die Aussagekraft von Lk 4. Im Nichtakzeptieren der Bedingungen dieser Mächte, im Machtverzicht also, wird die Mächtigkeit Jesu erst erwiesen. Er widersteht der Versuchung, bestehende Mächte als letztgültig anzuerkennen. Die eigentliche Macht Gottes wird in der Machtentsagung sichtbar. Die primäre Aussage liegt also nicht isoliert in der Allmächtigkeit Gottes, sondern in ihrer relativierenden Funktion gegenüber allen anderen Mächten. Dadurch entsteht auch für die Glaubenden eine Freiheit, sich nicht den »Gegebenheiten« vollkommen ausgesetzt zu sehen. Die Perspektive des Glaubens ist dann – aufgrund der Vorstellung von der Allmacht Gottes – in der Lage, in jeder Situation des Zusammenlebens diese Mächte zu identifizieren und dadurch zu relativieren, zugunsten der Gestaltung von gerechten Beziehungen.[195]

Die primäre Berufung der Kirche ist dann gleichzeitig ihre Freiheit: sie soll Kirche Jesu Christi sein, nicht eine unter mehreren Mächten in der

---

[194] Vgl. *Martin Hailer*, Götzen, Mächte und Gewalten. Biblisch-theologische Schwerpunkte 33, Göttingen: Vandenhoeck & Ruprecht 2008.
[195] »Wir haben es hier [bei Jesus] zum ersten Mal mit einem Menschen zu tun, der nicht Sklave einer Macht, eines Gesetzes oder Brauches, Gemeinschaft oder Institution, Wert oder Theorie ist, nicht einmal um sein eigenes Leben zu retten (...). So bringt gerade sein Tod den Sieg«, formuliert Yoder in Anlehnung an Phil 2,9–11. *John Howard Yoder*, Die Politik Jesu – der Weg des Kreuzes. Weisenheim am Berg: Agape 1981, 133.

Gesellschaft. Erst in der Freiheit des Machtverzichts lässt sich die
Aussage verstehen: »... meine Kraft ist in den Schwachen mächtig«
(2Kor 12,9). Das ist die Stärke, die den Glaubenden zuwächst, wenn
sie sich selbst als schwach vor Gott erkennen, als solche, die diese
Welt oder Teile davon nicht wirklich beherrschen. »Gott mit uns« wäre dann Ausdruck dieser eingesehenen Schwäche, nicht der Macht der
Kirche. Diese Schwäche lässt das Angewiesensein auf die Gaben aller
bewusst werden, und fördert so gerade den Aufbau und den Erhalt gerechter Beziehungen, in denen die Machtteilung praktiziert wird.

c. Menschliche Gerechtigkeit – und die Rede vom Gericht Gottes
Hinsichtlich der distributiven Dimension der Gerechtigkeit[196] lässt sich
unschwer feststellen, dass viele Menschen gegenwärtig in unwürdigen
ökonomischen Verhältnissen leben, während ein weitaus kleinerer Teil
im Wohlstand lebt. Dieses Missverhältnis kann auch als »strukturelle
Gewalt« bezeichnet werden, weil hiermit gerechte Beziehungen negiert sind, eine freie Entfaltung des Lebens für alle verhindernd. »Ohne
Gerechtigkeit kann es aber keinen Frieden geben«, so lautete eine der
Lehren aus dem konziliaren Prozess für Gerechtigkeit, Frieden und
Bewahrung der Schöpfung.[197] Aber ebenso gilt es festzustellen: Gewalt erzeugt keine Gerechtigkeit. Sollte Frieden erst dann möglich
werden, wenn allen Gerechtigkeit widerfahren ist, dann bleibt dieser
Friede Illusion. Deshalb ist es notwendig, die Vorstellung von Gerechtigkeit weiter zu denken.

Im Blick auf die kommutative Gerechtigkeit hat der ÖRK seit seinen
Anfängen die Entwicklung des internationalen Rechts unterstützt und
begleitet, weil durch die Bindung an das Recht Gewalt vermieden
werden kann.[198] Dass heute Verbrechen gegen die Menschlichkeit,
Völkermorde und Kriegsverbrechen sowie Angriffskriege vor internationalen Tribunalen und sogar vor dem Internationalen Strafgerichts-
hof verhandelt werden können, ist als immenser Fortschritt zu werten.[199] Hier werden die Verantwortlichen zur Rechenschaft gezogen,

[196] Zu den Differenzierungen des Begriffs der Gerechtigkeit vgl. *Ottfried Höffe*,
Gerechtigkeit. Eine philosophische Einführung, München: Beck 2001.
[197] Vgl. zum Gesamten die Zusammenstellung der ökumenischen Dokumente
zum Thema in: *Stierle/Werner/Heider* (Hg.), Ethik für das Leben, a.a.O.
[198] Vgl. hierzu *Wolfgang Huber*, Gerechtigkeit und Recht. Grundlinien christlicher Rechtsethik, 3. überarb. Auflage, Gütersloh: Gütersloher ³2006.
[199] Entsprechend des Rom-Statuts (2002 in Kraft getreten), Artikel 7, dient als
Rechtsgrundlage des Internationalen Strafgerichtshofes folgende Definition als
»Verbrechen gegen die Menschlichkeit«: (Absatz 1): »Jeder der folgenden Akte,
wenn sie im Rahmen eines ausgedehnten oder systematischen Angriffs gegen die
Zivilbevölkerung und in Kenntnis des Angriffs erfolgen: (a) vorsätzliche Tötung,
(b) Ausrottung, (c) Versklavung, (d) Vertreibung oder zwangsweise Überführung
der Bevölkerung, (e) Freiheitsentzug oder sonstige schwerwiegende Beraubung
der körperlichen Freiheit unter Verstoß gegen die Grundregeln des Völkerrechts,

zumindest exemplarisch. Darin steckt zunächst eine wirkmächtige symbolische Kraft: die internationale Gemeinschaft übernimmt Verantwortung, wenn an irgendeinem Ort der Welt Unrecht geschieht. Dies trägt insofern zur Überwindung von Gewalt bei, als die Opfer mit ihren Gefühlen der Rache nicht allein bleiben, die sich sonst bei nächster Gelegenheit erneut in Gewalt entladen würden.[200] Für die Opfer bedeutet dies jedoch nicht selbstverständlich schon eine Wiedergutmachung. Die juristischen Mittel folgen dem Motiv der Strafe als Abschreckung und Sühne.[201] (Wobei gerade die präventive Wirkung bisher kaum zu erkennen ist). Heilung und Versöhnung sind dadurch noch nicht notwendig initiiert. Um beispielsweise traumatisierte Bevölkerungsgruppen zu einer Kultur der Gewaltfreiheit zu bewegen, ist eine »restaurative« Form der Gerechtigkeit nötig, die primär auf die Wiederherstellung von gerechten Beziehungen abzielt, anstatt sich darauf zu beschränken, Einzelne zu isolieren.[202]

Aus der Glaubensperspektive ist Gerechtigkeit nicht zuerst eine Tugend[203] oder ein allgemeines Prinzip der Gleichbehandlung im Blick auf kommutative oder distributive Gerechtigkeit, sondern Gerechtigkeit ist zuerst das, was Gott den Menschen widerfahren lässt. Die biblische Vorstellung von Gottes Gerechtigkeit enthält stets auch den Aspekt der Barmherzigkeit. Deshalb ist Gottes Gerechtigkeit als »rettende Gerechtigkeit« zu verstehen, die nicht nach Vergehen bestraft

(f) Folter, (g) Vergewaltigung, sexuelle Versklavung, Nötigung zur Prostitution, erzwungene Schwangerschaft, erzwungene Sterilisation und ähnliche schwere sexuelle Eingriffe, (h) Verfolgung einer Gruppe oder Einheit aus politischen, rassischen, nationalen, ethnischen, kulturellen, religiösen, geschlechtlichen oder anderen Gründen, die allgemein als unzulässig anerkannt sind im internationalen Recht, in Verbindung mit diesem Paragraph und den anderen Verbrechen, die der Jurisdiktion dieses Gerichtes unterliegen [Anmerkung FE: Neben den Verbrechen gegen die Menschlichkeit sind auch Völkermord, Kriegsverbrechen und Angriffskrieg strafbar], (i) Apartheid, (j) zwangsweises Verschwindenlassen von Personen, (k) andere unmenschliche Behandlungen ähnlichen Charakters, die vorsätzlich großes Leid oder schwere körperliche oder mentale Verletzungen verursachen, in: www.un.org/Depts/german/internatrecht/roemstat1.html (1.3.2010).
[200] Siehe hierzu: *Justenhoven*, Internationale Schiedsgerichtsbarkeit, a.a.O..
[201] Vgl. hierzu, insbesondere zu den Strafzwecken: *Jens Kreuter*, Staatskriminalität und die Grenzen des Strafrechts. Reaktionen auf Verbrechen aus Gehorsam aus rechtsethischer Sicht, Öffentliche Theologie Bd. 9, Gütersloh: Kaiser 1997.
[202] Siehe hierzu: *Howard Zehr*, Changing Lenses. A New Focus for Crime and Justice, Scottdale/PA: Herald Press [2]1995 (1990).
[203] So bei *Aristoteles*, Die Nikomachische Ethik. Aus dem Griechischen und mit einer Einführung und Erläuterungen versehen von Olaf Gigon. München: DTV [5]2002. Andere Übersetzungen (und Kommentare) vgl. *Ursula Wolf*, Aristoteles' Nikomachische Ethik, Werkinterpretationen, Darmstadt: WBG 2002, 269f. *Otfried Höffe* (Hg.), Die Nikomachische Ethik. Klassiker Auslegen Bd. 2, Berlin: Akademie Verlag 1995.

oder nach Verdiensten belohnt, sondern die gerecht spricht – aus Liebe – und so eine neue Beziehung zwischen Mensch und Gott aufrichtet.[204] Gott rechtfertigt die Sünder und richtet so ein Recht auf, das Gemeinschaft erst ermöglicht. In dieser Einsicht liegt letztlich der Einsatz der Kirche für Gerechtigkeit begründet: wo immer Kirche für Recht und Gerechtigkeit eintritt, zielt sie primär auf die Förderung einer neuen Gemeinschaft. Diese Gerechtigkeit soll hier als erneuernde, »transformative Gerechtigkeit« bezeichnet werden. Opfer und Täter werden aus ihren Rollen befreit, durch einen Versöhnungsprozess in eine neue, gerechte Beziehung »transformiert«.[205] Dies kann den Teufelskreis der Gewalt durchbrechen.

Für die Aufrichtung gerechter Beziehungen ist im Weiteren eine »Heilung der Erinnerungen« notwendig. Die Nennung von Vergehen, das Herausfinden der Wahrheit(en), das gemeinsame Aufklären sind dazu unumgänglich. – Einen Versuch, diese Einsicht in die Praxis umzusetzen, stellen die verschiedenen Wahrheitskommissionen (vgl. Südafrika, Sierra Leone, Guatemala, u.v.m.) dar.[206] Erst hierdurch kann ein Neuanfang in den Beziehungen möglich werden, wenn auch nicht immer schon garantiert. In manchen Gegenden der Welt haben Kirchengemeinden dieses »Amt« des Heilens erkannt und übernommen. Das ist allerdings nur dort möglich, wo Kirchen ihre Glaubwürdigkeit als Friedensstiftende zuvor nicht durch die einseitige Legitimation von Gewalt verspielt haben. Diese Glaubwürdigkeit aber ist notwendige Voraussetzung für die Möglichkeit des Heilens.

Die Rede vom Gericht Gottes kann hier wegweisend werden, denn sie zielt in ihrer Verheißung auf die notwendige Offenlegung all dessen,

---

[204] Vgl. hierzu die Beiträge in: *Bernd Janowski*, Die rettende Gerechtigkeit, Beiträge zur Theologie des Alten Testaments 2, Neukirchen-Vluyn: Neukirchener 1999.
[205] Vgl. den Begriff der »schöpferischen Gerechtigkeit« bei *Günther Thomas*, Gottes schöpferische Gerechtigkeit, in: *Ruth Heß / Martin Leiner*, Alles in Allem. Eschatologische Anstöße (FS für J.Chr.Janowski), Neukirchen-Vluyn: Neukirchener 2005, 109–132, 117.
[206] Im Gegensatz zu Tribunalen oder Gerichtsverhandlungen haben Wahrheitskommissionen keine strafrechtliche Macht, Fälle vor Gericht zu bringen. Siehe hierzu: *Audrey R. Chapman*, Truth Commissions of Forgiveness and Reconciliation, in: *Rodney L. Petersen* and *Raymond G. Helmick* (eds.), Forgiveness and Reconciliation. Religion, Public Policy, and Conflict Transformation. Philadephia: Templeton Press 2002, 257–277. Definition: »Truth commissions are temporary bodies mandated by governments or international agencies to investigate and make findings about acts and patterns of violence and gross human rights violations that took place during a specified period of time (…) truth commissions can go beyond a court of law and render a moral judgement about what was wrong and justifiable and in that way help to frame the events in a new national narrative of acknowledgement, accountability, and civic values«, a.a.O., 257. »In a few situations, nongovernmental organisations and church agencies have also sponsored the work of unofficial truth commissions«, a.a.O., Fußnote 2.

was Beziehungen zerbrochen hat, letztlich, damit all das vergeben werden kann. Die rettende, zurechtbringende Gerechtigkeit Gottes, die nur zugesprochen und nicht verdient werden kann, führt zur Wiedereingliederung in die Gemeinschaft, zur Restauration der Beziehungen, und hat so heilende Funktion. Diese eschatologische Verheißung wirkt als Antizipation in die Gestaltung von Versöhnungsprozessen in die Gegenwart hinein.[207]

d. Identität als Voraussetzung zum Leben in Beziehung – und das trinitarische Gottesbild

Wenn die eigene Identität in Gefahr ist, zweifelhaft erscheint oder gewaltsam unterdrückt wird, dann trägt das zu einer Kultur der Gewaltbereitschaft bei. Dieses Phänomen ließ sich in den gewaltsamen Konflikten auf dem Balkan oder in Tschetschenien studieren. In anderen Teilen der Welt können ganz unterschiedliche Bevölkerungsgruppen friedlich miteinander leben, gemeinsame Interessen auch gemeinsam verfolgen, trotz größter Verschiedenheit. Grundvoraussetzung scheint die Vergewisserung der Identität zu sein und eine klare Absage an alle Versuche, anderen eine fremde Identität aufzwingen zu wollen. Womöglich liegen hierin auch zentrale Motive für die breite Unterstützung mancher Bevölkerungsteile für den Terrorismus verborgen: jahrzehntelange Demütigungen aufgrund von nicht zugestandener, selbstgewählter Identität.

Aber wodurch wird Identität vergewissert? Das jüdisch-christliche Gottesbild ist vor allem dadurch geprägt, dass es einen Gott glaubt, der sich in Beziehung setzt: In der Erwählung des jüdischen Volkes und in der zuwendenden Offenbarung in seinem Sohn Jesus Christus gegenüber allen anderen sowie in der bleibenden Präsenz des Heiligen Geistes bis zur Vollendung.

Für die ökumenische Diskussion ist das trinitarische Gottesbild wegweisend geworden. Ist die Beziehung perichoretisch vorgestellt, wird also von der gegenseitigen Durchdringung und Einwohnung zwischen den trinitarischen Personen von Vater, Sohn und Geist ausgegangen, dann ist hier das Personsein der einzelnen Glieder in der göttlichen Trinität, welches durch ihre Relationalität erst konstituiert wird, gewahrt. Und gleichzeitig ist die Gemeinschaft konstituiert durch die bleibende Personhaftigkeit. Person ist ohne Relation dann nicht denkbar, aber auch keine Relation ohne Person. Person und Relation verhalten sich komplementär zueinander.[208] So wird die Sozialität Gottes

---

[207] Vgl. hierzu die Beiträge in: *Heinrich Bedford-Strohm* (Hg.), »... und das Leben der zukünftigen Welt«. Von Auferstehung und Jüngstem Gericht, Neukirchen-Vluyn 2007. *Gregor Etzelmüller*, »... zu richten die Lebenden und die Toten«. Zur Rede vom Jüngsten Gericht im Anschluss an Karl Barth, Neukirchen-Vluyn: Neukirchener 2001.

[208] So auch: *Jürgen Moltmann*, Trinität und Reich Gottes. Zur Gotteslehre. München: Kaiser, ³1994 (1980).

aussagbar und eine hierarchische Vorstellung jedweder Herrschaft oder Subordination verhindert. Personalität und Sozialität, Eigenständigkeit und Beziehung, Abgrenzung und Offenheit, Identität und Kommunikation können so in ihrer Komplementarität erfasst werden. Durch diese trinitarische Sprachform ist auch sichergestellt, dass der Satz von der Erwählung, das Motiv der Inkarnation und das Ereignis von Pfingsten zusammengehalten werden.

In der Glaubensperspektive ist Gott nicht beziehungslos zu denken, sondern der, der in sich selbst Beziehung ist, setzt sich auch in Beziehung zu seiner Schöpfung. Aus dieser In-Beziehung-Setzung erwächst dem Glaubenden eine Identität als von Gott Angenommenen, von Gott Geliebten und macht ihn so beziehungsfähig. Durch die so ermöglichte *participatio* an der Wirklichkeit Gottes wird der Mensch selbst zum gemeinschafts-förmigen Wesen, wird in seinem Personsein konstituiert und damit erst gemeinschaftsfähig. Hierin liegt sowohl die Würde der Einzelnen begründet wie auch ihr notwendiger Gemeinschaftsbezug.[209] Dies konstituiert wiederum die *koinonia* der Menschen, die sich gegenseitig Person durch Relation werden. Dadurch lässt sich auch die Gemeinschaft der Kirchen in ihren bleibend unterschiedlichen kontextuellen und traditionellen Ausprägungen als Einheit beschreiben, weil sie sowohl die Einheit bei aller Pluralität sichert, als auch die Pluralität vor Uniformierungstendenzen bewahrt. Ohne eigene Identitätsvergewisserung wird jede Beziehung brüchig. Gerechte Beziehungen basieren auf der Stärkung der jeweiligen Identitäten, nicht ihrer Relativierung.

Religionen können als prägende uns identitätsstiftende Kraft gerechte Beziehungen und Gemeinschaft über ihre eigenen Grenzen hinaus ermöglichen, wenn sie nicht selbstgenügsam auf sich selbst bezogen bleiben, sondern über sich selbst hinaus weisen. Überall, wo Religion zur Gewaltanwendung motiviert, also diese Beziehungshaftigkeit verleugnet ist, wird ein anderes identitätsstiftendes Moment als das von Gottes Zuwendung in den Vordergrund gerückt. Dann sind es exklusive Gruppierungen, Ethnien, oder Clans, die die Identität primär determinieren. Das Gottesbild verkommt dann zu einem Götzen und widerspricht gerade der monotheistischen Vorstellung des einen und einzigen Gottes aller.

e. Schluss: ethische Implikationen in der Rede von Gott
Wir haben gesehen, wie die Reflexion des Gottesbildes auf die verschiedenen Themenbereiche der Dekade zur Überwindung von Gewalt entscheidend Einfluss ausüben kann. Wenn Gott der von sich aus Versöhnende, der alle anderen Mächte Relativierende, der durch seine Gerechtigkeit Heilende und Identität Sichernde, weil Beziehung Schaffende und Ermöglichende geglaubt wird, dann lassen sich daraus wich-

---

[209] Vgl. hierzu die Beiträge in: *Christoph Schwöbel* and *Colin E. Gunton* (eds.), Persons, Divine and Human. Edinburgh: T&T Clark 1991.

tige Einsichten für die Gestaltung einer Ethik der Gewaltfreiheit ableiten. Daher ist es geboten, die jeweiligen ethischen Implikationen bei
der Reflexion des Gottesbildes zu explizieren und anhand der biblischen Überlieferungen zu überprüfen. Natürlich darf das Gottesbild
nicht einfach eine Projektion des zuvor schon für ethisch richtig Erachteten sein. Aber die Reflexion ethischer Implikationen eines Gottesbildes kann dazu dienen, das Reden von Gott verantwortlich zu gestalten.
Wenn das Gottesbild selbst gewalthaltig gestaltet ist und somit zumindest implizit Gewalt legitimierende Elemente enthält, dann ist die kritische Rückfrage an solches Reden von Gott geboten, ob und wie dies
tatsächlich in Übereinstimmung steht mit dem Evangelium der In-
Beziehung Setzung Gottes durch das Versöhnungsgeschehen in Jesus
Christus als das *koinonia* ermöglichende Ereignis. Hieraus mögen sich
auch Korrekturen für unser Reden von Gott selbst ergeben.

Zu Beginn der Dekade zur Überwindung von Gewalt bestand die
Hoffnung, dass diese internationale Bewegung dazu beiträgt, auch diesen Bezug zwischen theologischer Reflexion und Entwicklung einer
implizierten christlichen Ethik der Gewaltfreiheit deutlicher darzustellen, um das kirchliche Handeln entsprechend selbstbewusster auf die
Gestaltung gerechter Beziehungen hin zu orientieren. So könnte Kirche einen entscheidenden, weil glaubwürdigen Beitrag zu einer Kultur
der Gewaltfreiheit leisten und Zeugnis geben »von der Hoffnung, die
in uns ist« (1Petr 3,15) – inmitten einer Kultur der Gewalt.

II.3 In der Mitte der Dekade zur Überwindung von Gewalt

II.3.1 Freising 2005: Gerechter Friede – Leben in einer gefährdeten Zukunft[210]

Die *Ökumenische Konsultation zur Halbzeit der Dekade*[211] stellte nicht
nur eine Gelegenheit dar, Ergebnisse und Erfahrungen aus der ersten

[210] Überarbeitete Fassung des Beitrags: *Fernando Enns*, Beobachtungen zur
ACK-Konsultation in der Mitte der ökumenischen »Dekade zur Überwindung von
Gewalt. Kirchen für Frieden und Versöhnung. 2001–2010«, Freising, April 2005,
in: *(Arbeitsgemeinschaft Christlicher Kirchen in Deutschland:)* Gerechter Friede –
Leben in einer gefährdeten Zukunft. Ökumenischen Konsultation zur Halbzeit der
»Dekade zur Überwindung von Gewalt« (2001 bis 2010), veranstaltet von der
ACK und den Ökumenischen Basisgruppen im »Konziliaren Prozess für Gerech-
tigkeit, Frieden und Bewahrung der Schöpfung« vom 7. bis 9. April in Freising, in:
epd-Dokumentation 20/2005, 45–49.
[211] Vgl. a.a.O., epd-Dokumentationen 20/2005 und 30–31/2005. Thementeil I:
Die Überwindung von Gewalt und das Reich Gottes (*Heiko Lietz*, Arbeitslosigkeit
als persönliches und gesellschaftliches Problem / Persönliches Zeugnis, *Franz
Segbers*, Dein Reich komme – Überwindung von Gewalt im Lichte des Reiches
Gottes), Thementeil II: Täter und Opfer (*Salomea Genin*, ›Unsere Zukunft hängt
davon ab, wie viel wir vergessen dürfen und an was wir uns erinnern müssen‹, *Urs*

Hälfte der Dekade in Deutschland zusammenzutragen und voraus-
schauend gemeinsam zu eruieren, welche Schwerpunkte in Deutschland während der zweiten Hälfte sinnvoll und notwendig erschienen.
Die Konsultation war in sich selbst ein wichtiger Beitrag zur Dekade,
denn nirgends sonst hatte es bis dahin in Deutschland ein solch umfassendes und repräsentatives Forum zur Dekade zur Überwindung von
Gewalt gegeben, von Kirchen und kirchlichen Gruppen, Basisgruppen
und Initiativen. In vielfältigen Berichten wurde der Reichtum an Aktivitäten, Publikationen, Veranstaltungen und Kampagnen entdeckt, die
meisten in ihrem Selbstverständnis auch als Ausdruck der Fortsetzung
des konziliaren Prozesses für Gerechtigkeit, Frieden und die Bewahrung der Schöpfung. Und doch war den Beteiligten klar, dass sie nicht
umfassend abbildeten, was allein in Deutschland zur Dekade beigetragen wurde. In dieser Begegnung ergab sich auch der »ökumenische
Raum« für notwendige, konstruktive Kritik, sowie für eine Intensivie-
rung der Vernetzungsbemühungen, die letztlich zur gegenseitigen
Stärkung in der Überwindung von personeller, struktureller und kultureller Gewalt beitragen sollten. Insofern war diese Veranstaltung ein
wichtiger Beitrag zum erklärten Ziel der Dekade, Friedenstiften vom
Rand ins Zentrum des Lebens und Bekennens der Kirchen zu bringen.

a. Gewaltfreiheit als Wert christlicher Existenz

In den gegenwärtigen, pluralen Gesellschaften ist seit vielen Jahren
spürbar, wie dringend die Suche nach Orientierung wird. In dieser Suche ist und bleibt Religion eine starke, orientierende Kraft, da sie alle
Bereiche des individuellen und gemeinschaftlichen Lebens berührt.
Seit den Terror-Anschlägen am 11. September 2001 in den U.S.A. und
den darauffolgenden kriegerischen Reaktionen ist dies in dramatischer
Weise zurück ins Bewusstsein auch jener gerückt, die ein allmähliches
Ausklingen der Religion in postmodernen, säkularisierten Gesellschaften vorauszusehen glaubten. Jürgen Habermas gesteht der Religion zu,
»ein Bewusstsein von dem zu haben, was gesellschaftlich fehlt«: »die
Sensibilität für ein verfehltes Leben und die Deformation entstellter
Lebenszusammenhänge«. Angesichts der »entgleisenden Moderne«
könne die Religion im postsäkularen Zeitalter Sinnstiftung und moralische Orientierung anbieten.[212]

Eigenmann: Gottes rechtfertigendes Handeln – Befreiung aus der Opfer-Täter-
Fixierung), Halbzeitbilanz: Auswertung der 1. Hälfte der ›Dekade zur Überwindung von Gewalt – Kirchen für Frieden und Versöhnung‹, *Fernando Enns*, Bericht
des Beobachters der Konsultation. In epd-Dokumentation 30–31 sind mit der so
genannten »Freisinger Agenda« und weiteren Diskussionspapieren Texte wieder-
gegeben, die Perspektiven und Handlungsempfehlungen und Impulse für die zweite Hälfte der ökumenischen Dekade liefern.
[212] *Jürgen Habermas*, Glauben und Wissen. Die Rede des diesjährigen Friedenspreisträgers des deutschen Buchhandels, in: FAZ Nr. 239 vom 14. Oktober 2001,
9. Ausführlicher dann in: *ders.*, Zwischen Naturalismus und Religion. Philosophi-

In diesem Kontext müsste m.E. auch im Rahmen der Dekade noch sehr viel deutlicher werden, dass die Bemühungen um Gewaltüberwindung und der Einsatz für Gewaltfreiheit elementare christliche Werte darstellen, weil sie im Evangelium selbst begründet liegen: Werte einer christlichen Existenz, die sich in der »Nachfolge Jesu« verortet. Gewaltfrei für Frieden und Versöhnung einzutreten, nach gewaltfreien Konfliktlösungsmöglichkeiten zu streben und eine Spiritualität der Gewaltfreiheit zu entfalten steht im Zentrum der Botschaft und der Mission der Kirche. Das entschiedene Eintreten und Verteidigen der Menschenrechte ist davon ein integraler Bestandteil, für Christen nicht zuerst in einer humanistischen oder naturrechtlichen Idee gründend, sondern zuerst in der Gott-Ebenbildlichkeit eines jeden Menschen (Gen 1).[213]

Daher ist die Dekade auch nicht zuvorderst als eine Anti-Bewegung gegen Krieg, Gewalt und Terror zu verstehen, sondern als eine Pro-Bewegung für die Werte eines Lebens, das aus dem Bekenntnis zu Jesus Christus die Orientierung zur Gewaltfreiheit gewinnt. Dieser Ansatz, so die Hoffnung, wird es ermöglichen, Auseinandersetzungen auf ganz unterschiedlichen Ebenen neu und anders zu führen:
(a) Mit Christinnen und Christen aus dem evangelikalen und charismatischen Flügel: im Verhältnis zu diesen wird sich in Zukunft viel eher die Ökumenefähigkeit der »historischen Kirchen« messen lassen müssen als allein in der institutionalisierten Ökumene.[214]

sche Aufsätze, Frankfurt/M.: Suhrkamp 2005. Die »Rückkehr der Religion« in der Philosophie ist nicht zu übersehen, vgl. hierzu auch die Beiträge von: Hilary Putnam, Charles Taylor, Richard Rorty, Jacques Derrida und Gianni Vattimo.
[213] Vgl. hierzu: *Wolfgang Huber*, Gerechtigkeit und Recht. Grundlinien christlicher Rechtsethik, 3. überarb. Auflage, Gütersloh: Gütersloher ³2006, Kap. IV Gerechtigkeit und Menschenwürde, 265ff. Dazu neu als Überblick: *Michael Durst, Hans J. Münk, Katrin Bentele* (Hg.), Theologie und Menschenrechte, hg. im Auftr. der *Theologischen Hochschule Chur und der Theologischen Fakultät der Universität Luzern*, Theologische Berichte Bd. 31, Freiburg/Schweiz: Paulusverlag 2008.
[214] Vgl. zu dieser These den Beitrag von: *Ruedi von Sinner*, Ökumene im 21. Jahrhundert: Thesen zur Diskussion, in: *Fernando Enns, Martin Hailer, Ulrike Link-Wieczorek* (Hg.), Profilierte Ökumene. Bleibend Wichtiges und jetzt Dringliches. FS für Dietrich Ritschl, Frankfurt/M.: Lembeck 2009, 76–93. Siehe die Diskussionen im ÖRK: *(Ökumenischer Rat der Kirchen:)* Reflections on Ecumenism in the 21st Century, Geneva: WCC 2004; und: *(Ökumenischer Rat der Kirchen:)* Ecumenism in the 21st Century. Report of the Consultation convened by the World Council of Churches, Chavannes-de-Bogis, Switzerland, 30 November to 3 December 2004, Geneva: WCC 2005; und: Reconfiguration – Neugestaltung der ökumenischen Bewegung, ÖR 1/2005. Die Arbeiten von Philip Jenkins sind für diese Diskussionen grundlegend: *Philip Jenkins*, The Next Christendom: The Coming of Global Christianity, rev. and exp. ed., New York: Oxford University Press 2007 (2002); *ders.*, The New Faces of Christianity. Believing the Bible in the Global South, New York: Oxford University Press 2006.

(b) Als Teil der Zivilgesellschaft, in politischen Prozessen, gerade auch in der Gestaltung der Globalisierung. In den Gesprächsprozessen, die der ÖRK in den vergangen Jahren mit führenden Kräften aus der Wirtschaft organisierte, wurde deutlich, dass auch sie in der Erosion der Werte eine große Gefahr für das friedliche Zusammenleben der Menschen und Völker erkennen. Daher erwarten sie, im Bewusstsein, dass sie selbst die Grundlagen für eine freie, demokratische Grundordnung nicht selbst schaffen können, von den Kirchen eine viel eindeutigere Werte-Orientierung.

(c) Im immer wichtiger werdenden interreligiösen Dialog wird das Einbringen klarer und verbindlicher Werte entscheidend, um verstanden zu werden und der politischen Instrumentalisierung von Religion entgegentreten zu können.[215]

Gewaltfreiheit darf dabei nicht als Ideologie missverstanden werden, die fundamentalistisch verteidigt wird, sondern das Umgekehrte gilt: Gewaltfreiheit ist eine christliche Werteorientierung, die einen ideologiekritischen Einspruch enthält, gerade gegen jede Form von Fundamentalismus, weil sie für den Schutz der Personenwürde, die Freiheit der Person und für die Gestaltung gerechter Beziehungen eintritt.

b. Die Suche nach kohärenten theologischen Entwürfen
Voraussetzungen für die Überzeugungskraft dieser christlichen Grundorientierung sind zum einen kohärente theologische Entwürfe, die die integrative Kraft haben, Gewaltfreiheit und die Überwindung von Gewalt als »regulative Prinzipien« aufzunehmen.[216] Eine christliche Anthropologie muss Person und Relation gleichermaßen im Blick behalten und ihr dialektisches Verhältnis zueinander sichtbar machen. Denn Gewalt ist immer ein physischer oder psychischer Akt der Verleugnung, Verletzung oder Zerstörung der Personenhaftigkeit eines Menschen und von gerechten Beziehungen zwischen Menschen.

Aus der Perspektive christlicher Theologie muss hier ergänzt werden, dass der unbedingte Schutz der Menschenwürde nicht allein auf der Überzeugung einer Gott-Ebenbildlichkeit des Menschen beruht, sondern ebenso stark von der neutestamentlichen Einsicht der Rechtfertigung des Menschen im Glauben aus Gnade begründet ist. Kein

---

[215] Vgl. hier die Beiträge in: *Reinhard Hempelmann* und *Johannes Kandel* (Hg.), Religionen und Gewalt. Konflikt- und Friedenspotentiale in den Weltreligionen, Kirche – Konfession – Religion Bd. 51, Göttingen: V&R unipress 2006.
[216] Vgl. zum Begriff »regulative Prinzipien«: *Geroge A. Lindbeck*, Christliche Lehre als Grammatik des Glaubens. Religion und Theologie im postliberalen Zeitalter, Theol. Bücherei Bd. 90, München: Kaiser 1994. Dazu die Diskussion des Entwurfs bei: *Thomas Wabel*, Sprachspiel und Wirklichkeit. Zum Gegenstandsbezug der Rede von Gott und seinen ökumenischen Konsequenzen, in: *Enns/Hailer/Link-Wieczorek*, Profilierte Ökumene, a.a.O., 94–123.

Mensch kann und darf auf seine Taten allein reduziert werden. Das Eintreten für gerechte Beziehungen beruht letztlich auf der Einsicht, das Gott sich selbst durch Jesus Christus neu in Beziehung setzt zu seiner Schöpfung: eine Recht-schaffende, gerecht-machende Beziehung. Dies ist die Bedingung der Möglichkeit für ein gerechtes Zusammenleben zwischen Menschen, auch zwischen Menschen und Natur.

Eine »Reich-Gottes-Theologie« könnte solche Gedanken kohärent zusammenhalten, weil sie von dem »Gegenentwurf Gottes« zu einer herrschenden Kultur der Gewalt ausgeht.[217] Diese Theologie hat eine reiche Tradition in der Geschichte der neuzeitlichen ökumenischen Bewegung und wurde in den Anfängen stark von den Kirchen aus dem angelsächsischen Bereich vertreten. Die Verheißung des Reiches Gottes wird zum identitätsstiftenden und somit orientierenden Rahmen. Wenn Christen jetzt schon in der Antizipation dieses Reiches Gottes leben, dann ist eine »messianische Ethik« bereits impliziert, ein Leben nach den Freiheiten (auch Gewaltfreiheiten) des Reiches Gottes. Dies lässt die Welt als den »einen Haushalt Gottes« erkennen und befreit zu einem Leben in *compassion* (Fähigkeit zum Mitleiden)[218], Empathie und Anwaltschaft, gegenüber anderen wie gegenüber der Natur.

Zum anderen gilt es, die alttestamentlichen Vorstellungen von Recht und Gerechtigkeit in die Bemühungen zur Gewaltüberwindung einzubeziehen und fruchtbar zu machen. Die gesamte Tora lässt sich als Gottes Einspruch, Prävention und letztlich Überwindung von Gewalt verstehen.[219] Gegen die Verwundbarkeit des Lebens wird die Schutzfunktion des Rechts gegenüber Witwen, Waisen, Fremden, und allen gesetzt, die sonst schutzlos wären. Das Bekenntnis zu dem Gott Abrahams und Sarahs, die Erfahrung dieses Gottes, der sein Volk aus der Knechtschaft herausführt, initiiert eine neue Beziehung, die Recht schafft. – Solche Einsichten lassen auch erkennen, wie dringend geboten eine Weiterentwicklung des Völkerrechts zur Überwindung von Gewalt ist. Das Recht kann dann nicht beschränkt bleiben auf seine schützende, präventive und strafende Funktion, sondern muss stets auch auf die Heilung von Beziehungen zielen, wenn die Gerechtigkeitsvorstellung an den alttestamentlichen Zeugnissen ausgerichtet

---

217 Vgl. hierzu den Vortrag während der Konsultation von *Franz Segbers*, Dein Reich komme – Überwindung von Gewalt im Lichte des Reiches Gottes, in: epd-Dokumentation 20/2005.

218 Vgl. zu dieser Überlegung die Anregungen in: *Ingolf U. Dalferth* und *Andreas Hunziker* (Hg.), Mitleid. Konkretionen eines strittigen Konzepts, Religion in Philosophy and Theology 28, Tübingen: Mohr Siebeck 2007.

219 Vgl. hierzu: *Walter Dietrich*, Der rote Faden im Alten Testament, in: EvTheol 3/1989, 232–250. Zum Gesamten: *Frank Crüsemann*, Die Tora. Theologie und Sozialgeschichte des alttestamentlichen Gesetzes, Gütersloh: Kaiser ³2005.

wird. In den Diskussionen des ÖRK ist daher seit einiger Zeit im Rahmen der Dekade der Ansatz einer »restaurativen« oder gar »transformativen« Funktion von Gerechtigkeit erörtert worden.[220] Dies ist zwingend notwendig, wenn der Untertitel der Dekade »für Versöhnung« nicht aus dem Blick geraten soll.

c. *Gewaltfreie Alternativen zur Konfliktlösung und ein alternativer Sicherheitsbegriff*

Jedes theologische Reflektieren in der ökumenischen Gemeinschaft verdient seine Glaubwürdigkeit und Überzeugungskraft im gelebten Zeugnis der Glaubenden. Während dieser Konsultation wurde wiederholt auf den orientierenden und anzuwendenden methodischen Dreischritt der Befreiungstheologie hingewiesen: Sehen – Urteilen – Handeln. M.E. herrscht in vielen Bereichen der Gewaltanwendung kein tatsächliches Analyse-Defizit mehr. Das gleiche kann in weiten Teilen für das Urteilen festgestellt werden: In vielen Kontexten ist wiederholt die Einsicht formuliert worden, dass Gewalt nicht mit Gewalt überwunden werden kann. Die Anwendung von Gewalt kann nicht beanspruchen, ein Christus-gemäßes Zeugnis zu sein. Und die Erfahrung hat gelehrt, dass die Kirchen ihre Glaubwürdigkeit in dem Moment verspielen, in dem sie selbst meinen, Gewalt legitimieren zu dürfen, meist eher aus politischem Kalkül als aus theologisch begründeter Ethik.

Den Kirchen fehlt das gemeinsame Handeln. Es mangelt nicht am Willen, sondern eher am Wissen und der Erfahrung in der Anwendung gewaltfreier Alternativen zur Konfliktlösung.[221] Daher wird der Kraft der Gewaltfreiheit noch zu wenig zugetraut. Wenn diese Beobachtung richtig ist, dann genügen nun nicht moralische Appelle, sondern dann ist alle Kraft und Energie auf die Entwicklung und Sichtbarmachung von gewaltfreien und gewaltüberwindenden Alternativen zu richten: von Täter-Opfer-Ausgleichen[222], über die Bildung bei Kleinkindern

---

220 Vgl. *Guillermo Kerber*, From Violence to Justice. Keynote Speech to a Seminar on »Overcoming violence: Rethinking our ministry of reconciliation«, Ecumenical Institute Bossey, 8 August 2001, www.wcc-coe.org/wcc/what/international/kerber.html (1.3.2010).

221 Vgl. *Klara Butting* (Hg.), Träume einer gewaltfreien Welt. Bibel – Koran – praktische Schritte, Glaubenszeugnisse unserer Zeit Bd. 4, Wittingen: Erev-Rav 2000.

222 Vgl. *Dieter Dölling* und *Gerson Trüg*, Täter-Opfer-Ausgleich. Eine Chance für Opfer und Täter durch einen neuen Weg im Umgang mit Kriminalität; Kurzfassung des 1997 vorgelegten Gutachtens der Forschungsgruppe Täter-Opfer-Ausgleich für das Bundesministerium der Justiz, hg. vom *Bundesministerium der Justiz*, Ausgabe 1, Mönchengladbach: Forum-Verlag Godesberg 1998. Dazu: *Erich Marks* (Hg.), Täter-Opfer-Ausgleich. Vom zwischenmenschlichen Weg zur Wiederherstellung des Rechtsfriedens, Bonn: Forum-Verlag Godesberg ²1990.

(Projekt »Faustlos«)[223] und Schülern (»Schritte gegen Tritte«)[224], bis hin zu den zivilen Friedensdiensten[225] und Trauma-Heilungs-Zentren.[226]

Hierzu gehört auch, einen alternativen Begriff von Sicherheit zu entwickeln, wenn Dietrich Bonhoeffer Recht hat, dass es keinen Frieden auf dem Weg der Sicherheit geben wird (s.o.). Prävention, Konflikttransformation und Versöhnungsprozesse müssen an das Ethos, den zentralen Wert der Gewaltfreiheit gebunden bleiben, wenn umfassend auf eine Kultur des Friedens abgehoben werden soll. – Auf einer Tagung der historischen Friedenskirchen in Afrika 2004 in Nairobi wurde deutlich, wie gefährlich das Leben als Friedenskirche gerade auf diesem Kontinent sein kann und in vielen Fällen tatsächlich auch zu Todesopfern führt. Zugleich wurde aber auch deutlich, wie kreativ und mutig Christinnen und Christen sowie Glaubende anderer Religionen zu Zeugen der Versöhnung werden, von kleinen, lokalen Streitschlichtungen bis hin zur Einrichtung und Mitwirkung in nationalen Versöhnungskommissionen.[227]

d. Die Dekade als »ökumenischer Raum«
In der zweiten Hälfte der Dekade ist eine stärkere Wahrnehmung der Dekade als »ökumenischer Raum« nötig. Das wurde während der Konsultation zur Mitte der Dekade deutlich. Konrad Raiser, der bei der Initiation sowohl des »Programms zur Überwindung von Gewalt« wie bei dem späteren Beschluss zur Dekade verantwortliche Generalsekretär des ÖRK, gehört zu jenen, die dies immer wieder eingefordert haben und auch zum Gelingen entscheidend beitrugen.[228] Das Mitteilen

---

[223] Wie Kinder Konflikte gewaltfrei lösen lernen, vgl. *Manfred Cierpka*, Faustlos. Das Buch für Eltern und Erziehende, Freiburg i.Br. u.a.: Herder 2005.
[224] Das Projekt zum Erlernen von gewaltfreien Konfliktlösungsmöglichkeiten in Schulen, vgl. www.schrittegegentritte.de/pub/multiplikatorinnen.php (1.3.2010).
[225] www.ziviler-friedensdienst.org/ (1.3.2010).
[226] Vgl. hierzu weiterführend: *Judith Herman*, Die Narben der Gewalt. Traumatische Erfahrungen verstehen und überwinden, Paderborn: Junfermann, ²2006. *Hannes Fricke*, Das hört nicht auf. Literatur, Trauma und Empathie, Göttingen: Wallstein 2004.
[227] Vgl. *Donald E. Miller, Scott Holland, Dean Johnson, Lon Fendall* (eds.), Seeking Peace in Africa: Stories from African Peacemakers. Telford/PA: Cascadia 2007.
[228] Vgl. die vielen Beiträge von Konrad Raiser zur Dekade, u.a.: *Konrad Raiser*, Remarks to the Bienenberg Consultation, in: *Enns/Holland/Riggs*, Seeking Cultures of Peace, a.a.O., 19–28; *ders.*, For a Culture of Life. Transforming Globalization and Violence, Geneva: WCC 2002, 75–140 (darin: Reconsidering Peace and Justice; Overcoming Violence; Is the »Clash of Civilizations« unavoidable [dt. in ÖR 4/2000, 396–404]. Human Rights: Foundation for a Culture of Peace; Reconciliation: A Challenge to the Churches); *ders.*, Gewalt überwinden. Ökumenische Reflexionen zu einer Kultur aktiver und lebensfreundlicher Gewaltfreiheit; in *Enns*, Dekade zur Überwindung von Gewalt, a.a.O., 11–30; *ders.*, On the Eve of the Third Millenium, in: To be the Church, Geneva: WCC 1997, 17–37; *ders.*, Wir

und Teilen des Reichtums an Weisheit und Erfahrung der weltweiten ökumenischen Gemeinschaft im Blick auf die Überwindung von Gewalt ist ein Gut, das bis dahin nur in Ansätzen entdeckt und zum Wohle aller Beteiligten erschlossen worden ist. Meist sind die konkreten und lokalen Bemühungen so zeit- und energieraubend, dass der Blick sich nicht weiten kann für den globalen ökumenischen Horizont. Aber Ökumene ist nicht in erster Linie eine Zusatzaufgabe, eine Zusatzfunktion der Kirche, sondern sie ist zuerst ein Selbstverständnis als weltweite Kirche Jesu Christi, aus dem Kraft und Ermutigung erwachsen kann. Die Vernetzung von Gemeinschaften, die sich aktiv und gewaltfrei engagieren, das Sichtbarmachen von Konkretionen wirkt tröstend, ansteckend und stärkend, wie die Erfahrungen innerhalb der Kampagne »Friede für die Stadt« gezeigt haben (s.o.).

Solche Vernetzung kann auch davor bewahren, die Dekade für ein einzelnes Thema allein in Anspruch nehmen zu wollen, gegen andere Schwerpunktsetzungen. Ähnliche »Hegemonialansprüche« hat es auch in vergangenen Programmen des ÖRK immer wieder gegeben. Weder darf der Begriff der »Gewalt« derart ausgeweitet werden, dass darunter die Konkretion und Präzision des Inhalts leidet, noch empfiehlt sich ein zu eng gefasster Begriff, so dass den Betroffenheiten der einzelnen Beteiligten und den Komplexitäten und Interdependenzen nicht entsprechend Rechnung getragen werden könnte. Beides würde kontraproduktiv wirken, denn leicht führt dies zur Inflation von Aussagen, anstatt gemeinsam ein klares Bekenntnis zum Ausdruck zu bringen, das »die Welt nicht überhören kann« (D. Bonhoeffer).

Wie können solche Begegnungen organisiert werden, wie kann dieser Reichtum an Erfahrung kommuniziert werden? Im ÖRK wurde zu diesem Zweck ein jährlicher geographischer und thematischer Fokus für die Dekade ausgewählt:

2002 waren dies Israel und Palästina, »Zur Beendigung der illegalen Besetzung«. Das begonnene ökumenische Begleitprogramm (*Ecumenical Accompanyment Programme in Palestine and Israel*, EAPPI)[229], das Menschen aus allen Teilen der Ökumene einlädt in Teams von zivilen Friedensfreiwilligen zu einer gewaltfreien Konfliktlösung beizutragen, indem sie vor Ort präsent sind und mit palästinensischen und israelischen Friedensgemeinschaften zusammenarbeiten, wird fortgesetzt. 2003 lag der Schwerpunkt auf Sudan: »Heilung und Versöhnung«. Das ausgehandelte Friedensabkommen zwischen Nord und Süd ist nicht zuletzt auch durch die langjährigen Bemühungen des ÖRK zustande gekommen und stellt ei-

stehen noch am Anfang. Ökumene in einer veränderten Welt, Gütersloh: Kaiser 1994, 63–112 (darin: Erneuerung des ökumenischen Bundesschlusses; Christentum und Wirtschaftsordnung; Der Beitrag der Kirchen zu einer internationalen Friedensordnung; Bewahrung der Schöpfung – Herausforderung unseres Glaubens; Gottes Recht und Menschenrechte).
[229]   Siehe www.eappi.org/ (1.3.2010).

nen entscheidenden Durchbruch in dem vom Bürgerkrieg über Jahrzehnte gezeichneten Land dar.[230] Für 2004 wurden die U.S.A. ausgewählt: »*The Power and
Promise of Peace*«. Vor allem die traditionelle Bürgerrechtsbewegung und mit ihr
viele afro-amerikanische Kirchen haben die Dekade als »ihren« Raum entdeckt
und in vielen Fällen so wieder eine größere Nähe zur ökumenischen Bewegung
finden können. Im Jahr 2005 sind es die Kirchen in Asien, die das Motto »*Building
Communities of Peace for all*« wählten. Der gelebte interreligiöse Dialog ist in
vielen Kirchen Asiens ein Zeugnis gelebter Gewaltfreiheit. Im Jahr 2006 richtet
sich der Fokus auf Lateinamerika.

e. *Die Notwendigkeit kritischer Selbstreflexion: eine messianische Gemeinschaft*

Die ökumenische Gemeinschaft selbst lässt sich als eine »alternative
Gemeinschaft« zu anderen Formen der Gemeinschaft in der globalisierten Welt beschreiben, wenn Kirche als »Leib Christi«, »Mysterium«[231]
oder »*creatura verbi divini*« verstanden wird.[232] Das kann nicht ohne
Auswirkung bleiben für die Gestalt der Kirche selbst. Wenn keine Kohärenz erkennbar wird zwischen der Botschaft und der Gestalt der Kirche, wie könnte Kirche als ökumenische Gemeinschaft in ihrem Zeugnis dann glaubwürdig sein? Kirche *hat* nicht nur eine bestimmte Sozialethik, sondern Kirche *ist* immer auch in sich selbst eine Sozialethik:
eine »versöhnte« Gemeinschaft, oder auch eine »messianische Gemeinschaft«.[233]

Dieser Vorstellung folgt auch das von der Dekade inspirierte Motto
der Weltmissionskonferenz 2005: »In Christus berufen, heilende und
versöhnende Gemeinschaften zu sein«.[234] Die ökumenische Gemeinschaft verkündigt nicht nur die Hoffnung, die in ihr ist, sondern sie ist

---

[230] In der Region Darfour ist dies für den ÖRK weitaus schwieriger, da dort in
der Regel Muslime gegen Muslime Gewalt anwenden, was die Kirchen als ökumenische Gemeinschaft freilich nicht aus ihrer Verantwortung entlässt.

[231] So *Werner Löser*, Anmerkungen zur Ekklesiologie aus römisch-katholischer
Sicht, in: Deutscher Ökumenischer Studienausschuss, Kirchen in Gemeinschaft –
Gemeinschaft der Kirche. Eine Studie des DÖSTA zu Fragen der Ekklesiologie,
hg. von *Dietrich Ritschl* und *Peter Neuner*, Beiheft zur ÖR 66, Frankfurt/M.:
Lembeck 1993, 114–121, hier: 117.

[232] »*Ecclesia enim creatura est Euangelii*«, in: D. Martin Luthers Werke. Kritische Gesamtausgabe, Weimar 1883ff., Neudruck Graz 1964ff. (zit. WA), WA 2,
430, 6f.

[233] Den Begriff prägte vor allem John Howard Yoder. Vgl. hierzu *Stanley Hauerwas*, Selig sind die Friedfertigen. Ein Entwurf christlicher Ethik, hg. u. eingeleitet von *Reinhard Hütter*, Neukirchen-Vluyn: Neukirchener 1995 (dt. Übers. von
Stanley Hauerwas, The Peaceable Kingdom, A primer in Christian Ethics, Notre
Dame/IN: University of Notre Dame 1986).

[234] Come Holy Spirit, Heal and Reconcile! Report of the WCC Conference on
World Mission and Evangelism, Athens, Greece 2005, ed. by *Jacques Matthey*,
Geneva: World Council of Churches 2008. Siehe hierin vor allem: *Fernando Enns*,
Mission and Violence – Building a Culture of Peace. Plenary and Workshop dur-
ing the World Mission Conference Athens 2005, in: a.a.O., 187–189 und 303–305.

selbst eine Hoffnungsgemeinschaft. Daraus folgt aber auch, dass die Kirche in ihrer »irdisch-geschichtlichen Existenzform«[235] – als *ecclesia semper reformanda* – zur ständigen Selbstüberprüfung aufgefordert ist. Die eigene Kirchen- und Theologiegeschichte muss kritisch aufgearbeitet werden, um zu verstehen, wann, wie und wo Kirche selbst in Gewaltstrukturen und Gewaltlegitimierungen verstrickt ist. Diese Aufgabe stellt sich allen kirchlichen Traditionen, auch den historischen Friedenskirchen. Welche Elemente in Liturgien, Bekenntnissen und im Leben der Kirche verstellen den Blick auf die Berufung zur heilenden und versöhnenden Gemeinschaft?

Andererseits gilt es, die vielen Potentiale zur Gewaltüberwindung in den kirchlichen Traditionen deutlicher als bisher herauszuschälen. In allen Konfessionen ist das Bewusstsein für das Leben und Zeugnis der Gewaltfreiheit bewahrt, wenn auch nicht an zentraler Stelle. Diese Entdeckungen in der ökumenischen Gemeinschaft gemeinsam zu machen, dazu kann die Dekade beitragen. »Salz der Erde«, »Licht der Welt« zu sein (Mt 5) sind Zusage und Anspruch, die der Kirche seit ihren Anfängen gelten. Bezogen auf die Gewaltüberwindung könnte es dann durch die Dekade zu einer ganz selbstverständlichen Identifizierung kommen: Christinnen und Christen sind die Menschen, die sich entschieden und gewaltfrei für das Leben in Gewaltfreiheit aller einsetzen; und ökumenische Gemeinschaft ist tatsächlich als messianische Gemeinschaft zu erkennen, weil sie bereits jetzt zeichenhaft zu verwirklichen sucht, was ihr im Evangelium zugesagt ist: versöhnt zu sein.

II.3.2   Porto Alegre 2006: Die Neuverpflichtung der Kirchen[236]

Die IX. Vollversammlung des ÖRK in Porto Alegre (Brasilien) markierte gleichsam international die »Halbzeit« der Dekade. Wie bereits zuvor bei der Weltmissionskonferenz in Athen 2005 (»In Christus berufen, heilende und versöhnende Gemeinschaften zu sein«) wurde auch hier das Motto aus der Perspektive der Gewaltüberwindung thematisiert: in über 80 Einzelveranstaltungen zur Dekade sowie zentral in einer der Plenarsitzungen. »Gemeinsam mit der ganzen ökumenischen Bewegung verpflichten wir uns aufs Neue, für eine Kultur des Friedens und der Gewaltlosigkeit zu arbeiten und Gewalt zu überwinden, der wir in unserem Leben begegnen«, erklärten die Delegierten gemeinsam und bekräftigten erneut die Ziele der Dekade.[237] Es wurde

---

[235] *Karl Barth*, KD IV/1, 718; IV/2, 695; IV/3, 780.
[236] Überarbeitete Fassung des Beitrags: *Fernando Enns*, »Lass Dich von Gott verwandeln, dann wirst Du die Welt verwandeln«. Dekade zur Überwindung von Gewalt in Porto Alegre 2006, in: ÖR 4/2006 (Die Neunte Vollversammlung des ÖRK), 464–475.
[237] Vgl. *(Ökumenischer Rat der Kirchen:)* Vorbereitungs- und Hintergrunddokumente: Aufruf zur Neuverpflichtung zur Dekade zur Überwindung von Gewalt

deutlich, welch große Ermutigung die Dekade für Menschen in Situationen von Gewalt bedeutet, weil so die Solidarität und Anwaltschaft innerhalb der ökumenischen Gemeinschaft erfahrbar wird.

a. Aktuelle globale Herausforderungen
Neben dem wertvollen Austausch vieler kontextueller Erfahrungen von Gewalt und den ermutigenden praktischen Beispielen zu ihrer Überwindung, die christliche Gemeinden – oftmals gemeinsam mit Vertretern anderer Religionen – im Rahmen der Dekade auf der ganzen Welt unternehmen, wurden auch die gemeinsamen, globalen Herausforderungen thematisiert.

(1) Terrorismus und der »Krieg gegen den Terror«
Eindeutige Verurteilung fand der Terrorismus: »Die Gewalt des Terrorismus – in allen seinen vielfältigen Formen – ist verabscheuungswürdig für alle, die glauben, dass menschliches Leben eine Gabe Gottes und aus diesem Grunde unendlich wertvoll ist.«[238] Die Reaktion auf den Terrorismus dürfe jedoch nicht »mit den gleichen Waffen« vollzogen werden, denn dies führe zu noch mehr Gewalt und Terror. »Vielmehr ist ein gemeinsames Engagement aller Nationen nötig, um jegliche Möglichkeit zur Rechtfertigung solcher Handlungen zu beseitigen.« Die Vollversammlung bekräftigte erneut die Worte, die der ÖRK-Generalsekretär an die Vereinten Nationen nach dem 11. September 2001 gerichtet hatte.[239] Inzwischen hätten »Terrorakte und einige Aspekte des so genannten ›Krieges gegen den Terror‹ eine neue Dimension von Gewalt geschaffen«. Terror in Form von willkürlichen Gewaltakten gegen unbewaffnete Zivilpersonen zu politischen oder religiösen Zwecken könne nie gesetzlich, theologisch oder ethisch gerechtfertigt werden. Terrorakte seien vielmehr Verbrechen und sollten auf nationaler wie internationaler Ebene durch die Instrumente der Rechtsstaatlichkeit geahndet werden. Durch den so genannten »Krieg gegen den Terror« sei Krieg neu definiert und das Völkerrecht sowie die Menschenrechtsnormen relativiert worden. Dies wird von den Kirchen »klar und entschlossen in Frage gestellt«. Sie rufen zur Zusammenarbeit und zur Stärkung des Internationalen Strafgerichtshofes auf, statt auf militärische Bekämpfung zu setzen.
Religion sei eine Quelle für Frieden und Versöhnung. Daher sollten alle »religiösen Gemeinschaften und ihre Führungspersönlichkeiten«

2001–2010, in: In deiner Gnade, Gott, verwandle die Welt. Offizieller Bericht der Neunten Vollversammlung des ÖRK, Porto Alegre 2006, hg. von *Klaus Wilkens*, Frankfurt/M.: Lembeck 2007, 308–312. »Halbzeit der Dekade zur Überwindung von Gewalt«, in: *(Ökumenischer Rat der Kirchen:)* Programmbuch der Vollversammlung, Genf: ÖRK 2006, 204–209.
238 »Erklärung über Terrorismus, Terrorismusbekämpfung und Menschenrechte«, in: In deiner Gnade, a.a.O., 345–348.
239 Vgl. www.wcc-coe.org/wcc/news/press/01/34pu.html (1.3.2010).

sich gemeinsam für Rechtsstaatlichkeit und die Achtung der Menschenwürde einsetzen. Interreligiöse Initiativen seien zur Gewaltprävention zu starten.

(2) Die Verbreitung von Atomwaffen
Seit Jahrzehnten setzt sich der ÖRK konsequent und beharrlich für die
Abschaffung von Atomwaffen ein. Bereits die erste Vollversammlung
1948 erklärte Atomwaffen als eine »Sünde wider Gott«. Die Kirchen
weisen die Atommächte auf ihre Selbstverpflichtung aus dem Jahr
2000 hin und fordern sie auf, ihren Zusagen nachzukommen, alle
Atomwaffen im Rahmen des Atomwaffensperrvertrages (NVV) abzu-
schaffen.[240] In einer Zeit, da sich die Völkergemeinschaft »vor die
dringende Aufgabe gestellt sieht, die Gewalt, die vom Terrorismus
ausgeht, mit Vernunft und Besonnenheit zu überwinden«, wachse das
Risiko, dass diese Waffen in die Hände von nicht-staatlichen Akteuren
gerieten. Es sei ein »Denkfehler der Nukleardoktrin«, Massenvernichtungswaffen für Stabilitätsgaranten zu halten:[241]

»Gott, der sich nicht leicht erzürnen lässt und überschwänglich in seiner Güte ist,
hat der Menschheit im Atomzeitalter eine lange Zeit der Gnade geschenkt. Während der turbulenten Jahre des kalten Krieges bis zum heutigen Tag ist deutlich
geworden, dass Gott uns vor uns selbst bewahrt hat. Auch wenn viele getäuscht
wurden und sich immer noch täuschen lassen, lässt Gott nicht mit sich spotten. Die
Rache in Form eines atomaren Holocaust ist nichts für menschliche Hände. Unsere
Aufgabe besteht darin, uns für das Leben mit Gott einzusetzen.«[242]

(3) Die Verantwortung zum Schutz gefährdeter Bevölkerungen
Die Erklärung »Gefährdete Bevölkerungsgruppen – Erklärung zur
Schutzpflicht«[243] (»*Responsibility to Protect*«, R2P) verdient besondere Aufmerksamkeit, stellt sie doch in gewisser Weise einen »Meilenstein« in der friedensethischen Diskussionen innerhalb des ÖRK dar,
wenn auch keinesfalls ihren Abschluss. Obwohl die Kirchen sich seit

---

[240] Im Kontext der Auseinandersetzungen um das iranische Atomprogramm gewann diese Forderung nun eine neuerliche Aktualität. Vgl. »Protokollpunkt zur
Abschaffung von Atomwaffen«, in: In deiner Gnade, a.a.O., 359–362. Die zweite
ÖRK-Vollversammlung 1954 in Evanston hatte bereits erkannt, dass der einzig
sichere Schutz gegen Atomwaffen Verbot, Abschaffung und Kontrolle seien und
rief die Völker dazu auf, sie sollten bei ihren Regierungen darauf drängen, Sicherheit ohne den Einsatz massiver Zerstörungswaffen zu gewährleisten. Siehe Evanston-Dokumente, Berichte und Reden auf der Weltkirchenkonferenz in Evanston
1954, hg. von *Focko Lüpsen*, Witten/Ruhr: Luther-Verlag 1954.
[241] Namentlich fordert der ÖRK Indien, Israel und Pakistan auf, den Atomwaf-
fensperrvertrag zu unterzeichnen, Nordkorea wieder beizutreten und den Iran, einen vollständig überprüfbaren Wiedereintritt zu vollziehen.
[242] Protokollpunkt zur Abschaffung von Atomwaffen, in: In deiner Gnade, a.a.O.,
359.
[243] Vgl. »Gefährdete Bevölkerungsgruppen – Verantwortung zur Schutzpflicht«,
in: In deiner Gnade, a.a.O., 334–344.

Gründung des ÖRK 1948 grundsätzlich einig waren, dass Krieg nach Gottes Willen nicht sein solle, bestanden weiterhin verschiedene Positionen unvermittelt nebeneinander fort (s.o.). – Trotz der Weitung des Gewaltbegriffs und der Konzentration auf gewaltfreie Möglichkeiten der Gewaltüberwindung während der Dekade, blieb die ethische Herausforderung zur Beantwortung der Frage nach gewaltsamen Einsätzen zur Konfliktunterbrechung bestehen, vor allem im Blick auf die »Neuen Kriege« und Genozide, der sich die Weltgemeinschaft ausgesetzt sieht. – Dieser wichtige friedensethische Diskussionsprozess soll in einem folgenden Abschnitt gesondert dargestellt werden (s.u., Kap. II.5).

Die Erklärung zu gefährdeten Bevölkerungsgruppen beauftragt den ÖRK-Zentralausschuss unter anderem, einen »Studienprozesses zu erwägen, der alle Mitgliedskirchen und ökumenischen Organisationen für die Ausarbeitung einer umfassenden ökumenischen Erklärung zum Frieden mobilisiert, welche sich u.a. mit folgenden Themen befasst: gerechter Frieden, Schutzpflicht, Rolle und Rechtsstatus nichtstaatlicher Kombattanten, Wertekonflikt (z.B. territoriale Integrität und Unantastbarkeit des menschlichen Lebens); diese Erklärung sollte zum Abschluss der Dekade zur Überwindung von Gewalt 2010 angenommen werden«.

Dass die Kirchen dies tatsächlich als vordringliche Aufgabe ansehen, erwies sich in dem Beschluss, die Arbeit an einer solchen Erklärung unmittelbar von der Vollversammlung selbst zu initiieren. Zu viele Fragen blieben noch ungeklärt und drängten auf Orientierung durch theologische und ethische Reflexion der ökumenischen Gemeinschaft der Kirchen.[244]

b. Wegweisende Beschlüsse zur Methodik der Dekade
In diesem Sinne ist auch der per Konsens (ohne Gegenstimme) positiv beschiedene Antrag zu einer großen Ökumenischen Friedenskonvokation am Ende der Dekade zu werten.[245] Die Vorbereitungen darauf wurden sofort nach der Vollversammlung in Gang gesetzt. Die in zahlreichen Expertenkonsultationen erarbeiteten Erkenntnisse sollen auf dieses Ziel hinführen.[246] Dass dies ein integrierender und auf Partizipation angelegter, breiter Prozess werden soll, zeigt sich auch in dem

---

244 Vgl. dazu auch das erste summierende Ergebnis der Kommission für Glauben und Kirchenverfassung zur Dekade zur Überwindung von Gewalt: *Deenabadhu Manchala* (ed.), Nurturing Peace. Theological Reflections on Overcoming Violence, Geneva: WCC 2005.
245 Vgl. »Schwerpunkte der zukünftigen Arbeit des Ökumenischen Rates der Kirchen«. Der Bericht des Ausschusses für Programmrichtlinien, in: In deiner Gnade, a.a.O., 193 (§ 26).
246 Einige der zahlreichen Expertenkonsultationen in der zweiten Hälfte der Dekade sind dokumentiert in www.overcomingviolence.org/en/peace-convocation/expert-consultations/events.html (1.3.2010).

Beschluss zu organisierten, gegenseitigen, internationalen ökumenischen Besuchen, so genannter »*Living letters*« unter den Kirchen.[247] Die ökumenische Dekade hat den Raum für all dies geöffnet, und die Kirchen scheinen bereit, ihn auch mit Inhalten zu füllen. Ob sie auch bereit sind, die Gnade der Verwandlung für sich selbst – als Teil der Welt – tatsächlich zu empfangen, muss sich noch erweisen.

II.4 Die bleibende Frage nach der Legitimität militärischer Einsätze: Die Verantwortung zum Schutz von Bedrohten[248]

Wurde in der bisherigen Darstellung eher allgemein nach dem Ethos der Gewaltfreiheit im Rahmen einer ökumenischen Friedensethik gefragt, so soll im Folgenden die spezielle, sehr begrenzte Frage nach der Legitimität von militärischen Einsätzen zum Schutz unmittelbar von Gewalt bedrohter Menschen diskutiert werden.

1999 nahm der ÖRK-Zentralausschuss das Dokument »*Memorandum and Recommendations on International Security and Response to Armed Conflict*« entgegen, das »neue Ansätze« in der internationalen Friedens- und Sicherheitspolitik nach dem Ende des Kalten Krieges forderte.[249] Hier wurden die Dilemmata hinsichtlich einer sogenannten »humanitären Intervention« in Bezug auf die Erfahrungen während des Krieges im Kosovo erläutert sowie das Versagen der internationalen Gemeinschaft im Blick auf den Genozid in Ruanda. Der damalige Generalsekretär der Vereinten Nationen Kofi Annan war mit der Bitte an den ÖRK herangetreten, einen Beitrag zu den internationalen Debatten über die Frage der Intervention zu humanitären Zwecken aus theologisch-ethischer Perspektive zu leisten. – Delegierte aus den Friedenskirchen unterstützen dieses Memorandum, vor allem weil es nach »neuen Ansätzen« fragte. In der Folge wurde ein Studienprozess initiiert und das Ergebnis dem Zentralausschuss 2001 in Potsdam vorgelegt – jenes Treffen, bei dem auch die Dekade zur Überwindung von Ge-

---

[247] Vgl. die Dokumentation dieser internationalen ökumenischen Besuchsteams unter www.overcomingviolence.org/en/iepc/living-letters-visits.html (1.3.2010).

[248] Bearbeitete Fassung der Beiträge von: *Fernando Enns*, Public Peace, Justice, and Order in Ecumenical Conversation, in: *Duane K. Friesen* and *Gerald W. Schlabach* (eds.), At Peace and Unafraid. Public Order, Security, and the Wisdom of the Cross, Scottdale/PA: Herald Press 2005, 241–259. Und: *ders.*, »Lass Dich von Gott verwandeln, dann wirst Du die Welt verwandeln«. Dekade zur Überwindung von Gewalt in Porto Alegre 2006, in: ÖR 4/2006 (Die Neunte Vollversammlung des ÖRK), 464–475.

[249] Memorandum and Recommendations on Response to Armed Conflict and International Law. Recommendations adopted by the Central Committee and memorandum received and commended to the churches, Geneva, 26 August – 3 September 1999, in: World Council of Churches. Central Committee. Minutes and Reports of the Meeting, Geneva: WCC 1999.

walt offiziell am Brandenburger Tor in Berlin feierlich eröffnet wurde (acht Monate vor den Terroranschlägen in New York und Washington am 11. September 2001).

II.4.1 Der Beginn einer ökumenischen Debatte zu begrenzten Interventionen (Potsdam 2001)

Das Dokument, das dem Zentralausschuss zur Beschlussfassung durch die *Commission of the Churches on International Affairs* (CCIA)[250] vorgelegt wurde, führte zu heftigen Diskussionen. Den verheißungsvollen Untertitel »an ecumenical ethical approach« konnte das Papier nicht erfüllen. Es stellte in seiner Aussagerichtung schlicht die Neuformulierung der traditionellen Lehre vom gerechten Krieg dar, einschließlich einer langen Liste von Kriterien, die den Reformprozess der Vereinten Nationen orientieren und die bis zum Vollzug dieser Reform Anwendung finden sollte, »whenever armed intervention for humanitarian purposes is undertaken.« (1.11). – Erklärtes Ziel war es ursprünglich gewesen, »to clarify the issues and to develop guidelines to assist the churches«. Dieses Ziel war hier eindeutig nicht erreicht.

Das Dokument formulierte freilich sachgemäß und konsensfähig: »The moral obligation of the international community to protect lives of civilian populations that are at risk in situations where their government is unable or unwilling to act is widely accepted.« Bereits bei der VIII. Vollversammlung in Harare hatten die Kirchen ja gemeinsam und einmütig festgestellt:

»Wir bekräftigen die zentrale Botschaft des Evangeliums, die besagt, dass in Gottes Augen alle Menschen kostbar sind, dass das Versöhnungs- und Erlösungswerk Christi allen Menschen Würde verleiht, dass Liebe der Beweggrund für Handeln und Nächstenliebe der praktische Ausdruck aktiven Glaubens an Christus ist. Wir sind Glieder an einem Leib, und wenn eines verletzt wird, sind alle verletzt. Dies ist die Verantwortung, die wir als Christen tragen, nämlich dafür zu sorgen, dass die Menschenrechte eines jeden Menschen geschützt werden.«[251]

Der Text von Potsdam enthielt auch wichtige Richtungsangaben für die Diskussion: für die Konflikt-Prävention seien Anstrengungen nötig, »Kulturen des Friedens« aufzubauen, sich für Versöhnung und »*metanoia*« in Konflikten einzusetzen, weil diese Art der Konfliktbewältigung jeder Gewalt vorzuziehen sei. Friedenserziehung, Wahlbe-

---

[250] The Protection of Endangered Populations in Situations of Armed Violence, in: www.oikoumene.org/resources/documents/wcc-commissions/international-affairs/commission-on-international-affairs-policy/the-protection-of-endangered-populations-in-situations-of-armed-violence-toward-an-ecumenical-ethical-approach.html (1.3.2010).
[251] »Erklärung zu den Menschenrechten«, in: Gemeinsam auf dem Weg, a.a.O., 380–393, 393.

obachtungen, Bildung, interreligiöse Dialoge und die Bewusstseinsbildung für die Menschenrechte seien angemessene Maßnahmen, um einen Konflikt vor der Eskalation zu bewahren. Kirchen sollten in all dem eine wesentliche Rolle übernehmen. Das Dokument spricht auch von der Verantwortung der Kirchen in Situationen *nach* einem Konflikt, die seelsorgerliche Funktion für Versöhnungsprozesse und Vergebungsbereitschaft.

Doch am Ende steht die Schlussfolgerung, die all dies in einem wenig erfolgversprechenden Licht erscheinen lässt: »In practice the international community has seldom been capable of such consistency«. Daher meinten viele, das Dokument unterstelle bereits, dass die internationale Gemeinschaft daher nicht nur das Recht, sondern geradezu die Pflicht habe, Waffengewalt anzuwenden, um bedrohten Menschen zur Hilfe zu eilen und sie zu schützen.

Dies löste umfangreiche Debatten aus, vor allem durch den vehementen Einspruch von Vertretern der Friedenskirchen. Zum einen hätte der ÖRK mit der Annahme dieses Dokuments zum ersten Mal in seiner Geschichte eine Liste von Kriterien für die Anwendung militärischer Gewalt angenommen, und dadurch implizit die traditionelle Lehre vom gerechten Krieg als Konsens der Kirchen akzeptiert. Es war zum anderen offensichtlich, dass der ÖRK kein Statement annehmen konnte, das so eindeutig gegen das ekklesiologische Selbstverständnis einer ihrer Mitgliedskirchen gerichtet war.[252]

Debatten wie diese sind wichtige Ereignisse in der Ökumene, da sie das breite Spektrum an Erfahrungen der Kontexte wie divergierende theologisch-ethische Überzeugungen der Traditionen sichtbar werden lassen, die sich gegenseitig herausfordern. Auch wenn es am Ende nicht zu einer Einigung oder einem Konsens kommt, werden auf diese Weise die Argumente geschärft, wenn die Delegierten einander verpflichtet bleiben. So wachsen sie gemeinsam auch in eine vertiefte Gemeinschaft hinein, was an sich ein Zeugnis des Friedens sein kann. – Dafür ist der folgende Diskussionsprozess ein illustratives Beispiel.

Am Ende wurde das vorgelegte Dokument in Potsdam entscheidend verändert: der Euphemismus »humanitäre Intervention« wich der angemesseneren, weil die eigentliche Herausforderung ausdrückenden Formulierung: »The protection of endangered populations in situations of armed violence«. Es wurden die unterschiedlichen Positionen (wie in Oxford 1937) eingefügt, die Liste der Kriterien wurde vom Haupt-

---

252 Dieses Argument wurde vorher stets von den orthodoxen Kirchen verwandt, vgl. »Abschlussbericht der Sonderkommission zur orthodoxen Mitarbeit im ÖRK«, Ökumenischer Rat der Kirchen, Zentralausschuss, Genf 26. August – 3. September 2002, in: www2.wcc-coe.org/ccdocuments.nsf/index/gen-5-ge.html (1.3.2010).

text abgetrennt, und – was wohl am wichtigsten ist – das Dokument wurde nicht zur Beschlussfassung gebracht, sondern lediglich als ein Studien-Dokument zur weiteren Reflexion entgegen genommen, das nun in den Mitgliedskirchen diskutiert werden sollte. – Das muss sicherlich als ein Kompromiss gewertet werden, der aber ein realistisches Bild der Verschiedenheit innerhalb der Kirchen wiedergab.

II.4.2 Ein Zwischenbericht: bleibende Differenzen und neue Perspektiven (Genf 2003)

Während der Zentralausschusssitzung 2003 in Genf wurde dann ein Zwischenbericht entgegen genommen.[253] Inzwischen hatten die Terroranschläge am 11. September 2001 die westliche Welt erschüttert und die Kriege in Afghanistan und Irak hatten begonnen. Diese Ereignisse luden die Diskussion weiter auf. Ein global operierender Terrorismus ließ die westlichen Nationen nun die drängende Frage nach Sicherheit in den Vordergrund stellen, und der unilaterale, »pre-emptive« Krieg der U.S.A. gegen einen anderen souveränen Staat (internationales Recht ignorierend und den Willen des UN-Sicherheitsrates übergehend), verlangten nach neuen Diskussionen. Diese Entwicklungen demonstrierten deutlich, dass die Macht des Staates zurück gekehrt war, nachdem diese in Zeiten der jüngeren ökonomischen Globalisierungsprozesse vermehrt im Schwinden zu sein schien. – Der ÖRK sprach sich eindeutig gegen den Krieg im Irak aus, noch bevor dieser begonnen hatte und verurteilte die terroristischen Anschläge auf Schärfste.[254]
Der Zwischenbericht von 2003 nimmt die bis dahin vorliegenden Reaktionen der Mitgliedskirchen auf.

a. Die Position der lutherischen Kirche von Norwegen
Die offizielle Reaktion der (lutherischen) Kirche von Norwegen *(»Vulnerability and Security«)*[255] vertieft das Verhältnis zwischen Überlegungen zu »Verwundbarkeit« und »Sicherheit« und konzentriert sich auf die Aufgabe der sogenannten »humanitären Intervention«. Es definiert diese Interventionen als »international use of force on the territory of other states and without their consent with the aim of (re-)establishing elementary human security when it has been grossly and persis-

253 Ökumenischer Rat der Kirchen, Zentralausschuss, Genf, 26. August – 2. September 2003, The Responsibility to Protect: Ethical and Theological Reflections, in: www2.wcc-coe.org/ccdocuments2003.nsf (1.3.2010).
254 Vgl. »Erklärung zum Nachkriegsirak«, Ökumenischer Rat der Kirchen, Zentralausschuss, Genf, 26. August – 2. September 2003, in: www2.wcc-coe.org/ccdocuments2003.nsf/index/pub-3.1-en.html (1.3.2010).
255 Vulnerability and Security. Current Challenges in Security Policy from an Ethical and Theological Perspective, prepared by the Commission on International Affairs in Church of Norway Council on Ecumenical and International Relations, in: www.kirken.no/english/doc/Kisp_vulnerab_00.pdf (1.3.2010).

tently violated«.[256] Sodann werden die Kriterien der Lehre vom gerechten Krieg erneut diskutiert. Als wichtigste, weiterhin anzuwenden-
de werden gesehen: (a) der gerechte Grund, (b) die rechte Intention, (c)
die ordnungsgemäß legitimierte Autorität, (d) die Anwendung gegenwärtig geltenden Kriegsrechts, (e) *ultima ratio*, (f) die Verhältnismäßigkeit der Mittel. Doch der Text der Lutheraner aus Norwegen stellte
nun auch den notwendigen Perspektivwechsel heraus: die Frage müsse
aus der Sicht der Opfer betrachtet werden! Außerdem sei der Dienst
der Versöhnung als Kernaussage der christlichen Botschaft (2Kor 5) in
den Kontext der Debatte einzubringen. Versöhnungsprozesse setzten
den Respekt vor der Wahrheit voraus, Gerechtigkeit, Umkehr- und
Vergebungsbereitschaft sowie den Willen zu neuen Anfängen. – Damit
war diese Stellungnahme in ihrer ethischen Begründung bereits weit
über das schwache ÖRK-Dokument von Potsdam hinausgegangen.

b. Die Position der Evangelischen Kirche in Deutschland

Die EKD reagierte in einem Brief auf die Anfrage des ÖRK, der die
Thematik ebenfalls in den weiteren Kontext der Sicherheitsfragen
stellt, basierend auf den Argumentationen der EKD-Denkschrift.[257]
Eine verlässliche Friedensordnung müsse das internationale Recht zum
Schutz der Freiheit einschließen, ökonomische Balance, soziale Werte
und den Respekt von Minderheiten. Auf diese Weise trage das internationale Recht zu Konfliktprävention, Konfliktlösung und Versöhnung
nach Konflikten bei. Das Konzept des gerechten Friedens (im Gegensatz zur Lehre des gerechten Krieges) wird als die zugrunde zu legende
Basis einer christlichen Friedensethik dargestellt. Dieses suche nach
einer Stärkung des internationalen Rechtssystems, wie in der UN-
Charta vorgesehen. Die universale Akzeptanz und Durchsetzung der
Menschenrechte sei hierbei ein entscheidender Faktor. – Der Einsatz
militärischer Gewalt müsse stets ein Grenzfall bleiben, der Verteidi-
gungskrieg sei niemals ganz auszuschließen. Der Brief schließt mit der
Vermutung, dass das Dilemma zwischen dem Gebrauch von Gewalt
und einer radikal pazifistischen Position auf der Ebene fundamental
ethischer Diskussionen wohl nicht zu lösen sei. (Da die Position der
EKD von 2003 an anderen Orten hinreichend dargestellt und diskutiert
ist, kann hier auf eine weitere Ausführung verzichtet werden).[258]

---

[256] A.a.O., 29.
[257] *(Evangelische Kirche in Deutschland:)* Schritte auf dem Weg des Friedens.
Orientierungspunkte für Friedensethik und Friedenspolitik. Ein Beitrag des Rates
der EKD (1993), hg. vom *Kirchenamt der EKD*, in: EKD Texte 48, Hannover
³2001.
[258] Vgl. hierzu *Haspel*, Friedensethik, a.a.O. Zur Argumentation vgl. auch die
katholischen Autoren: *Heinz-Gerhard Justenhoven* und *Gerhard Beestermöller*
(Hg.), Gerechter Friede – Weltgemeinschaft in der Verantwortung. Zur Debatte
um die Friedensschrift der deutschen Bischöfe, Stuttgart: Kohlhammer 2003, darin: *Arnulf von Scheliha*, »Gerechter Friede« in der Auslegung der christlichen

c. Die Position der historischen Friedenskirchen

Die Position der historischen Friedenskirchen soll hier ausführlicher dargestellt werden, weil sie zumeist in der deutschsprachigen Literatur kaum Beachtung findet oder vereinfacht und undifferenziert übergangen wird.[259]

Repräsentanten aller drei Konfessionen der historischen Friedenskirchen (Theologen und Laien) waren bald nach der Zentralausschusssitzung in Genf 1999 zu einer Konferenz in Bienenberg/Schweiz zusammengekommen, zu einem ersten Treffen dieser Art im neuen Rahmen der Dekade zur Überwindung von Gewalt, um gemeinsam ihre Friedenstheologien im Blick auf die ökumenische Situation zu diskutieren und herauszustellen, welchen Beitrag diese Traditionen zur Dekade leisten könnten.[260] Hier wurden nicht schlicht die bekannten (durchaus unterschiedlichen) Friedenstheologien neu formuliert, sondern es wurde auch eine gemeinsame Reaktion formuliert auf das an die Mitgliedskirchen versandte Studien-Dokument des ÖRK.[261] Dieser Beitrag des Friedenskirchen beginnt mit einem Schuldbekenntnis zur eigenen Verstrickung in Gewalt:

»Wir haben es oft versäumt, dem Geist Jesu Christi gemäß zu leben, dem wir uns verpflichtet wissen. Wir haben oft geschwiegen und uns nicht für die eingesetzt, die unter der Geißel der Ungerechtigkeit und der Gewalt leiden. Wir wissen nicht immer genau, wie in einer bestimmten Situation Gerechtigkeit – oder Frieden – aussieht; wir ermangeln der nötigen Weisheit, um den komplexen Problemen unserer Zeit zu begegnen. Insbesondere teilen wir mit der weltweiten Kirche und der ganzen Welt die Ratlosigkeit angesichts der komplexen Probleme, die sich zum Beispiel durch die Konflikte in Ruanda, im Irak, im Nahen Osten, in Somalia, im südlichen Sudan, im Kosovo, in Kolumbien, in Südafrika und an vielen anderen Orten stellen.«

Konfessionen. Das Wort der deutschen Bischöfe im Vergleich mit den Orientierungspunkten des Rates der EKD, 104–112.

[259] Vgl. exemplarisch *Michael Haspel*: »Das pazifistische Zeugnis der Historischen Friedenskirchen – wie der Mennoniten – verdient größten Respekt. […] In der Perspektive des ›Gesinnungspazifismus‹ besteht keine Notwendigkeit, eine Konzeption für Kriterien des begrenzten Einsatzes militärischer Gewalt in Ausnahmesituationen zu entwickeln, da von den eingenommenen normativen Voraussetzungen her jegliche militärische Gewaltanwendung obsolet erscheinen muss. Dies ist eine ethisch respektable Position, die allerdings in Hinsicht auf die Lösung internationaler politischer Konflikte als umfassende Konzeption wenig regulatives Potential zur Verfügung stellen kann.« *Ders.*, Friedensethik, a.a.O., 82.

[260] Vgl. den Dokumentationsband *Enns/Holland/Riggs*, Seeking Cultures of Peace, a.a.O.

[261] *(Historische Friedenskirchen:)* Just Peacemaking: Toward an Ecumenical Ethical Approach from the Perspective of the Historic Peace Churches, in: a.a.O., 232–242. In deutscher Übersetzung: Frieden schaffen in Gerechtigkeit. Auf dem Wege zu einem ökumenisch ethischen Ansatz aus der Sicht der Historischen Friedenskirchen. Ein Studientext für den Dialog in der weltweiten Kirche, in: ÖR 4/2001, 490–501.

In fünf Paragraphen fährt das Papier fort zu erklären, dass man sich mit den anderen Kirchen gemeinsam diesen Situationen ausgesetzt sieht und vor die Frage nach der Schutzpflicht gestellt weiß, man gleichwohl aber nicht sehe, inwiefern das ÖRK-Studiendokument hier eine hilfreiche Orientierung bieten könne:

Ein biblisch und theologisch begründeter Pazifismus betrachtet die Suche nach Gottes Gerechtigkeit als zentral und wesentlich für eine gewaltfreie Philosophie des Lebens. Das Problem so zu formulieren, als handele es sich um eine Entscheidung zwischen Gewaltlosigkeit und Gerechtigkeit, ist eine falsche Dichotomie [...]

Es gibt eine Reihe von normativen Handlungsweisen für die Suche nach Gerechtigkeit im Rahmen eines grundsätzlichen Pazifismus [...]:
(a) Gewaltlose Formen der Verteidigung und der sozialen Veränderung [...],
(b) Organisierte Bürgergruppen von Beobachtern/Vermittlern/Anwälten als eine »Präsenz« in Konfliktsituationen [...],
(c) Anerkennung der Verantwortung für Konflikte und Ungerechtigkeit, sowie das Streben nach Reue und Versöhnung [...],
(d) Training in der Anwendung kooperativer Methoden und Strategien der Konfliktbewältigung [...],
(e) Zeugnis und Anwaltschaft der Kirche für die Marginalisierten und die Menschen, deren Leben durch Ungerechtigkeit bedroht ist [...].

Der Gebrauch von Gewalt als »letztem Mittel«, um Gerechtigkeit zu erzielen, schafft Bedingungen, die die Herstellung von Gerechtigkeit verhindern. Allzu oft handeln wir unter der falschen Voraussetzung, dass die Anwendung von Gewalt bereits das Problem lösen würde, wenn wir selbst keine gewaltfreie Lösung eines Konfliktes finden...
Wir rufen die Kirchen auf, ihr ureigenstes Zeugnis gegenüber der Welt zu betonen, das aus unserer Bindung an den Geist Jesu Christi und unserer Identität als Leib Christi in der Welt fließt [...].
Sowohl Pazifisten als auch solche, die mit Grundsätzen des »gerechten Krieges« argumentieren, sollten bescheidener sein im Blick auf ihre Fähigkeit, Erfolg zu gewährleisten. Obwohl beide Traditionen nach Gerechtigkeit trachten, kann keine von beiden garantieren, dass Gerechtigkeit hergestellt wird [...]. Die pazifistische Verpflichtung zur Gewaltfreiheit gründet sich letztlich auf eine Eschatologie des Vertrauens in Gottes Sieg über das Böse, der in Jesu Leben, Lehre, Tod und Auferstehung offenbart ist [...].

Den Unterzeichnenden war klar, dass mit dieser Reaktion keine abschließende Antwort auf alle Aspekte der zur Debatte stehenden Fragestellung gefunden war. Die Erklärung ist in einem bescheidenen Geist formuliert, der die Begrenzungen eigener Einsichten nicht verschleiert. Vor allem aber offenbart sie die Schwächen des ÖRK-Studiendokuments und der darin vertretenen Position, indem die traditionellen Argumente erneut herausgefordert werden und die friedensethische Diskussion somit neu öffnet.

Der Zwischenbericht von 2003, der diese unterschiedlichen Positionen verarbeitet, weist die bleibenden Differenzen über die Anwendung von Gewalt zu humanitären Zwecken deutlich erkennbar aus:

(1) Die christlich-pazifistische Position: unterstützt »ausschließlich eine Intervention unter Einsatz kreativer, gewaltloser Mittel«.

(2) Die Position des unbedingten Schutzes der Menschenrechte: vertritt die Meinung, »Gewalt dürfe nicht ausgeschlossen werden, wenn mit ihr massive Menschenrechtsverletzungen eingedämmt bzw. beendet werden können.« (Diese Position will das aber ausdrücklich nicht verstanden wissen im Sinne der traditionellen Lehre vom gerechten Krieg).[262]

(3) Die Position der Lehre vom gerechten Krieg: sie gesteht »territorialer Integrität und Souveränität sehr hohe Priorität« zu.

Hier sind einerseits die Positionen wieder erkennbar, die bereits seit Jahrzehnten bekannt waren, doch lassen sich in den einzelnen Ansätzen weit reichende Differenzierungen erkennen sowie ein wachsendes Verständnis füreinander. Das sollte sich in den nun folgenden, kleineren ÖRK-Konsultationen auch niederschlagen.[263] Durch diese Debatten entstand ein Entwurf für ein Dokument, dass der IX. Vollversammlung in Porto Alegre/Brasilien 2006 zur Beschlussfassung vorgelegt werden konnte.

II.4.3 Konvergenzen in der Verantwortung zum Schutz (Porto Alegre 2006)

Die IX. Vollversammlung des ÖRK nahm – im Konsensverfahren – nun die gemeinsam erarbeitete und während der Versammlung noch weiter modifizierte und ergänzte Erklärung an: »Gefährdete Bevölkerungsgruppen – Erklärung zur Schutzpflicht«.[264] Es lässt sich deutlich zeigen, dass sich durch den Diskussionsprozess, beginnend bei der Zentralausschussitzung in Potsdam 2001 bis hin zur Vollversammlung 2006 vor allem die Perspektiven entscheidend verlagert haben und darin der bedeutende Fortschritt zu erkennen ist. Die Kirchen des ÖRK erreichen hier eine weitreichende, gemeinsame friedensethische Position in einer der schwierigsten Fragen, auch wenn bei weitem nicht alle Differenzen ausgeräumt sind. Doch das Bewusstsein für die *gemeinsame* Verantwortung als weltweite Gemeinschaft von Kirchen ist da-

---

[262] Vgl. die Position der EKD in dieser Diskussion in: Schritte auf dem Weg des Friedens, a.a.O.. Vgl. die gleiche Argumentation in der aktuellsten EKD-Friedensdenkschrift: Aus Gottes Frieden leben – für gerechten Frieden sorgen. Eine Denkschrift des Rates der EKD, Gütersloh: Gütersloher 2007.

[263] Vgl. hierzu die wichtigen Beiträge in: *Semegnish Asfaw, Guillermo Kerber, Peter Weiderud* (eds.), Responsibility to Protect. Ethical and Theological Reflections, Geneva: World Council of Churches 2005. Vgl. hierzu auch: *Konrad Raiser*, Verpflichtung zum Schutz. Völkerrechtliche und ethische Aspekte »Humanitärer Intervention«, in: *ders.*, Schritte auf dem Weg der Ökumene, Frankfurt/M.: Lembeck 2005, 292–312.

[264] Gefährdete Bevölkerungsgruppen – Erklärung zur Schutzpflicht, in: In deiner Gnade, a.a.O., 334–344.

mit deutlich dokumentiert. Es bleiben offene Fragen, die in einem fortgesetzten Dialog weiterer Klärung zugeführt werden wollen und die im Folgenden jeweils angemahnt werden, nachdem jeweils die Konvergenzen aufgezeigt sind.

a. Argumentation aus der Perspektive der Kirche
Das ÖRK-Dokument beginnt mit einem christologischen Bekenntnis. Dies bereitet nun tatsächlich eine Argumentation für eine *christliche* Ethik vor.»Das Gebot des Neuen Testaments, unsere Nächsten und unsere Feinde zu lieben, und das Verbot zu töten bilden den Kern jeglicher christlichen Ethik (Mt 5–7)«.[265] Aus der Rückbesinnung auf diese gemeinsame Basis ergeben sich nun folgende, weitreichende gemeinsame Überzeugungen, die so vorher noch nicht formuliert werden konnten. Hierin ist dann auch der tatsächliche Fortschritt in der ökumenischen Debatte zur Friedensethik im Allgemeinen, wie zur Anwendung von staatlicher Gewalt im Besonderen zu erkennen
Gemeinsam wendet man sich zunächst theologischen Überlegungen zu und formuliert nun gemeinsam sehr viel genauer die Herausforderung:

> »Im Neuen Testament ruft uns Jesus auf, über die Nächstenliebe hinaus auch unsere Feinde zu lieben. Dieses Gebot gründet in Gott, der Liebe ist, und in der höchsten Offenbarung dieser Liebe im Tod Jesu Christi für seine Feinde, darin, dass Jesus ihre Feindseligkeit erduldete und Barmherzigkeit, nicht vergeltende Gerechtigkeit übt (Röm 5,10; Lk 6,36). Das Verbot zu töten bildet den Kern jeglicher christlichen Ethik (Mt 5,21–22). Gleichzeitig formulieren jedoch die biblischen Zeugnisse eine Anthropologie, die die menschliche Fähigkeit, Böses zu tun, ernst nimmt. An Christen richtet sich hier die Herausforderung, trotz aller Gewalt den Frieden zu suchen.«

Für die Kirchen wäre nun von entscheidender Bedeutung, ihr jeweiliges Selbstverständnis in die Argumentationen mit einzuführen, da der ekklesiologische Kontext jeweils die ethischen Positionen entscheidend mitbestimmt. Für die Friedenskirchen ist die Kirche zuerst jene soziale Entität in der Welt, die die Wahrheit von Gottes versöhnendem Werk in Jesus Christus bezeugt und entsprechend ihr Leben danach gestaltet. Wenn die Kirche diese ihre Mission nicht »lebt«, dann steht damit auch ihr »esse« als Kirche zur Disposition. – Davon unberührt bleibt freilich die Überzeugung in Geltung, dass die Kirche eine Gemeinschaft jener ist, die sich stets als *iustus et peccator* begreifen.

b. Argumentation im Horizont der Ökumene
In einer ökumenisch ausgerichteten Theologie wird die Welt zuerst begriffen als der »eine Haushalt Gottes«. Für Christen ist dies der Grund für die gegenseitige Verantwortung aller, die nicht begrenzt sein

---

[265] Dieses und alle folgenden Zitate aus dem Dokument: Gefährdete Bevölkerungsgruppen – Erklärung zur Schutzpflicht, a.a.O. Die jeweiligen Seitenzahlen werden nicht eigens angegeben.

kann auf die eigene Konfession, den eigenen Glauben, die Nation oder ethnische Zugehörigkeit. Die Verantwortung zum Schutz der Verwundbarsten reicht demnach über nationale und religiöse Grenzen hinaus; es ist eine ökumenische Verantwortung.

Teilen die Kirchen diese gemeinsame ökumenische Überzeugung, dann ist nach den konkreten Konsequenzen zu fragen. In welchem Verhältnis stehen die (geschenkte) Einheit der Kirche und das beständige über sich selbst Hinausweisen der Kirche? Die römisch-katholische Position begreift die Einheit der Kirche als elementaren Aspekt der Friedensstiftung.[266] Dieser Gedanke ist in der Gemeinschaft der Kirchen im ÖRK noch nicht hinreichend fruchtbar gemacht worden für die Entwicklung einer umfassenden ökumenischen Friedensethik.

c. Theologie und Ethik der Gewaltfreiheit
Eindeutig bekennen sich die Mitgliedskirchen des ÖRK zum Vorrang der Gewaltlosigkeit und begründen dies mit dem Bekenntnis, dass jeder Mensch als Ebenbild Gottes geschaffen ist und seine menschliche Natur ihn mit dem inkarnierten Christus verbindet. Damit liegt die Legitimationspflicht jetzt primär bei jenen, die dennoch die Anwendung militärischer Gewalt (in extremen Ausnahmefällen) als legitim ansehen, nicht bei jenen, die sie grundsätzlich für unangemessen erachten. Das Dokument zollt der Haltung des christlichen »Pazifismus« hohen Respekt. Ausdruck der Verantwortungsübernahme jener Position sei das fortwährende, präventive Engagement und die Risikobereitschaft zu einer gewaltfreien Intervention in Gewaltsituationen, auch unter Inkaufnahme der Gefährdung des eigenen Lebens. Jedes Eingreifen mag fehl schlagen, doch sollten »beide« Positionen als Ausdruck der christlichen Verantwortung respektiert werden, so das Dokument.[267]

Die »primäre Option für die Gewaltfreiheit« schließt freilich die Anwendung von Gewalt nicht aus, sondern explizit als mögliche Option ein. Friedenskirchen werden hier die Frage stellen, ob die Kirchen damit grundsätzlich doch bei »Geist, Logik und Praxis der Gewalt« bleiben, entgegen der Zielsetzung der Dekade zur Überwindung von Gewalt.[268] Wie können die Kirchen eindeutig und überzeugend darlegen, dass der Rückgriff auf Gewalt in extremen Ausnahmesituationen tatsächlich ein Überschreiten einer ethischen Grenzlinie darstellt? – Diese Frage ist beispielsweise auch in den Positionen der EKD bis heute un-

---

[266] Vgl. die Ausführungen hierzu im katholisch-mennonitischen Dialog, in: *Enns*, Heilung der Erinnerungen, a.a.O., II.C. »Katholische Gesichtspunkte zum Frieden«, 102–108.
[267] Das Dokument unterscheidet im Weiteren nur zwischen den beiden Positionen (1) gegenüber (2)/(3).
[268] Vgl. die Formulierung der Ziele der Dekade in: Ein Rahmenkonzept für die Dekade zur Überwindung von Gewalt, a.a.O.

geklärt: einerseits verabschiedet man sich eindeutig von der Lehre des gerechten Kriegs und plädiert für ein Konzept des »gerechten Friedens«, andererseits hält man an dem einen Kriterium der *ultima ratio* fest.[269] Hier liegt auch für die weiteren ökumenischen Debatten ein entscheidender Diskussionspunkt.

d. Verlagerung der perspektivischen Ebenen

Die Perspektiven verändern sich entscheidend: von nationaler Souveränität zu menschlicher Sicherheit, von den Intervenierenden zu den Menschen in Not, von der Intervention zum Schutz.

Die primäre Verantwortung nationaler Staaten sind Wohlfahrt und Sicherheit seiner Bürger. Wenn eine Regierung dazu nicht in der Lage oder nicht Willens ist, hat die internationale Gemeinschaft »die Pflicht«, zu helfen – in extremen Situationen einzugreifen. »Staaten können Souveränität nicht mehr als Vorwand anführen, um völlig straflos die Menschenrechte ihrer Bürger zu verletzen.« Die Souveränität eines Staates wird nicht mehr primär als ein Recht zur absoluten Macht beschrieben, sondern vor allem als eine Pflicht zur Gewährleistung von Rechten und Sicherheit der eigenen Zivilbevölkerung. Die Debatte verlagert sich von der »nationalen Sicherheit« zur »menschlichen Sicherheit« (*human security*).[270] »Sicherheit« wird dann nicht mehr zu-

---

[269] Vgl. hierzu auch die friedensethischen Diskussionen innerhalb der EKD: »Die Argumentationsfigur vom Gebrauch militärischer Gewalt als *ultima ratio* ist vor allem nach dem Kosovo-Krieg in der innerkirchlichen friedensethischen Diskussion heftig kritisiert worden. Ein Hauptkritikpunkt war, die Rede von der *ultima ratio* habe die Entscheidung über den Einsatz militärischer Gewalt nicht erschwert, sondern eine entlastende Funktion bekommen. Die Kriegführung sei durch die Berufung auf diesen Begriff legitimiert worden. Bei dieser Kritik ist nicht immer klar zu erkennen, ob die Anwendung militärischer Gewalt generell als untaugliches Mittel beurteilt oder ob lediglich eine strengere Fassung der friedensethischen Kriterien, mit der die Entscheidung für die Anwendung militärischer Gewalt wirkungsvoller einzugrenzen ist, angestrebt wird. Im ersten Fall wird sichtbar, dass der erstaunlich breite friedensethische Konsens, der 1993/94 in der evangelischen Kirche gewonnen worden war, zwar nicht insgesamt, aber doch im Blick auf die ethische Legitimation der Anwendung militärischer Gewalt brüchig geworden ist. Im zweiten Fall gibt es eine Übereinstimmung in der Absicht, restriktiv die Anwendung militärischer Gewalt lediglich als eine äußerste Möglichkeit, die sich überdies an der Glaubwürdigkeit der präventiven Maßnahmen messen lassen muss, zuzulassen (...) Insgesamt zeigt die bisherige Debatte um die Verwendung des überkommenen Begriffs »ultima ratio«, dass dieser Begriff einer noch sorgfältigeren Reflexion bedarf, als bisher angenommen wurde.« Schritte auf dem Weg des Friedens, a.a.O., II. Unterstreichungen und Verdeutlichungen, 5. Der Einsatz militärischer Gewalt als *ultima ratio*. Vgl. hierzu auch die Kritik an den EKD-Positionen bei *Haspel*, Friedensethik, a.a.O., Systematische Probleme der Kriteriendiskussion, 63ff.
[270] Der Human Development Report des United Nations Develpoment Programme von 1994 definiert »human security« in folgenden Dimensionen: Economic security, Food security, Health security, Environmental security, Personal security, Community security, Political security, in: http://hdr.undp.org/en/media/

erst militärisch definiert. – Auch dieser Perspektivwechsel hat die ökumenischen Diskussionen entscheidend voran gebracht. Sicherheit ergibt sich aus »wirtschaftlicher Entwicklung (Sicherung des Grundbedarfs), Bildung für alle, Achtung der Menschenrechte, guter Regierungsführung, politischer Mitwirkung und Beteiligung an der Macht, fairem Handel, Kontrolle über die Instrumente der Gewalt (insbesondere Kleinwaffen), Rechtsstaatlichkeit im Sinne von Sicherheitsinstitutionen, die die Gesetze achten und rechenschaftspflichtig sind und Stärkung des Vertrauens in öffentliche Einrichtungen«.

Das Konzept der Schutzpflicht ergibt sich dann folgerichtig aus der Verlagerung eben dieser Perspektive: Im Zentrum aller Überlegungen stehen nun nicht mehr die Intervenierenden, sondern die Opfer von Gewalt. Dies eröffnet eine neue, gemeinsame Sicht, die unter anderem gewonnen wird aus der matthäischen Erkenntnis, dass Christus gerade in den Schwächsten sichtbar wird (vgl. Mt 25,40). Die Bedürfnisse und Rechte der Zivilbevölkerung stehen im Vordergrund, jeder genießt den Anspruch, durch die anderen beschützt zu werden. Damit verlagert sich die Debatte von der Intervention zum Schutz.

Zu fragen bleibt hier aber, ob es tatsächlich gelingen kann, die Perspektive der Opfer einzunehmen und in einem potentiellen Konflikt festzustellen, welches ihr primäres Bedürfnis – nach eigenen Abwägungen – ist. Wie lässt sich verhindern, dass der Wechsel der Perspektive von der Intervention zum Schutz nicht mehr ist, als eine verbale Verschiebung? Und wer repräsentiert die »internationale Gemeinschaft«, die hier möglicherweise eingreifen sollte? Die Vereinten Nationen sind bisher das internationale politische Forum, das die Weltgemeinschaft umfassend darstellt, doch sind die Mängel in der politischen Konstruktion, insbesondere der Vormachtstellung des Sicherheitsrates, hinlänglich bekannt. Auch fehlt bisher die politische Durchsetzbarkeit des Internationalen Rechts, vor allem auch gegen einzelne, mächtige Staaten.[271]

Außerdem ist sicherlich noch differenzierter nach dem Begriff der Sicherheit zu fragen. Die Frage von Erhard Eppler – freilich aus der Zeit des kalten Krieges – bleibt relevant: »Wo steht denn geschrieben, Christen sollten zuerst nach der perfekten Sicherheit trachten? Gehört

hdr_1994_en_contents.pdf (1.3.2010). Vgl. zum Konzept »human security«: *Stephan Neil MacFarlane, Yuen Foong Khong*, Human Security and the UN. A Critical History, Bloomington/PA: Indiana University Press and Chesham: Combined Academic 2006.
[271] Vgl. hierzu: *Stefan Oeter*, Menschenrechte, Demokratie und Kampf gegen Tyrannen als Probleme der Friedenssicherung? Voraussetzungen und Grenzen der Autorisierung militärischer Gewalt durch den Sicherheitsrat der Vereinten Nationen, in: *Bruha/Heselhaus/Marauhn*, Legalität, Legitimität und Moral, a.a.O., 183–209.

nicht Sicherheit, das, was Menschen an – relativer – Sicherheit zukommt, zu dem, was ihnen ›zufällt‹, wenn sie nach Anderem, Wichti-
gerem trachten?«[272] Eppler meint, ein »unaufhebbarer Rest an Unsicherheit gehört zur *conditio humana*, zu den Bedingungen menschlichen Lebens. Wer diesen Rest leugnen oder gar tilgen will, sichert unser Leben nicht, er zerstört es.«[273] M.E. müssten die Kirchen einen eigenen, theologisch reflektierten Sicherheitsbegriff anbieten, der die
grundsätzliche Verletzbarkeit des Menschen und der Schöpfung – aufgrund eben ihrer Geschöpflichkeit – ernst nimmt, ohne damit die Verantwortung zur Schutzpflicht zu schmälern. Dietrich Bonhoeffers Diktum von 1934 muss ernster genommen werden: »Es gibt keinen Weg
zum Frieden auf dem Weg der Sicherheit […]. Friede heißt sich gänzlich ausliefern dem Gebot Gottes, keine Sicherung wollen, sondern in
Glaube und Gehorsam dem allmächtigen Gott die Geschichte der Völker in die Hand legen und nicht selbstsüchtig über sie verfügen wollen
[…].«[274] Es ist noch zu eruieren, inwiefern diese Überlegungen aus der
Sicht der Kirchen auch im Konzept einer *human security* Berücksichtigung finden müssen.

e. Prävention als primäre Aufgabe

Die Kirchen stimmen überein, »dass Prävention zur Verhinderung und,
wenn möglich, Beilegung von Krisen, bevor diese besorgniserregende
Ausmaße annehmen, die wesentliche und primäre Rolle spielt […].
Prävention ist das einzig zuverlässige Mittel zum Schutz der Menschen.« Die Erklärung weist auf Studien des ÖRK hin, die belegen,
dass die Kirchen hierin übereinstimmen, bei allen Unterschieden in der
Haltung zur Gewaltanwendung. Daher rufen die Kirchen die internationale Gemeinschaft und die einzelnen Staaten auf, ihre Kapazitäten im
Blick auf Präventivstrategien und Gewalt reduzierende Interventions-
fähigkeiten in Zusammenarbeit mit den Einrichtungen der Zivilgesellschaft zu stärken.[275]

---

[272] *Erhard Eppler*, Die tödliche Utopie der Sicherheit, Reinbek bei Hamburg:
Rowohlt 1983, 140.
[273] A.a.O., 9.
[274] *Dietrich Bonhoeffer*, Kirche und Völkerwelt, a.a.O., 303ff.
[275] Zur Prävention gehören wirtschaftliche Entwicklung und fairer Handel, Bildung, Menschenrechte, gute Regierungsführung, politische Teilhabe und Machtteilung, Kontrolle der Gewaltmittel, das Recht und die Vertrauensbildung in öffentliche Institutionen, die Stärkung der lokalen Bevölkerung zur Selbsthilfe durch
Stärkung zivilgesellschaftlicher Strukturen und moderner öffentlich-privater Part-
nerschaften. Vgl. hierzu (*Evangelische Kirche in Deutschland:*) »Vertrauen auf die
Kraft des Zivilen«. Kommentar zum 2. Bericht der Bundesregierung über die Umsetzung des Aktionsplans »Zivile Krisenprävention, Konfliktlösung und Friedenskonsolidierung«, Gemeinsame Konferenz Kirche und Entwicklung, Red. Gertrud
Casel, Berlin: GKKE 2008.

»Die Kirchen sind aufgerufen, bei einem Machtungleichgewicht zwischen den beteiligten Parteien ihre moralische Autorität zur Vermittlung zu nutzen«. Nationale Dialoge – einschließlich des Dialogs mit nichtstaatlichen Akteuren – sind einzuleiten, wenn sich Bedrohungen anbahnen, damit Probleme in einem frühen Stadium als solche erkannt und eingestanden werden können und die Bevölkerung in die Suche nach Lösungen eingebunden wird. Vor der Krise zu handeln erfordert eine besondere Sensibilität für die Situation und die Bedürfnisse der Bevölkerung. Daher ist eine aktive Mitwirkung der Glaubensgemeinschaften notwendig, die in der täglichen spirituellen und materiellen Realität der Menschen verwurzelt sind. Glaubensgemeinschaften können eine zentrale Rolle in Prozessen von Vertrauensbildung und Wahrheitsfindung spielen.

So sehr dieser Ansatz zur Prävention zu begrüßen ist, so unrealistisch muss er doch bleiben, so lange die internationale Gemeinschaft bei Weitem mehr Ressourcen in die Entwicklung und Ausstattung ihrer militärischen Mittel investiert als in gezielte Präventionsmaßnahmen.[276] Zu fragen ist, ob der Fokus auf die Konfliktprävention ernster genommen würde, wenn militärische Interventionen (zumindest von den Kirchen und den anderen Weltreligionen) in keinem Fall mehr legitimiert würden, auch nicht als *ultima ratio*.

f. Das Böse realistisch einschätzen: wenn Prävention versagt
Das Dokument hält die realistische Einschätzung der Gewalt und des Bösen in der Bibel fest. Dort werde eine Anthropologie sichtbar, »die die menschliche Fähigkeit, Böses zu tun, ernst nimmt (Gen 4)«. Daher richte sich an Christen »die Herausforderung, trotz aller Gewalt den Frieden zu suchen«. Erst wenn alle Wege der Prävention begangen wurden und diese versagt hätten, stelle sich die Frage nach der Intervention. Voraussetzung hierzu sei zunächst, dass dieses Versagen eingeräumt werde.

»Das Böse« in der Welt tatsächlich realistisch einzuschätzen müsste m.E. auch stets beinhalten, das Böse im eigenen Selbst wie in politischen Institutionen ernst zu nehmen und hier mit zu reflektieren. Wo wird Rechenschaft eingefordert über die eigentlichen Motivationen zur Intervention? Die Gefahr, durch Anwendung militärischer Gewalt allmählich korrumpiert zu werden, so dass »Kollateralschäden« als hinnehmbar eingestuft werden, ist real. Auch verschieben sich während eines Konflikts oft die Interessen hin zum Nationalen und Ökonomischen, so dass intervenierende Regierungen am Ende der Versuchung erliegen können, ihre Macht – angeblich zum Gemeinwohl – ungerecht

---

276 Vgl. hierzu die Kostenanalyse des Irak-Krieges von: *Joseph E. Stieglitz* und *Linda J. Bilmes*, Die wahren Kosten des Krieges, Wirtschaftliche und politische Folgen des Irak-Konflikts, München: Pantheon 2008.

auszuüben. Diese Versuchung ergibt sich potentiell auch für Kirchen. Welche ethischen und politisch wirksamen Korrektive lassen sich hierzu entwickeln?

g. *Intervention: Das ethische Dilemma des Gebrauchs von Gewalt*
Die Kirchen schätzen das starke Zeugnis vieler, die ihrer Verantwortung zur Schutzpflicht durch gewaltfreie Interventionen nachgekommen sind und manchmal gar mit dem eigenen Leben dafür bezahlt haben. Kirchen sollten sich vor allem dort engagieren, wo die Kapazitäten der lokalen Bevölkerung gestärkt werden, damit diese selbst in die Lage versetzt werden, einzuschreiten. Kirchen seien berufen, ihre moralische Autorität zur Mediation zwischen verschiedenen Macht-Akteuren bereit zu stellen.

Überaus vorsichtig formuliert die ÖRK-Erklärung sodann: »Mit dem an die internationale Gemeinschaft gerichteten Aufruf, Menschen, die von außerordentlichem Leid und Gefahr betroffen sind, zu Hilfe zu kommen, will die Gemeinschaft der Kirchen nicht sagen, dass es nie angemessen oder nie erforderlich sein kann, zum Schutz der Schwachen Gewalt anzuwenden.« In dieser Negativ-Formulierung war die Aussage konsensfähig, doch das Dokument hält ausdrücklich fest, dass »manche in den Kirchen« Gewalt unter allen Umständen ablehnen. Beide Positionen gäben zu, dass Ihr Ansatz scheitern könne. Und die Kirchen respektierten *beide* Positionen »als Ausdruck christlicher Pflichterfüllung«.
Dass die Kirchen die Gewaltanwendung nicht prinzipiell ausschließen, beruhe nicht auf dem naiven Glauben, dass durch den Einsatz von Gewalt solche Konflikte tatsächlich gelöst werden könnten. Vielmehr gründe sich die Haltung der Kirchen auf die Gewissheit, dass der Wohlfahrt insbesondere jener Menschen, die »extremer Bedrohung ausgesetzt und der Willkür und den Vorrechten ihrer Peiniger schutzlos ausgeliefert sind« geholfen werden müsse. Es sei eine »tragische Tatsache«, dass unter der Zivilbevölkerung (insbesondere Frauen und Kinder) die ersten Opfer zu beklagen seien, wenn extreme Unsicherheit und Krieg herrschten.
Zu solchen gemeinsamen Formulierungen waren die Kirchen in der Geschichte des ÖRK bisher nicht in der Lage und das ist – hinsichtlich des ökumenischen Fortschritts – zu würdigen. Worin aber besteht das eigentliche ethische Dilemma *für die Kirchen*, könnte nun weiter zu fragen sein. Ergibt sich dieses nur in dem Fall, wenn Gewalt als *ultima ratio* akzeptiert werden soll? Für manche Kirchen und manche in den Kirchen ist bereits die gesellschaftliche Unterstützung des Militärs sowie die Tolerierung von Waffenindustrie und -handel ein ethisches Dilemma. Auch wird nicht weiter thematisiert, dass auch im Falle einer gewaltsamen Intervention die ersten Opfer durch die »Helfenden« meist Menschen aus der Zivilbevölkerung sind. – Diese Fragen wur-

den bisher nicht aufgegriffen, es bleibt bei der Engführung auf die Frage nach Interventionsmöglichkeiten und –pflichten. Womöglich ist der Rahmen dieser Diskussion zu eng gewählt.

h. *Eine Neuinterpretation bekannter Kriterien*

Die mögliche Anwendung von Gewalt zum Schutz der Bedrohten wird ausdrücklich begrenzt. Zur Legitimation wird hierbei auf traditionelle Kriterien der Lehre des gerechten Krieges (sowohl im Sinne des *ius ad bellum* wie des *ius in bello*) zurückgegriffen, immer schon als oberstes Kriterium das der *ultima ratio* voraussetzend: »im Einklang mit der Charta der Vereinten Nationen, völkerrechtlich kontrolliert« und in der Anwendung auf Akteure beschränkt, »die selbst das Völkerrecht strikt achten«. Dies wird gar als »zwingende Vorbedingung« eingestuft. Ein Rechtsbruch könne nicht gebilligt werden, »auch wenn dies mitunter – von der militärischen Warte aus betrachtet – zu Nachteilen oder zu einer kurzfristig eingeschränkten Wirksamkeit der Intervention zu führen scheint«. Der Aufruf zur Schutzhilfe richte sich immer an die internationale Gemeinschaft und setze »einen Klärungs- und Entscheidungsfindungsprozess« voraus, »der im Rahmen der internationalen Gemeinschaft stattfindet und streng an das Völkerrecht gebunden ist« *(legitima potestas)*. – Hierzu ist die »Erklärung zur Reform der Vereinten Nationen«[277] in Ergänzung zu beachten, die gleichzeitig auf der ÖRK-Vollversammlung verabschiedet wurde, da sie notwendige Weiterentwicklungen zur wirksamen Handlungsfähigkeit der Vereinten Nationen anmahnt.

Mit der ausdrücklichen Beschränkung der Gewaltanwendung auf die unmittelbare Schutzfunktion *(causa iusta)* machen die Kirchen deutlich, dass langfristige Lösungen zur Wiederherstellung von Bedingungen, unter denen die Bevölkerung keiner Gefahr für Leib und Leben mehr ausgesetzt ist, nicht durch Gewalt herbeigeführt werden kann. Vielmehr ist dazu ein Mindestmaß an wirtschaftlichen, sozialen und medizinischen Leistungen zu gewährleisten, die fundamentalen Rechte und Freiheiten zu achten, Instrumente der Gewalt einer Kontrolle zu unterwerfen und die Würde aller Menschen zu betonen. Soziale und politische Probleme können niemals auf militärischem Wege gelöst werden. »Gewaltanwendung zu humanitären Zwecken muss also in ein breites Spektrum wirtschaftlicher, sozialer, politischer und diplomatischer Anstrengungen eingebettet sein, die die direkten wie langfristigen Ursachen der Krise in den Blick nehmen« *(debitus modus)*. – Basierend auf die Einsicht der begrenzten Leistungsfähigkeit von gewaltsamen Interventionen, tritt nun als ein weiteres und neues Kriterium hinzu, dass solche Anwendung von Waffengewalt allein »zugunsten gewaltloser Mittel« eingesetzt werden darf *(recta intentio)*.

---

277 Vgl. »Erklärung zur UN-Reform«, in: In deiner Gnade, a.a.O., 348–356.

Die Argumentation bleibt im Grunde der Logik des »gerechten Krieges« verhaftet, so dass die kritischen Fragen nach genaueren Ausdifferenzierungen der Kriterien auch hier einzufordern bleiben: Welche Mittel sind »verhältnismäßig«, welche »Kollateralschäden« sind hinnehmbar? Ist es »verhältnismäßig« und aus der Perspektive des christlichen Bekenntnisses verantwortbar, einen Menschen zu töten, weil dadurch potentiell ein anderes Menschenleben gerettet werden könnte? – Diese bekannten Fragen aus früheren ökumenischen friedensethischen Diskussionen[278] hatten zwar in weiten Teilen zur Ablehnung der Lehre des gerechten Krieges geführt, sind aber bis dato nicht beantwortet.

Zu fragen bleibt freilich auch nach der realistischen Möglichkeit einer Weiterentwicklung des internationalen Rechts im Sinne der Durchsetzbarkeit dieser Kriterien.

i. Das Konzept »Just Policing«

So wie Einzelpersonen oder Gemeinwesen in stabilen Gesellschaften bei unmittelbarer Bedrohung den Schutz der Polizei in Anspruch nehmen können, so sollten alle Menschen in bedrohlichen Situationen das Recht haben, Schutz zu erhalten. Der hier beschriebene Einsatz von Gewalt entspreche daher eher einer das Recht achtenden Polizeitätigkeit als einem militärischen Eingreifen. Daher versucht die Erklärung zu differenzieren zwischen Gewalt, die tatsächlich zu humanitären Zwecken eingesetzt wird und militärischer Gewalt, die in der Methodik und Zielführung einer Kriegsführung folgt. Eindeutig illegitim sei eine militärische Intervention »mit dem Ziel, einen Staat zu besiegen«. Es wird vorgeschlagen, dass für den Schutz bedrohter Menschen »internationale Polizeikräfte ausgebildet werden, die an das Völkerrecht gebunden sind«.

Außerdem sollten alle Interventionen von separaten (!) humanitären Hilfsmaßnahmen begleitet sein. Jede Intervention erfordere die Bereitschaft, dazu die nötigen Mittel bereit zu stellen, bis die Grundlagen der Ordnung und der öffentlichen Sicherheit wieder hergestellt seien und es als erwiesen gelte, dass vor Ort die nötigen Kapazitäten zum Aufbau eines dauerhaften Friedens existierten.

In die Debatte wird hier im Grunde das Konzept des »*Just Policing*« eingetragen, ohne dass dies Entfaltung findet. Dieser Ansatz ist vor allem von römisch-katholischen und friedenskirchlichen (mennonitischen) Autoren entwickelt worden.[279] – Die Differenzierung zwischen

---

[278] Vgl. die Puidoux-Konferenzen, in: *Enns*, Friedenskirche in der Ökumene, a.a.O., Kap. IV.3., 223–235.

[279] Vgl. zu diesem Ansatz: *Gerald W. Schlabach* (ed.), Just Policing, Not War: An Alternative Response to World Violence. Collegville/MN: Liturgical Press 2007, mit Beiträgen von: *ders*.: Just Policing and the Reevaluation of War in a less Divided Church; *Glen H. Stassen*, War on Terrorism? A Realistic View at Alternatives; *Drew Christiansen*, The Wider Horizon: Peacemaking, the Use of Force, and the Commun-

militärischer Gewalt (*violentia*) auf der einen, und Polizeigewalt (äußerem Zwang, *coactus*) auf der anderen Seite ergibt freilich nur dann einen Sinn, wenn solche Polizeikräfte strikt an eine öffentliche, demokratisch legitimierte und gesetzliche Kontrolle des Rechts gebunden sind und somit als Ausdruck eines Gewaltmonopols verstanden werden können. Bei der Ausübung dieses Zwanges sind die Menschenrechte im vollen Umfang zu achten, die Personenwürde ist zu schützen und alle Handlungen auf Gewaltminimierung und -verhinderung auszurichten. Strikte Voraussetzung bleibt, dass es nicht zu einer Unschärfe oder gar Vermischung zwischen dem Militärischen und dem Polizeilichen kommt.[280] Für die zu schützende Bevölkerung des Landes, in das interveniert wird, muss das erkennbar sein.

j. Die Unmöglichkeit, Schuld zu vermeiden und die Notwendigkeit, Schuld zu bekennen

Die Kirchen der ökumenischen Gemeinschaft bekennen ihre Schuld für das kollektive Versagen, gerecht zu leben und sich für Gerechtigkeit einzusetzen. Sollten je Fälle eintreten, in denen die Kirchen tatsächlich gewaltsame Zwangsmaßnahmen als legitim erachten, dann setze dies je ein Schuldbekenntnis voraus, weil es offensichtlich nicht gelungen sei, den Krisen rechtzeitig und angemessen vorzubeugen. – Auch dies hatten die Kirchen der Ökumene bisher nicht gemeinsam feststellen können.

Freilich sollte hier die theologische Begründung eines solchen Schrittes nicht ausbleiben, sie fehlt aber im ÖRK-Dokument. Wenn es in Extremfällen zur bewussten, individuellen Schuldübernahme kommen muss, weil keine Möglichkeit gegeben ist, Schuld zu vermeiden, dann ist dies aus der Perspektive des christlichen Glaubens allein in der »Christus-Wirklichkeit« möglich, weil allein in Christus die Hoffnung auf Vergebung solcher Schuld besteht (»teure Gnade«), so die einleuchtende Begründung bei Dietrich Bonhoeffer. Stets handelt es sich hierbei um das Überschreiten einer Grenze, die durch die Gebote gegeben ist, keinesfalls um eine Verschiebung dieser Grenze.[281]

ion of Charisms; et al. Siehe auch den gemeinsamen Beitrag von Mennoniten und Katholiken: Die Dekade zur Überwindung von Gewalt des Ökumenischen Rates der Kirchen. Ein mennonitischer und katholischer Beitrag, in: ÖR 2/2008, 222–232.
280 Anders das Konzept der »vernetzten Sicherheit« der Bundesrepublik Deutschland in: Bundesministerium der Verteidigung: Weißbuch 2006 – Zur Sicherheitspolitik Deutschlands und zur Zukunft der Bundeswehr, Berlin 2006. Vgl. hierzu kritisch: *Michael Haid*, »Die alte Trennung von innerer und äußerer Trennung ist von gestern«, in: Friedensforum 1/2008, 21. Jg., 32.
281 *Dietrich Bonhoeffer*: »Nun gibt es gewiss kein geschichtlich bedeutsames Handeln, das nicht immer wieder einmal die Grenzen dieser Gesetze überschritte. Es ist aber ein entscheidender Unterschied, ob solche Überschreitung der gesetzten Grenzen prinzipiell als deren Aufhebung aufgefasst und damit als Recht eigener Art ausgegeben wird oder ob man sich dieser Überschreitung als vielleicht unver-

Die Erklärung empfiehlt schließlich eine Weiterarbeit an den schwierigen Fragen der Verantwortung zur Schutzpflicht. Darin drückt sich das
Bewusstsein aus, dass mit dieser Erklärung diese ganz spezifische Frage der Friedensethik nicht beantwortet ist. Doch ist der Fortschritt in
der ökumenischen Diskussion unverkennbar. Die Mitgliedskirchen erkennen nun gemeinsam, dass die »Herrschaft Christi mehr wiegt als
jede andere Loyalität [...]. Die kritische Solidarität mit den Opfern von
Gewalt und das Eintreten gegen alle Mächte der Unterdrückung müssen auch unsere theologischen Mühen um eine glaubenstreuere Kirche
prägen«. Und sie erkennen in ihrem »Versöhnungs- und Heilungs-
dienst« einen Auftrag zur Vertrauensbildung.

In der zu entwickelnden ökumenischen Erklärung zum gerechten Frieden, die als Vorbereitung auf die Internationale ökumenische Friedenskonvokation in Jamaica 2011 entworfen wird, wird sich zeigen müssen, ob weitere, gemeinsame Fortschritte für die Entwicklung einer
ökumenischen Friedensethik möglich werden. In diesem Kontext darf
die Auseinandersetzung um Interventionen zum Schutz unmittelbar
bedrohter Menschen sicherlich als einer der härtesten Prüfsteine für die
Einheit der Kirchen betrachtet werden.

II.5 Am Ende der Dekade: die Internationale ökumenische Friedenskonvokation 2011[282]

Das *Mission-Statement* für die Internationale ökumenische Friedenskonvokation 2011 (*International Ecumenical Peace Convocation,*

---

meidlicher Schuld bewusst bleibt und sie allein in der alsbaldigen Wiederherstellung und Achtung des Gesetzes und der Grenzen gerechtfertigt sieht.«, in: *ders.*,
Widerstand und Ergebung, Briefe und Aufzeichnungen aus der Haft, hg. von
Eberhard Bethge, München: Kaiser 1951, 18 (jetzt neu in: DBW 8, hg. von *Christian Gremmels, Eberhard Bethge, Renate Bethge*, München: Kaiser 1998). Zum
Begriff der »teuren Gnade« siehe *Dietrich Bonhoeffer*, Nachfolge, DBW 4, hg.
von *Martin Kuske* und *Ilse Tödt*, München: Kaiser 1989.

[282] Bearbeitete Fassung eines Teils des Beitrags: Fernando Enns, Ehre sei Gott –
und Friede auf Erden. Der lange Weg zu einer ökumenischen Friedenskonvokation, in: *Dagmar Heller u.a.* (Hg.), »Mache Dich auf und werde Licht!«. Ökumenische Visionen in Zeiten des Umbruchs. FS für Konrad Raiser, Frankfurt/M.: Lembeck 2008, 322–333. Und: *Fernando Enns*, »Glory to God and Peace on Earth«.
The Decade to Overcome Violence 2001–2010: An Ecumenical Journey Towards
a Common Understanding of Just Peace. The XXXI. Paul Wattson Lecture of the
Franciscan Friars of the Atonement and the Jesuit University of San Francisco,
February 2010, in: Ecumenical Trends Vol. 39, No. 6, Garymoor Ecumenical &
Interreligious Institute, June 2010, 6–10. *Ders.*, Die Bilanz der Dekade zur Überwindung von Gewalt – Theologische und friedensethische Einführung, in: Ökumenische Friedenskonvokation 2011. »Ehre sei Gott und Friede auf Erden« – Herausforderungen durch die Internationale Ökumenische Friedenskonvokation. Beiträge der Ökumenischen Konsultation der ACK und des Offenen Forums zur Dekade zur Überwindung von Gewalt vom 8.–10. Februar 2010 in Freising, epd-
Dokumentation 16–17/2010, 22–30.

IEPC) in Kingston (Jamaika) lautet: »Die Internationale ökumenische Friedenskonvokation (IöFK) soll auf den Frieden Gottes als Geschenk und Auftrag der ganzen *oikoumene* hinweisen. Sie sucht die Friedenshaltung der Kirchen zu klären und zu stärken, Gelegenheiten zur Netzwerkbildung zu schaffen und unsere gemeinsame Verpflichtung zu Frieden und Versöhnung zu vertiefen.«[283]

Wird wiederum ein solch breit angelegter Ansatz gewählt, dann muss es naturgemäß schwerfallen, einzelne Themen und Bewährungsfelder der Kirche in ihrem Dienst für den gerechten Frieden klar zu beschreiben. Aber unmöglich ist das nicht, es birgt vielmehr die Chance, sowohl die Komplexität als auch die Kontextualität innerhalb einer großen ökumenischen Denkbewegung zu erfassen. So wie die Dekade angelegt war, kann auch die IEPC nicht künstlich reduziert werden auf ein Einzelthema. Sie ist vielmehr zu verstehen als ein Forum, auf dem die unterschiedlichen Facetten des gerechten Friedens diskutiert werden, um sie einer gemeinsamen, handlungsleitenden Orientierung zuzuführen. Das muss nicht zwangsläufig in Generalitäten enden, sondern sollte gerade dazu führen, dass nicht ein Themenschwerpunkt gegen den anderen ausgespielt wird. Das würde die Gesamtbewegung schwächen und die jeweiligen kontextuellen Bedürfnisse wie die konfessionell reichen theologischen Einsichten und Überzeugungen verleugnen. Die Kontur der Gesamtunternehmung muss sich letztlich wieder in einem konziliaren Prozess ergeben, hin zu einer kohärenten ökumenischen Theologie des gerechten Friedens, basierend auf einem gemeinsamen Selbstverständnis als *una sancta*, zielend auf ein konkretes Handeln in Verantwortung füreinander und in der Welt.

Auf diese Weise ist der Vorbereitungsausschuss für die IEPC zu einer Grobgliederung der Themen gelangt: (I.) Friede in der Gemeinschaft, (II.) Friede mit der Erde, (III.) Friede in der Wirtschaft, (IV.) Friede zwischen den Völkern. Die bekannten Themen des konziliaren Prozesses für Gerechtigkeit, Frieden und die Bewahrung der Schöpfung bleiben erkennbar präsent, nun ergänzt um die Ebene der konkret erfahrenen Lebenswirklichkeit in kleineren Gemeinschaften (*communities*). Entscheidend wird sein, wie die Interdependenz der Einzelthemen so dargestellt wird, dass konkrete, kontextuelle Betroffenheiten ebenso zur Sprache kommen können, wie die übergeordneten, globalen Interdependenzen.

Die in Vorbereitung auf die IEPC entstandene ökumenische Erklärung zum gerechten Frieden ist ein affirmativer Text, der vom Zentralausschuss in seiner Sitzung im Februar 2011 als ein vorbereitendes Dokument für die X. ÖRK-Voll-

---

283 http://gewaltueberwinden.org/de/konvokation.html (1.3.2010).

versammlung 2013 angenommen wurde.[284] Der IEPC diente die Erklärung als verbindende Arbeitsgrundlage, aber es wurde nicht erwartet, dass sie den Text revidiert. Vielmehr sollte sie die Diskussion darüber weiterführen, die sich dann in und zwischen den Kirchen bis 2013 fortsetzt.

Diese Erklärung ist ergänzt durch ein weiteres, längeres Dokument, das die Begründungszusammenhänge darlegt, auf denen die Erklärung selbst ruht.[285] Dieses Dokument enthält auch Vorschläge und Beispiele für gelungenes Friedenshandeln (*good practices*), basierend auf den Erfahrungen während der Dekade sowie aus den eingegangenen Reaktionen zum ersten Entwurf der Erklärung. Eine vorläufige Fassung dieses Dokuments wurde den Teilnehmenden der IEPC zur Kenntnis gebracht. Die Seminare, Workshops und Bibelarbeiten während der IEPC sollten die Arbeit an einer ökumenischen Theologie zum gerechten Frieden fortsetzen.

Die Blicke richten sich demnach über Kingston 2011 hinaus auf die X. ÖRK-Vollversammlung in Busan (Südkorea) 2013, und in diesem weiteren Horizont sollten auch alle Überlegungen im Rahmen der IEPC erfolgen. Denn es geht nach Abschluss der Dekade zur Überwindung von Gewalt um nicht weniger als das Entwerfen einer ökumenisch konsensfähigen Theologie zu Gerechtigkeit und Frieden. Es wird sich zeigen müssen, ob die Gemeinschaft der Kirchen im ÖRK die Kraft hat, die Kohärenz dieser nun so breit angelegten Bewegung zu verdeutlichen, nicht um ihrer selbst Willen, sondern damit die Kirchen tatsächlich »gemeinsam zu erfüllen trachten, wozu sie berufen sind, zur Ehre Gottes, des Vaters, des Sohnes und des Heiligen Geistes.«[286]

Die während der ÖRK-Vollversammlung 2006 beschlossene IEPC 2011 ist nicht das »Friedenskonzil«, das Bonhoeffer (und später von Weizsäcker u.a.) gefordert hatten. Hier ist der veränderte Kontext zu berücksichtigen sowie die damit einhergehenden Verschiebungen in den Fragestellungen. Es muss zweitens dem gegenwärtigen Selbstverständnis der Ökumene Rechnung getragen werden, und es müssen drittens die theologischen Argumente auf ihre bleibende Plausibilität hin überprüft werden. – All das soll hier als Aufgabenstellung erläutert werden.

II.5.1 Der veränderte Kontext

In Porto Alegre wurde zur »Halbzeit der Dekade« ein Dokument vorgelegt, das eine »Zwischenbewertung« erlauben sollte und Vorschläge

[284] *(Ökumemischer Rat der Kirchen,)* Ein ökumenischer Aufruf zum gerechten Frieden »Richte unsere Schritte auf den Weg des Friedens«, Dokument Nr. GEN 10, Genf: ÖRK-Zentralausschuss, 16.–22. Februar 2011; www.gewaltueberwinden.org/de/materialien/oerk-materialien/dokumente/erklaerungen-zum-gerechten-frieden/ein-oekumenischer-aufruf-zum-gerechten-frieden.html (1.11.2011).
[285] *(Ökumemischer Rat der Kirchen,)* »Ein ökumenischer Aufruf zum gerechten Frieden« – Begleitdokument (engl.: An Ecumenical Call to Just Peace – Companion, Geneva: WCC 2011), Übersetzung von *Petra Ledolter* und Team, i.A. der Evangelischen Kirche in Deutschland, Hannover, Mai 2011; www2.wcccoe.org/uploads.nsf/.../just_peace_companion_DE.pdf (1.11.2011).
[286] Verfassung und Satzung des ÖRK, a.a.O., Basis, 449.

machte für das weitere programmatische Vorgehen.[287] Hieraus geht hervor, dass es nicht das Ziel der Dekade war, das »eine Wort, das die Menschheit nicht überhören kann« (Bonhoeffer) zu sagen, sondern – bescheidener und gleichzeitig anspruchsvoller – das Streben nach Frieden und Versöhnung »vom Rand ins Zentrum des Lebens und Zeugnisses der Kirchen« zu bringen, eine »Friedenskultur aufzubauen«, was geistliche, theologische und praktische Herausforderungen für die Kirchen darstelle. Es wird an die Leitsätze (Ziele) zu Beginn der Dekade erinnert: »Geist, Logik und Praxis der Gewalt zu überwinden« und eine »Spiritualität von Versöhnung und aktiver Gewaltfreiheit« zu bekräftigen. – Mit Bonhoeffer kann das m.E. als das Ernstnehmen des »bindenden Gebotes« Christi bezeichnet werden.

Die Fragen der Sicherheit und die Bedrohung durch Militarisierung bleiben relevant, aber die Notwendigkeit, gemeinsam mit Gemeinschaften anderen Glaubens nach Versöhnungsmöglichkeiten zu suchen, wird heute klarer denn je erkannt. Alles theologische Reflektieren und die konkrete Überwindung von Gewalt finden jetzt im Kontext pluralistischer Gesellschaften statt. Ein international operierenden Terrorismus einerseits, oft verknüpft mit religiösem Fanatismus, und die Bereitschaft einiger Staaten, (Präventiv-) Kriege (wieder) als legitimes Mittel der Politik einzusetzen andererseits, stellen neue Herausforderungen an die Kirchen dar. Hinzu kommen zerfallende Staaten, in denen das Gewaltmonopol so porös wird, dass die Schwächsten von niemandem mehr geschützt werden können. Die steigende Verbreitung von Kleinwaffen fordert in Bürgerkriegen wie in der Kriminalität der Großstädte inzwischen mehr und immer jüngere Todesopfer als die von den Medien stärker wahrgenommenen Kriege. – In all diesen Kontexten wäre (mit Bonhoeffer) nach dem »konkreten Gebot« zu fragen.

Die Erforschung und Bewährung von gewaltfreier Konfliktprävention und -bewältigung, zivilen Formen des Konfliktmanagements und die Ausbildung von zivilen Friedensdiensten, sowie aktive Versöhnungsarbeit nach erfolgter Gewaltanwendung wird von den Kirchen jetzt zielstrebiger angegangen als je zuvor.[288] Die Kirchen werden sich

---

287 Vgl. Halbzeit der Dekade zur Überwindung von Gewalt, a.a.O.
288 Stellvertretend für die vielfältige Literatur zur Thematik sei hier genannt: *Markus Weingardt*, Religion, Macht, Frieden. Das Friedenspotential von Religionen in politischen Gewaltkonflikten, Stuttgart: Kohlhammer 2007. Vgl. hierzu in der deutschsprachigen Literatur die vielen Studien des römisch-katholischen Instituts für Theologie und Frieden (Hamburg) sowie der Forschungsstätte der Evangelischen Studiengemeinschaft (Heidelberg) und das jährlich erscheinende Friedensgutachten der oben genannten Institute, mit Institut für Entwicklung und Frieden (INEF), Institut für Friedensforschung und Sicherheitspolitik an der Universität Hamburg (IFSH), Hessische Stiftung Friedens- und Konfliktforschung und Bonn International Center for Conversion (BICC).

stärker ihrer Verantwortung bewusst, als »Botschafter der Versöhnung« (2Kor 5) gewaltfreie Alternativen bereitstellen zu müssen, wenn ihr Aufruf zur Gewaltüberwindung glaubwürdig sein will. – Bonhoeffers Überlegungen mündeten hier in die schwierigen Fragen des Widerstands. Offensichtlich genügt es nicht, sich auf die Forderung an die Weltgemeinschaft nach international verbindlicher Rechtstaatlichkeit und nach Durchsetzung der allgemeinen Menschenrechte zu beschränken – dies muss m.E. für die Kirchen ohnehin selbstverständlich sein. Eine Vorstellung vom »gerechten Frieden« im Gegensatz zur Lehre vom »gerechten Krieg« bedarf immer noch einer kohärenten Entfaltung und handlungsorientierten Konkretisierung im Kontext des christlichen Glaubens und Bekennens im Horizont der gesamten Ökumene. Die Evangelische Kirche in Deutschland[289] wie auch die römisch-katholische Bischofskonferenz[290], aber auch die kleineren Kirchen wie die Methodisten[291] oder die Mennoniten[292], haben dazu in ihren jüngsten Friedensdenkschriften wegweisende theologische und friedensethische Überlegungen vorgelegt. So hält die jüngste Friedensdenkschrift der EKD fest: »Die Praxis des gerechten Friedens, die als Merkmal der weltweiten Gemeinschaft von Christinnen und Christen betrachtet werden kann, wird zwar in ihrer spirituellen Tiefenschicht nicht von allen Menschen geteilt und kann keine praktische Friedenspolitik ersetzen. Sie konvergiert aber mit einem mehrdimensionalen Konzept des Friedens, das sich als sozialethisches Leitbild in die politische Friedensaufgabe einbringen lässt.«[293] Biblisch verstandener Friede (*schalom*) bezeichne einen weiten Friedensbegriff, der mehr umfasse als die Abwesenheit von Krieg. Friedensbildung und der Einsatz für Friede und Gerechtigkeit bedingten einander, sie stünden in einer

---

[289] Vgl. *(Evangelische Kirche in Deutschland:)* Aus Gottes Frieden leben – für gerechten Frieden sorgen, a.a.O., vor allem 50–56; vgl. zur Diskussion: *Hans-Richard Reuter*, Gerechter Friede! – Gerechter Krieg? Die neue Friedensdenkschrift der EKD in der Diskussion, in: Zeitschrift für Evangelische Ethik 52/2008, 163–168.

[290] Vgl. *Sekretariat der Deutschen Bischofkonferenz* (Hg.), Gerechter Friede. Die deutschen Bischöfe 66, Bonn 2000. Vgl. zur Diskussion *Justenhoven/Beestermöller*, Gerechter Friede, a.a.O.. Vgl. zur Entwicklung der Denkbewegung zum »Gerechten Frieden« auch die früheren EKD-Denkschriften: *(Evangelische Kirche in Deutschland:)* Frieden wahren, fördern und erneuern 1981, Eine Denkschrift der EKD, hg. vom *Kirchenamt der EKD*, Gütersloh ³1982; *dies.*, Schritte auf dem Weg des Friedens, a.a.O., 6–37. *Dies.*, Friedensethik in der Bewährung. Eine Zwischenbilanz 2001, Kirchenamt der EKD (Hg.), in: EKD Texte 48, Hannover ³2001, 57–92.

[291] *(Evangelisch-methodistische Kirche in Deutschland:)* Frieden braucht Gerechtigkeit. Friedenswort der EmK, EmK-Forum 29. Stuttgart: Medienwerk der Evangelisch-methodistischen Kirche 2005

[292] *(Vereinigung der Deutschen Mennonitengemeinden, VDM:)* Richte unsere Füße auf den Weg des Friedens, Erklärung der VDM zum gerechten Frieden, Hannover 2009.

[293] Aus Gottes Frieden leben – Für gerechten Frieden sorgen, a.a.O., 53.

Wechselwirkung. Daher zeichneten sich friedensfördernde Prozesse dadurch aus, »dass sie auf Vermeidung von Gewaltanwendung, Förderung von Freiheit, Förderung von kultureller Vielfalt und Abbau von Not gerichtet sind«. Durch die von Gott gestiftete Versöhnung in Jesus Christus könnten auch die Kirchen untereinander Versöhnung leben.

II.5.2 Das verändertes Einheitsverständnis

Die Ökumene hat im Laufe der Jahrzehnte ein völlig anderes Verständnis von Einheit entwickelt, als es 1928 (Stockholm), 1937 (Oxford), 1948 (Amsterdam) oder 1983 (Vancouver) noch vorhanden war (s.o.). Das wird nirgends deutlicher als in dem langjährigen Prozess zur Erarbeitung einer Grundsatzerklärung zu »einem gemeinsamen Verständnisses und einer gemeinsamen Vision des Ökumenischen Rates der Kirchen«[294] in den 1990er Jahren. Dieses veränderte Einheitsverständnis ist auch hinsichtlich der Thematik des gerechten Friedens zu berücksichtigen. Bonhoeffers ekklesiologisches Argument, dass die Kirche Christi alle anderen Grenzen und Trennungen transzendiere, ist heute so wahr wie damals. Aber die Ökumene wird dies heute – im Lichte ihres ekklesialen Selbstverständnisses und im Lichte der Ekklesiologien der Kirchen – anders entfalten müssen: als gegenseitige Teilhabe, Teilnahme und Teilgabe des ganzen Volkes Gottes, in versöhnter Verschiedenheit.

Dies setzt zunächst voraus, dass die vielen verschiedenen Teilhabenden an der ökumenischen Bewegung tatsächlich auch mit ihren kontextuell sehr unterschiedlichen Erfahrungen und Herausforderungen Gehör finden, zuerst in der ökumenischen Gemeinschaft der Kirchen und dann in der Solidarität der weiteren Weltöffentlichkeit. Ansätze zum breiten Spektrum einer ökumenischen Friedensethik sind in den unterschiedlichen Kontexten im Rahmen der Dekade sichtbar geworden.[295] Es gilt, diese in der ökumenischen Gemeinschaft miteinander so zu teilen, dass »Leben in seiner ganzen Fülle« tatsächlich für alle möglich wird. Das »Wort«, das von einer Friedenskonvokation 2011 ausgehen kann, wird demnach heute notwendig in Form von vielen »Zeugnissen« Einzelner, Gemeinden und Kirchen gesprochen werden müssen. Und gerade so könnte es tatsächlich zur Verkündigung des »konkreten Gebotes« durch die Ökumene kommen.

---

[294] *(Ökumenischer Rat der Kirchen:)* Auf dem Weg zu einem gemeinsamen Verständnis und einer gemeinsamen Vision des ÖRK«, in: Gemeinsam auf dem Weg. Offizieller Bericht der Achten Vollversammlung des ÖRK Harare 1998, hg. von *Klaus Wilkens,* Frankfurt/M.: Lembeck 1999, 159–194.
[295] Vgl. die vielen Stellungnahmen zum Ersten Entwurf einer Ökumenischen Friedenserklärung, zum Teil veröffentlicht in: *(Arbeitsgemeinschaft Christlicher Kirchen in Deutschland:)* Gerechter Friede. Handreichung zum Diskussionsstand, hg. von der Ökumenischen Centrale / ACK, Frankfurt 2010.

II.5.3 Das veränderte ökumenisches Grundaxiom

Das christologische Argument, wie Bonhoeffer es 1934 vortrug, wird
heute um ein trinitarisches Gottesverständnis zu erweitern sein. Konrad Raiser hat den »Paradigmenwechsel« vom christozentrischen Uni-
versalismus zur Sozialität Gottes, die den »einen Haushalt des Lebens«
begründet, aufgezeigt.[296] Die Entwicklung einer ökumenischen Friedenserklärung zum gerechten Frieden sollte helfen, die theologisch-
ethischen und ekklesiologischen Reflexionen der jüngeren ökumenischen Bewegung zusammenzuführen, um eindeutige Worte der Kirchen für den Frieden zu formulieren. Sie wird auszugehen haben von
dem doxologischen Bekenntnis zu dem dreieinigen Gott, der Beziehung ist und sich in Beziehung setzt als die Bedingung der Möglichkeit zu gelingenden, lebensfördernden Beziehungen: zwischen Einzelnen, Männern und Frauen, Jungen und Alten, in kleinsten Gemeinschaften, innerhalb von Staaten und in der Weltgemeinschaft; unter
den Kirchen verschiedenster Traditionen und ihrer Beziehung zu
Glaubenden anderer Religionen; in der Beziehung zur Natur als Leih-
Gabe Gottes zur verantwortungsvollen Haushalterschaft. Der trinitarische Ansatz trägt dazu bei, Schöpfung, Versöhnung (Erlösung) und
Vollendung zusammenzudenken und nicht voneinander zu isolieren.
Er lässt erkennen, dass der Gott Abrahams und Sarahs, der Gott, der
Israel aus dem Sklavenhaus befreite, auch der Gott ist, der in Jesus
Christus Mensch geworden ist, und der fortan mit seinem Geist dieser
gewaltvollen Welt *ein-wohnt (shechina)*, um sie von Gewalt zu befrei-
en und so zu vollenden – nicht allein die Christen, sondern auch die
Schwesterreligionen, nicht allein die Menschen, sondern die Schöpfung insgesamt.[297] Daraus ergibt sich dann im Gegensatz zu einem statischen Gottesbild eher ein dynamisches, das von der umfassenden
Liebes-Bewegung der göttlichen Gemeinschaft geprägt ist. Entscheidend ist m.E. nun nicht, dass hiermit ein Modell von Gemeinschaft
konstruiert wird, welches die Kirche abbilden soll. Vielmehr wird
durch diese gemeinsame, elementare Glaubenserkenntnis zum Ausdruck gebracht, dass alle Christinnen und Christen der Ökumene – in
Christus – *teilhaben* an dieser Gottesgemeinschaft.
Dies war auch der entscheidende Erkenntnisfortschritt in den ökumenischen Gesprächen zwischen den Friedenskirchen und den ehemaligen Staatskirchen in den 1950er und 1960er Jahren des vergangenen
Jahrhunderts.[298] So wird verdeutlicht, dass nicht die Ethik oder das
Handeln der Kirchen für einen gerechten Frieden das Reich Gottes

---

[296] Vgl. zu diesen Überlegungen: *Konrad Raiser*, Ökumene im Übergang. Paradigmenwechsel in der ökumenischen Bewegung, München: Kaiser 1990.
[297] Zur kosmischen Eschatologie vgl. vor allem: *Jürgen Moltmann*, Das Kommen
Gottes. Christliche Eschatologie, Gütersloh: Kaiser / Gütersloher ²2005 (1995).
[298] Vgl. *Fernando Enns*, Friedenskirche in der Ökumene. Mennonitische Wurzeln einer Ethik der Gewaltfreiheit, Göttingen: Vandenhoeck & Ruprecht 2003.

hervorzubingen vermag, sondern dass in diesem Bezeugen und Handeln angemessener von einer Partizipation an diesem Reich Gottes auszugehen ist, welches erst die Bedingung der Möglichkeit zur Gewaltfreiheit wird. Von hier aus ergeben sich dann auch das Selbstverständnis als Kirche (Ökumene) sowie die angemessene Perspektive auf die Gewalt-Wirklichkeiten dieser Welt, ihrer Erlösungs- und Versöhnungsbedürftigkeiten und -möglichkeiten. All das muss in einer ökumenischen Theologie des gerechten Friedens näher entfaltet werden. Kirche – im Sinne der ökumenischen Gemeinschaft – ist dann jene Größe, die bereits von Gewalt befreit leben *kann*. Sie ist eine einladende Gemeinschaft, die durch ihr Wesen und Sein schon Realitäten verändert, nicht trotz, sondern gerade weil ihre Mitglieder sich als *simul iustus et peccator*, als Sünder *und* Gerechtfertigte zugleich begreifen.

Das gewählte Motto für die Friedenskonvokation 2011,»Ehre sei Gott – und Friede auf Erden«, will genau dies aufgreifen. – In Fanö hatte Bonhoeffer nur den zweiten Teil dieses Rufes als das mit Christus selbst gegebene »bindende Gebot« angeführt. Wenn die ökumenische Gemeinschaft diese evangeliumsgemäße Wahrheit der Versöhnung stiftenden Beziehung Gottes auch gemeinsam bekennen kann, dann sollte sie auch in der Lage sein, das »konkrete Gebot« in die jeweiligen Gewalt-Kontexte hinein zu »verkünden« und eine gewaltfreie Alternative »zur rasenden Welt« als *una sancta* tatsächlich zuerst zu leben, lokal wie global. Vorausgesetzt ist dabei, dass sich die Kirchen bewusst sind, hiermit ein »Wagnis« (Bonhoeffer) in Kauf zu nehmen, das tatsächlich auch »am Kreuz« enden kann. Und dann wird die Welt dies nicht »überhören« können, weil die Welt dadurch nicht unverwandelt bleibt.

Ganz in diesem Sinne zitieren zwei so unterschiedliche Kirchen wie die Friedenskirche der Mennoniten und die römisch-katholische Kirche in einem *gemeinsamen* Beitrag zur Dekade Papst Johannes Paul II:[299] »Indem der Mensch sein Leiden für die Wahrheit und die Freiheit dem Leiden Christi am Kreuz hinzufügt, vermag er das Wunder des Friedens zu vollbringen und ist imstande, den schmalen Pfad zu erkennen zwischen der Feigheit, die dem Bösen weicht, und der Gewalt, die sich zwar einbildet, das Böse zu bekämpfen, es aber in Wirklichkeit verschlimmert.«[300] – Weil im christlichen Bekenntnis die Möglichkeit zur Überwindung von Gewalt als eschatologische Realität geglaubt werden kann, muss es als unrealistisch und perspektivlos angesehen werden, sich mit *violence* abzufinden. Aber die Kirchen der

---

[299] Vgl. Die Dekade zur Überwindung von Gewalt des Ökumenischen Rates der Kirchen. Ein mennonitischer und katholischer Beitrag, in: ÖR 2/2008, 222–232.
[300] www.vatican.va/holy_father/john_paul_ii/encyclicals/documents/hf_jp-ii_enc_ 01051991_centesimus-annus_ge.html, 25 (1.3.2010).

Ökumene müssen gemeinsam diese Kreativität entwickeln, die nötig sein wird, den »schmalen Pfad« der Gewaltfreiheit entsprechend zu gehen. In Christus ist die Kirche bereits »neue Kreatur«, berufen zu diesem Amt der Versöhnung (2Kor 5).

III. Entwurf einer ökumenischen Friedenskirchen-Ekklesiologie: ein trinitätstheologischer Ansatz[301]

Die Dekade zur Überwindung von Gewalt 2001–2010 stellt einen »ökumenischen Raum« (s.o.) bereit, um die verschiedenen, voneinander abhängigen Aspekte von Gewalt und Bemühungen zur Bildung einer Kultur der Gewaltfreiheit zusammenzuhalten. Im Laufe der Jahre haben die Kirchen der ökumenischen Gemeinschaft gelernt, im Blick auf ihre gemeinsamen Wurzeln mit ihren jüdischen Glaubensgeschwistern Frieden nicht auf die Abwesenheit von Krieg zu reduzieren. Das wäre ein zu eng gefasster, in der aktuellen Friedensforschung als »negativer Friedensbegriff« bezeichnet.[302] Der alttestamentliche Begriff *schalom* meint mehr: jenes »Ganzsein«, »Heilsein«, »Wohlsein«, das der Gerechtigkeit entspringt: Befreiung von Unterdrückung und Recht für die Rechtlosen, die Armen und Fremden. *Schalom* meint gelingendes Leben

---

[301] Bearbeitete Fassung der Beiträge von *Fernando Enns*, »Glory to God and Peace on Earth«. The Decade to Overcome Violence 2001–2010: An Ecumenical Journey Towards a Common Understanding of Just Peace. The XXXI. Paul Wattson Lecture of the Franciscan Friars of the Atonement and the Jesuit University of San Francisco, in: Ecumenical Trends Vol. 39, No. 6, Garymoor Ecumenical & Interreligious Institute, June 2010, 6–10; und: *Fernando Enns*, A Trinitarian Approach to Ecumenical Peace Church Ecclesiology, in: *Emmanuel Clapsis* (ed.), Violence and Christian Spirituality. An Ecumenical Conversation. Geneva: World Council of Churches and Brookline/MA: Holy Cross Orthodox Press 2007, 242–254 (dt.: Ökumenische Friedenskirchen-Ekklesiologie. Ein trinitätstheologischer Ansatz, in ÖR 2/2006, 131–148.).

[302] »Eine so ausgerichtete Friedensforschung beschäftigt sich schwerpunktmäßig mit den internationalen Beziehungen und damit mit Nationalstaaten und Staatenbündnissen als Akteuren. Die Konzentration auf die Entstehung, Entwicklung bzw. Verhinderung von militärischen Auseinandersetzungen lässt außer Betracht, dass es in Zeiten ohne Krieg keinesfalls friedvoll zugehen muss.« Zentrum für Konfliktforschung, Philipps-Universität Marburg: Friedens- und Konfliktforschung – Über die Schwierigkeiten, ein Fach zu beschreiben, in: www.uni-marburg.de/konfliktforschung/studium/fachbeschreibung (1.3.2010). Die Beschreibung des Forschungsfeldes muss weiter gefasst werden, denn neben »der militärischen Gewalt existieren noch vielfältige Gewaltformen, die aus anderer Perspektive wenigstens die gleiche Aufmerksamkeit erfordern, z.B. Folter oder Vertreibung. Mit der Einführung des Gewaltbegriffs erfolgte eine Ausweitung der Diskussion, die auch heute noch andauert und als besonders strittig gilt. Neben den direkten Gewaltformen rücken gesellschaftliche Verhältnisse in den Blickpunkt, die durch Unterdrückung oder Ausbeutung der verschiedensten Art gekennzeichnet sind, ohne dass direkte physische Gewalt ausgeübt wird (strukturelle Gewalt)«, ebd.

in lebensfördernden Beziehungen zwischen Gott und Mensch, zwischen Menschen und innerhalb der gesamten Schöpfung. *Schalom* ist der verheißene, der gerechte Friede Gottes.[303] – Im Neuen Testament ist das Reich Gottes verheißen, das in Jesus Christus zur Welt gekommen ist:»Der Geist des Herrn ist auf mir, weil er mich gesalbt hat, zu verkündigen das Evangelium den Armen; er hat mich gesandt, zu predigen den Gefangenen, dass sie frei sein sollen, und den Blinden, dass sie sehen sollen, und den Zerschlagenen, dass sie frei und ledig sein sollen, zu verkündigen das Gnadenjahr des Herrn.« (Lk 4,18 zitiert Jesaja 61,1–2). Friedensbildung, Gerechtigkeit und Freiheit sind die Merkmale der Verwirklichung dieses Reiches, Bedingung der Möglichkeit zum sichtbaren und konkreten Ausdruck christlicher Nachfolge in jedem Kontext kirchlichen Lebens. Die Befreiung von Gewalt – Gewaltfreiheit – ist der christlichen Identität inhärent.

III.1 Gewalt theologisch definieren

Gewalt verhindert, verletzt oder zerstört gerechte Beziehungen. In der ökumenischen Dekade haben wir gemeinsam gelernt, Gewalt – als Gegenbegriff zu *schalom* – in ähnlicher Weite zu verstehen. Diese Weite ist wiederholt kritisiert worden.[304] Doch die Komplexität der real existierenden Gewaltkontexte, in denen sich die Kirchen wiederfinden und denen sie sich stellen wollten und wollen, erlaubt m.E. gerade nicht jene eng gefasste Definition zugunsten einer leichteren Eingrenzung und damit Bewältigung des Themas. Durch eine künstliche Komplexitätsreduzierung wäre nichts gewonnen.

Es gibt viele hilfreiche Definitionen von Gewalt, aus den Sozialwissenschaften oder der Jurisprudenz, auch von den Vereinten Nationen.[305] Die Schlüsselfrage bleibt: soll eine engere Definition von Gewalt gewählt werden, um möglichst eindeutig und »realistisch« zu bleiben hinsichtlich der Versuche, Gewalt zu überwinden? Daraus ergibt sich die Gefahr, gerade die latent vorhandene, weithin unsichtbare *psychische* Gewalt, die *strukturelle* und die *kulturelle* Gewalt auszuklammern, die in manchen Fällen mindestens ebenso wirkmächtig zu sein scheint, wie die akute direkte Gewalt. Der Erkenntnisgewinn in

---

303 Siehe: Theologisches Wörterbuch zum Alten Testament, begr. von *G. Johannes Botterweck*, hg. von *Hainz-Josef Fabry* und *Helmer Ringgren*, Stuttgart u.a.: Kohlhammer 1994: Art. »Salem«, in: Bd. VIII, 94–101.

304 Unter anderem auch von *Wolfgang Lienemann*, der – mit guten Gründen – für eine engere Gewaltdefinition plädiert, in: *ders.*, Kritik der Gewalt, in: *Walter Dietrich* und *Wolfgang Lienemann* (Hg.), Gewalt wahrnehmen – von Gewalt heilen. Theologische und religionswissenschaftliche Perspektiven. Stuttgart: Kohlhammer 2004, 7–30.

305 Siehe oben unter Kap. (B) II.1.2.

der Ausdehnung der Definition lag gerade darin, diese Dimensionen von Gewalt endlich ebenso in den Blick zu bekommen. – Oder soll für eine weite Definition von Gewalt optiert werden, um der Komplexität der Herausforderung durch Gewalt in der so ambivalenten Wirklichkeit gerecht zu werden, so wie es der Anspruch der ökumenischen Dekade ist? Dabei wird freilich riskiert mit einer Definition zu operieren, die so vage und allgemein ist, dass sie letztlich ohne klare Aussagekraft bleibt. So oder so wird sicherlich noch zu unterscheiden sein zwischen legitimen Formen des Zwanges (*coactus*) und illegitimen Formen der Gewalt (*violentia*).

Bevor hier mit ekklesiologischen Reflexionen begonnen werden kann, muss deutlich geklärt sein, was wir mit Gewaltüberwinden meinen, wenn dies der Ausgangspunkt des weiteren Nachdenkens sein soll. Da unsere Überlegungen theologischer Natur sind, stelle ich hier eine *theologische* Definition von Gewalt zur Diskussion, von der ich meine, sie vor den vielfältigen Zeugnissen der Hebräischen Bibel und des Neuen Testaments verantworten zu können, und dass sie der Zentralität der Thematik innerhalb der Botschaft des Evangeliums wie des christlichen (ökumenischen) Bekenntnisses zu dem dreieinigen Gott entspricht.

Gewalt ist demnach mindestens auf drei Ebenen zu definieren: der relational-individuellen, der relational-interpersonalen sowie der relational-interkreatürlichen. Gewalt (im Sinne von *violence*, nicht *force, coercion* oder *power*) umfasst dann …
… physische oder psychische Akte der Verleugnung, Verletzung oder Zerstörung der Personhaftigkeit eines Menschen – seines freien Willens, seiner Integrität, seiner Würde – also seiner Gott-Ebenbildlichkeit wie seiner Rechtfertigung aus Gnade;
… die Verleugnung der Gemeinschaft, die Gott durch Schöpfung, Versöhnung und Vollendung schafft, durch die gerechte Beziehungen zwischen Menschen möglich werden;
… die Verletzung oder Zerstörung der Natur, die Leugnung, sie als Gabe Gottes zu respektieren und als ›Gottes Haushalt‹ zu verwalten.
Solche Gewalt kann sich in *direkten* Handlungen äußern, aber auch in *ungerechten Strukturen* wie der ökonomischen Diskriminierung oder in *kulturellen Prägungen*. Gewalt ist eine bewusste oder unbewusste menschliche Handlungsweise, latent oder akut auftretend, die stets eine Verneinung und einen starken Widerspruch gegen Gottes Willen selbst zum Ausdruck bringt.

In dieser Definition wird deutlich, dass der Gebrauch von Gewalt – auch aus den ehrenwertesten Gründen – für die Bekennenden zu diesem Gott keine Option sein kann. Vielmehr sind die Menschen dieses Gottes aufgerufen, Gewalt stets mit »Gutem« zu überwinden zu suchen.

Wenn das Ziel nicht geringer sein soll, als tatsächlich eine »Kultur des Friedens« hervorzubringen, wie es der erklärte Wille der ökumenischen Gemeinschaft in der Dekade ist, dann muss das Phänomen der Gewalt auch in dieser Breite in den Blick kommen. Und unsere Definition liefert bereits den ersten Hinweis darauf, welche Grundaxiome zur Gewaltüberwindung führen können: der Schutz und der Respekt vor der individuellen Würde der Einzelnen ebenso wie die Bildung von gerechten Beziehungen in Gemeinschaften und die Verantwortung für und in der Natur.

Jeder Mensch, Mann oder Frau, unabhängig von Alter, ethnischer Zugehörigkeit oder Hautfarbe, Religionszugehörigkeit oder sexueller Orientierung, ist nach dem Bilde Gottes geschaffen (Gen 1). Hierin liegt seine/ihre Würde begründet, die unverfügbar bleibt. Christen glauben, dass Gott in Christus die Beziehung zwischen sich und uns erneuert und zu Recht gebracht hat, ein für allemal und unzerstörbar. Wir sind – *coram Deo* – gerechtfertigt und also befreit zu einem Leben in gerechten Beziehungen. Kein Mensch kann demnach auf seine Taten reduziert werden, sondern bleibt – auch wenn seine Gewalt-Taten zu verurteilen sind – vor Gott gerechtfertigt. So sieht der christliche Glaube das Leben selbst als »geheiligt« an, oft noch gebrochen, aber in der Zuversicht, dass Gottes Geist diese Heiligung vollenden wird. Deshalb gründet für Christen der unbedingte Einsatz für den Schutz der Menschenrechte nicht in einer humanistischen Idee individueller Freiheit, sondern in eben diesen Glaubensüberzeugungen, die wir in der ökumenischen Gemeinschaft teilen. Christinnen und Christen sind »berufen«, ihr Leben entsprechend dieser Heiligkeit zu gestalten.[306]

Akzeptiert man die Weite einer solchen *theologischen* Gewaltdefinition, dann wird auch deutlich, wie sehr die Auseinandersetzung mit Gewalt und das Bemühen um einen gerechten Frieden die Grundfesten unserer Theologie berühren und von daher zu bestimmen sind. Diese Erkenntnis war für das Redaktionsteam des ersten Entwurfs einer Erklärung zum gerechten Frieden leitend.[307] Deshalb greift jene Erklärung zurück auf das Gottesbild selbst und folgt einem trinitätstheologischen Ansatz, der auch in den ökumenischen Diskursen zur Ekklesiologie inzwischen orientierend wirkt.[308]

---

[306] Vgl. 1Petr 1,15–16.
[307] *(Arbeitsgemeinschaft Christlicher Kirchen in Deutschland:)* Internationale Ökumenische Erklärung zum Gerechten Frieden, Erster Entwurf, hg. von der *Ökumenischen Centrale / ACK*, Frankfurt 2009.
[308] Vgl. die letzten großen ekklesiologischen Studien der »Kommission für Glauben und Kirchenverfassung« des *Ökumenischen Rates der Kirchen*, Wesen und Auftrag der Kirche. Ein Schritt auf dem Weg zu einer gemeinsamen Darstellung, Faith & Order Paper 198, in: ÖR 4/2009, 520–563. *Ders.*, Das Wesen und die Bestimmung der Kirche. Ein Schritt auf dem Weg zu einer gemeinsamen Auffassung,

III.2 Einen trinitätstheologischen Ansatz wählen

Der trinitätstheologische Ansatz trägt dazu bei, Schöpfung, Versöhnung (Erlösung) und Vollendung zusammenzudenken und nicht voneinander zu isolieren. Wird die Trinitätslehre als »Rahmentheorie« des
christlichen Glaubens verstanden, wie es Christoph Schwöbel vorgeschlagen hat,[309] dann wird damit in Erinnerung gehalten, dass der Gott
der Hebräischen Bibel (der »Gott Abrahams und Sarahs«, der Gott, der
»Israel aus dem Sklavenhaus befreit«) identisch ist mit dem des Neuen
Testaments, der in Jesus Christus Mensch geworden ist, und der fortan
in seinem guten Geist in dieser gewaltvollen Welt präsent bleibt, um
sie von Gewalt zu befreien und so zu vollenden. Somit ist hier einem
Gottesbild gefolgt, das von der großen *Liebes-Bewegung* der trinitarisch gedachten Gemeinschaft geprägt ist.[310] Die elementare Glaubenserkenntnis ist, dass die Glaubenden – in Christus – *teilhaben* an
dieser Gottesgemeinschaft. Die Vorstellung ist dann nicht, dass Chris-
ten/Kirchen das Reich Gottes durch ihre Anstrengungen für einen gerechten Frieden errichten Vielmehr leben und handeln sie in der Gewissheit, dass sie bereits an diesem Reich Gottes partizipieren und daher von Gewalt befreit handeln können.[311] Von hier aus ergeben sich
dann allerdings das Selbstverständnis als Kirche sowie die angemessene, weil Christus-gemäße Perspektive auf die *Gewalt-Realitäten* dieser
Welt.

III.3 Bekennende Kirche als ethische Gemeinschaft

Die historischen Friedenskirchen gehören zu jenen Traditionen inner-
halb der ökumenischen Gemeinschaft, für die Gewaltfreiheit seit ihren
Anfängen in der Reformationszeit zu den Grundaxiomen christlicher
Nachfolge gehört.[312] Die ökumenische Gemeinschaft hat diese Kir-
chen immer wieder aufgefordert, ihre Überzeugungen bezüglich einer
Ethik der Gewaltfreiheit zu erklären und sie haben in vielfältiger Wei-

---

hg. von *Dagmar Heller*, Studiendokument von Glauben und Kirchenverfassung,
Faith & Order Paper 181, Frankfurt/M.: Lembeck 2000.

[309] *Christoph Schwöbel*, Trinitätslehre als Rahmentheorie des christlichen Glau-
bens. Vier Thesen zur Bedeutung der Trinität in der christlichen Dogmatik, in:
Wilfried Härle und *Reiner Preul* (Hg.), Trinität. Marburger Jahrbuch Theologie X,
Marburg: N.G. Elwert 1999, 129–154.

[310] Vgl. *Jürgen Moltmann*, Trinität und Reich Gottes. Zur Gotteslehre. München:
Kaiser ³1994 (1980).

[311] A.a.O., 226ff.

[312] Vgl. *Sara Speicher* and *Donald D. Durnbaugh*, Art. »Historic Peace Churches«,
in: Dictionary of the Ecumenical Movement, ed. by *Nicholas Lossky et al.*, Geneva: WCC ²2002, 521f.

se darauf reagiert.[313] Einer der Gründe, warum ihre Ethik der Gewaltfreiheit bisher nicht zu größerer Überzeugungskraft gelangte ist m.e. darin zu sehen, dass in ökumenischen Begegnungen, Studienprogrammen und Diskussionen ethische Fragen in der Regel getrennt von den jeweils korrespondierenden Ekklesiologien entfaltet werden. Aus mennonitischer Perspektive wird aber eine Ethik der Gewaltfreiheit erst in einem ekklesiologischen Kontext plausibel, der die lokale Gemeinde wie die Kirche als universale Größe immer *auch* als eine ethische Gemeinschaft interpretiert. Kirche wird in dieser Tradition stets verstanden als die *bekennende* Kirche, der *sichtbare* »Leib Christi«, der sich in der Nachfolge Jesu in *allen* Aspekten des Lebens an seine Verheißungen und Gebote gebunden weiß, ganz im Sinne der Formulierung in der Barmer Theologischen Erklärung von 1934, Art. 2: »Wir verwerfen die falsche Lehre, als gebe es Bereiche unseres Lebens, in denen wir nicht Jesus Christus, sondern anderen Herren zu eigen wären, Bereiche, in denen wir nicht der Rechtfertigung und Heiligung durch ihn bedürften.«[314] Kirche ist unterschieden von der »Welt« aber mitten in der »Welt«. Auch in dieser Überzeugung entspricht die Haltung ganz jener von Barmen 1934:

»Die christliche Kirche ist die Gemeinde von Brüdern, in der Jesus Christus in Wort und Sakrament durch den Heiligen Geist als der Herr gegenwärtig handelt. Sie hat mit ihrem Glauben wie mit ihrem Gehorsam, mit ihrer Botschaft wie mit ihrer Ordnung mitten in der Welt der Sünde als die Kirche der begnadigten Sünder zu bezeugen, dass sie allein sein Eigentum ist, allein von seinem Trost und von seiner Weisung in Erwartung seiner Erscheinung lebt und leben möchte.«[315]

Die Verantwortung der Kirche in und für die Gesellschaft kommt gerade darin zum Ausdruck, dass sie eine Gemeinschaft gerechter Beziehungen exemplarisch lebt, »als ob« das Reich Gottes tatsächlich angebrochen wäre (vgl. Lk 17,21), inmitten aller Ambivalenzen *dieser* Welt. Die Berufung, das Amt der Kirche ist es, dem Leben Jesu von Nazareth zu folgen, was grundsätzlich auch die Bereitschaft zum Leiden enthalten kann; die Berufung, als Zeichen der Hoffnung inmitten von Gewalt zu leben und im gemeinschaftlichen Leben zum Ausdruck

---

313 Vgl. *Donald F. Durnbaugh* (ed.), On Earth Peace, Discussions on War / Peace Issues between Friends, Mennonites, Brethren and European Churches 1935–1975. Elgin/IL: The Brethren Press 1978. *Enns/Holland/Riggs* (Hg.), Seeking Cultures of Peace, a.a.O., sowie weitere Beiträge in dieser Reihe. Zum Überblick und als Interpretation vgl. *Enns*, Friedenskirche in der Ökumene, a.a.O., Kap. IV »Die Stimme der Historischen Friedenskirchen in der Ökumenischen Bewegung«, 201–261.
314 Barmer Theologische Erklärung. Einführung und Dokumentation, hg. von *Alfred Burgsmüller* u. *Rudolf Weth*, 5. bearb. u. erg. Auflage, Neukirchen-Vluyn: Neukirchener [5]1993.
315 A.a.O., Art.3.

zu bringen, was Gottes Wille für die gesamte Schöpfung ist. Es ist eine
Exil-Existenz, auch als das »Jeremianische Modell« bezeichnet.[316]

Die »Volkskirchen« der Reformation, die Orthodoxen Kirchen sowie
die Römisch-Katholische Kirche haben in ökumenischen Gesprächen –
bei allem Respekt, den sie den historischen Friedenskirchen immer
wieder gezollt haben – zu Recht auf die Gefahren des Legalismus und
des Moralismus hingewiesen. Und sie haben die Friedenskirchen eines
(typisch protestantischen) Christozentrismus oder gar Christomonis-
mus verdächtigt. Nicht zuletzt aufgrund ihrer gänzlich verschiedenen
Entstehungskontexte und geschichtlichen Entwicklungen haben jene
»Volkskirchen« generell dazu tendiert, den ethischen Ansatz der Gewaltfreiheit zwar für eine kleine Minderheitskirche an den Rändern der
Gesellschaft für möglich und ehrenwert zu halten, sie konnten aber
nicht wirklich erkennen, wie dieser Ansatz im Leben einer Gesamtge-
sellschaft verwirklicht und durchgesetzt werden könnte.

Wenn die Diskussionen innerhlab des ökumenischen Raumes der Dekade zur Überwindung von Gewalt tatsächlich über das bisher Erreichte hinausgehen sollen, dann ist es m.E. erforderlich, Ethik *und* Ekklesiologie in ihrem Zusammenhang und ihrer Interdependenz zu erörtern, wie es der Tradition der historischen Friedenskirchen entspricht.
Dieser Weg ist einzuschlagen, wenn die ökumenische Gemeinschaft
der Volkskirchen wie der Friedenskirchen dem Ruf der Überwindung
von Gewalt in ökumenischer Gemeinschaft *als Kirchen* theologisch
reflektiert folgen will.
Was ist das Wesen und die Gestalt der Kirche? Diese Frage muss im
Zusammenhang mit jener beantwortet werden, welche ethischen Ansätze in dieser unterschiedenen Gemeinschaft innerhalb der Gesellschaft gelten sollen, wenn denn zu *theologischen* Überlegungen zur
Überwindung von Gewalt vorgedrungen werden will.

III.4 Die ethische Gemeinschaft als eucharistische Gemeinschaft

In einigen ökumenischen Diskussionen der Vergangenheit ist eben
dieser Ansatz verfolgt worden, auch um die zwei prägenden, aber
weitgehend getrennten Denktraditionen ökumenischen Reflektierens
konvergieren zu lassen: die Tradition von »Glauben und Kirchenverfassung« (*Faith & Order*) und die Tradition der »Bewegung für Praktisches Christentum« (*Life & Work*). In den Jahren 1992–1996 unter-
nahm der ÖRK das wichtige Studienprojekt »Ekklesiologie und Ethik«,

---

[316] Entsprechend Jer 29,7 (»Suchet der Stadt Bestes«): *John Howard Yoder*, See
how They go with their Face to the Sun, in: *ders.*, For the Nations. Essays Public
and Evangelical, Grand Rapids/MI: Eerdmans 1997, 51–78.

das m.E. bis heute nicht in seiner weitreichenden Bedeutung rezipiert worden ist.[317]

»Alle Ekklesiologien verstehen die Kirche als eine ihrem Wesen und ihrer Berufung nach ›ethischen Gemeinschaft‹ (*moral community*)« Das wurde hier als ökumenischer Konsens bereits festgehalten.[318] Vorsichtiger wird an anderer Stelle formuliert: »In the church's own struggles for Justice, Peace and Integrity of Creation, the esse of the church is at stake.« Diese ethische Gemeinschaft gründe in der Gottesdienst-Erfahrung (oder Liturgie), in der die Heilsgeschichte je erneut erlebbar (*re-enacted*) wird,[319] durch Gebet, Verkündigung und Sakrament. Der Gottesdienst (Versammlung im Namen Jesu Christi, Liturgie, Eucharistie) bewahrt die Kirche vor purem Aktionismus und Moralismus. In der Folge aber manifestiert sich die eucharistische Gemeinschaft dann eben auch als eine ethische, sonst würde sie zu reinem Spiritualismus verkommen. In diesem Sinne können dann die Spiritualität, die Liturgie, auch die Sakramente als »Brücken« zwischen Ekklesiologie und Ethik interpretiert werden. Taufe ist auch in ihren impliziten ethischen Dimensionen zu verstehen, und das Abendmahl als Sakrament der Aufrichtung und Stärkung dieser ethischen Gemeinschaft, sowie der Heilung zerbrochener Gemeinschaft. Die gemeinsame Partizipation an der Eucharistie ist eine ebenso wichtige Dimension von »Gottes Bund«, wie es die gemeinsame Partizipation an ethischer Aktion ist. Beides ist *anamnesis*, aktive Erinnerung.[320] Beides ist Ausdruck der Gewissheit der Präsenz des Reiches Gottes und somit voneinander abhängig. Insofern stellt die Eucharistie eine fortwährende Impulsgebung dar in der Suche nach angemessenen, korrelativen Ausprägungen sozialen, ökonomischen und politischen Lebens.[321] Die eschatologische Dimension, als Bewusstsein der Teilhabe an der Vollendung des Reiches Gottes durch Gottes (!) Handeln, ist hier anti-

---

[317] Die drei Dokumente dieses Studienprozesses (Costly Unity, Costly Commitment, Costly Obedience) in: *Thomas F. Best* und *Martin Robra* (ed.), Ecclesiology and Ethics. Ecumenical Ethical Engagement, Moral Formation and the Nature of the Church, Geneva: WCC 1997. (Bisher ist nur das erste Dokument ins Deutsche übersetzt: Teure Einheit, in: ÖR 42/1993, 279–304). Vgl. dazu auch: *Peter Lodberg*, The History of Ecumenical Work on Ecclesiology and Ethics, in: EcRev 47/2 1995, 128–139. *Duncan Forrester*, The True Church and Morality. Reflections on Ecclesiology and Ethics, Geneva: WCC 1997. *Lewis S. Mudge*, The Church as Moral Community. Ecclesiology and Ethics in Ecumenical Debate, New York: Continuum 1998.

[318] Teure Einheit, a.a.O., Einleitung, 5.

[319] Costly Obedience, a.a.O., 66ff. Vgl. dazu *Larry Rasmussen*, Moral Community and Moral Formation, in: *Thomas F. Best* and *Martin Robra* (eds.), Costly Commitment, Geneva: WCC 1995, 56.

[320] Vgl. *Costly* Commitment, a.a.O., 71.

[321] Vgl. Mt 5,23f.; 1Kor 10,16f.; 1,20–22; Gal 3,28.

zipiert. Erkennbar wird eine Konvergenz unterschiedlichster Elemente: Leidensbereitschaft, Friedenstiften und eschatologische Hoffnung konvergieren zu der einen Antwort auf Gottes Ruf in die Nachfolge Christi. Diese Gemeinschaft muss nicht als eine lehrende Autorität hinsichtlich der Ethik zu verstehen, sondern vielmehr als der Ort, an dem ethische Implikationen der Doxologie (und der korrespondierenden Theologie) gemeinsam erkannt werden, und deren Ergebnisse folglich vielfältig und unterschiedlich ausfallen können. Gleichzeitig ist diese Gemeinschaft der Ort fortwährende spiritueller Erneuerung und des Trostes.

Dieses Verständnis der gegenseitigen Teilhabe und Teilgabe an einem bestimmten Ort entspricht der Vorstellung von *koinonia* im Neuen Testament.[322] Koinonia wird in der ökumenischen Diskussion allenthalben als das Schlüsselkonzept vorgeschlagen, welches die beiden unterschiedlichen Perspektiven christlicher Existenz zusammen hält: Glaube und Nachfolge. In beiden Fällen geht es um das *esse* der Kirche als *koinonia*. Kirche hat nicht nur eine bestimmte und distinkte Ethik, sondern sie verkörpert sie auch.[323]

So wird deutlich, dass innerhalb der ökumenischen Theologie der Metapher der *koinonia* in ihrer trinitarischen Gründung eine Schlüsselfunktion zur Verhältnisbestimmung von Ekklesiologie und Ethik zufällt. Dieser Diskussionsgang soll im Folgenden weiter ausgeführt werden, wenn es um die Klärung geht, ob und wie ein Verständnis von koinonia hilfreich sein kann bei der Entwicklung einer ökumenischen Friedenskirchen-Ekklesiologie, die mit der vorgeschlagenen theologischen Definition von Gewalt korrespondiert.

III.5 Trinitätstheologie als »Rahmentheorie« für die *koinonia*

In der summierenden Aussage der Botschaft der VII. Vollversammlung des ÖRK in Canberra 1991 wird die weite Definition eines Verständnis-

---

[322] Vgl. *John Reumann*, Koinonia in der Bibel. Ein Überblick, in: Santiago de Compostela 1993. Fünfte Weltkonferenz für Glauben und Kirchenverfassung, hg. von *Günther Gassmann* und *Dagmar Heller*, Beiheft zur ÖR 67, Frankfurt/M.: Lembeck 1994, 37–69.

[323] Diese Diskussion folgt dem Ansatz von Stanley Hauerwas, der wiederum John Howard Yoder gefolgt war: »In fact it is exactly this thesis that I want to challenge, that Christian ethics primarily represents the attempt to make a more peaceful and just world. Rather, the first task of a social ethic of the church is to be the church – as servant community. This claim may sound self-centred, as long as we don't remind ourselves that what makes church to be church is the faithful visible embodiment of God's reign of peace in the world. As such, the church does not have a social ethic; the church ›is‹ a social ethic.« *Stanley Hauerwas*, The Peaceable Kingdom. A Primer in Christian Ethics, Notre Dame: University of ND ³1986.

ses von *koinonia* deutlich:[324] *una, sancta, catholica et apostolica* sind die gegebenen *notae ecclesiae*. Sie kommen im Bekenntnis wie im Leben der Kirche zum Ausdruck. Taufe, gemeinsame Eucharistie und ein gegenseitig anerkanntes Amt sind die *notae externae*. *Koinonia* ist eine lebendige, konziliare Gemeinschaft, sich lokal wie global manifestierend. Sie ist in die Mission in und für die ganze Schöpfung gerufen. In einer der jüngeren ÖRK-Dokumente zur Ekklesiologie werden die zu unterscheidenden, aber nicht voneinander zu trennenden Ebenen der Gemeinschaft benannt:[325] (1) *koinonia* mit Gott als Teilhabe an der immanenten Trinität, (2) *koinonia* in der Kirche als Synonym für die Kirche selbst, (3) *koinonia* als Gemeinschaft der Kirchen untereinander, (4) *koinonia* mit Menschen anderen Glaubens oder ohne Glauben, (5) *koinonia* mit der gesamten Schöpfung. Die Gemeinschaft der Kirche(n) gründet in der *koinonia* der Trinität, der Gemeinschaft von Vater, Sohn und Heiligem Geist. – Wie aber sollen die Relationen zwischen diesen einzelnen Dimensionen gedacht werden?

Zur Klärung dieser Frage soll zurückgefragt werden, in welcher Form diese verschiedenen Ebenen in den biblischen Zeugnissen vorkommen und durch den Begriff der *koinonia* zusammengehalten werden. Des Weiteren sollen diese Aspekte dann zu unserer Definition von Gewalt in Beziehung gesetzt werden, um zu klären, ob und wie ein trinitarischer Ansatz (als Rahmentheorie des christlichen Glaubens) zur Entwicklung einer ökumenischen Friedenskirchen-Ekklesiologie hilfreich sein kann. Besonderes Augenmerk erhält dabei selbstredend die Verhältnisbestimmung von Individuum und Gemeinschaft.

III.5.1 Kirche als »Volk Gottes«

Die Kirche ist das »Volk Gottes« (vgl. 1Petr 2,10; Tit 2,14). Die alttestamentliche Geschichte des Volkes Israel erzählt von der Erwählung, die dieses Volk durch Gott erfährt, indem er einen Bund mit ihnen schließt. Der ursprüngliche Impuls zur Gemeinschaftsbildung wird demnach in der Gabe der *koinonia* erfahren, durch Gottes Handeln. Die universale Dimension dieser In-Beziehung-Setzung durch Gott findet sich in den Schöpfungsberichten, in den Bundesschlüssen mit Noah und Abraham und deren Verheißungen, sowie im Exil durch die Propheten. Gott ist und bleibt in Gemeinschaft mit seinem erwählten

---

[324] Die Einheit der Kirche als Koinonia: Gabe und Berufung, in: Im Zeichen des heiligen Geistes, Bericht aus Canberra 1991. Offizieller Bericht der Siebenten Vollversammlung des Ökumenischen Rates der Kirchen, Februar 1991 in Canberra/Australien, hg. von *Walter Müller-Römheld*, Frankfurt/M.: Lembeck 1991, 174. Vgl. zur Rezeption des Begriffs seit Beginn der institutionalisierten ökumenischen Bewegung: *Jean-Marie R. Tillard*, Art. »Koinonia«, in: Dictionary of the Ecumenical Movement, a.a.O., 646–652.
[325] Das Wesen und die Bestimmung der Kirche, a.a.O.

Volk und schafft so für diese die Bedingung der Möglichkeit, in Beziehung mit Ihm zu sein – und dadurch erst gerechte Beziehungen untereinander und zu anderen zu bilden.[326]

Die Voraussetzung dieses Bundes ist im ersten Schöpfungsbericht bezeugt: »Und Gott schuf den Menschen zu seinem Bilde, zum Bilde Gottes schuf er ihn; und schuf sie als Mann und Frau« (Gen 1). Nach Gottes Ebenbild geschaffen zu sein, ist das theologische Argument für das erste und allgemeinste Gesetz, das vor allen anderen steht und das vielfachen Eingang gefunden hat in moderne Staatsverfassungen, wie auch ins internationale Recht. Die Würde des Menschen – Mann und Frau – ist unantastbar.[327] Wo auch immer diese Würde dennoch angetastet wird, dort wird Gottes Ebenbild verleugnet oder angegriffen. Dies hat nach der jüdisch-christlichen Tradition universelle Gültigkeit, da die Bezeugung auf die Erschaffung der ersten Menschen zurückreicht. Gott ermöglicht es »seinem Volk«, sich untereinander und gegenüber jedem menschlichen Wesen »bündnisartig« in Beziehung zu setzen, indem die Würde der Einzelnen anerkannt wird. Die Erwählung des Volkes Gottes ist demnach kein Selbstzweck, sondern weist über sich hinaus. Denn in seinem innersten Wesen ist das »Volk Gottes« die Ankündigung des *schalom* Gottes, des Friedens und der Gerechtigkeit unter den Menschen und der gesamten Schöpfung. Als Teil der Welt, in der dieses erwählte Volk lebt, ist es immer zugleich Vorläufer einer neuen und anderen, verheißenen Welt. Die Konstitution des Volkes Gottes ist nicht zu trennen von seiner Funktion in der Welt. Ist die Kirche nun aber »Volk Gottes« – zusammen mit dem bleibend erwählten Volk Israel – dann sind diese hebräischen Zeugnisse *auch* Teil des Glaubensbekenntnisses der Kirche. Die Wahrheit dieses Bekenntnisses wird dadurch bezeugt werden müssen, wie diese Gemeinschaft sich gestaltet, in ihrem Sein und in ihren Handlungen, in ihrer Gewaltfreiheit wie in ihrer Mission zur Überwindung von Gewalt.

---

[326] Vgl. hierzu etwa die alttestamentlichen Gesetzgebungen zum Schutz der Schwachen und Wehrlosen, Witwen, Waisen, Fremden vor Gewalt.

[327] Vgl. Allgemeine Erklärung der Menschenrechte, Präambel: »Da die Anerkennung der angeborenen Würde und der gleichen und unveräußerlichen Rechte aller Mitglieder der Gemeinschaft der Menschen die Grundlage von Freiheit, Gerechtigkeit und Frieden in der Welt bildet […]« und Artikel 1: »Alle Menschen sind frei und gleich an Würde und Rechten geboren […], in: Menschenrechteerklärung. The Universal Declaration of Human Rights – Allgemeine Erklärung der Menschenrechte, Neuübersetzung, Synopse, Erläuterungen, Materialien, hg. von *Dirk van Gunsteren* und *Bardo Fassbender*, München: Sellier 2009. Auch: Grundgesetz für die Bundesrepublik Deutschland: I. Die Grundrechte, Artikel 1 (1) »Die Würde des Menschen ist unantastbar«, in: Grundgesetz für die Bundesrepublik Deutschland. Kommentar, von *Hans D. Jarass* und *Bodo Pieroth*, München: Beck [10]2009.

III.5.2 Kirche als »Leib Christi«

Nach den Zeugnissen des Neuen Testaments ist die Kirche »Leib Christi«, Christi Präsenz auf Erden, denn sie hat sein Wort, Kirche ist »Christus als Gemeinde existierend«[328] (vgl. die paulinische Leib-Typologie in Kol 1,18 und 24; 2,19; Eph 1,23; 4,16; 5,23 und 30). In Christus sind »die Heiden« zu dem erwählten Volk Israel hinzugefügt worden. In Christus – seiner Inkarnation, dem Leben Jesu, seinem Tod am Kreuz und seiner Auferstehung – wird erst möglich und legitim, dass die christliche Kirche die Zeugnisse und Verheißungen des erwählten Volkes *auch* auf sich bezieht, denn dadurch sind die beiden »eins geworden«, und erst so kann die Geschichte des Volkes Gottes des Alten Testaments auch in ihrer Kontinuität zur »neuen Kreatur« des Neuen Testaments gesehen werden (Eph 2,11ff).

Das Motiv der Inkarnation ist bestimmend für das geschichtliche Sein der Kirche in ihrer Situation einer ambivalenten Realität. Durch die Inkarnation des *Logos* erscheint das Universelle in den Dimensionen von Raum und Zeit, im historisch Partikularen. Auf diese Weise kann das einmalige Zur-Welt-Kommen des Wortes Gottes geglaubt werden. Somit muss dieses Motiv auch bestimmend sein für jede Ekklesiologie. In der Dimension des Raumes lebt die Kirche in der Spannung von Universalität (Kirche als die *catholica* oder *oecumenica*) und Partikularität (Kirche als lokale Gemeinschaft, als Ortsgemeinde). Kirche ist der Leib Christi als »konkrete geschichtliche Gemeinschaft in der Realität ihrer Formen, in der Unvollkommenheit und Unscheinbarkeit ihres Auftretens.«[329] Karl Barth unterschied zwischen der »wirklichen Kirche« (der »irdisch-geschichtlichen Existenzform« Jesu Christi[330]) und der »empirischen Kirche«, die weder verschieden, noch identisch sind. Kirche gründet in der Selbstmitteilung Gottes in Jesus Christus. Sie hat Teil an einer Zukunft, die durch Christus eröffnet wurde. Das Datum der Inkarnation wird als die Initiation des Reiches Gottes interpretiert, dessen Vollendung im Eschaton aussteht. Kirche ist demnach immer »zwischen den Zeiten«. Barth unterscheidet also in Ebenen des Ortes (in der Welt) und der Zugehörigkeit (Jesus Christus). Die Qualifizierung der Verbindung ergibt sich aus dem fleischgewordenen Wort, durch das die Kirche in die Welt kommt und dem gleichen Wort, das sie in der Welt weiterlebt und -sagt.

---

[328] Vgl. *Dietrich Bonhoeffer*, Sanctorum Communio. Eine dogmatische Untersuchung zur Soziologie der Kirche, DBW 1, hg. von *Joachim von Soosten*, München: Kaiser 1986, 141.

[329] Ebd.

[330] Vgl. *Karl Barth*, Die Kirchliche Dogmatik (zit. KD), I/1–IV/4, 13 Bde., Zürich: EVZ 1932–1967, hier: KD IV/1, 718; IV/2, 695; IV/3, 780.

In diesem Akt der Selbsthingabe Gottes, der *kenosis*, offenbart Gott seinen Willen zur In-Beziehung-Setzung gegenüber der ganzen Schöpfung. Im Leben Jesu wird gleichsam exemplarisch Gottes Wille für ein menschliches Leben vorgestellt, das zur Nachfolge herausfordert und diese ermöglicht, eine Gewalt überwindende Nachfolge, die heilt und versöhnt. – In Christus findet sich dann auch die Erinnerung an die Gott-Ebenbildlichkeit:»Denn ich war hungrig und Ihr habt mir zu essen gegeben, ich war durstig und ihr habt mir zu trinken gegeben ...« (Mt 25).

Dieser exemplarische, gewaltfreie Weg, auf den Jesus seine Jünger ruft, führt ihn selbst zum Erleiden von Folter und Tod am Kreuz. Aber gerade so wird das Kreuz zum stärksten Symbol für Gottes Gewaltfreiheit und seiner Gewaltüberwindung. Denn erst durch das Kreuz wird Versöhnung zur Realität und zur Möglichkeit der Kirche. Indem Er das Kreuz auf sich nimmt wird deutlich, wie »teuer« die Überwindung von Gewalt werden kann. In der Inkarnation, im Leben und Sterben und Auferstehen Christi versöhnt Gott die Welt mit sich selbst, indem er alle Gewalt auf sich nimmt, ohne Gegen-Gewalt anzuwenden. Gewalt wird vielmehr verwandelt in einen Akt der Versöhnung, denn dieses Ereignis von kosmischer Dimension offenbart, dass Gott die Welt nicht nach ihren Werken richtet, sondern nach seiner Barmherzigkeit. – Hierin liegt dann auch die entscheidende Differenzierung für die Überwindung von Gewalt begründet: die (augustinische) Unterscheidung von Person und Werk,[331] die es erlaubt, jede Gewalttat zu verdammen – eine Vorbedingung jedes Versöhnungsgeschehens – ohne gleichzeitig die Täter zu verdammen. Des Menschen Gott-Ebenbildlichkeit, die individuelle Personenwürde, ist unzerstörbar, weil sie durch die Gnade Gottes in Christus aufgerichtet, geschützt und geheilt ist. Durch diese versöhnende Beziehung Gottes zu seiner Schöpfung werden wir zur »neuen Schöpfung«, tatsächlich befähigt, untereinander gerechte Beziehungen zu leben, *simul iustus et peccator.*

Gegen den Gebrauch von Gewalt, wie oben definiert, bezeugt die Kirche diese Wahrheit der Versöhnung in Christus, indem sie gerechte Beziehungen als prophetisches Zeichen in der Welt lebt, in der Tat ein *mysterium.* Das ist die Mission der Kirche, weil sie Anteil hat an der *missio Dei*, die in Christus eröffnet wurde und die im Eschaton vollendet sein wird. In diesem Sinne ist die Kirche eine »messianische Gemeinschaft«, ein Vorgeschmack dieser Zukunft.[332]

---

331 Vgl. *Augustin*, De Trinitate, XIV,4 in: Sancti Aurelii Augustini, De Trinitate. Libri XV (Libri XIII–XV), Corpus Christianorum Series Latina, vol. 50a, hg. von *W.J. Mountain*, Turnholti: Brepols 1968, 428f.
332 »Teure Versöhnung« – dies könnte der Titel einer ökumenischen Folgestudie zu »Ekklesiologie und Ethik« sein, und vielleicht hätte der Studienprozess damit

III.5.3 Kirche als »Tempel des Heiligen Geistes«

Die Kirche ist der Tempel des Heiligen Geistes (Eph 2,21), ein »geistliches Haus« (1Petr 2,5). Kirche bringt sich nicht selbst hervor, weil
sie die Bedingtheit des Glaubens erkennt, die nicht als Möglichkeit des
Menschen, sondern als Wirklichkeit Gottes verstanden wird.[333] »Dieses besondere Moment in der Offenbarung ist nun unzweifelhaft identisch mit dem, was das NT eben als die subjektive Seite im Ereignis
der Offenbarung in der Regel den Heiligen Geist nennt.«[334] Das
Pfingstereignis, die Ausgießung des Heiligen Geistes, wird als die Geburtsstunde der Kirche interpretiert. Denn die Wahrheit des Evangeliums wird erst durch den Heiligen Geist als Ereignis im Leben der Kirche aktuell. Und das Wort wird durch das Wirken des Heiligen Geistes
als *Gottes* Wort »beglaubigt«. Dies ist das »innere Zeugnis« des Heiligen Geistes,[335] die »Aktualisierung der Offenbarung« (Karl Barth).
Somit ist der Aufbau des »Leibes Christi« durch den Heiligen Geist
bewirkt (1Kor 12,11), der die Glieder zu einer Gemeinschaft der Glaubenden miteinander verbindet. Nur auf diese Weise wird die Kirche zu
einem »gotterfüllten Organismus«[336], zu einer *communio sanctorum*
(vgl. Röm 1,7; 1Kor 1,2; 2Kor 1,1; Eph 1,1). Neues Leben, jegliche
heiligende Handlung ist als das Werk des *parakleten* verstanden. Im
dritten Artikel des Apostolicum und des Nizänum ist dieser Zusammenhang festgehalten.[337]

Die Taufe ist der sichtbare Vollzug der Teilhabe am Heiligen Geist,
der den Einzelnen die Charismen verleiht, die der Gemeinschaftsbildung dienen sollen. Der Heilige Geist verwandelt die Gemeinschaft
von Individuen zu einer koinonia, nicht durch die Schwächung der
Einzelnen, sondern durch ihre Stärkung. Der Geist wohnt der Kirche
inne und bleibt ihr doch gegenüber. Diese Präsenz des Geistes wird in
den eindrücklichen Bildern des »Einwohnens« beschrieben (vgl. atl.
schechina, »Herabkunft und Einwohnung Gottes in Raum und Zeit an
einem bestimmten Platz und zu bestimmter Zeit irdischer Geschöpfe
und in ihrer Geschichte«).[338] Dadurch ist die *koinonia* aller Menschen

begonnen werden sollen: *costly reconciliation* als Ausgangspunkt für die Entfal-
tuungen zu *costly unity, costly commitment,* und *costly obedience.*
[333] Vgl. Barth, KD I/1, 473.
[334] A.a.O., 472.
[335] Vgl. *Wilfried Härle,* Art. »Kirche«, VII. Dogmatisch, in: TRE 18, 277–317, 282.
[336] Anastasios Kallis, Art. »Kirche«, V. Orthodoxe Kirche, in: TRE 18, 252–262,
257.
[337] »*Credo in spiritum sanctum, sanctam ecclesiam catholicam, sanctorum com-
munionem, remissionem peccatorum, carnis resurrectionem, et vitam aeternam*«,
in: Die Bekenntnisschriften der evangelisch-lutherischen Kirche (zit. BSLK), Göttingen: Vandenhoeck & Ruprecht [12]1998, 21.
[338] *Moltmann,* Der Geist des Lebens, a.a.O., 60. Die Vorstellung von der *schechina* macht nach Moltmann (1) den personalen Charakter des Geistes klar, Gottes

konstituiert, die einander Person in Relation werden können. Die Einheit des Geistes wird in einem Band des Friedens (Eph 4,1–3) bewahrt. – Daher ist die Kirche als Tempel des Heiligen Geistes eine Gemeinschaft durch die Überwindung der trennenden, verletzenden und zerstörenden Mächte der Gewalt.

III.6 Die (Friedens-) Kirche als Ikone der Trinität

Es ist offensichtlich, dass sich die drei fundamentalen biblischen Motive, die für die Bestimmung des Wesens der Kirche aussagekräftig sind, komplementär zueinander verhalten. Jedes Motiv für sich gesehen enthält aber ebenso bereits Aussagen über die relational-individuellen, die relational-interpersonalen wie auch die relational-interkreatürlichen Aspekte christlicher wie kirchlicher Lebensgestaltung. Es wird außerdem deutlich, inwiefern sie deutliche Aussagen hinsichtlich unserer Überlegungen zur Überwindung von Gewalt bereit halten – für das Handeln wie für das Sein der kirchlichen Gemeinschaft. Um diese Motive der Erwählung, der Inkarnation und des Ereignisses von Pfingsten zusammensehen zu können, soll hier ein trinitarisches Verständnis als grundlegend für eine ökumenische Friedenskirchen-Ekklesiologie vorgeschlagen werden, ausgehend von der Vorstellung, wie sie von der V. Weltkonferenz für Glauben und Kirchenverfassung formuliert wurde:

»Das geheimnisvolle Leben der göttlichen Gemeinschaft zwischen Jesus Christus und seinem Vater und dem Geist ist personal und in Beziehung – ein Leben des Schenkens und des Empfangens von Liebe, die zwischen ihnen fließt. Es ist ein Leben in einer Gemeinschaft, in deren Zentrum ein Kreuz steht und in einer Gemeinschaft, die sich immer über sich selbst hinaus ausstreckt, um alles in ihrem eigenen Leben zu umfassen und einzuhüllen.«[339]

Das trinitarische Denkmodell, das auf einem Verständnis gegenseitiger Partizipation basiert, eröffnet die Möglichkeit, Aussagen über die Konstitution von Person und Relation zu machen, wie auch über die Qualität von Beziehungen. Die Sozialität Gottes kommt in einer perichoretischen Beziehung gegenseitiger Permeation und Einwohnung zwischen den Personen der Trinität zum Ausdruck. Ein solches Verständnis bewahrt die Personhaftigkeit der einzelnen Personen der Trinität, die durch Relationen konstituiert sind. Und gleichzeitig ist die Gemeinschaft durch die bleibende Personhaftigkeit der Individuen konstituiert. Damit ist jede

---

Empathie, (2) auf die Empfindsamkeit Gottes des Geistes aufmerksam, und weist (3) auf die *kenosis* des Geistes hin. Vgl. dazu auch: *Bernd Janowski*, »Ich will in Eurer Mitte wohnen«. Struktur und Genese der exilischen Schechina-Vorstellung, in: Jahrbuch Biblische Theologie (JBTh), Neukirchen-Vluyn: Neukirchener 1987, 165–193.
[339] Santiago de Compostela, a.a.O., 218.

hierarchisch strukturierte Konzeption, negiert. Ein Gemeinschaftsmodell, das das Eins-Sein inmitten aller Pluralität sichern kann und gleichzeitig die Verschiedenheit vor der Uniformität schützt. An dieser göttlichen Beziehung zu partizipieren, weil Gott sich in Christus in Beziehung setzt, bedeutet für die Kirche, ihr Sein entsprechend zu verstehen und ihre Beziehungen in der Welt entsprechend zu gestalten. Bei der Wahl der Metapher *koinonia* gehen wir von einer Teilhabe an der göttlichen Realität aus, die durch Gottes unterschiedliche Weisen der Relation zu seiner Schöpfung ermöglicht worden ist. Die Würde und der Wert des Menschen und der Natur, wie auch die Notwendigkeit zur Gemeinschaftsbildung gründen letztlich in dieser geschenkten Partizipation. Für Metropolit Ioannes D. Zizioulas ist die Kirche daher auch angemessen als »Ikone der Trinität« zu beschreiben.[340]

Hierin findet die Friedenskirchen-Ekklesiologie eine angemessene theologische Begründung für die Gestaltung ihres Lebens zur Überwindung von Gewalt, ein Gemeinschaftsmodell, das nicht exklusivistisch ist, aber identitätsstiftend; nicht durch moralisches Handeln konstituiert, sondern zur Verantwortung befreit, nicht legalistisch in die Separation führt, sondern stets von der Gnade der (wieder-) hergestellten Beziehung Gottes zu seiner ganzen Schöpfung ausgeht. Personalität und Sozialität, Unabhängigkeit und Relationalität, Abgrenzung und Offenheit, Identität und Kommunikation können so in ihrer Komplementarität beschrieben werden.[341]

Die Kirche ist Friedenskirche, weil sie in einer alternativen Qualität von Gemeinschaft gründet. Ethische Verantwortung erwächst aus der »geschützten«, göttlichen Würde eines jeden Menschen, der immer Teil der weiteren *koinonia* ist und bleibt, die Gott aufgerichtet hat und an der er Teil gibt. Jede Form von Gewalt wäre ein Akt der Verleugnung, Verletzung oder auch Zerstörung dieser Personenwürde (Blasphemie) und der gerechten Beziehungen zwischen Menschen, letztlich eine Verletzung jener *koinonia*, die Gott durch Schöpfung, Versöhnung und Vollendung schafft.

Wir haben gesehen, dass eine solche *koinonia* niemals exklusiv verstanden werden kann, da in jedem der drei biblischen Motive gezeigt

---

340 Vgl. *John D. Zizioulas*, Being in Communion. Studies in Personhood and the Church. Crestwood: St. Vladimir's Seminary Press 1985. *Ders.*, The Doctrine of the Holy Trinity. The Significance of the Cappadocian Contribution, in: *Christoph Schwöbel* (ed.), Trinitarian Theology Today. Essays in Divine Being and Act, Edinburgh: T&T Clark 1995, 44–60.
341 *Miroslav Volf* beschreibt dies ähnlich als ein ekklesiologisches Modell »differenzierter Gemeinschaft«, freilich ohne die ethischen Implikationen entsprechend zu entwickeln, in: *ders.*, Trinität und Gemeinschaft, Eine ökumenische Ekklesiologie, Neukirchen-Vluyn: Neukirchener 1996, 179.

werden konnte, wie die Grenzen hin zu einer weiteren *koinonia* geöffnet sind. Wenn Gott als Schöpfer gepriesen wird, in Christus der Zaun zwischen Juden und »Griechen« niedergerissen ist, und das Werk des Heiligen Geistes Personen auch von institutionellen Grenzen befreit, dann kann die Kirche nicht auf sich selbst bezogen leben, sondern ist stets über sich selbst hinaus gewiesen, gleichwohl die innere christologische Konzentration der Gemeinschaft der Kirchen bewahrend, wie auch die bleibende Erwählung des Volkes Israel betonend (alle Substitutionstheorien ausschließend) und auf Menschen anderen Glaubens oder ohne Glauben ausgerichtet. In diesem theologischen Denkhorizont findet die Friedenskirche ihre Mission, die Gewaltüberwindung im Zentrum trägt, sich verantwortlich sorgend um Gerechtigkeit, Frieden und die Schöpfung.

Es ergibt sich aus der Sache selbst, dass Friedenskirche-Sein niemals getrennt von der weiteren ökumenischen Gemeinschaft gedacht und überzeugend entfaltet werden kann. Die Berufung der Kirchen ist es, in eine *koinonia* des Friedens hinein zu wachsen, weil Kirche selbst *imago trinitatis* ist. – Die konfessionelle Bezeichnung »Friedenskirche« könnte dann freilich aufgegeben werden, weil das gewaltfreie Friedensstiften zu einem äußeren Wesensmerkmal der Kirche schlechthin geworden wäre und kein Differenzkriterium mehr darstellte.

C. Theologie aus der Perspektive einer Friedens- kirche (Mennoniten) – im Horizont der Ökumene

Keine konfessionell angelegte Theologie, die die Universalität des Versöhnungsgeschehenes in Christus zu reflektieren beansprucht, kann darauf verzichten, Rechenschaft darüber abzulegen, wie die eigene Position sich zu der anderer Konfessionen verhält, die den gleichen Anspruch erheben. Hierbei werden sich in der Ökumene unweigerlich auch gemeinsame Kriterien herausbilden, wie etwa der Anspruch, das Handeln der Kirche evangeliumsgemäß zu gestalten, das altkirchliche »ökumenische Bekenntnis« zu respektieren, oder die in Christus bereits gegebene Einheit vorauszusetzen.

Im Folgenden sollen spezifische theologische Überzeugungen und Entwürfe aus der Perspektive einer Konfession, der »Friedenskirche« der Mennoniten dargestellt werden, um einerseits zu demonstrieren, wie stark die eigene Lehrbildung dem Feld der Ökumene als Bewährung ausgesetzt wird, und andererseits zu diskutieren, inwiefern hierbei die Identität einer Konfession in dieser Pluralität nicht aufgegeben wird, sondern geradezu geschärft wird.

Dazu sind zunächst einige deskriptiv-konfessionskundliche Überlegungen wichtig, um die Mennoniten im Kontext anderer »historischer Friedenskirchen« einordnen zu können. In einem zweiten Abschnitt kann dann gezielter nach der spezifischen, pluralen Ausgestaltung einer einzigen Tradition gefragt werden, denn diese gilt es jeweils in der Ökumene ernst- und wahrzunehmen, um das Bild dieser spezifischen Konfession nicht auf offizielle Verlautbarungen zu reduzieren, die sicherlich die Wirklichkeit einer gelebten Gemeinschaft nicht umfassend wiedergeben können. Im dritten und vierten Teil wird schließlich gezielter nach den systematisch-normativen Aussagen gefragt, nicht zuletzt, um zu überprüfen, inwiefern sich die Faktizität der Ökumene auch in solchen Einzelentwürfen schon bewährt.

I. Die historischen Friedenskirchen[1]

Als »historische Friedenskirchen« (HFK) werden jene protestantischen Freikirchen[2] bezeichnet, die seit ihren Anfängen Gewaltfreiheit als ein Merkmal ihrer ekklesialen Identität nennen. Hierzu gehören die aus dem »linken Flügel der Reformation«[3] des 16. Jahrhunderts hervorgegangenen *Mennoniten*, deren Namensgeber Menno Simons (1496–1561)[4] stellvertretend für den pazifistisch orientierten Teil der Täuferbewegung steht; die aus dem radikalen Puritanismus des 17. Jahrhunderts erwachsene *Gesellschaft der Freunde (Quäker)* und die *Church of the Brethren*, deren Wurzeln im radikalen Pietismus des 18. Jahrhunderts liegen.

Kirche hat nicht nur eine bestimmte Sozialethik, sondern sie verkörpert sie auch. So lässt sich prägnant zusammenfassen, was die besondere Ausrichtung der Friedenskirchen im Konzert der Ökumene ausmacht. Der Begriff »historische Friedenskirchen« ist seit 1935 belegt. In diesem Jahr traten nordamerikanische Vertreter dieser Denominationen erstmals zu einer *»Conference of Historic Peace Churches in North America«* (in Kansas/U.S.A.) zusammen und formulierten gemeinsam ihre »Principles of Christian Peace and Patriotism«[5]:

[1]   Bearbeitete Fassung der Beiträge von: *Fernando Enns*, Art. »Friedenskirchen«, in: Evangelisches Staatslexikon, Neuausgabe, hg. von *Werner Heun u.a.*, Stuttgart: Kohlhammer 2006, 676–680; sowie: *ders.* (mit *Stephan von Twardowski*), Friedensbildung aus Sicht der Historischen Friedenskirchen, in: Handbuch Friedenserziehung. Interreligiös – Interkulturell – Interkonfessionell, hg. von *Werner Haußmann u.a.*, Gütersloh: Gütersloher 2006, 136–139.
[2]   Vgl. zum Begriff »Freikirchen« und zur differenzierten Ausgestaltung der Freikirchen: *Erich Geldbach*, Freikirchen – Erbe, Gestalt und Wirkung, Bensheimer Hefte 70, Göttingen: Vandenhoeck & Ruprecht 1989.
[3]   Der Begriff »linker Flügel der Reformation« wurde von Roland Bainton geprägt: *ders.*, The Left Wing of the Reformation, in: The Journal of Religion XXI/1941, 124–134.
[4]   Vgl. zu *Menno Simons*: *ders.*, Die vollständigen Werke Menno Simon's, übersetzt aus dem Holländischen (Funk Ausgabe 1876), Aylmer/ON: Pathway 1971. Vgl. die Literaturangaben zu den Mennoniten in: *Carl Andresen* und *Adolf Martin Ritter* (Hg.), Handbuch der Dogmen- und Theologiegeschichte, Bd. 2: Die Lehrentwicklung im Rahmen der Konfessionalität, Göttingen: Vandenhoeck & Ruprecht ²1998, 640 und 672. Vgl. zu Menno Simons auch: *Christoph Bornhäuser*, Leben und Lehre Menno Simons'. Ein Kampf um das Fundament des Glaubens, Neukirchen-Vluyn: Neukirchener 1973. *Johannes Reimer* (Hg.), Kein anderes Fundament. Beiträge zum Menno-Simons-Symposium, Lage: Logos 1996.
[5]   Zwischen 1922 und 1931 hatte es bereits sechs solcher »*Conferences of Pacifist Churches*« gegeben. Hier ging es vor allem darum, nach außen gemeinsam zu zeigen, dass die Weigerung der Teilnahme an Kriegen keineswegs eine Infragestellung des Patriotismus sei. Vgl. dazu: *Donald F. Durnbaugh* (ed.), On Earth Peace. Discussions on War/Peace Issues between Friends, Mennonites, Brethren and European Churches 1935–1975, Elign/IL: The Brethren Press 1978, 31.

(1) die weltweite Hilfstätigkeit für Kriegsopfer und die Förderung internationaler Verständigung,
(2) die Überzeugung, dass die christliche Gemeinschaft nationale Grenzen stets transzendiert, sowie
(3) die traditionell vertretene Ablehnung der Beteiligung an Kriegen für Christen, auch wenn die jeweiligen Regierungen dies von ihnen verlangten.

Der Begriff »historische Friedenskirchen« wurde ebenfalls gewählt, um den eigenen biblisch begründeten Gewaltverzicht von einem rein politisch motivierten Pazifismus abzugrenzen.[6] Es war die politische Situation zwischen den Weltkriegen, die entscheidende Impulse gab: In den Vereinigten Staaten von Amerika (U.S.A.) setzten sich die HFK gemeinsam für das Recht auf Kriegsdienstverweigerung ein und ermöglichten einen staatlich anerkannten Zivildienst, als die allgemeine Wehrpflicht eingeführt wurde. Auch brachten sie ihr Ethos der Gewaltfreiheit in die sich institutionalisierende weltweite ökumenische Bewegung ein – die Vorläufer des *Ökumenischen Rates der Kirchen* (ÖRK). Da sich die HFK seither immer wieder gemeinsam für Frieden einsetzten, oft in Verbindung mit dem *Internationalen Versöhnungsbund*[7], etablierte sich der Begriff in der Ökumene und darüber hinaus.[8] – Als konfessionelle Näherbestimmung bleibt dieser Begriff freilich problematisch, da er sich nahezu auf jenen einzigen gemeinsamen Aspekt des Friedens und der Gewaltfreiheit beschränkt, der lediglich reduziert als singuläres Identitätsmerkmal im Gegenüber zu allen Nicht-Friedenskirchen einen Sinn ergibt und die beträchtlichen Differenzen innerhalb der HFK in Ursprung, geschichtlicher Entwicklung und theologischer Orientierung nicht sichtbar werden lässt.[9]

In Deutschland ist die *Arbeitsgemeinschaft Mennonitischer Gemeinden* (AMG), die einen Teil der Mennoniten repräsentiert, Mitglied der *Vereinigung Evangelischer Freikirchen* (VEF) sowie der *Arbeitsgemein-*

---

6 Vgl. hierzu: *Barbara Bleisch* und *Jean D. Strub* (Hg.), Pazifismus. Ideengeschichte, Theorie und Praxis, Bern/Stuttgart/Wien: Haupt-Verlag 2006.
7 Vgl. *Fernando Enns*, Friedenskirche in der Ökumene. Mennonitische Wurzeln einer Ethik der Gewaltfreiheit, Göttingen: Vandenhoeck & Ruprecht 2003, Kap. IV.: Die Stimme der Historischen Friedenskirchen in der ökumenischen Bewegung (Ökumenischer Rat der Kirchen), 201–260.
8 Vgl. zu dieser komplexen Fragestellung weiterhin: *Enns*, Friedenskirche in der Ökumene, Kap. II.1.: Die Frage nach dem Differenzkriterium im Kontext des Selbstverständnisses als Freikirche, 99–117 und Kap. II.2.: Die Historische Friedenskirche im Kontext der Selbstexplikation, 117–129. Siehe auch: *Donald F. Durnbaugh* und *Sarah Speicher*, Art. »Historic Peace Churches«, in: Dictionary of the Ecumenical Movement, hg. von *Nicholas Lossky, José Míguez Bonino u.a.*, Genf: World Council of Churches [2]2002, 521f.
9 Vgl. *Enns*, Friedenskirche in der Ökumene, a.a.O., Kap. II.1.c.: Das kategoriale Problem der Differenzkriterien, 103–108.

schaft Christlicher Kirchen in Deutschland (ACK), zu der sich auch die Quäker im Status eines »ständigen Beobachters« zugehörig fühlen. Die *Church of the Brethren* ist heute in Deutschland nicht mehr durch eigene Gemeinden vertreten. International sind die Friedenskirchen – zumindest in Teilen – (Gründungs-) Mitglieder des Ökumenischen Rates der Kirchen.

I.1   Mennoniten – die älteste evangelische Freikirche

Mennoniten stimmen in ihren theologischen Grundlagen mit anderen Kirchen der Reformation in vielem überein, wie sich anhand der Exlusivpartikel darstellen lässt: Die Schriften des Alten und Neuen Testaments gelten als singuläre Offenbarung Gottes und somit auch orientierend für den Glauben wie für die Gestaltung des christlichen Lebens (*sola scriptura*). Allein in Christus – wie in der Schrift bezeugt – ist Gottes Heil den Menschen offenbart. Durch sein Leben, Sterben und Auferstehen erkennen die Glaubenden sich als von Gott Gerechtfertigte (*solus Christus*). Dies geschieht allein durch die gnädige Zuwendung Gottes, nicht durch eigene Verdienste (*sola gratia*) und wird allein im Glauben erkannt und angenommen (*sola fide*).
Darüber hinaus finden jedoch Christologie, Ekklesiologie und Ethik in dieser Tradition eine genuine Verhältnisbestimmung, die dazu führt, dass »Orthodoxie« (die rechte Lehre) und »Orthopraxie« (das rechte Tun) als untrennbar und nahezu gleichgewichtig angesehen werden.

Nach mennonitischem Verständnis ist die Kirche demnach jene Gemeinschaft, die sich zu Jesus Christus bekennt, indem sie danach strebt, als sichtbare Kirche in der Gesellschaft tätig zu werden, weil sie sich in die Nachfolge Jesu berufen weiß, zu der das Zeugnis der Gewaltfreiheit notwendig dazu gehört (vgl. vor allem Mt 5–7). Das Versöhnungsgeschehen in Christus gilt als *der* Akt der Feindesliebe Gottes, das Kreuz als Zeichen seines Gewaltverzichts (vgl. Röm 5,8.10). Hierin erkennt die versöhnte Gemeinde ihren Auftrag zur Nachfolge auf dem gewaltfreien Weg Jesu. Wenn die Kirche diese Botschaft glaubwürdig vertreten will, dann hat dies Konsequenzen für die Gestalt der Kirche – so argumentierten bereits manche Täufer des 16. Jahrhunderts und setzten sich von den anderen Reformatoren ab. Kirche solle selbst sichtbares Zeichen des Reiches Gottes in der Welt sein und unterscheide sich daher von der herrschenden Gesellschaft (Ablehnung des *corpus Christianum*).[10]

---

[10] Als Gesamtdarstellungen vgl. *Diether G. Lichdi*, Die Mennoniten in Geschichte und Gegenwart. Von der Täuferbewegung zur weltweiten Freikirche, Weisenheim: Agape 2004; *C. Arnold Snyder*, Anabaptist History and Theology: An Introduction, Kitchener/ON: Pandora Press 1995; *Hans-Jürgen Goertz* (Hg.), Die Mennoniten, Die Kirchen der Welt Bd. VIII, Stuttgart: Ev. Verlagswerk 1971. Siehe

Man vertraut darauf, dass der Heilige Geist die Erkenntnis Gottes und seines Willens in der versammelten Gemeinschaft wirkt. Dies wird als eine konsequente Ausprägung der reformatorischen Forderung nach dem »Priestertum aller Gläubigen« verstanden. Die praxisorientierte und auf größtmögliche Partizipation und Verantwortung aller angelegte Gestalt von Kirche wollte so dem Vorbild der Urgemeinden gemäß den neutestamentlichen Zeugnissen folgen (vgl. Apg). In der Gemeinschaft der lokalen Gemeinde wird die Nachfolge Jesu Christi lernend praktiziert, hinterfragt und an den konkreten Herausforderungen der Zeit ausgerichtet. Der fortwährende kritische Austausch ermöglicht ein gleichberechtigtes ›dialogisches Lernen‹[11], wie ein Leben entsprechend des in Christus gekommenen und verheißenen Reiches Gottes gestaltet werden kann (Mk 1,15). So soll Kirche stets *bekennende Gemeinde* sein und werden, berücksichtigend, dass sie dies immer nur in der Gebrochenheit dieser Welt verwirklichen kann. Nachfolge selbst wird als Weg des Erkennens verstanden.[12]

Bereits in der allgemein antiklerikalen Stimmung des 16. Jahrhunderts[13] wurde die Autorität des Amtes zugunsten dieser gemeinschaftlichen Orientierung zurückgedrängt. In Glaubensfragen sollten keine anderen bindenden Autoritäten als die Zeugnisse des Alten und Neuen Testaments selbst gelten. Daraus ergaben sich klare Forderungen bezüglich der Gewissensfreiheit sowie der Glaubens- und Religionsfreiheit, für die diese Tradition wegweisend wurde. – Eine klare Trennung von Kirche und Staat (Mennoniten gelten als die älteste evangelische Freikirche) sowie die Eidesverweigerung (um nicht Bindungen einzugehen, die in Konkurrenz zum christlichen Bekenntnis stehen könnten und zum Zeichen der Wahrhaftigkeit in jeder Situation) waren direkte Konsequenzen, basierend eher auf der Vorstellung von der »Königs-

ebenfalls die umfassenden Nachschlagewerke: Mennonitisches Lexikon, hg. von *Christian Hege* und *Christian Neff*, 4 Bde., Bd. 1: Frankfurt/M. und Weierhof: 1913, Bd. 2: Frankfurt/M. und Weierhof: 1937, Bd. 3: Karlsruhe: H. Schneider 1958 und Bd. 4: Karlsruhe: H. Schneider 1967; The Mennonite Encyclopedia: A Comprehensive Reference Work on the Anabaptist-Mennonite Movement, 5 Bde., Bde. 1–4 hg. von *Harold S. Bender* und *C. Henry Smith*, Hilsboro/KS: Mennonite Brethren Publishing House; Bd. 5 hg. von *Cornelius J. Dyck* und *Dennis D. Martin*, Scottdale/PA: Herald Press 1955–1990.
11 Dieser Begriff ist dem reformpädagogischen Ansatz *Paulo Freires* (1921–1997) entlehnt. Vgl. etwa: *ders.*, Pädagogik der Unterdrückten. Bildung als Praxis der Freiheit, Reinbek: Rowohlt 1973, 71–104.
12 Diese Erkenntnis wird durch Christus zuteil, den »keiner wahrhaft kennen kann, es sei denn, dass er ihm nachfolgt mit dem Leben; und niemand kann ihm nachfolgen, es sein denn, dass er ihn zuvor erkennt.« (*Hans Denck*, Religiöse Schriften, Quellen zur Geschichte der Täufer Bd. 6,2, hg. von Walter Fellmann, Gütersloh: Bertelsmann 1956, 45 und 50).
13 Vgl. hierzu: *Hans-Jürgen Goertz*, Antiklerikalismus und Reformation. Sozialgeschichtliche Untersuchungen, Göttingen: Vandenhoeck & Ruprecht 1995.

herrschaft Christi« reformierter Prägung als einer lutherisch ausgeprägten Zwei-Regimenten-Lehre.

Vor dem Hintergrund der Grundausrichtung von Kirche als ›hermeneutischer Gemeinschaft‹[14] werden weitere Elemente des mennonitischen Selbstverständnisses plausibel: Voraussetzung ist zunächst ein
freiwilliges, bewusstes Bekenntnis »mündiger Christen«, sich auf diesen Weg der Nachfolge Jesu einzulassen. Dies kommt in der Erwachsenentaufe zum Ausdruck, die eine »Antwort« auf die vorauslaufende
Gnade Gottes darstellt. Diese Gerechtigkeit (Barmherzigkeit) Gottes
wird in Jesus Christus offenbar, rechtfertigt und ermöglicht so erst
Nachfolge, weil die Gewissheit der Vergebung der Schuld zum verantwortlichen Handeln befreit. Auch das Abendmahl trägt ethische
Implikationen. Es ist die Feier der Erinnerung an Jesu gewaltsamen
Tod am Kreuz, durch den Gottes Gewaltüberwindung offenbart ist,
sowie die Erneuerung und Vergewisserung der Teilhabenden, sich bereits jetzt als versöhnte Gemeinschaft zu begreifen, wie es Gottes Wille für die gesamte Schöpfung ist: Leben in gerechten Beziehungen, in
denen nicht nur symbolisch geteilt wird, was alle empfangen haben.

Befördert wurden die Ausbildungen solcher Auffassungen freilich
durch die Erfahrung massiver Verfolgung, Folter und Tötung durch
staatliche Autoritäten, sanktioniert legitimiert von der römisch-
katholischen Kirche, sowie von den größeren protestantischen Strömungen der Reformation.[15] Viele der Täuferinnen und Täufer optier-
ten für die »Wehrlosigkeit«, ließen sich ohne Gegenwehr verhaften
und sogar töten – in dem festen Glauben, so dem Willen Gottes gemäß zu handeln.[16] In jenen Regionen, in denen Mennoniten dann zunächst geduldet wurden, geschah dies meist aus ökonomischen Gründen (bis ins 19. Jahrhundert). Die Suche nach Orten, an denen ihnen
Religionsfreiheit und Befreiung vom Militärdienst garantiert wurden,
ließ sie bald auf allen Kontinenten vertreten sein. – Heute sind viele
der Mennoniten weltweit in der *Mennonitischen Weltkonferenz* zusammengeschlossen (ca. 1,6 Mio. getaufte Mitglieder).[17] In vielen
bilateralen ökumenischen Lehrgesprächen (mit Baptisten, Reformier-

---

[14] Vgl. *John H. Yoder*, Walk and Word: The Alternatives to Methodologism, in:
Nancy Murphy, Mark Nation und *Stanley Hauerwas* (eds.), Theology without
Foundations: Religious Practice and the Future of Theological Truth, Nashville/
TN: Abingdon 1995, 77–90.
[15] Vgl. hierzu die Aufarbeitung in: *Lutherischer Weltbund und Mennonitische
Weltkonferenz* (Hg.), Heilung der Erinnerungen – Versöhnung in Christus. Bericht
der Internationalen lutherisch-mennonitischen Studienkommission, Genf/Straß-
burg 2010.
[16] Vgl. *James Stayer*, Anabaptists and the Sword, Lawrence/KS: Coronado Press
1972.
[17] Vgl. www.mwc-cmm.org/en15/files/MWC%20Map%202009%20Oct%20FI-NAL.
pdf [01.05.2010].

ten, Lutheranern, der römisch-katholischen Kirche) konnten die Beziehungen zu anderen Konfessionen in jüngerer Zeit auf eine neue Basis gestellt werden.[18]

Selbstverständlich ergeben sich in einer so konsequent kongregationalistisch gestalteten Kirche ganz unterschiedliche Prägungen, je nach kulturellen und kontextuellen Gegebenheiten.[19] Regionale und internationale Konferenzen und Vereinigungen zielen in erster Linie auf die Verwirklichung gemeinsamer Aufgaben in Friedensbildung, Diakonie und Mission. Gelegentlich kommt es zu gemeinsamen Bekenntnisbildungen, die aber nicht jenen lehrverbindlichen Charakter tragen wie in anderen Konfessionen.[20]

I.2 Die Gesellschaft der Freunde (Quäker) – »Freunde der Wahrheit«

Für die Quäker gilt George Fox (1624–1691)[21] als treibende Kraft in ihren Anfängen, obwohl er nie beabsichtigte, eine religiöse Gemeinschaft zu gründen. Bald nannten sich seine Anhänger »Freunde der Wahrheit« (Joh 15,15). Der Begriff Quäker (»Beber«) wurde ihnen von jenen gegeben, die behaupteten, sie würden im religiösen Eifer

---

[18] Vgl. *Fernando Enns*, Heilung der Erinnerungen – befreit zur gemeinsamen Zukunft: Mennoniten im Dialog. Berichte und Texte ökumenischer Gespräche auf nationaler und internationaler Ebene, Frankfurt/M.: Lembeck und Paderborn: Bonifatius: 2008.

[19] Vgl. die Darstellungen in: A Global Mennonite History Series, hg. von *John A. Lapp* und *C. Arnold Snyder*. Bisher sind die Bände zu Afrika, Europa und Lateinamerika erschienen: Bd. 1 Alemu Checole, Anabaptist Songs in African Hearts, Waterloo/ON: Pandora Press 2003, Bd. 2 Testing Faith and Tradition, Kitchener/ON: Pandora Press 2006, Bd. 3 Jaime Prieto Valladares, Mission and Migration, Intercourse/PA: Good Books 2010, Bd. 4 Churches engage Asian Traditions, Waterloo/ON: Pandora Press 2011.

[20] Für das 16. Jahrhundert siehe das sog. »Schleitheimer Bekenntnis« von 1527 (Brüderliche Vereinigung etlicher Kinder Gottes, sieben Artikel betreffend, in: Bekenntnisse der Kirche. Bekenntnistexte aus 20 Jahrhunderten, hg. von *Hans Streubing u.a.*, Wuppertal: Brockhaus 1985, 261–268). Im 20. Jahrhundert entstand in Nordamerika das Bekenntnis: Confession of Faith in a Mennonite Perspective, Scottdale/PA: Herald Press 1995. Für die mennonitischen Kirchen, die Mitglied der Mennonitischen Weltkonferenz sind, siehe: (Mennonitische Weltkonferenz:) Eine Gemeinschaft täuferischer Gemeinden. Gemeinsame Überzeugungen der Mennonitischen Weltkonferenz, in: *Enns* (Hg.), Heilung der Erinnerungen, 313f. Zur Frage der Bekenntnisbildung in dieser Tradition vgl. *Karl Koop*, Anabaptist-Mennonite Confessions of Faith: The Development of a Tradition, Kitchener/ON: Pandora u.a. 2004.

[21] Vgl. *George Fox*, The Works of George Fox (Reprinted from the edition of Philadelphia and New York, 1831), 8 Bde., New York/NY: AMS Press 1975. *Ders.*, Aufzeichnungen und Briefe des ersten Quäkers, hg. von *Paul Wernle*, Tübingen: Mohr 1908. Siehe auch: *Paul Held*, Der Quäker George Fox. Sein Leben, Wirken, Kämpfen, Leiden, Siegen, Basel: Reinhardt 1949.

zittern, beben (die vom Heiligen Geist »Geschüttelten«). Quäker glauben an ein »inneres Licht« in jedem Menschen, durch das alle mit der Quelle des lebendigen Gottes verbunden sind. Dieses innere Licht zeigt zum einen die Gegenwart von Gut und Böse im Menschen an. Die Fülle der göttlichen Offenbarung hat sich im Leben Jesu Christi manifestiert (Joh 1,14), in dessen Nachfolge es jedem Menschen, der Gottes Willen tun will, möglich ist, das Böse zu überwinden. Zum anderen bringt dies die Einheit aller Menschen ins Bewusstsein, weshalb Quäkern die gewaltfreie Schaffung und Bewahrung der Menschenwürde Aller, unabhängig von Geschlecht, Glaube, Weltanschauung, Rasse, Nationalität, Ausbildung, ökonomischem und gesellschaftlichem Status, seit ihren Anfängen wichtig war. Zu den grundsätzlichen »Zeugnissen« gehören daher – wie für die anderen HFK im Prinzip ähnlich – Wahrhaftigkeit (Eidesverweigerung), Gleichwertigkeit (Verwerfung der Sklaverei und der Todesstrafe; frühe Ablehnung von Privilegien in England; Gründung erster *Mädchen*schulen in Japan und Kenia), Frieden (aktive Versöhnungsbemühungen), einfacher Lebensstil (Respekt vor der Umwelt als Schöpfung Gottes; das Streben nach Reichtum, Macht oder Vergnügen, Übertreibungen – in Sprache, Mode oder in Form übermäßiger Geschäftigkeit – werden als Ablenkung vom Wesentlichen betrachtet) und Gemeinschaft.[22]

Die schweren Verfolgungen in der Anfangszeit trieben viele Quäker zur Auswanderung nach Nordamerika. Zu ihnen gehörte auch der junge Aristokrat William Penn (1644–1718)[23], der dort den nach ihm benannten Quäkerstaat Pennsylvania gründete. Hier wurden die ethischen Grundsätze einmalig in Politik und Wirtschaft durch einen Freundschaftsvertrag mit den indigenen Völkern[24] und eine freie und demokratische Verfassung für alle umgesetzt. Nach 70 Jahren wurde Pennsylvania in die Nordamerikanische Union einbezogen. Penn entwarf

---

[22] Vgl. *Claus Bernet* (Hg.), Deutsche Quäkerschriften des 18. Jahrhunderts, Hildesheim u.a.: Olms 2007; *Richenda C. Scott*, Die Quäker, Die Kirchen der Welt, Bd. XIV, Stuttgart: Evangelisches Verlagswerk 1974. Siehe hierzu auch: *Carl Andresen* und *Adolf Martin Ritter* (Hg.), Handbuch der Dogmen- und Theologiegeschichte, 2. überarb. u. ergänzte Auflage, Bd. 1, Göttingen: Vandenhoeck & Ruprecht ²1999, Bd. 2 Kap. I, § 12: Das Quäkertum, 607 (Lit.) und 670 (Lit.).
[23] Vgl. *William Penn*, The Select Works: In Three Volumes (Reprint from the Edition of London, 1825), New York/NY: Kraus 1971; *ders.*, Ohne Kreuz keine Krone. Eine Studienausgabe, hg. von *Claus Bernet* und *Olaf Radicke*, Norderstedt: Books on Demand 2009. Siehe dazu: *Alan Tuly*, William Penn's Legacy: Politics and Social Structure in Provincial Pennsylvania 1726–1755, Johns Hopkins University Studies in Historical and Political Science 95,2, Baltimore/MD u.a.: John Hopkins University Press 1977.
[24] Voltaire soll einmal gesagt haben, dies sei der einzige Vertrag in der Geschichte, der nie beschworen und doch nie gebrochen wurde.

außerdem bereits 1718 eine Idee für einen Völkerbund Europas, um den Frieden in der Zukunft zu schützen.[25]
Dem 1937 gegründeten *Friends World Committee for Consultation* sind heute mehr als 300.000 Freunde in aller Welt angeschlossen.

I.3 Kirche der Brüder (*Church of the Brethren*) – pietistisch geprägte Täufer

Auch die Geschichte der *Church of the Brethren* ist in ihren Anfängen von Verfolgung und Auswanderung gekennzeichnet. Der von der Täuferbewegung wie vom Pietismus gleichermaßen beeinflusste Alexander Mack (1679–1735) sammelte 1708 eine Gruppe in Schwarzenau zur Erwachsenentaufe – und damit zum Bruch mit den etablierten Kirchen.[26] Auch diese Gruppe verstand – wie bereits die Täufer des 16. Jahrhunderts – die Taufe als äußeres Symbol zur Bereitschaft, Christi Nachfolge sichtbar in einer neuen Gemeinschaft zu leben. Auch wenn ihre theologische Ausrichtung weitgehend mit den Erkenntnissen der Reformation übereinstimmte, trennte sie die starke Betonung eines differenten Lebensstils, den sie mit den Zeugnissen des Neuen Testaments begründeten: Christen sollten wahrheitssuchend, friedfertig, bescheiden und mitfühlend leben. Neben Taufe und Abendmahl gilt die Fußwaschung als von Jesus eingesetztes »Zeichen« der Verbundenheit unter den Glaubenden.[27]
Bis 1740 hatten bereits die meisten Mitglieder der *Church of the Brethren* Europa verlassen. Die erste Gemeinde in Nordamerika war Germantown in Pennsylvania (1723). Heute leben die meisten der weltweit ca. 300.000 Mitglieder in der stark wachsenden *Church of the Brethren* in Nigeria.

I.4 Gemeinsam für den gerechten Frieden

In der Betonung der konkreten Nachfolge und der starken Bindung an die Gemeinde hat die Glaubenspraxis der HFK stets politische und gesellschaftliche Konsequenzen in sich getragen. Es lässt sich eine Entwicklung nachzeichnen von der verfolgten Kirche, deren Gewaltver-

---

25 Siehe die kleine Studienarbeit von: *Johannes Henning*, William Penn (1644–1718). Ein frühneuzeitlicher Friedensplan unter der Forderung nach Einigung als anderes Europa, München: Grin 2003.
26 Siehe: *Marcus Meier*, Die Schwarzenauer Neutäufer. Genese einer Gemeindebildung zwischen Pietismus und Täufertum, Arbeiten zur Geschichte des Pietismus 53, Göttingen: Vandenhoeck & Ruprecht 2008. *Donald F. Durnbaugh*, Fruit of the Wine. A History of the Brethren 1708–1995, Elgin/IL: The Brethren Press 1997.
27 Vgl. *Donald F. Durnbaugh* (Hg.), Die Kirche der Brüder. Vergangenheit und Gegenwart, Die Kirchen der Welt, Bd. IX., Stuttgart: Evangelisches Verlagswerk 1971.

zicht sich – meist notgedrungen – in der Weigerung einer aktiven Beteiligung an politischen Institutionen zeigte, hin zu einer sich in der Gesellschaft engagierenden, für die Gewaltfreiheit aktiv eintretenden Kirche. Hierzu mögen auch Erfahrungen beigetragen haben, in denen die HFK selbst das gewaltfreie Zeugnis nicht immer konsequent durchhielten.[28] International erlangten die HFK vor allem durch ihre bedeutenden Hilfswerke Bekanntheit, wie das *Mennonite Central Committee,* den *Brethren Volunteer Service* oder das *Friends Service Committee.*

Das Ethos der Gewaltfreiheit ist nicht mehr beschränkt auf eine Haltung der »Wehrlosigkeit« oder die Ablehnung der »Lehre vom gerechten Krieg«, sondern zeigt sich im vielfältigen Eintreten für einen »gerechten Frieden«.[29] Hierzu zählt nach wie vor die Verteidigung des Rechtes auf Kriegsdienstverweigerung entsprechend der Forderung nach Glaubens- und Gewissensfreiheit. Bereits 1957 gründeten die HFK das Zivildienstwerk *Eirene,* um aktive Einsätze für Frieden und Gerechtigkeit zu ermöglichen. In vielen Ländern sind Friedenskomitees eingerichtet worden. Gewaltprävention und gewaltfreie Konfliktlösungsmöglichkeiten werden als erprobte Modelle in die interdisziplinäre Friedensforschung und Lehre einer breiteren Öffentlichkeit zugänglich gemacht und weiter entwickelt.[30] In Nordamerika haben Mennoniten in den vergangenen Jahren die Diskussion eines alternativen Verständnisses von Gerechtigkeit angestoßen, das in Teilen bereits Eingang in juristische Instrumentarien gefunden hat: »Restaurative Gerechtigkeit« richtet das Augenmerk vor allem auf die Wiederherstellung und Heilung von Beziehungen, Versöhnung und Restauration, unter aktiver Beteiligung von Opfern und Tätern und ihren jeweiligen *Communities.*[31] In afrikanischen Gemeinden ist die Heilung von trau-

---

[28] Dies geschah z.B. unter vielen Quäkern in der Zeit des amerikanischen Bürgerkrieges oder unter deutschen Mennoniten im 19. Jahrhundert und dann vor allem im »Dritten Reich«.

[29] Vgl. zuletzt in: (Vereinigung der Deutschen Mennonitengemeinden, VDM:) »Richte unsere Füße auf den Weg des Friedens«. Erklärung der VDM zum gerechten Frieden, Hannover 2009.

[30] Vgl. hierzu vor allem die Arbeiten von: *John Paul Lederach,* The Moral Imagination: The Art and Soul of Building Peace, Oxford (et.al.): University Press 2005; *ders.,* Building Peace: Sustainable Reconciliation in Divided Societies, Washington D.C.: United States Institute of Peace Press 1997; *John Paul Lederach* and *Cynthia Sampson,* From the Ground up: Mennonite Contributions to International Peacebuilding, Oxford (et.al.): University Press 2000. Die gewaltfreie Präsenz von *Christian-Peacemaker-Teams* mitten in gewaltsamen Auseinandersetzungen zeigt, wie durch Vertrauensbildung auf allen Seiten des Konfliktes ein Weg aus den Teufelskreisen der Gewalt beschritten werden kann. Siehe hierzu: *Kathleen Kern,* In Harm's Way: A History of Christian Peacemaker Teams, Eugene/OR: Cascade 2009.

[31] Siehe hierzu vor allem den Wegbereiter dieses Ansatzes: *Howard Zehr,* Changing Lenses: A New Focus for Crime and Justice, Scottdale/PA: Herald Press [2]1995.

matischen Gewalt-Erfahrungen ein immer wichtiger werdender Teil der friedenskirchlichen Existenz.[32] In allen Fällen sind lokale Gemeinden jeweils entscheidende Garanten für die Nachhaltigkeit solcher Entwicklungen.

Gemeinsam mit anderen Kirchen der Ökumene ließen die historischen Friedenskirchen diese Erfahrungen in die Arbeit des Ökumenischen Rates der Kirchen einfließen, zuletzt in die »Dekade zur Überwindung von Gewalt. 2001–2010: Kirchen für Frieden und Versöhnung«, um theologische Legitimationen von Gewalt in Frage zu stellen und neue Netzwerke zur Förderung einer »Kultur des Friedens« zu bilden.

II. Kirche im Pluralismus: Toleranz aus Glauben – am Beispiel einer pluralen Minderheitskirche (Mennoniten)[33]

Auf der Grundlage der einschlägigen Analyse Peter L. Bergers[34] hinsichtlich der Rolle der Religion in der pluralistischen Gesellschaft wird im Folgenden der Versuch unternommen, den nachmodernen Pluralismus zu beschreiben und auf seine Implikationen für die Religion zu befragen. Wenn religiöser Pluralismus nicht als Schicksal hingenommen wird, dann ist er beschreibbar und gestaltbar. Dazu sind aber im Blick auf die Religion Differenzierungen auf unterschiedlichen Ebenen (konfessionell, interkonfessionell, interreligiös) notwendig.

Die Interesse leitende Frage dieses Diskussionsbeitrages ist folgende: Müsste nicht eine plurale Minderheitskirche mit polygenetischen Ursprüngen in hervorragender Weise für die kirchliche Präsenz im Pluralismus gerüstet sein? Als Alternative zum volkskirchlichen Modell haben kleine, ursprünglich als häretisch verurteilte Konfessionen – eher unbewusst – zur Ausbildung des Pluralismus in der Moderne beigetra-

---

[32] Vgl. *Donald E. Miller, Scott Holland, Dean Johnson* und *Lon Fendall* (eds.), Seeking Peace in Africa: Stories from African Peacemakers, Telford/PA: Cascadia und Genf: WCC 2007.

[33] Bearbeitete Fassung des Beitrags: *Fernando Enns*, Kirche im Pluralismus: Pluralismus aus Glauben. Mennonitisches Selbstverständnis als Paradigma für eine plurale Minderheitskirche, in: *Ulrike Link-Wieczorek* (Hg.), Häuser ohne Fenster? Zum Verständnis christlicher Exklusivitätsaussagen. Beiträge aus der deutsch-polnischen Ökumene, Beiheft zur Ökumenischen Rundschau (zit. ÖR) 77, Frankfurt/M.: Lembeck 2005, 74–89. Siehe hierzu auch: *Fernando Enns*, Mennoniten: plurale Minderheitskirche im Pluralismus, in: Kirchliche Zeitgeschichte (zit. KZG) 2/2000 (13. Jg.), 359–375. *Ders.*, Mennonites as a Plural Minority Church within Pluralism: A German Perspective, in: Conrad Grebel Review (zit. CGR), Vol. 19, Spring 2001, 52–67.

[34] Vgl. *Peter L. Berger*, Der Zwang zur Häresie. Religion in der pluralistischen Gesellschaft, Freiburg i.Br. u.a.: Herder [2]1992.

gen, und sie haben – bewusst – nach innen plurale Entwicklungen zugelassen, indem sie auf jene Einheit stiftenden Elemente verzichteten, an denen Kirchen der Hauptströmungen der Reformation festhielten, wie das Amt, eine für die Gesamtkirche verpflichtende Struktur oder ein verbindliches, konfessionelles Bekenntnis.

Schließlich wird nach theologischen Begründungen gefragt und anhand von zwei »impliziten Axiomen«[35] der mennonitischen Tradition (der Forderung nach Glaubens- und Gewissensfreiheit sowie der Gewaltfreiheit) exemplarisch aufgezeigt, inwiefern diese Axiome das Potential zur Gestaltung des Pluralismus im Allgemeinen in sich tragen. Es gilt hierbei zu zeigen, dass diese »impliziten Axiome« weder zu Beliebigkeit noch zu Fremdbestimmung führen, sondern zur Ausprägung einer distinkten Identität innerhalb der weiteren ökumenischen Gemeinschaft.

II.1 Pluralismus als neuzeitliches Phänomen

Peter L. Berger vertrat bereits in den 1980er Jahren die These, dass »die Modernität die Religion in eine spezifische Krise gestürzt hat, eine Krise, die zwar ohne Frage durch Säkularität gekennzeichnet, die aber weit wichtiger durch Pluralismus charakterisiert ist.«[36] Neben der industriellen Revolution seien es vor allem die spezifischen Phänomene des europäischen Kontextes, die dazu beigetragen hätten: eine kapitalistische Marktwirtschaft, pluralistische Metropolen sowie von Reformation und Renaissance hervorgebrachte, komplexe und ideologische Strukturen.

In der Tat ist eine sich perpetuierende Pluralisierung aller Dimensionen der Gesellschaft seit dem 16. Jahrhundert zu beobachten: Die Erneuerung der Kirche durch die Rückbindung an die zentrale biblische Aussage von der gerecht machenden Gnade Gottes in Jesus Christus ließ sich in der Reformation nur um den Preis des Verlustes der institutionellen Einheit der Kirche durchsetzen.[37] Die später im Zuge der

---

[35] Vgl. zu diesem Begriff von Dietrich Ritschl die Darstellung von: *Ingrid Schoberth*, Erinnerung als Praxis des Glaubens, München: Kaiser 1992. Zur Diskussion um das Konzept der »impliziten Axiome« vgl. *Wolfgang Huber, Ernst Petzold* und *Theo Sundermeier* (Hg.), Implizite Axiome. Tiefenstrukturen des Denkens und Handelns, München: Kaiser 1990. Darin besonders: Geoffrey Wainwright, Bemerkungen aus Amerika zu Dietrich Ritschls »Logik der Theologie« (218–228). Zur Anwendung und Entfaltung dieses Ansatzes auf die Theologie aus der Perspektive der Mennoniten vgl. *Enns*, Friedenskirche in der Ökumene, a.a.O., Kap. II.3.4.: »Implizite Axiome« (D. Ritschl) und »Regulative Prinzipien« (G.A. Lindbeck) für eine Theologie aus täuferisch-mennonitischer Perspektive, 141–154.

[36] *Berger*, Der Zwang zur Häresie, a.a.O., 9.

[37] Vgl. hier und im Folgenden: *Christoph Schwöbel*, Art. »Pluralismus. II. Systematisch-theologisch«, in: TRE, Bd. 26, 724–739.

Aufklärung aufkommende Infragestellung traditioneller Autoritäten und Geltungsansprüche forderte eine durchgängig rationale Begründung und verdrängte so das Religiöse weitgehend in den Bereich des Privaten. Hieraus ergab sich eine weitere Pluralisierung religiöser Bindungen sowie eine Relativierung der Religion im öffentlichen Bereich, die sich dennoch als Protest gegen die in der Aufklärung entwickelten, neuen Universalisierungsansprüche erwies. Die Romantik widersprach diesen neuen Universalisierungstendenzen, indem sie das Postulat der Individualität verstärkte. Die Einsicht in die geschichtliche Bedingtheit allen Lebens und Seins vertiefte diese Tendenzen weiter. – Diese geistesgeschichtlichen Entwicklungen bilden die Grundlagen für die Ausbildung des heutigen Pluralismus.

Aber: »Die Verwechslung von Pluralismus und vager ›Pluralität und Vielfalt‹, von Pluralismus und Individualismus oder von Pluralismus und Relativismus ist die intellektuelle und kulturelle Pest unserer Tage«, warnt Michael Welker.[38] Wenn alles ›im Nebel‹ bleibe, könne darauf auch nur diffus reagiert werden. Es würden sowohl diffuse Begeisterung als auch diffuse Ängste freigesetzt, über die man sich kaum noch verständigen könne. Die Verlockung sei dann groß, alles in der Schwebe zu halten und sich auf nichts mehr festzulegen. Hier werden sich folglich auch diffuse Machtansprüche breit machen können, die dann weitaus weniger kontrollierbar sind, als es durch die Forderung nach unterschiedlichen, pluralen Ausdrucksformen eigentlich angestrebt war.
Verstehen wir aber unter Pluralismus nicht einfach Relativismus oder Individualismus, dann hat er doch beschreibbare, wenn auch höchst komplexe Formen. In allen seinen Verwendungen thematisiert der Begriff des Pluralismus »die Beziehung vieler Elemente in ihrem Verhältnis zueinander und zu ihrem Bezugsfeld, die nicht durch ein übergeordnetes Einheitsprinzip bestimmt und begrenzt ist und die so als problematisch und damit als klärungs- und gestaltungsbedürftig erfahren wird«, hält Christoph Schwöbel fest.[39]

Was folgt hieraus für die Situation des Religiösen? Diese lässt sich als »postsäkulare Religiosität«[40] beschreiben, die den Traditionsabbruch der Säkularisierung bereits voraussetzt:

---

38 *Michael Welker*, Missionarische Existenz heute, in: *Andreas Feldtkeller* und *Theo Sundermeier* (Hg.), Mission in pluralistischer Gesellschaft, Frankfurt/M.: Lembeck 1999, 53–70, hier: 60 (vgl. für die folgenden Überlegungen auch die weiteren Beiträge in dem angegebenen Buch). Siehe auch: *Michael Welker*, Kirche im Pluralismus, Gütersloh: Kaiser 1995.
39 Vgl. *Schwöbel*, Art. Pluralismus, a.a.O., 724.
40 *Christoph Schwöbel*, Religiöser Pluralismus als Signatur unserer Lebenswelt, in: *ders.*, Christlicher Glaube im Pluralismus, Tübingen: Mohr 2003, 1–24, hier: 5.

Postsäkulare Religiosität ist »die in bewusster Entscheidung praktizierte Religiosität, die sich sehr häufig kritisch von den zumeist nur schwach vorhandenen religiösen Prägungen der eigenen Biographie absetzt. Postsäkulare Religiosität ist darum in vielen Fällen die Konversion zum in der eigenen kulturellen Herkunftssituation Fremden. Deswegen trägt postsäkulare Religiosität oft Charakteristika einer religiösen Gegenkultur zur säkularen Mehrheitskultur.«[41]

Die Hinwendung zur Religion erfolgt demnach, wenn überhaupt, sehr bewusst. Menschen sind heute mehr denn je herausgefordert, sich für die Religion und dann für eine ganz bestimmte inhaltliche und soziale Ausformung zu entscheiden. Weltanschauungen wie Religion werden nicht mehr einfach von der früheren Generation tradiert und nahezu unreflektiert entgegengenommen, sondern sie werden zur Wahl gestellt. Berger nennt dies den »Zwang zur Häresie«.[42] In der prämodernen Welt war die Häresie eine Möglichkeit, die kaum in Betracht kam, denn der glaubende Mensch fand sich in einer Situation relativer Sicherheit, die nur gelegentlich durch häretische Abweichler in Frage gestellt wurde. In der Moderne dagegen, so Berger, werde die Häresie typischerweise zur Notwendigkeit, denn der/die Glaubende befindet sich in einer ständigen Unsicherheit, die »gelegentlich durch mehr oder weniger brüchige Konstruktionen religiöser Affirmation abgewehrt wird.«[43] Frühere, sozial wie institutionell gesicherte Konsense seien heute nicht mehr *eo ipso* gegeben, sondern müssten von Mal zu Mal neu aufgesucht, erstritten werden. Erst darauf aufbauend konstituierte sich eine »quasi-sektiererische« Gemeinschaft.

Gemeinschaftsbildung ist aber nötig, braucht doch der/die Einzelne eine soziale Absicherung seiner moralischen Glaubensvorstellungen, um sich ihrer Plausibilität stets neu zu vergewissern. Daher plädieren Michael Welker und andere für eine bewusste Gestaltung des Pluralismus.[44] Der Verbund einer Gemeinschaft und die Bezogenheit unterschiedlicher Gemeinschaften aufeinander lassen ein Netzwerk von Systemen entstehen, die nicht von einem einzelnen Punkt erklärbar sind. Es fällt nicht leicht, in solch komplexen Kategorien zu denken, und doch sind sie nur ein Abbild der Realität, die womöglich noch vielfältiger ist.

Warum diese Anstrengung? Die Herausforderungen und Möglichkeiten eines gestalteten Pluralismus liegen auch für die Kirche und die

---

[41] Ebd.

[42] »Häresie« wird etymologisch als »Wahl« aufgefasst (vgl. *Berger*, Der Zwang zur Häresie, 40f.).

[43] A.a.O., 44. Im Folgenden formuliert Berger: »So ist Häresie, einstmals das Gewerbe randständiger und exzentrischer Menschentypen, eine weitaus allgemeinere conditio geworden; Häresie ist in der Tat universell geworden.«

[44] Vgl. hier und im Folgenden: *Welker*, Missionarische Existenz heute, a.a.O.

Ökumene auf der Hand: Den vielerlei Gaben in der Kirche (Charismen) wird Raum gegeben; die Begrenztheit menschlicher Erkenntnis wird ernst genommen; die Befreiung aus der Enge provinzieller Traditionen und Horizonte wird ermöglicht; die Befähigung zu ökumenischer Weite wird entwickelt; vorschnelle Verwerfungen anderer Meinungen werden verhindert; Alternativen zu einheitlichen Weltsichten können entdeckt werden; und Differenzen müssen nicht notwendigerweise aufgehoben werden. Ein so verstandener Pluralismus erfordert allerdings eine gewisse Disziplin: Sicherlich (1.) den Willen zum Bekenntnis des für richtig, wahr und gut Erachteten, immer aber auch (2.) das Interesse an alternativen Bestrebungen; (3.) den Schutz von Minderheiten und schließlich (4.) das Streben nach Optimierung durch Kommunikation. Wenn Glaube nicht als Besitzstand oder als Prinzip angesehen wird, sondern stets in der Bewährung der jeweiligen Situation steht, dann ist das die beste Voraussetzung zur Gestaltung des Pluralismus, dann ereignet sich das Leben der Gläubigen in dialogischer Weise. Nimmt der Wille zum Austausch allerdings ab, dann verkommen die Grundlagen des Pluralismus. Der dialogische Prozess ist das Strukturelement des Pluralismus. Elementare Voraussetzung dafür, dass solche dialogisch angelegten Prozesse auch tatsächlich funktionieren, ist freilich die Bereitschaft, sich fortwährend gegenseitig zu korrigieren, bzw. korrigieren zu lassen.

Im Folgenden soll der Versuch unternommen werden, aus den kollektiven Erfahrungen und Entwicklungen einer distinkten kirchlichen Tradition in positiver Weise auf die Herausforderungen der Situation einer postsäkularen Religiosität und des Pluralismus der Gegenwart zu reagieren, um auf diese Weise die Möglichkeit einer reflektierten Übersetzung der Tradition in die heutigen Herauforderungen zu erforschen. Hierbei soll nach Identifikationsangeboten dieser bestimmten Konfession – Mennoniten – gefragt werden. Die These lautet: Eine plurale Minderheitskirche mit polygenetischen Ursprüngen – wie es die Mennoniten sind – müsste in hervorragender Weise für die kirchliche Präsenz im Pluralismus gerüstet sein.

II.2 Das Problem der Beschreibung einer pluralen Minderheit im Pluralismus

Eine Herausforderung für die Beschreibung einer Minderheit im Pluralismus, wie es die Mennoniten sind, ergibt sich zunächst in ihrer eigenen, inhärenten Pluralität. Bereits die Wurzeln dieser Konfession im »Linken Flügel der Reformation« des 16. Jahrhunderts lassen sich nur als polygenetisch beschreiben[45]: Es gibt keine konfessionellen Be-

---

[45] Vgl. den für die Täuferforschung bahnbrechenden Beitrag von: *Klaus Deppermann, Werner Packull* und *James Stayer*, From Monogenesis to Polygenesis, in: Mennonite Quarterly Review (zit. MQR) 49/1975, 82–122.

kenntnisse aus der Geschichte, die sich alle Mennoniten in gleicher Weise zu eigen gemacht haben[46], aus dem bewussten Verzicht auf eine hierarchische Ämterausbildung bleibt auch die Suche nach konkret beschreibbaren, Einheit stiftenden Momenten im Amt vergeblich. Die strenge, auf Autonomie der Einzelgemeinde ausgerichtete, kongregationalistische Organisationsstruktur tat ihr Übriges zur Ausbildung pluraler Entwicklungen innerhalb dieser Minderheitskirche. Kann diese Konfession demnach im Grunde nur in ihrem jeweiligen lokalen Kontext beschrieben werden?

In Deutschland ergibt sich eine zweite Herausforderung aus der von den beiden großen Volkskirchen (römisch-katholische Kirche und Evangelische Kirche in Deutschland) beherrschten kirchlichen Landschaft. Hier werden die Mennoniten in der breiteren Öffentlichkeit, wenn überhaupt, als eine der evangelischen Freikirchen wahrgenommen und in ihrer Einschätzung oft auf das Nicht-Volkskirche-Sein beschränkt. Bestenfalls gelten Mennoniten als exotische Splitter in der Konfessionslandschaft – bei Experten immerhin noch als eine der »historischen Friedenskirchen« bekannt.[47] Das bleibt nicht ohne Wirkung auf die Eigenwahrnehmung. Viele Mennoniten in Deutschland definieren sich daher in eben diesen kategorialen Begriffen, in der Aufzählung von Merkmalen, die sie von den Großkirchen abheben. Leicht kann sich durch solch apologetisches Erklären einerseits ein negatives Bild von den anderen einschleifen, andererseits führt es zur Aufrechterhaltung von tradierten Positionen, denen es an Reflektiertheit und neuerer theologisch begründeter Argumentation mangelt.

Nach dieser kurzen Bestandsaufnahme lassen sich bereits latente Identitätskrisen vermuten. Die Angst vor Identitätsverlust birgt aber immer die Gefahr des Fundamentalismus und der Konservierung überlieferter Überzeugungen in sich, deren Begründungen nicht mehr verstanden werden, weil sie dem historischen Entstehungszusammenhang enthoben sind (oder dieser Entstehungszusammenhang nur verklärt und romantisiert wahrgenommen wird) und dem gesamtgesellschaftlichen Diskurs nicht mehr ausgesetzt werden und so auf einen Plausibilitätserweis verzichten. Dieses Phänomen ist heute freilich nicht beschränkt auf bestimmte religiöse Minderheiten. In den pluralen Gesellschaftsformen, die sich in der Moderne herausgebildet haben und die in der sogenannten Postmoderne eine radikale Ausbildung erfahren, ist dies im Grunde zur Realität für *alle* Lebensbereiche geworden. Mennoniten, wie andere Kirchen auch, leben in Gesellschaften einer globali-

[46] Vgl. *Hans-Jürgen Goertz*, Zwischen Zwietracht und Eintracht. Zur Zweideutigkeit täuferischer und mennonitischer Bekenntnisse, in: Mennonitische Geschichtsblätter (zit. MGB), 43./44. Jg. (1986/1987), 16–46.
[47] S.o., Kap. C.I.4.

sierten Welt, zu deren einigender Maxime zuvorderst die Fähigkeit zum Pluralismus zu gehören scheint. Kulturelle Vielfalt, unterschiedliche und miteinander konkurrierende Weltanschauungen, verschiedene Wertevorstellungen und Verhaltensnormen existieren hier gleichzeitig nebeneinander. Das gilt nun ganz sicher auch für den religiösen Bereich im Allgemeinen, sowohl als Folge, wie auch als Initiierung der Säkularisierung.

Stärker noch als in früheren Zeiten drängt sich dadurch die Frage nach der eigenen Identität auf. Durch massive Traditionsabbrüche scheint nichts mehr selbstverständlich zu sein. Wenn jede und jeder »nach seiner Fasson selig werden soll«[48], bleiben dann nur noch vereinzelte Individuen zurück, die sich selbst genügen? Im Bekennen des Glaubens gipfelt dieses Phänomen in der Frage: Was ist Wahrheit? Woran orientieren sich religiöse Gemeinschaften im Allgemeinen und Kirchen im Besonderen, welche Kriterien gelten unumstößlich und wie kommt es zu ihrer Ausbildung? Die gleich-Gültigkeit droht in eine Gleichgültigkeit zu führen, Relativismus verhindert dann klare Orientierung darüber, was falsch und was richtig ist, allgemeine Verunsicherung ist schließlich das Ergebnis.

II.3 Polygenetischer Ursprung und polyforme Entwicklung der Mennoniten

Wenn es überhaupt ein einigendes Merkmal der Wurzeln der Mennoniten im Täufertum des 16. Jahrhunderts gebe, so sei es der »aggressive Nonkonformismus«, meint Hans-Jürgen Goertz.[49] Dieser Nonkonformismus fand allerdings ganz unterschiedliche Ausgestaltungsformen, je nach Kontext und beteiligten Persönlichkeiten. Täufer unterschiedlichster Prägung forderten auf der Grundlage der neutestamentlichen Schriften eine Reformation, die radikaler ausgerichtet sein sollte als die Luthers oder Zwinglis – sei es in der Schweiz, in Süddeutschland oder in den Niederlanden.[50] Die daraus resultierenden Verdammungen und Verurteilungen durch die je »herrschende Meinung« politischer wie kirchlicher Autoritäten und die erlittenen Verfolgungen und Martyrien sind Zeugnisse der Reaktion einer vormodernen Gesell-

---

48 »Die Religionen Müsen alle Tolleriret werden und Mus der Fiscal nuhr das Auge darauf haben, das keine der andern abrug Tuhe, den hier mus ein jeder nach seiner Fasson Selich werden«. Dieses Zitat von Friedrich II. wird in vielfältiger Form weitergegeben, hier zitiert aus: *Georg Büchmann* (Hg.), Geflügelte Worte, München: Droemer-Knaur 1997.
49 *Hans-Jürgen Goertz*, Art. »Menno Simons/Mennoniten«, in: TRE, Bd. 22, 444–457, hier: 453. Vgl. auch *ders.*, Antiklerikalismus und Reformation. Sozialgeschichtliche Untersuchungen, Göttingen: Vandenhoeck & Ruprecht 1995.
50 Vgl. zum Gesamten auch: *Andrea Strübind*, Eifriger als Zwingli. Die frühe Täuferbewegung in der Schweiz, Berlin: Duncker und Humblot 2003.

schaft, in der Häresien noch eine starke und gefürchtete Irritation bedeuteten.

Aufgrund dieser Verfolgungssituation verstärkte sich allmählich eine Laienfrömmigkeit, die »antiklerikale, antikirchliche, antiobrigkeitliche, antidoktrinäre und antikulturelle Züge« trug.[51] Natürlich kam es auch hier zu Bekenntnisbildungen, wie etwa den Schleitheimer Artikeln der Schweizer Täufer von 1527[52], die allerdings erst im Laufe der weiteren Geschichte als Ausdruck *eines Teils* des Täufertums angesehen werden können: Glaubenstaufe, Eidesverweigerung (a. um nicht Bindungen einzugehen, die in Konkurrenz zum Christus-Bekenntnis stehen könnten und b. zum Zeichen der Wahrhaftigkeit in jeder Situation), Gewaltverzicht und die Weigerung der Übernahme obrigkeitlicher Ämter sowie ein strenger Dualismus von Kirche und Welt, der nach einer Absonderung derer verlangte, die der Nachfolge Christi oberste Priorität in ihrer Lebensführung einräumen wollten. Diese, von vielen allmählich angenommene Haltung, führte Mennoniten zunächst in die Abgeschiedenheit und zu einer von der Gesellschaft abgewandten Gemeindefrömmigkeit, die ihnen bald Duldung an bestimmten Orten einbrachte – als »die Stillen im Lande«.[53]

Goertz beobachtet, dass die frühere Aggressivität sich nun nach innen wandte und zu zahllosen Streitigkeiten und Separationen führte, stets im Ringen um die ›Reinheit der Gemeinde‹. Die Auseinandersetzungen fanden demnach nicht mehr wirklich mit den umgebenden Gesellschaften statt, sondern vielmehr in und unter den Mennonitengemeinden selbst und führten zu vielen Spaltungen, so dass sich diese »Konfession« ganz plural weiter entwickelte.[54]

---

51 *Goertz*, Menno Simons/Mennoniten, 453.

52 Vgl. Brüderliche Vereinigung etlicher Kinder Gottes, sieben Artikel betreffend (Michael Sattler, 1527), in: *Heinold Fast* (Hg.), Der linke Flügel der Reformation. Glaubenszeugnisse der Täufer, Spiritualisten, Schwärmer und Antitrinitarier, Klassiker des Protestantismus Bd. IV, Bremen: Carl Schünemann 1962, 60–71. Siehe auch: *Howard John Loewen*, One Lord, One Church, One Hope and One God: Mennonite Confessions of Faith, Institute of Mennonite Studies Series Vol. 2, Elkhart/IN: IMS 1985. Im Vorwort dieses Buches unterscheidet Cornelius J. Dyck zwischen Credo und Bekenntnis. Täufer und Mennoniten hätten im Laufe der Geschichte zwar zahlreiche Bekenntnisschriften entwickelt, aber kein »Credo«. Als neuester umfassender Versuch eines gemeinsamen Bekenntnisses ist das der nordamerikanischen Mennoniten zu sehen: Confession of Faith in a Mennonite Perspective, Scottdale/PA: Herald Press 1995. Vgl. hierzu auch: *Koop*, Anabaptist-Mennonite Confessions of Faith, a.a.O..

53 Vgl. *Erich Geldbach*, Art. »Die Stillen im Lande«, in: *Helmut Burkhardt, Erich Geldbach, Kurt Heimbucher* (Hg.), Evangelisches Gemeindelexikon, Wuppertal: Brockhaus 1986, 488.

54 Vgl. *Goertz*, Art. Menno Simons/Mennoniten, a.a.O..

Täufer und frühe Mennoniten können deshalb aber sicherlich noch nicht als Pluralisten im Sinne der postmodernen Interpretation beschrieben werden. Eher tendierten sie – als Reaktion auf die Ablehnung der anderen – zu einer Vielheit, die als Identität bildenden Einheitsfaktor vor allem die Existenz als »häretische« Gruppierung innerhalb einer zumindest territorial noch religiös uniformen Gesellschaft charakterisierte. Als solche trugen sie dann allerdings zur fortschreitenden gesamtgesellschaftlichen Pluralisierung bei, als eine der Spielarten des sich insgesamt plural auffächernden Protestantismus.

Diese Entwicklung erklärt dann auch, warum Mennoniten in ihrer Entwicklung – paradoxerweise – den ideengeschichtlichen Strömungen der jeweiligen Zeit oftmals stärker ausgesetzt waren als die Großkirchen oder andere vergleichbare Konfessionen, die eine stärkere Bindung an ein eigenes konfessionelles Glaubensbekenntnis vorzogen. Noch heute lässt sich das in der unterschiedlichen Frömmigkeitsprägung der Mennoniten allein in Deutschland nachweisen.[55]
Die Mennonitengemeinden im Norden und Westen Deutschlands waren und sind eher an Großstädten zu finden (z.B. Hamburg oder Krefeld).[56] Wo sie geduldet, später aufgrund wirtschaftlicher Erfolge auch geachtet waren, assimilierten sie sich in das Bürgertum und lebten weitestgehend emanzipiert. Aufklärerisches und liberales Denken beeinflusste diese Gemeinden stark. Im Süden Deutschlands hingegen (Hessen, Rheinland-Pfalz, Baden-Württemberg und Bayern) sind die Gemeinden eher klein geblieben. Es versammelten sich Menschen v.a. aus der landwirtschaftlich tätigen Bevölkerung, manchmal in Abgeschiedenheit auf einzelnen Höfen. Verstärkt durch pietistische Einflüsse führte dies in Teilen zu einer stärkeren Skepsis und länger anhaltenden Isolierung von der sie umgebenden Gesellschaft.
In den Wirren des II. Weltkrieges waren es dann vor allem Zuwanderer aus den früheren Ostgebieten des Deutschen Reiches, die sich den Gemeinden im Westen Deutschlands anschlossen oder neue Gemeinden entstehen ließen. Bereits vor dem II. Weltkrieg hatte es unter diesen starke Bestrebungen gegeben, der gesellschaftlichen Umgebung immer wieder zu beweisen, dass sie – Lutheranern oder Reformierten vergleichbar – ehrbare Bürger seien, die keine Obrigkeit zu fürchten hätte und die Rechte und Pflichten wie alle anderen in Anspruch neh-

---

[55] Vgl. hierzu: *Diether G. Lichdi*, Die Mennoniten in Geschichte und Gegenwart. Von der Täuferbewegung zur weltweiten Freikirche, Weisenheim: Agape 2004. Für die weltweite Kirche der Mennoniten siehe: A Global Mennonite History Series, a.a.O..
[56] Vgl. *Wolfgang Froese* (Hg.), Sie kamen als Fremde. Die Mennoniten in Krefeld von den Anfängen bis zur Gegenwart, Krefeld 1995 und *Michael D. Driedger*, Zuflucht und Koexistenz. 400 Jahre Mennoniten in Hamburg und Altona, Bolanden-Weierhof: MGV 2001.

men und erfüllen.[57] Der Preis dafür war hoch: Das Prinzip der Wehrlosigkeit war am Ende des 19. Jahrhunderts hier praktisch völlig aufgegeben und nur noch der individuellen Gewissensentscheidung überlassen. Als Flüchtlinge brachten sie nun einen der Gesellschaft stark angepassten Frömmigkeitsstil in die Gemeinden nach Nord- und Süddeutschland.[58] Seit 1972 wanderten außerdem Mennoniten aus der ehemaligen Sowjetunion nach Deutschland ein. Oft waren sie so zahlreich an einem Ort vertreten, dass sie rasch eigene und große Gemeinden gründen konnten. Selten suchten sie Anschluss an bereits bestehende mennonitische Gemeindeverbände, da die Differenzen zu anderen in Deutschland lebenden Mennonitengemeinden in der Frömmigkeit wiederum erheblich waren. Die Zeit der Unterdrückung in der kommunistischen Gesellschaft hatte viele religiöse Überzeugungen über Jahrzehnte hin einfach konserviert oder zu statischen, biblizistisch anmutenden Haltungen »gerinnen« lassen – oder aber auch in die totale Säkularisierung, bzw. Individualisierung geführt.

In einer Studie der *Mennonitischen Weltkonferenz*[59] über mennonitische Glaubensbekenntnisse wird dennoch eine auch bis dahin bereits selbstverständliche Gemeinsamkeit endlich explizit formuliert: Die Bibel ist für Mennoniten alleiniger Grund des Glaubens und Leitfaden für ein Leben in der Nachfolge Christi. Damit ist die Gemeinsamkeit aber in vielen Fällen auch schon benannt, denn für Mennoniten in Kolumbien impliziert dies in erster Linie, sich in der Gesellschaft als Friedenskirche für Gerechtigkeit einzusetzen, während dies für manche nordamerikanische Mennoniten[60] (und Amischen[61]) eher den weithin-

---

[57] Vgl. *Horst Penner*, Die ost- und westpreußischen Mennoniten in ihrem religiösen und sozialen Leben, in ihren kulturellen und wirtschaftlichen Leistungen, Bolanden-Weierhof: MGV, Bd. 1: 1978, Bd. 2: 1987. Siehe auch: *Diether G. Lichdi*, Die Mennoniten im Dritten Reich. Dokumentation und Deutung, Schriftenreihe des Mennonitischen Geschichtsvereins Nr. 9, Weierhof/Pfalz: MGV 1977.

[58] Die deutschen Mennonitengemeinden haben sich ungeachtet dieser Differenzen seit 1990 in der Arbeitsgemeinschaft Mennonitischer Gemeinden in Deutschland K.d.ö.R. (AMG) zusammengeschlossen. Die »Russland-Deutschen« Mennoniten bilden verschiedene andere Zusammenschlüsse. Die größte Zahl, die eher auf Schätzungen zurückgeht und ganz unterschiedlich angegeben wird, bilden derzeit die unabhängigen Brüdergemeinden, die sich nicht in größeren Zusammenhängen organisieren. Sie sind in der institutionalisierten Ökumene kaum vertreten. Vgl. hierzu: www.mennoniten.de [01.03.2010].

[59] Die Mennonitische Weltkonferenz (*Mennonite World Conference*) ist der internationale konfessionelle Zusammenschluss, zu dem allerdings nicht alle mennonitischen Gruppierungen gehören. Ging die Täuferbewegung einst vom Zentrum Europas aus, so findet sich heute die Mehrheit der weltweit über 1,6 Mio. Mennoniten in Nordamerika (vor allem durch Auswanderungen) und Afrika (durch Missionstätigkeiten). Vgl. hierzu: www.mwc-cmm.org [01.03.2010].

[60] Vgl. z.B. *Calvin W. Redekop*, Mennonite Society: A Sociological Analysis of

nigen Rückzug aus der »Welt«, die Suche nach einem einfachen Lebensstil innerhalb einer exklusiven Geschwisterschaft, manchmal sogar unter Ablehnung jedes technischen Fortschrittes, bedeuten kann. Für manche europäische Mennoniten kann das wiederum bedeuten, sich bewusst in der Ökumene zu engagieren, da man das biblische Fundament mit allen Christen und Christinnen in der weltweiten Kirche teilt.[62] In einem neueren Prozess wurde erstmals versucht, innerhalb dieser weltweiten, pluralen Gemeinschaft von Kirchen und Gemeinden »gemeinsame Glaubensüberzeugungen« zu formulieren, die dann in sieben kurzen Artikeln dargelegt wurden:[63]

Durch die Gnade Gottes wollen wir die gute Nachricht von der Versöhnung in Jesus Christus leben und verkündigen. Weil wir zu allen Zeiten und an allen Orten Teil des einen Leibes Christi sind, halten wir das Folgende für die Mitte unseres Glaubens und unseres Lebens:

1. Gott teilt sich uns mit als Vater, Sohn und Heiliger Geist, als Schöpfer, der die gefallene Menschheit wiederherstellen will, indem er ein Volk beruft, das treu sein soll in der Gemeinschaft, im Gottesdienst, in Dienst und Zeugnis.
2. Jesus ist der Sohn Gottes. Er hat uns durch sein Leben und seine Lehre, seinen Tod am Kreuz und seine Auferstehung gezeigt, wie wir ihm im Glauben treu nachfolgen können. Er hat die Welt erlöst und ewiges Leben verheißen.
3. Als Gemeinde sind wir die Gemeinschaft derer, die Gottes Geist dazu beruft, sich von der Sünde abzuwenden, Jesus Christus als ihren Herrn anzuerkennen, die Taufe auf das Bekenntnis ihres Glaubens hin zu empfangen und Jesus Christus in ihrem Leben nachzufolgen.
4. Als Gemeinschaft der Gläubigen erkennen wir die Bibel als Autorität für unseren Glauben und unser Leben an. Wir legen sie gemeinsam unter der Leitung des Heiligen Geistes und im Licht Jesu Christi aus, um Gottes Willen für ein gehorsames Leben zu erkennen.
5. Der Geist Jesu gibt uns die Kraft, Gott in allen Lebensbereichen zu vertrauen. So werden wir Friedensstifter, die der Gewalt absagen, ihre Feinde lieben, nach Gerechtigkeit trachten und ihren Besitz mit Notleidenden teilen.
6. Wir versammeln uns regelmäßig zum Gottesdienst, um das Abendmahl zu feiern und um Gottes Wort zu hören. Wir tun das im Bewusstsein gegenseitiger Verantwortlichkeit.

Mennonites with Germanic roots, Baltimore and London: John Hopkins University Press 1989.

61 Vgl. *Lydie Hege* und *Christoph Wiebe* (Hg.), Les Amish. Origine et Particularismes 1693–1993, Ingersheim/Frankreich: Association Française d'Histoire 1996.

62 Die Arbeitsgemeinschaft Mennonitischer Gemeinden (K.d.ö.R.) ist in der Ökumene auf verschiedenen Ebenen institutionell integriert: Vereinigung evangelischer Freikirchen (VeF), Arbeitsgemeinschaft Christlicher Kirchen in Deutschland (ACK) und in Teilen auch im Ökumenischen Rat der Kirchen (ÖRK). Die Vereinigung der Deutschen Mennonitengemeinden und die *Algemene Doopsgezinde Societeit* (Mennonitische Gemeinden in den Niederlanden) sind Gründungsmitglieder des ÖRK (1948).

63 Eine Gemeinschaft täuferischer Gemeinden. Gemeinsame Überzeugungen der Mennonitischen Weltkonferenz, in: *Enns*, Heilung der Erinnerungen – befreit zur gemeinsamen Zukunft, a.a.O., 313f.

7. Als weltweite Gemeinschaft von Menschen, die Glauben und Leben teilen, wollen wir jegliche Trennung durch Nationalität, ethnischen Hintergrund, Klasse, Geschlecht und Sprache aufheben. Wir wollen in dieser Welt leben, ohne uns von den Mächten des Bösen bestimmen zu lassen. Wir bezeugen Gottes Gnade, indem wir anderen dienen, Sorge für die Schöpfung tragen und alle Menschen dazu einladen, Jesus Christus als Heiland und Herrn kennen zu lernen.

Unsere Überzeugungen sind geprägt durch unsere täuferischen Vorfahren des 16. Jahrhunderts, die uns eine radikale Nachfolge Jesu Christi beispielhaft vorlebten. In der Kraft des Heiligen Geistes wollen wir im Namen Jesu Christi unser Leben gestalten und vertrauensvoll auf die Wiederkunft Christi und die Vollendung des Reiches Gottes warten.

Auch wenn es immer wieder Versuche gibt, eine *gemeinsame* Theologie der täuferisch-mennonitischen Tradition wenigstens in Ansätzen zu formulieren, konnten diese doch stets nur für einen bestimmten Teil dieser Konfession tatsächlich Gültigkeit beanspruchen. Problematisch ist zudem, dass bestimmte divergente theologische Prämissen auf je eigene Deutung der Geschichte zurückgreifen.[64] So ist denn auch gerade nach den Erfahrungen des Versagens im II. Weltkrieg in Gemeinden in Deutschland vor allem auf theologische Positionen nordamerikanischer Mennoniten zurückgegriffen worden.[65] Dadurch fand eine neue Identitätsbildung statt: »Sie brachten eine bis dahin unbekannte ›täuferische Identität‹ und gaben uns missionarisch und diakonisch einen weltweiten Horizont.«[66] Die kritische Auseinandersetzung mit dem Friedenszeugnis und der Gewaltfreiheit kehrte auf diese Weise wieder zurück in das Bewusstsein der Gemeinden und wurde nun verstärkt in die weltweite Ökumene eingebracht.[67] Die nach dem mennonitischen Theologen Harold S. Bender benannte »Bender-School« trug dazu bei, dass »von konfessioneller Polemik verzerrte Täuferbild zu korrigieren. Allerdings war diese Forschungsrichtung, die seit den siebziger Jahren einer revisionistischen, entkonfessionalisierten, auch stärker sozialgeschichtlich orientierten Täuferforschung weichen musste, nicht frei davon, das Gemeindeideal der eigenen Gegenwart in

---

[64] So bei *C. Arnold Snyder*, Anabaptist History and Theology: An Introduction, Kitchener/ON: Pandora Press 1995.

[65] Vgl. die Beiträge aus der sog. »Bender-School«, benannt nach *Harold S. Bender* (siehe vor allem: ders., The Anabaptist Vision, Scottdale/PA: Herald Press 1944), und von John Howard Yoder, der in ökumenisch-theologischen Diskussionen zunehmend zum Sprecher der Mennoniten wurde. Siehe zu Yoder etwa: *Mark Thiessen Nation*, John Howard Yoder: Mennonite Patience, Evangelical Witness, Catholic Convictions, Grand Rapids/MI: Eerdmans 2006.

[66] *Peter J. Foth*, Hüben und Drüben. Der Einfluss der amerikanischen auf die europäischen Mennoniten seit 1945, in: Mennonitisches Jahrbuch 2000, hg. von der *AMG*, Lahr 2000, 55–60.

[67] Siehe hierzu: *Enns*, Friedenskirche in der Ökumene, a.a.O., Kap.IV.: Die Stimme der Historischen Friedenskirchen in der ökumenischen Bewegung (Ökumenischer Rat der Kirchen), 201–260.

die Quellen der Täufer hineinzulesen und die eigene Geschichte zu unkritisch zu betrachten bzw. zu idealisieren.«[68]

Bevor nun im Weiteren – wiederum exemplarisch – nach einem konstruktiven Umgang dieser Tradition mit dem Phänomen des Pluralismus gefragt werden kann, muss Pluralismus in seiner besonderen kirchlichen und religiösen Ausprägung wahrgenommen werden.

II.4 Das Phänomen des religiösen Pluralismus

Auf drei zu unterscheidenden Ebenen – innerkonfessionell, konfessionell und interreligiös – soll im Folgenden untersucht werden, wie sich der religiöse Pluralismus darstellt. Diese Unterscheidung ist notwendig, denn manchmal beinhaltet Pluralismus unterschiedliche Ausdrucksformen ein und derselben Sache, manchmal zerfällt die eine Sache selbst in unüberschaubar Viele. Auch wenn auf die Wahrheitsfrage nicht verzichtet werden kann, scheint es geboten, sich zunächst über die jeweilige Ebene im Klaren zu sein.

II.4.1 Pluralismus innerhalb einer Konfession: die Erzählgemeinschaft

Allein in Deutschland zerfallen Mennonitengemeinden in viele verschiedene Zusammenschlüsse, die sich als legitime Vertreter des »täuferischen« oder »mennonitischen Erbes« betrachten und es weiter zu tragen suchen.[69] Dies geschieht zuweilen derart verschieden, dass manche Zusammenschlüsse kaum miteinander kommunizieren können. In den Streitpunkten geht es schließlich nicht nur um Akzidentia, sie erstrecken sich auch auf elementare Glaubensaussagen, wie das Verständnis der Schrift, der Gemeinde oder des Amtes. Wie kann es sein, dass diese Gemeinden sich dennoch alle »mennonitisch« nennen und sich darüber hinaus trotz aller Verschiedenheit untereinander tatsächlich verbunden fühlen?[70]
Dies schlicht als soziologisches Phänomen einer Minderheitensituation zu erklären, ist nicht hinreichend. Verbindend und tatsächliche Einheit bildend wirkt die gemeinsame »Geschichte«. Mennoniten teilen die eine »Story« von den Täuferinnen und Täufern bis heute, bilden eine

---

68 *Goertz*, Art. Menno Simons/Mennoniten, a.a.O., 454. Vor allem den umfassenden Beiträgen von Goertz ist es zu verdanken, dass hier starke Korrekturen in der Täuferforschung angebracht wurden.
69 Vgl. hierzu die Beiträge in: *Hans-Jürgen Goertz*, Das schwierige Erbe der Mennoniten. Aufsätze und Reden, Leipzig: Ev. Verlagsanstalt 2002.
70 Wer einmal im Ausland unterwegs war und auf andere, fremde Angehörige der eigenen Konfession gestoßen ist, wird dies gespürt haben: Ein Gefühl der Zusammengehörigkeit und damit verbunden ein Vertrauensvorschuss jenseits aller dogmatischen Differenzen.

Erzählgemeinschaft, in der diese »Story« weitergetragen wird.[71] Das heißt, es gibt doch – trotz der zu beobachtenden Traditionsabbrüche in der Gegenwart – einigende, implizite Axiome, wenn auch in Sprache nur schwer zu beschreiben. Solange sie sich gegenseitig die Zugehörigkeit zu den Mennoniten dabei nicht absprechen, »funktioniert« diese plurale Einheit. Alle Versuche aber, das Gemeinsame in explizite, lehr- oder bekenntnishafte Sätze zu fassen, müssten *per se* die Legitimität der Pluralität in Frage stellen. Das kann innerhalb einer Konfession, die ihre gemeinsamen Wurzeln auf einen polygenen Ursprung zurückführt und sich im Weiteren entsprechend polyform weiter entwickelte, nicht anders sein.

II.4.2 Pluralismus der Konfessionen: die ökumenische Gemeinschaft

Etwas anders stellt sich der Pluralismus in der Ökumene dar. In den verschiedenen christlichen Konfessionen wurden unterschiedliche, sich manchmal gar widersprechende »Lehren« aus den biblischen Zeugnissen abgeleitet. Heute ist in der Ökumene das Modell der *versöhnten Verschiedenheit* vorherrschend,[72] das davon ausgeht, dass der biblische Kanon nicht die Einheit der Kirche begründet, sondern vielmehr die Vielfalt der Konfessionen,[73] die Kirche demnach also in sich plural bleiben wird und dass dies positiv zu bewerten ist. Das Adjektiv ist entscheidend: Wenn die Konfessionen miteinander »versöhnt« leben, dann stehen sie nicht im Widerspruch zu dem Bewusstsein der einen, weltweiten Kirche Jesu Christi. Wenn gegenseitig das Kirchesein anerkannt werden kann, dann können Gegensätze als Bereicherung begriffen werden. Entscheidend ist auch hier: Das Versöhnt-sein kommt durch die einigende »Story« Gottes mit seinen Menschen zustande, wie sie in der jüdisch-christlichen Tradition als Offenbarung bezeugt ist. Es gibt einen Pol, eine Mitte, die einigend wirkt: das Bekenntnis zu dem dreieinigen Gott. Da aber diese Grundlage, die Zeugnisse des biblischen Kanons, in sich bereits plural angelegt sind, kann es kaum anders sein, als dass sich verschiedene Konfessionen herausbilden. Dies

---

[71] Vgl. das »Story-Konzept« von *Dietrich Ritschl*, Zur Logik der Theologie. Kurze Darstellung der Zusammenhänge theologischer Grundgedanken, München: Kaiser ²1988. »Vor allem kann durch ›Stories‹ die Identität eines Einzelnen oder einer Gruppe artikuliert werden. Menschen sind das, was sie in der ›Story‹ über sich sagen (bzw. was zu ihnen gesagt wird) und was sie aus dieser ›Story‹ machen.« (a.a.O., 45).

[72] Vgl. *Peter Neuner*, Ökumenische Theologie. Auf der Suche nach der Einheit der christlichen Kirchen, Darmstadt: Wissenschaftliche Buchgesellschaft (WBG) 1997, 289f.

[73] Diese wirkmächtige Einsicht führte Ernst Käsemann auf der Tagung für Glauben und Kirchenverfassung 1963 in Montreal aus. Vgl. (Ökumenischer Rat der Kirchen, Kommission für Glauben und Kirchenverfassung:) Montreal 1963. Bericht der Vierten Weltkonferenz für Glauben und Kirchenverfassung Montreal, 12.–26. Juli 1963, hg. von *Patrick C. Rodger*, Zürich: EVZ 1963.

lässt die Gegensätze nicht nur in positiver Weise »aushalten«, sondern als Reichtum der *einen* Kirche erkennen, ohne dass einzelne Ausprägungen dadurch relativiert würden. Das einigende Bekenntnis wird durch die Pluralität nicht verwässert, sondern in der ständigen gegenseitigen Überprüfung gefestigt, im Idealfall gar optimiert. – Freilich muss heute auch kritisch gefragt werden, inwiefern dieses Modell der versöhnten Verschiedenheit selbst ökumenefähig ist. Es gibt kirchliche Traditionen, wie das römisch-katholische Kirchenverständnis, das dieses Modell gerade nicht zuzulassen scheint.[74]

II.4.3 Pluralismus der Religionen: Eine Gemeinschaft gegenseitigen Bekennens

Eine wiederum zu unterscheidende Ebene ist der Pluralismus der Religionen. Die Frage nach deren Verhältnis zueinander lässt sich leicht zuspitzen, wenn danach gefragt wird, ob Vertreterinnen und Vertreter unterschiedlicher Religionen miteinander beten können. Was passiert, wenn Christen, Juden und Muslime miteinander beten? Beten sie zu dem gleichen Gott oder sprechen sie nur gemeinsam, jeder und jede zu »seinem« Gott? Die Worte sind vergleichbar, aber das Gesagte versteht jeder und jede anders und verbindet es sicherlich mit anderen Erfahrungen. Innerhalb der monotheistischen Religionen mag noch Gemeinsames möglich sein,[75] aber mit Buddhisten und Hindus stoßen wir doch an Grenzen.

Verschiedene Totalperspektiven stehen sich gegenüber. In der Forschung haben sich unterschiedliche Modelle herausgebildet, die eine Verhältnisbestimmung kategorisieren: Exklusivismus (die Religionen schließen sich gegenseitig aus), Inklusivismus (letztlich sind alle Nichtchristen auch Menschen des »christlichen« Gottes, der sich ihnen nur nicht als solcher offenbart hat), Pluralismus (verschiedene Weisen des Glaubens, die gleichberechtigt nebeneinander stehen).[76] Beim pluralistischen Modell bleibt die Frage, wie dies weiter interpretiert werden soll. Soll hier ein universaler Gott gedacht werden, auf den letztlich doch alles zurückzuführen ist (»normatives Verständnis«)[77] oder

---

[74] Zum katholischen Kirchenverständnis vgl. etwa: *Jürgen Werbick*, Kirche. Ein ekklesiologischer Entwurf für Studium und Praxis, Freiburg i.Br. u.a.: Herder 1994.
[75] Vgl. hierzu: (*Deutsche Bischofskonferenz:*) Leitlinien für das Gebet bei Treffen von Christen, Juden und Muslimen. Eine Handreichung der deutschen Bischöfe, Arbeitshilfen Nr. 170, Bonn: Sekretariat der Deutschen Bischofskonferenz ²2008.
[76] Vgl. unter den zahlreichen Beiträgen z.B.: *Reinhold Bernhardt*, Der Absolutheitsanspruch des Christentums. Von der Aufklärung bis zur Pluralistischen Religionstheologie, Gütersloh: Gütersloher Verlagshaus Mohn 1990.
[77] Siehe etwa: *Paul F. Knitter*, Ein Gott – viele Religionen. Gegen den Absolutheitsanspruch des Christentums. München: Kösel 1988.

verzichtet man gänzlich auf irgendetwas Gemeinsames (»deskriptives Verständnis«)? Auch ist zu fragen, wie absolute Aussagen, ohne die Religion schlechterdings nicht denkbar zu sein scheint, zu verstehen sind, denn einander widersprechende Glaubensbekenntnisse können doch nicht in gleicher Weise »wahr« sein. Und doch muss dieser, in der Wirklichkeit auftretende Anspruch der Religionen ernst genommen und theologisch reflektiert werden.[78]

Das Problem ergibt sich daraus, dass im Grunde niemand in der Lage ist, aus einer Totalperspektive den Wahrheitsanspruch aller Religionen zu beurteilen. Stets ist die Perspektive bereits durch das eigene Bekenntnis bestimmt, als Teil einer Erzählgemeinschaft, eines Erzählstroms, der diese Universalperspektive versperrt. In der realen Begegnung bleibt dann nur die Möglichkeit des sich gegenseitigen Bekennens des je eigenen Glaubens, in der Hoffnung, die anderen mögen das hören können, wenn sie es auch niemals ganz verstehen werden. Wir bleiben Juden, Christen oder Muslime – aber nicht in Verurteilung, auch nicht in bloßer Koexistenz, sondern im Respekt vor dem Glauben der anderen. Das erfordert wahrhaftige Toleranz, die wiederum im eigenen Bekenntnis begründet sein muss, wenn sie gelingen will. In der Folge muss sich daraus weder die Gefahr einer Fremdbestimmung noch der Beliebigkeit ergeben, denn jede und jeder soll das für wahr halten, woran er oder sie glaubt. Die ›Pilatusfrage‹ nach der Wahrheit bleibt – so wie sie dort gestellt ist – auch heute unbeantwortet. Tatsächliche Verständigung ist, wenn überhaupt, vor allem im Bereich der Ethik denkbar, zum Schutz allen Lebens. »Bis zum Erscheinen der Einheit der Wahrheit in der *visio beatifica in patria* ist der Pluralismus des Wahrheitsbewusstseins *in via* aus der Perspektive des Glaubens zu ertragen (Toleranz) und zu gestalten«, folgert Christoph Schwöbel m.E. zurecht aus dieser Erkenntnis.[79]

II.5 Die theologische Legitimation der Einheit in Vielfalt: Pluralismus aus Glauben

Die Frage nach der theologischen Legitimation solcher Gestaltungsversuche von Vielfalt soll hier noch angedeutet werden. Zum einen

---

[78] Vgl. hierzu auch den Beitrag: *Peter Scherle*, Zur Logik der Ökumenik. Die Theologie im Feld innerchristlicher, interreligiöser und gesellschaftlicher Prozesse, in: *Fernando Enns, Martin Hailer* und *Ulrike Link-Wieczorek* (Hg.), Profilierte Ökumene. Bleibend Wichtiges und jetzt Dringliches, Beiheft zur ÖR 84, Frankfurt/M.: Lembeck 2009, 48–75.
[79] *Christoph Schwöbel*, Die Wahrheit des Glaubens im religiös-weltanschaulichen Pluralismus, in: *Ulrich Kühn, Michael Markert* und *Matthias Petzoldt* (Hg.), Christlicher Wahrheitsanspruch zwischen Fundamentalismus und Pluralität, Leipzig: Evangelische Verlagsanstalt 1998, 88–120, hier:116.

lässt sich hinsichtlich des Pluralismus innerhalb einer Konfession und zwischen verschiedenen Konfessionen zunächst auf das bekannte paulinische Bild von dem einen Leib und den vielen Gliedern (1Kor 12) zurückgreifen. Sicherlich ist auch das Pfingstereignis eine Illustration dessen, wie der eine Geist die Pluralität der Sprachen hervorbringt und dennoch das gegenseitige Verstehen ermöglicht (vgl. Apg 2, dazu auch Joel 3). Unterschiede bleiben ohne diskriminierende Wirkung. Ausdruck der großen Versuchung beim Turmbau zu Babel war nicht die Höhe des Turms, sondern das Streben nach Uniformierung und Gleichschaltung (Gen 11).

Dieser Denkbewegung folgend hat in den vergangenen Jahren auch die Trinitätslehre in systematisch-theologischen Überlegungen des Westens wieder eine Renaissance erfahren – nicht zuletzt durch die Begegnung mit der Orthodoxie.[80] Im Bekenntnis zum dreieinigen Gott, den Vater, Sohn und Geist, ist Pluralität in Gott selbst schon angelegt («So wie ich und der Vater eins sind ...«, Joh 17).[81] Wie allerdings das Verhältnis von immanenter und ökonomischer Trinität zu denken ist, darüber wird in der Theologie seit jeher gestritten. Festzuhalten bleibt sicherlich, dass von Gott immer mehr zu sagen ist als von einem allmächtigen Vater, mehr als vom leidenden Jesus am Kreuz oder vom auferstandenen Christus, mehr als vom bewegenden Geist. Gott ist all dies in Beziehung zueinander. Und deshalb ist die Rede von Gott auch – wenn überhaupt – nur als in dynamischer Beziehung zu seiner Schöpfung denk- und sagbar, nicht als statisches Einssein und bloßes Gegenüber zu dieser.

Eine wichtige Erkenntnis aller Kirchen der Reformation ist die Erkenntnis der Unverfügbarkeit des Glaubens (siehe folgenden Exkurs).[82] In dieser Begründung entsteht dann die Vorstellung eines »Pluralismus aus Glauben« (Schwöbel). Das Verhältnis von *verbum internum* (was der Geist im Herzen lehrt) und *verbum externum* (der Christusbotschaft) hält das kritische Gestaltungspotential zum Pluralismus bereit.

---

[80] *Miroslav Volf* bezieht die trinitätstheologischen Überlegungen Jürgen Moltmanns auf die Ekklesiologie. Vgl. hierzu: *ders.*, Trinität und Gemeinschaft. Eine ökumenische Ekklesiologie, Mainz: Matthias-Grünewald-Verlag u.a. 1996. Vgl. außerdem: *Welker/Volf*, Der lebendige Gott als Trinität, a.a.O., darin vor allem: *Gerhard Marcel Martin* und *Hans-Martin Barth*, Trinität und interreligiöser Dialog, 279–298.
[81] Vgl. zu den ökumenischen Auslegungen von Joh 17: Deutscher Ökumenischer Studienausschuss: Einheit als Gabe und Verpflichtung. Eine Studie des DÖSTA zu Johannes 17 Vers 21, hg. von *Wolfgang Bienert*, Frankfurt/M.: Lembeck 2002.
[82] Vgl. hierzu: *Schwöbel*, Art. Pluralismus, a.a.O., 734.

Exkurs: Identität und Toleranz[83]

a. Identitätssicherung als Gewaltüberwindung und Bedingung zur
    Toleranz

Sowohl Identität als auch Toleranz sind gerade in der Ökumene die
entscheidenden Voraussetzungen dafür, bei aller bleibenden Verschiedenheit in den Identitäten doch von einer Gemeinschaft zu sprechen.[84]
Ganz allgemein kann gesagt werden: Identitäten, die über große Zeit-
räume in Zweifel gezogen, unterdrückt oder bedroht werden, führen im
Letzten oftmals zur Gewaltanwendung.[85] Der sich heute global gebär-
dende Terrorismus lässt sich wohl – zumindest teilweise – in diesen
Verstehenszusammenhang einordnen.[86] Damit ist der Terror weder
entschuldigt, noch hält er eine Lösung an sich bereit. Eher wird der
Gewaltkreislauf weiter angetrieben. Durch eine andauernde Demüti-
gung aufgrund von verweigerter Identität entwickelt sich ein Frustpo-
tential, das – gepaart mit anderen Faktoren – Menschen offensichtlich
Zuflucht suchen lässt in Fundamentalismen verschiedenster Art. Beispiele von gelingendem Zusammenleben differierender Identitäten
verdeutlichen den Zusammenhang von Identität und Gewaltüberwindung weiter, wie die Idee der freiheitlich und demokratisch verfassten
Rechtsstaaten westlicher Prägung zeigen kann. Wenn Identitäten gesichert sind, entsteht ein Potential zur Gewaltüberwindung, weil von allen Toleranz geübt wird gegenüber dem bleibend Fremden. Die Andersartigkeit wird nicht nur zugestanden, sondern im besten Fall sogar
als Bereicherung angesehen. Der Verlust der Andersartigkeit, die Ni-
vellierung der Unterschiede würde gleichsam ein Verlust für die gesamte Gemeinschaft darstellen. So kann Identitätsvergewisserung ein
Beitrag zur Gewaltüberwindung sein, weil sie eine Bedingung für Toleranz zu sein scheint.

---

[83] Dieser Abschnitt ist eine bearbeitete Fassung von Teilen des Vortrags: *Fernando Enns*, Identität und Toleranz. Vortrag bei der Mitgliederversammlung der Arbeitsgemeinschaft Christlicher Kirchen in Deutschland, Heiligenstadt 11. März
2004 (bisher unveröffentlicht). Siehe hierzu auch: *ders.*, The Peace Church: Identity and Tolerance in Pluralist Societies. Bechtel Lectures 2005 at Conrad Grebel
University College, Waterloo/ON, in: Conrad Grebel Review (CGR), Vol. 23, Fall
2005, 19–31.
[84] Vgl. zum Gesamten das Themenheft der Ökumenischen Rundschau 3/2003:
»Religiöse Wurzeln der Toleranz«.
[85] Vgl. zu dieser These: *Fernando Enns*, Breaking the Cycle of Violence: Building Community – Mechanisms for Overcoming Violence and Some Suggestions
for Theological Reflection, in: The Ecumenical Review (EcRev), Vol. 53, No. 2,
April 2001.
[86] Siehe hierzu grundlegende Informationen in: *Thomas Hilker*, Terrorismus.
Grundwissen, Organisationen, Angriffsmittel, religiöser Fanatismus, Suizidbomber, Münster: Monsenstein und Vannerdat 2006.

Der gegenwärtig erfahrene plurale Kontext, der zunehmend alle Teile unseres gesellschaftlichen Zusammenlebens bestimmt und den Kirchen nicht außer acht lassen können (im kirchlichen Handeln, beim Formulieren von Überzeugungen, bei der theologischen Reflexion), zeigt eine verstärkte Suche nach Identität und Identitätssicherung. Durch die wirtschaftliche Globalisierung und die sie ermöglichende globale Kommunikation einerseits sowie durch die Fragmentierung der Lebenswelten andererseits, zerfällt die eine Welt in ungezählte »kleine Welten«. Migrationsbewegungen haben Einwanderungsgesellschaften zwar bereits religiös plural werden lassen, gleichzeitig führen jedoch Traditionsabbrüche dazu, dass kaum noch eine Überzeugung als selbstverständlich vorausgesetzt werden kann. Zugehörigkeiten zu sozialen Größen werden frei gewählt – manchmal nur auf Zeit. In diesem pluralistischen Kontext religiös und weltanschaulich neutraler Staaten ergeben sich mindestens zwei sich gegenseitig verschärfende Herausforderungen – nicht nur für die Identitäten, sondern daraus resultierend auch für die Frage der Toleranz: Zum einen sogenannte »Patchwork-Identitäten«, die sich ganz individuell aus einem selbst gewählten Cocktail von Zugehörigkeiten bilden. Die moralische Forderung nach Toleranz wird hier selbst absolut, findet aber womöglich keine hinreichende Begründung mehr. Zum anderen entstehen intolerante Fundamentalismen als Gegenreaktion auf die Bedrohung, bzw. Auflösung der eigenen Identität.

Wenn aber die einfache »liberale« Forderung nach Toleranz in sich keine weitere Begründung bereit stellen kann, als jene der individuellen Freiheit, die wiederum nicht mehr in gefestigten Identitäten ruht, wird sie auf Dauer keine nachhaltige Überzeugungskraft entfalten können. Und wenn auch die Gegenreaktion des Fundamentalismus gerade durch Intoleranz gekennzeichnet ist, dann ist zu fragen, wie Toleranz in einem solchen Kontext nachhaltig gefördert werden kann, wenn doch einsichtig ist, dass gerade die pluralistischen Gesellschaften auf das friedliche Zusammenleben verschiedener Identitäten notwendig angewiesen sind.

b.   Toleranz – eine unmögliche Tugend?

Um diese Frage beantworten zu können, müssen wir zunächst noch genauer fragen, was eigentlich mit Toleranz gemeint ist. Der moralische Appell zu mehr Toleranz ist ein Allgemeinplatz geworden und wohl kaum ein Begriff wird so inflationär gebraucht und ist so sehr einer Trivialisierung erlegen wie der der Toleranz.

Toleranz kann zunächst treffend als eine »unmögliche Tugend« beschrieben werden (Bernard Williams)[87], denn sie fordert, eine Hand-

---

[87] *Bernard Williams*, Toleration. An Impossible Virtue, in: *David Heyd* (ed.), Toleration: An Elusive Virtue, Princeton/NY: Princeton University Press 1996,

lung oder Überzeugung zu ertragen, die nicht nur fremd ist, sondern mit den eigenen Überzeugungen schlicht nicht vereinbar ist. Im alltäglichen Zusammenleben gibt es vieles, was fremd ist, aber nicht wirklich stört oder irritiert, weil es uns entweder nicht berührt (weil wir damit gar nicht in Berührung kommen) oder sich mit den eigenen Auffassungen vereinbaren lässt. Dass man sich beispielsweise in anderen Religionen an einem anderen Wochentag als dem Sonntag zum Beten versammelt, ist für Christen kein Problem, denn es hindert uns in keiner Weise. In solchen Fällen sollte der Begriff der Toleranz noch nicht bemüht werden. Es ist keine Toleranz gefordert, weil die eigene Identität nicht in Frage gestellt wird. Das andere wird schlicht *akzeptiert*.

Die Frage nach der Toleranz wäre in besagtem Beispiel allerdings dann gestellt, wenn Angehörige einer anderen Religion an diesem ihnen heiligen Wochentag nicht zur Arbeit kommen und dadurch Arbeitsabläufe gestört oder unmöglich gemacht werden, in die auch wir involviert sind. Dann stehen wir vor der Herausforderung zu entscheiden, ob das zu tolerieren, zu *ertragen* ist. Denn die Begründung für das Fehlen des einen am Arbeitsplatz ist für die anderen nicht einfach hinnehmbar. Mit welcher Begründung sollte Toleranz hier aber gefordert sein?

Wenn schließlich gar gefordert würde, dass nun alle Gesellschaftsmitglieder an dem einen bestimmten Wochentag dieser einen mir fremden Religion nicht arbeiten dürfen oder gar an dem mir fremden Ritus teilnehmen müssen, dann erfordert das nicht Toleranz, sondern *Ablehnung*. Denn dies stellt die eigene Identität in Frage oder bedroht sie gar.

Wir können also sagen: Die Herausforderung der Toleranz stellt sich nur dann, wenn eine mir fremde Überzeugung oder Handlung inakzeptabel ist, weil sich ihre Begründung mir nicht erschließt. Soll diese mir fremd bleibende Überzeugung oder Handlung dennoch toleriert werden, dann muss die Begründung für diese Toleranz aus der eigenen Identität erwachsen können.

c. Das dialektische Verhältnis von Identität und Toleranz

Damit ist nicht nur eine klarere Abgrenzung der Frage nach Toleranz gegeben, sondern auch der Bezug zur Identitätsfrage klarer beschrieben. Nur wer sich seiner eigenen Identität sicher ist, kann – aus dieser Sicherheit heraus – auch zu einem abgewogenen und nachvollziehbaren Urteil darüber kommen, was jeweils angebracht ist: Akzeptanz, Toleranz oder Ablehnung. Ist die eigene Identität aber nicht gesichert, ist auch Toleranz folglich kaum möglich.

18–28. Vgl. hierzu auch: *Adam Seligman*, Toleranz – eine unmögliche Tugend?, in: ÖR 3/2003, 283–295.

Zum einen kann dies in eine allgemeine Relativierung führen, die kaum Respekt vor dem Fremdsein der anderen beinhalten wird. Relativierung führt nicht zu mehr Toleranz, sondern zu Indifferenz. Indifferenz ist aber gerade nicht in der Lage, Toleranz aufzubauen, weil das Begründungsinstrumentarium verloren geht. Deshalb führt auch die Forderung nach einem Mehr an Säkularisierung nicht notwendig zu einem Mehr an Toleranz, denn die Säkularisierung an sich hält noch keine Identitätssicherung bereit, weil sie für die Verhältnisbestimmung von eigener und fremder Identität nur die schlichte Forderung nach Toleranz formulieren kann. Verschiedene Identitäten in einer Gesellschaft ermöglichen an sich noch kein friedliches Zusammenleben, sondern die Bedingung der Möglichkeit zu Toleranz ist, dass das Fremde den einzelnen Gliedern gegenseitig bekannt wird. Toleranz setzt demnach keine Schwächung der Identitäten voraus, sondern eine Stärkung. Zum anderen kann ein Mangel an eigener Identitätssicherheit zu vorschneller Ablehnung des Fremden führen, weil dieses Fremde als zusätzliche Bedrohung oder Angriff auf die eigene Identität empfunden wird. Auch hier ist Indifferenz gegenüber dem Fremden die Folge, das Fremde wird schlicht nicht verstanden.
Identität und Toleranz stehen folglich in einem dialektischen Verhältnis zueinander.

d. Die theologische Begründung der Toleranz gegenüber anderen Religionen

Religion hat Identität stiftende Kraft. Sie bezieht sich immer auf den ganzen Menschen und bestimmt den Menschen ganz. Sie identifiziert den Menschen als Teil einer Gemeinschaft und weist ihm seinen Platz nicht nur in der aktuellen Gemeinschaft zu, sondern verortet ihn auch in einer Tradition, einem Erzählstrom, und orientiert ihn durch Glaubensüberzeugungen und Riten, auch und gerade in Bezug auf ihm fremde Identitäten. Dadurch erkennt der Mensch sich selbst als zugehörig, er bleibt nicht ein vereinzeltes Individuum.[88] Die religiöse Identität setzt andere Teile der persönlichen Identität nicht einfach außer Kraft, sondern vermag diese zu integrieren, weil sie alle anderen Identitäten transzendiert: ethnische Zugehörigkeit, Geschlecht, Familie u.a.m.

Wenn die »unmögliche Tugend« der Toleranz wie auch die Grenzen der Toleranz nur aus der eigenen Identität begründet werden können, dann ist hier demnach primär danach zu fragen, wie denn Toleranz aus

---

[88] Vgl. hierzu und im Folgenden: *Christoph Schwöbel*, Toleranz und Glauben. Identität und Toleranz im Horizont religiöser Wahrheitsgewissheiten, in: *Christoph Schwöbel* und *Dorothee von Tippelskirch* (Hg.), Die religiösen Wurzeln der Toleranz, Freiburg i.Br. u.a.: Herder 2002.

christlichem Glauben begründbar ist. Wie lässt sich die Forderung nach dem Ertragen von Überzeugungen und Handlungen, die dem christlichen Glauben fremd bleiben, theologisch begründen?

(1) Die Unverfügbarkeit Gottes und des Glaubens
Religion hat es immer mit der Wahrheitsfrage zu tun. Das Bekenntnis zu Jesus Christus erhebt den Anspruch, sich zur *einen* Wahrheit Gottes zu bekennen, wie sie in Jesus Christus offenbar geworden ist und in den biblischen Schriften bezeugt ist. Dies allein vermag den Glauben zu schaffen und zu begründen. Daher ist Glaube nicht *opus hominum* (Menschenwerk), ist nicht gebunden an Personen oder Handlungen, sondern Glaube liegt allein in der Erfahrung begründet, dass Gott sich offenbart und Glauben hervorbringt – durch das Wirken des Heiligen Geistes. Daraus folgt aber, dass der Glaube als Geschenk empfangen wird, letztlich also unverfügbar bleibt. Diese Unverfügbarkeit der offenbarten Wahrheit – und damit des Glaubens – ist es, die in der Geschichte immer wieder Teile der Kirche dazu geführt hat, Glaubens- und Gewissensfreiheit einzufordern, meist eher von jenen, die als unterdrückte Minderheit unter der Verweigerung eben dieser zu leiden hatte. Im Grunde gehört diese Forderung aber ins Zentrum des christlichen Glaubens ganz allgemein. Es kann im christlichen Glauben keine anderen letzten Autoritäten geben als die Gottes selbst und seiner Bezeugung in der Schrift allein. Keine menschliche Autorität kann daher anderen einen bestimmten Glauben vorschreiben, denn gegenüber der Wahrheit in Gott müssen alle geschichtlich-irdischen Manifestationen von Religion relativiert bleiben, wenn die letzte Wahrheit Gott selbst vorbehalten bleiben soll.

Wenn dem aber so ist, dann gilt dies natürlich nicht nur im Blick auf die eigenen Glaubensüberzeugungen, sondern auch und gerade hinsichtlich des Bekenntnisses anderer Religionen. Auch deren Glauben ist letztlich unverfügbar und muss deshalb, auch wenn er einem anderen Bekenntnis folgt, aus der Perspektive des christlichen Glaubens *ertragen*, toleriert werden. Andernfalls würde die eigene Religion mit der Wahrheit Gottes an sich schlicht gleichgesetzt. Eben dies kann aber nur ein religiöser Fundamentalismus behaupten, dem die essentielle Einsicht in die Unverfügbarkeit Gottes entgegensteht.

(2) Die in der Gottesbeziehung verankerte Menschenwürde
Zum Zweiten eine nähere inhaltliche Bestimmung: Dem Menschen wird im christlichen Glauben seine Personenwürde dadurch zuteil, dass Gott sich ihm in Beziehung gesetzt hat und sich in Beziehung setzt:
In der Schöpfung: Gott schafft sich den Menschen zum Ebenbild. Wir begreifen demnach uns selbst und alle anderen Mitmenschen als solche, in denen uns das Ebenbild Gottes begegnet.

In der Versöhnung: Gott stiftet Versöhnung zwischen sich und seinen Menschen. In Jesus Christus zeigt Gott, wie er ›Gott‹ ist und wie wir ›Menschen‹ sind und sein können. Dieses Versöhnungsgeschehen, die Geschichte von Jesus Christus, will im Glauben angenommen werden und sie gilt allen Menschen.

In der Vollendung: Gott vollendet den Menschen und die gesamte Schöpfung zu dem, was sie aus seiner Gnade und Barmherzigkeit wird. Alle Schuld und alles Vergehen werden gerichtet, ans Licht und zu Recht gebracht.[89]

Luther spricht in seiner »*Disputatio de iustificatione*« (1536) von der »Toleranz Gottes« gegenüber den Menschen.[90] Aus dieser umfassenden Bewegung der Liebe Gottes, in der Gott sich zu allen Menschen in Beziehung setzt, erwächst jene Personenwürde, die den Menschen wiederum befähigt, auch in den bleibend Fremden, die von Gott geschaffene und geliebte Person zu erkennen und deshalb gelingende Beziehungen zu diesen Fremden zu suchen. Hierin sind weitreichende ethische Implikationen enthalten, freilich nicht so, dass wir Gott gleich tolerant sein könnten, sondern dass die Glaubenden in der Zuwendung Gottes sich selbst als die erkennen, die sie in Gottes Augen sind: gerechtfertigt. – Die unbedingte Achtung der Menschenwürde und die Gewaltfreiheit sind unaufgebbare ethische Folgerungen aus dieser Glaubenserkenntnis, einer im Glauben begründeten Toleranz.

e.   Intoleranz aus Glauben

Hiermit ist keine grenzenlose Toleranz propagiert, die letztlich wieder in die Indifferenz führen müsste. Wir hatten oben gesehen, dass es auch klare Grenzen der Toleranz geben muss, da sonst ein völliger Identitätsverlust droht.

Die biblischen Geschichten berichten von dieser Herausforderung der Intoleranz. Da werden nicht nur Forderungen gestellt, die Fremden zu achten und zu schützen – in der Erinnerung an die eigene Fremdheitserfahrung Israels in Ägypten (vgl. Dtn 10:12–22 u.a.m.), sondern es finden sich ebenso zahlreich Erzählungen, in denen das Fremde, vor allem die fremden Götter, kategorisch abgelehnt werden.[91] Mit allen,

---

[89] Vgl. *Jürgen Moltmann*, Gerechtigkeit für Opfer und Täter, in: *ders.*, In der Geschichte des dreieinigen Gottes. Beiträge zur trinitarischen Theologie, München: Kaiser 1991, 74–89. Siehe hierzu auch: *Karl Barth*, Die Kirchliche Dogmatik, I/1–IV/4 (13 Bde.), Zürich: EVZ 1932–1967, hier: KD II/2, 819–854.

[90] Vgl. dazu: *Gerhard Ebeling*, Die Toleranz Gottes und die Toleranz der Vernunft, in: *Trutz Rendtorff* (Hg.), Glaube und Toleranz. Das theologische Erbe der Aufklärung, Gütersloh: Gütersloher Verlagshaus Mohn 1982, 54–73.

[91] Siehe beispielsweise die ausländischen Frauen Salomos, die Baalspriester bei Elia oder das Verbot der Mischehe bei Esra.

die diese klare Ablehnung aufweichen, wird hart ins Gericht gegangen. Aber nicht *das Fremde an sich* wird verurteilt, sondern es wird die Gefahr demonstriert, dass sie Israel *zum Götzendienst verführen* könnten. Das ist das entscheidende Kriterium: bei der Verführung zum Götzendienst ist eine klare, weil Identität zerstörende Grenze erreicht, die keine Toleranz mehr duldet. Weil Gott selbst infrage gestellt würde durch die Anbetung anderer Götter, kann nur eine klare Ablehnung die angemessene Reaktion hierauf sein: Intoleranz – aus Glauben! Die Nicht-Israeliten mögen freilich an *ihre* Götter glauben, das bleibt unbenommen.

Diese Haltung findet in der Kirchengeschichte zahlreiche Beispiele, bis in die jüngste Zeit: Wenn Überzeugungen oder Verhaltensweisen im Widerspruch zum christlichen Bekenntnis zu stehen kommen, so dass sie zur Verfälschung des *christlichen* Bekenntnisses selbst verführen oder es unkenntlich machen, dann ist ein *status confessionis* erreicht, bei dem es keine Toleranz geben kann. Das galt für die Bekennende Kirche im Dritten Reich[92] ebenso wie für die Kirchen in Südafrika, die sich gegen die Apartheid richteten.[93] Nicht die moralisch verwerflichen Handlungen riefen den jeweiligen Bekenntnisstand hervor, sondern der diese Handlungen begründende Götzendienst, der das Bekenntnis zu Jesus Christus selbst verfälschte. – Die Adressaten waren jeweils nicht anders Glaubende, sondern Christen.

f.   Die notwendige Differenzierung zwischen Person und Werk

Hier muss nun freilich noch eine weitere Differenzierung eingeführt werden, die beides zusammenhält: Toleranz aus Glauben gegenüber allen anders Glaubenden und Intoleranz aus Glauben gegenüber der Verführung zum Götzendienst.

---

[92] Vgl. Barmer Theologische Erklärung. Einführung und Dokumentation, hg. von *Alfred Burgsmüller* und *Rudolf Weth*, Neukirchen-Vluyn: Neukirchener [5]1993 (siehe besonders Art. 2 dieser Erklärung).

[93] Die Generalsynode der farbigen südafrikanischen Nederduitse Gereformeerde Sendingskerk (NGSK) verabschiedete 1986 das Belhar-Bekenntnis als verbindlich. Ablehnung und Überwindung der Apartheid wurden zur Bekenntnisfrage – acht Jahre vor der formellen staatlichen Überwindung der Apartheid 1994. Nach der Vereinigung der NGSK mit der schwarzen *Nederduits Gereformeerde Kerk in Suider Afrika* (NGKA) wurde der Text 1994 gemeinsames Bekenntnis der *Uniting Reformed Church in Southern Africa* (URCSA). Der Text findet sich in: www.reformiert-info.de/98-0-56-3.html [01.03.2010]. Vgl. hierzu: *Piet Naudé*, Den einen trinitarischen Glauben bekennen: Theologische Konsonanz zwischen dem Bekenntnis von Nizäa (381) und dem Bekenntnis von Belhar (1982), in: *Michael Welker* und *Miroslav Volf* (Hg.), Der lebendige Gott als Trinität, Festschrift für Jürgen Moltmann, Gütersloh: Gütersloher 2006, 174–195.

Die auf Augustin zurückgehende Unterscheidung zwischen Person und Werk[94] ist hier wegweisend. In der Rede vom Gericht Gottes ergeht Gottes Urteil über den Menschen als ein aufdeckendes und zu Recht bringendes Urteil. Indem die verwerflichen *Werke* des Menschen verurteilt werden, wird die *Person* zu Recht gebracht. Die Menschenwürde bleibt unantastbar, aber die Handlungen und Überzeugungen der Menschen stehen zur Disposition. Sie können und müssen aufgedeckt und gerichtet werden, ohne dass die Person auf diese Handlungen reduziert würde. Sie ist und bleibt Ebenbild Gottes – ungeachtet ihrer Taten.

Auch diese im Glauben gründende Einsicht in die Rechtfertigung des Sünders allein aus der Gnade und Barmherzigkeit Gottes hat weitreichende ethische Implikationen. Ihre radikalste Form ist die Forderung der Feindesliebe. Durch diese Liebe werden die Feinde nicht einfach zu Freunden, sondern eine Differenzierung wird möglich: Die andere, fremde Person wird nicht auf ihr Feindsein reduziert, das sich in Taten äußert, die nicht toleriert werden können. Die Differenzierung zwischen Person und Werk ist nötig, um Toleranz wie Intoleranz aus Glauben zusammenzuhalten.

Damit sind Toleranz wie die Grenzen der Toleranz aus Glauben begründet. Die Grenzen der Toleranz können gerade dann formuliert werden, wenn der Schutz der Personenwürde nicht zur Disposition steht. Eine Intoleranz gegenüber anderen Personen oder deren fremdem Glauben ist aus christlicher Sicht nicht tolerierbar, sehr wohl aber lässt sich gegenüber Handlungen und Überzeugungen Intoleranz formulieren.

g.   Die Notwendigkeit des öffentlichen Dialogs

Wir haben gesehen, wie der christliche Glaube dazu befähigt, Toleranz und Grenzen der Toleranz zu begründen. In der pluralistischen, multireligiösen Gesellschaft, in der der Staat weltanschaulich und religiös neutral ist, reicht das allein freilich nicht aus, denn nicht alle teilen diesen einen Glauben. So kann diese Begründung nicht mehr sein als ein Beitrag aus eben dieser bestimmten Perspektive des christlichen Glaubens.

Im Grunde muss der säkulare Staat von allen Religionen (oder »Globallehren«[95]) erhoffen, dass sie aus ihrem jeweiligen Glauben heraus die für das gewaltfreie Zusammenleben notwendige Toleranz begründen. Ohne diese Anstrengung unter den Religionen wird immer wieder

[94] Vgl. Augustin, De Trinitate, XIV, 4, in: Sancti Aurelii Augustini, De Trinitate. Libri XV (Libri XIII–XV), Corpus Christianorum Series Latina, vol. 50a, hg. von *William J. Mountain*, Turnholti: Brepols 1968, 428f.
[95] Vgl. diesen Begriff und die folgenden Gedanken bei: *John Rawls*, Gerechtigkeit als Fairness. Ein Neuentwurf, hg. von *Erin Kelly*, Frankfurt/M.: Suhrkamp 2006.

verfrüht nach Rechtsmitteln gerufen werden, die Konflikte aber nicht lösen, sondern bestenfalls regeln können. Vielmehr ist gerade die freiheitlich demokratische Gesellschaftsform für die Gestaltung eines friedlichen und gewaltfreien Miteinanders entscheidend darauf angewiesen, die Begründungen aus Glauben in einem öffentlichen Dialog zur Sprache zu bringen.

Daher ist es in der Postmoderne auch als Irrtum anzusehen, wenn Religion schlicht zur »Privatsache« deklariert werden soll. Allein die garantierte Glaubens- und Gewissenfreiheit (aufgrund der Unverfügbarkeit des Glaubens) kann damit sinnvoll zum Ausdruck gebracht werden. Religion selbst aber soll immer in die Öffentlichkeit hinein verwirklicht werden, als öffentliches Geschehen, denn sie ist kein Selbstzweck. Wenn der Religion die Mitgestaltung dieses öffentlichen Raumes nicht zugestanden wird, dann ist entweder ein laizistischer oder eine absolutistischer Staat die Folge. Beide aber können womöglich ein gewaltfreies Zusammenleben nicht auf Dauer ermöglichen, weil sie Toleranz nicht ausreichend begründen (und womöglich motivieren) können: Der laizistische Staat kann es nicht, weil Identitäten auf Dauer schlicht relativiert werden (Indifferenz ist die Folge), der absolutistische Staat nicht, weil er nur eine einzige Ideologie zulässt (Fundamentalismus kann die Folge sein). Beides ist aus der Perspektive des christlichen Bekenntnisses nicht annehmbar.

II.6 Glaubensfreiheit und Friedensethik als Gestaltungselemente des Pluralismus

Zum Schluss sei exemplarisch gefragt, welche Elemente aus der mennonitischen Tradition nun konstruktiv und gestalterisch in die Auseinandersetzung im und um den Pluralismus eingebracht werden können. Dies soll nicht in ahistorischer Weise geschehen, den »garstigen Graben« (G.E. Lessing) der Geschichte leugnend, idealisierend oder romantisierend die Gegenwartsbezüge einfach in die Anfänge projizierend. Vielmehr ist danach zu fragen, welche »impliziten Axiome« dieser distinkten Tradition in der Auseinandersetzung mit den gegenwärtigen Erfahrungen des Pluralismus zu neuer Ausprägung kommen können. An zwei Grundhaltungen soll dies versucht werden.

Peter Berger behauptet, dass »der häretische Imperativ statt zu einem Hindernis zu einer Hilfe sowohl für den religiösen Glauben wie für das Nachdenken darüber werden kann.«[96] Seit den Anfängen der Reformationszeit stand die Forderung nach Glaubens- und Gewissensfreiheit – zunächst als Reaktion, dann aber selbständig begründet – im Vorder-

---

[96] *Berger*, Der Zwang zur Häresie, a.a.O., 48f.

grund.[97] Sie liefert letztlich auch heute das Argument dafür, dass Staat und Religion getrennt bleiben sollen. Der gläubige Mensch soll sich frei entscheiden können und in seinem Glauben und Bekenntnis nicht fremdbestimmt sein. Für die Täufer des 16. Jahrhunderts war vor allem die Säuglingstaufe Illustration für diese Fremdbestimmung und Unfreiheit.[98] Und es sollte weder ein kirchliches Amt, noch eine für alle gültige Bekenntnisschrift in Lehrfragen des Glaubens über die Freiheit und das Gewissen der Einzelnen gestellt sein. Die Autonomie der Gemeinden dokumentiert in diesem Fall, dass diese Forderung selbst in der institutionellen Ausformung ihren Niederschlag findet. Der »häretische Imperativ« ist dieser Tradition somit inhärent vorgegeben.

Die zweite Überlegung soll vorsichtiger formuliert werden: Müsste nicht das Selbstverständnis als (historische) »Friedenskirche« bereits deutlich implizieren, dass nicht alle das Gleiche glauben und bekennen müssen? Gerade der Verzicht auf die Anwendung von Gewalt als Mittel zur Durchsetzung eigener Überzeugungen weist doch bereits auf eine Legitimität der Verschiedenheit hin. Eine Einschränkung soll gemacht sein: Wo die Forderung nach Gewaltlosigkeit in die Absonderung führte und manchmal gar zu Selbstgerechtigkeit, da ist der Gedanke der legitimen Pluralität und gewaltfreien Konfliktlösung gerade nicht leitend. Hier schließt sich eine Überzeugung selbstgerecht ab und dies führt – im Unterschied zum Pluralismus – in einen reinen Individualismus. Kein Widerspruch hingegen ist es, wenn die Forderung der Gewaltfreiheit gerade auch als Zeugnis gegenüber Anders*denkenden* verstanden wird. Eine zeugnishafte Alternative gegenüber anderen zu leben stellt in sich noch keine Absolutsetzung der eigenen Position dar, wenn sie die anderen in ihrem Anderssein toleriert und Gewalt als Mittel der Auseinandersetzung – auch um die Wahrheit – kategorisch ausschließen will.

Beide Überzeugungen, die der Glaubens- und Gewissensfreiheit und die der Gewaltfreiheit, entstammten ursprünglich Situationen, in denen Täufer, später Mennoniten, apologetisch argumentierten. Daher sollen diese Identität stiftenden Überzeugungen nicht überstrapaziert werden. Hier genügt die Beobachtung zur Erhärtung der These: Eine plurale Minderheitskirche wie die Mennoniten kann von unbewussten Förderern des Pluralismus zu konstruktiven Gestaltern desselben werden. Und sie werden dies gerade, ohne das eigene Bekenntnis zu relativieren oder die eigene Identität aufzugeben. Im Gegenteil, denn mit Hilfe

---

97 Vgl. *Walter Klaassen* (ed.), Anabaptism in Outline: Selected Primary Sources, Kitchener/ON: Herald Press 1981, Kap. X, XII und XV. Hier finden sich mehrere Belege aus dem 16. Jahrhundert.
98 Vgl. *Hans-Jürgen Goertz*, Täufergeschichtliche Aspekte zur Taufe, in: MGB, 66. Jg. (2009), 7–30.

der zentralen Forderungen des Rechts auf Glaubens- und Gewaltfreiheit konnte die eigene Identität geschärft werden. Dazu muss diese plurale Minderheit ihre entsprechenden Überzeugungen allerdings in die Situation der Nachmoderne hinein übersetzen.

So wird hier eine Identität im Pluralismus sichtbar, die sich einerseits gegen Fremdbestimmung wehrt, sich andererseits aber nicht in Beliebigkeit verliert. Die Herausforderung ist jetzt der Erweis der Pluralismusfähigkeit dieser Minderheit in einer Gesellschaft, die ihr dies nicht nur zugesteht, sondern geradezu abverlangt.

II.7 Ökumene als Bewährungsfeld der Kirche im Pluralismus

Die Kirchen werden sich in Zukunft noch stärker als bisher dafür einsetzen müssen, Räume des Dialogs nicht nur einzufordern, sondern auch öffentlich zu gestalten – zum Wohle aller. Erst im Dialog, in der direkten und gelebten Begegnung mit dem bleibend Anderen, wird sich dann im Einzelnen ergeben können, was *akzeptiert* werden kann, weil es auch im Eigenen zu finden ist; was *toleriert* werden kann, obwohl es im Eigenen so nicht zu finden ist, aber aufgrund der Unverfügbarkeit des Glaubens und Gottes selbst ertragbar ist; und was Widerspruch erfordert, weil es die Menschenwürde verletzt oder zu »Götzendienst« verführt und so das christliche Bekenntnis (die eigene Identität) gefährdet.

Die Ökumene ist solch ein öffentlicher Raum, in dem dieser Dialog geführt werden kann. In der innerchristlichen Ökumene haben wir bereits erfahren, dass durch die Vergewisserung unserer eigenen Identitäten mehr Toleranz zustande kam und Gewalt überwunden wurde. Die sich einst gegenseitig der Häresie bezichtigten und verfolgten, beginnen sich heute gegenseitig als Teilhaber einer Gemeinschaft zu entdecken, in der die bleibende Verschiedenheit nicht mehr als diskriminierend erfahren wird. Nach solchen Erfahrungen ist auch im Dialog mit anderen Religionen zu suchen. So können anders Glaubende dann schließlich auch und gerade in ihrer Fremdheit wahrgenommen werden – vielleicht gar als Mitstreiter für eine gerechtere und friedlichere Welt-Gemeinschaft. Oder aber Religionen verfallen dem Fundamentalismus und schließen sich nach außen ab. In der Angst um Identitätsverluste in der Orientierungsvielfalt bietet sich diese Alternative fortdauernd verführerisch an.

Womöglich muss in Zeiten der Traditionsabbrüche, der Säkularisierung und der Bedeutungsverluste von Institutionen gerade die Fähigkeit zum Pluralismus von vielen Kirchen noch weiter erlernt werden. Kleine plurale Minderheiten sind aber ein sprechendes Zeugnis dafür, dass das theologische Begründungspotential für einen Pluralismus aus Glauben immer vorhanden war für die Kirche im Pluralismus.

III. Das Rechtfertigungsgeschehen in der Interpretation einer Theologie aus täuferisch-mennonitischer Perspektive – im Kontext ökumenischer Dialoge[99]

III.1 Vorbemerkungen

Theologische Aussagen und kirchliche Stellungnahmen, auch Bekenntnistexte, sind nicht für alle Zeiten unveränderbare Definitionen oder gar allgemeine »Wahrheiten« über Sachverhalte des christlichen Glaubens, sondern stets der Versuch, auf der Basis der biblischen Zeugnisse in einer bestimmten geschichtlich gegebenen Situation etwas von der Wahrheit des Evangeliums zu sagen, zu erklären und diese gegebene Situation selbst im Lichte des Glaubens zu verstehen. Damit ist gesagt, (1.) dass der »Sitz im Leben« theologischer Aussagen stets mit zu bedenken ist, wenn gefragt wird, wie das Gesagte gemeint ist, (2.) dass hieraus die Aufgabe erwächst, Formulierungen aus anderen Zeiten und Kontexten in der gegenwärtigen Situation und Sprache verständlich zu machen und (3.) »[…] dass unseren Kirchen in der Geschichte neue Einsichten zuwachsen und dass sich Entwicklungen vollziehen […]«, wie die Gemeinsame Erklärung zur Rechtfertigungslehre zwischen Vatikan und Lutherischem Weltbund (GER) feststellt.[100]
Diese Prämissen gilt es besonders in ökumenischen Begegnungen zu beachten, in denen verschiedene Lehrtraditionen ihr Verhältnis zueinander neu zu klären suchen. Und es versteht sich von selbst, dass sich in dieser Begegnung immer auch Klärungen innerhalb der eigenen Lehrtradition ergeben, wenn es denn zu wirklichen Dialogen kommt.

Für Mennoniten mag diese Entwicklungschance im besonderen Maße gelten, da Bekenntnisschriften in dieser Tradition nicht beanspruchen können, eine für alle Glieder verbindliche Auslegung des Glaubens zu sein und es auch keine lehramtliche Autorität gibt, die Glaubenslehren verpflichtend vorschreiben könnte. Vielmehr gilt die Gemeinde als ›hermeneutische Gemeinschaft‹[101], die die Schrift – unter dem Gebet, dass der Heilige Geist sie leiten möge – fortwährend auslegt. Daraus

99 Bearbeitete Fassung des Beitrags: *Fernando Enns*, Das Rechtfertigungsgeschehen in der Interpretation der Mennoniten, in: Deutscher Ökumenischer Studienausschuss: Von Gott angenommen – in Christus verwandelt. Die Rechtfertigungslehre im multilateralen ökumenischen Dialog. Eine Studie des DÖSTA, hg. von *Uwe Swarat, Johannes Oeldemann, Dagmar Heller*, Beiheft zur ÖR 78, Frankfurt/M.: Lembeck 2006, 155–176.
100 Gemeinsame Erklärung zur Rechtfertigungslehre, in: Texte aus der VELKD 87/1999, hg. von der *Vereinigten Evangelisch-Lutherische Kirche Deutschlands* (VELKD), Hannover: Lutherisches Kirchenamt der VELKD 1999, hier: § 7. Hier sind alle offiziellen Dokumente des Lutherischen Weltbundes und des Vatikan zu dieser Erklärung enthalten.
101 Vgl. *Yoder*, Walk and Word, a.a.O.

ergibt sich in der Konsequenz eine legitime, innerkonfessionelle Pluralität von Meinungen und Überzeugungen. Das gilt es bei allen Versuchen der Darstellung konfessionsspezifischer Glaubensinhalte zu berücksichtigen – schon aus Gründen der Redlichkeit gegenüber ökumenischen Gesprächspartnern.

Daraus folgt nicht notwendig Beliebigkeit oder Relativismus in Bezug auf theologisch reflektiertes Reden, vielmehr stellt die Berücksichtigung der Kontextualität auch der eigenen Position gerade die notwendige Voraussetzung dar für einen verantwortungsvollen und glaubwürdigen Umgang mit Schrift und Tradition im Horizont gegenwärtiger Ökumene und achtet die letztliche Unverfügbarkeit der Wahrheit des Evangeliums.

In der folgenden Darstellung kann folglich nicht nach einer verbindlichen, mennonitischen Rechtfertigungslehre gefragt werden. Vielmehr sollen durch das Aufgreifen verschiedener Stimmen zu verschiedenen Zeiten in dieser Tradition die leitenden Axiome (oder »regulativen Prinzipien«[102]) deutlich werden.

III.2 Alternative Denkansätze der Täufer im 16. Jahrhundert

Es ist nahezu unmöglich, die facettenreiche und plurale Gruppe der Täufer des 16. Jahrhunderts als eine einheitliche, zusammengehörige Denkbewegung zusammenzufassen.[103] Dennoch lassen sich Gemeinsamkeiten in der Opposition zur mittelalterlichen Kirche einerseits und zu den anderen Reformatoren andererseits ausmachen – auch im Blick auf das Verständnis der Rechtfertigung. Mit der Reformation betonen die Täufer die Rechtfertigung allein aus Gnade durch den Glauben und erheben den Vorwurf der Werkgerechtigkeit gegenüber der römisch-katholischen Tradition. Damit lassen sie sich zunächst im Spektrum reformatorischer Rechtfertigungsverständnisse verorten. Mit den anderen Reformatoren haben die Täufer also in der »Bewertung der Rechtfertigungslehre als der Grundlage des evangelischen Glaubens« übereingestimmt, so das Urteil der Mehrzahl mennonitischer Historiker und Theologen.[104]

---

[102] Vgl. *George A. Lindbeck*, Christliche Lehre als Grammatik des Glaubens. Religion und Theologie im postliberalen Zeitalter, Theologische Bücherei Bd. 90, München: Kaiser 1994.

[103] Vgl. zum Gesamten: *Hans-Georg Tanneberger*, Die Vorstellung der Täufer von der Rechtfertigung des Menschen, Stuttgart: Calwer 1999.

[104] Vgl. *John Howard Yoder*, Täufertum und Reformation im Gespräch. Dogmengeschichtliche Untersuchungen der frühen Gespräche zwischen schweizerischen Täufern und Reformatoren, Basler Studien zur historischen und systematischen Theologie Bd. 13, Zürich: EVZ 1968, 83f.

Am lutherischen und später calvinistischen Glaubensverständnis kritisieren die Täufer dann aber die mangelnde Sichtbarkeit der christlichen Lebensgestaltung und betonen den engen Zusammenhang von Rechtfertigung und Heiligung, wie exemplarisch gezeigt werden kann anhand eines Briefes des Kreises um Konrad Grebel (1498–1526) an Thomas Müntzer, eines der ersten schriftlichen Zeugnisse der Täufer:

»[...] genauso will auch heute jedermann durch geheuchelten Glauben selig werden, ohne Früchte des Glaubens, ohne Taufe der Versuchung und Erprobung, ohne Liebe und Hoffnung, ohne rechte christliche Gebräuche, will stecken bleiben in all dem alten Wesen der eigenen Laster [...]. In solchem Irrtum sind auch wir befangen gewesen, solange wir Zuhörer und Leser der evangelischen Predigt waren, die an diesem allen schuld ist [...].«[105]

Die Suche nach einer sichtbaren Veränderung im Leben der wahrhaft Glaubenden trieb die Täufer in die Konfrontation mit den anderen Reformatoren. »Hat Luther die biblische Lehre vom Glauben wiederentdeckt, so die Täufer den biblischen Ruf zur Heiligung«, urteilt J. Lawrence Burkholder.[106] Das Fehlen der Werke, die aus dem Glauben erwachsen, könne zwar das Rechtfertigungsgeschehen durch den Glauben nicht in Frage stellen, doch wenn es nicht zu einer »Besserung des Lebens«[107] (Hans-Jürgen Goertz) kommt, dann lasse das auf einen Mangel im Glauben schließen. Gemeinsam ist wohl allen Täufern die Schlussfolgerung: »Wer in seinem Wandel nicht Spuren des Lebens zeigt, das Gott gefällt, kann nicht den wahren Glauben haben.«[108] Vor diesem gemeinsamen Hintergrund entfalten sich dann in einer doppelten Opposition (gegen Rom sowie gegen die protestantische Reformation) verschiedene Denkansätze bei den Täufern, die sich in den entsprechenden Schriften niederschlagen. Da die Argumentationsgänge aber sehr unterschiedlich sind, muss hier differenziert werden.

III.2.1 *Gratia praeveniens* und *imitatio Christi* – Hans Denck

Hans Denck (1495–1527), einer der führenden Persönlichkeiten der Täuferbewegung, ist einerseits von Thomas Müntzer geprägt, anderer-

---

[105] Brief von Conrad Grebel und seinen Brüdern an Thomas Müntzer (1524), in: *Heinold Fast* (Hg.), Der linke Flügel der Reformation. Glaubenszeugnisse der Täufer, Spiritualisten, Schwärmer und Antitrinitarier, Klassiker des Protestantismus Bd. IV, Bremen: Carl Schünemann 1962, 12–27.
[106] *J. Lawrence Burkholder*, Nachfolge in täuferischer Sicht, in: *Guy F. Hershberger* (Hg.), Das Täufertum. Erbe und Verpflichtung, Stuttgart: Evangelisches Verlagswerk 1963, 131–145, hier: 142.
[107] *Hans-Jürgen Goertz*, Die Täufer. Geschichte und Deutung, München: Beck ²1988, 43–75.
[108] A.a.O., 67.

seits durch die mittelalterliche Mystik.[109] Er vertritt die Ansicht, dass der Mensch das Heil nicht allein im Vertrauen auf die Verheißung Gottes in der Schrift ergreifen kann, da dies ein Glaube wäre, der sich an das Äußerliche hängt. Das Heil werde dem Menschen aber auch nicht einfach nur zugesprochen, sondern der Mensch sei aufgerufen, den Weg, der zum Heil führt, selbst mitzugehen. Das Heil komme von innen, auf geistliche Weise: »Das Licht, das Wort Gottes scheint in aller Menschen Herzen, die in diese Welt kommen [...]«.[110] Dieses »Seelenfünklein« sei Ausdruck der freien und gnädigen Zuwendung Gottes zum Menschen (*gratia praeveniens*). »Das Wort Gottes ist bei dir, ehe du es suchst; gibt dir, ehe du bittest, tut dir auf, ehe du anklopfst. Keiner kommt von sich selbst zu Christus, der Vater ziehe ihn denn, welches er auch nach seiner Güte trefflich tut.«[111]

So richtet sich Denck einerseits mit der Reformation gegen jeden Irrglauben, der Mensch könne sich vor Gott das Heil aus eigener Kraft verdienen, andererseits gegen einen rein äußerlich, aus dem Buchstaben »herbeigezwungenen« Glauben. Glaube wachse aus der Gnade, die Gott in den Grund der Seele gesenkt habe. Dies sei durch Christi Tod am Kreuz geschehen. Damit sei den Menschen die Möglichkeit gegeben, Christus im Leben nachzufolgen (*imitatio Christi*): Der Mensch sagt der Sünde ab, so dass sein Herz »leer« wird und empfänglich für die Gnade und den Geist Gottes. Nur so könne der eigene Wille dem Willen Gottes gleich und die zerstörte Gemeinschaft zwischen Gott und Mensch wieder hergestellt werden.

Würde nun die Möglichkeit der Mitwirkung des Menschen in diesem Prozess gänzlich ausgeschlossen, dann bedeute dies Denck zufolge gerade die Infragestellung der Güte Gottes. Denn das hieße zum einen, alle Menschen seien zum Guten oder zum Bösen vorherbestimmt. So werde Gott am Ende zum Verursacher auch der Sünde und der Mensch werde nicht mehr für seine eigene Sündhaftigkeit verantwortlich gemacht. Zum anderen müsste behauptet werden, dass Gott den Menschen auch gegen seinen Willen zum Heil zwinge. Beides widerspräche aber der Liebe Gottes wie auch der Freiheit des Menschen. Durch die freie Zuwendung Gottes im Christusgeschehen sei aber der Wille des Menschen vom völligen Gefangensein in Sünde befreit. – Rechtfertigung ist somit für Denck »nicht ein forensisches Urteil Gottes über

---

109 Vgl. *Werner O. Packull*, Hans Denck. Auf der Flucht vor dem Dogmatismus, in: *Hans-Jürgen Goertz* (Hg.), Radikale Reformatoren, 21 biographische Skizzen von Thomas Müntzer bis Paracelsus, München: Beck 1978, 51–59.
110 *Hans Denck*, Schriften II. Religiöse Schriften, Quellen zur Geschichte der Täufer Bd. VI, hg. von *Georg Baring* und *Walter Fellmann*, Gütersloh: Bertelsmann 1956, 90.
111 A.a.O., 44 (in zeitgemäßes Deutsch übertragen durch FE).

den Menschen, sie ist ein Prozess, in dem das Leben des Menschen von Grund auf gebessert wird. Rechtfertigung ist Gerechtmachung.«[112]

III.2.2 Synergismus im Prozess zwischen Wiedergeburt und Vollendung – Balthasar Hubmeier

Auch für Balthasar Hubmeier (ca. 1485–1528) ist ein Glaube ohne Werke ein toter Glaube.[113] Der Glaube müsse seinen Ausdruck finden in der Liebe zu Gott und zum Nächsten (mit Bezug auf Röm 10 und Gal 5). Hubmeier wirft den protestantischen Reformatoren vor, sie betonten so stark, dass der Glaube allein selig mache, um mit ihrem »lasterhaften Leben« fortzufahren. Erst im Streit um die Willensfreiheit zwischen Erasmus und Luther findet Hubmaier dann aber den Anstoß zur Entwicklung seiner eigenständigen Argumentation:[114] Wenn der freie Wille des Menschen geleugnet werde, dann könne auch nicht behauptet werden, dass Gott den Sünder für seine Sünden verurteile, denn Gott würde den Sünder für etwas verdammen, für das der Mensch nicht verantwortlich zu machen sei (gegen Mt 25). Das aber wäre ein grausamer Gott.

Hubmeier folgt nicht einfach der rationalen Argumentation des Erasmus, sondern entfaltet eine mystisch-spiritualistische Interpretation. Das ursprüngliche Vermögen der Unterscheidung zwischen Gut und Böse sei nicht der Vernunft zuzuschreiben, sondern dem Menschen allein im Geist möglich. Allerdings sei die Kraft dieses »Feuerleins im Geist« seit dem Sündenfall zu schwach gewesen, um tatsächlich handlungsleitend werden zu können.[115] Frei wurde die Seele erst und gerade durch den Gnadenakt Gottes: In Christus ist die Sünde überwunden. Durch das Hören des Wortes Gottes befreie der göttliche Geist den Geist im Menschen und mache die Seele gesund. Wenn die Seele nun weiter sündige, dann sei sie auch dafür verantwortlich.

Wenn Hubmeier – vermutlich unbewusst ein Zitat Augustins[116] aufgreifend – formuliert: »[…] Gott hat dich erschaffen ohne dich, aber ohne dich wird er dich nicht selig machen«[117], so ist dies durchaus als

---

[112] *Goertz*, Die Täufer, a.a.O., 69.
[113] Vgl. *Balthasar Hubmeier*, Rechtfertigung (1526), in: *ders.*, Schriften, Quellen zur Geschichte der Täufer Bd. IX, hg. von *Gunnar Westin* und *Torsten Bergsten*, Gütersloh: Mohn 1962, 461ff. Siehe zu Hubmeier: *Christof Windhorst*, Balthasar Hubmeier. Professor, Prediger, Politiker, in: *Goertz*, Radikale Reformatoren, 125–136.
[114] Vgl. *Balthasar Hubmeier*, Von der Freiheit des Willens (1527) und Anderes Büchlein von der Freiwilligkeit des Menschen (1527), in: *ders.*, Schriften, a.a.O.
[115] Vgl. a.a.O., 322 und 386.
[116] *»Qui fecit te sine te, non te iustificat sine te. Ergo fecit nescientem, iustificat volentem.«* Augustin, Sermo 169, in: *Jaques Paul Migne*, Patrologiae cursus Completus, Series latina (PL), Paris 1841–1864, hier Vol. 38, 922f.
[117] *Hubmeier*, Von der Freiheit des Willens, a.a.O., 391.

synergistisches Heilsverständnis zu verstehen. Allerdings ist genauer zu differenzieren: Dieser Synergismus bezieht sich nicht auf die Zeit zwischen Sündenfall und Wiedergeburt, sondern ist beschränkt auf den Prozess zwischen Wiedergeburt und Vollendung des Menschen.

III.2.3 Radikaler Dualismus von Kirche und Welt – Menno Simons

Der niederländisch-friesische Täufer und spätere Namensgeber der Mennoniten, Menno Simons (1496–1561), teilt die Menschheit ein in zwei sich gegenüberstehende Lager: Jene, die »nach dem Fleisch« leben, und jene, die »nach dem Geist« leben. Menno Simons geht von einer klaren Zäsur zwischen dem alten und dem neuen Leben in Christus aus. Das neue Leben gehorche dem göttlichen Wort und lasse keine Trennung zwischen Wort und Tat zu.

Menno Simons verfolgte das Ziel einer sichtbaren, reinen und wahren Kirche von Glaubenden und Nachfolgern Christi, was ihn in einen strengen Moralismus führte. Zu erklären ist dies wiederum vor dem Hintergrund der doppelten Opposition gegen »Papisten« einerseits und protestantische Reformatoren andererseits. Sein Vorwurf an die protestantische Interpretation des Rechtfertigungsgeschehens ist, sie habe das unwissende Volk in ein Leben geführt, das ärger sei als »das Leben der Türken und Tataren«[118], denn wer sich nicht entsprechend der Lehre Christi verhalte, »bezeugt dadurch, dass er weder an ihn glaubt, noch ihn kennt und dass er nicht in der Gemeinschaft der Heiligen ist«. Das Fehlen der Werke wird auch hier als Indikator für einen Mangel an Glauben gewertet.

Den Vorwurf der Werkgerechtigkeit will aber auch er nicht für sich gelten lassen und betont wiederholt die Rechtfertigung allein in dem gekreuzigten Jesus Christus. Obwohl auch Menno Simons die Prädestinationslehre, nach der allein Gott über Heil und Unheil des Menschen entscheidet, verwirft, bleibt für ihn die Versöhnung in Jesus Christus Voraussetzung für die Freiheit des Menschen, sich den guten Werken zuzuwenden: »Wir suchen also, guter Leser, unsere Seligkeit nicht in Werken, Worten oder Sacramenten, wie die Gelehrten thun, obwohl sie solches von uns sagen, sondern allein in Christo Jesu und in keinem anderen Mittel weder im Himmel noch auf Erden«.[119] Menno Simons bezieht sich hier direkt auf Eph 2:4–10 (»Denn aus Gnaden seid ihr

---

118 *Menno Simons*, Von dem rechten, christlichen Glauben (1556), in: *ders.*, Die vollständigen Werke Menno Simon's, übersetzt aus dem Holländischen (Funk Ausgabe 1876), Aylmer/ON: Pathway 1971, 147ff. Siehe zu Menno Simons: *Irvin B. Horst*, Menno Simons. Der neue Mensch in der Gemeinschaft, in: Goertz, Radikale Reformatoren, a.a.O., 179–189.
119 *Menno Simons*, Ein gründliches und klares Bekenntnis der Armen (1552), Von der Rechtfertigung, in: *ders.*, Die vollständigen Werke, a.a.O., 371ff.

selig geworden durch Glauben, und das nicht aus euch: Gottes Gabe ist es, nicht aus Werken, damit sich nicht jemand rühme.«).[120]

III.2.4 *Sola gratia* – als Bedingung der Möglichkeit zum Bekenntnis

Alle Täufer stimmen darin überein, dass der Prozess der Erlösung mit Gottes gnädigem Handeln in Jesus Christus beginnt. Die Täufer meinen, dass der Mensch allein durch die Gnade Gottes gerettet wird und nicht durch eigene Werke. Aber Gott vollzieht sein Gnadenhandeln nicht ohne den Menschen, sondern der Mensch muss das Geschenk des Glaubens aus freiem Willen annehmen. Die vorauslaufende Gnade Gottes schafft die Bedingung der Möglichkeit des freiwillig antwortenden Bekenntnisses des Glaubens. Dieser Zusammenhang findet seinen angemessenen Ausdruck dann auch in der Taufe der Glaubenden (Erwachsenentaufe). Glaube und Werke, Bekenntnis und Handeln sind nicht voneinander zu trennen, gute Werke sind nicht einfach die Frucht des Glaubens, sondern sichtbarer Ausdruck des Glaubens.[121]

Damit ist gleichsam die Prädestination im Sinne der Bestimmung mancher zur Erlösung und anderer zur ewigen Verdammung abgewehrt. Auch wird das lutherische *simul iustus et peccator* hier noch abgelehnt, denn wenn Gott im Menschen durch den Heiligen Geist wirke, bedeute dies tatsächlich eine wesensmäßige (ontologische) Verwandlung des Menschen. Wenn in vielen Zeugnissen des Neuen Testaments der Glaubensgehorsam als Ausdruck des Lebens nach dem Willen Gottes gefordert werde, dann müsse die Erfüllung dem Menschen auch möglich sein.

---

[120] Vgl. auch das Verständnis von der »Rechtfertigmachung« bei Melchior Hoffman (ca. 1500–1543), der die täuferischen Gedanken aus dem südwestdeutschen Bereich nach Ostfriesland und in die Niederlande trug: »Darum kann der Glaube nicht gerecht machen, wenn er keine Frucht trägt: […] Diejenigen, die ihn allerdings nicht kennen wollen, sagt Christus, werde solcher Glaube nicht rechtfertigen, auch diejenigen nicht, die sagen: Herr, wann haben wir dich gesehen und dir nicht gedient? Diese Menschen haben auch geglaubt, aber ihr Glaube war vergebens […]. Das heißt, das Wort Gottes hören und bewahren: Das Reich Gottes zu suchen und seine Gerechtigkeit, denn aus diesen Worten kommt die Gerechtmachung, wie Christus spricht, auch der heilige Paulus. Und das ist gewiss wahr, wo die Kraft und die wahrhaftigen Werke der Gerechtigkeit nicht sind, da ist auch keine Gerechtmachung, wie der Apostel S. Jakob spricht«. Zitiert bei *Klaus Deppermann*, Melchior Hoffman. Widersprüche zwischen lutherischer Obrigkeitstreue und apokalyptischem Traum, in: *Goertz*, Radikale Reformatoren, a.a.O., 155–166. Siehe auch: *Klaus Deppermann*, Melchior Hoffmans Weg von Luther zu den Täufern, in: *Hans-Jürgen Goertz* (Hg.), Umstrittenes Täufertum 1525–1975, Göttingen: Vandenhoeck & Ruprecht 1975, 173–205.
[121] »Works were the outward expression of faith and not simply the fruit of faith as Luther said.« *Walter Klaassen* (ed.), Anabaptism in Outline: Selected Primary Sources, Kitchener/ON: Herald Press 1981, 42.

Deutlich wird, dass dem Menschen im Akt der Erlösung eine Funktion zugeschrieben werden soll, ohne die vorauslaufende Gnade Gottes zu bestreiten. Rechtfertigung und Heiligung werden nicht einfach in ein anderes Verhältnis zueinander gesetzt, als dies etwa bei Luther zu finden ist, sondern sie werden zur »Besserung des Lebens« zusammengezogen. Hans-Jürgen Goertz schließt daraus, die Täufer hätten die Glaubenslehre der protestantischen Reformation »nicht ergänzt, sondern ersetzt.« Dieses Urteil ist m.E. zu radikal, weil zu pauschal. Goertz meint zu erkennen, diese Auffassung sei als »antiklerikale Gegenkonzeption zur reformatorischen Lehre vom Glauben gebildet. [...] So erklärt sich ihre erbarmungslose Kritik an den moralischen Schwächen ihrer Zeitgenossen und ihr kämpferisches Pathos, mit dem sie für eine ›Besserung des Lebens‹ eintraten. Für sie stand nicht nur die Moral, sondern das Heil der Menschen auf dem Spiel.«[122]

Freilich brachte den Täufern gerade diese Haltung, sowie alle damit zusammenhängenden ekklesiologischen und ethischen Folgerungen, die schroffe Ablehnung durch die protestantischen Reformatoren ein, die in den Bekenntnisschriften lutherischer[123] wie reformierter[124] Tradition sehr undifferenziert als Verdammungen ihren Niederschlag fanden. Somit ist hier eines der zentralen Konfliktfelder umrissen – womöglich aber auch eines der größten Missverständnisse zwischen der Position der Täufer/Mennoniten und jener anderer Kirchen der Reformation.
Die reformatorische Hervorhebung der paulinischen Interpretation der Rechtfertigung hat ihren eigentlichen »Sitz im Leben« in der Auseinandersetzung mit der römisch-katholischen Tradition, denn in der Ablehnung der Kirche als »Heilsanstalt« entdeckte die lutherische Reformation die zentrale evangelische Wahrheit von der Rechtfertigung allein aus Gnade neu. Von den Täufern des 16. Jahrhunderts wird diese Einsicht zwar geteilt, aber aus Sorge vor dem Ausbleiben eines tatsächlich veränderten Lebenswandels wollen sie dem Missverständnis einer »billigen Gnade« (D. Bonhoeffer) vorbeugen. Auf lutherischer und reformierter Seite führt dies wiederum zum Vorwurf der Werkgerechtigkeit. Wie aber einerseits gezeigt werden kann, dass Lutheraner die Notwendigkeit der guten Werke niemals leugneten,[125] kann auch

---

[122] *Goertz*, Die Täufer, a.a.O., 67.

[123] Vgl. Die Augsburgische Konfession (CA), in: Die Bekenntnisschriften der evangelisch-lutherischen Kirche (zit. BSLK), Göttingen: Vandenhoeck & Ruprecht [12]1998, 31–137, hier Art. V, IX, XII, XVI, XVII.

[124] Vgl. Schottisches Bekenntnis (1560), Art. XXIII; Confessio Belgica (1561), Art. XVIII, XXXIV, XXXVI und Confessio helvetica posterior (1562); Art. XX, XXX, in: Die Bekenntnisschriften der reformierten Kirche. In authentischen Texten mit geschichtlicher Einleitung und Register, hg. *von Ernst Friedrich Karl Müller*, Zurich: Theologische Buchhandlung 1987.

[125] Vgl. z.B. CA Art. XX, in: BSLK, 81.

deutlich gemacht werden, dass die Täufer das reformatorische Verständnis der Rechtfertigung nicht verwarfen, sondern mit der als gelebte Nachfolge verstandenen Heiligung aufs engste verknüpften.

III.3 Annäherungen und Ausdifferenzierungen durch Begegnungen in der Ökumene

Was die zweite Weltkonferenz für Glauben und Kirchenverfassung bereits 1937 (Edinburgh) formulierte, kann auch als angemessene Beschreibung der Überzeugungen der Mennoniten dienen:

»Unser Heil ist die Gabe Gottes und die Frucht seiner Gnade. Sie ist nicht auf das Verdienst des Menschen gegründet, sondern hat ihre Wurzel und ihren Grund in der Vergebung, die Gott in Seiner Gnade dem Sünder gewährt, den Er annimmt, um ihn zu heiligen. Wir glauben jedoch nicht, dass das Handeln der göttlichen Gnade die menschliche Freiheit und Verantwortlichkeit außer Kraft setzt; echte Freiheit wird vielmehr dann allein erlangt, wenn man der göttlichen Gnade im Glauben antwortet. Widerstand gegenüber Gottes ausströmender Liebe bedeutet nicht Freiheit, sondern Gebundenheit, und vollkommene Freiheit wird nur in der völligen Übereinstimmung mit dem guten, angenehmen und vollkommenen Willen Gottes gefunden.«[126]

In der neuzeitlichen ökumenischen Begegnung wurde die Kontextualität theologischer Aussagen allmählich erkannt. So bewahrheitet sich auch die Entwicklungsfähigkeit von Lehraussagen und es ist kaum verwunderlich, dass es am Ende des 19. und im 20. Jahrhundert – im Zuge der historisch-kritischen Exegese und der ökumenischen Bewegung – zu Konvergenzen in den Positionen kommt, da die Einsicht in allen Traditionen reift, dass die Gesamtheit neutestamentlicher Zeugnisse eine Pluralität von Aspekten zum Rechtfertigungsgeschehen sichtbar werden lässt. Auch in der mennonitischen Tradition wurde erkannt, dass die harschen Konfrontationen des 16. Jahrhunderts oft aus simplen Verzerrungen der Positionen des Gegenübers erwachsen waren. Durch direkte Gespräche zwischen früheren Gegnern ist nun vielfach anerkannt, dass unterschiedliche Gewichtungen der verschiedenen Aspekte des Rechtfertigungsgeschehens zu anderen Lehrsätzen führen konnten, die sich deshalb aber nicht notwendig ausschließen müssen, sondern sich womöglich ergänzen. Oder aber es lassen sich echte Differenzen eben auch theologisch präzisieren, jenseits aller Polemik.

III.3.1 Im Kontext des Ökumenischen Rates der Kirchen

Die ökumenischen Begegnungen boten sich international an, als 1949 der damalige Generalsekretär des ÖRK, Willem A. Visser 't Hooft, die

---

126 *Das Glaubensgespräch der Kirchen. Die zweite Weltkonferenz für Glauben und Kirchenverfassung, abgehalten in Edinburg vom 3.–18. August 1937*, hg. von *Leonard Hodgson*, Zollikon/Zürich: Evangelischer Verlag 1940, 300.

Mennoniten und andere Historische Friedenskirchen aufforderte, der weltweiten Gemeinschaft der Kirchen die Argumentation ihrer pazifistischen Position zu erläutern.[127] Es wundert nicht, dass im Zuge der hierauf folgenden Begegnungen erneut auch über die Gewichtungen in der Rechtfertigungslehre zu sprechen war, denn die bekannten Vorwürfe der Werkgerechtigkeit und des Legalismus wurden sehr bald wieder laut. Nicht zuletzt aufgrund der engen Verknüpfung von Rechtfertigung und Heiligung hatte sich ja das Zeugnis der Gewaltfreiheit als eines der Identitätsmerkmale der Täufer/Mennoniten ausgeprägt (so vor allem bei Menno Simons).

a. Participatio statt imitatio

In einer friedenskirchlichen Stellungnahme von 1953 unter dem Titel: »*Peace is the Will of God*«[128] wird diesen Vorwürfen zum einen entgegnet, dass man einem antinomistischen Konzept von Gnade nicht folgen könne. Es sei ein Missverständnis davon ausgehen zu wollen, Rechtfertigung *sola fide* befreie gänzlich von gesetzlichen Normen. Dies führe fälschlicherweise dazu, ein Verhalten, das in einem Fall als Sünde erkannt werde, in einem anderen Falle nicht notwendig als solches zu bezeichnen. Mennoniten hielten demgegenüber daran fest, dass der Mensch vor Gott immer für seine Werke verantwortlich bleibe, seien sie gut oder böse. Zum anderen wehren sich Mennoniten dagegen, sie würden den Pazifismus im Sinne der Werkgerechtigkeit an die Stelle der Gnade setzen. Vielmehr sucht die Erklärung deutlich zu machen: Rechtfertigung ist »die Tür« zur Nachfolge. Bewusstes Sündigen könne allerdings die Wirksamkeit der Gnade für nichtig erklären.[129] Diese Aussagen ergeben nur in folgender Auslegung einen Sinn: Der Mensch kann durch sein Handeln die Rechtfertigung *sola gratia* zwar für nichtig erklären, der positive Umkehrschluss ist aber eben nicht zulässig, als sei das rechte Handeln des Menschen die Bedingung für die gnädige Zuwendung Gottes.

An diese Auseinandersetzungen schlossen sich die sog. Puidoux–Konferenzen (1955–1973) an.[130] In der zweiten dieser Konferenzen

---

[127] Vgl. hierzu: *Fernando Enns*, Friedenskirche in der Ökumene. Mennonitische Wurzeln einer Ethik der Gewaltfreiheit, Göttingen: Vandenhoeck & Ruprecht 2003, 206–222.

[128] Peace is the Will of God, in: *Douglas Gwyn* (et al., eds.), A Declaration on Peace: In God's People the World's Renewal Has Begun. A contribution to ecumenical dialogue sponsored by Church of the Brethren, Fellowship of Reconciliation, Mennonite Central Committee, Friends General Conference, Scottdale/PA: Herald Press 1991, Appendix A.

[129] Vgl. a.a.O., 64. Als neutestamentliche Belegstellen werden hier Röm 6:1–2 und Hebr 10:26 angeführt.

[130] Vgl. *Donald F. Durnbaugh* (ed.), On Earth Peace, Discussions on War/Peace Issues between Friends, Mennonites, Brethren and European Churches 1935–1975.

(1957) fragte man nach Inhalt und Implikationen des Friedenszeugnisses, sowohl im Blick auf die Nachfolge, als auch hinsichtlich der menschlichen Gerechtigkeit. Die Auseinandersetzung fand mit besonderer Referenz zu Dietrich Bonhoeffers Entwurf zur Nachfolge[131] (und Karl Barths Verständnis eines christlichen Pazifismus) statt. Hier kam es schließlich zu einer *gemeinsamen* Formulierung, die den Schlüssel zur Abwehr des Vorwurfs der Werkgerechtigkeit, bei gleichzeitigem Feststellen der Zusammengehörigkeit von Rechtfertigung und Heiligung, bereitstellt: Christi Ruf in die Nachfolge sei nicht schlicht als Aufforderung zur *imitatio* zu verstehen, sondern im Sinne der *participatio.*[132] Und daher fallen in der Nachfolge Rechtfertigung und Heiligung zusammen. Legalismus ebenso wie Willkür sind folglich gleichermaßen ausgeschlossen. – Diese Feststellung kann m.E. ohne Weiteres als Meilenstein in der Verständigung zwischen den Historischen Friedenskirchen und den anderen Kirchen der Reformation bezeichnet werden.

b.   Individuelle und kollektive Implikationen der Rechtfertigung
Paul Peachey, ein Vertreter der friedenskirchlichen Position, stellte in seinem Beitrag bei dieser zweiten Konferenz den Zusammenhang zur Ekklesiologie heraus.[133] Es gehe um die »Essenz« dessen, was das Christsein ausmache. Die Sichtbarkeit der Urgemeinde sei Leitbild für die Notwendigkeit der Sichtbarkeit der gegenwärtigen Kirche, ohne dass behauptet werden müsse, dass diese ohne Sünde lebe. Gerade dort, wo keine wahre (sichtbare) Kirche sei, verkomme sie zur bloßen »Heilsanstalt«. Deshalb sei Gehorsam gegenüber dem Willen Gottes jedem christlichen Gewissen in gleichem Maße aufgetragen.
Gegenüber der römisch-katholischen Tradition, deren Hauptanliegen die Sichtbarmachung des Erlösungswerkes Christi sei, wird zugestanden, dass dies zwar legitim sei, doch könne auch hier die Sichtbarkeit

---

Elgin/IL: The Brethren Press 1978. Siehe dazu ebenfalls: *Enns*, Friedenskirche in der Ökumene, a.a.O., 223–235.
[131] Vgl. *Dietrich Bonhoeffer*, Nachfolge, Dietrich Bonhoeffer Werke (zit. DBW) Bd. 4, hg. von *Martin Kuske* und *Ilse Tödt*, München: Kaiser 1989.
[132] »Discipleship is therefore not to be understood as imitation (*imitatio*) but as participation (*participatio*), that is, in it justification and sanctification exist side by side. Thus legalism as well as arbitrariness are eliminated.« (vgl. Report to the Landeskirchen, in: *Durnbaugh*, On Earth Peace, a.a.O., 183f, hier: 184). Ernst Wolf hatte in seinem Vortrag darauf hingewiesen, dass das Fehlen einer christlichen Nachfolgeethik in der lutherischen Tradition auf der Furcht vor Legalismus und der Unmittelbarkeit der Übertragung eines jesuanischen Lebensmodells auf das Leben der Christen beruhe. Bonhoeffer bilde die große Ausnahme, vgl. *Ernst Wolf*, Discipleship as Witness to the Unity in Christ as Seen by the Reformers, in: Durnbaugh, On Earth Peace, a.a.O., 147–153.
[133] Vgl. *Paul Peachey*, Discipleship as Witness to the Unity of Christ as Seen by the Dissenters, in: a.a.O., 153–160.

nicht vom Leben der Glaubenden abstrahiert werden. Kirche könne in ihrer institutionellen Existenzform niemals getrennt von einer nachfolgenden Gemeinschaft interpretiert werden. In der Betonung der Kirche als sich ständig erneuernder Nachfolgegemeinschaft zeige sich der Versuch, den Zusammenhang von Rechtfertigung und Heiligung auch auf den von Ekklesiologie und Ethik zu applizieren.

Die Gegenüberstellung von individueller und Gemeinschafts-Ethik wird bei der vierten Puidoux-Konferenz (1962) vertieft. Die Friedenskirchen machen hier deutlich, dass zwischen einer individuellen und einer kollektiven Ethik aus neutestamentlicher Sicht nicht zu trennen sei: Heiligung des Lebens sei Ausdruck der Dankbarkeit für die Rechtfertigung aus Gnade und christliche Ethik sei daher eine »Zeugnisethik«, da sie die Botschaft der Vergebung aus Gnade bezeuge. Sie gründe im lebendigen Wort Gottes, das die Gemeinde als hermeneutische Gemeinschaft auslege, wodurch eine klare Absage an jede Form von Moralismus festgestellt sei. Eine christliche Sozialethik werde aus der nachfolgenden Gemeinschaft der Glaubenden entwickelt. Die Frage, wie der einzelne Christ in einer Situation entscheiden solle, stelle sich stets im Kontext der geschwisterlichen Gemeinschaft und habe dort ihre primäre Verortung. – Damit wird deutlich, dass die Rechtfertigungslehre nicht auf das Individuum beschränkt bleibt, sondern auf die Gemeinschaft der Glaubenden, die Kirche, Anwendung finden muss. Das Rechtfertigungsgeschehen ist nach friedenskirchlichem/ mennonitischem Verständnis nicht nur für die individuelle Person relevant, sondern ebenso für die Gemeinschaftsbildung, vornehmlich innerhalb der christlichen Gemeinschaft. – Dies wird vor allem in den bilateralen Dialogen der 1980er und 90er Jahre immer deutlicher herausgearbeitet.

III.3.2 Im Kontext bilateraler Dialoge

a. Die Verantwortung der Gemeinschaft
Im baptistisch-mennonitischen Dialog bezeugen *Baptisten* und Mennoniten gemeinsam Jesus Christus als den einzigen Weg zur Rettung und als Norm des Glaubens und Lebens.[134] Taufe und Abendmahl werden eher als Zeichen und Symbole der Gnade Gottes interpretiert, denn als sakramentale »re-enactments« dieser Gnade. Wenn eine Person im Glauben und in der Nachfolge auf Gottes Gnade und Verge-

---

[134] Vgl. Baptist-Mennonite Theological Conversations (1989–1992), Final Report, ed. by *Mennonite World Conference* und *Baptist World Alliance*, 1993 (Deutsche Übersetzung: Baptistischer Weltbund und Mennonitische Weltkonferenz, Theologische Gespräche 1989–1992, Abschlussbericht, in: *Fernando Enns* (Hg.), Heilung der Erinnerungen – befreit zur gemeinsamen Zukunft: Mennoniten im Dialog. Berichte und Texte ökumenischer Gespräche auf nationaler und internationaler Ebene, Frankfurt/M.: Lembeck und Paderborn: Bonifatius 2008, 241–282).

bung antwortet, dann wird diese Gnade in seinem Leben wirksam. Daraufhin legt der Glaubende, indem er die Taufe begehrt, ein öffentliches Bekenntnis zu dieser inneren Realität ab.

Im Dialog wird jedoch deutlich, dass Baptisten sich in ihrem Rechtfertigungsverständnis stärker auf das persönliche Seelenheil und die *individuelle* Verantwortung vor Gott konzentrieren, während Mennoniten eher die Verantwortung gegenüber Gott *durch die Gemeinschaft* als gleichwertig in den Vordergrund rücken.[135] Während Baptisten die persönliche Rettung betonen, stellen Mennoniten den Nachfolgeaspekt heraus.[136] Diese unterschiedlichen Akzentuierungen liegen in der Christologie begründet: Historisch betrachtet haben Baptisten eher dazu tendiert, den Tod Christi vornehmlich als stellvertretendes Sühneopfer zu verstehen, während Mennoniten in Christi Tod primär eine »Demonstration« (Offenbarung) Gottes leidender Liebe erkennen, durch die die Welt versöhnt wird.

b. Gnade Gottes und nachfolgende Gemeinschaft der Gläubigen
Weitgehende Konvergenzen konnten in verschiedenen Dialogen zwischen *Reformierten* und Mennoniten festgestellt werden, die zuweilen gar als »Zwillingsschwestern« bezeichnet worden sind.[137] Seit den Anfängen verbinden sie die fundamentalen reformatorischen Überzeugungen: »Scripture alone is the rule and norm of salvation«, »God's Grace, in Christ and by the Spirit, is the only source of salvation« und »justification is given by faith alone in Christ, apart from any merit or works«.[138] Für beide Traditionen ist die Betonung der Heiligung des Lebens – in Abhängigkeit von der Rechtfertigung aus Gnade – charakteristisch. Christ sein bedeute nicht, über Christus zu reden, sondern zu tun, was er tat, wird in Erinnerung an Zwingli gemeinsam formuliert.[139] Dies gelte im öffentlichen wie im privaten Leben. Die Gemeinschaftsdimension wird in beiden Konfessionen betont, je auf unterschiedliche Weise, aber in gemeinsamer Opposition zum Sakramentalismus.

---

[135] »Baptists are concerned about ›soul freedom‹ and individual accountabilty before God whereas Mennonites are concerned about accountability to God through community.« Baptist-Mennonite Theological Conversations, a.a.O., 16.
[136] Vgl. a.a.O., 23.
[137] Z.B. sehen sowohl die Reformierten als auch die Mennoniten ihre Ursprünge in Süddeutschland und in der Schweiz in den 1520er Jahren. Die Züricher Täufer waren zunächst Freunde und Schüler Huldreich Zwinglis, später trennten sie sich von ihm. Vgl. zum Dialog: Mennonites and Reformed in Dialogue, Studies from the World Alliance of Reformed Churches Vol. 7, *Hans Georg vom Berg* et al. (eds.), Geneva: World Alliance of Reformed Churches 1986, hier: 3 (Deutsche Übersetzung: Reformierter Weltbund und Mennonitische Weltkonferenz: Vertreter des Reformierten Weltbundes und der Mennonitischen Weltkonferenz, Straßburg 1984, in: *Enns*, Heilung der Erinnerungen, a.a.O., 225–231, hier: 226).
[138] Mennonites and Reformed in Dialogue, a.a.O., 4.
[139] Vgl. *Enns*, Heilung der Erinnerungen, a.a.O., 226.

Divergenzen werden deutlich, sobald die unterschiedlichen Taufverständnisse argumentativ vorgestellt werden. Keines der Taufverständnisse kann vom reformatorischen Axiom *sola gratia* getrennt erklärt
werden: Die göttliche Initiative ruft die Antwort des Menschen hervor.
Also liegen die Differenzen nicht in einer unterschiedlichen Interpretation des Verhältnisses von Glaube und Taufe begründet. Tauftheologie
und -praxis, Säuglingstaufe bei den Reformierten und Erwachsenentaufe bei den Mennoniten, korrespondieren eher mit der je distinkten Akzentuierung ekklesiologischer Prämissen.[140] Mennoniten verneinen
nicht den prägenden Charakter von Familie und Gemeinde für die religiöse Sozialisation eines Kindes. In diesem Sinne geht auch hier der
Glaube der Kirche dem der Einzelnen voraus. Aber der Glaube der Kirche kann für Mennoniten nicht als *stellvertretender* interpretiert werden.
Die Praxis der Erwachsenentaufe soll die unlösbare Verbindung von
Glaube und Taufe eindeutig herausstellen. Dieses Taufverständnis lässt
sich nicht vereinen mit einem Kirchenverständnis, das auf die Kontinuität von familiären, ethnischen oder nationalen Größen basiert, denn solche Grenzen werden in der neuen Gemeinschaft gerade transzendiert.
Mit der Kirche sei eine qualitativ andere Gemeinschaft gegeben. – Gnade Gottes und nachfolgende Gemeinschaft als Gemeinde der Glaubenden bleiben in mennonitischer Tradition in unvergleichlicher Dichte aneinander gebunden. Der Vorwurf, die Sünde des Menschen hätte in dieser perfektionistischen Sicht der Gemeinde keinen Ort, trifft nicht, denn
Nachfolge wird eben nicht als Erfüllung absoluter ethischer Forderungen interpretiert, sondern als andauernder Prozess, in dem die Gemeinde
auf Gottes beständige Vergebung und Versöhnung angewiesen bleibt.

Da die Täufer das *sola fide* nicht nur auf die Rechtfertigungslehre bezogen wissen wollten, sondern auch epistemologisch verstanden, ist
die oberste Norm des christlichen Handelns für alle Bereiche des Lebens nicht nur aus menschlicher Vernunft abzuleiten, sondern aus den
Worten und dem Werk Jesu. Christus sei seinen Nachfolgern auf dem
Weg der Heiligung vorausgegangen. Die (Nachfolge-) Gemeinschaft
der Gläubigen repräsentiere daher schon die neue Kreatur inmitten der
gefallenen Welt. Sie sei nicht Vorwegnahme des Eschaton, aber »Instrument« im fortschreitenden Befreiungsprozess. Innerhalb dieser
Gemeinde seien alle Grenzen von Klasse, Nation, Geschlecht bereits
überwunden. Hierin liege das Einheitsmotiv der Kirche begründet.[141]
Die Trennung der Kirchen steht im Widerspruch zu eben dieser Wahr-

---

140 Vgl. dazu: *Marlin E. Miller*, Baptism in the Mennonite Tradition, in: *Ross T.
Bender* und *Allan P.F. Sell* (eds.), Baptism, Peace and the State in the Reformed and
Mennonite Traditions, Waterloo/ON: Wilfried Laurier University Press 1991, 37–67.
141 »Where churches understand this concept of community, the existing division
within the Church of Christ becomes painful.« Mennonites and Reformed in Dialogue, a.a.O., 71.

heit des grenzüberschreitenden Charakters kirchlicher Gemeinschaft. Daher ist das Bekenntnis zu Jesus Christus untrennbar verbunden mit einem »messianischen« Lebensstil, der in der Schaffung von Frieden und in der Befreiung der Armen und Unterdrückten Ausdruck finde.

c. *Die enge Verknüpfung von Rechtfertigung und Heiligung*

Lutheraner und Mennoniten berufen sich gemeinsam auf das reformatorische Erbe,[142] gemäß der Formulierung der Leuenberger Konkordie.[143] Übereinstimmend bekennen sie die freie und bedingungslose Gnade Gottes im Leben, Sterben und Auferstehen Jesu Christi für alle, die diese Verheißung glauben und bezeugen.[144]

Das Christusereignis habe aber für beide, Lutheraner und Mennoniten, nicht nur eine heilsbedeutsame Dimension, sondern sei auch für die Entwicklung einer christlichen Ethik von entscheidender Bedeutung: »Das Erlösungswerk Jesu Christi kann nicht getrennt von seinem Wirken und seiner Verkündigung, insbesondere von seinem Ruf in die Nachfolge, gesehen werden.«[145] Allerdings betonten Lutheraner dabei stärker das Erlösungswerk Jesu Christi und seien dadurch in der Gefahr, den kräftigen Anspruch Jesu an ihr Leben zu vernachlässigen. Mennoniten achteten stärker den Ruf in die Nachfolge und seien dadurch in der Gefahr, in Gesetzlichkeit zu geraten.

Dass auch das lutherische *simul iustus et peccator* heute von Mennoniten angenommen werde, steht im Gegensatz zu den Täufern des 16. Jahrhunderts und ist eine bis dahin von Mennoniten so nicht formulierte Aussage. Heute erkennen Mennoniten an, »dass auch Getaufte stets der Vergebung bedürftig bleiben«[146], was eine Konsequenz der Aussa-

---

[142] Vgl. die Präambel des Berichts des Dialogs zwischen Lutheranern und Mennoniten in Frankreich, 1981–1984, in: *Enns*, Heilung der Erinnerungen, a.a.O., 133–150, hier 135–137.

[143] Vgl. Gemeinsame Aspekte im Aufbruch der Reformation, Leuenberger Konkordie 1973, in: *Hans-Walter Krumwiede u.a.* (Hg.), Kirchen- und Theologiegeschichte in Quellen, Bd. IV/2, Neukirchen-Vluyn: Neukirchener ³1989, 213–219 (auch in: Konkordie reformatorischer Kirchen in Europa, Leuenberger Konkordie, dreisprachige Ausgabe mit einer Einleitung, hg. von *Wilhelm Hüffmeier*, Frankfurt/M.: Lembeck 1993).

[144] Vgl. Gemeinsame Aspekte im Aufbruch der Reformation, Leuenberger Konkordie 1973, a.a.O., 214. Vgl. auch: Gemeinsame Erklärung der lutherisch-mennonitischen Gesprächskommission, in: *Vereinigte Evangelisch-Lutherische Kirche Deutschland* (Hg.), Bericht vom Dialog VELKD/Mennoniten 1989 bis 1992, Texte aus der VELKD 53/1993, Hannover: Lutherisches Kirchenamt der VELKD 1993, § 6: »Mennoniten und Lutheraner sind sich einig in der reformatorischen Betonung der paulinischen Einsicht von der Rechtfertigung des Sünders allein aus Gnade durch den Glauben.« (Die Gemeinsame Erklärung ist ebenfalls abgedruckt in: *Enns*, Heilung der Erinnerungen, a.a.O., 159–166).

[145] A.a.O., § 5.

[146] Lutherische Stellungnahme zu den gegen die »Wiedertäufer« gerichteten Verwerfungen des Augsburger Bekenntnisses von 1530, in: a.a.O., § 16 (Diese

gen über die Prozesshaftigkeit der Nachfolge darstellt. Damit erkennen Mennoniten aber gleichsam an, dass die Spannung von Glaube und Nichtglaube nicht auf den Dualismus von Kirche und Welt beschränkt bleibt, sondern auch im Individuum selbst erkennbar wird.

Mennoniten stimmen heute der Erbsündenlehre nach CA II,1[147] zu, und die »erneute Prüfung der lutherischen Theologie in der Frage nach dem Verhältnis von Glauben und Werken zeigt, dass es keinen bedeutenden Unterschied zwischen den lutherischen und mennonitischen Konzeptionen mehr gibt: ›Wir erhalten das Heil ohne Werke, aber die Abwesenheit der Werke offenbart die Abwesenheit des Glaubens‹.«[148] Damit ist der engen Verknüpfung von Rechtfertigung und Heiligung – das primäre Anliegen der Täufer – Rechnung getragen: »Rechtfertigung als Freigesprochen- und Angenommenwerden des Sünders von Gott steht (…) in einem ganz engen Zusammenhang mit der Heiligung und Erneuerung des Menschen, die zur Nachfolge befähigen.«[149] Von Mennoniten wie von Lutheranern wird die Rechtfertigung nicht nur im Sinne des im Vertrauen auf Gott empfangenen und gerecht erklärenden Urteils Gottes verstanden, sondern beide beziehen Gottes rechtfertigendes Handeln auch auf den Prozess der Erneuerung. »Rechtfertigung ist immer auch eine Gerechtmachung, die zu gerechtem Handeln, zum Kampf gegen die Sünde und zum rechten Gebrauch der weltlichen Gerechtigkeit befreit.«[150]

Somit bleibt festzuhalten, dass die eigentlichen Differenzen nicht mehr in der Interpretation des Rechtfertigungsgeschehens zu finden sind. Allerdings deuten auch hier die bleibenden Differenzen im Taufverständnis darauf hin, dass damit nicht bereits alle unterschiedlichen Gewichtungen aufgehoben wurden. Auch wenn gemeinsam die verschiedenen Aspekte der Taufe erkannt werden (Taufe ist: Gottes Gabe an uns, die auf unsere Antwort wartet; Hineingenommensein in Tod und Auferstehung Jesu Christi; Gottes Geistwirken; Beginn des neuen Lebens mit Christus und Berufung zur Nachfolge; Aufnahme in die Gemeinschaft der *einen* Kirche Jesu Christi), so bleiben Differenzen in der Auffassung über die theologisch sachgemäße Reihenfolge von Be-

---

Stellungnahme ist ebenfalls abgedruckt in: *Enns*, Heilung der Erinnerungen, a.a.O., 169–176).
[147] »Weiter wird bei uns gelehrt, daß nach Adams Fall alle Menschen, so natürlich geboren werden, in Sunden empfangen und geboren werden, das ist, dass sie alle von Muterleib an voll boser Lust und Neigung seind und kein wahre Gottesfurcht, keinen wahren Glauben an Gott von Natur haben können.« (CA Art. II, *De peccato originis*, in: BSLK, 53).
[148] Gespräche zwischen Lutheranern und Mennoniten in Frankreich, a.a.O., 138.
[149] Gemeinsame Erklärung der lutherisch-mennonitischen Gesprächskommission, a.a.O., § 6.
[150] Ebd.

kenntnis und Taufe: Mennoniten »betonen stärker als die Lutheraner
neben dem Zuspruch den Anspruch der Taufe in der Herausforderung
zu einem verbindlichen christlichen Leben in der Nachfolge Jesu
Christi in und mit der Gemeinde als Antwort auf die geschenkte Gnade
Gottes.«[151] Daher findet in der Taufe auf das Bekenntnis des Glaubenden »die Gabe Gottes einerseits und die Antwort des Täuflings andererseits in sachlich und zeitlich gebotenem Zusammenhang« statt.

Hier zeigt sich deutlich, in welchem Maß unterschiedliche Gewichtungen der gleichen Aspekte aus verschiedenen Fragerichtungen erwachsen sind: Dem primären Interesse nach dem Heil auf lutherischer Seite
steht das primäre Interesse nach einer *glaubwürdigen* Lebensgestaltung auf mennonitischer Seite gegenüber. In einem völlig veränderten
Kontext können diese Aussagerichtungen heute weitestgehend als
komplementär interpretiert werden.

d. Gute Werke als Danksagung, Kirche als Zeichen der Versöhnung
In den Gesprächen zwischen *römisch-katholischer Kirche* und Mennoniten[152] zeichnen sich – bei allen bleibenden Differenzen – gerade in
der Betonung der Heiligung weitreichende Konvergenzen ab: »Katholiken und Mennoniten streben voll Eifer gemeinsam nach einem Leben
in Heiligkeit, das durch die Hingabe an Christus und das Wort Gottes
motiviert ist und in einer Spiritualität der Nachfolge und des Gehorsams verwirklicht wird (Mt 5–7; Röm 12; Eph 2,6–10).«[153] Werke
sind hier verstanden als Ausdruck der Danksagung für die vorauslaufende Gnade Gottes und sind motiviert durch den geschenkten Glauben, der in Freiheit angenommen wird. Die Kirche wird von beiden als
sichtbares Zeichen der Verheißung der Erlösung für die ganze Schöpfung begriffen. Natürlich teilen Mennoniten nicht die Überzeugung,
dass die Kirche »das ›allumfassende Sakrament des Heils‹«[154] ist.
Wenn aber Mennoniten den Verheißungscharakter der Kirche so zum
Ausdruck bringen, dass »in Gottes Volk die Erneuerung der Welt begonnen hat« oder »dass die Kirche die neue Gemeinde der Jünger ist,

[151] A.a.O., § 9.
[152] Called Together to be Peacemakers: Report of the International Dialogue between the Catholic Church and the Mennonite World Conference (1998–2003), in:
The Pontifical Council for Promoting Christian Unity, Information Service No.
113, 2003/II/III, 111–148 (Deutsche Übersetzung: Gemeinsam berufen, Friedensstifter zu sein. Bericht über den Internationalen Dialog zwischen der Katholischen
Kirche und der Mennonitischen Weltkonferenz 1998–2003, in: *Enns*, Heilung der
Erinnerungen, a.a.O., 29–132).
[153] A.a.O., § 101.
[154] So in der Pastoralkonstitution »Gaudium et spes«, § 45, in: Das Zweite Vatikanische Konzil. Konstitutionen, Dekrete und Erklärungen (lateinisch und
deutsch), Bde. 1–3, hg. von *Heinrich Suso Brechter u.a.*, Freiburg i.Br.: Herder
1966–1968, hier: Bd. 3.

die in die Welt gesandt sind, das Reich Gottes zu verkünden und einen Vorgeschmack der herrlichen Hoffnung der Kirche zu geben«[155], dann – so der Bericht des Dialogs – werde das Gleiche lediglich in unterschiedlicher Sprache ausgedrückt. In der Feier von Taufe und Abendmahl sehen beide Traditionen »außergewöhnliche Anlässe, dem göttlichen Angebot der Gnade, die in Jesus Christus offenbar wurde, zu begegnen« – und in der Konsequenz eben auch eine »Verpflichtung zu einem christlichen Lebensweg.«[156] – Freilich bleiben erhebliche Divergenzen und echte Differenten in der Interpretation von Taufe und Abendmahl.

Ivan Kauffmann sieht eine große Nähe zwischen römischen Katholiken und Mennoniten in der Relation von Ekklesiologie und Ethik[157]: Die gemeinsame Betonung der Freiheit der Kirche von säkularer politischer Kontrolle; die gemeinsame Überzeugung, dass die Kirche sowohl eine historische als auch spirituelle Realität ist; die gemeinsame Erkenntnis der Notwendigkeit eines Aktes des freien menschlichen Willens zur Erlösung; die gemeinsame Einsicht, dass der christliche Glaube spezifische ethische Implikationen für alle Bereiche des Lebens beinhaltet.

III.4 Die soziale Realität der Friedenskirche als Folge und Interpretationskontext der Rechtfertigung *sola gratia*

In der ökumenischen Bewegung wie auch in der Selbstwahrnehmung haben Mennoniten im 20. Jahrhundert ihr eigenständiges Profil vor allem als Friedenskirche weiterentwickelt.[158] Diese Identität als Friedenskirche ist nicht einfach ein Akzidenz, sondern findet ihre eigentliche Begründung gerade in der paulinischen Rechtfertigungslehre: Das Versöhnungsgeschehen in Christus, die Rechtfertigung der Sünderinnen und Sünder ist *der* Akt der Feindesliebe Gottes (vgl. Röm 5:8.10).[159] Das Kreuz wird zum Paradigma der Feindesliebe und zum Zeichen der Gewaltfreiheit Gottes, ja zum Wesensmerkmal Gottes selbst. Schöpfung und Erlösung finden hierin ihre Verbindung: Der Tod Jesu am

---

[155] Gemeinsam berufen, Friedensstifter zu sein, a.a.O., § 99.

[156] A.a.O., § 128.

[157] Vgl. *Ivan J. Kauffman*, Mennonite-Catholic Conversations in North America: History, Convergences, Opportunities, in: One in Christ 34/1998, 220–246, hier: 223f.

[158] Vgl. hierzu ausführlich: *Enns*, Friedenskirche in der Ökumene, a.a.O. und *Andrea Lange*, Die Gestalt der Friedenskirche, Beiträge zu einer Friedenstheologie Bd. 2, Maxdorf: Agape 1988.

[159] So bei: *Ron Sider*, Jesus und die Gewalt, Maxdorf: Agape 1982, 27. Siehe auch: *Gordon D. Kaufman*, Systematic Theology. A Historicist Perspective, New York/NY: Charles Scribner's Sons 1968, 219: »the cross is the nonresistance of God«.

Kreuz ist Gottes einseitiger, erster Schritt zur Versöhnung und Erneuerung der ganzen Menschheit. In diesem Gewaltverzicht Gottes erkennt die versöhnte Gemeinde ihrerseits den Auftrag zur Versöhnung, wie auch deren Ermöglichungsgrund.

Dies korrespondiert nun mit der Ekklesiologie: Während Luther zu Recht darauf bestand, das Kirchesein der Kirche gründe in der Gnade Gottes, die nur im Glauben ergriffen werden könne, insistiert die Friedenskirche weitergehend darauf, dass Kirche sich auch im sichtbaren Handeln einer sichtbaren Gemeinde manifestiert. Eine Kirche der Glaubenden, die Einfluss nehmen will auf die Sozialgestaltung der Gesellschaft, kann nicht ohne die Dynamik der Gnade gedacht werden.[160] Kirche ist in ihrer realen Sozialgestalt gerechtfertigt in Christus. Sie ist Leib Christi, trotz und mit ihren Unzulänglichkeiten.

John Howard Yoder gilt als der bedeutendste Vertreter und Vordenker dieser Ausdifferenzierung und Weiterentwicklung innerhalb der mennonitischen Tradition im 20. Jahrhundert. In seinem frühen Werk »Die Politik Jesu« erreicht er durch exegetische Studien eine Weitung des Blicks auf das paulinische Verständnis der Rechtfertigung.[161] Er stellt in Frage, dass mit der immer wiederkehrenden Suche nach der persönlichen Rechtfertigung und dem individuellen Seelenheil[162] der paulinischen Interpretation erschöpfend Rechnung getragen sei. Yoder meint dagegen, dass die Rechtfertigung bei Paulus sich vor allem auf die soziale und kosmische Dimension beziehe. Dadurch werde »der persönliche Charakter der Rechtfertigung, die Gott denen, die glauben, zurechnet, nicht geschmälert; durch das Hineinstellen der persönlichen Rettung in eine umfassendere Realität würde allerdings der Individualismus negiert, den wir mit Versöhnung verbinden«.[163]

Damit will Yoder einigen – nach seiner Wahrnehmung – gängigen Prämissen protestantischer Auslegung widersprechen:

---

[160] »... [I]t is the idioms of grace and of faith that define the church. To witness to that reality is the only identity which the ›peace churches‹ possess.« *Paul Peachey*, The Peace Churches as Ecumenical Witness, in: *J. Richard Burkholder* and *Calvin Redekop* (eds.), Kingdom, Cross and Community, Scottdale/PA: Herald Press 1976, 247–258, hier: 258.

[161] Vgl. *John H. Yoder*, Die Politik Jesu – der Weg des Kreuzes, Maxdorf: Agape 1981 (Engl. Original: *ders.*, The Politics of Jesus, Grand Rapids/MI: Eerdmans ²1994). Siehe vor allem Kap. 11: Rechtfertigung aus Gnade durch Glauben (a.a.O., 189–204). Yoder beruft sich hier auf exegetische Entwürfe von Krister Stendahl, Paul Minear, Markus Barth und Hans W. Bartsch.

[162] Als typische Vertreter dieser Position nennt Yoder: Martin Luther, John Wesley und Søren Kierkegaard, aber auch allgemeiner Existenzialisten und konservative Evangelikale.

[163] A.a.O., 191f.

(a) Paulus sei nicht von seiner persönlichen Schuld getrieben gewesen und suchte nicht nach einem gnädigen Gott.

(b) Es sei nicht richtig, die Funktion des Gesetzes bei Paulus vor allem im *usus elenchticus* (Vorführen der Schuld des Menschen) zu suchen, als ob die Botschaft der Versöhnung so vorbereitet würde, indem zunächst das Bewusstsein für die Schuldhaftigkeit des Menschen vertieft werden müsste. Vielmehr sei das Gesetz die »gnädige Maßnahme Gottes, um das Leben seines Volkes zu regeln, solange es auf die Ankunft des Messias wartete.«[164]

(c) Der Glaube sei nicht ein »geistliches Exerzitium, das von Selbstvertrauen über Verzweiflung zu Vertrauen in die paradoxe Güte des göttlichen Urteils führt.«[165] Kern des Glaubens bei Paulus sei vielmehr, dass Jesus von Nazareth der Messias ist. *Dies* markiere den Unterschied zwischen Juden und Christen, nicht die Stellung zum Gesetz, nicht ein neues Verständnis von Gerechtigkeit, nicht das Vertrauen auf Gott als gerechten und barmherzigen Richter. Paulus habe nicht gegen die Gesetzeserfüllung bei den Juden gekämpft. Sein Problem sei vielmehr gewesen, dass die Judenchristen nicht erkennen wollten, dass mit dem Kommen des Messias der Bund Gottes auch den Heiden offen stand, also die Gemeinschaft von Juden und Heiden manifestiert. »Erst als in späteren Generationen diese Beziehung zwischen Juden und Heiden vergessen oder polemisch verfälscht wurde, konnte die paulinische Rechtfertigung im Sinne westlicher Selbsterforschung und individuellem Persönlichkeitsanspruch, besonders in der Nachfolge Augustins, übersetzt und uminterpretiert werden«[166] – so das sicherlich zu pauschale Urteil Yoders.

Zunächst sucht Yoder dies an Eph 2 zu zeigen.[167] Paulus sei es nicht um die Aufhebung der Feindschaft zwischen dem gerechten Gott und den gegen das Gesetz verstoßenden Menschen gegangen. Vielmehr habe Gott durch die Überwindung der Trennmauer (das jüdische Gesetz) zwischen Juden und Griechen in Christus eine neue Menschheit geschaffen.[168] Rechtfertigung wird zum sozialen Ereignis, weil vorher

---

[164] A.a.O., 192. Krister Stendahl schlägt als Übersetzung für »*paidagogos*« in Gal 3:24 »Wächter« vor – gegen Luther, der dieses Wort mit »Zuchtmeister« wiedergibt (vgl. *Krister Stendahl*, Das Vermächtnis des Paulus. Eine neue Sicht auf den Römerbrief, Zürich: Theologischer Verlag 2001).
[165] *Yoder*, Die Politik Jesu, a.a.O., 192.
[166] A.a.O., 194.
[167] Die Diskussion um die Pseudepigraphie der Paulusbriefe wird zwar von Yoder erwähnt, findet aber keine weitere Berücksichtigung.
[168] »Das ist das Werk Christi: er rettet nicht nur individuelle Seelen und befähigt sie zur gegenseitigen Liebe; er stiftet Frieden, reißt die Mauer ein und bildet damit eine neue Gemeinschaft aus zwei verschiedenen Gruppen von Menschen (…).« A.a.O., 196.

Getrenntes versöhnt wird, Juden und Griechen, Mann und Frau, Sklave und Freier (vgl. Gal 3:28).
Gerecht gesprochen zu werden heißt dann vor allem: »zurechtgerückt werden in und für diese Gemeinschaft.«[169] Es geht bei der Rechtfertigung nicht »nur um den quasi-juristischen Status der menschlichen Schuld vor Gott, die als Antwort auf einen Glaubensakt durch eine Erklärung des Richters annulliert bzw. amnestiert wird«.[170] Rechtfertigung durch Gott und Versöhnung der Menschen stünden nicht in einem Verhältnis von Ursache und Wirkung zueinander. In Christus sei eine neue Kreatur (*ktisis*) geschaffen (2Kor 5:17).[171] Mit »*ktisis*« könne das gesamte Universum gemeint sein (Mk 16:15; Kol 1:15 und 24; Röm 8:19–22; Hebr 9:11), eine neue Menschheit (Eph 2:25), aber im NT nicht das Individuum. Der Akzent liege hier demnach nicht auf der ontologischen Veränderung der Einzelperson, sondern ziele auf die Bildung von gelingenden Beziehungen zwischen Menschen.[172] Selbst im Römerbrief sei das zentrale Anliegen nicht, wie »Menschen für Gott annehmbar werden könnten«, sondern die »separate Existenz des auserwählten Volkes war das Problem, das von der Rechtfertigung gelöst wurde.«[173] Auch hier müsse Rechtfertigung als ein soziales Phänomen gedacht werden, als Versöhnung von Menschen verschiedenartiger Herkunft.[174]

Das hat unmittelbare Implikationen für die Ethik: »Die gute Nachricht, dass mein Feind und ich – nicht durch eigenes Verdienst oder Werk – in einer neuen Menschheit vereinigt sind, verbietet mir hinfort, jemals wieder sein Leben in meine Hände zu nehmen.«[175] Somit ist der »messianische Lebensstil«, zu dem Feindesliebe und Gewaltfreiheit notwendig hinzu gehören, nicht einfach eine steile ethische Forderung an den Menschen, sondern er findet im Rechtfertigungsgeschehen erst seinen Ermöglichungsgrund.

---

[169] A.a.O., 197f.
[170] A.a.O., 197.
[171] Die rev. Luther-Übersetzung: »Ist jemand in Christus, so ist *er* eine neue Kreatur« wird somit in Frage gestellt, da im Griechischen lediglich formuliert ist: »Ist jemand in Christus, neue Kreatur (*ktisis*).«
[172] »Der Akzent liegt nicht auf einer ontologischen Veränderung der Person (ganz zu schweigen von der Veränderung im psychologischen oder neurologischen Bereich), sondern in der ›Verwandlung der Perspektive‹ derer, die Christus als ihren Kontext akzeptiert haben.« A.a.O., 200. – Damit bleibt Yoder selbst hinter dem zurück, was er vorher sagte: eine Ermöglichung und auch Schaffung neuer Qualitäten von Beziehungen, die vorher so nicht vorhanden waren.
[173] A.a.O., 201.
[174] Ansätze dieses Denkens erkennt Yoder im Religiösen Sozialismus und bei Johann Christoph Blumhardt.
[175] A.a.O., 203.

Vertreter aus anderen Traditionen als der mennonitischen haben, je ganz unterschiedlich, diese Argumentation aufgegriffen und weiterentwickelt – unter ihnen Jürgen Moltmann[176] und Stanley Hauerwas[177]. Auch in einigen neueren ökumenischen Diskussionen findet diese Argumentation ihren Widerhall: Kirche *hat* nicht nur eine bestimmte Ethik, sondern sie *verkörpert* sie zugleich.[178]

III.5 Axiome der Interpretation des Rechtfertigungsgeschehens aus täuferisch-mennonitischer Perspektive

Es lassen sich in der täuferisch-mennonitischen Tradition Entwicklungen in Einzelaspekten beobachten, die vor allem durch die ökumenischen Begegnungen sichtbar wurden. Aus den genannten Stimmen unterschiedlicher Zeiten und Kontexte werden – bei aller Pluralität und Fortentwicklung in den Argumentationsgängen und Begründungsmustern – durchgängige regulative Prinzipien benennbar:

a. Rechtfertigung geschieht in Christus, allein aus Gnade durch den Glauben.
b. Dadurch ist eine neue Kreatur (Erneuerung) geworden.
c. Rechtfertigung und Heiligung sind nicht voneinander zu trennen, denn der Glaube führt zu einem Leben in der Nachfolge Christi, im Sinne der *participatio*.
d. Dieses »messianische Leben«, als neue Wirklichkeit inmitten dieser Welt, ist als andauernder Prozess zu betrachten, bleibend angewiesen auf Vergebung und Versöhnung (*simul iustus et peccator*).
e. Rechtfertigung ist nicht beschränkt auf die individuelle Erfahrung der Gerecht-Machung, sondern ist der Ermöglichungsgrund der versöhnten, gewaltfreien Beziehung zwischen Menschen und zur Schöpfung.

---

[176] Vgl. *Jürgen Moltmann*, Der Weg Jesu Christi. Christologie in messianischen Dimensionen, München: Kaiser 1989.
[177] Vgl. *Stanley Hauerwas*, Selig sind die Friedfertigen. Ein Entwurf christlicher Ethik, hg. und eingeleitet von *Reinhard Hütter*, Neukirchen-Vluyn: Neukirchener 1995. »In der Tat will ich gerade diese These bestreiten, dass christliche Sozialethik vor allem den Versuch darstellt, die Welt friedfertiger und gerechter zu machen. Vielmehr ist die erste sozialethische Aufgabe der Kirche diejenige, Kirche zu sein – als Dienstgemeinschaft. Eine solche Behauptung mag wohl selbstbezogen klingen, solange wir uns nicht daran erinnern, dass das, was Kirche zur Kirche macht, die treue sichtbare Verkörperung der Friedensherrschaft Gottes in der Welt ist. Als solche hat die Kirche keine Sozialethik; die Kirche ›ist‹ eine Sozialethik.« A.a.O., 159.
[178] Vgl. *Thomas F. Best* und *Martin Robra* (eds.), Ecclesiology and Ethics: Ecumenical Ethical Engagement, Moral Formation and the Nature of the Church, Genf: WCC 1997. Vgl. ebenfalls: *Lewis S. Mudge*, The Church as Moral Community: Ecclesiology and Ethics in Ecumenical Debate, New York/NY: Continuum und Genf: WCC 1998. Mudge verfolgt ein sakramentalistisches Verständnis der Kirche, welches Ekklesiologie und Ethik zusammen zu denken sucht.

f. Die Bekenntnistaufe in die Gemeinschaft Jesu Christi ist ein angemessener Ausdruck dieses Zusammenhangs zwischen Gottes vor-
auslaufender Gnade und der – durch das Werk Christi ermöglichten
– freiwilligen Antwort des Menschen.
g. Daraus ergibt sich die Gestalt der Kirche als »messianische Gemeinschaft«.

Diese Axiome können vor allem auch in jenen Versuchen leitend sein,
die Botschaft von der Rechtfertigung im gegenwärtigen Kontext plausibel zu machen, in dem viele der tradierten Redewendungen nicht
unmittelbar verstanden werden. Zum einen ist es die seelsorgerliche
Dimension des bedingungslosen Angenommenseins, in der das Potential dieser Botschaft für jede und jeden nachvollziehbar wird, weil es
die Voraussetzung jeder gesunden Selbstannahme wie der Gemeinschaftsbildung ist. Zum anderen sind es die ethischen Implikationen,
die allgemein verständlich machen, warum diese evangelische Wahrheit unaufgebbar ist. Die Unantastbarkeit der Würde des Menschen
findet hierin ihre Letztbegründung, weil die Beurteilung einer Person
niemals auf deren Taten reduziert werden kann. Nach biblischem Verständnis bleibt der Mensch stets, was er *coram Deo* durch Christus ist:
ein von ihm Geliebter und Gerechtfertigter, allein aus Gnade. Aufgrund dieser Tatsache ist dann auch eine neue Sozialität geschaffen,
die auf die Bildung von gerechten Beziehungen unter den Menschen
abzielt – und ein Gerechtigkeitsverständnis, das den Aspekt der Barmherzigkeit mit einschließt, um letztlich die Überwindung von Feindschaft hin zu Versöhnungen zu ermöglichen. Dadurch gewinnt auch
das Ethos der Gewaltfreiheit seine theologische Begründung.

All dies ist zunächst nicht als Anspruch des Evangeliums zu verstehen,
sondern zuerst und vor allem als Befreiung von der Last, aus eigener
Leistung Böses, auch »strukturelle Sünde« überwinden zu wollen. Die
Botschaft von der Rechtfertigung ist immer zuerst eine Befreiung, die
dann eine tatsächliche Verantwortung füreinander in Gemeinschaft erst
ermöglicht.

IV. Theologie der Friedenskirche: Zur Diskussion neuerer Ansätze[179]

Die Aufgabe, der sich die Beiträge zu einer »Theologie aus dem Geist
des Täufertums heute« stellen, ist in vielfacher Hinsicht keine leichte.[180]

---

[179] Bearbeitete Fassung des Beitrags: *Fernando Enns*, Friedenskirchliche Theologie aus einer pluralen Tradition. Zur Diskussion zeitgenössischer theologischer
Ansätze aus mennonitischer Perspektive in Nordamerika, in: Mennonitische Geschichtsblätter (MGB) 2006, 63. Jg., 133–145.
[180] Siehe die Beiträge in MGB 2006, 63. Jg.

Wer sich bisher an den wissenschaftlichen Diskussionen zur Frage einer »täuferischen« oder »mennonitischen« Theologie beteiligt hat, sei es aus historischer oder aus systematisch-theologischer, bzw. theologisch-ethischer Perspektive, kennt die Herausforderungen, die sich damit einstellen.[181] Wie könnte eine neue Theologie aus dem Geist des Täufertums heute aussehen? Die Fragestellung suggeriert mit dem Begriff »Täufertum« eine halbwegs geschlossene, beschreibbare Größe als Referenzrahmen. Doch gerade die revisionistische Täuferforschung hat mehr als deutlich herausgearbeitet, dass es höchst problematisch, ja im Grunde unmöglich ist, von dieser Voraussetzung auszugehen.[182] Nimmt man das »Täufertum« des 16. Jahrhunderts in den Blick, dann lassen sich je nach Blickwinkel sehr unterschiedliche Gruppierungen ausmachen. In keiner Weise herrscht Einigkeit darüber – weder unter Historikern, noch unter Theologen – wer jeweils zu welcher Gruppe zu zählen ist. Es herrscht nicht einmal ein Konsens darüber, welche Differenzkriterien anzulegen sind. Daher ist die Frage völlig ungeklärt, ob und welche der Strömungen innerhalb dieser pluralen Bewegung des 16. Jahrhunderts maßgeblich sein könnte für eine gegenwärtige Theologie der Mennoniten im 21. Jahrhundert.

Erprobt wurden und werden mehrere Möglichkeiten. So kann dieses Täufertum als eine sozio-ökonomische Bewegung beschrieben werden, als eine spezifische Ausprägung der größeren protestantischen Reformation oder auch als vor-ekklesiale Größe im Sinne einer werdenden Denomination.[183] Einigkeit herrscht allein hierüber: Wenn vom »Täufertum« des 16. Jahrhunderts die Rede ist, dann stellt dies jeweils den etwas künstlichen Versuch dar, eine in sich sehr plurale Bewegung zusammenzufassen, aus der sich erst in den nachfolgenden Generationen tatsächlich klarer beschreibbare Gemeinschaften und Institutionen herausbildeten, die sich nicht minder plural in ihren unterschiedlichen

---

[181] Vgl. Die Beiträge in *Abe Dueck, Helmut Harder, Karl Koop* (eds.), New Perspectives in Believers Church Ecclesiology, Winnipeg/Manitoba: CMU Press 2010. *Alain Epp Weaver* (ed.), Mennonite Theology in Face of Modernity, North Newton/KS: Bethel College 1996. *Ben C. Ollenburger* (ed.), So Wide a Sea. Essays on Biblical and Systematic Theology, Text-Reader Series 4, Elkhart/IN: Institute for Mennonite Studies (IMS) 1991. *Willard M. Swartley* (ed.), Essays on Systematic Theology. IMS Series 7, Elkhart/IN: IMS 1984. *Daniel Schipani* (ed.), Freedom and Discipleship: Liberation Theology in Anabaptist Perspective, Maryknoll/NY: Orbis 1989. Dazu auch die fortlaufenden Diskussionen in den einschlägigen Fachzeitschriften, insbesondere Mennonite Quarterly Review (MQR) und Conrad Grebel Review (CGR).

[182] Siehe hierzu das »werkbiographische Gespräch« in: *Hans-Jürgen Goertz*, Zwischen Historie und Theologie – oder: Muss die revisionistische Täuferforschung schon ersetzt werden?, in: MGB 2006, 9–26.

[183] Siehe hierzu *Hans-Jürgen Goertz*, Art. »Menno Simons / Mennoniten«, in TRE Bd. 22, 1992, 452ff.

Kontexten entwickelten, sich heute aber doch als eigenständige Konfessionen begreifen, wie die Mennoniten. Die bewusst vage gehaltene Fragestellung nach einer Theologie »aus dem Geist des Täufertums« spiegelt eben diesen komplexen Sachverhalt wieder.

Die Legitimität der Fragestellung erschließt sich demnach nicht vordergründig aus den Anfängen der Täuferbewegung, sondern eher aus den Rückgriffen einer kirchlichen Tradition, die sich tatsächlich auf dieses historische Datum als ihre konfessionelle Geburtsstunde beruft. Dass sie dies in ganz unterschiedlicher Weise tut, illustrieren wiederum die hier versammelten Beiträge eindrucksvoll. Wir begegnen in der Gegenwart mennonitischen (oder sich auch anders nennenden) Gemeinden,[184] die in ihrer Geschichte Bekenntnisse formulierten[185] und Institutionen herausbildeten,[186] die Ämter entwickelten, auch Musik und Poesie schufen,[187] Hilfsdienste und missionarische Tätigkeiten hervorbrachten,[188] kurz: die ihre Identität offensichtlich aus einem Bewusstsein »täuferischer« Ursprünge und »mennonitischer« Tradition beziehen. Diese Identität(en) beteiligen sich nicht nur am gesamttheologischen Diskurs, sondern werden in der Gegenwart gelebt. Sie grenzen sich ab und sie kommunizieren mit anderen.[189] So ergibt sich also nicht nur die Legitimität, sondern geradezu die Notwendigkeit unserer Fragestellung aus der Tatsache, dass wir heute (täuferisch-) mennonitische Gemeinden in allen Teilen der Welt vorfinden, die Gottesdienste feiern, gemeinsam beten und singen, seelsorgerlich und diakonisch füreinander und für andere tätig sind. Es sind klar beschreibbare Sozialformen, Kirchen oder Gemeinden, die ihre Gestalt und Auffassungen dieser Identität entsprechend ausrichten. Ebenso ist eine wissenschaftlich-historische und theologische Reflexion eben dieser Identität, die sich aus dem »Täufertum« ableitet, festzustellen, für die die im Folgenden zu diskutierenden Entwürfe Beleg genug sind.

Insofern ist es also nicht nur legitim, sondern geradezu erforderlich, die orientierende und identitätsstiftende Kraft des »Täufertums« zu reflektieren, (1.) um Rechenschaft darüber einzufordern und abzulegen, inwiefern denn diese Reflexionen als »täuferisch« oder »menno-

---

184 In den Niederlanden heißen Mennoniten »*Doopsgezinde*«, in Äthiopien »*Meserete Kristos Church*«, in Zimbabwe »*Brethren in Christ*« etc.
185 Vgl. beispielsweise: Confession of Faith in a Mennonite Perspective. Scottdale/PA: Herald Press 1995.
186 Auch international, wie die *Mennonite World Conference*, vgl. www.mwc-cmm.org [01.03.2010].
187 Siehe hierzu www.goshen.edu/mennonitepoetry [01.03.2010].
188 Siehe vor allem das international operierende *Mennonite Central Committee*, http://mcc.org [01.03.2010].
189 Vgl. die bilateralen ökumenischen Dialoge in: *Enns*, Heilung der Erinnerungen, a.a.O.

nitisch« gelten können und (2.) den Schatz an theologischer Erkenntnis und Kreativität zu heben, den diese Reflexionen offensichtlich freisetzen. Daraus mögen sich Anregungen für das weitere Theologisieren aus täuferisch-mennonitischer Perspektive auch in anderen Kontexten und der Ökumene ergeben.

Damit sind die zwei grundlegenden Aufgaben beschrieben, die hier summierend erfüllt werden sollen. Es kann dies hier nicht mehr sein als eine »Lesehilfe«, eine vollständige Analyse ist es nicht, entsprechend auch keine Bewertung der vorgestellten Ansätze, denn hinter den Entwürfen steht in allen Fällen ein größeres Oeuvre und jahrzehntelange Forschung.[190] Aus der zusammenstellenden Betrachtung mögen sich Fragestellungen und Erkenntnisse für den deutschsprachigen Kontext ergeben, schließlich stammen alle Beiträge aus dem US-amerikanischen und kanadischen theologischen Diskurs, der seine je eigenen kontextuellen Erfahrungen und Herausforderungen in das theologische Denken (meist bewusst) einträgt. Da sich dort inzwischen eine sehr reiche und selbstbewusst geführte Diskussion entwickelt hat, drängt sich der Versuch geradezu auf, diese auch für andere Kontexte fruchtbar zu machen. Schließlich finden diese Beiträge nicht nur unter mennonitischen Theologen Beachtung, sondern gehören in vielen theologischen Schulen inzwischen zum festen Repertoire der Curricula.[191] Theologie aus mennonitischer Perspektive wird längst im gesamt-ökumenischen Diskurs wahr und ernst genommen.[192]

Es soll hier nicht unerwähnt bleiben, dass Theologien »aus dem Geist des Täufertums« auch in anderen Teilen der Welt zunehmend mit genuinen Beiträgen zu akademischen theologischen Diskursen beitragen und gleichfalls von anderen wahrgenommen und geschätzt werden: in Lateinamerika (vor allem Kolumbien, Guatemala, Paraguay), in Asien (z.B. Indonesien) und auch in Afrika (z.B. in der Demokratischen Republik Kongo oder in Nigeria).[193] So sind also die hier aufgenomme-

[190] Zu beachten sind die reichen Bibliographien in den Anmerkungen aller Beiträge in MGB 2006, a.a.O. An anderer Stelle habe ich das Werk von John Howard Yoder bereits ausführlich analysiert und diskutiert, vgl. *Fernando Enns*, Friedenskirche in der Ökumene. Mennonitische Wurzeln einer Ethik der Gewaltfreiheit. Göttingen: Vandenhoeck & Ruprecht 2003, Kap. III., 156–200.
[191] Vgl. z.B. die Beiträge von *John Howard Yoder* in: *Samuel Wells*, Christian Ethics: An Introductory Reader, Chichester: Wiley-Blackwell 2010; sowie *Samuel Wells* and *Ben Quash*, Introducing Christian Ethics, Chichester: Wiley-Blackwell 2010.
[192] Siehe hierzu *Enns*, Friedenskirche in der Ökumene, a.a.O., Kap. IV., 201–261.
[193] Siehe hierzu die Literaturhinweise in: *Thomas Finger*, Art. »Anabaptist Theology«, in: Global Dictionary of Theology, ed. by *William A. Dyrness* and *Veli-Matti Kärkkäinen*, Downers Grove/IL: InterVarsity Press 2006, 23–27. Die *inter-*

nen Beiträge nicht mehr als ein Ausschnitt einer inzwischen viel breiter angelegten, internationalen Diskursgemeinschaft, die in vielen Fällen die eigenen konfessionellen Grenzen überschreitet.

IV.1 Eine radikal pluralistische (Friedens-) Theologie: Gordon D. Kaufman

Das »Täuferische« an dem theologischen Denken Gordon D. Kaufmans, so lässt sich zugespitzt formulieren, ist seine Radikalität im Brechen mit dem Konventionellen.[194] Theologie ist für ihn ein fortwährendes, imaginatives Konstruieren. Es reiche nicht, die alten Wahrheiten in immer neuer Sprache zu sagen, sondern in der Annahme der gegenwärtigen Herausforderungen müssten auch die althergebrachten christlichen Glaubensüberzeugungen selbst stets modifiziert werden. Sprach er in seinen früheren Werken noch von den »zentralen Symbolen« des christlichen Glaubens (»Gott« und »Christus«), so ist heute der Begriff der »Kreativität« zentral für die Schöpferkraft, »Jesus« steht für das Humanum schlechthin. Diese Begriffswahl soll im Falle von »Kreativität« die anthropomorphen Redeweisen überwinden, im Blick auf »Jesus« die supranaturalistischen Implikationen. Auf diese Weise rückt die Anthropologie ins Zentrum: Gott anzuerkennen heißt vor allem, die eigene biologische und historische Begrenzung anzu-

nationale Diskussion der Theologien der Friedenskirchen findet zurzeit auch im Rahmen der ökumenischen »Dekade zur Überwindung von Gewalt. Kirchen für Frieden und Versöhnung 2001–2010« statt. Dazu sind bisher vier große Konferenzen organisiert worden: In Bienenberg/Schweiz 2001: *Fernando Enns, Scott Holland, Ann Riggs* (eds.), Seeking Cultures of Peace. A Peace Church Conversation, Geneva: World Council of Churches 2004. In Nairobi/Kenia 2005: *Don Miller, Scott Holland* and *Dean Johnson* (eds.), Seeking Peace in Africa. Stories from African Pacemakers, Geneva: World Council of Churches 2007. In Indonesien 2007: *Donald E. Miller, Gerard Guiton, Paulus Widjaja* (eds.), Overcoming Violence in Asia: The Role of the Church in Seeking Cultures of Peace. Telford/PA.: Cascadia 2011. Der vierte Band (Lateinamerika) erscheint demnächst.
[194] Siehe vor allem: *Gordon D. Kaufman*, In Face of Mystery. A Constructive Theology, Minneapolis: Harvard University Press 2006. *Ders.*, Jesus and Creativity, Minneapolis: Fortress Press 2006. *Ders.*, In the Beginning – Creativity, Minneapolis: Augsburg Fortress Publishers 2004. *Ders.*, God, Mystery, Diversity – Christian Theology In A Pluralistic World, Fortress Press 1996. *Ders.*, The Theological Imagination: Constructing the Concept of God, Philadelphia: Westminster Press 1981. *Ders.*, Nonresistance and Responsibility, and Other Mennonite Essays, Newton/KS: Faith & Life 1979. *Ders.*, God the Problem, Cambridge: Harvard University Press 1972. *Ders.*, Systematic Theology. A Historicist Perspective, New York: Scribner's 1968. Dazu die Festschriften: *Gordon D. Kaufman* and *Alain Epp Weaver* (eds.), Mennonite Theology in Face of Modernity: Essays in Honor of Gordon D. Kaufman, Cornelius H. Wedel Historical Series 9, Bethel College 1996. *Sheila Greeve Davaney* and *Gordon D. Kaufman* (eds.), Theology at the End of Modernity: Essays in Honor of Gordon D. Kaufman, Philadelphia: Trinity Press 1991.

nehmen. Der Blick auf das Christus-Ereignis öffne ein normatives Bild menschlicher Existenz, individuell wie gemeinschaftlich.

Ganz allgemein und eher am Rande greift Kaufman auf das 16. Jahrhundert zurück: Auch die Täufer hätten im Christus-Ereignis vor allem ein *historisches* Ereignis gesehen, das dramatische Veränderungen des menschlichen Lebens nach sich ziehe, und nicht zuerst ein innergöttliches Geschehen. In beidem, Schöpfung und Humanum, sei Pluralität und Begrenzung (Biologismus und Historizität) angelegt.

So will Kaufman eindimensionale (»in der Bibel ist alles schon begründet«) und zweidimensionale (»der Ausleger ist immer Teil der Auslegung«) theologische Entwürfe zugunsten von mehrdimensionalen ersetzen: eine Vielzahl von Quellen sei zu berücksichtigen, wenn Theologie tatsächlich orientierende Kraft in der Gegenwart gewinnen wolle, einer Gegenwart, die vor allem durch Pluralität bestimmt sei. – Damit ist das zweite täuferisch-mennonitische »Steuerungselement«[195] dieses theologischen Denkens benannt: die konsequente Hinwendung zu der Frage, wie dieses Leben zu gestalten ist. Nicht metaphysische Wahrheiten oder überkommene Dogmen interessieren zuerst, sondern vor allem Ethik. Es ist ein praxisorientierter, pragmatischer Ansatz. Der radikalen Historizität und biologischen Bestimmtheit menschlicher Existenz folgend stellt sich diese Frage nun im (post-) modernen Kontext des religiösen und weltanschaulichen Pluralismus. Ziel ist nicht ein Urteilen im Sinne von ›richtig‹ oder ›falsch‹, sondern eher das Wahrnehmen und Respektieren all der anderen Glaubens- und Wertesysteme.

Diese Konsequenz ist selbst Ausdruck einer Ethik, so Kaufman, die dem christlichen Glauben inhärent sei, insbesondere dem friedenskirchlichen Anspruch einer mennonitischen Identität. Denn daraus ergebe sich ein versöhntes Zusammenleben von bleibend Verschiedenem, weil alles Sein in seiner Partikularität radikal ernst genommen werde. Freiheit und Verantwortung seien die normativen Kriterien dieser bio-historisch bestimmten Existenz. Kaufman geht davon aus, dass diese Befreiung von Absolutheitsansprüchen die selbstherrliche Arroganz gegenüber alternativen Denk- und Glaubensformen beendet und so den Weg zu einem echten Dialog ebnet: auf diese Weise entsteht eine zeitgenössische Versöhnungstheologie der Friedenskirche. Kaufman fordert in Ergänzung, die Bewahrung der Natur als integralen Bestandteil mennonitischer Friedenstheologien aufzunehmen.

---

[195] Vgl. den Begriff bei *Dietrich Ritschl*, Zur Logik der Theologie. Kurze Darstellung der Zusammenhänge theologischer Grundgedanken, Kaiser TB 38, München: Kaiser ²1988.

IV.2 Eine nonkonformistische, nicht separatistische (Friedens-)
Theologie: Duane K. Friesen

Duane Friesen gehört zu den mennonitischen »Schülern« Kaufmans,
die dessen wissenschaftstheoretische Ansätze in das eigene theologische Denken explizit aufnehmen.[196] Wie Kaufman plädiert auch Friesen für ein radikales Ernstnehmen der nachaufklärerischen Kultur, die
von einer naturwissenschaftlichen Weltsicht dominiert sei. Daraus ergeben sich wichtige epistemologische Verschiebungen, die allerdings
voraussetzen, die Sicherheiten der Wahrheitsansprüche überkommener
Traditionen aufzugeben und zugunsten von Wahlfreiheiten (»Häresien«) in Frage zu stellen. – Erkennbar wird das »täuferische Erbe«
hier vor allem auch in der Methodik. Im Blick auf den religiösen Pluralismus greift Friesen gezielter als Kaufman auf die Erfahrungen des
16. Jahrhunderts zurück. Auch zu jener Welt gehörten Andersglauben-
de: »Türken« und Juden. Aber für das Phänomen des religiösen Pluralismus lässt sich ernsthaft wohl nicht mehr als die Bereitschaft zu neuem Denken bei den Täufern fruchtbar machen. Immerhin wertet Friesen dies als Beleg für die Evolution allen theologischen Denkens.

Friesen kann sich hierbei klar dem Verdacht eines radikalen postmodernen Subjektivismus entziehen. Zwar ist auch für ihn der Ansatz eines christlichen Univeral-Triumphalismus nicht mehr denkbar, aber
doch ein dezidiertes Zeugnis, selbstverständlich in Wort *und* Tat, das
seine Überzeugung durch die Kraft des Evangeliums selbst erhalten
werde. Zwang und Gewalt seien in Glaubensdingen dann selbstredend
ausgeschlossen – eine Erkenntnis, die bereits einige Täufer vertraten.
Friesen zielt mit diesen Vorüberlegungen aber im Grunde auf etwas
anderes: Wenn Kirche durch die Kraft des Heiligen Geistes tatsächlich
ermächtigt sei, Leib Christi zu *sein*, dann werde sie ihr Leben auch
nonkonform zu den Mächten einer modernen Kultur gestalten, die
durch die Ontologie der Gewalt gekennzeichnet sei. Der Mythos der
erlösenden Gewalt sei zu brechen.

Als »täuferische Elemente« können demnach der Nonkonformismus
und die Gewaltfreiheit gewertet werden, die hier allerdings gerade
nicht in die Weltflucht treiben, sondern stets »der Stadt Bestes« (vgl.
Jer 29:7) suchen. In der gegenwärtig herrschenden Kultur reiche es
nicht aus, diese schlicht abzulehnen, sondern es müssten kreative,

---

[196] Vgl. vor allem: *Duane K. Friesen*, Citizens, Philosophers: Seeking the Peace
of the City, Scottdale/PA: Herald Press 2000. *Duane K. Friesen* and *Gerald Schlabach* (eds.), At Peace and Unafraid: Public Order, Security and the Wisdom of the
Cross, Scottdale/PA: Herald Press 2005. *Duane K. Friesen*, Christian Peacemaking
and International Conflict. A Realist Pacifist Perspective. Scottdale/PA: Herald
Press 1984. *Ders.*, Toward a Theology of Culture: A Dialogue with Gordon Kaufman, in: *Epp Weaver*, Mennonite Theology in Face of Modernity, 95–114.

theologisch begründete und überzeugende Alternativen entwickelt werden (Friesen hat sich stets für realisierbare Umsetzungsmöglichkeiten zur gewaltfreien Friedensbildung eingesetzt).[197] Wie bei manchen Täufern des 16. Jahrhunderts ist auch hier eine eschatologische Vision leitend, in rein präsentischer Ausprägung. Die Antizipation dieser Vision in der Gegenwart führt zur Erkenntnis der Verantwortung *für* die Welt, heute selbstverständlich auch der Bewahrung der Natur. Damit wendet sich Friesen dezidiert gegen eine dualistische Ethik, wie sie beispielsweise die Schleitheimer Artikel der Schweizer Täufer von 1527 vorschlugen.[198]

So wird erkennbar, dass Rückgriffe auf täuferisches Gedankengut nicht einfach nur für Legitimations- und Motivationsargumente herhalten, sondern tatsächlich auch zu kritischer Auseinandersetzung anregen, die zu klaren Abgrenzungen gegenüber eigenen Traditionselementen führen können. Möglichkeiten zu Korrekturen seien heute vor allem durch die ökumenische Begegnung gegeben: der Leib Christi sei universal zu denken, größer als die mennonitische Gemeinschaft (als Beispiel wird die notwendige Verschränkung einer Nachfolgeethik mit der altkirchlichen und reformatorischen Gnadenlehre genannt). – Auch hier ist die enge Verknüpfung, wenn nicht gar eine Vorrangigkeit, von Orthopraxie und Orthodoxie zu beobachten.

IV.3   Die Materialisierung einer täuferischen (Friedens-) Theologie –
Kontinuität und Diskontinuität: Thomas Finger und
J. Denny Weaver

Thomas Finger und J. Denny Weaver materialisieren eine Theologie »im Geist des Täufertums«. Finger legt eine vollständige Systematische Theologie aus dieser bestimmten Perspektive vor,[199] während Weaver sich in jüngster Vergangenheit auf den zentralen Topos der Versöhnungslehre konzentriert.[200] Beiden ist die Pluralität des Den-

---

[197] Siehe insbesondere: *Friesen/Schlabach*, At Peace and Unafraid, a.a.O., und: *Friesen*, Christian Peacemaking and International Conflict, a.a.O.

[198] Brüderliche Vereinigung etlicher Kinder Gottes, sieben Artikel betreffend, in: Bekenntnisse der Kirche, hg. von *Hans Streubing u.a.*, Wuppertal: Brockhaus 1985, 261–268.

[199] Vgl. vor allem: *Thomas N. Finger*, A Contemporary Anabaptist Theology: Biblical, Historical, Constructive. Downers Grove/IL: InterVarsity 2004. *Ders.*, Self, Earth & Society: Alienation & Trinitarian Transformation. Downers Grove/IL: InterVarsity Press 1997. *Ders.*, Christian Theology. An Eschatological Approach, Scottdale/PA: Herald Press, Vol. I 1985, Vol. II 1989.

[200] Vgl. hierzu vor allem: *J. Denny Weaver*, The Nonviolent Atonement, Grand Rapids/MI: Eerdmans 2001 (Second ed., rer. and expanded, 2011). Außerdem: *ders.*, Anabaptist Theology in Face of Postmodernity. A Proposal for the Third Millennium, Telford/PA: Pandora Press and Scottdale/PA: Herald Press 2000.

kens im Täufertum wohl bewusst, ein selektives Vorgehen beim Rückgriff auf die Quellen aus dem 16. Jahrhundert daher unerlässlich. Folglich muss dann aber Rechenschaft eingefordert werden über die Kriterien einer solchen Auswahl, da eine sinnvolle Verständigung sonst kaum möglich erscheint.

In der Methodik des Theologisierens gehen beide Autoren sehr viel konventioneller vor als Kaufman oder Friesen, auch wenn sie der Grundannahme zustimmen, dass Theologie letztlich immer Konstruktion sei. Doch hier ist sie primär eine Aktivität der glaubenden und nachfolgenden Kirche und wird sich daher vorrangig auf die Offenbarung des Evangeliums berufen und nicht auf kulturell geprägte Erfahrungen, das wissenschaftliche Experiment oder die Vernunft. Daher überrascht es nicht, dass die Schriften des biblischen Kanons hier als erste und maßgebliche Quelle genannt werden, in all ihrer Vielfalt, auch wenn klar bleibt, dass die Offenbarung nur im Medium kulturellen Erfahrungen erkannt und angeeignet werden könne.

Finger geht es primär darum, die Kirche als universale zu begreifen. Theologie von und für die Kirche müsse daher stets als ökumenisches Unterfangen gestaltet werden. Dies schließe die Berücksichtigung und den Respekt vor der gesamten Bekenntnis- und Dogmengeschichte der Kirche(n) ein. Auch wenn Theologie immer kontextuell und also vielfältig gestaltet sei, so weise sie doch stets über sich hinaus auf die Universalität Gottes. – Das »Täufertum«, die mennonitische Tradition, bleibt hier freilich jene besondere »Linse«, mit der alles betrachtet und geprüft wird. Zu dieser Linse zählt Finger gemeinsame Überzeugungen der Täufer (Erwachsenentaufe, Abendmahl, Gemeindedisziplin und ökonomisches Teilen), durch die eine distinkte Ekklesiologie erkennbar werde, die in ihren Anfängen sicherlich nur implizit vorhanden gewesen sei, sich zunächst in bestimmten Glaubens-Praktiken und im Lebenswandel der Täufer äußernd.

Das zweite Argument für die ökumenische Ausrichtung ist das Bewusstsein der Historizität aller theologischen Erkenntnis. Die Universalität Gottes erschließe sich im christlichen Glauben immer im partikular Geschichtlichen. Die biblischen Narrationen von der Schöpfung bis zur Vollendung – und darin als Zentrum Jesu Kommen, Leben, Sterben und Auferstehen – überlieferten das christliche Kerygma. Theologie vergegenwärtige dies stets neu, aber gleichzeitig berge das

Ders., Becoming Anabaptist: The Origin and Significance of Sixteenth-century Anabaptism, Scottdale/PA and Waterloo/ON: Herald Press [2]2005. Dazu die Festschrift: *Alain Epp Weaver* and *Gerald J. Mast* (eds.), The Work of Jesus Christ in Anabaptist Perspective: Essays in Honor of J. Denny Weaver, Telford/PA: Cascadia and Scottdale/PA: Herald Press 2008.

Kerygma auch die Kraft zu historischen Veränderungen in sich. Dies werde gerade im Täufertum des 16. Jahrhunderts sichtbar, weshalb es auch nicht ausreiche, das Entstehen dieser Täufer-Bewegung lediglich als Ergebnis sozio-kultureller Veränderungen darzustellen (als Abwehr mancher Forschungsansätze der revisionistischen Täuferforschung).

Es überrascht nicht, dass sich bei der materialen Entfaltung einer zeitgenössischen »täuferischen Theologie« Kontinuitäten wie Diskontinuitäten zum 16. Jahrhundert ergeben, ohne dass hier schon etwas von der Kriteriologie erkennbar würde, die Finger selbst fordert. Finger betont die Notwendigkeit der Balance von geistlich-spiritueller und sozialethischer Dimension – gegen eine Überbetonung der Letzteren. So wird die Güterteilung und das Streben nach einem einfachen Lebensstil in einer Geisteshaltung verortet, die sich letztlich kritisch gegen alle Überbewertung des Materiellen wendet, weil sich daraus Gewalt und Ungerechtigkeit ergäben. Frieden zu schaffen sei daher nicht ein beliebiges Thema auf einer Liste ethischer Fragen, sondern wolle im Grunde alle theologischen Loci formen.

J. Denny Weaver entfaltet diesen Gedanken vor allem hinsichtlich der Christologie. Gewaltfreiheit als zentrales Thema des täuferischen Erbes ist bei ihm integrales und gestaltgebendes Element für eine christliche Theologie im Sinne der Friedenskirche, denn die Gewaltfreiheit Jesu enthalte Aussagen über Werk *und* Person Christi. Wenn die »Jesus-Narration« (im Unterschied zu »Kerygma« bei Finger) normative Geltung für die Gestaltung des christlichen Glaubens und Lebens habe, dann ergebe sich daraus, wie bei den Täufern, vor allem anderen eine alternative Ekklesiologie: eine bekennende Gemeinde der Nachfolge Jesu. – Hierin scheinen sich alle Autoren einig zu sein.

Zwischen Finger und Weaver ist nun aber eine heftige Debatte über den Wert der altkirchlichen Bekenntnisse für die Christologie aus täuferisch-mennonitischer Perspektive entbrannt.[201] Wenn ich richtig sehe, dann entzündet sich der Streit vor allem daran, dass sich beide Autoren der gleichen Sache aus divergenten Richtungen nähern. Während Finger zeigen will, wie viel eine täuferische Theologie von den alt-

---

[201] Vgl. die Rezension zu Finger's »A Contemporary Anabaptist Theology« von: *J. Denny Weaver*, Parsing Anabaptist Theology, in: Direction 34,2 (Fall 2005). Dazu die Reaktion von: *Thomas N. Finger*, Response to J. Denny Weavers Parsing Anabaptist Theology, in: Direction 35,1 (Spring 2006). Vgl. zur Position Fingers auch: *Thomas N. Finger*, Christus Victor and the Creeds: Some Historical Considerations, in: MQR 74/1998, 31–51. *Ders.*, The Way to Nicea: Some Reflections from a Mennonite Perspective, in: Journal of Ecumenical Studies 24/2, Spring 1987, 212–231.

kirchlichen Bekenntnissen lernen und aufnehmen kann, ohne sich vollends mit dem »main-stream« identifizieren zu wollen, geht es Weaver darum deutlich zu machen, an welchen entscheidenden Punkten Differenzen sind und bleiben. Beide Ansätze können gute Argumente benennen und müssten sich m. E. nicht notwendig gegenseitig ausschließen. Zusammengenommen vervollständigen sie vielmehr das Bild von Kontinuität und Diskontinuität der Täufer gegenüber der altkirchlichen Dogmenbildung. Und sicherlich ist es sinnvoll, dieses Verhältnis gründlich zu analysieren, denn eine Theologie »im Geiste des Täufertums« wird auch im 21. Jahrhundert eben diese Frage von Kontinuität und Diskontinuität beantworten müssen.

Weaver kommt es in dieser Auseinandersetzung vor allem darauf an, den Akt der Befreiung von der Autorität der Tradition zu unterstreichen. So will er der traditionellen Trennung (auch Unterscheidung?) von Person und Werk Christi vorbeugen. Diese Trennung widerspreche der »Jesus-Narration« zutiefst, wie die Täufer im 16. Jahrhundert zu Recht (wieder-) entdeckt hätten. Nur so hätten sie wieder jenes »wehrlose Christentum«[202] werden können, das die Kirche vor der »konstantinischen Wende« gewesen sei.[203] Im Täufertum werde ein Set von Überzeugungen sichtbar, nach denen das Leben in der Nachfolge Jesu zu gestalten sei. Dabei komme es nicht darauf an, dass alle einzelnen Überzeugungen auch von allen Täufern vertreten worden seien, sondern auf das (Wieder-) Entstehen dieses neuen Paradigmas im Gegenüber zur »Welt«. Damit laufe man weder in die Fallen der »Anabaptist Vision« der Bender-Schule,[204] noch bleibe man bei einer

---

[202] Diese Bezeichnung, die Weaver offensichtlich gemeinsam mit Gerald Biesecker-Mast verwendet, halte ich für unangemessen, denn sie widerspricht dem eigentlichen Argumentationsgang und der Aussageintention. Gewaltfreiheit ist zu unterscheiden von einer Position der Wehrlosigkeit und eine nonkonforme, sich frei-willig konstituierende Friedenskirche sollte nicht als »Christentum« bezeichnet werden. Sie ist von diesem Allgemeinbegriff gerade zu unterscheiden. Vgl. *Gerald Biesecker-Mast* and *J. Denny Weaver*, Defenseless Christianity: Anabaptism for a Nonviolent Church, Telford/PA: Cascadia 2009.

[203] Anhand der Verwendung dieser Terminologie lässt sich leicht illustrieren, wie sehr Weaver in seinem theologischen Denken auf die Entwürfe von John Howard Yoder angewiesen bleibt. Auf diese Abhängigkeit weist er selbst wiederholt hin. Vgl. die Einleitung zu: *Weaver*, The Nonviolent Atonement, a.a.O.

[204] Durch die sogenannte »Bender-Schule« (benannt nach Harold S. Bender) wurde erstmals der bis heute einflussreiche Versuch unternommen, eine normative Vision der Täufer des 16. Jhs. für die gegenwärtige Kirche herauszuarbeiten. In drei Hauptpunkten meinte Bender, die »Anabaptist Vision« konzentrieren zu können: Die Nachfolge Christi, die Kirche als freiwillige und abgesonderte »Bruderschaft« sowie Liebe (*agape*) und Wehrlosigkeit in allen zwischenmenschlichen Beziehungen. Vgl. *Harold S. Bender*, The Anabaptist Vision. Scottdale/PA: Herald Press 1944.

revisionistischen Täuferforschung stehen, die keinerlei Normativität
mehr erkennen ließe.[205]

Christsein hieße dann vor allem, sich in der Jesus-Narration verorten
zu lassen, die mit einer sozialen Botschaft ihren Anfang nahm: der Befreiung von direkter wie systemischer Gewalt. Wie radikal die Diskontinuität dann ausfallen kann, demonstriert Weaver anschaulich anhand
seiner Neu-Interpretation des Kreuzestodes Jesu. Die traditionellen
Interpretationen (die östliche Idee eines Rechtsgeschäftes zwischen
Christus und Satan, die Anselm'sche Satisfaktionslehre oder die Abaelard'sche Liebes-Offenbarung) förderten allesamt Gewalt, weil sie Jesus als hingebungsvolles Opfer darstellten und die ihm zugefügte Gewalt letztlich Gott selbst zuschrieben. Eine »narrative Christologie«
dagegen, die von Jesus als demjenigen erzähle, der das Reich Gottes
auf Erden präsent machte, offenbare genau das Gegenteil: Die realen
(bösen) Mächte der damaligen Zeit waren für den gewaltsamen Tod
Jesu verantwortlich. Christus überwinde durch die Auferstehung diese
Mächte, er sei Subjekt des Geschehens. So erst werde die Jesus-
Geschichte zum Evangelium und zur Bedingung der Möglichkeit, von
Gewalt erlöst zu leben.

So radikal anders dieser Auslegungsversuch ist, den Weaver in Diskontinuität zur christlichen Dogmenbildung sieht, aber sehr wohl in
Kontinuität zum »Täufertum« (und neueren kontextuellen und feministischen Ansätzen zur Christologie), so wichtig bleibt zu beobachten,
dass er an anderer Stelle vollständig auf ein traditionelles Erklärungs-
muster zurückgreift: die Prädestinationslehre calvinistischer Prägung.
Dennoch zeigt sich hier, welch kreative, anregende und auch selbstbe-
wusste Neu-Konstruktionen theologischer Interpretation die täuferisch-
mennonitische Tradition freisetzt, weil sie sich womöglich weniger als
andere an das Konventionelle gebunden fühlt und ihr Denken stärker
von der christlichen Lebensgestaltung der Glaubenden her leiten lässt.

---

[205] Hans-Jürgen Goertz, einer der Vertreter der revisionistischen Täuferforschung, meint allerdings selbst: »Das revisionistische Täuferbild wird nicht die
endgültige Vorstellung vom Täufertum bleiben. Hier und da deutet sich bereits an,
dass die Interpretationsprobleme sich verschieben. Wurde der Eindruck von der
Einheitlichkeit des Täufertums gründlich zerstört, ist zu erwarten, dass in neuen
Anläufen wieder nach Merkmalen der Einheitlichkeit gesucht wird – und vielleicht
sind auch in der Tat historisch-genetische Berührungspunkte zwischen einzelnen
täuferischen Bewegungen bzw. Gruppen und manche Ähnlichkeiten, die aus ana-
log strukturierten Erfahrungen resultieren könnten, in letzter Zeit nicht gründlich
genug in Augenschein genommen worden. Auch fehlen noch weitere theologische
Analysen auf der Basis der revisionistischen Forschung.« *Hans-Jürgen Goertz*,
Religiöse Bewegungen in der frühen Neuzeit. Enzyklopädie Deutscher Geschichte
Bd. 20, München: Oldenbourg 1993, 87.

Exkurs: Ein alternativer Interpretationsversuch des Kreuzestodes Jesu
(J. Denny Weaver)[206]

Jesus Christus ist Gottes Sohn! Dieses Bekenntnis ist so zentral wie
unbestritten für alle christlichen Konfessionen. Ebenso unumstritten
ist, dass Gott in diesem seinen Sohn tatsächlich, also »wahrer« Mensch
wird. Die Zwei-Naturenlehre ist das Herzstück des chalcedonensischen
Dogmas von 451.[207] Dass die Entwicklung und Festsstellung dieser
Lehre so früh in der Theologiegeschichte notwendig wurde, hängt mit
der Interpretation des »Heilswerkes« Christi zusammen: die Offenbarung des kommenden Gottesreiches, die Versöhnung Gottes mit seiner
Schöpfung und die Erlösung des Menschen von den Sünden. In Christus vollbringt Gott dieses Werk, indem
– »Jesus Christus sich dem Menschen zur Gemeinschaft erschließt«
   (Jesus Christus als Offenbarung Gottes);
– Gott in Jesus Christus »die Gemeinschaft mit dem verlorenen Menschen wiederherstellt (Jesus Christus als Versöhnung zwischen Gott
   und Mensch)« und
– der Mensch in Jesus Christus »zum Leben in der Gemeinschaft mit
   Gott befreit wird (Jesus Christus als Erlösung des Menschen).«[208]

Wie aber geschieht das? Wer versöhnt wen, wer versöhnt sich mit
wem, wodurch? Wenn Christus in dieser Weise als »Mittler« geglaubt
und bekannt wird, dann bedenkt die Christologie die verschiedenen
Aspekte von Inkarnation (Gott wird Mensch), den Tod Jesu am Kreuz
(»für uns gestorben«) und die Auferstehung Christi (endgültiger Sieg
über alle Mächte des Verderbens). Jede dieser Dimensionen der »Versöhnungslehre« hat ihre eigenen Fragen zu beantworten.
Im Folgenden konzentrieren wir uns auf die Interpretation des Todes
Jesu. Zunächst sollen kurz die damit zu stellenden Fragen genannt
werden sowie die klassischen Interpretationen, bevor ein neuer Interpretationsversuch eines mennonitischen Theologen eingeführt und zur
Diskussion gestellt werden soll.

---

[206] Dieser Exkurs ist eine bearbeitete Fassung des Beitrags: *Fernando Enns*, Ein
Gott, der sein Kind opfert? Ein alternativer Interpretationsversuch des Kreuzesto-
des Jesu aus der Friedenskirche (Mennoniten), in: *Annelie Kümpers-Greve* und
Günter Gorschenek (Hg.), Die Gottesfrage. Falkensteiner Gespräche. Europäische
Akademie der Wissenschaften und Künste, Münsterschwarzach Abtei: Benedict
Press 2009, 29–44.
[207] Vgl. hierzu: Der christologische Streit und das Dogma von Chalkedon (451),
in: *Carl Andresen* und *Adolf Martin Ritter* (Hg.), Handbuch der Dogmen- und
Theologiegeschichte, 2. überarb. u. ergänzte Auflage, Bd. 1, Göttingen: Vandenhoeck & Ruprecht ²1999, 222–283.
[208] *Wilfried Härle*, Dogmatik, Berlin / New York: de Gruyter 1995, 317.

a.   Um welche Fragen geht es?

Vor allem in der Auseinandersetzung mit dem kulturanthropolgischen Ansatz und der Theorie von der »mimetischen Gewalt« von René Girard sind die Fragen bezüglich der traditionellen Interpretationen des Kreuzestodes Jesu wieder neu eingeführt und die klassischen Antworten herausgefordert worden.[209] Nicht nur im interreligiösen Dialog, sondern auch innerhalb der systematisch-theologischen Debatte wird gefragt, warum gerade dieses blutige Folterinstrument im Zentrum des christlichen Glaubens steht?[210] Hier sind die innersten Kernsätze des Gottesbildes selbst berührt. Gehört Jesu Tod zu einem »Heilsplan« Gottes und war er daher unausweichlich? Muss daraus gefolgert werden, dass Gott selbst den Tod Jesu »gewollt«, gar »geplant« hat? Wie passt das zusammen mit den vorherrschenden Vorstellungen vom liebenden Gott?[211] Opfert Gott tatsächlich aus Liebe sein eigenes Kind? Wie passt diese Vorstellung mit dem Glauben an die Allmacht Gottes zusammen? Hätte Gott die Welt und die Menschen nicht auch auf andere Weise von den üblen Mächten (der Sünde) befreien können? Wenn Gott selbst gleichsam als Richter vorgestellt ist, dann könnte Gott doch auch Gnade vor Recht ergehen lassen. Es ist aber auch die Frage nach dem Bösen schlechthin gestellt. Wovon müssen die Menschen denn erlöst, losgesprochen werden? Sind die »bösen Mächte« (die Sünde, der Tod, aber auch die politischen und religiösen Führungsfiguren, ein verführtes und verwirrtes Volk, etc.) so stark, dass sie den Tod Jesu verursachen? Steht Gott – oder sein Sohn – denn nicht über diesen Mächten?

Wird hierauf so geantwortet, dass Gott gerade durch den Tod Jesu am Kreuz und die Auferstehung seine Macht und seinen Sieg über diese Mächte, letztlich gar über den Tod nicht nur demonstriert, sondern tatsächlich errang, dann stellt sich wiederum die Frage, *für wen* denn dieses »Opfer« *notwendig* war. Wer ist Subjekt, wer Objekt der Handlung? Bleibt es dabei, dass es ein »Sühneopfer« ist, dann sühnt hier also stellvertretend Christus für alle Menschen, weil Gott dieses Opfer

---

[209] Vgl. hierzu: *Jacob Nordhofen*, Durch das Opfer erlöst? Die Bedeutung der Rede vom Opfer Jesu Christi in der Bibel und bei *René Girard*, Beiträge zur mimetischen Theorie 26, Wien/Berlin/Münster: Lit 2008.

[210] Vgl. aus der Vielfalt der Beiträge: *Volker Hampel* und *Peter Bukowski* (Hg.), Sühne – Opfer – Stellvertretung, Neukirchen-Vluyn: Neukirchener 2010. *Markus Mühling*, Versöhnendes Handeln – Handeln in Versöhnung. Gottes Opfer an die Menschen, Göttingen: Vandenhoeck & Ruprecht 2005. *Sigrid Brandt*, Opfer als Gedächtnis. Auf dem Weg zu einer befreienden theologischen Rede vom Opfer. Münster u.a.: Lit 2001.

[211] Vgl. Joh 3,16:»Denn also hat Gott die Welt geliebt, dass er seinen eingeborenen Sohn gab, damit alle, die an ihn glauben, nicht verloren werden, sondern das ewige Leben haben«.

»braucht«, um in seinem Zorn über die sündigen Menschen besänftigt zu werden? – Viele dieser Überlegungen enden in immer neuen Fragen bezüglich des Gottesbildes, weil Gottes Barmherzigkeit und seine Gerechtigkeit, seine Liebe und sein fordernder Zorn in scheinbar unauflöslicher Spannung zueinander zu stehen kommen.

Schließlich ist zu fragen: Geht die Gewalt, die hier an Jesus ausgeübt wird, etwa von Gott selbst aus? Lässt Gott sie zu? Wird gewaltsames Handeln so geradezu heilig gesprochen, da Gewalt nur durch Gewalt überwunden wird? Zieht man die weiteren, mit diesen Fragen berührten Theologumena hinzu, dann wird die ganze Komplexität dieser zentralen Aussage, dass Christus gestorben sei für unsere Sünden (1Kor 15,3), deutlich. Neben dem Gottesbild und dem Christusbild (Gott in Christus) sind dann eben auch die Fragen der Anthropologie berührt, nach dem Verhältnis zwischen Gott und Mensch, dem Verständnis von Gesetz und Rechtsordnung, der Soteriologie und der Hamartiologie, dem Opferverständnis sowie der Frage der Gewalt. Entsprechend vielfältig sind die Erklärungsmodelle wie auch die damit einhergehenden Streitigkeiten in der Dogmengeschichte, von denen die drei klassischen hier in Erinnerung gerufen werden sollen.[212]

b.   Die klassischen Antworten

Im Folgenden halte ich mich an die klassische Systematisierung, die dem einflussreichen Beitrag von Gustaf Aulén zu verdanken ist und weithin orientierend wurde.[213]

(1)   Christus-Victor: der dramatische Typus
Gustaf Aulén sieht diesen, in der alten Kirche vor allem von Irenäus (gest. ca. 202) vertretenen Typus als einzigen tatsächlich auch im Neuen Testament begründet. Erlösung ist »eine Kampf- und Siegestat. Gott bekämpft und besiegt in und durch Christus die Mächte des Verderbens, die ›Tyrannen‹, unter denen die Menschheit gefesselt ist, und versöhnt sich dadurch mit der Welt«.[214] Das Hauptthema des Versöhnungsgedankens der alten Kirche sei »CHRISTUS – VICTOR, Christus als der Bekämpfer und Besieger der Mächte des Bösen.«[215] Solange diese in der Welt herrschten, bestehe eine Feindschaft zwischen Gott und Welt, würden sie aber besiegt, dann seien Gott und Welt versöhnt. »Der Teufel verliert sein Recht, da er unrechtmäßig Christus angreift, er kann Christus nicht im Tode behalten, er wird von Christus

212 Vgl. zum Gesamten: *Gerhard Sauter* (Hg.), Versöhnung als Thema der Theologie. Theologische Bücherei 92, Gütersloh: Kaiser/Gütersloher 1997.
213 *Gustaf Aulén*, Die drei Haupttypen des christlichen Versöhnungsgedankens, in: Zeitschrift für Systematische Theologie 8/1931, 501–538.
214 A.a.O., 502.
215 A.a.O., 505f.

überlistet, da er nicht sieht, dass in der Menschheit Christi die Gottheit verborgen ist«.[216]

Die Versöhnung wird hier ungebrochen als Gottes eigene Tat aufgefasst, das Rechtsverhältnis zwischen Gott und Mensch wird durchbrochen, denn Gott verzichtet auf Gerechtigkeit und erweist seine Gnade aus lauter Liebe in dem für den Menschen siegreich ausgefochtenen Kampf, durch den der Mensch – ohne eigenes Dazutun – befreit wird von der Macht der Sünde. Das ganze Geschehen geht von Gott und für Gott aus.

Hierin liegt dann aber auch das Problem, denn die besiegten, bösen Mächte repräsentieren »von einem Gesichtspunkte aus auch den göttlichen, verurteilenden Willen …«,[217] sie sind »Exekutoren des göttlichen Gerichts … Der göttliche Gerichtswille kommt in den Wirkungen des Todes und des Teufels zum Ausdruck.«[218] Somit ist festzustellen, dass in diesem Erklärungsmodell das Böse selbst auch von Gott ausgeht. Das impliziert, dass Gott letztlich auch den Tod seines eigenen Kindes verursacht und die Menschen als staunende Zuschauer dieses Dramas zu verstehen sind? »Durch ihre Sünde, ihren Ungehorsam haben die Menschen Schuld vor Gott, und gerade darum sind sie durch das göttliche Gericht den Mächten des Verderbens, dem Tod und dem Teufel, unterworfen.«[219] Dieses kosmische Drama scheint weder mit dem realen Leben des individuellen Menschen etwas zu tun zu haben, noch mit irgendeinem konkreten Fehlverhalten. Sünde wird *totaliter*, naturalistisch verstanden als Getrenntsein von Gott.

Aulén hat Martin Luther als »Erneuerer« und »Vertiefer« dieses klassischen Versöhnungstypus interpretiert und beruft sich hier exemplarisch auf dessen Kommentar zum Galaterbrief.[220] Auch Luther sehe die göttliche Liebe als Durchbrecherin der gesetzten Rechtsordnung. Der »Sühnetod« Jesu sei demnach gerade nicht als Satisfaktion zu verstehen, wie die lutherische Orthodoxie in der Folge von Anselm von Canterbury meinte (s.u.). Luther rechne den Zorn Gottes zu den bösen Mächten – als der »unmittelbare Ausdruck des den sündigen Menschen radikal verurteilenden Gotteswillens«.[221] Die Erlösung, der Sieg werde errungen, indem Christus den Zorn Gottes über sich kommen lasse, dass er sich selbst opfernd und hingebend den göttlichen Zorn trage. So bricht die Liebe siegend aus dem Zorn hervor – die »*benedictio* kann nicht besiegt werden.«[222] Der *Deus revelatus* wird zugleich der *Deus absconditus*. Die Spannung zwischen Gottes Liebe und Got-

---

216 A.a.O., 506.
217 A.a.O., 502.
218 A.a.O., 508.
219 Ebd.
220 Vgl. *Luther*, WA 40,1.
221 *Aulén*, Die drei Haupttypen, a.a.O., 522.
222 A.a.O., 522f.

tes Zorn wird nicht rational aufgelöst. – Und dennoch: so entsteht ein zutiefst »ambivalentes« Gottesbild.[223]

(2) Satisfaktion: der legalistische Typus
Anselm von Canterbury (1033–1109) steht für diese, insbesondere in der lateinischen Welt höchst einflussreiche Interpretation des Todes Jesu als Satisfaktion vor Gott für die Sünden des Menschen. In seinem Werk *Cur Deus homo*[224] fragt Anselm, »aus welcher Notwendigkeit« Gott Mensch werde und sein Tod Versöhnung bedeute, »da er das doch entweder durch eine andere Person – sei sie engelhafter oder menschlicher Natur – oder durch den bloßen Willen hätte tun können.«[225] Für Anselm und die Scholastik ergibt sich eine innere Notwendigkeit des Todes Jesu am Kreuz aus zwei Gründen: zum einen ist die Schuld des Menschen vor Gott und dadurch die Verletzung der Ehre Gottes so groß, dass sie von keinem Menschen wieder gut gemacht werden kann. Nur Gott selbst kann den Schaden heilen. Zum Zweiten muss der Gerechtigkeit genüge getan werden, sie kann nicht einfach ausgesetzt werden. Also wird Gott selbst Mensch, um – als wahrer Mensch und wahrer Gott – ein Opfer zu bringen, dass der Größe der Schuld entspricht und durch seinen Tod also die Sünden ein für allemal sühnt. Der Zorn Gottes ist durch dieses Opfer besänftigt, seine Ehre wieder hergestellt. Das ganze Versöhnungsgeschehen wird demnach »legalistisch im Rahmen eines ungebrochenen Rechtsverhältnisses« aufgefasst – »und deshalb nur teilweise als Gottes Tat.«[226] Wenn Gott durch solch einen Sühneakt also wieder umgestimmt wird, dann ist Gott eigentlich nicht Subjekt der Handlung, sondern Objekt.
Die lutherische Orthodoxie, beklagt Gustav Aulén, sei diesem mittelalterlichen Ansatz, der doch in den juristischen Kategorien von *satisfactio* und *meritum* verhaftet bleibe und letztlich auf dem Boden der Bußlehre entstanden sei, weitestgehend gefolgt. Ziel der Argumentation sei es, so Aulén, dass Christus seiner menschlichen Natur nach die Satisfaktion leiste. »Der Mensch muss Satisfaktion geben, und gerade dies geschieht in und durch das Satisfaktionswerk Christi.«[227] So erhält die göttliche Vergebung zwar ihre Rationalität, aber – so die gängige Kritik – der radikale Gegensatz Gottes zur Sünde wäre damit abgestumpft, denn das (wiederhergestellte) Rechtsverhältnis bleibt die alles bestim-

---

223 Vgl. hierzu auch die kritischen Anfragen in: *Walter Dietrich* und *Christian Link*, Die dunklen Seiten Gottes, Bd. 1: Willkür und Gewalt, Bd. 2: Allmacht und Ohnmacht, Neukirchen-Vluyn 2009.
224 *Anselm von Canterbury*, Cur Deus homo – Warum Gott Mensch geworden. Lat./Dt., besorgt und übersetzt von *Franciscus Salesius Schmitt*, München: Kösel 1956.
225 Ebd., I.1.
226 *Aulén*, Die drei Haupttypen, a.a.O., 503.
227 A.a.O., 514.

mende Größe, die auch von Gott nicht durchbrochen wird. – Diese Vorstellung ist in der Zeit der Aufklärung mehr und mehr in Frage gestellt worden, ihr Gefangensein im scholastischen Denken des Mittelalters wird allseits gesehen.

(3) Wahrer Mensch: der ethiszistische Typus

Bereits im Mittelalter entstand der klassische Gegenentwurf zur Anselm'schen Satifaktionslehre durch Petrus Abaelardus (1079–1142),[228] an den die Aufklärung des 19. Jahrhunderts wieder vermehrt anknüpfte.[229] Für Abaelard besteht keine Notwendigkeit bei Gott, dass die Menschheit durch die Inkarnation oder die Passion Christi erlöst wird. »Schließlich habe Christus auch vor seinem Tode Menschen ihre Sünden vergeben, aber im Tode Christi habe Gott sich uns ›noch mehr‹ verbunden.«[230] Es sei nicht nötig, Gott zu versöhnen, denn »die ›Vaterliebe‹ Gottes sei der christliche Grundbegriff, der eigentliche Inhalt der Lehre Jesu«.[231] Hier muss folglich nicht von Gottes Zorn geredet werden. In Jesus Christus, seinem Leben und Sterben, offenbart Gott seine unermessliche Liebe, indem er sich hingibt, nicht wegen, sondern trotz der Sündhaftigkeit des Menschen. Und da der Mensch eben durch die Sünde nicht gänzlich verdorben sei, sondern einen unverlierbaren guten ›Kern‹ besitze, komme er durch die Offenbarung in Christus zum Glauben an Gott und werde Jesus in seinem Leben nacheifern. Liebe und Gerechtigkeit Gottes fallen hier in eins, die Taten des individuellen Menschen gewinnen unmittelbare Bedeutung.

Kritisiert wird an diesem Ansatz vor allem die Humanisierung des Gottesbildes: »Statt des besänftigten Gottes will man den sanften Gott predigen«.[232] Aulén ist denn auch der Meinung, dass dieser ethiszistische Typus die Versöhnung noch weniger als der zweite, legalistische Typus theozentrisch als konsequente Gottestat verstehen könne, weil die Versöhnung nun anthropozentrisch von den Qualifikationen der Menschheit und des Menschen abhängig gemacht würden.[233] Der zweite Kritikpunkt bezieht sich auf die Relativierung des Sündenbegriffs: Der radikale Gegensatz des Gotteswillens gegenüber der Sünde werde abgeschwächt, weil die Sünde nun schlicht die moralische Unvollkommenheit des Mensch meine, nicht die Mächtigkeit des Bösen

---

[228] Vgl. *Petrus Abaelardus*, Kommentar über den Römerbrief, hg. von *Rolf Peppermüller*, Fontes Christiani, Freiburg: Herder 1998.

[229] Vgl. *Friedrich D.E. Schleiermacher*, Der christliche Glaube nach den Grundsätzen der evangelischen Kirche im Zusammenhange dargestellt, 2. Auflage (1830/31), Teilbd. 1., hg. von *Rolf Schäfer*, Berlin: de Gruyter 2003. *Albrecht Ritschl*, Die christliche Lehre von der Rechtfertigung und Versöhnung, Bonn: Marcus u. Weber 1889ff.

[230] *Sauter*, Versöhnung als Thema der Theologie, a.a.O., 61.

[231] *Aulén*, Die drei Haupttypen, a.a.O., 527.

[232] A.a.O., 528.

[233] A.a.O., 503.

schlechthin. »Der Legalismus der Orthodoxie verschwindet, aber stattdessen kommt nun der Moralismus.«[234]

Keiner der hier vorgestellten Typen kann die oben gestellten Fragen gänzlich befriedigend beantworten. Es scheint, als käme in jedem der Ansätze etwas Wahres zum Ausdruck und sie erklärten mindestens je einen Aspekt des Versöhnungsgeschehens in Christus überzeugend. Auffällig ist aber, dass offensichtlich keiner dieser klassischen dogmatischen Versuche das Ganze in einer Weise zu fassen vermag, die das Gottesbild, das Versöhnungswerk am und durch das Kreuz Jesu, die Realität des Bösen oder die implizierte Anthropologie kohärent dazustellen vermag. So erklärt sich, warum die theologischen Diskussionen weiterhin in vollem Gange sind, zu Recht, denn Theologie will nachdenkend verstehen, was im Evangelium als »Heilsbotschaft« (Versöhnung) verkündet ist.

c.   Ein Interpretationsversuch aus der Friedenskirche

Im Folgenden soll ein neuerer Entwurf zur Diskussion gestellt werden, der in der Tradition der Mennoniten zu verorten ist, der ältesten Evangelischen Freikirche und einer der historischen Friedenskirchen, eine Tradition also, in der Dogmatik und Ethik nicht in gleicher Weise getrennt, bzw. unterschieden wurden wie in anderen Traditionen, die stets die Notwendigkeit der individuellen Nachfolge Jesu im gegebenen Kontext hervorzuheben suchte, vor allem im Bezug auf die Gewaltfreiheit. Nicht selten sah sie sich dem Vorwurf des Legalismus oder der Werkgerechtigkeit ausgesetzt. Eine solche Tradition muss sich durch die oben vorgestellten Interpretationen des gewaltsamen Todes Jesu am Kreuz in besonderer Weise herausgefordert sehen.

Der mennonitische, nordamerikanische Theologe J. Denny Weaver hat einen alternativen Gegenentwurf zu den traditionellen Erklärungsmodellen vorgelegt, indem er die oben genannten schwierigen und schwerwiegenden Fragen ins Zentrum stellt. Weaver wehrt sich gegen die scheinbare Gewaltlegitimierung durch das Bild von einem Gott, der seinen Zorn walten lässt, der am Ende gar seinen eigenen Sohn zu Tode bringen würde, um einer *retributiven* (vergeltenden) Gerechtigkeit genüge zu tun. – Weaver stellt diesen Gedanken das Bild eines Gewalt überwindenden Gottes entgegen, der seine *restaurative* (wiederherstellende) Gerechtigkeit[235] gewaltfrei durchsetzt durch das »gewaltfreie Erlösungswerk« (*The Nonviolent Atonement*).[236]

[234] A.a.O., 528.

[235] Vgl. zum Begriff der restaurativen Gerechtigkeit *Michael L. Hadley* (ed.), The Spiritual Roots of Restorative Justice. SUNY Series in Religious Studies, Albany/New York: University Press 2001. *John Milbank*, Being Reconciled. Ontology and Pardon, New York: Routledge 2003. Siehe hierzu auch *Tony F. Marshall*,

Kritik und Neuinterpretationen hinsichtlich der Christologie hat es im 20. Jahrhundert vor allem aus der Perspektive der feministischen und der kontextuellen Theologien gegeben, vornehmlich unter neuer Berücksichtigung des *Lebens* Jesu. Diese grenzen sich von den oben erläuterten, wirkungsgeschichtlich dominanten Interpretationen des Sühneopfers Christi ab.

Weaver erhebt nun den Anspruch, neue Argumente in diese umfängliche Debatte einzubringen, indem er eine Interpretation aus der »Perspektive der Gewaltfreiheit« bietet. Für Weaver ist hierbei Gewaltfreiheit nicht kategorial beschränkt auf eine ethische Verhaltensmaxime, sie gilt ihm vielmehr als theologisches Grundaxiom. Er will demnach nicht nur eine weitere kontextuelle Variationsmöglichkeit der zeitgenössischen Kritik bieten, sondern fragt nach dem Gemeinsamen, Verbindenden aller kritischen Gegenentwürfe zu den klassischen, Gewalt legitimierenden Interpretationen. Den forensischen Interpretationen liege die Idee einer retributiven Gewalt (*quid pro quo*) zugrunde. Sie ließen sich nur verteidigen, wenn gleichzeitig die Vereinbarkeit von Gewalt und Retribution mit dem Evangelium von Jesus Christus vertreten würde.[237] Weaver lehnt das ab.

Hiermit knüpft Denny Weaver an Überlegungen anderer mennonitischer Theologen an, namentlich den in Harvard lehrenden Gordon Kaufman, der die Idee einer kompensatorischen Gewalt grundsätzlich in Frage stellte[238] und John H. Yoder, der eine frei- und friedenskirchliche Neuinterpretation nahezu aller Theologumena eröffnete.[239] Auch katholische Autoren haben bereits die gängigen Sühneopfertheorien auf einflussreiche Weise infrage gestellt: René Girard mit seiner Entdeckung der mimetischen Gewalt und der Analyse der Sündenbockfunktion in Religionen allgemein,[240] sowie sein Schüler Raymund Schwager,[241] deren Überlegungen Weaver aufnimmt.

Restorative Justice: An Overview, London: Home Office, Information & Publication Group 1999.

[236] *Weaver*, The Nonviolent Atonement, a.a.O. Nach Aussage des Verfassers basiert diese »Studie« nicht auf Forschungen im traditionellen Sinne, sie trage vielmehr die Ergebnisse jahrelanger Diskussionen, Seminare und Überlegungen zusammen, die versuchten, die Frage zu beantworten, was es mit dem Sühnetod Christi eigentlich auf sich habe.

[237] Vgl. *Weaver*, The Nonviolent Atonement, a.a.O., 11.

[238] Vgl. *Gordon D. Kaufman*, Systematic Theology. A Historicist Perspective, New York: Charles Scribner's Sons 1968.

[239] Vgl. *John H. Yoder*, Preface to Theology: Christology and Theological Method, Grand Rapids/MI: Brazos 2002 (Elkhart, IN: Goshen Biblical Seminary 1981).

[240] Vgl. *René Girard*, Das Ende der Gewalt. Analyse des Menschheitsverhängnisses, Freiburg u.a.: Herder 1983. *Ders.*, Das Heilige und die Gewalt, Zürich: Benziger 1987. *Ders.*, Der Sündenbock, Zürich: Benziger 1988.

[241] Vgl. *Raymund Schwager*, Jesus in the Drama of Salvation, New York: Crossroad 1999.

Weaver nennt sein Erklärungsmodell »*narrative Christus Victor*«.[242] »Narrativ«, da sich der Interpretationsversuch direkt von den biblischen Erzählungen abgeleitet wissen will und nicht von den philosophischen Kategorien klassischer, »spekulativer« Christologie, die zu den vielen Fehlinterpretationen in der Dogmengeschichte geführt hätten. »Christus Victor«, weil es in diesem großen »Erlösungsdrama« letztlich um die Entmachtung der »Mächte und Gewalten« durch Gott gehe, der im Leben, Sterben und Auferstehen seines Sohnes Jesus Christus die »teuflischen« Mächte konfrontiert, überführt und besiegt habe. Dies sei als ein kosmisches Geschehen zu verstehen, durch das Gott sein Reich und seine Herrschaft in der Welt installiere. Christen könnten im Glauben und in der Nachfolge (beides fällt bei Weaver in eins!) bereits in dieser Welt durch Transformation ihres Lebens entsprechend dieser neuen Realität leben, die freilich erst im Eschaton ganz vollendet werde.

Entscheidend sei, dass Christus diesen Sieg auf dem Weg der Gewaltfreiheit erringe – was keinesfalls bedeute, dass er sich passiv verhalte oder sich wehrlos hingebe. Jesus leiste vielmehr aktiv gewaltfreien Widerstand gegen die sündigen und unterdrückenden Kräfte. Dieses Verhalten bringe ihm den Tod ein, wodurch die sehr realen Mächte ihr wahres Gesicht ein für alle mal offenbarten und in der Folge in ihrer Begrenztheit überführt würden.

Weaver »konstruiert« Theologie bewusst aus der gleichen friedenskirchlichen Perspektive wie John H. Yoder. Er will seinen Entwurf denn auch als »theologische Parallele« zu Yoders Werk »Die Politik Jesu« verstanden wissen.[243] Auch für seine Methode kann das gelten, denn unvermittelt und direkt greift Weaver zunächst auf die biblischen Zeugnisse zu: von der Offenbarung des Johannes ausgehend, die von der Konfrontation zwischen den konkurrierenden, jeweils volle Loyalität fordernden Mächten erzähle, zum Beginn des neutestamentlichen Kanons, den Evangelien (hier vor allem Lk), die durchgängig von der aktiven, gewaltfreien Konfrontation im Leben Jesu berichteten. Auf die exegetischen Arbeiten von Walter Wink[244] zurückgreifend differenziert Weaver die Lebenspraxis Jesu von einem Konzept der passiven Hingabe in die Opferrolle bzw. den Opfertod. So vorbereitet kann

---

[242] Eine gute Zusammenfassung bieten S.210–223 in: *Weaver*, The Nonviolent Atonement, a.a.O..

[243] Vgl. *John H. Yoder*, Politics of Jesus. 2nd. rev. ed., Grand Rapids/MI: Eerdmans 1994 (Dt. Übersetzung der 1. Aufl.: Die Politik Jesu – der Weg des Kreuzes. Weisenheim am Berg: Agape 1981).

[244] Vgl. *Walter Wink*, Naming the Powers: The Language of Power in the New Testament, Philadelphia: Fortress Press: Vol. 1: The Powers (1984), Vol. 2: Unmasking the Powers: The Invisible Forces That Determine Human Existence (1986), Vol. 3: Engaging the Powers: Discernment and Resistance in a World of Domination (1992).

344 C. Theologie aus der Perspektive einer Friedenskirche

Weaver in die »Mitte« der neutestamentlichen Zeugnisse vorstoßen, um zu zeigen, dass diese Überlegungen mit der paulinischen Theologie und der Opferkritik des Hebräerbriefes im Einklang stehen. Jesus wurde »für uns zur Sünde gemacht«, nicht durch Gottes Liebe, sondern durch den sündigen Missbrauch des Gesetzes von Seiten der herrschenden politischen und religiösen Institutionen. Demnach ist nicht Gott das Subjekt des Todes Jesu. In der Auferstehung vollende Christus die Versöhnung (2Kor 5) durch den letztgültigen Sieg über die irdischen Mächte des Bösen, und er *vergegenwärtige* fortan das Reich Gottes.

In eingestreuten Rückgriffen auf die alttestamentlichen Schriften versucht Weaver außerdem zu zeigen, dass eine solche Interpretation auch der Kritik der vorexilischen Propheten an den antiken Opfervorstellungen entspricht. Darüber hinaus werde in der Geschichtsinterpretation des Volkes Israel bereits Gottes Herrschaft in der Welt sichtbar durch die Konfrontation mit aller Ungerechtigkeit sowie durch das Sichtbarmachen von Friede, Gerechtigkeit und Freiheit. So will Weaver das »Christus Victor Motiv« in der Hebräischen Bibel bereits vorgestaltet sehen: Leben, Tod und Auferstehen Jesu konstituierten den Kulminationspunkt dieser Christusherrschaft, an dem Gottes Reich vollständig präsent und endgültig offenbar werde.[245]

Die Rolle der Glaubenden in diesem Erlösungsgeschehen, das sich mitten in der Geschichte ereigne, beginne mit der aktiven Identifikation mit der Sünde. Erst dann begreife man die Bedeutung des Sterbens Jesu »für uns«, nicht als Sühne, nicht als stellvertretende Strafe für die Sünden der Menschen, sondern als Befreiung aus den Schuldverstrickungen – *sola gratia*, aus Gnade, nicht als Verdienst. Die Glaubenden haben aktiv teil an dieser Erlösung, indem sie das Heilsgeschehen im Glauben *und* in der Nachfolge annehmen. Ohne diese neue »Loyalität« finde keine Erlösung statt. In dieser Interpretation stünden dann der freie Wille und die Prädestination nicht mehr unvermittelt gegenüber, ebenso wenig wie die Gerechtigkeit Gottes und die Gnade Gottes: sie seien nur unterschiedliche Perspektiven der gleichen Wahrheit. Für die Ethik der Nachfolge impliziere dies eine aktive Teilnahme an der Erlösung durch ein »transformiertes Leben«, entsprechend der neuen Realitäten. Dass sowohl das Leben wie auch die Lehre Jesu durchgängig Gewaltfreiheit darstellten, sei allgemein unumstritten. Die eigentliche Differenz liege aber stets in der Frage, ob diese auf das Leben der Kirche und der Gesellschaft anwendbar sei. Weaver will das eindeutig positiv beantwortet wissen.

---

245 Vgl. *Weaver*, The Nonviolent Atonement, a.a.O., 68.

Dies bleibt nicht ohne ekklesiologische Implikationen: Kirche lebe als Kontrastgemeinschaft bereits in dieser Welt entsprechend der Realitäten des Reiches Gottes (vgl. das »Jeremianische Modell« bei Yoder).[246] An der durch (Staats-) Gewalt kompromittierten »konstantinischen« Kirche seien die weitreichenden Implikationen einer fehlgehenden Interpretation des Sühneopfers erkennbar, die in der Christologie der altkirchlichen Bekenntnisse von Nizäa und Chalcedon bereits grundgelegt seien. Die Aussagen der Bekenntnisse seien nicht »falsch« an sich, aber indem sie den überkommenen philosophischen Kategorien jener Zeit folgten, verdeckten sie das alles entscheidende narrative *Christus Victor* Motiv der Gewaltfreiheit:

»Together, these biblical, historical, and theological observations all point to the conclusion that narrative Christus Victor is an atonement image that has nonviolence as an intrinsic characteristic and that reflects the ecclesiological stance of the church prior to the events symbolized by Constantine«.[247]

In zeitgenössischen, kontextuellen theologischen Entwürfen findet Weaver Unterstützung für seine Kritik an den klassischen Erklärungsmodellen, wie für seinen eigenen Ansatz. Die Schwarze Theologie, beginnend mit James Cone,[248] zeige deutliche Parallelen zu dieser »friedenskirchlichen« Perspektive: beide entstammten Bewegungen, die in der europäischen und anglo-amerikanischen Geistesgeschichte als marginal angesehen werden und die eigenständig Theologien »von unten« (re)konstruierten, d.h. aus der Sicht der Unterdrückten (Versklavten) und Verfolgten (Märtyrer des 16. Jahrhunderts der Täuferbewegung). Durch den Bezug auf den konkreten Gewalt-Kontext werde der Blick für die ethischen Implikationen des Evangeliums wieder freigesetzt; Erlösung könne nun auch und vor allem konkret im Sinne der politischen Befreiung neu begriffen werden; und Gewalt (direkte oder systemische) werde kategorisch abgelehnt.
Ähnliche Parallelen entdeckt Weaver in den Entwürfen zur Soteriologie der Feministischen Theologie.[249] Die Gottesbilder der klassischen Sühneopfertheologien würden kritisiert, weil sie Gewalt gegen Frauen unterstützten und patriarchale Strukturen legitimierende Denkmuster

---

246 Vgl. *John H. Yoder*, See how they go with their Face to the Sun, in: *ders.*, For the Nation: Essays Public and Evangelical. Grand Rapids/MI: Eerdmans 1997, 51–78, mit Bezug auf Jer 29,4 (»Suchet der Stadt Bestes«).
247 Vgl. *Weaver*, The Nonviolent Atonement, a.a.O., 97f.
248 Vgl. *James H. Cone*, Gott der Befreier. Eine Kritik der weißen Theologie, Stuttgart u.a.: Kohlhammer 1982. Vgl. zum Gesamten der Schwarzen Theologie: *James H. Cone* and *Gayraud S. Wilmore* (ed.), Black Theology. A Documentary History, 2nd ed. revised, 2 Vols., Maryknoll/NY: Orbis Books 1993.
249 Weaver beruft sich unter anderem auf Rosemary Radford Ruethers Frage: »Can a Male Savior Save Women?« Kapitelüberschrift in: *Rosemary Radford Ruether*, Sexism and God-Talk: Toward a Feminist Theology. Boston: Beacon 1983.

enthielten. Diesen würden dann befreiende Alternativen gegenüber gestellt, die sich aus den biblischen Erzählungen herleiteten. Ein Gott-Vater, der sein eigenes Kind »missbrauche«, indem er es der Gewalt preisgäbe, habe hier keine Erklärungskraft mehr. – Noch radikaler wird solche Kritik von der *Womanist-Theology* vorgetragen (Delores Williams u.a.),[250] eine Denkrichtung schwarzer Frauen, deren Perspektive von den Erfahrungen der Unterdrückung durch Rassismus, Sexismus und Armut bestimmt ist.

Weaver sieht sich durch diese Beiträge in seiner eigenen Kritik bestärkt, indem er die von diesen theologischen Ansätzen angesprochenen Ungerechtigkeiten als »Gewalt« (direkte, psychische oder systemische Gewalt) definiert, denen die biblischen Narrationen vom gewaltüberwindenden Leben Jesu widersprechen. Obwohl all diese Ansätze naturgemäß verkürzt und grob dargestellt werden und sich deshalb viele neue Fragen ergeben (die zum Teil auch von Weaver selbst zumindest genannt werden), gelingt es ihm, Parallelen plausibel erscheinen zu lassen. Insofern lässt sich hier zumindest eine inzwischen breiter werdende »Front« gegenüber den traditionellen Erklärungsmodellen ausmachen, von denen die hier diskutierte friedenskirchliche zumindest eine weitere Variante darstellt. Ob und in welchen Aspekten sie tatsächlich mit den erwähnten »Genitiv-Theologien« kompatibel ist, kann hier nicht weiter untersucht werden.

Weaver stellt im Weiteren dann aber auch zeitgenössische Verfechter der Anselmschen Satisfaktionstheorie – sehr holzschnittartig – in seinem letzten Kapitel vor, um sie sogleich zu kritisieren.[251] Zwar werde in diesen Entwürfen die Kritik aus der feministischen Theologie aufgenommen, auch werde die Frage nach der Funktion von Strafe problematisiert, trinitätstheologische Überlegungen würden hinzu treten (Gott *in* Christus) und das Bild eines »mitleidenden Gottes« werde aufgenommen. Weaver erkennt an, dass neuere Vertreter sehr wohl nun auch die Kontextualität des Gottesbildes bei Anselm als das eines Feudalherrn, dem Ehrerbietung entgegen zu bringen sei, berücksichtigten,[252] aber keiner dieser Versuche nehme die eigentliche Kritik an der »göttlichen« Legitimation von Gewalt auf. Allein Miroslav Volf erkenne die Zentralität der Gewaltfreiheit, könne aber gerade deshalb nicht überzeugen, weil Volf letztlich an der Notwendigkeit von Strafe festhalte sowie einem Gottesbild verhaftet bleibe, in dem Gott durch

---

[250] Vgl. *Delores S. Williams*, Sisters in the Wilderness: The Challenge of Womanist God-Talk. Maryknoll, NY: Orbis 1993.
[251] Vgl. *William C. Placher*, Christ takes Our Place: Rethinking Atonement, in: Interpretation 53, 1/1999. *Richard W. Southern*, Saint Anselm. A Portrait in a Landscape, Cambridge (et. al.): University Press 1995.
[252] Auffallend sei, so Weaver, dass all diese Neuinterpretationen der Satisfakationstheorie aus dem Spektrum reformierter Theologie stammten.

Rache seine Gerechtigkeit aufrichte – eine Gerechtigkeit, die Volf kategorial unterscheidet von der menschlichen Gerechtigkeit.[253]

Interessant ist gerade diese Auseinandersetzung, weil Weaver hier zumindest in Ansätzen eine vorsichtigere Problematisierung der klassischen Lehre erkennen lässt. Ansonsten polarisiert Weaver, er vereinfacht und schematisiert die Gegenpositionen und plädiert leidenschaftlich für sein eigenes Erklärungsmodell. Er reiht Argumente aneinander, ohne sie gegeneinander abzuwägen. Selektiv geht er an die biblischen Zeugnisse heran, um die Belege dann recht unmittelbar als theologische Argumente zu verwenden. Vielschichtigkeit und Pluralität der biblischen Interpretationsmuster des Todes Jesu werden nicht wirklich erörtert.[254] Denkmodelle der reichen Philosophiegeschichte werden abgeschmettert, ohne tatsächlich Rechenschaft abzulegen über die eigene Methodik. Im strengen Dualismus zwischen den »Mächten und Gewalten«, die mit den menschlichen Institutionen gleichgesetzt werden, und der Herrschaft Christi, die sich in der Kirche als Kontrastgesellschaft realisiert, kann er die Möglichkeit einer Transformation auch menschlicher Institutionen offensichtlich nicht denken.

Dennoch sind Weavers kritische Anfragen an die klassischen Lehren der Soteriologie ernst zu nehmen, sein Bemühen um einen »friedenskirchlichen« Ansatz ist zu respektieren und findet in der angloamerikanischen Diskussion weithin Beachtung – weit über den friedenskirchlichen Kontext hinaus.[255]

In der deutschsprachigen theologischen Literatur hat vor kurzem Klaus-Peter Jörns ähnlich kritische Fragen gestellt wie Weaver und findet auch hier Beachtung – wie vehemente Kritik.[256] Offensichtlich besteht weiterhin Klärungsbedarf, nicht zuletzt in der kirchlichen Öffentlichkeit. Sich der Herausforderung zu verweigern bedeutet, vor den legitimen Anfragen an die klassische Christologie zu fliehen. Ob Weavers Entwurf die einzige Möglichkeit eines friedenskirchlichen Ansatzes darstellt, den Tod Jesu am Kreuz für das 21. Jahrhundert plausibel zu erörtern, muss der weiteren Diskussion überlassen bleiben.

---

253 Vgl. *Miroslav Volf*, Exclusion and Embrace: A Theological Exploration of Identity, Otherness, and Reconciliation. Nashville/TN: Abingdon 1996.
254 Vgl. hierzu den sehr guten Sammelband von: *Jörg Frey* und *Jens Schröter* (Hg.), Deutungen des Todes Jesu im Neuen Testament. Tübingen: Mohr Siebeck, Studienausgabe 2007 (2005).
255 Siehe hierzu: *Conrad Grebel Review*, Spring 2009, »Responses to J. Denny Weaver's The Nonviolent Atonement«.
256 Vgl. *Klaus-Peter Jörns*, Notwendige Abschiede. Auf dem Weg zu einem glaubwürdigen Christentum, Gütersloh: Gütersloher [4]2008.

### d.	Summierende Thesen

Ausblickend soll hier nun nicht der Versuch eines eigenen Entwurfes unternommen werden. Ich beschränke mich auf die Formulierung einiger Thesen hinsichtlich der berührten Themendimensionen, von denen ich meine, dass sie – angesichts der vorgetragenen Kritik an den klassischen Interpretationsmodellen und unter Aufnahme neuerer Entwürfe – aus der Perspektive der Friedenskirche theologisch verantwortet werden können. Auf einzelne, detailiierte Begründungen muss an dieser Stelle verzichtet werden.[257]

Das Gottesbild
Gott ist in sich selbst nicht rätselhaft, sondern hat sich gerade in Jesus Christus als der Liebende, der Gerechte und der Barmherzige offenbart. Seine leidenschaftliche Liebe kann auch mit anthropomorphen Begriffen beschrieben werden, wie Trauer oder Zorn über die Verfehlungen der Menschen, Freude über das gelingende Leben. Gottes Handeln bleibt aber bestimmt von seiner Gnade.

Das Christusbild
In Jesus Christus wird Gott Mensch, um sich – ein für allemal – als der Liebende, der Gerechte und der Barmherzige zu offenbaren, als der, der er immer schon war. Somit müssen die Menschen keine Angst mehr haben vor einer göttlichen Strafe oder einem göttlichen Gericht, sondern können gewiss sein, dass sie von Gott bedingungslos angenommen sind – allein aus Gnade (*sola gratia*). Die Gnade wird nicht nur in der Menschwerdung Gottes deutlich, sondern auch im Leben und in der Lehre Jesu von Nazareth, in seinem Tod am Kreuz und in seiner Auferweckung.

Das Menschenbild
Der Mensch ist, solange er lebt, verstrickt in Schuldgeschichten. Er kann dieser »strukturellen Sünde« nicht entfliehen. Eigentlich müsste er deshalb verzweifeln, aber im Blick auf das Christus-Geschehen erkennt er die unbedingte Vergebungsbereitschaft Gottes und erfährt sich so als von Gott gerechtfertigt und angenommen (*simul iustus et peccator*). Der Glaube ist die Folge aus dieser geschenkten Erkenntnis, die als Befreiung erlebt wird.

Die Frage nach dem Subjekt der Handlung
Gott handelt zuerst, indem er sich seiner Menschen erbarmt und selbst Mensch wird. In Christus handelt Gott als Mensch, indem Jesus die Liebe lehrt und den Weg bis ans Kreuz konsequent gewaltfrei zu Ende

[257] Diese Thesen entstanden im Anschluss an ausgiebige Diskussionen innerhalb des systematisch-theologischen Hauptseminars »Interpretationen des Kreuzestodes Jesu« im Wintersemester 2008/2009 an der Universität Hamburg.

geht. Gott erweckt diesen »exemplarischen« Menschen zum ewigen Leben, um an ihm zu zeigen, dass nicht Gewalt und Hass das letzte Wort haben, sondern gerade überwunden werden – durch die Liebe Gottes.

Der Mensch handelt als Subjekt in der »Nachfolge«, indem er also – befreit von den Mächten der Schuldverstrickungen – Verantwortung übernimmt für sich, seine Mitmenschen, seine Umwelt.

Das Verhältnis zwischen Gott und Mensch
Gott »versöhnt« sich selbst mit den Menschen, indem er sich als der Barmherzige offenbart und den Menschen so den Glauben ermöglicht. Als Versöhnte können Menschen erkennen, dass Vergebung und Versöhnung tatsächlich möglich sind, jetzt auch unter den Menschen (»Das Amt der Versöhnung« 2Kor 5). Nichts steht mehr zwischen Gott und den Menschen, denn Gott hat all das Böse tatsächlich überwunden, indem er es selbst in Jesus durchlitt und auferstand. Keine »Macht der Welt« kann den Menschen jetzt noch scheiden von der Liebe Gottes.

Indem der glaubende Mensch nun der bedingungslosen Liebe Gottes so gewiss geworden sind, ist er auch »erlöst«, d.h. frei gesprochen von den Schuldverstrickungen.

Das Gesetz / die Rechtsordnung
Die Gerechtigkeit Gottes entspricht nicht der (retributiv ausgerichteten) »Rechtsordnung« von Menschen, denn sie ist motiviert durch Liebe und beinhaltet Barmherzigkeit. Daher ist Strafe für Gott kein Mittel zur Herstellung von Gerechtigkeit. Seine (restaurativ ausgerichtete) Gerechtigkeit zielt auf die Heilung zerbrochener Beziehungen. Seine Beziehung zu den Menschen hat er selbst »geheilt«, damit seine Gerechtigkeit zur Geltung kommt, auch in dem (befreiten) Handeln der Menschen. Das Gesetz dient der Gestaltung dieser gelingenden Beziehung. An ihm kann man sich orientieren, denn es zeigt auf, wo und wie wir schuldig werden (es »entlarvt« die Sünde).

Das Sündenverständnis
Neben den systemischen Schuldverstrickungen gibt es die individuelle Schuld (aktuale Sünde), in einzelnen, mutwilligen Vergehen oder im Nicht-tun des Guten wider besseres Wissen. Wie mächtig das Böse tatsächlich ist, offenbart das Kreuz Christi exemplarisch: Menschen gehen so weit, dass sie den einzigen völlig Unschuldigen zu Tode foltern (»der, der von keiner Sünde wusste«). Auch von dieser Schuld kann der Mensch befreit leben, wenn geglaubt wird, dass Gott sie (in Christus) vergibt. Das fällt Gott nicht leicht – Bonhoeffer spricht von der »teuren Gnade« – aber die Vergebung geschieht vollkommen.

Das Opferverständnis

Jesus »opfert« sich selbst, sein Leben, damit – ein für alle mal – deutlich wird, dass Gott keine Opfer braucht. Gott muss nicht gnädig gestimmt werden durch Opferleistungen, sondern er *ist* gnädig und bleibt sich darin treu. *Insofern* ist Jesu Opfer *pro nobis*, denn es ging dabei allein um den Menschen: Der Mensch sollte verstehen, dass Gott kein Gefallen an Opfern hat. Wer meint, menschliche Opfer seien gerechtfertigt durch irgendwelche höheren Ziele (z.b. Gerechtigkeit), sieht sich in Frage gestellt.

Gewalt(freiheit)

Das gleiche gilt für die Gewalt: Am Kreuz wird die Grausamkeit der Gewalt offenbar und somit bloß gestellt, aber sie wird gerade so überführt als eine Macht »dieser Welt«, die am Ende kein Bestand hat. Gott legitimiert keine Gewalt, zeigt vielmehr in Jesu gewaltfreiem Weg, dass er von der Versuchung der Gewalt tatsächlich frei ist – und den Menschen so befreit, der Gewalt zu widerstehen, nicht durch passive Hingabe, sondern durch aktives Handeln, vor der Herausforderung der Gewalt nicht mehr weichend. So ist das Kreuz Jesu – als Mitte des neutestamentlichen Evangeliums – *der* Einspruch Gottes gegen jedes Gewalt-Opfer. Gott zieht die Gewalt der Menschen auf sich, nimmt sie in Kauf, um ein für allemal zu zeigen: Gewalt hat nicht das letzte Wort. Das Böse kann nicht mit Bösem überwunden werden, sondern mit Gutem (vgl. Röm 12). Hier findet die Logik der Gewalt ihre ultimative Infragestellung. Es ist nichts Heiliges an der Gewalt.

Musste Jesus am Kreuz sterben?

Wegen Gott musste Jesus nicht am Kreuz sterben, sondern wegen den Menschen. So viel Wert ist der Mensch, dass Gott diesen Weg der Menschwerdung gegangen ist und das Leid ertragen hat, damit die Schöpfung frei wird, an ihn zu glauben und ihm nachzufolgen. Er nahm dafür den Foltertod in Kauf.

So ist das Kreuz also
– Zeichen des Bösen – die Macht des Bösen demonstrierend
– Zeichen des Trostes – für alle Gefolterten und Leidenden (Gott leidet mit)
– Zeichen der Hoffnung – neues Leben erwächst aus dem Kreuz (Auferweckung)
– Zeichen der Befreiung – von aller Schuld
– Zeichen der Gewaltfreiheit – die Gewalt wird entmachtet
– Zeichen der Liebe Gottes – der sich »hingab« für die Menschen
– Zeichen der Gerechtigkeit Gottes – die Barmherzigkeit einschließt, also Gnade ist.

IV.4   Eine orthodoxe (Friedens-) Theologie – als Abwehr eines postmodernen Relativismus: A. James Reimer

Auch A. James Reimer erkennt die Herausforderung gegenwärtigen
Theologisierens in der »Spätmoderne«, den Verlust einer einheitlichen
und zusammenhängenden Weltanschauung.[258] Aber im Gegensatz zum
Ansatz Kaufmans und Friesens findet sich die Radikalität hier in der
vehementen Kritik an der Vorherrschaft der Sozialwissenschaften.
Diese Kritik teilt er mit der »Radical Orthodoxy«, einer neueren theologischen Denkschule der angelsächsischen Welt, die von John Milbank und anderen angestoßen wurde.[259] Auch wenn Theologie die Erkenntnisse der anderen Wissenschaften ernsthaft berücksichtigen müsse, so sei sie doch etwas ganz anderes und allen anderen überlegen.

Obwohl Reimer Sympathie zeigt für den systematischen Aufbau der
Kirchlichen Dogmatik Karl Barths, fühlt er sich in seinem konstruktiven Denken vor allem dem theologischen Ansatz Paul Tillichs verwandt. Voraussetzung der Theologie sei der Glaube, die existentielle
Begegnung mit Gott. Christliche Theologie bleibe »Glaube, der verstehen will«. Daher reiche die Bibel als Norm nicht aus, sondern Rechenschaft sei zu fordern, *wie* die Schrift ausgelegt werden solle. Die
Philosophie habe sich seit den Anfängen als Helferin des verstehenden
Glaubens bewährt. Das zeige die altkirchliche Dogmenbildung. Daher
sei den traditionellen Quellen (Glaubensbekenntnisse, altkirchliche
Dogmen und Glaubenssätze) wieder Geltung zu verschaffen, um so
das Metaphysische und Ontologische in der Postmoderne zu retten. –
Positioniert man G. Kaufman auf der einen Seite, dann steht J. Reimer
auf der gegenüberliegenden Seite des Spektrums zeitgenössischer Ansätze einer Theologie aus mennonitischer Perspektive.

Reimer reiht die mennonitische Tradition ein in den langen Lehr- und
Bekenntnisbildungsprozess der universalen Kirche. Wie andere Kon-
fessionen auch hätten Mennoniten in ihrer jahrhundertewährenden
Tradition unzählige Bekenntnisse und Katechismen hervorgebracht,

---

[258] Vgl. hier vor allem: *A. James Reimer*, Mennonites and Classical Theology:
Dogmatic Foundations for Christian Ethics, Kitchener/ON: Pandora 2001. *Ders.*,
Paul Tillich: Theologian of Nature, Culture and Politics, Münster: Lit 2004. *Ders.*,
Emanuel Hirsch und Paul Tillich. Theologie und Politik in einer Zeit der Krise,
Berlin: De Gruyter 1995. Dazu die Festschrift: *Jeremy M. Bergen, Paul G. Doerk-
sen, Karl Koop* (eds.), Creed and Conscience. Essays in Honour of A. James
Reimer, Kitchener/ON: Pandora Press 2007.
[259] Vgl. als Überblick: *James K.A. Smith*, Introducing Radical Orthodoxy. Mapping a Post-secular Theology. Grand Rapids/MI: Baker Academic ²2005. Zur Auseinandersetzung mennonitischer Theologinnen und Theologen mit dem Ansatz der
»Radical Orthodoxy«: CGR, Spring 2005: »Radical Orthodoxy and Radical Reformation«.

aus denen sich die kontinuierliche Bildung von Lehren nachweisen
ließe und die daher genauso Beachtung erwarten könnten wie die Anfänge im 16. Jahrhundert. Durch die Betrachtung dieser Tradition als
Teil der gesamten Dogmen- und Theologiegeschichte werde aber auch
deutlich, wo täuferisch-mennonitisches Gedankengut korrigiert werden
müsse. Ins Zentrum theologischer Reflexion gehört für Reimer das trinitarische Gottesverständnis, weil es die entscheidende Gliederungs-
und Ordnungsfunktion in der Systematischen Theologie übernehmen
könne, die vor Einseitigkeiten und Abblendungen schütze. Der Lei-
densweg Jesu sei beispielsweise nur im Kontext eines trinitätstheologischen Ansatzes angemessen zu verstehen, ja die einseitige Fokussierung auf die Christologie sei so zu überwinden (ganz im Gegensatz zu
Weaver, s.o.).

Dieser »konservative« Ansatz hat dann aber – und hier bleibt Reimer
den anderen Ansätzen doch überraschend verwandt – unmittelbare
Konsequenzen für die Ethik. Eine vernünftige Apologie sei nie von der
Ethik zu trennen, wenn sie denn glaubwürdig sein wolle. Daher enthielten die traditionellen Bekenntnisse implizit immer auch Aussagen
über die christliche Ethik. Hier wird das »täuferische Erbe« am deutlichsten sichtbar: Ethik ist wesentlicher Bestandteil jedes Wahrheitsan-
spruches. Reimer kann zumindest andeuten, inwiefern der trinitätstheologische Ansatz sich direkt auf das Verständnis von Gemeinschaft,
die Verantwortung für die Bewahrung der Schöpfung, für Gewaltfreiheit und soziale Gerechtigkeit auswirkt.

Am Ende kristallisiert sich auch hier eine Ekklesiologie heraus, die
sich vor allem durch eine alternative Perspektive auszeichnet: das Modell der »freiwilligen Friedenskirche« – in vielgestaltigen Formen.
Auch Reimer will dies als mennonitischen Beitrag zu einem weit gefassten, ökumenischen Diskurs verstanden wissen. Traditionsspezifi-
sche Erkenntnisse der einzelnen Konfessionen begreift er als Gnaden-
gaben des Geistes, die in der ökumenischen Gemeinschaft zu teilen
sind, weil nur so das Universale der Kirche zur Geltung komme.

IV.5   Schluss: Ansätze einer pluralismusfähigen, freikirchlichen
       Friedens-Theologie

Die Beobachtungen ergeben ein ausgesprochen plurales Bild. Eine
Theologie »aus dem Geiste des Täufertums« kann heute offensichtlich
nicht minder plural sein als im 16. Jahrhundert. Das ist weniger überraschend als die Tatsache, dass die Legitimität dieser Pluralität von
keinem der Vertreter ernsthaft in Frage gestellt wird. Sicherlich werden die einzelnen Ansätze mit Vehemenz vertreten, es wird diskutiert
und gestritten, aber eher über theologische Methodik und Inhalte als

über den Anspruch, täuferische oder mennonitische Theologie treiben zu können. Vielmehr erkennen gegenwärtige mennonitische Theologien die Pluralität des Täufertums durchweg an. Das befreit offensichtlich zu einem kreativen Umgang mit der eigenen Tradition, die dadurch nicht minder als »täuferisch« gewertet zu werden scheint, sondern hierin selbst einen ersten wichtigen Ausdruck findet.[260] Kaum eine andere christliche Tradition traut sich diese Freiheit im Umgang mit den eigenen Ursprüngen und der weiteren Traditionsbildung zu. Dies kann von den konventionellen theologischen Denkkategorien selbst befreien, wie bei Kaufman, zur Entwicklung einer Theologie der nonkonformistischen (Gegen-)Kultur bei Friesen, zu völligen Neukonstruktionen einzelner Theologumena bei Weaver oder zu dem Versuch einer theologischen Gesamtschau durch die Linse der eigenen Tradition bei Finger, bis hin zur Befreiung von einer konfessionellen Selbstbeschränkung und zwanghaften Abkehr von allem scheinbar nichttäuferischen in der Philosophie- und Theologiegeschichte bei Reimer. Schließlich sind sie allesamt frei zum kritischen Umgang mit der eigenen Traditionsbildung.

Dadurch stehen diese Theologien auch nicht unter dem Anspruch der Absolutheit – wenn sie auch von dem Absoluten reden wollen (auch Kaufman) – sondern verstehen sich durchgängig als korrekturfähige, evolutionäre Konstruktionen des Verstehens.[261] Sie sind sich ihrer kulturellen und konfessionellen kontextuellen Beschränkung stets bewusst. Das verleiht ihnen allen eine ökumenische Anschlussfähigkeit, weil sie auf Kommunikation angelegt sind. Womöglich ist die mennonitische Tradition dem zeitgenössischen Pluralismus gewachsen, weil sie sich ihrer pluralen Ursprünge und Entwicklungen stets bewusst bleibt und nicht künstlich Uniformität oder historische und dogmatische Einheitlichkeiten suggeriert, sei es durch ein für alle verbindliches Lehramt, ein (historisch fixiertes) Bekenntnis oder eine verbindliche Gestalt des Kircheseins. Diese Tradition wurzelt selbst in den Anfängen der Möglichkeit zum pluralen theologischen Denken der Reformation und hat sie selbst mit hervorgebracht.

Das macht eine Theologie »im Geiste des Täufertums« auch heute nicht notwendig beliebig. Dies ist das Zweite, das die hier versammelten Ansätze eindrücklich und gemeinsam vermitteln, in all ihrer Unterschiedlichkeit. Neben der Tatsache, dass hier Mennoniten Theologie treiben und daher ihre Theologie von dieser Tradition und Perspektive geprägt ist, sind sie auch in der genuinen Gewichtung bestimmter In-

---

260 Vgl. hierzu ausführlicher: *Enns*, Kirche im Pluralismus, a.a.O. Siehe auch: *Enns*, Mennoniten: plurale Minderheitskirche im Pluralismus, a.a.O.
261 Vgl. zu diesem Grundgedanken: *Gerd Theißen*, Biblischer Glaube in evolutionärer Sicht, München: Kaiser 1984.

354   C. Theologie aus der Perspektive einer Friedenskirche

halte überraschend einig, die sie dann als täuferisch-mennonitisch gegenüber anderen Traditionsströmen in der Ökumene qualifizieren. Allerdings funktionieren diese Gewichtungen eher als »regulative Prinzipien«, als Steuerungselemente, denn als definierte Glaubens- oder Lehrsätze:

Zum einen ist in allen Ansätzen die enge Verschränkung von Dogmatik und Ethik erkennbar. Orthodoxie und Orthopraxie bedingen sich gegenseitig in ihrer Glaubwürdigkeit und Überzeugungskraft und werden daher einander nicht vor- oder nachgeordnet. Dagegen müssen nicht sofort die bekannten, traditionellen Bedenken aufgefahren werden, wenn das Verhältnis so formuliert ist, dass eine fehlende Orthopraxie die Glaubwürdigkeit der Orthodoxie in Frage stellt. Die Notwendigkeit, Nachfolgeethik in den größeren Kontext der Versöhnungs- und Gnadenlehre einzuordnen, wird immer wieder betont (wie schon bei den Täufern zu finden). – Auch hierin kommt das Zeitgemäße dieser Ansätze zum Ausdruck, denn gerade in der Postmoderne ist die Orientierungsbedürftigkeit größer denn je. In einer Zeit fehlender zusammenhängender Weltanschauungen hängt die Stabilität pluralistischer Gesellschaften von kommunizierbaren und vereinbarten ethischen Maximen ab, die durchaus unterschiedliche Begründungen finden können.[262] Entscheidend aber bleibt, dass sie begründet werden, da sie sonst nicht nachhaltig wirken können.

Als zweites ergibt sich aus den Gewichtungen eine distinkte Ekklesiologie: die freiwillige Friedenskirche, die in gewisser Nonkonformität eine Alternative zur herrschenden Kultur zeugnishaft lebt. Alle Ansätze zielen auf die unterscheidbare Gemeinschaft jener, die sich auf das erste Prinzip (Bekenntnis zu Jesus Christus und Nachfolge) verständigen. Diese Gemeinschaft kann dann näher beschrieben werden. Durchgängig abgelehnt wird inzwischen ein dualistischer Ansatz in der Ethik: Kirche als unterscheidbare Gemeinschaft bleibt freilich dennoch Teil der Kultur und Gesellschaft, *in* der sie lebt und *für* die sie lebt – ganz im Sinne des Gedankens der Proexistenz bei Dietrich Bonhoeffer: »Es ist nichts selbstverständliches für den Christen, dass er unter Christen leben darf. Jesus Christus lebte mitten unter seinen Feinden ... Dazu war er gekommen, dass er den Frieden brächte. So gehört auch der Christ nicht in die Abgeschiedenheit eines klösterlichen Lebens, sondern mitten unter die Feinde. Dort hat er seinen Auftrag, seine Arbeit.«[263] Die Ethik dieser bekennenden Gemeinschaft

---

262 Vgl. diesen Grundgedanken bei *John Rawls*, Gerechtigkeit als Fairness. Ein Neuentwurf, hg. von *Erin Kelly*, Frankfurt/M.: Suhrkamp 2006 (Engl. Original: Justice as Fairness. A Restatement, Cambridge/MA: The Belknap Press of Harvard University Press 2001).
263 *Dietrich Bonhoeffer*, Gemeinsames Leben, in: DBW 5, hg. von *Gerhard Ludwig Müller* und *Albrecht Schönherr*, München: Kaiser 1987, 15. Auch für

erhebt demnach auch den Anspruch, in dieser ihrer Kultur lebbar zu sein. Der zunächst erzwungene, dann selbst gewählte Separatismus früherer Jahrhunderte hat in diesen Ansätzen keinen Ort mehr.

Damit wiederum eng verknüpft ist das dritte regulative Prinzip: Gewaltfreiheit. Sie ist viel mehr als eine ethische Wahlmöglichkeit. Sie wird tatsächlich selbst zum inhaltlichen Steuerungselement theologischer Reflexion. Offensichtlich hat sich gerade dieser Inhalt in einem Maße bewährt, dass er in einer zeitgenössischen »täuferischen« Theologie identitätsstiftend wirkt. Ohne Zweifel ist diese Erkenntnis auch einer reichen, nicht immer einheitlichen, geschichtlich tradierten Auseinandersetzung mit der Herausforderung der Gewalt geschuldet. Der gegenwärtige politisch-soziale und kulturelle Kontext fordert offensichtlich eher zur Schärfung dieses Elements heraus, denn zu seiner Relativierung.[264]

Für die theologische Diskussion, nicht nur die innermennonitische, sondern die ökumenische, ergibt sich also ein facettenreiches Bild einer (Friedens-) Theologie im Geiste des Täufertums für heute. Pluralismusfähigkeit, die direkte Interdependenz von Orthodoxie und Orthopraxie, eine friedenskirchlich entfaltete Ekklesiologie sowie Gewaltfreiheit werden erkennbar als Steuerungselemente, die sich in kreativen und selbstbewussten theologischen Konstruktionen von Mennoniten niederschlagen. Es lohnt sich, diesen Diskurs aufzunehmen. Mennoniten werden das als Vergewisserung und Orientierung für sich selbst brauchen sowie als Rechenschaft gegenüber anderen (Konfessionen, Religionen und einer säkularen Öffentlichkeit), zumal in einer Zeit, in der die These von der »Rückkehr der Religion« immer weitere Plausibilität erhält.[265]

Bonhoeffer wurde »das ›Dasein für andere‹ zum prägenden Begriff der Ethik und die ›Kirche für andere‹ zum prägenden Begriff der Kirche«, so *Wolfgang Huber*, Kritik der Religion. Worin der Theologe und Widerstandskämpfer Dietrich Bonhoeffer aktuell bleibt, in: Zeitzeichen 4/2005, 53. Vgl. weiter: *Andreas Klein* und *Matthias Geist* (Hg.), »Bonhoeffer weiterdenken …«, Münster: Lit ²2007.

[264] Die Ablehnung der aggressiven Außenpolitik der US-Amerikanischen Regierung (vor allem unter dem Präsidenten George W. Bush) ist in allen Ansätzen deutlich erkennbar.

[265] Siehe hierzu weiterführend: *Joachim Kunstmann*, Rückkehr der Religion. Glaube, Gott und Kirche neu verstehen. Gütersloh: Gütersloher 2010.

D. Literaturverzeichnis

1. Abkürzungen

Wo nicht anders angegeben, folgen die verwendeten Abkürzungen: Siegfried S. Schwertner, Internationales Abkürzungsverzeichnis für Theologie und Grenzgebiete, Berlin / New York: de Gruyter ²1994.

2. Literatur

Abaelardus, Petrus, Kommentar über den Römerbrief, hg. von Rolf Peppermüller. Fontes Christiani, Freiburg: Herder 1998

Adler, Elisabeth, Ökumene im Kampf gegen Rassismus: ein erster Anfang. Mit einem Geleitwort von Philip Potter, Bielefeld: Eckart 1975

Adorno, Theodor W., Minima moralia (I,18). Reflexionen aus dem beschädigten Leben, Gesammelte Schriften Bd. 4, Frankfurt/M.: Suhrkamp 1980

Aland, Kurt, Die Säuglingstaufe im Neuen Testament und in der alten Kirche, 2. durchges. Aufl., verm. um einen notwendigen Nachtrag aus Anlass der Schrift v. J. Jeremias:»Nochmals: die Anfänge der Kindertaufe.« Eine Replik auf K. Alands Schrift:»Die Säuglingstaufe im NT und in der alten Kirche«, Theologische Existenz heute NF 86, München: Kaiser 1963

– Taufe und Kindertaufe, Gütersloh: Gerd Mohn 1971

Allston Jr., Wallace M. and *Welker, Michael*, Reformed Theology. Identity and Ecumenicity, Grand Rapids/MI: Eerdmans 2003

Andresen, Carl und *Ritter, Adolf Martin* (Hg.), Handbuch der Dogmen- und Theologiegeschichte, Bd. 1: Die Lehrentwicklung im Rahmen der Katholizität, Göttingen: Vandenhoeck & Ruprecht ²1999

Anselm von Canterbury, Cur Deus homo – Warum Gott Mensch geworden. Lat.-Dt., besorgt und übersetzt von Franciscus Salesius Schmitt, München: Kösel 1956

Aristoteles, Die Nikomachische Ethik. Aus dem Griechischen und mit einer Einführung und Erläuterungen versehen von Olaf Gigon, München: DTV ⁵2002

Arunatilake, Nisha, Jayasuriya, Sisira and *Kelegama, Saman* (eds.), The Economic Cost of the War in Sri Lanka. Institute of Policy Studies, Colombo, Sri Lanka, University of Melbourne, Melbourne, Australia, Accepted 14 April 2001, in: World Development, Vol. 29, Issue 9, September 2001, 1483–1500

Asfaw, Semegnish, Kerber, Guillermo and *Weiderud, Peter* (eds.), Responsibility to Protect. Ethical and Theological Reflections, Geneva: WCC 2005

Assmann, Jan, Monotheismus und die Sprache der Gewalt. Wiener Vorlesungen Bd. 116, Wien: Picus 2006

– Moses der Ägypter. Entzifferung einer Gedächtnisspur, München/Wien: Hanser 1998

Auer, Johann, Die Kirche – das allgemeine Heilssakrament. Kleine katholische Dogmatik 8, von *Johann Auer* und *Joseph Ratzinger*, Regensburg: Pustet 1983

Augustinus, Aurelius, De Trinitate. Libri XV (Libri XIII–XV), Corpus Christianorum Series Latina, vol. 50a, hg. von *William J. Mountain*, Turnholti: Brepols 1968
– De baptismo. Über die Taufe. Zweisprachige Ausgabe, eingel., komm. und hg. von Hermann-Josef Sieben, Opera Augustinus 28, Paderborn u.a.: Schöningh 2006

Augustinus, Aurelius, Sermo 169, in: *Jaques Paul Migne*, Patrologiae cursus Completus, Series latina (PL), Paris 1841–1864, hier Vol. 38

Aulén, Gustaf, Die drei Haupttypen des christlichen Versöhnungsgedankens, in: Zeitschrift für Systematische Theologie 8/1931, 501–538

Baier, Klaus A., Ökumenisches Lernen als Projekt. Eine Studie zum Lernbegriff in Dokumenten der ökumenischen Weltkonferenzen (1910–1998), Hamburger theologische Studien 19, Hamburg u.a.: Lit 2001

Bainton, Roland, The Left Wing of the Reformation, in: The Journal of Religion XXI/1941, 124–134

Barr, James, Escaping from Fundamentalism, London: SCM 1984

Barth, Hans-Martin (Hg.), Innerer Friede und die Überwindung von Gewalt. Religiöse Traditionen auf dem Prüfstand, Internationales Rudolf-Otto-Symposion Marburg, Schenefeld: EB-Verlag 2007

Barth, Hans-Martin, Dogmatik. Evangelischer Glaube im Kontext der Weltreligionen, Gütersloh: Gütersloher ³2008

Barth, Karl, Die Kirchliche Dogmatik, I/1–IV/4 (13 Bde.), Zürich: EVZ 1932–1967
– Die kirchliche Lehre von der Taufe, Theologische Studien 14, Zollikon-Zürich: Evangelischer Verlag ⁴1953
– *Hromádka, Josef Lukl / Souček, Josef B. / Rohkrämer, Martin* (Hg.), Freundschaft im Widerspruch. Der Briefwechsel zwischen Karl Barth, Josef L. Hromádka und Josef B. Souček 1935–1968, Zürich: Theologischer Verlag 1995

Barth, Markus, Die Taufe – ein Sakrament? Ein exegetischer Beitrag zum Gespräch über die kirchliche Taufe, Zollikon-Zürich: Evangelischer Verlag 1951

Bauman, Clarence, Gewaltlosigkeit im Täufertum. Eine Untersuchung zur theologischen Ethik des oberdeutschen Täufertums der Reformationszeit, Leiden: Brill 1968

Beck, Ulrich, Was ist Globalisierung? Irrtümer des Globalismus – Antworten auf Globalisierung, Frankfurt/M.: Suhrkamp 1997

Bedford-Strohm, Heinrich, Kirche – Ethik – Öffentlichkeit. Zur ethischen Dimension der Ekklesiologie, in: Verkündigung und Forschung (VuF) 2/2006, 4–19
– (Hg.), »... und das Leben der zukünftigen Welt«. Von Auferstehung und Jüngstem Gericht, Neukirchen-Vluyn 2007

Bellitto, Christopher M., Renewing Christianity. A History of Church Reform from Day One to Vatican II, New York: Paulist Press 2001

Bender, Harold S., The Anabaptist Vision, Scottdale/PA: Herald Press 1944

Bender, Ross T. / Sell, Allan P.F. (eds.), Baptism, Peace and the State in the Reformed and Mennonite Traditions, Waterloo/ON: Wilfried Laurier University Press 1991

Bergen, Jeremy M. / Doerksen, Paul G. / Koop, Karl (eds.), Creed and Conscience. Essays in Honour of A. James Reimer, Kitchener/ON: Pandora 2007

Berger, Peter L., Der Zwang zur Häresie. Religion in der pluralistischen Gesellschaft, Freiburg i.Br. u.a.: Herder ²1992

Bergunder, Michael / Haustein, Jörg (Hg.), Migration und Identität. Pfingstlich-charismatische Migrationsgemeinden in Deutschland, Beiheft der Zeitschrift für Mission 8, Frankfurt/M.: Lembeck 2006

Berndt, Hagen, Gewaltfreiheit in den Weltreligionen. Vision und Wirklichkeit, Gütersloh: Gütersloher 1998

Bernet, Claus (Hg.), Deutsche Quäkerschriften des 18. Jahrhunderts, Hildesheim u.a.: Olms 2007

Bernhardt, Reinhold, Der Absolutheitsanspruch des Christentums. Von der Aufklärung bis zur Pluralistischen Religionstheologie, Gütersloh: Gütersloher Verlagshaus Mohn 1990

Besier, Gerhard, Krieg – Frieden – Abrüstung. Die Haltung der europäischen und amerikanischen Kirchen zur Frage der deutschen Kriegsschuld 1914–1933, Göttingen: Vandenhoeck & Ruprecht 1982

– *Boyens, Armin / Lindemann, Gerhard*, Nationaler Protestantismus und Ökumenische Bewegung. Kirchliches Handeln im Kalten Krieg (1945–1990), Berlin: Duncker & Humblot 1999

Best, Thomas F. / Grdzelidze, Tamara (eds.), BEM at 25. Critical Insights into a Continuing Legacy, Geneva: WCC 2007

– */ Robra, Martin* (eds.), Costly Commitment, Geneva: WCC 1995

– */ Robra, Martin* (eds.), Ecclesiology and Ethics. Ecumenical Ethical Engagement, Moral Formation and the Nature of the Church, Geneva: WCC 1997

Biesecker-Mast, Gerald / Weaver, J. Denny, Defenseless Christianity: Anabaptism for a Nonviolent Church, Telford/PA: Cascadia 2009

Bireley, Robert, The Refashioning of Catholicism, 1450–1700: A Reassessment of the Counter Reformation, New York/London: Macmillan 1999

Birmelé, André, Die Taufe in den ökumenischen Dialogen, in: Dialog zwischen der Europäischen Baptistischen Föderation (EBF) und der GEKE zur Lehre und Praxis der Taufe, 52–103

Bleicken, Jochen, Konstantin der Große und die Christen, München: Oldenbourg 1992

Bleisch, Barbara / Strub, Jean D. (Hg.), Pazifismus. Ideengeschichte, Theorie und Praxis, Bern/Stuttgart/Wien: Haupt-Verlag 2006

Blume, Michael, Styagraha. Wahrheit und Gewaltfreiheit, Yoga und Widerstand bei M.K.Gandhi, Gladenbach: Hinder u. Deelmann 1987

Bonhoeffer, Dietrich, Ethik, Dietrich Bonhoeffer Werke (zit. DBW) 6, hg. von *Ilse Tödt u.a.*, Gütersloh: Kaiser/Gütersloher ²1998

– Gemeinsames Leben, in: DBW 5, hg. von *Gerhard Ludwig Müller / Albrecht Schönherr*, München: Kaiser 1987

– London: 1933–1935, DBW 13, hg. von *Hans Goeseking / Martin Heimbucher / Hans-Walter Schleicher*, Gütersloh: Kaiser/Gütersloher 1994

– Nachfolge, DBW 4, hg. von *Martin Kuske / Ilse Tödt*, München: Kaiser 1989

– Ökumene, Universität, Pfarramt 1931–1932, DBW 11, hg. von *Eberhard Amelung / Christoph Strohm*, Gütersloh: Gütersloher/Kaiser 1994

– Sanctorum Communio. Eine dogmatische Untersuchung zur Soziologie der Kirche, DBW 1, hg. von *Joachim von Soosten*, München: Kaiser 1986

– Widerstand und Ergebung. Briefe und Aufzeichnungen aus der Haft, DBW 8, hg. von *Christian Gremmels / Eberhard Bethge / Renate Bethge*, München: Kaiser 1998

Bornhäuser, Christoph, Leben und Lehre Menno Simons'. Ein Kampf um das Fundament des Glaubens, Neukirchen-Vluyn: Neukirchener 1973

Borovoy, Vitaly, Die kirchliche Bedeutung des ÖRK. Vermächtnis und Verheißung von Toronto, in: *Ökumenischer Rat der Kirchen* (Hg.), Es begann in Amsterdam. Vierzig Jahre Ökumenischer Rat der Kirchen, Beiheft zur ÖR 59, Frankfurt/M.: Lembeck 1989, 151–168

Bosch, David J., Transforming Mission. Pardigm Shifts in Theology of Mission, New York: Maryknoll 1991

Bossy, John, Christianity in the West, 1440–1700, New York/Oxford: Oxford University Press 1985

Botman, H. Russel, A Cry for Life in a Global Economic Era, in: *Allston Jr. / Welker*, Reformed Theology, 375–384

Boyd, Stephen B., Pilgram Marpeck: His Life and Social Theology, Mainz: von Zabern 1992

Brady Jr. / Thomas, Oberman Heiko A. / Tracy, James D. (Hg.), Handbuch der europäischen Geschichte, 1400–1600: Spätmittelalter, Renaissance und Reformation, Leyden/NY/Köln: Brill 1994, Neudruck Grand Rapids/MI: Eerdmans 1996

Brandner, Tobias, Einheit, gegeben – verloren – erstrebt. Denkbewegungen von Glauben und Kirchenverfassung, Göttingen: Vandenhoeck & Ruprecht 1996

Brandt, Hermann / Rothermundt, Jörg (Hg.), Was hat die Ökumene gebracht? Fakten und Perspektiven, Gütersloh: Gütersloher Verlagshaus 1993

Brandt, Sigrid, Opfer als Gedächtnis. Auf dem Weg zu einer befreienden theologischen Rede von Opfer, Münster u.a.: Lit 2001

Brosseder, Johannes / Wriedt, Markus (Hg.), Kein Anlass zur Verwerfung. Studien zur Hermeneutik des ökumenischen Gesprächs, FS für Otto Hermann Pesch, Frankfurt/M.:Lembeck 2007

Bruha, Thomas (Hg.), Legalität, Legitimität und Moral. Können Gerechtigkeitspostulate Kriege rechtfertigen? Jus Internationale et Europaeum Bd. 24, Tübingen: Mohr Siebeck 2008

Bundesministerium der Verteidigung, Weißbuch 2006 – Zur Sicherheitspolitik Deutschlands und zur Zukunft der Bundeswehr, Berlin 2006

Burkart, Rainer W., Die Taufe bei Konfessionswechsel als ökumenisches Problem, in: MGB 66. Jg, 2009, 31–48

Burkart, Rainer W., Eucharistische Gastfreundschaft: Versöhnung zwischen Mennoniten und Lutheranern, in: ÖR 45/1996, 324–330

Burkholder J. Richard / Redekop Calvin (eds.), Kingdom, Cross and Community, Scottdale/PA: Herald Press 1976

Burkholder, J. Lawrence, Nachfolge in täuferischer Sicht, in: Hershberger, Das Täufertum, 131–145

Busch, Eberhard, Karl Barths Lebenslauf. Nach seinen Briefen und autobiographischen Texten, Kaiser: München 1975

Butting, Klara (Hg.), Träume einer gewaltfreien Welt. Bibel – Koran – praktische Schritte, Glaubenszeugnisse unserer Zeit Bd. 4, Wittingen: Erev-Rav 2000

Calvin, Johannes, Calvini Opera quae supersunt omnia, hg. von Johann Wilhelm Baum, Eduard Cunitz und Eduard Reuss, Braunschweig/Berlin: Schwetschke 1863–1900

Chapman, Audrey R., Truth Commissions of Forgiveness and Reconciliation, in: Petersen/Helmick, Forgiveness and Reconciliation, 257–277

Chitando, Ezra, Acting in Hope, African Churches and HIV/AIDS 2, Geneva: WCC 2007

Cierpka, Manfred, Faustlos. Das Buch für Eltern und Erziehende, Freiburg i.Br. u.a.: Herder 2005

Clapsis, Emmanuel (ed.), Violence and Christian Spirituality. An Ecumenical Conversation. Geneva: WCC and Brookline/MA: Holy Cross Orthodox Press 2007

Clapsis, Emmanuel, Ambivalenz, Subjektivität und spirituelles Leben. Für eine Kultur des Friedens durch Achtung von Andersartigkeit, in: ÖR 2/2006, 183–200

Coenen, Lothar / Traumüller, Wolfgang, Vancouver 83. Zeugnisse, Predigten, Ansprachen, Vorträge, Initiativen von der Sechsten Vollversammlung des Ökumenischen Rates der Kirchen in Vancouver, B.C./Kanada, 24. Juli – 10. August 1983, Beiheft zur ÖR 48, Frankfurt/M.: Lembeck 1984

Collet, Giancarlo (Hg.), Theologien der Dritten Welt. EATWOT als Herausforderung westlicher Theologie und Kirche, Neue Zeitschrift für Missionswissenschaft, Supplementa 37, Immensee 1990

Cone, James H. / Wilmore, Gayraud S. (ed.), Black Theology. A Documentary History, 2nd ed. revised, 2 Vols., Maryknoll/NY: Orbis Books 1993

Cone, James H., Gott der Befreier. Eine Kritik der weißen Theologie, Stuttgart u.a.: Kohlhammer 1982

Crüsemann, Frank, Die Tora. Theologie und Sozialgeschichte des alttestamentlichen Gesetzes, Gütersloh: Kaiser ³2005

Cullmann, Oskar, Einheit durch Vielfalt. Grundlegung und Beitrag zur Diskussion über die Möglichkeiten ihrer Verwirklichung, Tübingen: Mohr 1986

Dalferth, Ingolf U. / Hunziker, Andreas (Hg.), Mitleid. Konkretionen eines strittigen Konzepts, Religion in Philosophy and Theology 28, Tübingen: Mohr Siebeck 2007

Dalton, Andrea M., A Sacramental Believers Church. Pilgram Marpeck and the (Un)mediated Presence of God, in: *Dueck/Harder/Koop*, New Perspectives in Believers Church Ecclesiology, 223–236

Dam, Harmjam, Der Weltbund für Freundschaftsarbeit der Kirchen, 1914–1948. Eine ökumenische Friedensorganisation, Frankfurt/M.: Lembeck 2001

Davis, Kenneth Ronald, Anabaptism and Asceticism. A Study in Intellectual Origins, Eugene: Wipf and Stock 1998

Denck, Hans, Schriften II. Religiöse Schriften, Quellen zur Geschichte der Täufer Bd. VI, hg. von *Georg Baring / Walter Fellmann*, Gütersloh: Bertelsmann 1956

Denzinger, Heinrich, Kompendium der Glaubensbekenntnisse und kirchlichen Lehrentscheidungen, hg. von Peter Hünermann, Freiburg i.Br.: Herder ³⁷1991

Deppermann, Klaus, Melchior Hoffman. Widersprüche zwischen lutherischer Obrigkeitstreue und apokalyptischem Traum, in: Goertz, Radikale Reformatoren, 155–166

– Melchior Hoffmans Weg von Luther zu den Täufern, in: *Goertz*, Umstrittenes Täufertum, 173–205

– / *Packull, Werner / Stayer, James*, From Monogenesis to Polygenesis, in: Mennonite Quarterly Review (MQR) 49/1975, 82–122

Der Bericht der südafrikanischen Wahrheitskommission, hg. von *Joachim Braun*, aus dem Engl. übers. von *Klaus Kochmann*, Gütersloh: Kaiser 1999

Dictionary of the Ecumenical Movement, ed. by *Nicholas Lossky* (et.al.), Geneva: WCC ²2002

Die Kirchen, das südliche Afrika und der politische Kontext, Kirchliche Zeitgeschichte (KZG) 9,2, Göttingen: Vandenhoeck & Ruprecht 1996

Dietrich, Walter, Der rote Faden im Alten Testament, in: EvTheol 3/1989, 232–250

– / *Lienemann, Wolfgang* (Hg.), Gewalt wahrnehmen – von Gewalt heilen. Theologische und religionswissenschaftliche Perspektiven, Stuttgart: Kohlhammer 2004

– / *Link, Christian*, Die dunklen Seiten Gottes, Bd. 1: Willkür und Gewalt, Bd. 2: Allmacht und Ohnmacht, Neukirchen-Vluyn: Neukirchener 2009

– / *Mayordomo, Moisés*, Gewalt und Gewaltüberwindung in der Bibel, Zürich: TVZ 2005

Dölling, Dieter / Trüg, Gerson, Täter-Opfer-Ausgleich. Eine Chance für Opfer und Täter durch einen neuen Weg im Umgang mit Kriminalität, Mönchengladbach: Forum-Verlag Godesberg 1998

Driedger, Leo / Kraybill, Donald B., Mennonite Peacemaking. From Quietism to Activism, Scottdale/PA: Herald Press 1994

Driedger, Michael D., Zuflucht und Koexistenz. 400 Jahre Mennoniten in Hamburg und Altona, Bolanden-Weierhof: Mennonitischer Geschichtsverein (zit. MGV) 2001

Duchrow, Ulrich / Hinkelammert, Franz J., Property for People, not for Profit. Alternatives to the Global Tyranny of Capital, Geneva: WCC 2004

Duchrow, Ulrich, Alternativen zur kapitalistischen Weltwirtschaft. Biblische Erinnerung und politische Ansätze zur Überwindung einer lebensbedrohenden Ökonomie, Gütersloh: Gütersloher 1994

– Ökumene und kapitalistisches Imperium: Der Konziliare Prozess für Gerechtigkeit, Frieden und die Befreiung der Schöpfung, in: *Link/Fahrenholz*, Hoffnungswege, 291–320

– */ Bianchi, Reinhold / Krüger, René / Petracca, Vincenzo*, Solidarisch Mensch werden. Psychische und soziale Destruktion im Neoliberalismus, Wege zu ihrer Überwindung, Hamburg: VSA 2006

Dueck, Abe / Harder, Helmut / Koop, Karl (eds.), New Perspectives in Believers Church Ecclesiology, Winnipeg/Manitoba: Canadian Mennonite University Press 2010

Duffy, Eamon, The Stripping of the Altars: Traditional Religion in England, 1400–1580. New Haven/London: Yale University Press 1992

Durnbaugh, Donald F. (ed.), On Earth Peace. Discussions on War/Peace Issues between Friends, Mennonites, Brethren and European Churches 1935–1975. Elgin/IL: The Brethren Press 1978

– (Hg.), Die Kirche der Brüder. Vergangenheit und Gegenwart, Die Kirchen der Welt, Bd. IX., Stuttgart: Evangelisches Verlagswerk 1971

– Fruit of the Wine. A History of the Brethren 1708–1995, Elgin/IL: The Brethren Press 1997

– The Believers' Church. The History and Character of the Radical Protestantism, Scottdale/PA: Herald Press [2]1985

Durst, Michael / Münk, Hans J. / Bentele, Katrin (Hg.), Theologie und Menschenrechte, hg. im Auftr. der *Theologischen Hochschule Chur und der Theologischen Fakultät der Universität Luzern*, Theologische Berichte Bd. 31, Freiburg/Schweiz: Paulusverlag 2008

Ebach, Jürgen, »... und behutsam mitgehen mit deinem Gott«. Theologische Reden 3. Bochum: SWI 1995

Ebeling, Gerhard, Die Toleranz Gottes und die Toleranz der Vernunft, in: *Rendtorff*, Glaube und Toleranz, 54–73

Elliott, Thomas George, The Christianity of Constantine the Great, New York: Fordham University Press 1997

Enns, Fernando / Jaschke, Hans-Jochen (Hg.), Gemeinsam berufen Friedensstifter zu sein. Zum Dialog zwischen Katholiken und Mennoniten, Schwarzenfeld: Neufeld Verlag und Paderborn: Bonifatius 2008

– Art. »Friedenskirchen, Historische / Mennoniten«, in: Taschenlexikon Ökumene. Im Auftrag der Arbeitsgemeinschaft Christlicher Kirchen in Deutschland, Frankfurt/M.: Lembeck und Paderborn: Bonifatius 2003, 107–108

– Der Ökumenische Rat in Bewegung, in: Die Orthodoxen im Ökumenischen Rat der Kirchen, hg. von *Dagmar Heller / Barbara Rudolph*, Beiheft zur ÖR 74, Frankfurt: Lembeck 2004, 134–146

– Dietrich Bonhoeffer: Saint? – Ecumenist! – Pacifist? Remembering Dietrich Bonhoeffer, in: *Bergen/Doerksen/Koop*, Creed and Conscience, 167–180

– Friedenskirche in der Ökumene. Mennonitische Wurzeln einer Ethik der Gewaltfreiheit, Kirche – Konfession – Religion 46, Göttingen: Vandenhoeck & Ruprecht 2003

- Heilung der Erinnerungen – befreit zur gemeinsamen Zukunft: Mennoniten im Dialog. Berichte und Texte ökumenischer Gespräche auf nationaler und internationaler Ebene, Frankfurt/M.: Lembeck und Paderborn: Bonifatius: 2008
- Mennoniten: plurale Minderheitskirche im Pluralismus, in: KZG 13. Jg., 2/2000, 359–375
- Mennonites as a Plural Minority Church within Pluralism: A German Perspective, in: Conrad Grebel Review Vol. 19, Spring 2001, 52–67
- Mission and Violence – Building a Culture of Peace. Plenary and Workshop during the World Mission Conference Athens 2005, in: Come Holy Spirit, Heal and Reconcile!, 187–189 and 303–305
- Vom Paukenschlag in Canberra zu den vielen Trommeln in Salvador. Der Versuch einer historischen und theologischen Einordnung der XI. Weltmissionskonferenz des ÖRK in Salvador da Bahia/Brasilien 1996, in: ÖRK, Zu einer Hoffnung berufen, 52–61
- / *Philip A. Potter*, Was sollen wir tun? Wegbereiter einer handlungsorientierten Ökumene, in: *Christian Möller u.a.* (Hg.), Wegbereiter der Ökumene im 20. Jahrhundert, Göttingen: Vandenhoeck & Ruprecht 2005, 354–375
- / *Hailer, Martin / Link-Wieczorek, Ulrike* (Hg.), Profilierte Ökumene: Bleibend Wichtiges und jetzt Dringliches. FS für Dietrich Ritschl zum 80. Geb., Beiheft zur ÖR 84, Frankfurt/M.: Lembeck 2009
- / *Holland, Scott / Riggs, Ann K.* (eds.), Seeking Cultures of Peace: A Peace Church Conversation, Telford, PA: Cascadia and Geneva: WCC 2004
Epinay-Burgard, Georgette, Gérard Grote (1340–1384) et les débuts de la dévotion moderne, Wiesbaden: Steiner 1970
Epp Weaver, Alain / Mast, Gerald J. (eds.), The Work of Jesus Christ in Anabaptist Perspective: Essays in Honor of J. Denny Weaver, Telford/PA: Cascadia and Scottdale/PA: Herald Press 2008
Eppler, Erhard, Die tödliche Utopie der Sicherheit, Reinbek bei Hamburg: Rowohlt 1983
Ernesti, Jörg, Kleine Geschichte der Ökumene, Freiburg/Basel/Wien: Herder 2007
Ettrich, Frank, »Neue Kriege« und die Soziologie des Krieges: Anmerkungen zu drei neueren Arbeiten der soziologischen Kriegs- und Gewaltforschung, in: Gewalt – interdisziplinär, Hamburg u.a.: Lit 2002, 195–221
Etzelmüller, Gregor, »...zu richten die Lebenden und die Toten«. Zur Rede vom Jüngsten Gericht im Anschluss an Karl Barth, Neukirchen-Vluyn: Neukirchener 2001
Falcke, Heino, Wo bleibt die Freiheit? Christ sein in Zeiten der Wende, Freiburg: Kreuz-Verlag 2009
Fast, Heinold (Hg.), Der linke Flügel der Reformation. Glaubenszeugnisse der Täufer, Spiritualisten, Schwärmer und Antitrinitarier, Klassiker des Protestantismus Bd. IV, Bremen: Carl Schünemann 1962
Feldtkeller, Andreas / Sundermeier, Theo (Hg.), Mission in pluralistischer Gesellschaft, Frankfurt/M.: Lembeck 1999
Fiddes, Paul S., Baptism and the Process of Christian Initiation, in: ER 54/1 2002, 48–65
Finger, Thomas N., A Contemporary Anabaptist Theology: Biblical, Historical, Constructive. Downers Grove/IL: InterVarsity 2004
- Christian Theology. An Eschatological Approach, Scottdale/PA: Herald Press, Vol. I: 1985, Vol. II: 1989
- Christus Victor and the Creeds: Some Historical Considerations, in: MQR 74/1998, 31–51
- Self, Earth & Society: Alienation & Trinitarian Transformation. Downers Grove/IL: InterVarsity Press 1997

– The Way to Nicea: Some Reflections from a Mennonite Perspective, in: Journal of Ecumenical Studies 24/2, Spring 1987, 212–231
– Art. »Anabaptist Theology«, in: Global Dictionary of Theology, ed. by *William A. Dyrness / Veli-Matti Kärkkäinen*, Downers Grove/IL: InterVarsity Press 2006, 23–27
Fischer, Horst (Hg.), Krisensicherung und humanitärer Schutz. Crisis Management and Humanitarian Protection, FS für Dieter Fleck. Bochumer Schriften zur Friedenssicherung und zum Humanitären Völkerrecht 46, Berlin: Berliner Wissenschaftlicher Verlag 2004
Forrester, Duncan, The True Church and Morality. Reflections on Ecclesiology and Ethics, Geneva: WCC 1997
Foth, Heinrich u.a., Lebendige Oekumene, FS für Friedrich Siegmund-Schultze, Witten: Luther-Verlag 1965
Foth, Peter J., Hüben und Drüben. Der Einfluss der amerikanischen auf die europäischen Mennoniten seit 1945, in: Mennonitisches Jahrbuch 2000, hg. von der *AMG*, Lahr 2000, 55–60
Fox, George, Aufzeichnungen und Briefe des ersten Quäkers, hg. von *Paul Wernle*, Tübingen: Mohr 1908
– The Works of George Fox (Reprinted from the edition of Philadelphia and New York, 1831), 8 Vols., New York/NY: AMS Press 1975
Freire, Paulo, Pädagogik der Unterdrückten. Bildung als Praxis der Freiheit, Reinbek: Rowohlt 1973
Frey, Jörg / Schröter, Jens (Hg.), Deutungen des Todes Jesu im Neuen Testament. Tübingen: Mohr Siebeck, Studienausgabe 2007 (2005)
Fricke, Hannes, Das hört nicht auf. Literatur, Trauma und Empathie, Göttingen: Wallstein 2004
Friedensgutachten, hg. von *Institut für Entwicklung und Frieden* (INEF), Forschungsstätte der Evangelischen Studiengemeinschaft (FEST), Institut für Friedensforschung und Sicherheitspolitik an der Universität Hamburg (IFSH), Hessische Stiftung Friedens- und Konfliktforschung, Bonn International Center for Conversion (BICC), Münster: Lit (erscheint jährlich)
Friedrich, Martin, Von Marburg bis Leuenberg: Der lutherisch-reformierte Gegensatz und seine Überwindung, Waltrop: Spenner 1999
Frieling, Reinhard, Der Weg des ökumenischen Gedankens. Eine Ökumenekunde, Zugänge zur Kirchengeschichte Bd. 10, Göttingen: Vandenhoeck & Ruprecht 1992, 17–33
Fries, Heinrich / Rahner, Karl, Einigung der Kirchen – reale Möglichkeit, Quaestiones disputatae 100, Freiburg i.Br. u.a.: Herder 1983
Friesen, Duane K. / Schlabach, Gerald (eds.), At Peace and Unafraid: Public Order, Security and the Wisdom of the Cross, Scottdale/PA: Herald Press 2005
Friesen, Duane K., Christian Peacemaking and International Conflict: A Realist Pacifist Perspective, Scottdale/PA and Waterloo/ON: Herald Press
– Citizens, Philosophers: Seeking the Peace of the City, Scottdale/PA: Herald Press 2000
– Toward a Theology of Culture: A Dialogue with John Howard Yoder and Gordon Kaufman, in: CGR Spring 1998, 39–64 (auch in: *Epp/Weaver*, Mennonite Theology in Face of Modernity, 95–114)
Froese, Wolfgang (Hg.), Sie kamen als Fremde. Die Mennoniten in Krefeld von den Anfängen bis zur Gegenwart, Krefeld 1995
Fuisz, József, Konsens, Kompromiss, Konvergenz in der ökumenischen Diskussion. Eine strukturanalytische Untersuchung der Logik ökumenischer Entscheidungsprozesse, Münster: Lit 2001

Fürst, Alfons (Hg.), Friede auf Erden? Die Weltreligionen zwischen Gewaltverzicht und Gewaltbereitschaft, Freiburg i.Br. u.a.: Herder 2006

Galtung, Johan, Gewalt, Frieden und Friedensforschung, in: Dieter Senghaas (Hg.),
Kritische Friedensforschung, Frankfurt/M.: Suhrkamp Verlag 1971, 55–104

– Gewalt, Frieden und Friedensforschung, in: *Manfred Funke* (Hg.), Friedensforschung. Entscheidungshilfe gegen Gewalt, München: List 1975, 99–132

Gassmann, Günther (ed.), Documentary History of Faith and Order 1963–1993,
Geneva: WCC 1993

Gassmann, Günther, Konzeptionen der Einheit in der Bewegung für Glauben und
Kirchenverfassung 1910–1937, Forschungen zur systematischen und ökumenischen Theologie 39, Göttingen: Vandenhoeck & Ruprecht 1979

Geldbach, Erich, Art. »Die Stillen im Lande«, in: *Burkhardt, Helmut / Geldbach,
Erich / Heimbucher, Kurt* (Hg.), Evangelisches Gemeindelexikon, Wuppertal:
Brockhaus 1986, 488f

– Freikirchen – Erbe, Gestalt und Wirkung. Bensheimer Hefte 70. Göttingen:
Vandenhoeck & Ruprecht 1989

– Taufe. Ökumenische Studienhefte 5, Bensheimer Hefte 79, Göttingen: Vandenhoeck & Ruprecht 1996

Gemeinhardt, Alexander F. (Hg.), Die Pfingstbewegung als ökumenische Herausforderung, Bensheimer Hefte 103, Göttingen: Vandenhoeck & Ruprecht 2005

Gill, David, Violence, Non-violence and the Struggle for Justice, in: ER 25/4
1973, 430–446

Girard, René, Das Ende der Gewalt. Analyse des Menschheitsverhängnisses, Freiburg u.a.: Herder 1983

– Das Heilige und die Gewalt, Zürich: Benziger 1987

– Der Sündenbock, Zürich: Benziger 1988

Goertz, Hans-Jürgen (Hg.), Die Mennoniten, Die Kirchen der Welt Bd. VIII,
Stuttgart: Ev. Verlagswerk 1971

– (Hg.), Geschichte. Ein Grundkurs, 3. rev. u. erw. Auflage, Reinbek bei Hamburg: Rowohlt 2007

– (Hg.), Radikale Reformatoren. 21 biographische Skizzen von Thomas Müntzer
bis Paracelsus, München: Beck 1978

– (Hg.), Umstrittenes Täufertum 1525–1975, Göttingen: Vandenhoeck & Ruprecht [2]1977

– Antiklerikalismus und Reformation. Sozialgeschichtliche Untersuchungen, Göttingen: Vandenhoeck & Ruprecht 1995

– Art. »Menno Simons/Mennoniten«, in: TRE, Bd. 22, 444–457

– Das schwierige Erbe der Mennoniten. Aufsätze und Reden, Leipzig: Ev. Verlagsanstalt 2002

– Die Täufer. Geschichte und Deutung, München: Beck [2]1988

– Religiöse Bewegungen in der frühen Neuzeit. Enzyklopädie Deutscher Geschichte Bd. 20, München: Oldenbourg 1993

– Täufergeschichtliche Aspekte zur Taufe, in: MGB 66. Jg., 2009, 7–30

– Umgang mit Geschichte: eine Einführung in die Geschichtstheorie, Reinbek bei
Hamburg: Rowohlt 1995

– Unsichere Geschichte. Zur Theorie historischer Referentialität, Stuttgart: Reclam 2001

– Zwischen Historie und Theologie – oder: Muss die revisionistische Täuferforschung schon ersetzt werden?, in: MGB 63. Jg., 2006, 9–26

– Zwischen Zwietracht und Eintracht. Zur Zweideutigkeit täuferischer und mennonitischer Bekenntnisse, in: MGB 43./44. Jg. (1986/1987), 16–46

Grant, Michael, Constantine the Great. The Man and his Times, New York: Pren-
tice Hall 1994

Grebel, Conrad, Brief von Conrad Grebel und seinen Brüdern an Thomas Müntzer (1524), in: *Fast*, Der linke Flügel der Reformation, 12–27

Greeve Davaney, Sheila / Kaufman, Gordon D. (eds.), Theology at the End of Modernity: Essays in Honor of Gordon D. Kaufman, Philadelphia: Trinity Press 1991

Gregory, Brad S., Salvation at Stake. Christian Martyrdom in Early Modern Europe, Cambridge/London: Harvard University 1999

Gressel, Hans (Hg.), Versöhnung und Friede. 50 Jahre Internationaler Versöhnungsbund, 3. August 1964, Dortmund 1964

Grotefeld, Stefan, Friedrich Siegmund-Schultze. Ein deutscher Ökumeniker und christlicher Pazifist. Heidelberger Untersuchungen zu Widerstand, Judenverfolgung und Kirchenkampf im Dritten Reich Bd. 7, Gütersloh: Kaiser 1995

Grundgesetz für die Bundesrepublik Deutschland. Kommentar, von *Hans D. Jarass* und *Bodo Pieroth*, München: Beck [10]2009

Gwyn, Douglas (et.al), A Declaration on Peace: In God´s People the World´s Renewal has begun. A contribution to ecumenical dialogue sponsored by Church of the Brethren, Fellowship of Reconciliation, Mennonite Central Commitee, Friends General Conference, Scottdale/PA and Waterloo/ON: Herald Press 1991

Habermas, Jürgen, Glauben und Wissen. Die Rede des diesjährigen Friedenspreisträgers des deutschen Buchhandels, in: FAZ Nr. 239 vom 14. Oktober 2001

– Zwischen Naturalismus und Religion. Philosophische Aufsätze, Frankfurt/M.: Suhrkamp 2005

Hadley, Michael L. (ed.), The Spiritual Roots of Restorative Justice. SUNY Series in Religious Studies, Albany/New York: University Press 2001

Hahn, Ferdinand, Mission in neutestamentlicher Sicht. Missionswissenschaftliche Forschungen Neue Folge Bd. 8, Erlangen: Erlanger Verlag für Mission und Ökumene 1999

Haid, Michael, »Die alte Trennung von innerer und äußerer Trennung ist von gestern«, in: Friedensforum 1/2008, 21. Jg

Hailer, Martin, Götzen, Mächte und Gewalten. Biblisch-theologische Schwerpunkte 33, Göttingen: Vandenhoeck & Ruprecht 2008

Hailer, Martin, Taufanerkennung bei bleibend unterschiedlicher Lehre?, in: *Enns/Hailer/Link-Wieczorek*, Profilierte Ökumene, 159–183

Hämmerle, Pete / Roithner, Thomas (Hg.), Dem Rad in die Speichen fallen. Stimmen von FriedensnobelpreisträgerInnen und das Österreichische Netzwerk für eine Kultur des Friedens und der Gewaltfreiheit. Ein Arbeitsbuch, Österreichisches Netzwerk für Frieden und Gewaltfreiheit, Haid: Roithner 2003

Hampel, Volker / Bukowski, Peter (Hg.), Sühne – Opfer – Stellvertretung, Neukirchen-Vluyn: Neukirchener 2010

Härle, Wilfried / Preul, Reiner (Hg.), Trinität, Marburger Jahrbuch Theologie Bd. X, Marburg: N.G.Elwert 1999

Härle, Wilfried, Art. »Kirche«, VII. Dogmatisch, in: TRE Bd. 18, 277–317

– Dogmatik, Berlin/New York: de Gruyter 1995

Haspel, Michael / Waldschmidt-Nelson, Britta, Martin Luther King. Leben, Werk und Vermächtnis, Weimar: Wartburg-Verlag 2008

Haspel, Michael, Friedensethik und humanitäre Intervention. Der Kosovo-Krieg als Herausforderung evangelischer Friedensethik, Neukirchen-Vluyn: Neukirchener 2002

– Martin Luther King Jr. als ökumenischer Sozialethiker: eine theologische Hommage anlässlich seines 30. Todestages, in: ÖR 3/1998, 375–382

Haudel, Matthias, Die Bibel und die Einheit der Kirchen. Eine Untersuchung der Studien von Glauben und Kirchenverfassung, Göttingen: Vandenhoeck & Ruprecht 1993

Hauerwas, Stanley, Selig sind die Friedfertigen. Ein Entwurf christlicher Ethik, hg. u. eingeleitet von *Reinhard Hüter*, Neukirchen-Vluyn: Neukirchener 1995 (dt. Übers. von: The Peaceable Kingdom, A primer in Christian Ethics, Notre Dame/IN: University of Notre Dame [3]1986)

Hege, Lydie / Wiebe, Christoph (Hg.), Les Amish. Origine et Particularismes 1693–1993, Ingersheim (Frankreich): Association Française d'Histoire 1996

Heim, S. Mark, Baptismal Recognition and the Baptist Churches, in: *Root/ Saarinen* (eds.), Baptism and the Unity of the Church, 150–163

Held, Heinz Joachim, Der Ökumenische Rat der Kirchen im Visier der Kritik. Eine kritische Lektüre der Forschungsarbeit »Ökumenischer Rat der Kirchen und Evangelische Kirche in Deutschland zwischen West und Ost«, Frankfurt/M.: Lembeck 2001

Held, Paul, Der Quäker George Fox. Sein Leben, Wirken, Kämpfen, Leiden, Siegen. Basel: Reinhardt 1949

Hell, Silvia / Lies, Lothar (Hg.), Amt und Eucharistiegemeinschaft. Ökumenische Perspektiven und Probleme, Innsbruck: Tyrolia 2004

Heller, Dagmar u.a. (Hg.), »Mache dich auf und werde Licht!« Ökumenische Visionen in Zeiten des Umbruchs, »Arise, shine!« Ecumenical Visions in Times of Change. FS für Konrad Raiser, Frankfurt/M.: Lembeck 2008

Hempelmann, Reinhard / Kandel, Johannes (Hg.), Religionen und Gewalt. Konflikt- und Friedenspotentiale in den Weltreligionen, Kirche – Konfession – Religion Bd. 51, Göttingen: V&R unipress 2006

Henning, Johannes, William Penn (1644–1718). Ein frühneuzeitlicher Friedensplan unter der Forderung nach Einigung als anderes Europa, München: Grin 2003

Herman, Judith, Die Narben der Gewalt. Traumatische Erfahrungen verstehen und überwinden, Paderborn: Junfermann [2]2006

Herms, Eilert, Einheit der Christen in der Gemeinschaft der Kirchen: die ökumenische Bewegung der römischen Kirche im Lichte der reformatorischen Theologie. Antwort auf den Rahner-Fries-Plan, Kirche und Konfession 24, Göttingen: Vandenhoeck & Ruprecht 1984

Hershberger, Guy F. (Hg.), Das Täufertum. Erbe und Verpflichtung, Stuttgart: Evangelisches Verlagswerk 1963

Herwig, Thomas, Karl Barth und die ökumenische Bewegung. Das Gespräch zwischen Karl Barth und Willen Adolf Visser 't Hooft, Neukirchen-Vluyn: Neukirchener 1998

Heyd, David (ed.), Toleration: An Elusive Virtue, Princeton/NY: Princeton University Press 1996

Hilker, Thomas, Terrorismus. Grundwissen, Organisationen, Angriffsmittel, religiöser Fanatismus, Suizidbomber, Münster: Monsenstein und Vannerdat 2006

Hoekendijk, Johannes Christiaan, Die Zukunft der Kirche und die Kirche der Zukunft, Stuttgart/Berlin: Kreuz [2]1965

Höffe, Otfried (Hg.), Die Nikomachische Ethik. Klassiker Auslegen Bd. 2. Berlin: Akademie Verlag 1995

Höffe, Otfried (Hg.), Immanuel Kant. Zum ewigen Frieden. Klassiker Auslegen Bd.1, Berlin: Akademie Verlag, [2]2004

Höffe, Ottfried, Gerechtigkeit. Eine philosophische Einführung, München: Beck 2001

Horst, Irvin B., Menno Simons. Der neue Mensch in der Gemeinschaft, in: Goertz, Radikale Reformatoren, 179–189

Houtepen, Anton, Einheit der Kirche im Bunde Gottes. Prolegomena zu einer jeden künftigen Ekklesiologie, die als eine ökumenische Ekklesiologie wird auftreten können, in: *Link/Müller-Fahrenholz*, Hoffnungswege, 197–223

Hromádka, Josef Lukl, An der Schwelle des Dialogs zwischen Christen und Marxisten, Frankfurt/M.: Stimme-Verlag 1965

Huber, Wolfgang / Reuter, Hans-Richard, Friedensethik, Stuttgart u.a.: Kohlhammer 1990

Huber, Wolfgang, Gerechtigkeit und Recht. Grundlinien christlicher Rechtsethik, 3. überarb. Auflage, Gütersloh: Gütersloher ³2006

– Im Geist der Freiheit. Für eine Ökumene der Profile, Freiburg i.Br. u.a.: Herder 2007

– Kirche, München: Kaiser ²1988

– Kritik der Religion. Worin der Theologe und Widerstandskämpfer Dietrich Bonhoeffer aktuell bleibt, in: Zeitzeichen 4/2005

– Überlegungen zum Stand der Ökumene. Vortrag vor der Hamburgischen Kommende des Johanniterordens am 25. August 2007, in: www.ekd.de/ausland_oekumene/070825_huber_hamburg.html [01.03.2010]

– / *Petzold, Ernst / Sundermeier, Theo* (Hg.), Implizite Axiome. Tiefenstrukturen des Denkens und Handelns, München: Kaiser 1990

– / *Ritschl, Dietrich / Sundermeier, Theo*, Ökumenische Existenz heute Bd. 1, München: Kaiser 1986

Hubmeier, Balthasar, Schriften. Quellen zur Geschichte der Täufer Bd. 9, hg. von *Gunnar Westin / Torsten Bergsten*, Gütersloh: Mohn 1962

Hübner, Jörg, Globalisierung – Herausforderung für Kirche und Theologie. Perspektiven einer menschengerechten Weltwirtschaft, Stuttgart: Kohlhammer 2003

– Globalisierung mit menschlichem Antlitz. Einführung in die Grundfragen globaler Gerechtigkeit, Neukirchen-Vluyn: Neukirchener 2004

Hüffmeier, Wilhelm (Hg.), Evangelisch in Europa. 30 Jahre Leuenberger Kirchengemeinschaft, Frankfurt/M.: Lembeck 2003

Janowski, Bernd, »Ich will in Eurer Mitte wohnen«. Struktur und Genese der exilischen Schechina-Vorstellung, in: Jahrbuch Biblische Theologie (JBTh), Neukirchen-Vluyn: Neukirchener 1987, 165–193

– Die rettende Gerechtigkeit, Beiträge zur Theologie des Alten Testaments 2, Neukirchen-Vluyn: Neukirchener 1999

Jenkins, Philip, The New Faces of Christianity. Believing the Bible in the Global South, New York: Oxford University Press 2006

– The Next Christendom: The Coming of Global Christianity, rev. and exp. ed., New York: Oxford University Press 2007 (2002)

Jeremias, Joachim, Die Kindertaufe in den ersten vier Jahrhunderten, Göttingen: Vandenhoeck & Ruprecht 1958

Jeschke, Marlin, Believers Baptism for Children of the Church, Scottdale/PA and Kitchener/ON: Herald Press 1983

Johannes Paul II., Angelus, 12. März 2000, www.vatican.va/holy_father/john_paul_ii/angelus/2000/documents/hf_jp-ii_ang_20000312_ge.html [01.03.2010]

– Apostolisches Schreiben »Tertio millenio adveniente«. Verlautbarungen des Apostolischen Stuhls 119, hg. vom *Sekretariat der Deutschen Bischofskonferenz*, Bonn 1994

– Enzyklika Centesimus annus. Verlautbarungen des Apostolischen Stuhls 101, hg. vom *Sekretariat der Deutschen Bischofskonferenz*, Bonn 1991

– Botschaft zum Weltfriedenstag 1989, Engl.: To Build Peace, respect Minorities, in: www.vatican.va/holy_father/john_paul_ii/messages/peace/documents [01.03.2010]

Jörns, Klaus-Peter, Notwendige Abschiede. Auf dem Weg zu einem glaubwürdigen Christentum, Gütersloh: Gütersloher ⁴2008

Jüngel, Eberhard, Das Evangelium von der Rechtfertigung des Gottlosen als Zentrum des christlichen Glaubens. Eine theologische Studie in ökumenischer Absicht, Tübingen: Mohr Siebeck [5]2006

Justenhoven, Heinz-Gerhard / Beestermöller, Gerhard (Hg.), Gerechter Friede – Weltgemeinschaft in der Verantwortung. Zur Debatte um die Friedensschrift der deutschen Bischöfe, Stuttgart: Kohlhammer 2003

Justenhoven, Heinz-Gerhard, Internationale Schiedsgerichtsbarkeit. Ethische Norm und Rechtswirklichkeit, Stuttgart: Kohlhammer 2006

Kaiser, Thomas O.H., Versöhnung in Gerechtigkeit. Das Konzept der Versöhnung und seine Kritik im Kontext Südafrika, Neukirchen-Vluyn: Neukirchener 1996

Kallis, Anastasios, Art.»Kirche«, V. Orthodoxe Kirche, in: TRE 18, 252–262

Kant, Immanuel, Werke in zehn Bänden, hg. von Wilhelm Weischedel, Darmstadt: Wissenschaftliche Buchgesellschaft (WBG) 1968

Kanyoro, Musimbi R.A., Zu einer Hoffnung berufen – Das Evangelium in verschiedenen Kulturen, in: Zu einer Hoffnung berufen, 205–223

Käsemann, Ernst, Exegetische Versuche und Besinnungen, Bd. 1, Göttingen: Vandenhoeck & Ruprecht [6]1970

Käßmann, Margot, Gewalt überwinden. Eine Dekade des Ökumenischen Rates der Kirchen. Hannover: LVH 2000

– Gewalt überwinden, in: ÖR Jg. 47, 1998, 329–336

Kauffman, Ivan J. (ed.), Just Policing: Mennonite-Catholic Theological Colloquium 2002, The Bridgefolk Series, Kitchener/ON: Pandora Press 2004

– Mennonite-Catholic Conversations in North America: History, Convergences, Opportunities, in: One in Christ 34/1998, 220–246

Kaufman, Gordon D., God the Problem, Cambridge: Harvard University Press 1972

– God, Mystery, Diversity – Christian Theology In A Pluralistic World, Fortress Press 1996

– In Face of Mystery. A Constructive Theology, Minneapolis: Harvard University Press 2006

– In the Beginning – Creativity, Minneapolis: Augsburg Fortress Publishers 2004

– Jesus and Creativity, Minneapolis: Fortress Press 2006

– Nonresistance and Responsibility, and Other Mennonite Essays, Newton/KS: Faith & Life 1979

– Systematic Theology. A Historicist Perspective, New York/NY: Charles Scribner's Sons 1968

– The Theological Imagination: Constructing the Concept of God, Philadelphia: Westminster Press 1981

– / *Epp Weaver, Allan* (eds.), Mennonite Theology in Face of Modernity: Essays in Honor of Gordon D. Kaufman, Cornelius H. Wedel Historical Series 9, Bethel College 1996

Kerber, Guillermo, From Violence to Justice. Keynote Speech to a Seminar on »Overcoming violence: Rethinking our ministry of reconciliation«, Ecumenical Institute Bossey, August, 8, 2001, www.wcc-coe.org/wcc/what/international/kerber.html [01.03.2010]

Kern, Kathleen, In Harm's Way: A History of Christian Peacemaker Teams, Eugene/OR: Cascade 2009

Kerner, Wolfram, Gläubigentaufe und Säuglingstaufe. Studien zur Taufe und gegenseitigen Taufanerkennung in der neueren evangelischen Theologie. Norderstedt: Books on Demand 2004

King, Martin Luther, Schöpferischer Widerstand. Gütersloh: Gütersloher/Mohn 1985

Kirchlicher Herausgeberkreis, Jahrbuch Gerechtigkeit, Reichtum – Macht – Gewalt. Sicherheit in Zeiten der Globalisierung, Jahrbuch Gerechtigkeit II., Oberursel: Publik-Forum 2006

Klaassen, Walter (ed.), Anabaptism Revisited: Essays on Anabaptist / Mennonite Studies in Honor of C. J. Dyck, Scottdale/PA: Herald Press 1992

– (ed.), Anabaptism in Outline. Selected Primary Sources, Kitchener/ON: Herald Press 1981

– The Anabaptist Critique of Constantinian Christendom, in: MQR 55, 1981, 218–230

Klaiber, Walter / Marquardt, Manfred, Gelebte Gnade. Grundriss einer Theologie der Evangelisch-methodistischen Kirche, Göttingen: Vandenhoeck & Ruprecht ²2006

Klassen, William, Pilgram Marpeck. Freiheit ohne Gewalt, in: *Goertz*, Radikale Reformatoren, 146–154

Klein, Andreas / Geist, Matthias (Hg.), »Bonhoeffer weiterdenken ...«, Münster: Lit ²2007

Knitter, Paul F., Ein Gott – viele Religionen. Gegen den Absolutheitsanspruch des Christentums. München: Kösel 1988

Konfessionskundliches Institut (Hg.), Kommentar zu den Lima-Erklärungen über Taufe, Eucharistie, Amt, Bensheimer Hefte 59, Göttingen: Vandenhoeck & Ruprecht 1983

Konrád, György, Kultur des Friedens?, in: *Richter*, Kultur des Friedens, 39–49

Koop, Karl, Anabaptist-Mennonite Confessions of Faith: The Development of a Tradition, Kitchener/ON: Pandora 2003

Koopman, Niko N., Status confessionis im Blick auf Apartheid, *processus confessionis* zu Fragen der ungerechten Weltwirtschaft: zur Rezeption der Barmer Theologischen Erklärung in Südafrika, in: ÖR 2/2009, 167–180

Körtner, Ulrich H.J., In der Lehre getrennt, im Handeln geeint? Chancen und Grenzen ökumenischer Sozialethik, in: *Nüssel*, Theologische Ethik der Gegenwart, 271–294

– Wohin steuert die Ökumene? Vom Konsens- zum Differenzmodell, Göttingen: Vandenhoeck & Ruprecht 2005

Krech, Hans, Asymmetrische Konflikte – eine existentielle Herausforderung für die NATO: welche Lehren können aus dem Irak-Krieg (2003–2008) und dem Luftkrieg im Libanon 2006 für die Lösung des Afghanistan-Konfliktes gezogen werden? Hamburg, Wissenschaftliches Forum für Internationale Sicherheit, Bremen: Ed. Temmen 2008

Kreuter, Jens, Staatskriminalität und die Grenzen des Strafrechts. Reaktionen auf Verbrechen aus Gehorsam aus rechtsethischer Sicht, Öffentliche Theologie Bd. 9, Gütersloh: Kaiser 1997

Kreutzer, Arthur R., Preemptive Self-defense. Die Bush-Doktrin und das Völkerrecht, München: M-Press 2004

Kuhn, Thomas S., Die Struktur wissenschaftlicher Revolutionen, Frankfurt/M.: Suhrkamp ⁴1979

Kühn, Ulrich, Konsens ist notwendig und möglich. Der BEM-Prozess, in: *Link/ Müller-Fahrenholz*, Hoffnungswege, 153–166

– / *Markert, Michael / Petzoldt, Matthias* (Hg.), Christlicher Wahrheitsanspruch zwischen Fundamentalismus und Pluralität, Leipzig: Evangelische Verlagsanstalt 1998

Küng, Hans (Hg.), Erklärung zum Weltethos, Parliament of the World's Religions, Chicago 1993, München/Zürich: Piper 1993

– (Hg.), Dokumentation zum Weltethos, München/Zürich: Piper 2002

– / *Tracy, David* (Hg.), Theologie – Wohin? Auf dem Weg zu einem neuen Paradigma, Ökumenische Theologie Bd. 11, Zürich/Köln/Gütersloh: Benziger u.a. 1984

– Projekt Weltethos, München/Zürich: Piper [10]2006

– Weltethos für Weltpolitik und Weltwirtschaft, München/Zürich: Piper 1997

Kunstmann, Joachim, Rückkehr der Religion. Glaube, Gott und Kirche neu verstehen. Gütersloh: Gütersloher 2010

Kunter, Katharina, Erfüllte Hoffnungen und zerbrochene Träume. Evangelische Kirchen in Deutschland im Spannungsfeld von Demokratie und Sozialismus (1980–1993), Göttingen: Vandenhoeck & Ruprecht 2006

Lakkis, Stephen / Höschele, Stefan / Schardien, Stefanie (Hg.), Ökumene der Zukunft. Hermeneutische Perspektiven und die Suche nach Identität, Beiheft zur ÖR 81, Frankfurt/M.: Lembeck 2008

Lambo, Arie (Hg.), Oecumennisme opstellen, FS für Henk B. Kossen, Amsterdam: Algemene Doopsgezinde Sociëteit 1989

Lane Fox, Robin, Pagans and Christians, New York / London: Knopf 1987

Lange, Andrea, Die Gestalt der Friedenskirche, Beiträge zu einer Friedenstheologie Bd. 2, Maxdorf: Agape 1988

Larentzakis, Grigorius, Die orthodoxe Kirche. Ihr Leben und ihr Glauben, Graz/Wien/Köln: Styria 2001

Lederach, John Paul / Sampson, Cynthia, From the Ground up: Mennonite Contributions to International Peacebuilding, Oxford (et.al.): University Press 2000

Lederach, John Paul, Building Peace: Sustainable Reconciliation in Divided Societies, Washington D.C.: United States Institute of Peace Press 1997

– The Moral Imagination: The Art and Soul of Building Peace, Oxford (et.al.): University Press 2005

Lehmann-Habeck, Martin, Art. »Ökumenischer Rat der Kirchen«, in: *Müller/Sunderme*ier, Lexikon missionstheologischer Grundbegriffe, 346–351

Lengsfeld, Peter (Hg.), Ökumenische Theologie: ein Arbeitsbuch, Stuttgart u.a.: Kohlhammer 1980

Leppin, Volker, Das Zeitalter der Reformation: eine Welt im Übergang, Darmstadt: WBG 2009

Lichdi, Diether G., Die Mennoniten im Dritten Reich. Dokumentation und Deutung, Weierhof/Pfalz 1977

– Die Mennoniten in Geschichte und Gegenwart. Von der Täuferbewegung zur weltweiten Freikirche, Weisenheim am Berg: Agape 2004

Lienemann, Wolfgang, Art. »Gewalt, Gewaltlosigkeit«, in: EKL Bd. 2, 164f

– Frieden. Ökumenische Studienhefte 10, Göttingen: Vandehoeck & Ruprecht 2000

– Kritik der Gewalt, in: *Dietrich/Lienemann*, Gewalt wahrnehmen – von Gewalt heilen. Theologische und religionswissenschaftliche Perspektiven, Stuttgart: Kohlhammer 2004, 7–30

Lienemann-Perrin, Christine, Mission und interreligiöser Dialog. Bensheimer Hefte 93. Ökumenische Studienhefte 11. Göttingen: Vandenhoeck & Ruprecht 1999

Lindbeck, George A., Christliche Lehre als Grammatik des Glaubens. Religion und Theologie im postliberalen Zeitalter, Theologische Bücherei Bd. 90, München: Kaiser 1994

Lindemann, Gerhard, »Sauerteig im Kreis der gesamtchristlichen Ökumene«: Das Verhältnis zwischen der Christlichen Friedenskonferenz und dem Ökumenischen Rat der Kirchen, in: *Besier/Boyens/Lindemann*, Nationaler Protestantismus und Ökumenische Bewegung, 653–932

Link, Hans-Georg / Müller-Fahrenholz, Geiko (Hg.), Hoffnungswege. Wegweisende Impulse des Ökumenischen Rates der Kirchen aus sechs Jahrzehnten, Franfurt/M.: Lembeck 2008

Link, Hans-Georg, Bekennen und Bekenntnis. Ökumenische Studienhefte 7, Bensheimer Hefte 86, Göttingen: Vandenhoeck & Ruprecht 1998

Lochman, Jan Milič, Wahrheitssuche und Toleranz. Lebenserinnerungen eines ökumenischen Grenzgängers. Aus dem Tschechischen übers. von *Rudolf Bohren*, Zürich: TVZ 2002

Lodberg, Peter, The History of Ecumenical Work on Ecclesiology and Ethics, in: ER 47/2 1995, 128–139

Loewen, Howard John, One Lord, One Church, One Hope and One God: Mennonite Confessions of Faith, Institute of Mennonite Studies Series Vol. 2, Elkhart/IN: IMS 1985

Löser, Werner, Anmerkungen zur Ekklesiologie aus römisch-katholischer Sicht, in: Kirchen in Gemeinschaft – Gemeinschaft der Kirche, 114–121

Luther, Martin, D. Martin Luthers Werke. Kritische Gesamtausgabe (zit. WA), Weimar: Hermann Böhlau Verlag 1883–2005
– Der Kampf gegen Schwarm- und Rottengeister, Ausgewählte Werke Bd. 4, hg. von *Hans H. Borcherdt*, München: Kaiser [3]1964

Lutterbach, Hubertus, Das Täuferreich von Münster. Ursprünge und Merkmale eines religiösen Aufbruchs, Münster: Aschendorff 2008

Luz, Ulrich, Das Evangelium nach Matthäus (Mt 26–28), Evangelisch-Katholischer Kommentar zum Neuen Testament (EKK) Bd. 1,4, hg. von Josef Blank, Düsseldorf/Zürich: Benziger und Neukirchen-Vluyn: Neukirchener 2002

Lybaek, Lena / Raiser, Konrad / Schardien, Stefanie (Hg.), Gemeinschaft der Kirchen und gesellschaftliche Verantwortung, FS für Erich Geldbach, Münster: Lit 2004

MacFarlane, Stephan Neil / Khong, Yuen Foong, Human Security and the UN. A Critical History, Bloomington/PA: Indiana University Press and Chesham: Combined Academic 2006

Manchala, Deenabadhu (ed.), Nurturing Peace. Theological Reflections on Overcoming Violence, Geneva: WCC 2005

Marks Erich (Hg.), Täter-Opfer-Ausgleich. Vom zwischenmenschlichen Weg zur Wiederherstellung des Rechtsfriedens, Bonn: Forum-Verlag Godesberg [2]1990

Marpeck, Pilgram, The Writings of Pilgram Marpeck, translated and ed. by *William Klassen*, Classics of the Radical Reformation 2, Kitchener/ON: Herald Press 1978

Marquardt, Friedrich-Wilhelm, Das christliche Bekenntnis zu Jesus, dem Juden. Eine Christologie, München: Kaiser 1990 (Bd. 1), 1991 (Bd. 2)
– Was dürfen wir hoffen, wenn wir hoffen dürften? Eine Eschatologie, Gütersloh: Kaiser 1993 (Bd. 1), 1994 (Bd. 2), 1996 (Bd. 3)

Marshall, Tony F., Restorative Justice: An Overview, London: Home Office, Information & Publication Group 1999

Martin, Dennis D., Catholic Spirituality and Anabaptist and Mennonite Discipleship, in: MQR 62, 1988, 5–25

Martin, Dennis D., Monks, Mendicants and Anabaptist: Michael Sattler and the Benedictines reconsidered, in: MQR 60, 1986, 139–164

McAfee Brown, Robert, Religion and Violence, Westminster: John Knox Press, 1987

McClendon, James W., Doctrine: Systematic Theology Vol. 2, Nashville/TN: Abingdon 1994

McGrath, Alister E., Reformation Thought. Oxford: Blackwell [3]1999

Meier, Marcus, Die Schwarzenauer Neutäufer. Genese einer Gemeindebildung zwischen Pietismus und Täufertum, Arbeiten zur Geschichte des Pietismus 53, Göttingen: Vandenhoeck & Ruprecht 2008

Mennonite Encyclopedia, Vol. 1–4 ed. by *Harold S. Bender* / *C. Henry Smith*, Hilsboro/KS: Mennonite Brethren Publishing House, Vol. 5 ed. by *Cornelius J. Dyck* / *Dennis D. Martin*, Scottdale/PA: Herald Press, 1955 bis 1990

Mennonitisches Lexikon, hg. v. *Christian Hege* / *Christian Neff*, 4 Bde., Bd. 1: Frankfurt/M. und Weierhof 1913, Bd. 2: 1937, Bd. 3: Karlsruhe: H. Schneider 1958 und Bd. 4: 1967

Menschenrechteerklärung. The Universal Declaration of Human Rights – Allgemeine Erklärung der Menschenrechte, Neuübersetzung, Synopse, Erläuterungen, Materialien, hg. von *Dirk van Gunsteren* / *Bardo Fassbender*, München: Sellier 2009

Meyer, Harding / Wagner, Harald (Hg.), Einheit – aber wie? Zur Tragfähigkeit der ökumenischen Formel vom »differenzierten Konsens«, Freiburg i.Br. u.a.: Herder 2000

Meyer, Harding, Ökumenische Zielvorstellungen, Bensheimer Hefte 78, Göttingen: Vandenhoeck & Ruprecht 1996

– Versöhnte Verschiedenheit. Aufsätze zur ökumenischen Theologie, Frankfurt/M.: Lembeck und Paderborn: Bonifatius, 1998 (Bd. 1), 2000 (Bd. 2), 2009 (Bd. 3)

Miggelbrink, Ralf, Der Mensch als Wesen der Gewalt. Die Thesen René Girards und ihre theologische Rezeption, in: ÖR 49/2000, 431–443

Milbank, John, Being Reconciled. Ontology and Pardon, New York: Routledge 2003

Miller, Donald E. / Holland, Scott / Johnson, Dean / Fendall, Lon (eds.), Seeking Peace in Africa: Stories from African Peacemakers. Telford/PA: Cascadia and Geneva: WCC 2007

Miller, Donald / Guiton, Gerard / Widjaja, Paulus (eds.), Overcoming Violence in Asia: The Role of the Church in Seeking Cultures of Peace. Telford/PA.: Cascadia 2011

Miller, Marlin / Nelson Gingrich, Barbara (eds.), The Church's Peace Witness, Grand Rapids/MI: Eerdmans 1994

Miller, Marlin E., Baptism in the Mennonite Tradition, in: *Bender/Sell*, Baptism, Peace and the State, 37–67

Möller, Bernd, Frömmigkeit in Deutschland um 1500, Archiv für Reformationsgeschichte 56 (1965), 5–30

Möller, Christian u.a. (Hg.), Wegbereiter der Ökumene im 20. Jahrhundert, Göttingen: Vandenhoeck & Ruprecht 2005

Moltmann, Jürgen, Das Kommen Gottes. Christliche Eschatologie, Gütersloh: Kaiser / Gütersloher ^{2}2005 (1995)

– Der Geist des Lebens. Eine ganzheitliche Pneumatologie, München: Kaiser 1991

– Der Weg Jesu Christi. Christologie in messianischen Dimensionen, München: Kaiser 1989

– In der Geschichte des dreieinigen Gottes. Beiträge zur trinitarischen Theologie, München: Kaiser 1991, 74–89

– Trinität und Reich Gottes. Zur Gotteslehre. München: Kaiser ^{3}1994

– Welche Einheit? Der Dialog zwischen den Traditionen des Ostens und des Westens, in: ÖR 3/1977, 287–296

Mudge, Lewis S., The Church as Moral Community. Ecclesiology and Ethics in Ecumenical Debate, New York: Continuum 1998

Mühling, Markus, Versöhnendes Handeln – Handeln in Versöhnung. Gottes Opfer an die Menschen, Göttingen: Vandenhoeck & Ruprecht 2005

Müller, Karl / Sundermeier, Theo (Hg.), Lexikon missionstheologischer Grundbegriffe, Berlin: Dietrich Reimer Verlag 1987

Müller, Karl, Art. »Inkarnation«, in: Müller/Sundermeier, Lexikon missionstheologischer Grundbegriffe, 176–180

Müller-Fahrenholz, Geiko (Hg.), Faszination Gewalt. Aufklärungsversuche. Frankfurt/M.: Lembeck 2006

Münkler, Herfried, Die neuen Kriege, Hamburg: Rowohlt [4]2003

Murphy, Nancy / Nation, Mark / Hauerwas, Stanley (eds.), Theology without Foundations: Religious Practice and the Future of Theological Truth, Nashville/TN: Abingdon 1995

Musto, Ronald G., The Catholic Peace Tradition, Maryknoll/NY: Orbis 1986

Naudé, Piet, Den einen trinitarischen Glauben bekennen: Theologische Konsonanz zwischen dem Bekenntnis von Nizäa (381) und dem Bekenntnis von Belhar (1982), in: *Welker/Volf*, Der lebendige Gott als Trinität, 174–195

Naudé, Piet, Reformed Confessions as Hermeneutical Problem: A Case Study of ›the Belhar Confession‹, in: *Alston/Welker*, Reformed Theology, 242–260

Neuner, Peter, Ökumenische Theologie. Die Suche nach der Einheit der christlichen Kirche, Darmstadt: Wissenschaftliche Buchgesellschaft 1997

Niebuhr, Reinhold, An Interpretation of Christian Ethics, San Francisco et.al.: Harper & Row 1987

– Reinhold Niebuhr – Theologian of Public Life, ed. by *Larry L. Rassmussen*, London et.al.: Collins 1989

Nordhofen, Jacob, Durch das Opfer erlöst? Die Bedeutung der Rede vom Opfer Jesu Christi in der Bibel und bei René Girard, Beiträge zur mimetischen Theorie 26, Wien/Berlin/Münster: Lit 2008

Nüssel, Friedericke / Sattler, Dorothea, Einführung in die ökumenische Theologie, Darmstadt: Wissenschaftliche Buchgesellschaft 2008

Nüssel, Friederike (Hg.), Theologische Ethik der Gegenwart. Ein Überblick über zentrale Ansätze und Themen, Tübingen: Mohr Siebeck 2009

O'Malley, John W. (ed.), Catholicism in Early Modern Europe, St. Louis: Center for Reformation Research 1988

Oeter, Stefan, Menschenrechte, Demokratie und Kampf gegen Tyrannen als Probleme der Friedenssicherung? Voraussetzungen und Grenzen der Autorisierung militärischer Gewalt durch den Sicherheitsrat der Vereinten Nationen, in: *Bruha/Heselhaus/Marauhn*, Legalität, Legitimität und Moral, 183–209

Ökumenischer Rat der Kirchen (Hg.), Es begann in Amsterdam. Vierzig Jahre Ökumenischer Rat der Kirchen, Beiheft zur ÖR 59, Frankfurt/M.: Lembeck 1989

Ollenburger, Ben C. (ed.), So Wide a Sea. Essays on Biblical and Systematic Theology, Text-Reader Series 4, Elkhart/IN: Institute for Mennonite Studies (IMS) 1991

Opočenský, Milan, Processus Confessionis, in: *Allston Jr. / Welker*, Reformed Theology, 385–397

Osterhammel, Jürgen / Petersson, Niels P., Geschichte der Globalisierung. Dimensionen, Prozesse, Epochen, München 2003

Packull, Werner O., Hans Denck. Auf der Flucht vor dem Dogmatismus, in: *Goertz*, Radikale Reformatoren, 51–59

Pannenberg, Wolfhart, Die »westliche« Christenheit in der Ökumene. Eine Antwort an M.M. Thomas, in: ÖR 4/1979, 306–316

– Die Hoffnung der Christen und die Einheit der Kirche. Bericht über die Sitzung der Kommission für Glauben und Kirchenverfassung vom 15. bis 30. August 1978 in Banglore/Indien, in: ÖR 4/1978, 473–483

– Kirche und Ökumene, Beiträge zur Systematischen Theologie Bd. 3, Göttingen: Vandenhoeck & Ruprecht 2000

– Systematische Theologie, Bde. 1–3, Göttingen: Vandenhoeck & Ruprecht, 1988–1993

Peachey, Paul, Discipleship as Witness to the Unity of Christ as Seen by the Dissenters, in: _Durnbaugh_, On Earth Peace, 153–160

Peachey, Paul, The Peace Churches as Ecumenical Witness, in: _Burkholder/Redekop_, Kingdom, Cross and Community, 247–258

Penn, William, Ohne Kreuz keine Krone. Eine Studienausgabe, hg. von _Claus Bernet / Olaf Radicke_, Norderstedt: Books on Demand 2009

Penn, William, The Select Works: In Three Volumes (Reprint from the Edition of London, 1825), New York/NY: Kraus 1971

Penner, Horst, Die ost- und westpreußischen Mennoniten in ihrem religiösen und sozialen Leben, in ihren kulturellen und wirtschaftlichen Leistungen, Bolanden-Weierhof: MGV, Bd. 1: 1978, Bd. 2: 1987

Pesch, Otto Hermann, Das Zweite Vatikanische Konzil (1962–1965). Vorgeschichte, Verlauf, Ergebnisse, Nachgeschichte, Würzburg: Echter Verlag 1993

Pesch, Rudolf, Apg 13 – 28, Evangelisch-Katholischer Kommentar zum Neuen Testament (EKK), Bd. V/2, Zürich/Einsiedeln/Köln: Benziger und Neukirchen-Vluyn: Neukirchener 1986

Peter, Rudolf, Gerechter Krieg, in: Dieter Nohlen und Rainer-Olaf Schultze (Hg.), Lexikon der Politikwissenschaft. Theorien, Methoden, Begriffe, Bd. 1, München: Beck: 2002

Peters, Albrecht, Die Taufe. Das Abendmahl. Kommentar zu Luthers Katechismen Bd. IV, Göttingen: Vandenhoeck & Ruprecht 1993

Petersen, Rodney L. / Helmick, Raymond G. (eds.), Forgiveness and Reconciliation. Religion, Public Policy, and Conflict Transformation, Philadephia: Templeton Press 2002

Pius XII., Rundschreiben über den mystischen Leib Jesu Christi und über unsere Verbindung mit Christus in ihm: Mystici Corporis Christi (29. Juni 1943), lateinischer u. deutscher Text, Freiburg i.Br.: Herder 1947

Placher, William C., Christ takes Our Place: Rethinking Atonement, in: Interpretation 53, 1/1999

Planer-Friedrich, Götz (Hg.), Frieden und Gerechtigkeit. Auf dem Weg zu einer ökumenischen Friedensethik, München: Kaiser 1989

Plou, Dafne, Peace to the Cities. Creative Models of Building Community amidst Violence, Geneva: WCC 1998

Post, Regnerus R., The Modern Devotion, Leyden: Brill 1968

Potter, Philip A. / Wieser, Thomas, Seeking and Serving the Truth: The First Hundred Years of the World Student Christian Federation. Geneva: WCC Publications 1997

Potter, Philip, »... damit du das Leben wählst«. Texte und Reden eines Gestalters der ökumenischen Vision, hg. von _Andrea Fröchtling u.a._, Göttingen: Edition Ruprecht 2011

Pradetto, August, Neue Kriege, in: Handbuch Militär und Sozialwissenschaften, Wiesbaden: VS 2006, 214–225

Radford Ruether, Rosemary, Sexism and God-Talk: Toward a Feminist Theology. Boston: Beacon 1983

Raiser, Konrad, Bericht des Generalsekretärs, Zentralausschusssitzung des ÖRK, Potsdam 2001, Genf: ÖRK 2001

– Bonhoeffer und die ökumenische Bewegung: Historische Rekonstruktion und Bedeutung für heute; in ÖR 2/2005, 205–222

– Ein Herr, ein Glaube, eine Taufe. Die ekklesiologische Bedeutung der einen Taufe. Referat bei der 222. Mitgliederversammlung der ACK am 12./13. März 2008 in Erfurt, www.oekumene-koeln.de/pdf/Die%20ekklesiologische%20 Bedeutung%20der%20einen%20Taufe.pdf [01.03.2010]

- For a Culture of Life. Transforming Globalization and Violence, Geneva: WCC 2002
- Gewalt überwinden. Ökumenische Reflexionen zu einer Kultur aktiver und lebensfreundlicher Gewaltfreiheit, in: *Enns*, Dekade zur Überwindung von Gewalt, 11–30
- Ökumene im Übergang. Paradigmenwechsel in der ökumenischen Bewegung, München: Kaiser 1990
- Remarks to the Bienenberg Consultation, in: *Enns/Holland/Riggs*, Seeking Cultures of Peace, 19–28
- Schritte auf dem Weg der Ökumene, Frankfurt/M: Lembeck 2005
- To be the Church, Geneva: WCC 1997
- Überholt die Globalisierung die ökumenische Entwicklung, in: Evangelische Theologie (EvTheol) 58, 1998, 92–100
- Wir stehen noch am Anfang. Ökumene in einer veränderten Welt, Gütersloh: Kaiser 1994

Rasmussen, Larry, Moral Community and Moral Formation, in: Best/Robra, Costly Commitment

Rauschenbusch, Walter, Die religiösen Grundlagen der sozialen Botschaft, Erlenbach-Zürich/München/Leipzig: Rotapfel-Verlag 1922

Rawls, John, Gerechtigkeit als Fairness. Ein Neuentwurf, hg. von *Erin Kelly*, Frankfurt/M.: Suhrkamp 2006

Redekop, Calvin W., Mennonite Society: A Sociological Analysis of *Mennonites* with Germanic roots, Baltimore and London: John Hopkins University Press 1989

Reimer, A. James, Emanuel Hirsch und Paul Tillich. Theologie und Politik in einer Zeit der Krise, Berlin: De Gruyter 1995
- Mennonites and Classical Theology: Dogmatic Foundations for Christian Ethics, Kitchener/ON: Pandora 2001
- Paul Tillich: Theologian of Nature, Culture and Politics, Münster: Lit 2004

Reimer, Johannes (Hg.), Kein anderes Fundament. Beiträge zum Menno-Simons-Symposium, Lage: Logos 1996

Rempel, John D., The Lord's Supper in Anabaptism. A Study in the Christology of Balthasar Hubmaier, Pilgram Marpeck and Dirk Philips, Studies in Anabaptist and Mennonite History 33, Scottdale/PA and Waterloo/ON: Herald Press 1993

Rendtorff, Trutz (Hg.), Glaube und Toleranz. Das theologische Erbe der Aufklärung, Gütersloh: Gütersloher Verlagshaus Mohn 1982

Reumann, John, Koinonia in der Bibel. Ein Überblick, in: Santiago de Compostela 1993, 37–69

Reuter, Hans-Richard (Hg.), Konzil des Friedens. Beiträge zur ökumenischen Diskussion I, Heidelberg: FEST 1987, sowie *Huber/Reuter*, Friedensethik

Reuter, Hans-Richard, Gerechter Friede! – Gerechter Krieg? Die neue Friedensdenkschrift der EKD in der Diskussion, in: Zeitschrift für Evangelische Ethik 52/2008, 163–168

Richter, Horst-Eberhard (Hg.), Kultur des Friedens, Gießen: Psychosozial-Verlag 2001

Ritschl, Albrecht, Die christliche Lehre von der Rechtfertigung und Versöhnung, Bonn: Marcus u. Weber 1889ff
- Gesammelte Aufsätze, Freiburg i.Br./Leipzig: Mohr 1893

Ritschl, Dietrich / Ustorf, Werner, Ökumenische Theologie – Missionswissenschaft, Grundkurs Theologie, hg. von *Georg Strecker*, Bd. 10,2, Stuttgart u.a.: Kohlhammer 1994

Ritschl, Dietrich, Art. »Lehre«, in: TRE, Bd. XX, 608–621

- Art. »Ökumene«, in: *Müller/Sundermeier*, Lexikon missionstheologischer Grundbegriffe, 340–346
- Bildersprache und Argumente. Theologische Aufsätze, Neukirchen-Vluyn: Neukirchener 2008
- Theorie und Konkretion in der Ökumenischen Theologie. Kann es eine Hermeneutik des Vertrauens inmitten differierender semiotischer Systeme geben?, Studien zur Systematischen Theologie und Ethik 37, Münster: Lit 2003
- Zur Logik der Theologie. Kurze Darstellung der Zusammenhänge theologischer Grundgedanken, München: Kaiser ²1988

Robra, Martin, Ökumenische Sozialethik, Gütersloh: Gütersloher 1994

Roloff, Jürgen, Die Kirche im Neuen Testament, Göttingen: Vandenhoeck & Ruprecht 1993

Root, Michael / Saarinen, Risto (eds.), Baptism and the Unity of the Church, Institute for Ecumenical Research Strasbourg, France, Grand Rapids/ MI: Eerdmans and Geneva: WCC 1998

Rouse, Ruth / Neill, Stephen Charles (eds.), A History of the Ecumenical Movement, Vol. 1: 1517–1948, Geneva: WCC 2004

Ruhbach, Gerhard (Hg.), Die Kirche angesichts der Konstantinischen Wende, Darmstadt: WBG 1976

Saarinen, Risto, God and the Gift. An Ecumenical Theology of Giving, Collegeville/MN: Liturgical Press 2005

Sattler, Dorothea / Wenz, Gunther (Hg.), Sakramente ökumenisch feiern. Vorüberlegungen für die Erfüllung einer Hoffnung. FS für Theodor Schneider, Mainz: Matthias-Gründewald-Verlag 2005

Sauter, Gerhard (Hg.), Versöhnung als Thema des Theologie, Theologische Bücherei 92, Gütersloh: Kaiser/Gütersloher 1997

Scheerer, Reinhard (Hg.), Gott schreibt auch auf krummen Linien gerade. Zur Geschichte der Christlichen Friedenskonferenz (CFK), Frankfurt/M.: Haag und Herchen Verlag 1993

Scherle, Peter, Fragliche Kirche. Ökumenik und Liturgik – Karl Barths ungehörte Anfrage an eine ökumenische Kirchentheorie, Studien zur systematischen Theologie und Ethik Bd. 15, Münster: Lit 1998
- Zur Logik der Ökumenik. Die Theologie im Feld innerchristlicher, interreligiöser und gesellschaftlicher Prozesse, in: *Enns/Hailer/Link-Wieczorek*, Profilierte Ökumene, 48–75

Schipani, Daniel (ed.), Freedom and Discipleship: Liberation Theology in Anabaptist Perspective, Maryknoll/NY: Orbis 1989

Schlabach, Gerald W. (ed.), Just Policing, Not War: An Alternative Response to World Violence. Collegville/MN: Liturgical Press 2007
- (ed.), On Baptism: Mennonite-Catholic Theological Colloquium 2001–2002, The Bridgefolk Series, Kitchener/ON: Pandora Press 2004

Schleiermacher, Friedrich D.E., Der christliche Glaube nach den Grundsätzen der evangelischen Kirche im Zusammenhange dargestellt, 2. Auflage (1830/31), Teilbd. 1., hg. von *Rolf Schäfer*, Berlin: de Gruyter 2003

Schlink, Edmund, Die Lehre von der Taufe, 2. Aufl. hg. von *Peter Zimmerling*, Schriften zu Ökumene und Bekenntnis / Edmund Schlink, hg. von *Klaus Engelhardt u.a.*, Bd. 3, Göttingen: Vandenhoeck & Ruprecht 2007
- Ökumenische Dogmatik, 3. Auflage neu hg. von *Michael Plathow*, Schriften zu Ökumene und Bekenntnis / Edmund Schlink, hg. von *Klaus Engelhardt u.a.*, Bd. 2, Göttingen: Vandenhoeck & Ruprecht 2005

Schmitthenner, Ulrich, Der konziliare Prozeß. Gemeinsam für Gerechtigkeit, Frieden und Bewahrung der Schöpfung: Ein Kompendium, Idstein: Meinhardt Text und Design 1998

– Textsammlung zum konziliaren Prozess (zweisprachig), CD-Rom 1999
Schnackenburg, Rudolf, Der Brief an die Epheser. Evangelisch-Katholischer Kommentar zum NT (zit. EKK) Bd. X, Zürich: Benziger und Neukirchen-Vluyn: Neukirchener 1982
Schnelle, Udo, Art.»Taufe«, II. Neues Testament, in: TRE Bd. XXXII, 663–674
Schoberth, Ingrid, Erinnerung als Praxis des Glaubens, München: Kaiser 1992
Schöpsdau, Walter, Wie der Glaube zum Tun kommt. Wege ethischer Argumentation im evangelisch-katholischen Dialog und in der Zusammenarbeit der Kirchen, Bensheimer Hefte 102, Göttingen: Vandenhoeck & Ruprecht 2004
Schreiber, Wolfgang, Söldner, Schurken, Seepiraten. Münster/Westf: Lit 2010
Schreiter, Robert, Die neue Katholizität. Globalisierung und die Theologie. Aus dem Amerikanischen übersetzt von *Norbert Hintersteiner* und *Martin Ried,* Frankfurt/M.: IKO-Verlag 1997
– Globalisierung, Postmoderne und die neue Katholizität, in: ÖR 2/2004, 139–159
Schuegraf, Oliver, Der einen Kirche Gestalt geben. Ekklesiologie in den Dokumenten der bilateralen Konsensökumene, Jerusalemer theologisches Forum Bd. 3, Münster: Aschendorff 2001
Schwager, Raymund, Jesus in the Drama of Salvation, New York: Crossroad 1999
Schwöbel, Christoph (Hg.), Trinitarian Theology Today: Essays in Divine Being and Act, Edinburgh: T&T Clark 1995
– Art.»Pluralismus. II. Systematisch-theologisch«, in: TRE, Bd. 26, 724–739
– Christlicher Glaube im Pluralismus, Tübingen: Mohr 2003
– Die Wahrheit des Glaubens im religiös-weltanschaulichen Pluralismus, in: *Kühn/Markert/Petzoldt,* Christlicher Wahrheitsanspruch zwischen Fundamentalismus und Pluralität, 88–120
– Gott in Beziehung, Tübingen: Mohr Siebeck 2002
– Trinitätslehre als Rahmentheorie des christlichen Glaubens. Vier Thesen zur Bedeutung der Trinität in der christlichen Dogmatik, in: *Härle/Preul,* Trinität, 129–154
– / *Gunton, Colin E.* (eds.), Persons, Divine and Human, Edinburgh: T&T Clark 1991
– / *von Tippelskirch, Dorothee* (Hg.), Die religiösen Wurzeln der Toleranz, Freiburg i.Br. u.a.: Herder 2002
Scott, John (ed.), Making Christ Known: Historic Mission Documents from the Lausanne Movement, 1974–1989. Grand Rapids/MI: Eerdmans 1997
Scott, Richenda C., Die Quäker. Die Kirchen der Welt, Bd. XIV, Stuttgart: Evangelisches Verlagswerk 1974
Seebaß, Gottfried, Spätmittelalter – Reformation – Konfessionalisierung. Theologische Wissenschaft Bd. 7, Stuttgart: Kohlhammer 2006
Segbers, Franz, Dein Reich komme – Überwindung von Gewalt im Lichte des Reiches Gottes, in: epd-Dokumentation 20/2005
Seligman, Adam, Toleranz – eine unmögliche Tugend?, in: ÖR 3/2003, 283–295
Sider, Ron, Jesus und die Gewalt, Maxdorf: Agape 1982
Siegmund-Schultze, Friedrich, Friedenskirche, Kaffeeklappe und die ökumenische Vision. Texte 1919–1969, hg. von *Wolfgang Grünberg,* München: Kaiser 1990
Simons, Menno, Die vollständigen Werke Menno Simons, übersetzt aus dem Holländischen, Funk-Ausgabe 1876, Aylmer/ON: Pathway 1982
Simpfendörfer, Werner, Ökumenische Spurensuche. Portraits, Stuttgart: Quell 1989
Smid, Menno, Der mennonitisch-lutherische Dialog, in: *Brandt/Rothermundt,* Was hat die Ökumene gebracht?, 43–52
Smit, Dirk J., Social Transformation and Confessing the Faith? Karl Barth's View on Confession Revisited, in: Scriptura 72/2000, 76–86

– Theologische Ansätze für kirchliches Engagement in Fragen der Globalisierung, in ÖR 2/2004, 160–175

Smith, James K.A., Introducing Radical Orthodoxy. Mapping a Post-secular Theology, Grand Rapids/MI: Baker Academic [2]2005

Smolík, Josef, Josef L.Hromádka und die ökumenische Bewegung, in: ÖR 1980, 327–341

Smolík, Josef / Kloppenburg, Heinz (Hg.), Von Amsterdam nach Prag, FS für Josef Lukl Hromádka, Evangelische Zeitstimmen 45/46, Hamburg: Reich 1969

Snyder, C. Arnold (ed.), Commoners and Community: Essays in Honour of Werner O. Packull, Waterloo/ON: Herald Press 2000

– The Monastic Origins of Swiss Anabaptist Sectarianism, in: MQR 57, 1983, 5–26

– Anabaptist History and Theology. An Introduction. Kitchener/ON: Pandora Press 1995

Snyder-Penner, Russel, The Ten Commandments, the Lord's Prayer and the Apostels' Creed as Early Anabaptist Texts, in: MQR 68, 1994, 318–335

Southern, Richard W., Saint Anselm. A Portrait in a Landscape, Cambridge (et.al.): University Press 1995

Speicher, Sara / Durnbaugh, Donald D., Art. »Historic Peace Churches«, in: Dictionary of the Ecumenical Movement, 521f

Stanley, Brain, The World Missionary Conference Edinburgh 1910. Grand Rapids/MI (et.al.): Eerdmans 2009

Stassen, Glenn (ed.), Just Peacemaking: Ten Practises for Abolishing War, Cleveland: Pilgrim Press 1998

Stayer, James M., Anabaptists and the Sword, Lawrence/KS: Coronado Press 1972

– Numbers in Anabaptist Research, in: Snyder, Commoners and Community, 51–73

Stendahl, Krister, Das Vermächtnis des Paulus. Eine neue Sicht auf den Römerbrief, Zürich: Theologischer Verlag 2001

Stieglitz, Joseph E. / Bilmes, Linda J., Die wahren Kosten des Krieges, Wirtschaftliche und politische Folgen des Irak-Konflikts, München: Pantheon 2008

Stierle, Wolfram / Werner, Dietrich / Heider, Martin (Hg.), Ethik für das Leben. 100 Jahre Ökumenische Wirtschafts- und Sozialethik, Quellendedition ökumenischer Erklärungen, Studientexte und Sektionsberichte des ÖRK von den Anfängen bis 1996, Rothenburg o.d. Tauber: Ernst Lange-Institut 1996

Strübind, Andrea, Eifriger als Zwingli. Die frühe Täuferbewegung in der Schweiz, Berlin: Duncker und Humblot 2003

Strübind, Kim, Baptistische Unbotmäßigkeit als notwendiges ökumenisches Ärgernis. Ist eine Verständigung in der Tauffrage möglich?, in: Lybaek/Raiser/Schardien, Gemeinschaft der Kirchen und gesellschaftliche Verantwortung, 20–30

Subklew-Jeutner, Marianne, Der Pankower Friedenskreis. Geschichte einer Ost-Berliner Gruppe innerhalb der Evangelischen Kirchen in der DDR, Osnabrück: Der Andere Verlag 2003

Sundermeier, Theo, Art. »Theologie der Mission«, in: Müller/Sundermeier, Lexikon missionstheologischer Grundbegriffe, 470–495

– Konvivenz als Grundstruktur ökumenischer Existenz heute, in: *Huber/Ritschl/Sundermeier*, Ökumenische Existenz heute, 49–100

Swartley, Willard M. (ed.), Violence Renounced. René Girard, Biblical Studies and Peacemaking. IMS Studies in Peace and Scripture 4, Telford/PA: Pandora 2000

– (ed.), Essays on Systematic Theology. IMS Series 7, Elkhart/IN: IMS 1984

Swidler, Leonard, The Ecumenical Vanguard. The History of the Una Sancta Movement, Pittsburgh/PA: Duquesne University Press 1966

Tanneberger, Hans-Georg, Die Vorstellung der Täufer von der Rechtfertigung des Menschen, Stuttgart: Calwer 1999

Tenorth, Heinz-Elmar u.a. (Hg.), Friedrich Siegmund-Schultze (1885–1969). Ein Leben für Kirche, Wissenschaft und soziale Arbeit, Stuttgart u.a.: Kohlhammer 2008

Terhorst, Frank, HIV/AIDS-Pandemie. Ihre Auswirkungen auf Entwicklungsländer und die Rolle der Entwicklungszusammenarbeit, INEF-Report 50, Institut für Entwicklung und Frieden, Duisburg: INEF 2001

Theißen, Gerd, Biblischer Glaube in evolutionärer Sicht, München: Kaiser 1984

Theologisches Wörterbuch zum Alten Testament, begr. von G. Johannes Botterweck, hg. von *Hainz-Josef Fabry / Helmer Rringgren*, Stuttgart u.a.: Kohlhammer 1994

Thiessen Nation, Mark, John Howard Yoder. Mennonite Patience, Evangelical Witness, Catholic Convictions, Grand Rapids/MI: Eerdmans 2006

Thomas von Aquin, Summa Theologica (Die deutsche Thomas-Ausgabe), hg. von *Josef Endres*, Graz u.a.: Styria u.a. 1966

Thomas, Günther, Gottes schöpferische Gerechtigkeit, in: *Ruth Heß / Martin Leiner*, Alles in Allem. Eschatologische Anstöße (FS für J.Chr. Janowski), Neukirchen-Vluyn: Neukirchener 2005

Thomas, (Madathilparampil Mammen) M.M., Christlicher Ökumenismus und Säkularökumenismus, in: ÖR 2/1979, 172–178

– Salvation and Humanisation. Some Crucial Issues of the Theology of Mission in Contemporary India, Madras: Christian Literature Society 1971

Thönissen, Wolfgang (Hg.), »Unitatis redintegratio«: 40 Jahre Ökumenismusdekret – Erbe und Auftrag, Konfessionskundliche Schriften des Johann-Adam-Möhler-Instituts 23, Paderborn: Bonifatius 2005

Tillard, Jean-Marie R., Art. »Koinonia«, in: Dictionary of the Ecumenical Movement, 646–652

Tödt, Heinz Eduard, Theologische Perspektiven nach Dietrich Bonhoeffer, hg. von *Ernst-Albert Scharffenorth*, Gütersloh: Kaiser 1993

Tuly, Alan, William Penn's Legacy: Politics and Social Structure in Provincial Pennsylvania 1726–1755, John Hopkins University Studies in Historical and Political Science 95,2, Baltimore/MD (et.al.): Johns Hopkins University Press 1977

Turpin, Jennifer / Kutz, Lester R., The Web of Violence. From Interpersonal to Global, Urbana and Chicago/IL: University of Illinois Press1997

Tutu, Desmond, Keine Zukunft ohne Versöhnung, aus dem Engl. von Axel Monte, Düsseldorf: Patmos 2001

van Braght, Thieleman, Der blutige Schauplatz oder Märtyrer-Spiegel der Taufgesinnten oder Wehrlosen Christen, die um des Zeugnisses Jesu, ihres Seligmachers, willen gelitten haben und getötet worden sind, von Christi Zeit an bis auf das Jahr 1600. Dordrecht 1659, hg. durch Berne/IN: Licht und Hoffnung 1950

van der Bent, Ans J. (ed.), Breaking Down the Walls: World Council of Churches Statements and Actions on Racism, 1948–1985, Geneva: Programme to Combat Racism, WCC [2]1986

van der Bent, Ans J., Commitment to God's World: A Concise Critical Survey of Ecumenical Social Thought, Genf: WCC 1995

– Vital Ecumenical Concerns. Sixteen Documentary Surveys, Geneva: WCC 1986

van Engen, John, Devotio Moderna: Basic Writings, New York: Paulist Press 1988

Vicedom, Georg F., Missio Dei. Einführung in eine Theologie der Mission, München: Kaiser 1958

Vischer, Lukas / Luz, Ulrich / Link, Christian, Ökumene im Neuen Testament und heute, Göttingen: Vandenhoeck & Ruprecht 2009

Visser 't Hooft, Willem A., Ursprung und Entstehung des Ökumenischen Rates der Kirchen, Beiheft zur ÖR 44, Frankfurt/M.: Lembeck 1983

Voigt, Karl Heinz, Schuld und Versagen der Freikirchen im ›Dritten Reich‹, Aufarbeitungsprozesse seit 1945, Frankfurt/M.: Lembeck 2005

Volf, Miroslav, Exclusion and Embrace: A Theological Exploration of Identity, Otherness, and Reconciliation. Nashville/TN: Abingdon 1996

– Trinität und Gemeinschaft. Eine ökumenische Ekklesiologie, Neukirchen-Vluyn: Neukirchener 1996

von Scheliha, Arnulf, »Gerechter Friede« in der Auslegung der christlichen Konfessionen. Das Wort der deutschen Bischöfe im Vergleich mit den Orientierungspunkten des Rates der EKD, in: *Justenhoven/Beestermölle,* Gerechter Friede, 104–112

von Sinner, Ruedi, Ökumene im 21. Jahrhundert: Thesen zur Diskussion, in: *Enns/Hailer/Link-Wieczorek,* Profilierte Ökumene, 76–93

von Weizsäcker, Carl Friedrich, Die Zeit drängt: eine Weltversammlung der Christen für Gerechtigkeit, Frieden und die Bewahrung der Schöpfung. München/Wien: Hanser 1986

Voß, Klaus-Peter, Ökumene und freikirchliches Profil. Beiträge zum zwischenkirchlichen Gespräch, Berlin: WDL-Verlag 2008

Wabel, Thomas, Sprachspiel und Wirklichkeit. Zum Gegenstandsbezug der Rede von Gott und seinen ökumenischen Konsequenzen, in: *Enns/Hailer/Link-Wieczorek,* Profilierte Ökumene, 94–123

Wainwright, Geoffrey, Bemerkungen aus Amerika zu Dietrich Ritschls »Logik der Theologie«, in: *Huber/Petzold/Sundermeier,* Implizite Axiome, 218–228

Warren, Max, The Fusion of IMC and WCC at New Delhi, Occasional Bulletin of Missionary Research, July 1979

Weaver, J. Denny, Anabaptist Theology in Face of Postmodernity. A Proposal for the Third Millennium, Telford/PA: Pandora Press and Scottdale/PA: Herald Press 2000 (2nd rev. and expanded ed. 2011)

– Becoming Anabaptist: The Origin and Significance of Sixteenth-century Anabaptism, Scottdale/PA and Waterloo/ON: Herald Press [2]2005

– The Nonviolent Atonement, Grand Rapids/MI: Eerdmans 2001

Weingardt, Markus, Religion, Macht, Frieden. Das Friedenspotential von Religionen in politischen Gewaltkonflikten, Stuttgart: Kohlhammer 2007

Weinrich, Michael, Ökumene am Ende? Plädoyer für einen neuen Realismus, Neukirchen-Vluyn: Neukirchener 1995

Weiße, Wolfram, Dialog zwischen den Religionen: Jugendliche in Europa zu religiöser Homogenität und zum Religionsunterricht. Das europäische Forschungsprojekt REDCo, in: *Enns/Hailer/Link-Wieczorek,* Profilierte Ökumene, 279–294

– Praktisches Christentum und Reich Gottes. Die Ökumenische Bewegung Life and Work 1919–1937, Kirche und Konfession 31, Göttingen: Vandenhoeck & Ruprecht 1991

– Reich Gottes. Hoffnung gegen Hoffnungslosigkeit, Ökumenische Studienhefte 6, Göttingen: Vandehoeck & Ruprecht 1997

– Südafrika und das Antirassismusprogramm. Kirchen im Spannungsfeld einer Rassengesellschaft, Studien zur interkulturellen Geschichte des Christentums Bd. 1, Bern u.a.: Lang 1975

Welker, Michael / Volf, Miroslav (Hg.), Der lebendige Gott als Trinität. FS für Jürgen Moltmann zum 80. Geb., Gütersloh: Gütersloher 2006

Welker, Michael, Gottes Geist. Theologie des Heiligen Geistes, Neukirchen-Vluyn: Neukirchener 1992

– Implizite Axiome. Zu einem Grundkonzept von Dietrich Ritschls »Logik der Theologie«, in: *Huber/Petzold/Sundermeier*, Implizite Axiome, 30–38
– Karl Barth. Vom Kämpfer gegen die »römische Häresie« zum Vordenker für die Ökumene, in: Möller, Wegbereiter der Ökumene im 20. Jahrhundert, 156–177
– Kirche im Pluralismus, Gütersloh: Kaiser 1995
– Missionarische Existenz heute, in: Feldtkeller/Sundermeier, Mission in pluralistischer Gesellschaft, 53–70
– Theologische Profile, Frankfurt/M.: Hansisches Druck- und Verlagshaus 2009
– Was geht vor beim Abendmahl?, Stuttgart: Quell 1999
Wells, Samuel / *Quash, Ben*, Introducing Christian Ethics, Chichester: Wiley-Blackwell 2010
Wells, Samuel, Christian Ethics: An Introductory Reader, Chichester: Wiley-Blackwell 2010
Weltgesundheitsorganisation (Hg.), Weltbericht Gewalt und Gesundheit. Zusammenfassung, 2003, in: www.who.int/violence_injury_prevention/violence/world_report/en/summary_ge.pdf [01.03.2010]
Wenz, Gunther, Herrenmahl und Amt. Evangelische Perspektiven, in: *Hell/Lies*, Amt und Eucharistiegemeinschaft, 221–239
Werbick, Jürgen, Kirche. Ein ekklesiologischer Entwurf für Studium und Praxis, Freiburg i.Br. u.a.: Herder 1994
Werner, Dietrich, Integration von Kirche und Mission. Ökumenische Erinnerung, missionarische Verpflichtung und unerledigte Aufgaben, in: ÖR 3/1998, 306–314
– Mission für das Leben – Mission im Kontext. Ökumenische Perspektiven missionarischer Präsenz in der Diskussion des ÖRK 1961–1991, Ökumenische Studien 3, Rothenburg: Ernst-Lange-Institut 1993
– Missionarische Ökumene – Ökumenische Mission. Bleibende Visionen und unerledigte Aufgaben im Verhältnis zwischen Missionsbewegung und ÖRK, in: *Link/Müller-Fahrenholz*, Hoffnungswege, 224–251
Wietzke, Joachim (Hg.), Mission erklärt. Ökumenische Dokumente von 1972–1992, Leipzig: Ev. Verlagsanstalt, in Zusammenarbeit mit der Deutschen Ev. Missionshilfe 1993
Williams, Bernard, Toleration. An Impossible Virtue, in: *Heyd*, Toleration, 18–28
Williams, Delores S., Sisters in the Wilderness. The Challenge of Womanist God-Talk. Maryknoll, NY: Orbis 1993
Williams, George H., The Radical Reformation. Kirksville: Sixteenth Century Journal Publishers [3]1992
Windhorst, Christof, Balthasar Hubmeier. Professor, Prediger, Politiker, in: Goertz, Radikale Reformatoren, 125–136
Wink, Walter, Naming the Powers: The Language of Power in the New Testament, Philadelphia: Fortress Press; Vol. 1 The Powers (1984), Vol. 2 Unmasking the Powers: The Invisible Forces that Determine Human Existence (1986), Vol. 3 Engaging the Powers: Discernment and Resistance in a World of Domination (1992)
Wohlfeil, Tainer / *Goertz, Hans-Jürgen*, Gewissensfreiheit als Bedingung der Neuzeit. Fragen an die Speyerer Protestation von 1529, Göttingen: Vandenhoeck & Ruprecht 1980
Wolf, Ernst, Discipleship as Witness to the Unity in Christ as Seen by the Reformers, in: *Durnbaugh*, On Earth Peace, 147–153
Wolf, Ursula, Aristoteles' Nikomachische Ethik, Werkinterpretationen, Darmstadt: WBG 2002
Wolgast, Eike, Herrschaftsorganisation und Herrschaftskrisen im Täuferreich von Münster 1534/35, Archiv für Reformationsgeschichte 67, Gütersloh: Mohn 1976

Wood, Susan K., One Baptism: Ecumenical Dimensions of the Doctrine of Baptism, Collegeville/MS: Liturgical Press 2009

Wright, J. Robert (ed.), Quadrilateral at One Hunderd, Cincnnati/OH: Forward Movement 1988

Wüstenberg, Ralf, Die politische Dimension der Versöhnung. Eine theologische Studie zum Umgang mit Schuld nach den Systemumbrüchen in Südafrika und Deutschland, Gütersloh: Kaiser 2004

Yoder, John Howard, Anabaptism and History. »Restitution« and the Possibility of Renewal, in: Goertz, Umstrittenes Täufertum, 244–258

– Body Politics: Five Practices of the Christian Community before the Watching World, Nashville/TN: Discipleship Resources 1993 (repr. 1997)

– Die Politik des Leibes Christi. Als Gemeinde zeichenhaft leben. Schwarzenfeld: Neufeld 2011

– Die Politik Jesu – der Weg des Kreuzes. Weisenheim am Berg: Agape 1981 (Engl. Original: The Politics of Jesus, Grand Rapids/MI: Eerdmans ²1994)– For the Nations. Essays Public and Evangelical, Grand Rapids/MI: Eerdmans 1997

– Preface to Theology. Christology and Theological Methods, Grand Rapids/MI: Brazos 2002 (Elkhart, IN: Goshen Biblical Seminary 1981)

– Täufertum und Reformation im Gespräch. Dogmengeschichtliche Untersuchungen der frühen Gespräche zwischen schweizerischen Täufern und Reformatoren, Basler Studien zur historischen und systematischen Theologie Bd. 13, Zürich: EVZ 1968

– The Priestly Kingdom: Social Ethics as Gospel. Notre Dame/IN: University of Notre Dame Press 1984

– The Royal Priesthood, Essays Ecclesiological and Ecumenical, ed. by Michael G. Cartwright, Grand Rapids/MI: Eerdmans 1994

– Walk and Word: the Alternatives to Methodologism, in: *Murphy/Nation/ Hauerwas*, Theology without Foundations, 77–90

Zehr, Howard, Changing Lenses. A New Focus for Crime and Justice, Scottdale/PA: Herald Press ²1995 (1990)

Zimmermann, Earl, Renewing the Conversation: Mennonite Responses to the Second Vatican Council, in: MQR 73/1999, 61–73

Zizioulas, John D., Being as Communion: Studies in Personhood and the Church, Crestwood: St. Vladimir´s Seminary Press ²1993

– Die Kirche als Gemeinschaft, in: Santiago de Compostela 1993, 95–104

– The Doctrine of the Holy Trinity: The Significance of the Cappadocian Contribution, in: Schwöbel, Trinitarian Theology Today, 44–60

Zumach, Andreas, Die kommenden Kriege. Ressourcen, Menschenrechte, Machtgewinn – Präventivkrieg als Dauerzustand? Köln: Kiepenheuer & Witsch ²2005

zur Mühlen, Karl-Heinz, Reformatorisches Profil. Studien zum Weg Martin Luthers und der Reformation, Göttingen: Vandenhoeck & Ruprecht 1995

Zwingli, Huldrych, Gesammelte Werke, Zürich: Theologischer Verlag 1959

3. Dokumente

3.1 Ökumene

21. Deutscher Evangelischer Kirchentag 1985. Dokumente, hg. von *Konrad von Bonin*, Stuttgart: Kreuz 1985

Auf dem Weg zu einem gemeinsamen Verständnis von Kirche, reformiert-römisch-katholischer Dialog, 1984–1990, in: DwÜ 2, 623–673

Churches Respond to BEM. Official Responses to the »Baptism, Eucharist and Ministry« Text, Vols. I–IV, ed. by *Max Thurian*, Geneva: WCC 1986–1988

Consultation on the Apostolic Faith and the Church´s Peace Witness: A Summary Statement, in: *Marlin E. Miller / Barbara Nelson Gingrich* (eds.), The Church's Peace Witness, Grand Rapids/MI: Eerdmans 1994, 208–215

Das Marburger Religionsgespräch 1529: hg. von *Gerhard May*, Texte zur Kirchen- und Theologiegeschichte Bd. 13, Gütersloh: Gütersloher und Mohn 1970

Die Dekade zur Überwindung von Gewalt des Ökumenischen Rates der Kirchen. Ein mennonitischer und katholischer Beitrag, in: ÖR 2/2008, 222–232

Die Lausanner Verpflichtung (1974), hg. von der *Lausanner Bewegung Deutschland*, Stuttgart [5]2000

Dokumente wachsender Übereinstimmung. Sämtliche Berichte und Konsenstexte interkonfessioneller Gespräche auf Weltebene, gemeinsame Veröffentlichung der Kommission für Glauben und Kirchenverfassung (Genf), des Institutes für Ökumenische Forschung (Straßburg), des Johann-Adam-Möhler-Institutes, Paderborn und des Centro pro Unione, Rom (zit. DwÜ), Paderborn: Bonifatius und Frankfurt/M.: Lembeck [2]1991 (Bd. 1: 1931–1982), 1992 (Bd. 2: 1982–1990) und 2003 (Bd. 3: 1990–2001)

Gemeinsame Erklärung zur Rechtfertigungslehre zwischen Lutherischem Weltbund und der Römisch-katholischen Kirche, in: Texte aus der VELKD, Nr. 87, Hannover: Juni 1999 (alle offiziellen Dokumente von Lutherischem Weltbund und Vatikan)

Heilung der Erinnerungen – Versöhnung in Christus. Bericht der Internationalen lutherisch-mennonitischen Studienkommission, hg. vom *Lutherischen Weltbund und der Mennonitischen Weltkonferenz*, Genf/Straßburg 2010

Internationale Theologische Kommission (Hg.), Erinnern und Versöhnen. Die Kirche und die Verfehlungen in ihrer Vergangenheit, Einsiedeln: Johannes Verlag [2]2000Justification and Sanctification in the Traditions of the Reformation. Prague V, the fifth Consultation on the First and Second Reformations, Geneva, 13–17 February 1998, ed. by *Milan Opočenský / Páraic Réamonn* (eds.), Studies from the World Alliance of Reformed Churches 42, Geneva: WARC 1999

Magdeburg 2007: »Die christliche Taufe«, in: ÖR 2/2007 (56. Jg.), 257

Making Christ known. Historic Mission Documents from the Lausanne Movement, 1974–1989, ed. by *John Stott*, Grand Rapids/MI: Eerdmans 1997

National Council of Churches of Christ in the USA: The Fragmentation of the Church and its Unity in Peacemaking, October 27, 1995. Gekürzte Fassung in: ER 48/1996, Ecumenical Chronicle, 122–124

Ökumenische Dokumente. Quellenstücke über die Einheit der Kirche, hg. von *Hans-Ludwig Althaus*, Göttingen: Vandenhoeck & Ruprecht 1962

Ökumenische Versammlung für Gerechtigkeit, Frieden und Bewahrung der Schöpfung, Dresden – Magdeburg – Dresden. Eine Dokumentation, Berlin: Aktion Sühnezeichen/Friedensdienste 1990

Ökumenischer Arbeitskreis Evangelischer und Katholischer Theologen: Lehrverurteilungen – kirchentrennend? hg. von *Karl Lehmann / Wolfhart Pannenberg*, Freiburg i.Br.: Herder und Göttingen: Vandenhoeck & Ruprecht 1986–1994 [Bd. 1: Rechtfertigung, Sakramente und Amt im Zeitalter der Reformation und heute ([3]1988); Bd. 2: Materialien zu den Lehrverurteilungen und zur Theologie der Rechtfertigung (1989); Bd. 3: Materialien zur Lehre von den Sakramenten und vom kirchlichen Amt (1990); Bd. 4: Antworten auf kirchliche Stellungnahmen (1994)]

The Prague Consultations: Prophetic and Renewal Movements. Proceedings of the Prague VI and Prague VII Multilateral Ecumenical Consultations (2000 &

2003), ed. by *Walter Sawatsky*: Studies from the World Alliance of Reformed Churches, Geneva: WARC 2009

3.1.1 Ökumenischer Rat der Kirchen

ÖRK – Vollversammlungen:

Amsterdamer Dokumente. Berichte und Reden auf der Weltkirchenkonferenz in Amsterdam 1948, hg. von *Focko Lüpsen*, Bethel: Evangelischer Presseverband für Westfalen und Lippe 1948

Bericht aus Nairobi 75. Offizieller Bericht der Fünften Vollversammlung des ÖRK, hg. von *Hanfried Krüger / Walter Müller-Römheld*, Frankfurt/M: Lembeck 1976

Bericht aus Uppsala 1968. Offizieller Bericht über die Vierte Vollversammlung des ÖRK, hg. von *Norman Goodall*, dt. Ausgabe von *Walter Müller-Römheld*, Genf: ÖRK 1968

Bericht aus Vancouver 83. Offizieller Bericht der 6. Vollversammlung des ÖRK, 24. Juli bis 10. August 1983 in Vancouver/Kanada, hg. von *Walter Müller-Römheld*, Frankfurt/M: Lembeck 1983

Evanston-Dokumente, Berichte und Reden auf der Weltkirchenkonferenz in Evanston 1954, hg. von *Focko Lüpsen*, Witten/Ruhr: Luther-Verlag 1954

Gemeinsam auf dem Weg. Offizieller Bericht der Achten Vollversammlung des ÖRK, Harare 1998, hg. von *Klaus Wilkens*, Frankfurt/M: Lembeck 1999

Im Zeichen des Heiligen Geistes. Bericht aus Canberra 1991. Offizieller Bericht der Siebten Vollversammlung des Ökumenischen Rates der Kirchen, 7.–20. Februar 1991 in Canberra/Australien, hg. von *Walter Müller-Römheld*, Frankfurt/M.: Lembeck 1991

In deiner Gnade, Gott, verwandle die Welt. Offizieller Bericht der Neunten Vollversammlung des Ökumenischen Rates der Kirchen, Porto Alegre 2006, hg. von *Klaus Wilkens*, Frankfurt/M.: Lembeck 2007

Neu Delhi 1961. Dokumentarbericht über die Dritte Vollversammlung des ÖRK, hg. von *Willem A. Visser 't Hooft*, Stuttgart: Evangelischer Missionsverlag 1962

ÖRK – Zentralausschuss

World Council of Churches. Central Committee. Minutes and Reports of the Meeting, Geneva: WCC (siehe die jweiligen Jahrgänge)

Weltmission und Evangelisation – Weltmissionskonferenzen:

Come Holy Spirit, Heal and Reconcile! Report of the WCC Conference on World Mission and Evangelism, Athens, Greece 2005, ed. by *Jacques Matthey*, Geneva: WCC 2008

Das Heil der Welt heute. Ende oder Beginn der Weltmission? Dokumente der Weltmissionskonferenz Bangkok 1973, hg. von *Philip A. Potter*, Stuttgart/Berlin: Kreuz Verlag 1973

In sechs Kontinenten: Dokumente der Weltmissionskonferenz Mexiko 1963, hg. von *Theodor Müller-Krüger*, Stuttgart: Ev. Missionsverlag 1964

Missions Under The Cross. Addresses delivered at the Enlarged Meeting of the Committee of the International Missionary Council at Willingen, in Germany, 1952, ed. by *Norman Goodall*, London: Edinburgh House Press 1953

World Missionary Conference 1910 Edinburgh, The History and Records of the Conference together with Addresses delivered at the Evening Meetings, Edinburgh, London: Oliphant, Anderson & Ferrier 1910. Die Edinburgher Welt-Missions-Konferenz, hg. von *A.W. Schreiber*, Basel 1910

Zu einer Hoffnung berufen. Das Evangelium in verschiedenen Kulturen. Elfte Konferenz für Weltmission und Evangelisation in Salvador da Bahia 1996, hg. von *Klaus Schäfer*, Frankfurt/M: Lembeck 1999

Weltmission und Evangelisation – weitere Dokumente
»Ihr seid das Licht der Welt«. Missionserklärungen des Ökumenischen Rates der Kirchen von 1980–2005, Genf: ÖRK 2005

Glauben und Kirchenverfassung – Weltkonferenzen:

Das Glaubensgespräch der Kirchen. Die zweite Weltkonferenz für Glauben und Kirchenverfassung, abgehalten in Edinburg vom 3.–18. August 1937, hg. von *Leonard Hodgson*, Zollikon/Zürich: Evangelischer Verlag 1940
Montreal 1963. Bericht der Vierten Weltkonferenz für Glauben und Kirchenverfassung Montreal, 12.–26. Juli 1963, hg. von *Patrick C. Rodger*, Zürich: EVZ 1963
Santiago de Compostela 1993. Fünfte Weltkonferenz für Glauben und Kirchenverfassung, Beiheft zur ÖR 67, hg. von *Günther Gassmann / Dagmar Heller*, Frankfurt/M.: Lembeck 1994

Glauben und Kirchenverfassung – weitere Dokumente:
Christian Perspectives on Theological Anthropology, Faith & Order Paper 199, Geneva: WCC
Das Wesen und die Bestimmung der Kirche. Ein Schritt auf dem Weg zu einer gemeinsamen Auffassung, hg. von *Dagmar Heller*, Studiendokument, Faith & Order Paper 181, Frankfurt/M: Lembeck 2000
Die Diskussion über Taufe, Eucharistie und Amt 1982–1990. Stellungnahmen, Auswirkungen, Weiterarbeit, Frankfurt/M: Lembeck und Paderborn: Bonifatius 1990
Eine Taufe: Auf dem Weg zur wechselseitigen Anerkennung christlicher Initiation, ÖRK-Konsultation 2001
Faith and Order at the Crossroads, Kuala Lumpur 2004, The Plenary Commission Meeting, ed. by *Thomas F. Best*, Faith & Order Paper 196, Geneva: WCC 2005
Gemeinsam den einen Glauben bekennen. Eine ökumenische Auslegung des apostolischen Glaubens, wie er im Glaubensbekenntnis von Nizäa-Konstantinopel (381) bekannt wird, Faith & Order Paper 153, Frankfurt/M.: Lembeck und Paderborn: Bonifatius 1991 (engl. Original: Confessing One Faith, Geneva: WCC 1991)
Participating in God's Mission of Reconciliation. A Resource for Churches in Situations of Conflict, Faith & Order Paper 201, Geneva: WCC
Taufe, Eucharistie und Amt. Konvergenzerklärungen der Kommission für Glauben und Kirchenverfassung des Ökumenischen Rates der Kirchen, Frankfurt/M: Lembeck [11]1987, 42. Engl.: Baptism, Eucharist and Ministry, Faith & Order Paper 111, Geneva: WCC 1982
Towards Koinonia in Faith, Life, and Witness. A Discussion Paper, Faith & Order Paper 161, Geneva: WCC 1993
Wesen und Auftrag der Kirche. Ein Schritt auf dem Weg zu einer gemeinsamen Auffassung, Faith & Order Paper 198, Genf: Ökumenischer Rat der Kirchen 2005

Gerechtigkeit, Frieden, Schöpfungsbewahrung

»… and on Earth Peace«, Documents of the First All-Christian Peace Assembly, 13th–18th June 1961, Prague
»Warum Gewalt? Warum nicht Frieden?« Eine Arbeitshilfe, Genf: ÖRK 2002
Alternative Globalisierung im Dienst von Menschen und Erde (AGAPE – *Alternative Globalisation Adressing People and Earth*), Hintergrunddokument, Genf: ÖRK 2005

Christians and the Prevention of War in an Atomic Age: A Theological Discussion, Geneva: WCC 1955

Church alert. The Sodepax Newsletter, 1/1973 – 29/1980, Geneva: WCC

Die Weltkirchenkonferenz von Prag. Gesamtbericht des Kongresses für Frieden und Freundschaft, gehalten vom 24. bis 30. August 1928, hg. von *Friedrich Siegmund-Schulze*, Berlin: Evangelischer Preßverband für Deutschland 1928

Die Zeit ist da, Schlussdokument & andere Texte. Weltversammlung für Gerechtigkeit, Frieden und Bewahrung der Schöpfung Seoul 1990, Genf: ÖRK 1990

Ein ökumenischer Aufruf zum gerechten Frieden »Richte unsere Schritte auf den Weg des Friedens«, Dokument Nr. GEN 10, Genf: ÖRK-Zentralausschuss, 16.–22. Februar 2011; www.gewaltueberwinden.org/de/materialien/oerk-materialien/dokumente/erklaerungen-zum-gerechten-frieden/ein-oekumenischer-aufruf-zum-gerechten-frieden.html (01.11.2011)

Ein ökumenischer Aufruf zum gerechten Frieden« – Begleitdokument (englisches Original: An Ecumenical Call to Just Peace – Companion. Genf: ÖRK 2011), Übersetzung von Petra Ledolter und Team, i.A: der Evangelischen Kirche in Deutschland (EKD), Hannover, Mai 2011; www2.wcccoe.org/uploads.nsf/.../just_peace_companion_DE.pdf (01.11.2011)

Ein Rahmenkonzept für die Dekade zur Überwindung von Gewalt. Vom Zentralausschuss angenommenes Arbeitsdokument (Genf 1999), in: ÖR 4/2000, 473–478

Erklärung der Untereinheit Kirche und Gesellschaft des ÖRK zu Gewalt, Gewaltfreiheit und der Kampf um soziale Gerechtigkeit, wie sie vom Zentralausschuss angenommen wurde (28.8.1973), in: ÖR Jg.22, 1973, 533–548

Ethnic Identity, National Identity, and the Search for the Unity of the Church, Faith & Order with the collaboration of Justice, Peace and Creation team, Geneva: WCC

Gewalt und Gewaltlosigkeit, in: Appell an die Kirchen der Welt, Dokumente der Weltkonferenz für Kirche und Gesellschaft (1966), hg. vom *ÖRK*, Deutsche Ausgabe besorgt von Hanfried Krüger, Stuttgart/Berlin: Kreuz-Verlag 1967, 170–171

Memorandum and Recommendations on Response to Armed Conflict and International Law. Recommendations adopted by the Central Committee and memorandum received and commended to the Churches, Geneva, 26 August – 3 September 1999, in: World Council of Churches. Central Committee. Minutes and Reports of the Meeting, Geneva: WCC 1999

Nurturing Peace, Overcoming Violence: In the way of Christ for the sake of the World. An invitation to a process of theological study and reflection on Peace, Justice and Reconciliation during the Decade to Overcome Violence: Churches Seeking Peace and Reconciliation 2001–2010. Programme desk on Theological Study and Reflection on Peace, Faith & Order, Geneva: WCC 2003

Peace and Disarmament. Documents of the World Council of Churches, presented by the Commission of the Churches on International Affairs, and Documents of the Roman Catholic Church, presented by The Pontifical Commission »Iustitia et Pax«, Geneva and Vatican 1982

Peace to the City! Stories of Hope (Videodokumentation), Geneva: WCC 1998

Programme to Combat Racism, 1939–1996. Reports, general correspondence, papers, news clippings, trial reports, personal reflections, finance (grant proposal) and country files which have been collected in the World Council of Churches Archives. Published by IDC Publishers 2005

Programme to Overcome Violence: An Introduction. Geneva: WCC 1995

Report of the Consultation on the Programme to Overcome Violence, Rio de Janeiro, Brazil, 13–18 April 1996, Geneva: WCC 1996

The Responsibility to Protect: Ethical and Theological Reflections, Zentralausschuss, Genf, 26. August – 2. September 2003, in: www2.wcc-coe.org/ccdocuments 2003.nsf [01.03.2010]
Theological Perspectives on Violence and Nonviolence: A Study Process. Geneva: WCC 1998
  – Violence, Nonviolence and Civil Conflict, Geneva: WCC 1983

ÖRK – weitere Dokumente
Abschlussbericht der Sonderkommission zur orthodoxen Mitarbeit im ÖRK, Zentralausschuss, Genf 26. August – 3. September 2002, in: www2.wcc-oe.org/ccdocuments.nsf/index/gen-5-ge.html [01.03.2010]
AIDS und die Kirchen. Eine Studie des ÖRK, Red. der dt. Ausg. von *Christoph Benn* und *Tim Kuschnerus*, Frankfurt/M.: Lembeck 1997
Die Beziehungen zwischen dem ÖRK und den weltweiten Konfessionsfamilien. Konsultationsbericht, Genf: ÖRK 1978
Die Stockholmer Weltkirchenkonferenz. Vorgeschichte, Dienst und Arbeit der Weltkonferenz für Praktisches Christentum, 19.–30. August 1925, Amtlicher deutscher Bericht, hg. von *Adolf Deißmann*, Berlin: Furche-Verlag 1926
Ecumenism in the 21st Century. Report of the Consultation convened by the WCC, Chavannes-de-Bogis, Switzerland, 30 November to 3 December 2004, Geneva: WCC 2005
Gospel and Culture, Pamphlets 1–18, Geneva: WCC 1994–1997
Kirche und Welt in ökumenischer Sicht. Bericht der Weltkonferenz von Oxford über Kirche, Volk, Staat, hg. von der Forschungsabteilung des Ökumenischen Rates für Praktisches Christentum, Genf 1938
Reflections on Ecumenism in the 21st Century, Geneva: WCC 2004
Teure Einheit, in: ÖR 42/1993, 279–304
The Churches in International Affairs, Reports 1999–2002, ed. by *Dwain C. Epps*, Geneva: WCC 2005, Reports 2003–2006, Geneva: WCC 2007
The Theology of the Churches and the Jewish People: Statements by the World Council of Churches and its Member Churches. With a Commentary by *Allan Brockway, Paul van Buren, Rolf Rendtorff, Simon Schoon*, Geneva: WCC 1988

Gemeinsame Arbeitsgruppe der Römisch-katholischen Kirche und des ÖRK:

Der ökumenische Dialog über ethisch-moralische Fragen: Potentielle Quellen des gemeinsamen Zeugnisses oder der Spaltung, in: ÖR 45/1996, 355–370
Ekklesiologische und ökumenische Implikationen einer gemeinsamen Taufe, in: Achter Bericht 1999–2005, Genf/Rom: Ökumenischer Rat der Kirchen 2005, 53–84

3.1.2   Gemeinschaft Evangelischer Kirchen in Europa (Leuenberger Kirchengemeinschaft)

Dialog zwischen der Europäischen Baptistischen Föderation (EBF) und der GEKE zur Lehre und Praxis der Taufe. Dialogue between the Community of Protestant Churches in Europe (CPCE) and the European Baptist Federation (EBF) on the Doctrine and Practice of Baptism. Leuenberger Texte Heft 9, hg. von *Wilhelm Hüffmeier / Tony Peck*, Frankfurt/M: Lembeck 2005
Konkordie reformatorischer Kirchen in Europa / Agreement Between Reformation Churches in Europe (Leuenberger Konkordie); dreisprachige Ausgabe mit einer (zweisprachigen) Einleitung, im Auftr. des Exekutivausschusses für die Leuenberger Lehrgespräche, hg. von *Wilhelm Hüffmeier / Friedrich-Otto Scharbau*, Frankfurt/M: Lembeck 1993

Versöhnte Verschiedenheit – der Auftrag der evangelischen Kirchen in Europa. Texte der 5. Vollversammlung der Leuenberger Kirchengemeinschaft in Belfast, 19.–25. Juni 2001, hg. von *Wilhelm Hüffmeier / Christine-Ruth Müller*, Frankfurt/M.: Lembeck 2003

3.1.3 Arbeitsgemeinschaft Christlicher Kirchen in Deutschland

Brief der ACK-Geschäftsführung vom 1. November 2005 an die Glied- und Gastkirchen der ACK [eigenes Archiv]

Gerechter Friede – Leben in einer gefährdeten Zukunft. Ökumenischen Konsultation zur Halbzeit der »Dekade zur Überwindung von Gewalt« (2001 bis 2010), veranstaltet von der ACK und den Ökumenischen Basisgruppen im »Konziliaren Prozess für Gerechtigkeit, Frieden und Bewahrung der Schöpfung« vom 7. bis 9. April in Freising, epd-Dokumentation 20/2005 und 30–31/2005

Gerechter Friede. Handreichung zum Diskussionsstand, hg. von der *Ökumenischen Centrale / ACK*, Frankfurt 2010

Internationale Ökumenische Erklärung zum Gerechten Frieden, Erster Entwurf, hg. von der *Ökumenischen Centrale / ACK*, Frankfurt/M. 2009

Ökumenische Friedenskonvokation 2011. »Ehre sei Gott und Friede auf Erden« – Herausforderungen durch die Internationale Ökumenische Friedenskonvokation. Beiträge der Ökumenischen Konsultation der ACK und des Offenen Forums zur Dekade zur Überwindung von Gewalt vom 8.–10. Februar 2010 in Freising, epd-Dokumentation 16–17/2010

3.1.4 Deutscher Ökumenische Studienausschuss

Einheit als Gabe und Verpflichtung. Eine Studie des DÖSTA zu Johannes 17 Vers 21, hg. von *Wolfgang Bienert*, Frankfurt/M.: Lembeck 2002

Kirchen in Gemeinschaft – Gemeinschaft der Kirche. Eine Studie des DÖSTA zu Fragen der Ekklesiologie, hg. von *Dietrich Ritschl / Peter Neuner*, Beiheft zur ÖR 66, Frankfurt/M.: Lembeck 1993, 117

Theologie der Ökumene – Ökumenische Theoriebildung. Eine fragende und anfragende Problemstellung, verfasst von *Johannes Brosseder / Laurentius Klein / Konrad Raiser*, in: ÖR 2/1988, 205–221

Von Gott angenommen – in Christus verwandelt. Die Rechtfertigungslehre im multilateralen ökumenischen Dialog. Eine Studie des DÖSTA, hg. von *Uwe Swarat / Johannes Oeldemann / Dagmar Heller*, Beiheft zur ÖR 78, Frankfurt/M.: Lembeck 2006

Wir glauben, wir bekennen, wir erwarten. Eine Einführung in das Gespräch über das Ökumenische Glaubensbekenntnis von 381, hg. von *Wolfgang Bienert*, Eichstätt: Franz Sales 1997

3.1.5 Evangelisches Missionswerk in Deutschland

Missio Dei heute. Zur Aktualität eines missionstheologischen Schlüsselbegriffs, Red. durch *Klaus Schäfer*, Hamburg: EMW (und Evangelische Kirche in Kurhessen-Waldeck) 2003

Missionarische Ökumene. Im Kontext religiöser Orientierungssuche, hg. vom EMW (Redaktion durch *Klaus Peter Voß*), Hamburg: EMW 2007

»Komm, heiliger Geist, heile und versöhne!« Auf dem Wege zur Weltmissionskonferenz in Athen, 9. bis 16. Mai 2005, Red. von *Freddy Dutz*, Weltmission heute Bd. 59, Hamburg: EMW 2005

3.2 Kirchen

3.2.1 Evangelisch-methodistische Kirche

Frieden braucht Gerechtigkeit. Friedenswort der EmK, EmK-Forum 29, Stuttgart: Medienwerk der Evangelisch-methodistischen Kirche 2005
Berufen – Beschenkt – Beauftragt. Das Ev.-methodistische Verständnis von Kirche, hg. von der *Theologischen Kommission des Europäischen Rates der Ev.-methodistischen Kirche*, Stuttgart/Zürich 1991

3.2.2 Evangelische Kirche in Deutschland

Aus Gottes Frieden leben – für gerechten Frieden sorgen. Eine Denkschrift des Rates der EKD, Gütersloh: Gütersloher 2007
Barmer Theologische Erklärung. Einführung und Dokumentation, hg. von *Alfred Burgsmüller / Rudolf Weth*, 5. bearb. u. erg. Auflage, Neukirchen-Vluyn: Neukirchener 1993
Die Taufe. Eine Orientierungshilfe zu Verständnis und Praxis der Taufe in der evangelischen Kirche, vorgelegt vom Rat der EKD, Gütersloh: Gütersloher 2008
Frieden wahren, fördern und erneuern 1981. Eine Denkschrift der EKD, hg. vom *Kirchenamt der EKD*, Gütersloh: Gütersloher [3]1982
Friedensethik in der Bewährung. Eine Zwischenbilanz 2001, *Kirchenamt der EKD* (Hg.), in: EKD Texte 48, Hannover [3]2001, 57–92
Schritte auf dem Weg des Friedens. Orientierungspunkte für Friedensethik und Friedenspolitik. Ein Beitrag des Rates der EKD (1993), hg. vom *Kirchenamt der EKD*, in: EKD Texte 48, Hannover [3]2001
Vertrauen auf die Kraft des Zivilen. Kommentar zum 2. Bericht der Bundesregierung über die Umsetzung des Aktionsplans »Zivile Krisenprävention, Konfliktlösung und Friedenskonsolidierung«, Gemeinsame Konferenz Kirche und Entwicklung, Red. *Gertrud Casel*, Berlin: GKKE 2008

3.2.3 Lutherische Kirchen

Church of Norway: Vulnerability and Security. Current Challenges in Security Policy from an Ethical and Theological Perspective, prepared by the Commission on International Affairs in Church of Norway Council on Ecumenical and International Relations, in: www.kirken.no/english/doc/Kisp_vulnerab_00.pdf [01.03.2010]
Die Bekenntnisschriften der evangelisch-lutherischen Kirche (zit. BSLK), Göttingen: Vandenhoeck & Ruprecht, [12]1998

3.2.4 Mennonitische Kirchen

Alle Berichte und Texte ökumenischer Dialoge auf nationaler und internationaler Ebene der Mennoniten in: *Enns*, Heilung der Erinnerungen

Brüderliche Vereinigung etlicher Kinder Gottes, sieben Artikel betreffend, in: Bekenntnisse der Kirche, hg. von *Hans Streubing*, Wuppertal: Brockhaus 1985, 261–268
Confession of Faith in a Mennonite Perspective, Scottdale/PA: Herald Press 1995
General Mennonite Society, Netherlands (*Allgemene Doopsgezinde Societeit*), in: Thurian, Churches Respond to BEM, 289–296
Just Peacemaking. Toward an Ecumenical Ethical Approach from the Perspective of the Historic Peace Churches, in: *Enns/Holland/Riggs*, Seeking Cultures of Peace, 232–242 (Dt.: Frieden schaffen in Gerechtigkeit. Auf dem Wege zu ei-

nem ökumenisch ethischen Ansatz aus der Sicht der Historischen Friedenskirchen. Ein Studientext für den Dialog in der weltweiten Kirche, in: ÖR 4/2001,
490–501)

Mennonitische Weltkonferenz
A Global Mennonite History Series, ed. by *John A. Lapp / C. Arnold Snyder*.
Vol. 1: Anabaptist Songs in African Hearts, Waterloo/ON: Pandora Press 2003,
Vol. 2: Testing Faith and Tradition, Kitchener/ON: Pandora Press 2006, Vol. 3
Jaime Prieto Valladares, Mission and Migration, Intercourse/PA: Good Books
2010, Vol. 4 Churches engage Asian Traditions, Kitchener/ON: Pandora Press
2011
»Gott ruft uns zur christlichen Einheit«, Stellungnahme angenommen vom Exeku-
tivkomitee der MWK, Goshen/IN 1998
Eine Gemeinschaft täuferischer Gemeinden. Gemeinsame Überzeugungen der
Mennonitischen Weltkonferenz, in: *Enns*, Heilung der Erinnerungen, 313f

Arbeitsgemeinschaft Mennonitischer Gemeinden in Deutschland
50 Jahre nach Kriegsende. Erklärung der Mitgliederversammlung der AMG 1995,
in: Voigt, Schuld und Versagen der Freikirchen im ›Dritten Reich‹, 110–112
Brief des AMG-Vorstands an die ACK vom 7. Februar 2006 [eigenes Archiv]
Grußwort der AMG als eine der Kirchen aus der täuferischen Tradition im Ökumenischen Gottesdienst am 29. April 2007 in Magdeburg zur wechselseitigen Anerkennung der Taufe einiger Kirchen der ACK, www.mennoniten.de/fileadmin/
downloads/Grusswort_wechselseitige_Taufanerkennung_07_Magdeburg.pdf
[01.03.2010]

Vereinigung der Deutschen Mennonitengemeinden
Richte unsere Füße auf den Weg des Friedens, Erklärung der VDM zum gerechten
Frieden, Hannover 2009
Stellungnahme zu den Konvergenzerklärungen über Taufe, Eucharistie und Amt
der Kommission für Glauben und Kirchenverfassung des Ökumenischen Rates
der Kirchen, Lima 1982, in: Brücke 2/1986, hg. von der *Arbeitsgemeinschaft
Mennonitischer Gemeinden*

3.2.5 Reformierte Kirchen

Die Bekenntnisschriften der reformierten Kirche, hg. von *Ernst Friedrich Karl
Müller*, Zürich: Theologische Buchhandlung 1987
Belhar-Bekennntnis, in: www.reformiert-info.de/98-0-56-3.html [01.03.2010]

3.2.6 Römisch-Katholische Kirche

Konzil von Trient. Dekret über das Sakrament der Eucharistie, in: *Denzinger*, Kompendium der Glaubensbekenntnisse und kirchlichen Lehrentscheidungen, 1651
Das Zweite Vatikanische Konzil. Konstitutionen, Dekrete und Erklärungen (lateinisch und deutsch), Bde. 1–3, hg. von *Heinrich Suso Brechter u.a.*, Freiburg
i.Br.: Herder 1966–1968. Darin: Lumen Gentium (Bd.1, Suppl.), Dei Verbum
(in: Bd. 1), Dignitatis humanae (in: Bd. 2), Unitatis redintegratio (in: Bd. 2),
Gaudium et spes (in: Bd. 3)
Kongregation für die Glaubenslehre: Antworten auf Fragen zu einigen Aspekten bezüglich der Lehre über die Kirche, Rom am 29. Juni 2007, in:
www.vatican.va/roman_curia/congregations/cfaith/documents/rc_con_cfaith_doc
_20070629_responsa-quaestiones_ge.html [01.03.2010]

Sekretariat der Deutschen Bischofkonferenz
Allen Völkern Sein Heil. Die Mission der Weltkirche; 23. Sept. 2004, Die Deutschen Bischöfe Bd. 76, Bonn: Sekr. der Dt. Bischofskonferenz 2004
Gerechter Friede, Die deutschen Bischöfe Bd. 66, Bonn: Sekr. der Dt. Bischofskonferenz ²2000
Leitlinien für das Gebet bei Treffen von Christen, Juden und Muslimen. Eine Handreichung der deutschen Bischöfe, Arbeitshilfen Nr. 170, Bonn: Sekr. der Dt. Bischofskonferenz ²2008